Gabriel García Márquez
ANLATMAK İÇİN YAŞAMAK

Can Yayınları: 1517
Yaşam: 100

Vivir Para Contarla, Gabriel García Márquez
© Gabriel García Márquez, 2002
© Can Sanat Yayınları Ltd. Şti., 2004
Bu kitabın Türkçe yayın hakları
Agencia Literaria Carmen Balcells
aracılığıyla alınmıştır.

1. basım: 2005
4. basım: 2005

Yayına Hazırlayan: Seçkin Selvi

Kapak Tasarımı: Erkal Yavi
Kapak Düzeni: Semih Özcan
Dizgi: Serap Bertay
Düzelti: Fulya Tükel
Montaj: Mine Sarıkaya

Kapak Baskı: Çetin Ofset
İç Baskı: Özal Matbaası
Cilt: Eko Ofset

ISBN 975-07-0542-4

CAN SANAT YAYINLARI LTD. ŞTİ.
Hayriye Caddesi No. 2, 34430 Galatasaray, İstanbul
Telefon: (0212) 252 56 75 - 252 59 88 - 252 59 89 Fax: 252 72 33
http://www.canyayinlari.com
e-posta: yayinevi@canyayinlari.com

Gabriel García Márquez
ANLATMAK İÇİN YAŞAMAK

ANI

İspanyolca aslından çeviren
PINAR SAVAŞ

CAN YAYINLARI

GABRIEL GARCIA MARQUEZ'İN
CAN YAYINLARI'NDAKİ
ÖTEKİ KİTAPLARI

ALBAYA MEKTUP YAZAN KİMSE YOK / *öykü*
AŞK VE ÖBÜR CİNLER / *roman*
BENİM HÜZÜNLÜ OROSPULARIM / *roman*
BAŞKAN BABAMIZIN SONBAHARI / *roman*
BİR KAÇIRILMA ÖYKÜSÜ / *roman*
BİR KAYIP DENİZCİ / *anlatı*
İYİ KALPLİ ERÉNDİRA / *öykü*
HANIM ANA'NIN CENAZE TÖRENİ / *öykü*
KIRMIZI PAZARTESİ / *roman*
KOLERA GÜNLERİNDE AŞK / *roman*
KÖTÜ SAATTE / *öykü*
LABİRENTİNDEKİ GENERAL / *roman*
ON İKİ GEZİCİ ÖYKÜ / *öykü*
ŞİLİ'DE GİZLİCE / *anlatı*
YAPRAK FIRTINASI / *öykü*
YÜZYILLIK YALNIZLIK / *roman*

Gabriel García Márquez, 1928'de Kolombiya'nın Aracataca kentinde doğdu. Büyükannesiyle büyükbabasının evinde ve teyzelerinin yanında büyüdü. Başkent Bogota'daki Kolombiya Ulusal Üniversitesi'nde başladığı hukuk ve gazetecilik öğrenimini yarım bıraktı. 1940'lardan başlayarak uzun yıllar gazetecilik yaptı. Öykü yazmaya 1940'ların sonlarında başladı. Yayınlanan ilk önemli yapıtı, *Yaprak Fırtınası*'ydı. 1961'de yayınlanan *Albaya Mektup Yazan Kimse Yok*, ülkesi uğruna savaşarak yaptığı hizmetlerin karşılıksız kaldığını anlayan bir subay eskisinin öyküsüdür. Bunu *Hanım Ana'nın Cenaze Töreni* (1962) adlı öykü kitabı ve Macondo'daki siyasal baskıları anlatan *Kötü Saatte* (1962) izledi. García Márquez, en tanınmış romanı *Yüzyıllık Yalnızlık*'ı (1967), Meksika'ya ilk gidişinde yazdı. *Yüzyıllık Yalnızlık*'taki bir bölümden esinlenerek yazdığı öykülerini *İyi Kalpli Erendira* (1972) adlı kitapta toplayan yazar daha sonra birbiri ardı sıra *Mavi Bir Köpeğin Gözleri* (1972) adlı öykü kitabını, askerî diktatörlükleri yeren *Başkan Babamızın Sonbaharı*'nı (1975), onur uğruna işlenen bir cinayet çerçevesinde gelişen olayların ele alındığı *Kırmızı Pazartesi*'yi (1981), aşkta bağlılığı konu alan *Kolera Günlerinde Aşk*'ı (1985), Simon Bolivar'ın yaşamının son aylarını konu edinen *Labirentindeki General*'i (1989) yayınladı. Yazarın Türkiye'de de yayınlanan öteki yapıtları arasında *Bir Kayıp Denizci, Sevgiden Öte Sürekli Ölüm, Aşk ve Öbür Cinler, Şili'de Gizlice, On İki Gezici Öykü* ve *Bir Kaçırılma Öyküsü* sayılabilir. García Márquez, 1982'de Nobel Edebiyat Ödülü'ne değer görüldü.

Pınar Savaş, 1966 yılında İstanbul'da doğdu. Orta öğrenimini Saint Benoit'da tamamladıktan sonra 1990 yılında Boğaziçi Üniversitesi Kimya Mühendisliği Bölümü'nden mezun oldu. 1999 yılında Can Yayınları'nda çalışmaya başladı. İspanyolca, Fransızca ve İngilizce biliyor. İspanyolca ve İngilizce'den Türkçe'ye yaptığı çevirilerin yanı sıra, kitapları yayına hazırlıyor, çeşitli gazete ve dergilerde kitaplar hakkında makale ve tanıtım yazıları yazıyor. Çevirdiği kitaplar arasında, Açık Yapıt (Umberto Eco); İnes'in Sezgisi (Carlos Fuentes); Kahramanlar ve Mezarlar, Tünel (Ernesto Sábato); Kaya (Kenan Makiya); Yarın Savaşta Beni Düşün (Javier Marias); Hüzünlü Kadınlar Sığınağı (Marcela Serrano) bulunuyor.

İnsanın yaşadığı değildir hayat, aslolan hatırladığı ve anlatmak için nasıl hatırladığıdır.

1

Annem evi satmasında ona yardımcı olmamı istedi. Ailemin yaşadığı o uzak kasabadan sabah gelmiş Barranquilla'ya, beni nasıl bulacağı hakkında hiçbir fikri yokmuş. Eşe dosta sora sora aramaya başlamış, Mundo Kitapçısı'na ya da günde iki kez yazar dostlarımla buluşup sohbet etmeye gittiğim kahvelere bakmasını önermişler, bir de tutup uyarmışlar kadıncağızı: "Dikkatli ol ha! Hepsi kaçık bunların!" Tam öğle vakti geldi yanıma. Kitapların sergilendiği masaların arasında tüy gibi hafif adımlarla ilerledi, önümde dikilip iyi günlerinden kalma delici gülümsemesiyle ta gözlerimin içine baktı, ben daha bir tepki gösteremeden,

"Annenim ben!" dedi.

Öyle bir değişiklik vardı ki halinde tavrında, onu ilk bakışta tanıyamamıştım. Kırk beş yaşındaydı. Tam on bir doğum. Yaşamının on yılını hamile, bir o kadarını da çocuklarını emzirerek geçirmişti. Sözcüğün tam anlamıyla zamanından önce çökmüştü. İlk kez taktığı gözlüğün ardındaki gözleri alıştığımdan daha büyük ve şaşkındı, annesinin ölümü nedeniyle tepeden tırnağa simsiyah yas giysilerine bürünmüştü, ama düğün fotoğrafındaki, şimdi bir sonbahar halesinin çevrelediği o Romalı güzelliğini koruyordu hâlâ. Her şeyden, hatta bana sarılmadan önce, o bildiğim törensel havasında,

"Senden bana bir iyilik yapmanı istemeye geldim,

evi satmama yardım et," dedi.

Ne hangisi dememe gerek vardı ne de neredeki diye sormama, bizim için dünyada tek bir ev olmuştur: dedemle ninemin Aracataca'daki evleri. Doğma şansına eriştiğim, sekiz yaşından sonra bir daha hiç içinde yaşamadığım o ev. Üç yılın sonunda hukuk fakültesini henüz terk etmiş, elime ne geçirirsem okuyarak ve İspanyol Altın Çağı'nın bir daha yazılması mümkün olmayan şiirlerini ezbere söyleyerek geçiriyordum zamanımı. Bana roman yazma tekniğini öğreteceğine inandığım özgün ya da çeviri metinlerin hepsini yalayıp yutmuştum, gazetelerin eklerinde altı öyküm yayınlanmış, arkadaşlarımca heyecanla karşılanmış, birkaç eleştirmenin de dikkatini çekmişlerdi. Bir sonraki ay yirmi üç yaşına basacaktım, bir süreden beri asker kaçağıydım, belsoğukluğundan iki kez gaziydim; hiç umursamadan korkunç bir tütünden yapılma altmış sigara tüttürürdüm günde. Boş zamanlarımı Barranquilla, Cartagena de Indias ve Kolombiya'nın Karayip kıyılarında gezerek geçiriyor, *El Heraldo*'da çıkan günlük yazılarım için bana ödedikleriyle krallar gibi yaşıyordum ki, bir şey verdikleri yoktu doğrusunu söylemek gerekirse. Mümkünse biriyle birlikte yattığım, nerede akşam, orada sabah günler. Sanki yaşamım yeterince belirsiz ve karmaşık değilmiş gibi, ayrılmaz dostlarımla paramız pulumuz varmışçasına, Alfonso Fuenmayor'un üç yıldır planladığı bir dergi çıkarmaya karar vermiştik küstahça. İnsan hayatta başka ne ister ki!

Keyfim öyle istediğinden çok parasızlıktan modanın yirmi yıl kadar önünde gidiyordum: makas görmeyen bir bıyık, karmakarışık saçlar, kot pantolon, çiçekli gömlekler ve sandaletler. Bir sinema salonunun karanlığında yakınında oturduğumdan haberi olmayan bir arkadaş bir başkasına, "Bizim zavallı Gabito'da hiç umut yok!" deyivermişti bir gün. Yani annem gelip evi satmakta ona yardım etmemi istediğinde kadıncağıza evet demek için hiçbir engelim yoktu. Bana yeterli parası olmadığını söyleyince, gururumdan, "Kendi masraflarımın çaresine bakarım," dedim.

Bu sorunu çalıştığım gazetede çözmem mümkün değildi. Günlük bir makale için üç, bir muhabir olmadığında onun yerine yazı yazdığımda da dört peso veriyorlardı ve hiçbir şeye yettiği yoktu. Borç istemeye yeltendiysem de patron borcumun çoktan beş yüz pesoyu aştığını söylemekle yetindi. O öğleden sonra bu konuyu gündeme getirerek arkadaşlarımın başının etini yediysem de yapacakları pek bir şey yoktu. Kolombiya Kahvesi'nin çıkışında Katalan kitapçı yaşlı üstadımız Ramón Vinyes'i kıstırarak on peso borç istedim ama cebinden çıka çıka altı peso çıktı.

İki günlük o masum yolculuğun benim açımdan böylesine belirleyici olacağını, en uzun ve gayretkeş yaşamın bile onu anlatmama yetmeyeceğini ne annem bilebilirdi ne de ben. Şimdi, iyi yaşanmış bir yetmiş beş yılın ardından, bu yolculuğun yazar yaşamımda aldığım bir sürü kararın en önemlisi olduğunu biliyorum. Bu şu anlama gelir: bütün hayatımın en önemli kararı.

Hafıza, ergenliğe kadar geçmişten çok gelecekle ilgilidir, bu nedenle köye ait anılarım henüz özlemle idealleştirilmemişti. Onu olduğu gibi hatırlıyordum: yaşaması keyifli, herkesin herkesi tanıdığı bir yer. Girdaplı suların cilaladığı, tarihöncesi çağlardan kalma dev yumurtaları andıran taşlardan yatağında akan bir nehrin kıyısındaydı. Akşam karanlığında, özellikle de aralık ayında, yağmurdan sonra hava elmasa keser, beyaz zirveleriyle Sierra Nevada de Santa Marta karşı kıyıdaki muz plantasyonuna yaklaşmış görünürdü. Köyden bakınca sırtlarına içi zencefil dolu bez çuvalları vurmuş, ağızlarında yaşamı daha eğlenceli kılmak için çiğnedikleri koka yapraklarıyla karınca sıraları gibi ilerleyen Archuacos yerlileri görünürdü dağın yamaçlarında. O zamanlar biz çocuklar, nedense yerden kalkmak bilmez karlardan kartopları yaptığımızı hayal ederek boş sokaklarda savaş oyunu oynardık, sıcak özellikle öğle uykusu zamanı öylesine dayanılmaz bir hal alırdı ki, yetişkinler sanki o gün aniden bastırmış da, herkesi gafil avlamış gibi durmadan yakınırlardı. Doğduğum günden beri demiryollarının gece döşenip United Fruit Company'nin binalarının gece inşa edildiğini duymuşumdur, gündüz sıcaktan kızmış demirleri ellemenin imkânı yokmuş.

Barranquilla'dan Aracataca'ya varmanın tek yolu eski püskü motorlu bir ahşap tekneyle, sömürge döneminde kölelerin bileğinin gücüyle kazılmış bir kanalda ilerlemek, sonra da çalkantılı ve girdaplı bir balçık çukurunu geçerek Ciénaga'ya varmaktı. Orada ülkenin aslında en güzel şeyi olan trene binilirdi, hani şu bildiğimiz trene; uçsuz bucaksız muz plantasyonları katedilir, kızgın güneş altında cayır cayır yanan dağınık, tozlu kasaba ve köylerin ıssız ve yapayalnız istasyonlarında dura dura ilerlenirdi. 18 Şubat 1950 günü, akşamın yedisinde annemle işte bu yola koyulduk, karnaval arifesiydi, zamansız bir sağanak bastırmıştı; cebimizde ev planlandığı gibi satılmazsa geri dönmemize ancak yetecek otuz iki peso vardı.

Alize rüzgârları o kadar şevkle esiyorlardı ki, ırmağın kıyısında annemi tekneye binmeye ikna etmek pek kolay olmadı. Haksız da sayılmazdı. Tekne New Orleans'taki buharlı nehir gemilerinin benzinli motorla çalışan bir taklidiydi ve öylesine sarsılıyordu ki, güvertedeki herkes sıtma tutmuş gibi titriyordu. Hamakları farklı seviyelere asmaya yarayan çengelleri olan genişçe bir salonu vardı, öteberi bohçalarının, tavuk kafeslerinin, hatta canlı domuzların arasında insanların ite kaka kendilerine bir yer açıp da dirsek dirseğe sığıştıkları ahşap sıralar diziliydi. Bir-iki tane de içinde nefes almanın olanaksız olduğu ahşap ranzalı kamara vardı, ki bunlar tüm yolculuk boyunca acil hizmet veren kanı canı kalmamış orospucukların işgali altındaydılar. Boş kamara bulamadık, hamağımız da olmadığı için annemle bir saldırı düzenleyip merkez koridordaki iki demir sıraya el koyduk ve geceyi üzerlerinde geçirmeye karar verdik.

Annemin korktuğu kadar varmış, halicinden bir adım mesafede bir okyanus gibi öfkeyle köpüren Magdalena Irmağı'nı aşarken o ürkütücü tekneyi fena halde kamçılıyordu fırtına. Ben limandan en ucuzundan epeyce kara tütün ve paçavra sayılabilecek bir cins sigara kâğıdı almış, birinin izmaritiyle ötekini yakarak her zamanki gibi baca gibi tüttürüyor, şeytanî hamilerimin en sadığı olan William Faulkner'in *Ağustos Işığı*'nı bir kez daha okuyordum. Annem bir traktörü çekebilecek ya da bir uçağı havada tutabilecek bir bocurgatmışçasına yapışmıştı tespihine, eminim her zamanki alışkanlığıyla kendisi için hiçbir dileği yoktu, on bir kimsesizi için refah, bir de uzun ömür, yeter de artardı ona. Duaları kabul olmuş olmalı ki, kanala girdiğimizde yağmur uysallaşmış, rüzgâr neredeyse sivrisinekleri bile uzak tutamayacak sünepelikle esmeye başlamıştı. Annem tespihini ortadan kaldırarak, uzunca bir süre çevremizdeki yaşamın velvelesine daldı.

Annem orta sınıf bir evde doğmuş ama Muz Şirketi' nin geçici şaşaasında yetişmiş, bundan da Santa Marta'da, Prensantación de la Santísima Virgen Koleji'nde gördüğü zengin kız çocuğu eğitimi yanına kâr kalmıştı. Noel tatillerinde arkadaşlarıyla gergef işler, hayır kermeslerinde klavsen çalar, göz kulak olsun diye yanına katılmış bir teyzeyle pısırık yerel aristokrasinin neşeli dans partilerine katılırmış, ama ana babasının rızasına karşı gelerek köyün telgrafçısıyla evlenene kadar eline erkek eli değdiğini gören olmamış. Erdemiyle, karşılaştığı onca talihsizlik ve fesatlığa karşın her zaman demir gibi olan sağlığı mizah konusudur. Ancak en şaşırtıcı olan ve en az dikkat çeken özelliği, karakterinin müthiş gücünü belli etmemede gösterdiği inanılmaz beceridir: kusursuz bir Aslan Burcu. Böylelikle en akla gelmeyecek yerlerdeki en uzak akrabalara kadar ulaşan anaerkil bir iktidar kurabilmiştir, fasulye tenceresini kaynatırken sert bir sesle ve gözlerini hiç kırpmadan konuştuğu mutfağından, bir gezegenler sisteminin güneşi gibi herkesi idare eder.

Hiç yakınmadan bu zorlu yolculuğa katlanışını izlerken, kendi kendime nasıl olup da o kadar erken yaşta, onca beceriyle yoksulluğun haksızlıklarının üstesinden gelebildiğini soruyordum. Hiçbir şey o korkunç geceden daha fazla bunun kanıtı olamazdı. İnsanın kanını emen sivrisinekler, üzerimize çöken sıcak, teknenin geçerken altüst ettiği kanal sularının mide bulandıran çürümüş kokusu, kendilerini rahat hissetmedikleri için bir türlü gözlerine uyku girmeyen, yerinde duramayan yolcuların yakınmalı telâşı; her şey anneminkinden çok daha sakin bir mizacı bile zıvanadan çıkarmaya yeter de artardı. Annem demir bankta kımıldamadan oturur ve her şeye katlanırken yakınımızdaki kamaralarda erkek kılığına girmiş kiralık kızlar, karnavalın hasadını topluyorlardı. Biri annemin hemen yanındaki kamarasına her defasında farklı bir müşteriyle girip çıkıyordu. Annemin dikkatini çekmediğini düşündüm, ama kız bir saatten az bir sürede dördüncü ya da beşinci kez kamaraya girip çıkınca, koridorun sonuna kadar kederli bir bakışla onu izlediğini fark ettim. "Zavallı kızlar," diyerek içini çekti, "yaşamlarını kazanmak için yapmak zorunda kaldıkları şey, çalışmaktan da kötü."

Gece yarısına kadar böyle devam ettik, sonunda dayanılmaz sarsıntı ve koridorun yetersiz ışıkları yüzünden okumaktan yoruldum, Yoknapatawpha Kontluğu'nun hareketli kumullarından su yüzüne çıkmaya çalışarak, sigara içmek için yanına oturdum. Bir yıl önce üniversiteyi bırakmış ve ne olduklarını öğrenme zorunluluğu olmadan gazetecilik ve edebiyatla yaşayabileceğim hayaline kapılmıştım, bir yerlerde okuyup kendime düstur bellediğim bir cümle vardı, sanırım Bernard

Shaw'undu: "Çok küçük yaşlarımdan beri okula gitmek için eğitimime ara vermek zorunda kalmışımdır." Bunu tutup da kimseyle tartışamazdım, nasıl açıklayacağımı bilmiyordum ama içimde bir yerde, yalnızca benim için geçerli nedenlerim olduğunu hissediyordum.

Bana o kadar umut bağlayıp da, olmayan paralarını harcayan ana babama böyle bir deliliği, bunun kaybedilmiş zaman olduğunu anlatmaya kalkışamazdım. Özellikle de kendi alamadığı diplomayı duvarına asamamak dışında ne olursa olsun beni bağışlamaya hazır babama. Aramızdaki iletişim kopmuştu. Bir yıldan beri onu ziyaret edip eğitimimi bırakma nedenlerimi açıklamaya çalışmayı düşünüyordum ki, annem evi satmasına yardım etmemi isteyerek karşıma dikilmişti. Gece yarısını epey geçene kadar konuyu açmadı, derken olağanüstü bir vahiy indi sanki, sonunda benimle konuşmak için uygun fırsatı yakaladığını hissettim, seyahatinin gerçek amacı da bu olmalıydı kuşkusuz; dilinin ucuna gelmeden önce uykusuz gecelerinin yalnızlığında olgunlaşmış olduğu besbelli bir söyleyiş ve tonla, milimetresi milimetresine hesaplanmış sözcüklerle başladı.

"Baban çok üzgün," dedi.

İşte onca korkulan cehennem. Her zamanki gibi en ummadığım anda, yatıştırıcı, hiçbir şey karşısında değişmeyecek bir sesle konuşmuştu, yanıtın ne olduğunu öyle iyi biliyordum ki, yine de âdet yerini bulsun diye sordum:

"Öyle mi, neden?"

"Eğitimini yarım bıraktın diye."

"Bırakmadım," dedim, "yalnızca mesleğimi değiştirdim."

Kıyasıya bir tartışma düşüncesi canlandırmıştı annemi.

"Baban ikisinin aynı şey olduğunu söylüyor."

Yanlış olduğunu bile bile, "O da keman çalmak için eğitimini bırakmış ama," dedim.

"Aynı şey değil," dedi büyük bir canlılıkla, "yalnızca şenliklerde ve serenatlarda keman çalıyordu. Eğitimini bıraktıysa, bunun nedeni ağzına koyacak bir lokma bulamaması. Bir aydan kısa bir sürede telgrafçılığı öğrenmiş ama, bu çok iyi bir meslek, özellikle de Aracataca'da."

"Ben de gazetelere yazı yazarak yaşıyorum," dedim.

"Bunu beni üzmemek için söylüyorsun ama durumunun berbatlığı gözlerinden okunuyor, seni kitapçıda gördüğümde az daha tanıyamayacaktım."

"Ben de seni tanıyamadım," dedim.

"Aynı şey değil," diye atıldı, "senin bir dilenci olduğunu sandım," berbat haldeki sandaletlerime baktı, "üstelik de çorapsız."

"Böylesi daha rahat," dedim, "iki gömlek, iki don, biri kururken ötekini giyersin, insanın başka neye ihtiyacı var ki?"

"Biraz itibara, ağırbaşlılığa," dedi, hemen ardından sesinin tonu değişerek, "bunları seni sevdiğimiz için söylüyorum," diye ekledi.

"Biliyorum," dedim, "ama söyle bakalım, benim yerimde sen olsaydın, aynısını yapmaz mıydın?"

"Ana babamla ters düşeceksem yapmazdım," dedi.

Ailesinin evlenmesine karşı çıkmasına nasıl inatla direndiğini hatırlayarak, güldüm.

"Bunu bana bakarak söylemeye cesaretin yok."

Sözümü ciddiyetle savuşturdu çünkü neyi ima ettiğimi bal gibi anlamıştı,

"Babamın rızasını almadan evlenmedim ben," dedi, "tamam, zorla aldım ama aldım."

Tartışmaya son vermesinin nedeni benim öne sürdüğüm savların onu yenilgiye uğratması değildi elbette, tuvalete gitmek istiyordu ama temizliğinden emin değildi, daha doğru dürüst bir tuvalet olup olmadığını öğrenmek için kamarotla konuştum, ama kendisinin de aynı tuvaleti kullandığını söyledi. Sonra da sanki biraz önce Conrad okumaya ara vermiş gibi, "Denizin üzerinde hepimiz eşitiz," diye ekledi. Böylelikle annem de herkesin yasasına boyun eğdi ama tuvaletten çıktığında hiç de korktuğum gibi değildi, neredeyse gülümsemesini zor bastırıyordu.

"Bir düşünsene," dedi, "şu kötü hayat hastalıklarından birini kapıp da eve dönsem baban ne der?"

Gece yarısını biraz geçe, kanaldaki anemonlar pervaneye dolanınca tekne bir sığlıkta karaya oturdu, yolcuların hamaklarının halatlarını çözerek tekneyi kıyıdan çekmeleri gerekti, böylece üç saat geciktik. Sıcak ve sivrisinekler dayanılacak gibi değildi. Ama annem arada bir anlık şekerlemeler yaparak durumla başa çıkabiliyordu; bu huyu aile içinde de meşhurdur, sohbetin akışını izleyerek dinlenmesine olanak sağlar. Yeniden yola koyulup da serince bir rüzgâr esmeye başlayınca tümüyle ayıldı.

"Neyse ne," dedi içini çekerek, "babana götüreceğim bir yanıt olmalı yine de."

Aynı masumiyetle, "En iyisi hiç endişelenmemen," dedim, "aralıkta ben gidip kendim açıklarım."

"Daha on ay var," diye itiraz etti.

"Bu yıl artık üniversitede bir şey ayarlayamam zaten," dedim.

"Bana kesinlikle gideceğine söz verir misin peki?"

"Söz veriyorum," dedim ve ilk kez sesinde belirgin bir kaygı sezdim.

"Peki, babana ona evet diyeceğini söyleyebilir miyim?"

Tek bir sözcükle "Hayır," yanıtını verdim, "olmaz!"

Belli ki başka bir çıkış arıyordu ama ona fırsat tanımadım.

"O zaman en iyisi tüm gerçeği ona bir kerede söylemek, böylece ortada bir kandırmaca da olmaz."

"İyi işte," dedim rahatlayarak, "söyle."

Böylece anlaşmış olduk. Annemi iyi tanımayan biri meselenin burada kapandığını sanabilirdi ama ben yeniden güç kazanmak için bir ara vermiş olduğumuzu biliyordum. Bir süre sonra annem derin bir uykuya daldı. Sert bir rüzgâr sivrisinekleri kaçırarak havayı yeniden çiçek kokularıyla doldurdu. Teknemiz bir yelkenlinin narinliğine kavuştu.

Çocukluğumun bir başka efsanesi olan Ciénaga Grande'deydik. Dedem Albay Nicolás Ricardo Márquez Mejía –biz torunları ona Papalelo derdik– ana babamı ziyaret etmem için beni Aracataca'dan Barranquilla'ya getirip götürürken pek çok kez geçmiştim bu bataklıktan. "Ciénaga'dan korkmaya gerek yok ama ona saygı göstermek gerekir," derdi dedem, suların tahmin edilemez doğası üzerine yapılan dedikodulardan söz ederken; burası bir göl gibi sakin de olabilirdi, bir okyanus kadar kudurmuş da. Yağmur mevsiminde Sierra'dan kopup gelecek fırtınaların merhametine kalmıştı. Aralıktan nisana kadar havanın daha yumuşak olması beklenen dönemde, kuzeyden esen alizeler Ciénaga'ya öyle bir coşkuyla saldırırlardı ki, her gece bir maceraya dönüşürdü. Anneannem Tranquilina Iguarán –Mina–, Ciénaga'yı ancak ciddi bir aciliyet söz konusu olduğunda geçerdi, çünkü bir kez korkunç bir gece yolculuğu sırasında öyle bir fırtınaya tutulmuşlar ki, şafak sökene kadar Riofrío'nun deltasına sığınmak zorunda kalmışlar.

O gece şansımıza bataklık bir göl kadar durgundu. Şafak sökmeden az önce biraz soluklanmaya çıktığım pruvanın pencerelerinden görünen balıkçı kayıklarının ışıkları sudaki yıldızları andırıyordu. Sayılamayacak kadar çoktu ışıklar, karanlıkta seçemediğim balıkçılar bir ziyaretteymiş gibi aralarında muhabbet ediyor, sesleri suların karanlığında çarpıcı bir yankı yaratıyordu. Küpeşteye yaslanarak sıradağların profilini hayal etmeye çalıştım ve birden ilk özlem darbesiyle sarsılarak şaşırdım.

Buna benzer başka bir şafak vakti, Ciénaga Grande'yi geçerken, Papalelo beni kamarada uyur bırakarak kantine gitmişti. Saatini hatırlamıyorum, bir sürü insanın paslı vantilatörün vınlamasına ve kamarayı kaplayan tenekelerinin sarsılarak çatırdamasına karışan yaygarasıyla uyanmıştım. Beş yaşından büyük olmama imkân yoktu, çok korkmuştum ama kısa sürede sakinleşip bunun bir düş olacağını düşünmüştüm. Ertesi sabah, Ciénaga'ya yanaşırken, dedem bıçakla tıraş oluyordu, kapı açıktı, ayna da kapıya asılmıştı. Bugünmüş gibi hatırlıyorum: Daha gömleğini giymemişti, ama fanilasının üzerine her zamanki esnek, geniş yeşil çizgili pantolon askılarını takmıştı. Tıraş olurken bir yandan da bugün bile ilk bakışta tanıyacağım bir adamla sohbet ediyordu. Adamın asla kimseyle karıştırılamayacak karga gibi bir profili vardı. Sağ eline bir denizci dövmesi yaptırmıştı, boynunda bir sürü ağır altın zincir, her iki bileğinde de bilezikler ve halkalar vardı, hepsi de altındı. Giyinmeyi bitirmiş, yatağın üzerine oturarak ayağıma botlarımı geçiriyordum, adam dedeme dönerek,

"Kuşkun olmasın Albay, yapmak istedikleri seni suya atmaktı," dedi.

Dedem tıraş olmaya devam ederek gülümsedi ve ona özgü bir kurumlanmayla,

"Buna yeltenmemeleri hayırlarına olmuş," diye mırıldandı.

Bunun üzerine bir gece önceki yaygaranın nedenini anlamış, birinin dedemi kaldırıp balçığın içine atması fikrinden pek etkilenmiştim.

O zamana kadar pek aklıma gelmeyen bu sahneyi hatırlamak, annemle birlikte evi satmaya gittiğimiz, güneşin ilk ışıklarında sıradağların mavi görünen karlı tepelerini seyrettiğim o sabah beni şaşırtmıştı. Kanallardaki gecikme yüzünden gün ışığında denizle bataklığı birbirinden ancak ayıran ışıklı kumların çamurunu, ağlarını sahile kurumaya sermiş balıkçıları, paçavralardan yaptıkları toplarla futbol oynayan pasaklı, sıska çocukları izleme fırsatımız olmuştu. Sokaklarda dinamit lokumlarını zamanında atamadıkları için kolları kopmuş o kadar çok balıkçı olurdu ki. Tekne geçtikçe çocuklar yolcuların kendilerine attıkları paraları kapmak için suya dalıyorlardı.

Sabah yedi sularında, Ciénaga'nın biraz uzağındaki pis kokulu bir bataklığa demirledik. Dizlerine kadar çamurun içinde ilerleyen hamal taburları tekneye gelerek bizi kucakladılar, balçıklı suda şapır şupur sesler çıkartarak iskeleye kadar götürdüler, aralarında bir koşuşturmacadır gidiyor, bir yandan da çamurun pisliğine verip veriştiriyorlardı. Limandaki masalara oturup leziz *mojarra*[1] ve dilim dilim kızartılmış yeşil muzdan oluşan kahvaltımızı yavaş yavaş ederken, annem kaldığı yerden sürdürdüğü kişisel savaşın yeni bir saldırısına başladı.

"Peki o zaman söyle bakalım," dedi bakışlarını kaldırmadan, "babana ne diyeceğim?"

Biraz düşünmek için zaman kazanmaya çalıştım.

"Ne hakkında?"

"Onu ilgilendiren tek konu hakkında!" dedi biraz da sinirlice. "Senin eğitimin!"

Şansıma konuşmamızın hararetli gidişatından etkilenip benim ne diyeceğimi öğrenmeye can atan münasebetsiz bir sofra arkadaşımız vardı. Annemin ânında yapıştırdığı yanıt hem gözümü korkutmuş hem de özel hayatı konusunda onun kadar kıskanç birinden geldiği için şaşırtmıştı.

"Ben yazar olmak istiyorum," dedim.

"İyi bir yazar iyi para kazanabilir," dedi adam ciddiyetle, "özellikle de hükümet için çalışırsa."

Annem mahremiyet duygusu nedeniyle mi konuyu değiştirdi yoksa söze karışan bu yabancının yorumlarından mı korktu bilinmez, ama her ikisi de benim kuşağımın belirsizliklerinden yakınarak geçmişe özlem duygularını paylaştılar. Sonunda ortak tanıdıklarının adlarını sayıp dökmeye başladılar, hem Cotes hem de Iguarán ta-

---

[1] Yöreye ait yirmi santimetre boyunda, koyu renkli bir balık. (Çev.)

rafından akraba olduğumuzu keşfettiler. O zamanlar Karayip kıyısında karşılaştığımız her iki-üç kişide bir gelirdi bu başımıza, ama annem her tanışlığı kesinlikle eşi benzeri bulunmaz bir şeymiş gibi karşılar, kutlardı.

Tren istasyonuna Victoria tarzı, tek atlı, dünyanın diğer yörelerinde çoktan tükenmiş efsanevî bir soyun sonuncusu gibi görünen bir arabayla gittik. Annem düşüncelere dalmıştı, limanın balçığının hemen ötesinde başlayan ve ufka karışan, güherçilelerin kireçleştirdiği çorak düzlükleri izliyordu. Burası benim için tarihî bir yerdi: Üç-dört yaşlarındayken, daha ilk Barranquilla yolculuğumda, dedem elimi tutup beni o alev alev yanan bomboş araziden geçirmişti, hızlı yürümüşlük, nereye gittiğimizi söylememişti, bir süre sonra köpüklerin fışkırdığı yemyeşil sulara vardık, bir alay boğulmuş tavuk suyun üzerinde yüzüyordu.

"Bu deniz," demişti.

Şaşırmıştım, öbür kıyıda ne olduğunu sormuştum, hiç duraksamadan,

"Öbür tarafta kıyı yok," yanıtını vermişti.

Bugün, pek çok denizi sağından ve solundan, tersinden ve düzünden gördükten sonra, bunun dedemin o yüce yanıtlarından biri daha olduğunu düşünüyorum. Daha önceki hiçbir hayalim o kirli deltayla, *mangle* ağaçlarının dalları ve kıymık kıymık deniz kabuklarıyla dolu yürümesi imkânsız taşlı sahille örtüşmüyordu zaten. Korkunçtu.

Annem de Ciénaga Denizi hakkında aynı şekilde düşünüyor olmalı ki, arabanın sağ tarafında deniz belirir belirmez içini çekerek,

"Riohacha'daki gibi deniz yoktur," dedi.

Fırsattan yararlanıp ona ölü tavuklarla ilgili anımı anlattım ama tüm büyükler gibi bunun bir çocukluk hayalî olduğunu düşündü. Sonra yolda karşımıza çıkan tüm yerlere aynı şekilde bakmaya devam etti, suskunluğunun değişmesinden her biri hakkında ne düşündüğünü anlıyordum. Demiryolunun öte yanında, paslanmış çatılı, renkli boyalı, dam saçaklarına asılı çemberlerine tünemiş, müşterileri Portekizce çağıran yaşlı Paramaribo papağanlı randevuevlerinin önünden geçiyorduk. Dev gibi demir kubbesine göçmen kuşların uyumak için geldiği, kaybolmuş martıların sığındığı lokomotif hangarının önünden geçiyorduk. İçine girmesek de kentin yanı başından geçiyor, geniş ve ıssız sokaklarını, bir zamanların şaşaasını yansıtan tek katlı, boydan boya pencereli, içinde piyano parçalarının gün batana kadar aralıksız tekrarlandığı evlerini görüyorduk. Birden annem parmağıyla işaret ederek,

"Bak," dedi, "işte, dünya orada sona ererdi."

İşaretparmağını izledim ve istasyonu gördüm: duvarları lime lime soyulan ahşap bir bina. Çinko çatısı, iki su oluğu, teraslı balkonları vardı. Önündeki küçük, çorak meydana sığsa sığsa iki yüz kişi sığardı. Annemin bana söylediğine göre, 1928 yılında o gün, ordu bu meydanda, Muz Şirketi'nin kayıtlarında asla doğrusunun yer almadığı sayıda insanı katletmişti. Gözlerimle görmüşçesine aşina olduğum bir olaydı, kendimi bildim bileli dedemden belki bin kez dinlemiştim: Asker grevdeki işçilerin bir alay çapulcudan ibaret olduklarını açıklayan bir bildiri okuyordu. Görevliler meydanı boşaltmaları için beş dakika süre verdikten sonra üç bin erkek, kadın ve çocuk kızgın güneşin altında yerlerinden bile kımıldamamışlardı; sonra ateş emri, tüfeklerin takırtısı, tükürdükleri akkor halindeki parıltı, paniğe kapılıp birbirini ezen kalabalığın mitralyözün yöntemli ve yorulmak bilmez makasıyla karış karış kesilerek giderek azalması.

Tren Ciénaga'ya sabahın dokuzunda gelir, teknenin yolcularını ve dağdan inenleri toplar, on beş dakika sonra muz bölgesinin içlerine doğru ilerlerdi. Annemle istasyona sekizi biraz geçe varmıştık ama tren gecikmişti. Bizden başka yolcu yoktu elbette, annem bunu boş vagona girince fark etti ve bir şenlik havasında,

"Ne lüks ama! Tüm tren bize kalmış!" dedi.

Bunun memnuniyetsizliğini gizlemek için yapmacık bir sevinç olduğunu düşünmüşümdür çünkü zamanın etkileri vagonların her yerinden belli oluyordu. Bindiğimiz eskinin ikinci sınıf vagonlarındandı ama ne hasırdan koltukları kalmıştı ne de giyotin pencerelerinde cam, yoksulların kumaşı parlamış pantolonlu sıcak kıçlarının cilaladığı ahşap banklarda oturuyorduk. Yalnızca bu vagon değil tüm tren kendi kendisinin hayaleti gibiydi. Eskiden üç sınıf varmış. En yoksulların yolculuk ettiği üçüncü sınıf muzların ya da adaklık büyükbaş hayvanların taşındığı yük vagonlarının aynısıymış, ham ahşaptan enine banklar konarak insanlara uygun hale getirilmiş. İkinci sınıfın hasır koltukları ve bronz çerçeveleri varmış. Hükümet üyelerinin ya da Muz Şirketi'nin üst düzey memurlarının yolculuk ettiği birinci sınıftaysa, koridorlara halılar seriliymiş ve kırmızı kadifeyle kaplı, kollu, yönü değişebilen koltuklar varmış. Şirketin müdürü, davetlileri ya da ailesi yolculuk edeceği zaman, trene güneşlikli camları, altın yaldızlı saçaklıkları, yolculuk ederken çay içebilmek için küçük masaların bulunduğu bir terası olan bir vagon eklenirmiş. Bu rüya vagonun içini gören bir Allahın kulunu duymadım. Dedem iki kez belediye başkanı olmuştu, parayla da matrak bir ilişkisi vardı ama yalnızca yanında aileden bir kadın varsa ikinci sınıfta yolculuk ederdi. Neden üçüncü sınıfı yeğlediğini sorduğumda, "Çünkü bir dördüncü sınıf yok," yanıtını verirdi. Tren hakkında hatırlanmaya en çok değer şeyse dakikliğiydi, köylüler saatlerini onun ıslığına göre ayarlarlarmış.

O gün nedendir bilmem, bir buçuk saat gecikmeyle yola çıktık. Tren hüzünlü bir gacırdamayla yavaş yavaş yola koyulunca annem hayallere daldı ama hemen kendini toplayarak,

"Bu trenin yaylarının yağlanması gerek," dedi.

Belki de tüm trenin tek yolcularıydık, o âna kadar

gerçekten ilgimi çeken bir şeyle karşılaşmamıştım, *Ağustos Işığı*'nın mahmurluğuna daldım, birbiri ardına sigara yakıyor, arada bir bakışlarımı kitabımdan kaldırarak geride bıraktığımız yerlere çabucak bir göz atıyordum. Tren uzun bir ıslık salarak Ciénaga'nın deniz suyu altında kalmış düzlüklerini aştı, gürültüsünü dayanılmaz hale getiren tüm hızıyla, kızıl renkli kayalardan oluşma bir yara daldı. On beş dakika sonra hızı azaldı, gizemli bir soluk salarak plantasyonların serin gölgeliğine girdi, hava ağırlaşmış, denizden gelen meltem hissedilmez olmuştu. Muz bölgesinin yalıtılmış krallığına girdiğimizi fark etmek için okumama ara vermem gerekmiyordu.

Dünya değişti. Demiryolunun yanı başında göz alabildiğine plantasyonların simetrik ve bitmek tükenmek bilmez yolları uzanıyor, öküzlerin çektiği arabalarda yeşil hevenkler taşınıyordu. Birden ekilmemiş, düzensiz alanlarda kırmızı tuğladan evler, pencerelerinde demir parmaklıklar, tavanlarında vantilatör olan ofis binaları ve bir gelincik tarlasının ortasındaki yapayalnız hastane çıktı karşımıza. Her derenin kendi köyü ve üzerinde demir köprüsü vardı, genç kızlar buz gibi sularda banyo yapıyor, tren geçerken bir an görünüp kaybolan memeleriyle yolcuların huzuru kaçırmak için suyun içinde zıp zıp zıplıyorlardı.

Riofrío bölgesinde birçok Archuacos ailesi gördük, sırt çantaları dağlardan toplanmış, ülkenin en lezzetli *aguacate*'leriyle[1] tepeleme doluydu. Seke seke vagonları dolaşarak oturacak yer aradılar, ama tren yeniden yola koyulduğunda yalnızca yeni doğmuş bir bebekle iki beyaz kadın ve genç bir rahip kaldı içeride. Yolculuğun geri kalanında bebek hiç susmadı. Rahibin yürüyüş botları ve mantarlı şapkası vardı, pamuklu kumaştan cüppesi bir geminin yelkenlisi gibi kare biçimli yamalarla doluy-

---

[1] Defne ailesinden, sekiz-on metre yüksekliğinde, Güney Amerika'da yetişen bir ağaç. Dört mevsim yapraklıdır. Meyveleri yenir. (Çev.)

du, sanki kürsüdeymiş gibi, çocuk ağladıkça konuştu da konuştu. Seçtiği konu Muz Şirketi'nin geri dönme ihtimaliydi. Bu konu ortaya çıktığından beri bölgede başka bir şey konuşulduğu yoktu zaten, ölçütler şirketin dönmesini isteyenlerle istemeyenler arasında bölünmüştü, ama herkes döneceğinden emin görünüyordu. Rahip şirketin dönmesini istemiyordu ve bunu o kadar kişisel bir nedenle ifade etti ki, söylediği kadınlara palavraymış gibi geldi:

"Şirket gittiği her yerde ardında bir harabe bıraktı."

Bu, rahibin ağzından çıkan tek özgün cümleydi, ama onu da açıklayamadı ve sonunda bebeğin annesi rahibin söylediğiyle, Tanrı'nın onunla hemfikir olamayacağı düşüncesini birbirine karıştırdı.

Özlem her zaman yaptığı gibi kötü anıları silmiş, güzellerini devleştirmişti. Kimse yıkımından kurtulamamıştı. Trenin penceresinden kapıların eşiklerinde oturmuş adamlar görünüyordu, yüzlerine bir kez bakmak, ne düşündüklerini anlamaya yeterliydi. Deniz kabuğu sahillerdeki çamaşırcılar da trene aynı umutla bakıyorlardı. Elinde evrak çantası olan her yabancıyı United Fruit Company'nin gelip de geçmişi yeniden inşa edecek olan memuru sanıyorlardı. Her karşılaşmada, her ziyarette, her mektupta er ya da geç o kutsal cümle geçiyordu: "Diyorlar ki şirket geri dönecekmiş." Bunu kimin, ne zaman, niye söylediğini bilen yoktu, ama kimse şirketin döneceğinden kuşku duymuyordu.

Annem bu dehşetten kurtulduğuna inanıyordu, dedemle ninem ölünce Aracataca'yla tüm bağlarını koparmıştı. Düşleri ona ihanet ediyordu kuşkusuz. Kahvaltıda bizlere aktaracak kadar ilginç bulduğu bir düş görürse, anlattıkları her zaman muz bölgesine duyduğu özlemle ilintili oluyordu. Evi satmaya direnerek çok zor zamanlar geçirdi, şirket dönünce evi en az dört kat pahalı satacağına inanıyordu. Sonunda gerçeğin dayanılmaz baskısı onu da yendi. Ama trende rahibin şirketin dönmek üzere olduğunu söylediğini duyunca, eliyle üzüldüğünü gösteren bir hareket yapıp kulağıma eğilerek,

"Keşke biraz daha bekleyebilseydik, evi daha pahalıya satardık," dedi.

Rahip hiç durmadan konuşurken duraklamadan bir köy meydanından geçtik, kalabalık toplanmış, yakıcı güneş altında neşeli bir parça çalan bandoyu dinlemekteydi. Bu köylerin hepsi bana aynıymış gibi gelir. Papalelo beni Don Antonio Daconte'nin meşhur Olympia Sineması'na götürdüğünde de, kovboy filmlerindeki kasabaların bizim trenin içinden geçtikleriyle aynı olduğunu düşünürdüm. Daha sonra Faulkner okumaya başladığımda, onun romanlarındaki kasabalar da bana bizimkilerin aynısıymış gibi geldi. Bunda şaşırtıcı bir şey yok elbette, kasabaların hepsi de United Fruit Company'nin mesihimsi etkisiyle, iğreti ve geçici birer kamp alanı tarzında kurulmuş yerlerdir. Benim hatırladıklarımın hepsinde kilisesiyle bir meydan, peri masallarından çıkma, temel renklerde boyanmış evcikler vardı. Gün batarken şarkı söyleyen siyah derili gündelikçileri, çiftliklerin verandalarında oturarak yük trenlerinin geçişini izleyen işçileri, çiftliğin yaşam alanlarında pazar cümbüşlerinde aniden görünüverdiği söylenen kafası kesik şekerkamışı toplayıcıları da hatırlıyorum. Aracataca ve Sevilla'da, demiryolunun karşı tarafında, gringoların[1] özel şehirleri vardı. Devasa kümesler gibi elektrikli metal tellerle çevriliydiler, yazın serin günlerinde, tellere yapışıp ızgara olmuş tavuklar görürdük. Bıldırcınların havalandığı yapışkan mavi çayırlarını, pencereleri telli, kırmızı çatılı evlerini, teraslarda, palmiyelerin ve tozlu gül çalılarının arasında yemek yemek için katlanır iskemleleri olan yuvarlak masalarını hatırlıyorum. Bazen telin yakınlarında muslin elbiseli, büyük hasır şapkalı güzel ve bitkin kadınlar görünür, altın makaslarla bahçelerinden çiçekler

---

[1] 'Kuzey Amerikalı' anlamında kullanılan argo bir sözcük. (Çev.)

keserlerdi.

Yani çocukluğumda bir kasabayı ötekinden ayırt etmek hiç de kolay değildi. Şimdi, yirmi yıl sonra, bu iş daha da zorlaşmış, çünkü istasyonlardaki üzerlerinde şiirsel isimler olan tabelalar da düşmüş; Tucurinca, Guamachito, Neerlandia, Guacamayal – tüm bu kasabalar anılarımdakilerden daha da ıssız üstelik. Tren bitmek tükenmek bilmez bir on beş dakika boyunca lokomotif değiştirmek ve su almak için Sevilla'da, sabahın on bir buçuğunda durdu. İşte sıcak da orada bastırdı. Yeniden yola koyulduğumuzda, yeni lokomotif her dönemeçte camsız pencerelerden üzerimize bir kömür tozu fırtınası üfürüyor, kapkara bir karla kaplanıyorduk. Rahip ve kadınlar biz farkına varmadan kasabanın birinde inmişlerdi, bu, annemle beraber başka hiç kimsenin olmadığı bir trende olduğum duygusunu ağırlaştırmıştı. Önümde oturup pencereden bakan annem bir-iki kez şekerleme yapmış, düşlere dalmıştı, ama aniden uyanarak bana yine o ürkütücü soruyu yöneltti:

"Eeee, babana ne diyeceğim?"

Asla teslim olmayacağını, kararımı zayıflatacak bir açık aramaya devam edeceğini düşündüm. Bir süre önce hiç tartışmaya girmeden safdışı bıraktığım birkaç uzlaşma formülü sunmuşsa da, annemin ateşkesinin pek uzun sürmeyeceğini bilirdim. Yine de bu yeni girişim beni gafil avladı. Hiçbir sonuç vermeyecek bir savaşa hazır bir halde, öncekinden daha sakin verdim yanıtımı:

"Bu yaşamdaki tek arzum yazar olmak, ona böyle söyle, olacağım da."

"O senin olmak istediğin şeyi olmana karşı değil ki, onun istediği bir yerden mezun olman."

Annem bana bakmadan konuşuyor, aramızdaki söyleşi onu pencereden izlediklerinden daha az ilgilendiriyormuş gibi yapıyordu.

"Neden bu kadar ısrar ettiğini anlamıyorum, asla teslim olmayacağımı biliyorsun," dedim.

27

Ânında dosdoğru gözlerimin içine bakarak, kafası karışmış gibi,

"Neden bunu bildiğimi düşünüyorsun?" diye sordu.

"Çünkü sen ve ben birbirimizin eşiyiz."

Tren köyü olmayan bir istasyonda durdu, bir süre sonra da yol üzerindeki tek muz çiftliğinin önünden geçti, kapısının üzerinde çiftliğin adı yazılıydı: *Macondo*. Bu ad ta dedemle yaptığım ilk yolculuklardan beri dikkatimi çekerdi, ama ancak bir yetişkin olunca şiirsel tınısından hoşlandığımı anlayabilmiştim. Ne kimseyi bu adı söylerken duymuşluğum vardı ne de anlamını sormuştum. Bir ansiklopedide rastlantı eseri *ceiba* ağacına benzer tropik bir ağaç olduğunu, çiçeği ve meyvesi olmadığını, süngerimsi ahşabının kano yapımında ve mutfak öteberisi oymakta kullanıldığını okuduğumda, ismi üç kitapta hayalî bir köyün adı olarak kullanmıştım bile; daha sonra Britannica'da Tanganika'da yaşayan göçebe Makondo kabilesinden söz edildiğini keşfetmiş, sözcüğün kökeninin buradan gelebileceğini düşünmüştüm. Ne bunu araştırdım ne de ağacı gördüm, muz bölgesinde pek çok kez ağacı sorduysam da, kimse bana gösteremedi. Belki de böyle bir ağaç hiç var olmadı.

Tren on birde Macondo adlı çiftlikten geçmiş, on dakika sonra da Aracataca'da durmuştu. Annemle birlikte evi satacağımız güne bir buçuk saat gecikmeyle adım attık. Tren yeniden hızlanmaya başladığında ben tuvaletteydim, kırık pencereden içeri yakıcı ve kuru hava doldu, eski püskü vagonların gıcırtısı lokomotifin ürkütücü ıslığına karıştı. Yüreğim göğsümde güm güm atmaya başladı, buz gibi bir mide bulantısı tüm organlarımı dondurdu. Sanki deprem oluyormuşçasına korkuyla dışarı fırladım. Annem öylece oturmuştu, kılı bile kıpırdamıyordu; sanki yaşamın anlık fırtınalarıymışlar da geçip gitmişler ve bir daha asla geri dönmeyeceklermiş gibi, yüksek sesle trenin penceresinden gördüğü yerlerin adlarını sayıyordu birbiri ardına.

"Bunlar altın var masalıyla babama sattıkları toprak-lar," dedi.

Gözümüzün önünden çiçekli bahçesi ve kapısının üzerindeki tabelasıyla öncü öğretmenlerin evi geçti bir çırpıda: *The sun shines for all.*[1]

"İngilizce öğrendiğin ilk şey," dedi annem.

"İlk değil," dedim, "tek."

Gringoların plantasyona su aktarmak amacıyla ırmağın yönünü değiştirmek için inşa ettikleri kanalın bulanık sularının üzerindeki beton köprüden geçtik.

"İşte hayat kadınlarının mahallesi, erkeklerin sabah-lara dek *cumbiamba* dansı yapıp mum yerine banknot-ları yaktıkları yerler," dedi annem.

Yol boyunca sıralanmış kahverengi banklar, güneş altında pas rengini alan badem ağaçları, okumayı öğren-diğim okulun bahçesi. Trenin penceresinin önünde bir anlığına da olsa, bütün kasabanın aydınlık bir şubat sa-bahındaki hayali canlanıverdi.

"İstasyon!" diye bağırdı annem. "Treni bekleyen kimse kalmadığına göre her şey nasıl da değişmiş ol-malı!"

Lokomotif ıslık çalmayı kesti, yavaşlamaya başladı, uzun uzun sızlanarak durdu. İlk etkilendiğim şey sessiz-likti. Bu, bağlı gözlerle bile dünyanın öbür sessizlikleri arasında ayırt edilebilecek, elle tutulabilir yoğunlukta bir sessizlikti. Sıcağın yansıması öylesine yoğundu ki, her şey dalgalı bir camın ardından görünüyordu sanki. Gözün görebildiği yerde ne bir insan vardı ne de püskür-müş gibi duran, yakıcı toz tabakasıyla kaplanmamış bir nesne. Annem bir-iki dakika daha yerinde oturmaya de-vam etti, ölü kasabaya ve ıssız sokaklara baktı, sonra dehşet içinde,

"Aman Tanrım!" diye inledi.

Trenden inmeden önce tek söylediğiydi bu.

---

[1] Güneş herkes için parıldar. (Çev.)

Tren orada dururken yalnız değilmişiz gibi bir duyguya kapılmıştım, ama ani, iç gıcıklayıcı bir ıslık çalarak hareket edince, annemle o cehennemi güneşin altında çaresiz kalıverdik; tüm kasabanın ağırlığı üzerimize çöktü sanki. Birbirimize hiçbir şey söylemedik. Eski istasyon binası ahşaptı, çinko çatısı ve dört yanını saran balkonuyla, kovboy filmlerinden aşina olduklarımızın tropikal bir çeşitlemesi gibiydi. Sütunları sarmaşıkların zoruyla çatlamaya başlamış olan bu terk edilmiş yapıyı arkamızda bırakarak, badem ağaçlarının gölgesine sığına sığına, siesta[1] zamanının durgunluğuna daldık.

Çocukluğumdan beri bu hareketsiz siestalardan nefret ederdim, çünkü ne yapacağımızı bilemezdik. Uyuyanlar hiç uyanmadan, "Susun, uyuyoruz!" derlerdi. Dükkânlar, devlet daireleri, okullar on ikide kapanır, neredeyse üçe kadar açılmazlardı. Evlerin içi insanın ne yapacağına karar veremediği bir mahmurlukla dolardı. Bazılarında bu durum o kadar dayanılmaz olurdu ki, ev halkı kendini dışarı atar, hamaklarını avluya asar ya da taburelerini bademlerin gölgesine çeker, sokak ortasında uyurlardı. Yalnızca istasyonun karşısındaki otel, otelin kantini ve bilardo salonu, kilisenin arkasındaki telgraf dairesi açık kalırdı. Her şey anılarımdaki gibi ama daha yoksul ve yıpranmış, bir uğursuzluk rüzgârına kapılmıştı sanki: ağaç kurtlarının kemirdiği aynı evler, paslanıp delinmiş çinko çatılar, eski püskü granit banklarıyla meydan, hüzünlü badem ağaçları; her şey o görünmez, alev alev, insanın görüşünü çarpıtıp derisinin kirece kesmesine neden olan toz altında şeklini yitirmişti. Demiryolunun öteki tarafındaki Muz Şirketi'nin özel cennetiyse, elektrikli telleri ve palmiye ağaçları olmayan geniş bir fundalıktan ibaret kalmış, gelinciklerin arasındaki evler birer harabeye dönmüştü, hastanenin yanmış kalıntısı görünüyordu yalnızca. Benim içimde doğaüstü bir

---

[1] Öğle uykusu. (Çev.)

yankı uyandırmayan tek bir kapı, duvarda bir çatlak, insanlardan kalma bir iz yoktu bu manzarada.

Annem o tüy gibi adımlarıyla dimdik yürüyor, yas giysisinin içinde pek terlemiyormuş gibi görünüyor, çıtı çıkmıyordu; ama yüzünün ölü beyazlığı ve keskin profilinden içinde ne fırtınalar koptuğunu kestirmek zor değildi. Yolun sonunda ilk kez biriyle karşılaştık: Ufak tefek, elden ayaktan düşmüş bir kadıncağız Jacobo Berazaca'nın köşesini döndü ve elinde tuttuğu, iyi kapanmamış kapağı adımlarının çizdiği yayın merkezini belirleyen çinko-kalay karışımı bir tencereyle bizim tarafımıza geçti. Annem kadına bakmadan bana,

"Bu Vita," dedi.

Tanımıştım. Çocukluğundan beri dedemlerin mutfağında çalışırdı. Ne kadar değişmiş olursak olalım, bakmaya tenezzül etseydi, bizi tanırdı. Ama hayır: Başka bir âlemde geçip gitti yanımızdan. Hâlâ kendi kendime Vita'nın o günden çok önce ölmüş olup olmadığını sorarım.

Köşeyi dönünce, sandaletlerimin arasına giren toz ayaklarımı yaktı. İçimdeki çaresizlik hissi dayanılmazdı. Birden annemle kendimi, María Consuegra'nın, evinin kapısını zorladığı için bir hafta önce öldürdüğü hırsızın annesi ve kız kardeşini çocukken gördüğüm gözle gördüm.

María Consuegra sabahın üçünde birinin sokak kapısını zorlarken çıkardığı gürültüyle uyanmış. Işığı yakmadan kalkmış, giysi dolabının içinde el yordamıyla Bin Gün Savaşları'ndan beri kimsenin ateşlemediği antika silahı bulmuş, karanlıkta yalnızca kapının yerini değil, kilidin yerden yüksekliğini de tahmin etmiş. Sonra iki eliyle silahı kavramış, gözlerini yummuş ve tetiği çekmiş. Daha önce ömründe ateş etmemişmiş, ama kurşun kapıyı delip hırsıza saplanmış.

O hırsız gördüğüm ilk ölüydü. Sabahın yedisinde okula gitmek için evin önünden geçerken ceset hâlâ kaldırımda, kurumuş bir kan lekesinin üzerinde yatıyordu;

burnunu parçalayarak girip bir kulağından çıkan kurşun adamın yüzünü dağıtmıştı. Ölünün renkli çizgileri olan bir gemici fanilası, sıradan bir pantolonu vardı, kemer yerine beline bir kuşak sarmıştı ve ayakları çıplaktı. Yerde yanı başında, kapıyı zorladığı el yapımı maymuncuğu bulmuşlardı.

Kasabanın önde gelenleri hırsızı vurduğu için geçmiş olsun deyip onu teselli etmek üzere María Consuegra'nın evine gitmişlerdi. Ben de Papalelo'yla gitmiştim, kadını devasa bir tahta benzeyen hasır bir Manila koltuğuna oturmuş, çevresini saran heyecanlı arkadaşlarına hikâyesini bininci kez anlatırken bulduk. Herkes yalnızca korkudan ateş ettiği konusunda kadınla hemfikirdi. Sonra dedem ateş ettikten sonra bir şey duyup duymadığını sordu, kadın ilk önce büyük bir sessizlik olduğunu, sonra betonun üzerine düşen maymuncuğun çıkardığı sesi duyduğunu, sonra alçak ve acılı bir sesin, "Ay! Anneciğim!" diye bağırdığını söyledi. Görünüşe göre dedem soruyu sorana kadar, María Consuegra yaşanan yürek parçalayıcı trajedinin farkına varmamıştı. Birden ağlamaya başladı.

Bu bir pazartesi olmuştu, ertesi salı ömrüm boyunca en eski arkadaşım olarak bildiğim Luis Carmelo Correa ile topaç çeviriyorduk, uyuyanların zamanından önce uyanarak pencerelere koştuğunu görünce şaşırdık. Sonra ıssız sokakta tepeden tırnağa kara yas giysileri içinde bir kadın gördük, yanında elinde bir gazete kâğıdına sarılı solmuş çiçekler tutan, on iki yaşlarında bir kız çocuğu vardı. Kızgın güneşten kara bir şemsiyeyle korunuyor, onları pencerelerden izleyen insanların küstahlığını kesinlikle görmezden geliyorlardı. Öldürülen hırsızın annesi ve kız kardeşiymişler, çiçekleri adamın mezarına götürdüler.

Sonunda bir öyküye dökerek çıkarıp da içimden atana kadar yıllarca peşimi bırakmadı bu görüntü, tüm kasaba halkının pencerelerinden bakarken gördüğü ortak bir rüyaydı sanki. Ama gerçek şu ki, annemle evi satmaya gidip de, kendimi aynı ölü saatte aynı sokakta yürürken bulana kadar, ne kadınla kızın yaşadıkları dramın gerçekten farkına varmıştım ne de olağanüstü ağırbaşlılıklarının.

"Kendimi hırsız benmişim gibi hissettim," dedim.

Annem ne dediğimi anlamadı. Dahası da var: María Consuegra'nın evinin önünden geçerken, merminin delip geçtiği yerdeki yamanın hâlâ fark edilebildiği kapıya dönüp de bakmadı bile. Şimdi yıllar sonra, annemle yaptığımız o yolculuğu anımsadığımda, trajediyi hatırladığını ama unutmayı yeğlediğini anlıyorum. Aynı tercih Don Emilio'nun yaşadığı evin önünden geçerken daha da belirgindi; 'Belçikalı' olarak bilinen bir adamcağızdı Don Emilio, Birinci Dünya Savaşı gazisiydi, Normandiya'da mayınlı bir arazide iki bacağını birden kaybetmişti; bir Hamsin Yortusu[1] pazarında, altın siyanürü buhuruyla bu anının işkencelerinden kurtulmaya karar vermiş olmalı. En fazla altı yaşındaydım ama ertesi gün sabahın yedisinde duyulan bu haberin yarattığı karmaşayı dünmüş gibi hatırlıyorum. Hafızamıza öylesine kazınmış olmalı ki, evi satmak için kasabaya geri döndüğümüzde, annem yirmi yılın sonunda sessizliğini bozarak,

"Zavallı Belçikalı," diye iç çekti, "senin de demiş olduğun gibi bir daha asla satranç oynayamadı."

Amacımız doğrudan eve gitmekti, ancak bir blok kala annem aniden durdu ve bir önceki köşeden saparak,

"Buradan gitsek daha iyi olur," dedi, sonra da sanki nedenini bilmek istemişim gibi bana dönüp, "çünkü korkuyorum," diye ekledi.

Böylece ben de kendi mide bulantımın nedenini anlamış oldum: Korkuydu; sadece hayaletlerimle karşılaşmaktan değil, her şeyden duyduğum korku. Böylece bir paralel sokakta yürüyerek evin çevresinden dolanmış ol-

---

[1] Hıristiyanların Paskalya'dan elli gün sonra kutladıkları yortudur, kutlamalar pazar günü yapılır. (Çev.)

duk, tek amacımız önünden geçmemekti. Sonradan "Biriyle konuşmadan önce evi görecek cesaretim yoktu," diye açıklamıştı annem. Öyle de oldu. Geldiğimizi önceden haber vermeden, beni neredeyse sürükleyerek, Doktor Alfredo Barboza'nın evimizden yüz adım bile uzakta olmayan, köşedeki eczanesine girdi.

Doktor'un karısı Adriana Berdugo kendini ilkel, Domestic marka, manivelalı dikiş makinesiyle dikiş dikmeye öylesine kaptırmıştı ki, annemin önünde dikilip neredeyse fısıldayarak,

"Comadre,[1]" dediğini fark etmedi bile.

Adriana kalın yakın gözlüğünün ardında tuhaf görünen bakışlarını kaldırdı, gözlüğünü çıkardı, bir an bocaladı, kollarını açıp iniltili bir çığlık salarak ayağa fırladı.

"Ay! Comadre!"

Annem hâlâ dikiş tezgâhının arkasındaydı, iki kadın başka bir şey söylemeden birbirlerine sarılıp ağlamaya başladılar. Ben tezgâhın uzağında, ne yapacağımı bilemez halde kalakalmıştım; sessiz gözyaşları eşliğindeki bu uzun kucaklaşma sırasında, ilelebet yaşamımın bir parçası olacak, tamiri mümkün olmayan bir şey meydana geldiğinden emin, içim ürpermişti.

Eczane Muz Şirketi zamanında en iyi devrini yaşamıştı, eskinin zengin stokundan az sayıda rafın üzerinde duran, üzerlerinde altın yaldızlı yazılar olan birkaç şişecik kalmıştı yalnızca. Dikiş makinesi, hassas eczacı terazisi, hâlâ çalışan sarkaçlı saat, Hipokrat Yemini'nin sözleri, artık kırılmanın eşiğindeki sallanan iskemleler; çocukluğumdan beri gördüğüm her şey yerli yerindeydi, ama zamanın acımasızlığı yüzünden şekilleri değişmiş, çarpılmışlardı.

Adriana da aynı şeyin kurbanıydı. Her zamanki gibi iri tropikal çiçekleri olan bir elbise giymişse de, yaşı epey

---

[1] 'Vaftiz ana' ve 'ebe' anlamlarına gelen bir sözcüktür. Aynı zamanda yakın dost olan kadınlara hitap şeklidir; erkeklere de aynı şekilde 'compadre' denir; samimiyet ifade eder, orijinal halinde bırakmayı uygun gördüm. (Çev.)

ilerleyene kadar onu meşhur eden o coşku ve afacanlığından eser kalmamıştı geriye. Tek değişmeyen şey kedileri deli eden, yaşamımın geri kalanında hafif bir baş dönmesiyle anımsayacağım, üzerine sinmiş kediotu kokusuydu.

Adriana ve annemin gözyaşları tükendiğinde, dükkânı ayıran ahşap paravanın arkasından kalın ve kesik kesik bir öksürük sesi duyuldu. Adriana sanki geçmiş zarafetinin kırıntılarını bir araya getirerek paravana doğru seslendi.

"Doktor," dedi, "bil bakalım kim gelmiş?"

Sert bir adamın pütürlü sesi ilgisizce, "Kimmiş?" diye sordu.

Adriana yanıt vermedi, bize eliyle dükkânın arkasına geçmemiz için bir işaret yaptı. Çocukluğuma ait bir korku beni yerime mıhlamıştı, ağzım yapışkan bir tükürükle doldu, yine de annemle birlikte eskiden eczanenin laboratuvarı olan, bir köşesi acil servis odası gibi düzenlenmiş bölüme girdim. İşte, orada, ebedî hasır hamağında sırtüstü yatıyordu Doktor Alfredo Barboza; yerin ve suyun tüm yaşlı canlılarından daha da ihtiyardı, ayakkabıları yoktu, bir tövbekâr cüppesine benzeyen, ham pamukludan o efsanevî pijaması vardı üzerinde. Bakışlarını tavana dikmişti ama içeri girdiğimizi hissedince başını çevirdi; duru, sarı gözleriyle annemin kim olduğunu çıkartana kadar bize baktı,

"Luisa Santiaga!" diye bağırdı şaşkınlıkla.

Eski bir mobilyanın yorgunluğuyla oturdu hamağında. Bir insan formuna kavuşup bizi alev alev yanan elinin çabuk bir hareketiyle selamladı. Şaşkın ifademi görmüş olmalı ki bana dönüp, "Bir yıldan beri çok ateşim var," dedi, sonra hamaktan indi, yatağa oturdu ve bir solukta,

"Bu kasabada olup bitenleri hayal bile edemezsiniz," diye konuştu.

Tüm bir yaşamı özetleyen bu tek cümle, onu belki de

ezelden beri olduğu gibi görmeme yetip de arttı: yalnız ve hüzünlü bir adam. Uzun boylu ve sıskaydı, gelişigüzel kesilmiş güzel, kır saçları vardı; derin bakışlı, sarı gözleri çocukluğumun en ciddi korkularından biriydi. Öğleden sonraları okuldan dönünce, korkunun büyüsüne kapılmış olarak Doktor'un yatak odasının penceresine tırmanırdık. Biraz olsun serinleyebilmek için hızla hamağında sallanırdı. Dönüp de o fırtınalı gözleriyle bize bakana kadar dik dik ona bakmaktan ibaretti oyun.

Onu ilk kez beş-altı yaşlarındayken gördüm, okul arkadaşlarımla birlikte evinin arka avlusuna girmiş, ağaçlarındaki dev gibi mangoları yürütmeyi planlıyorduk. Birden avlunun bir köşesine konmuş, ne işe yaradığını bilmediğim tahta perdenin kapısı açıldı ve Doktor pamuklu iç donunun uçkurunu bağlayarak dışarı çıktı. Üzerindeki beyaz hastane gömleğiyle bu solgun ve kemikli adam bana öte dünyadan bir varlık gibi görünmüştü, cehennem köpeğininkilere eş o sarı gözlerini sonsuza dek üzerime dikecekti sanki. Arkadaşlarım kapıdan dışarı kaçtılar ama ben bakışlarıyla taş kesilip olduğum yerde çakıldım kaldım. Hâlâ elimde tuttuğum, ağaçlarından kopardığım mangolara baktı,

"Ver onları bana!" diye gürledi, korkunç bir aşağılamayla beni tepeden tırnağa süzüp. "Avlu faresi n'olacak!" diye de ekledi.

Mangoları ayaklarının dibine fırlatıp ödüm patlamış olarak oradan kaçtım.

Sonraları Doktor benim kişisel hayaletim haline dönüştü. Yalnız yürüyorsam, evinin önünden geçmemek için uzun bir tur atardım. Yanımda büyükler varsa, eczaneye kaçamak bir bakış fırlatabilirdim. Adriana'yı tezgâhın arkasındaki dikiş makinesinin başında, ömür boyu hapse mahkûm biri gibi çile doldururken görürdüm, Doktor yatak odasında hamağında sallanırdı ve bu bir tek bakış bile kanımı dondurmaya yeterdi.

Doktor kasabaya yüzyılın başlarında gelmişti. Juan

Vicente Gómez'in vahşi despotizminden kaçarak La Guajira sınırını aşan bir pek çok Venezuelalıdan biriydi. İki çelişkili gücün farklı yönlere çekiştirdiği ilk insanlardan biri olmuştu: kendi ülkesindeki despotun vahşeti ve bizim ülkemizdeki Muz Şirketi'nin iyiliğinin hayalî. Gelir gelmez doktorluğu –klinik bakışı denirdi o zamanlar– ve yüreğinin iyiliğiyle hemen sevilmişti. Trenden kimin ineceği önceden kestirilemediği için sofrada her zaman fazladan bir tabak bulunan dedemin evinde en sevilen dostlardan biriydi. Annem büyük oğlunun vaftiz annesiydi, dedem de ona kendi kanatlarıyla uçmayı öğretmişti. Daha sonra İspanyol İç Savaşı'ndan kaçanların arasında yetişmeye devam ettiğim gibi, o zamanlar da bu göçmenlerin arasında büyümüştüm.

Bu unutulmuş dostun bende yarattığı korkunun son izleri de kısa sürede silindi. Annemle yan yana yatağının üzerine oturarak kasaba halkının belini büken trajedinin felaketlerini dinlemeye başladık. Öyle bir canlandırma gücü vardı ki Doktor'un, anlattığı her şey sıcağın havasını ağırlaştırdığı odanın içinde yaşanıyordu sanki. Tüm uğursuzlukların kökeni, devlet güçlerinin işçileri vurarak öldürmesiydi, ama hâlâ hikâyenin doğruluğu üzerine kuşkular vardı: Üç ölü mü, üç bin ölü mü? "Belki de o kadar değildir," dedi Doktor, herkes kendi acısına paralel olarak rakamı abartıyordu. Ve işte, şirket bir daha asla dönmemek üzere gitmişti.

"Gringolar bir daha asla geri gelmeyecek," diye bitirdi sözlerini.

Kesin olansa, gringoların her şeyi beraberlerinde götürdükleriydi: para, aralık ayının meltemleri, ekmek bıçağı, öğleden sonra saat üçteki gökgürültüleri, yasemin kokusu, aşk. Yalnızca tozlu bademler, kireçli sokaklar, insanların suskunluğunun paslandırdığı çatılarıyla, anıların yıkıp harabeye çevirdiği ahşap evler kalmıştı geriye.

O öğleden sonra Doktor, çinko çatıdan yağmur damlalarının düşüşünü andıran sesler gelip de şaşırdığımı gördüğünde, bana ilk kez doğrudan baktı,

"Tavuklar," diye açıkladı, "bütün gün çatıda geziyorlar." Sonra bitkin parmağıyla kapalı kapıyı işaret ederek,

"Geceleri daha da kötü, sokaklarda atlaya zıplaya dolaşan ölüler hissediliyor," dedi.

Bizi yemeğe davet ettiler, kalmamıza hiçbir engel yoktu, evin satış işleminin yalnızca formaliteleri kalmıştı, içinde oturan kiracılar alıcıydılar ve muhtelif sorunlar telgraflarla halledilmişti. Zamanımız var mıydı peki?

"Hem de çok," dedi Adriana, "trenin ne zaman geleceği bilinmez."

Böylelikle onlarla bir Kreol[1] öğünü paylaştık, yiyeceklerin yalınlığının yoksullukla değil, Doktor'un hem masada hem de yaşamın bütün alanlarında uyguladığı, aşırılık karşıtı diyetle ilgisi vardı. Çorbayı tadar tatmaz, hafızamda uyuyan bir sürü insanın birden uyandığı hissine kapıldım. Çocukluğumdan beri bana ait olan, ama kasabadan ayrıldıktan sonra kaybettiğim tatlar kaşık kaşık yeniden ortaya çıkarak yüreğimi sıkıştırdılar.

Konuşmanın başından beri Doktor'un karşısında kendimi ona pencereden muziplik yaptığım yaşta hissediyordum, bana annemle konuştuğu ciddiyet ve sevgiyle hitap ettiğinde üzerime bir çekingenlik çöküyordu. Çocukken zor bir durumla karşılaşınca, şaşkınlığımı hızlı hızlı ve sürekli gözlerimi kırpıştırarak geçiştirmeye çalışırdım. Doktor bana bakar bakmaz, hemen bu kontrol edemediğim tikim geri geldi. Sıcak dayanılacak gibi değildi artık. Konuşmaların kıyısında oyalanıyor, kendi kendime bu özlem dolu nazik ihtiyarcığın nasıl olup da çocukluğumun kâbusu olabildiğini soruyordum. Uzunca bir suskunluğun ardından bir büyükbaba gibi gülümseyerek, olağan bir tavırla bana dönüp,

"Demek sen büyük Gabito'sun," dedi, "ne okuyorsun?"

---

[1] İspanyol asıllı olup Karayiplerde doğup yaşayan kişiler. (Yay.)

Şaşkınlığımı eğitimimin etkileyici bir anlatısıyla gizlemeye çalıştım: resmî bir yatılı okuldan iyi dereceyle mezuniyet, iki yıl birkaç ay süren karmaşık bir hukuk eğitimi, deneysel gazetecilik. Annem beni dinledikten sonra, hemen Doktor'un desteğini aradı.

"İnanabiliyor musun, compadre, yazar olmak istiyormuş," dedi.

"Ne kadar iyi comadre, bu Allah'ın bir lûtfu!" Bana dönerek, "Şiir mi?" diye sordu.

Yüreğim ağzımda, "Roman ve öykü," dedim.

Heyecanlandı.

"*Doña Bárbara*'yı okudun mu?"

"Elbette," yanıtını verdim, "ve Rómulo Gallegos'un yazdığı hemen her şeyi."

Doktor bir heyecan dalgasıyla canlanmış, bize Maracaibo'da verdiği bir konferansta yazarla karşılaştığını, gözüne eserlerine yaraşır bir adam gibi göründüğünü söyledi. O sıralarda Mississippi hikâyelerini duyunca kırka fırlayan ateşimle, bunların yerel romancılığımızla örtüştüğü yerleri yeni yeni görmeye başlıyordum. Ama çocukluğumun karabasanı olan bu adamla böyle kolay ve dostça sohbet etmek bir mucize gibi geldiğinden, heyecanına katılmayı yeğledim. Ona *El Heraldo*'daki köşem 'La Jirafa'dan[1] söz ettim, yakında büyük umutlar bağladığımız bir dergi çıkarmayı düşündüğümüz haberini verdim ve kendimden son derece emin bir tavırla projeyi anlattıktan sonra derginin adını bile söyledim: *Crónica.*

Beni tepeden tırnağa süzdü, "Nasıl yazdığını bilmiyorum ama yazar gibi konuşuyorsun," dedi.

Annem gerçeği açıklamaya can atıyordu: Kimsenin yazar olmama laf ettiği yoktu, yeter ki ayaklarımı yere sağlam basmamı sağlayacak bir akademik kariyer sahibi olayım. Doktor bu sözleri önemsemeyerek yazarlık kari-

---

[1] Dişi zürafa. (Çev.)

yerinden söz etti. O da yazar olmak istemiş ama ailesi onu asker olmaya ikna edemeyince, anneminkine benzer savlarla tıp okumasında ısrar etmişler.

"Bak comadre," diye bitirdi sözlerini, "ben bir doktorum değil mi, ama hastalarımın kaçının Tanrı'nın ilâhi takdiriyle, kaçının benim ilaçlarım yüzünden öldüğünü bile bilmiyorum."

Annem belli ki kendini kaybolmuş hissediyordu.

"En kötüsü de," diye devam etti sözlerine, "onun için yaptığımız bunca fedakârlıktan sonra hukuku bırakması."

Tam tersine, Doktor'a göre bu gönülden duyulan bir Tanrı çağrısının muhteşem kanıtıydı: yasaları ve doğası aşkın hasmı olan biricik güç. Özellikle de söz konusu olan insanın kendini sanata adamasıysa; bu tüm adanmışlıkların en gizemlisiydi, insanın tüm hayatını vermesi ve karşılığında hiçbir şey beklememesi gerekiyordu.

"İnsan bunu doğduğu andan beri içinde taşır, buna karşı çıkmak sağlık için en kötü şeydir," dedi, insanı baştan çıkaran bir gülümsemeyle, "tıpkı rahiplerin adanmışlığı gibi," diyerek bitirdi sözlerini.

Benim hiçbir şekilde açıklamayı beceremediğim şeyi bu biçimde açıklamasına hayran kalmıştım. Sanırım annem de duygularımı paylaşıyordu, ağır bir sessizlik içinde bir süre beni süzdükten sonra, teslim olarak,

"Peki tüm bunları babana açıklamanın en iyi yolu nedir o zaman?" diye sordu.

"Biraz önce dinlediğimiz gibi herhalde," dedim.

"Hayır, bundan bir sonuç çıkmaz," dedi, biraz daha düşündükten sonra, "neyse sen dert etme, ben açıklamanın bir yolunu bulurum," diye ekledi.

Ne yapıp ettiğini bilmiyorum, tartışma orada bitti. Saat iki kez çalarak iki cam damlası gibi zamanı duyurdu. Annem yerinden sıçrayarak, "Aman Tanrım!" dedi. "Neden geldiğimizi unuttum!" Ayağa kalktı,

"Gitmemiz gerek."

Karşı kaldırımdan ilk kez gördüğüm evin ne anılarımla ne de özlemlerimle pek bir ilgisi kalmıştı. Yıllarca evin kimliğinin yanıltmaz bir işareti olan iki koruyucumuz, badem ağaçları kökünden kesilmiş, ev açıkta kalmıştı. Ateş gibi güneşin altında kala kala otuz metre kadar bir cephe kalmıştı yalnızca; üst yarısı kiremitli çatısıyla bir bebek evini andırıyordu, diğer yarısıysa zımpara yüzü görmemiş ahşaptandı. Annem kapalı kapıyı önce yavaşça, sonra daha hızlı çaldı, pencereden içeriye,

"Kimse yok mu?" diye bağırdı.

Kapı çok yavaş açıldı ve bir kadın içerinin gölgeliğinden,

"Ne istiyorsunuz?" diye sordu.

Annem muhtemelen farkında olmadığı bir otoriteyle,

"Ben Luisa Márquez'im," yanıtını verdi.

Bunun üzerine sokak kapısı açıldı, yas giysisi içinde, kemikli, solgun bir kadın bize başka bir âlemden baktı. Salonun dibinde yaşlı bir adam tekerlekli bir sandalyede sallanıyordu. Yıllardır evi almak istediklerini söyleyen kiracılar karşımızdaydı işte, ama ne onlarda alıcı hali tavrı vardı ne de ev birilerini ilgilendirebilecek durumdaydı. Annemin aldığı telgrafa göre, kiracılar annemin imzalayacağı bir makbuz karşılığı bedelin yarısını vermek, diğer yarısını da yıl içinde gerekli belgeler hazırlanıp imzalandıktan sonra vermek konusunda anlaşmaya varmışlardı, ama kimsenin önceden ayarlanmış bir ziyareti hatırladığı yoktu. Sanki sağırlarla dilsizler arasında geçen uzun bir tartışmanın ardından tek anlaşılan, ortada hiçbir anlaşma olmadığıydı. Bu aptallığın ve cehennem sıcağının çılgına çevirdiği annem ter içinde kalmıştı, çevresine baktı, derin bir iç çekişin eşliğinde ağzından,

"Bu zavallı ev bitmiş artık," sözcükleri döküldü.

"Daha da kötü durumda," dedi adam, "tepemize çökmemesinin tek nedeni ayakta kalması için para harcamamız."

Yapılması gerekli tamiratların bir listesini hazırlamışlardı, bir liste de kiradan düşülecekler için vardı, öyle ki, neredeyse biz borçlu çıkacaktık. Her zaman kolayca gözyaşlarına boğuluveren annem, hayatın tuzaklarına karşı koyabilmek konusunda inanılmaz bir iç bütünlüğüne sahiptir. İyi tartışıyordu, araya girmeye yeltenmedim çünkü daha ilk pürüzde alıcıların haklı olduklarını anlamıştım. Telgrafta ne ziyaret tarihi ne de satışın nasıl yapılacağı konusunda bir anlaşmaya varılmıştı, tam tersine, anlaşmaya varılması gerektiği belirtilmişti. Olan biten ailemin tahmin becerisinin tipik bir örneğiydi. Kararın ikindi kahvaltısı masasında, telgrafın geldiği anda alelacele nasıl alındığını gözlerimin önüne getirebiliyordum. Beni saymazsak aynı haklara sahip on kardeş vardı. Sonunda annem üç kuruş oradan, beş kuruş buradan toplayıp okul yıllarından kalma valizini hazırlamış olmalı.

Annem ve kiracı bir kez daha her şeyin üzerinden geçtiler ve yarım saatten az bir sürede bir alışveriş olmayacağını anladık. Bir sürü çözümsüz nedenin arasında, hatırlamadığımız ve yıllar sonrasına kadar kalkmayacak olan bir ipotek de vardı, hem ancak o zaman satış kesinleşebilirdi zaten. Sonunda kiracı yeni baştan aynı tatsız tartışmayı başlatmaya niyetlendiğinde, annem bu konudaki tartışılmaz becerisiyle bir çırpıda kesiverdi kadının sözünü.

"Ev satılık değil," dedi, "birden farkına vardık ki hepimiz burada doğduk, hepimiz burada öleceğiz!"

Günün geri kalanında gecikmiş olan treni beklerken hayalet evin içinde özlemlerimizle baş başa kaldık. Evin hepsi bizimdi ama yalnızca yola bakan kiralık kısmı kullanılıyordu, eskiden dedemin bürosuydu orası. Geri kalan kısım perperişan durumda kurt yeniği duvarlardan, kentenkelelerin merhametine kalmış paslı çinko çatıdan ibaretti. Annem eşikte taş kesmişti sanki. Son sözünü söyledi:

"Bu, o ev değil!"

Ama hangi ev olmadığını belirtmedi. Tüm çocukluğum boyunca ev o kadar farklı biçimlerde betimlenmiştir ki, kimin anlattığına bağlı olarak formu ve anlamı değişik en az üç ev olmalı. Dedemin o küçümseyici tavrıyla anlattığına bakarsak ilki bir yerli karavanı olmalıydı. İkincisi, dedemlerin inşa ettiği, kalasların araları sazla örülerek ve çamurla sıvanarak yapılmış, acı palmiyelerden çatısı, geniş ve aydınlık bir salonu, canlı renklerde çiçeklerin ekili olduğu teraslı bir yemek odası, iki yatak odası, içinde dev gibi bir kestane ağacı olan avlusu, bir sürü bitkinin ekili olduğu bir bostanı, teke, domuz ve tavukların barış içinde yaşadığı bir ağılı olan evdi. Daha sık anlatılan çeşitlemeye göreyse, kimbilir onca savaşın hangisine ait 20 Temmuz Bağımsızlık Günü kutlamaları sırasında üzerine düşen bir havai fişek nedeniyle, bu evden geriye sadece külleri kalmıştı. Yangından tek kurtulan betondan yapılma taban ve Papalelo'nun muhtelif kereler kamu görevlisi olarak çalışmaları sırasında ofis olarak kullandığı, kapısı sokağa açılan iki odalı bölmeydi.

Ailem hâlâ sıcak olan kalıntıların üzerine son sığınağını inşa etmiş. Doğrusal bir koridor boyunca birbirini izleyen sekiz odası ve kadınların akşamüstünün serinliğinde oturup nakış işleyerek sohbet ettikleri begonyalı tahta bir verandası olan bir evdi bu. Odalar yalındı, aslında birbirlerinden ayırt etmek mümkün değildi, ama bir bakışta, her birinin sayılamayacak ayrıntısında yaşamımın birçok kritik noktasının varlığını gördüm.

İlk oda ziyaretçilere ayrılmıştı ve dedemin kendi ofisiydi. Perdeli bir çalışma odası, kolçaklı ve yaylı döner koltuk, elektrikli vantilatör, bomboş kitaplıkta dikişleri atmış bir tek kitap: sözlük. Hemen ardından dedemin gümüş atölyesi geliyordu, burada saatlerini geçirir, gövdesi oynayabilen ve minicik zümrütlerden gözleri olan

43

altından balıklar yapardı, ona para kazandırmaktan çok, iyi zaman geçirmesini sağlayan bir işti bu. Burada bazı önemli kişilerle de görüşürdü, bunlar çoğunlukla politikacılar, işsiz memurlar ya da savaş gazileri olurdu. Farklı kereler ailemizle birlikte yemek masasına oturan iki tarihî kişiliği de misafir etmişliği vardı: General Rafael Uribe Uribe ve Benjamín Herrera. Ninemin Uribe Uribe hakkında ömrü boyunca hatırladığı tek şey sofradaki ölçülülüğüydü elbette: "Bir kuş kadarcık yiyor."

Ofis alanı ve atölye, Karayip kültürümüzün bir eseri olarak kadınlara açık değildi, kasabanın kahvelerine ve lokantalarınaysa, yasa zoruyla giremezdi kadınlar. Zamanla bu bölüm Petra Teyze'nin öldüğü ve Papalelo'nın kız kardeşi Wenefrida Márquez'in uzun soluklu bir hastalığın son aylarını geçirdiği bir hastane koğuşuna dönüştü. Bu iki mekândan sonra çocukluğum boyunca bizimle oturan ya da arada bir evimize gelen kadınların kapalı cenneti başlardı. Her iki dünyanın da ayrıcalıklarından faydalanan tek erkek bendim.

Yemek odası koridorun genişletilmiş bir parçasından ibaretti, evdeki kadınlar, odanın verandasında dikiş dikerdi, her gün öğle vakti gelen trenden inebilecek beklenen ya da beklenmedik can yoldaşlarını ağırlamak için on altı kişilik bir sofrası vardı. Annem orada durup begonyaların kırık saksılarına, çürümüş saplarına, yaseminin karıncaların kemirdiği gövdesine bakararak soluğunu düzenlemeye çalıştı.

"Bazen yaseminlerin baygın kokusundan soluk alınmazdı," diyerek parlak gökyüzüne baktı ve derin derin içini çekti. "En çok özlediğim ne biliyor musun, öğleden sonra üçteki gökgürültüleri."

Bu sözü beni etkiledi çünkü ben de bizi siestadan uyandıran, yuvarlanan taşların sesini andırır o eşsiz gürültüyü hatırlıyordum, ama hiçbir zaman saatin yalnızca üç olduğunun farkında değildim.

Koridordan sonra özel durumlar için ayrılmış bir misafir odası vardı. Her gün gelen erkek konuklar buz gibi biralar eşliğinde ofiste, kadınlarsa begonyalı koridorda ağırlanırlardı. O noktadan itibaren yatak odalarının masalsı dünyası başlardı. İlk oda dedemle ninemindi, bahçeye açılan büyük bir kapısı vardı, üzerinde yapım tarihi olan, çiçek oymalı ahşap bir gravür asılıydı: 1925. Annem başka hiçbir şey söylemeden, zafer dolu bir vurguyla bana hiç düşünmediğim bir sürpriz yapıverdi:

"Sen bu odada doğdun!"

O zamana kadar bunu bilmiyordum ya da unutmuştum. Bir sonraki odada dört yaşına kadar içinde uyuduğum, ninemin hep sakladığı beşiğimi bulduk. Onu da unutmuştum ama görür görmez kendimi yeni açılışı yapılan mavi çiçekli tulumumun içinde birinin gelip de kirli bezlerimi değiştirmesi için yaygarayı kopartırken hatırladım. Beni içinde taşıdıkları hasır sepet kadar küçük ve narin olan beşiğimin parmaklıklarını kavramış, ancak ayakta durabiliyordum. Bu, akrabalar ve arkadaşlar arasında tartışma ve şaka konusu olagelmişti, benim o gün çektiğim sıkıntının nedeni herkese o kadar küçük bir çocuk için son derece normal görünmüştü. Ben o gün altıma yaptığım için duyduğum tiksintiden yaygarayı basmadığımı, yeni tulumumu kirletmekten duyduğum korku yüzünden ağladığımı söyledikçe daha da çok eğlenirlerdi. Yani söz konusu olan hijyenik bir önyargı değil, estetik bir kaygıydı, aklımda kalış biçiminden, bunun benim ilk yazarlık deneyimim olduğunu düşünüyorum.

O odada azizlerin kilisedekilerden daha gerçekçi ve ürkütücü, insan boyutlarında heykellerinin olduğu bir mihrap da vardı. Orada Francisca Simodosea Mejía Teyze uyurdu, dedemin kuziniydi, Mama diye çağırırdık, ana babası öldükten sonra bir hanımefendi olarak evde yaşamıştı. Ben herkes ölene kadar sönmeyecek olan lambanın ışığının aziz heykellerinin üzerindeki kıpraşmasından fena halde korkarak yanındaki yatakta uyurdum. Annem de bekârken o odada yatar ve azizlerin saçtığı dehşet yüzünden azap çekermiş.

Koridorun sonunda girmemin yasak olduğu dört oda vardı. Birinde kuzinim Sara Emilia Márquez yaşıyordu, amcam Juan de Dios'un dedemle ninemin yetiştirdikleri gayri meşru kızıydı. Küçüklüğünden beri sahip olduğu doğal üstünlük bir yana, edebî iştahımın ilk kez kabarmasına neden olan güçlü bir kişiliği vardı; hepsi de renkli resimlerle süslü güzel bir Calleja Masal Koleksiyonu'nun sahibiydi ama karıştıracağımdan korkarak ellememe izin vermezdi. Bu bir yazar olarak ilk acı deneyimimdi.

Son oda kullanılmayan öteberi ve emekli olmuş sandıkların konduğu bir depoydu, yıllarca ilgi odağım olmuştu ama asla keşfetmeme izin vermediler. Sonradan annem okul arkadaşlarını yazı geçirmek için eve davet ettiğinde dedemlerin aldığı yetmiş oturağın da orada durduğunu öğrendim.

Aynı koridorda, bu iki odanın tam karşısında büyük bir mutfak bulunurdu, kireç taşından ilkel, taşınabilir fırınlarının yanı sıra, ninemin sanat eserlerini yarattığı ve pastacılık mesleğini sürdürdüğü bir de büyük fırın vardı içinde; ninemin pişirdiği hayvan biçimli şekerlemelerin insanın ağzını sulandıran kokusu şafak alacasını doldururdu. Ninem evde yaşayan ya da hizmet gören kadınların kraliçesiydi, ona sayısız işlerinde yardım ederlerken, koro halinde şarkılar söylerlerdi. Bir başka ses de büyükbüyükbabamlardan kalma, yüz yaşındaki papağan Muhteşem Lorenzo'nunkiydi, İspanya karşıtı sloganlar atar, bağımsızlık savaşının özgürlük yanlısı şarkılarını söylerdi. O kadar kördü ki, kaynaması için ocağın üzerine konmuş bir tencerenin içine düşmüş, su daha yeni yeni ısınmaya başladığı için canını kurtarabilmişti. Bir 20 Temmuz günü, panik içinde attığı çığlıklarıyla ortalığı velveleye vermişti:

"Boğa! Boğa! Boğa geliyor!"

Evde kadınlardan başka kimse yoktu, erkekler millî

46

bayram onuruna yapılacak boğa güreşini izlemeye gitmişlerdi, herkes papağanın çılgınlık nöbetlerinden birine kapıldığını düşünmüş olmalı ki, çığlıklarına pek aldıran olmadı. Aslında papağanla nasıl konuşulacağını bilen kadınlar, bu kez onun ne dediğini kasaba meydanındaki güreşten önce kapatıldığı yerden kaçıp da, saldığı savaş gemilerininkileri andıran böğürtüler arasında, kör bir çılgınlıkla fırınları, üzerlerindeki tencereleri ve ekmek yapma malzemelerini deviren devasa bir boğa mutfağa daldığında anladılar. Korku içinde kaçışan kadınların rüzgârının tam ters yönünde gidiyordum ki, beni yakaladıkları gibi kucaklayıp kendileriyle birlikte kilere tıktılar. Mutfağın içinde kaybolan boğanın böğürmeleri ve toynaklarının koridorun çimento tabanında çıkardığı gürültü evi inletiyordu. Birden bir havalandırma deliğinden gördüm onu; alevler saçan soluğu ve deli deli bakan iri gözleri kanımı dondurmuştu. Nihayet matador yardımcıları gelip de onu meydana geri götürmek için yakaladıklarında, evde yaşanan bu felaketin ardından bir cümbüştür başladı; karmaşanın görgü tanıklarının giderek daha masalsı bir biçimde dillendirdikleri hikâyenin binlerce kez anlatılışına fincan fincan kahve ve çanak çanak düğün muhallebisi eşlik etti.

Avlu çok büyük değildi ama içinde çeşit çeşit ağaçların yanı sıra çatısı olmayan bir hamam, yağmur sularını biriktirmek için beton bir sarnıç, pek sağlam olmayan bir merdivenle tırmanılan üç metre yüksekliğinde bir platform vardı. Dedemin şafak vakti bir el tulumbasıyla doldurduğu iki büyük fıçı orada dururdu. Biraz ötesinde, cilasız tahta perdelerin arkasında hizmetçi odaları ve en sonda da, yerlilerin gece gündüz evin oturaklarını boşalttıkları ayakyoluyla meyve ağaçlarının olduğu büyük bir arka avlu. En yeşil ve dost ağaç zamanın ve dünyanın kıyısında duran bir kestane ağacıydı; yüzlerce yıllık dallarının altında, bir önceki yüzyılın sürüyle iç savaşı sırasında, en az iki albay kan işeyerek ölmüş olmalıydı.

Ailem Aracataca'ya benim doğumumdan on yedi yıl önce, United Fruit Company'nin ayak sesleri duyulmaya başladığında, şirketin muz monopolüne katılmak için gelmiş. Yirmi bir yaşındaki oğulları Juan de Dios ve iki kızları; on dokuz yaşındaki Margarita María Miniata de Alacoque ile beş yaşındaki annem Luisa Santiaga da yanlarındaymış. Ninem, annem doğmadan önceki hamileliğinin dördüncü ayında düşük yaparak ikizlerini yitirmiş. Annem doğunca, kırk iki yaşındaki ninem bunun son doğumu olduğunu ilan etmiş. Yarım yüzyıl sonra, hemen hemen aynı yaşta ve aynı koşullarda, on birinci çocuğu Eligio Gabriel doğunca annem de böyle yapmıştı.

Dedemle ninem Aracataca'ya taşınmayı unutuşa giden bir yolculuk olarak kabul etmişler. Hizmetlerinde üç Guajiro yerlisi, Alirio, Apolinar ve Meme varmış; her biri kölelik kaldırıldıktan sonra, topraklarından yüz peso karşılığında satın alınmışlar. Albay geçmişin tatsız hatıralarından kurtulmak için her yolu deniyor, bir onur meselesinde adam öldürmüş olmanın kötücül pişmanlığı peşinde, en uzağa gidiyormuş. Bölgeyi eskiden, orduyla birlikte Ciénaga'dan geçtikleri, levazım amiri olarak Neerlandia Anlaşması'na imzasını koyduğu günlerden beri biliyormuş.

Yeni evin de onlara bekledikleri huzuru getirdiği söylenemez, pişmanlık öylesine habismiş ki, hâlâ biraz şaşkınca bir torun-torununa bulaşabiliyor. Aklım ermeye başlayınca biraz daha düzenli bir çeşitlemesinde karar kıldığım giderek sıklaşan ve ağırlaşan bu çağrışımlar, trajedi meydana gelip de sona erene kadar düellodan haberi olmayan tek kişi olan yarı kör, yarı deli ninem Mina tarafından yapılırdı.

Dram Sierra Nevada eteklerinde, huzurlu ve zengin bir kasaba olan Barrancas'ta yaşanmış; Albay barış anlaşmalarını imzaladıktan sonra ömrünü geçirmek için kasabaya dönmüş, orada dedesinden ve babasından altın işlemeyi öğrenmiş. Rakibi kendisinden on altı yaş küçük, onun gibi kanının son damlasına kadar Liberal, militan bir Katolik ve yoksul bir çiftçiymiş; yeni evli, iki çocuk sahibi Medardo Pacheco iyi bir insan olarak bilinirmiş. Olayın Albay için en üzücü yanı, adamın savaş meydanlarında karşı karşıya kaldığı bir sürü düşmandan biri değil de, eski bir arkadaşı ve partidaşı, Bin Gün Savaşı'nda emrinde çarpışan bir asker, her ikisinin de barışın geldiğine inandıkları bir dönemde ölüme kavuşması olmalı.

Bendeki yazar içgüdülerini kaşıyan ilk olaydır bu düello, hâlâ tam olarak hafızamdan defedebildiğimi iddia edemem. Aklımı kullanabildiğim ilk andan beri bu dramın büyüklüğünün ve evimiz üzerindeki ağırlığının farkındaydım, ancak habisliği her zaman sisler arasında gizliydi. O zamanlar üç yaşında olan annem olup biteni çok da anlamlı olmayan bir rüya gibi anımsıyor. Büyüklerse işleri karmakarışık eder ve aklımı karıştırırlardı, hangi taraftan olursa olsun herkes hikâyeyi kendi aklına yattığı gibi anlattığından, bir türlü olup bitenleri tam olarak kavrayıp da emin olamazdım. En güvenilir çeşitlemeye göre, Medardo Pacheco'nun annesi, dedemin yaptığı münasebetsiz bir yorum nedeniyle oğlundan şerefini korumasını istemiş. Dedem bir yanlış anlama olduğunu söyleyerek olayı yalanlamış ve hakarete uğradıklarına inananları herkesin önünde onurlandırmış, ama Medardo Pacheco dedemin kötü niyetli olduğu konusundaki ısrarlarını sürdürerek, sonunda annesine hakaret ettiğine inandığı adama Liberal tutumuyla ilgili ağır bir hakaret etmiş. Hiçbir zaman ne söylediğini öğrenemedim. Onuru yaralanan dedem ona ölümüne meydan okumuş, ama kesin bir tarih vermemiş.

Anlaşmazlık tarihiyle düello arasında geçen zaman Albay'ın mizacını gösteren bir örnektir. Sükûnet içinde işlerini ayarlayarak ailesinin geleceğini garanti altına almış, kaderin ona tek bir alternatif sunduğunu düşünüyormuş: hapishane ya da ölüm. Son savaştan sonra geçinip gitmesini sağlayan pek az mal varlığını hiç aceleye getirmeden satmış: gümüş atölyesi, adaklık keçiler yetiştirdiği ve biraz da şekerkamışı ektiği, babasından kalma küçük bir çiftlik. Altı ay sonra satışlardan elde ettiği tüm parayı dolabın dibine saklamış ve sakin sakin kendi kendine belirlediği tarihi beklemeye başlamış: 12 Ekim 1908, Amerika'nın keşfinin yıldönümü.

Medardo Pacheco kasabanın dışında yaşıyormuş ama dedem o gün öğleden sonra düzenlenecek Pilar Bakiresi Âyini'ni kaçırmayacağını biliyormuş. Adamı aramaya çıkmadan önce karısına kısa ve şefkatli bir mektup yazarak, parayı nereye gizlediğini bildirmiş, çocuklarının geleceği üzerine birkaç talimat eklemiş. Mektubu ninemin uykuya yattığında bulacağından emin, yastıklarının altına gizlemiş ve kaderiyle buluşmaya giderken hiçbir biçimde veda etmemiş.

Daha az inanılır görünen başka çeşitlemelere göre, alçak bulutlardan hüzünlü bir yağmurun usul usul yağdığı, kasvetli bir rüzgârın estiği, tipik bir Karayip kasımının pazartesisiymiş. Pazar giysilerini giymiş olan Medardo Pacheco bir çıkmaz sokağa girdiğinde, Albay Márquez yoluna çıkmış. İkisi de silahlıymış. Yıllar sonra ninem çılgınlık nöbetlerine kapıldığında "Tanrı Nicolásito'ma o zavallı adamın yaşamını bağışlama fırsatı verdi ama o yararlanmayı bilemedi," derdi. Belki de bunun nedeni Albay'ın nineme şaşkın rakibinin gözlerinde bir can sıkıntısı şimşeği gördüğünü söylemesidir. Ona ayrıca dev *ceiba* ağacı fundalıkların üzerine devrildiğinde, adamın 'ıslanmış bir kedi yavrusu gibi' sözsüz bir inleme saldığını da söylemiş. Sözlü gelenek Papalelo'nun belediye başkanına teslim olurken retorik bir cümle sarf ettiğine de değinir: 'Şerefin kurşunu gücün kurşununu alt etti.' Gerçi bu o dönemin Liberal tarzına uygun bir cümledir ama dedemin sözel becerisiyle pek bağdaştıramadım. Gerçek şu ki, hiçbir tanık yokmuş. Resmî çeşitlemeye göre, dedemin hukukî tanıkları ve her iki tarafın da yandaşları olduğu söyleniyormuş, öyle anlatırlar, ama bir dava görüldüyse bile, geriye hiçbir şey kalmamış. Bugüne kadar dinlediklerimin arasında birbirine benzeyen iki tane yoktur.

Olay kasabanın ailelerini, hatta ölenin ailesini bile ikiye bölmüş. Bazıları intikam almaktan söz ederken, diğerleri yelkenleri indirmiş bir tavırla Tranquilina Iguarán'ın evine gidip bir kan davasının risklerinden söz etmişler. Bu ayrıntılar çocukluğumda beni öylesine etkilerdi ki, atalarımın suçunun ağırlığını sanki benimmiş gibi hissetmekle kalmadım, şimdi yazarken bile ölünün ailesine kendiminkinden daha fazla şefkat duyuyorum.

Papalelo'yu güvenlik için önce Riohacha'ya göndermişler, sonra da Santa Marta'da bir yıla mahkûm etmişler: yarısı hücrede, yarısı açık cezaevinde. Özgür kalır kalmaz ailesiyle birlikte kısa süreliğine Ciénaga'ya, oradan gelip geçici bir aşktan gayri meşru bir kızının olduğu Panama'ya gitmiş; en sonunda da bölge çiftliklerinin vergi tahsildarı göreviyle sağlığa zararlı ve çetin Aracataca Belediyesi'ne tayin olmuş. Bir daha asla, hatta Muz Şirketi'nin şiddeti doruktayken bile sokakta silahlı gezmemiş, silahını yalnızca evini savunma amacıyla, her zaman yastığının altında tutmuş.

Aracataca, Medardo Pacheco kâbusunun ağırlığına en uzak yerdi. Bir Chimila kasabası olarak doğmuş ve Ciénaga ilinin Tanrı'sız ve yasasız uzak bir belediyesi olarak tarihe sol ayağıyla adım atmıştı, muz çılgınlığının en çok bayağılaştırdığı ve lânetlediği yerdi. Adı Chimila dilinde kasabanın değil, *ara* denilen ırmağın adıydı; Chimila halkı kasabaya *Cataca* derdi, bu nedenle biz yerliler ona Aracataca değil, olması gerektiği gibi Cataca deriz.

Dedem ailesini kasabanın taşı toprağı altın masalıyla heyecanlandırmak isteyince Mina, "Para şeytanın bokudur," yanıtını yapıştırmış. Annem için kasaba her türlü dehşetin hükümranlığıydı. Hatırladıklarının en eskisi tüm ekinleri mahveden çekirge salgınıydı, evi satmaya gittiğimizde bana "Geçerken sesleri rüzgâra kapılıp yuvarlanan taşları andırıyordu," demişti. Korku içindeki kasaba halkı evlerini sağlamlaştırmak zorunda kalmış ve baskın ancak büyü sanatıyla bozguna uğratılabilmiş.

Arada bir nereden kopup geldiği belli olmayan kuru kasırgalar evlerin çatılarını uçurur ve yeni yetişen muzlara çalar, tüm kasaba kozmik bir tozla kaplanırdı. Yazları tüm sürüleri korkunç bir kuraklık vurur ya da kışları öyle bir sağanak yağardı ki, tüm sokaklar suların köpürerek aktığı ırmaklara dönüşürdü. Gringo mühendisler kauçuk botlarıyla boğularak ölmüş domuz ve ineklerin arasında gezinirlerdi. Suların bu kudurmuşluğunun sorumlusu United Fruit Company'nin suni sulama sistemleriydi; ırmağın yönünü değiştirdiklerinde bu su baskınlarının en beteri yaşanmış, su ölüleri mezarlarından çıkarmıştı.

Ama en berbat salgın insandır kuşkusuz. Oyuncağa benzeyen bir tren yalazlı karnından dünyanın her yerinden gelme bir avuç serüvensever kusmuş, onlar da elleri bellerindeki silahlarında sokağın iktidarını ele geçirmişlerdi. Kasabanın giderek zenginleşmesiyle nüfusu da artmış, dehşet veren bir toplumsal düzensizlik baş göstermişti. Kasaba Buenos Aires'in, Fundación Irmağı üzerindeki cezaevinden sadece beş fersah uzaktaydı, bu meşum yerin münzevileri hafta sonları kaçarak Aracataca'da dehşet saçarlardı. Kasabanın sinemada izlediğimiz Vahşi Batı filmlerindekilerden aşağı kalır yanı yoktu; hatta Chimilaların sazlardan ördükleri hasırdan duvarlarını yapıp palmiye yaprağıyla çatısını örttükleri evleri bile, United Fruit Company'nin filmlerdekilere benzeyen iki oluklu çinko çatılı, pamuklu perdeli; sundurmalarına çiçekleri tozlu sarmaşıkların tırmandığı ahşap evleriyle yer değiştirmeye başlamışlardı birer birer. Tipi halinde üzerimize yağan tanımadığımız yüzlerin, sosyal hayattaki gösterişin, sokaklarda giysilerini değiştiren erkeklerin, şemsiyelerini açıp sandıklarının üzerinde oturan kadınların ve otel ahırlarında açlıktan ölen katırların arasında, ilk gelenler hep sonuncular olurdu. Ebedî yabancılardık biz; türediler, göçmenler.

Öldürmeler yalnızca cumartesi gecesinin taşkınlıkları değildi. Bir öğleden sonra sokakta canhıraş bir çığlık duyulur, bir eşeğin üzerinde geçen başsız bir adam görürdük. Anlardık ki muz çiftliklerinin hesaplarındaki bir anlaşmazlık bıçakla çözülmüş, adamın kafası kanallardan birinin buz gibi sularında sürüklenmekte. Gece dedem her zamanki açıklamasını yapardı: "Bu kadar korkunç bir şeyi ancak bir Cachaco yapabilir."

Cachacolar platoda yaşayan yerlilerdi, onları insanlığın geri kalanından yalnızca bitkin tavırları ve kötü şiveleriyle değil, kendilerini İlahi Kehanetleri iletmekle yükümlü sanmaları nedeniyle de ayırırdık. Herkesin gözünde tüm uğursuzlukların sorumlusuydular. Sonunda öyle bir nefret imgesi haline dönüştüler ki, iç kısımdan gelen askerler Muz Şirketi'nde çalışan işçilerin grevlerini son derece vahşi bir biçimde kırınca, taburlardakilere asker değil Cachacho dedik. Onları politik iktidarı kötüye kullanan yegâne kişiler olarak görüyorduk ve çoğu da bu kanıyı boşa çıkarmıyordu. 'Aracataca'nın kara gecesi'nin korkunçluğu da ancak böyle açıklanabilir, bu, toplumun hafızasında o kadar belirsiz bir yüzü olan efsanevî bir boğazlanma hikâyesiydi ki, gerçekten olup olmadığına ilişkin bir kanıt yoktur.

Kimliği tarihe geçmemiş olan bir yerli, bir kahveye girip de elinden tuttuğu bir oğlan çocuğu için bir bardak su istediğinde, her zamankinden de daha kötü bir cumartesi başlamış. Barda tek başına içki içen bir yabancı çocuğu su yerine bir bardak rom içmeye zorlamaya niyetlenmiş. Babası buna engel olmak istemişse de, adam ısrarcıymış, aralarındaki çekişme sırasında, son derece korkmuş olan çocuk istemeden elinin bir hareketiyle rom bardağını devirince, yabancı ikinci bir kez düşünmeden tabancasını çekip çocuğu tek kurşunda öldürmüş.

Bu da çocukluğumun hayaletlerinden biridir. Birlikte bir kahveye girip bir şey içerek serinlemeye niyetlenince Papalelo bana bu öyküyü o kadar gerçekdışı bir üslupla anlatırdı ki, kendisi de pek inanırmış gibi görünmezdi. Onlar Aracataca'ya geldikten kısa süre sonra olmuş olmalı, annem olayı yalnızca büyüklerinde uyandırdığı korku nedeniyle hatırlıyor. Kötü niyetli adam hakkında tek bilinen, platoların yayvan şivesiyle konuştuğuymuş, kasabadan misilleme yapmak isteyenler yalnızca onun değil, aynı şiveyle konuşan her yabancının peşine düşmüşler. Yüzlerce eli bıçaklı yerli alacakaranlıkta, gölgeler arasında sokaklara dökülmüş ve karanlıkta karşılarına çıkan herkesin gırtlağına çöküp tek bir emir vermişler:

"Konuş!"

O kadar farklı lehçeler ve konuşma biçimleri arasında emin olamayacaklarını akıllarına bile getirmeden, şivesini duyar duymaz adama bıçağı saplıyorlarmış. Teyzem Wenefrida Márquez'in kocası Don Rafael Quintero Ortega, Cachacoların en serti ve en sevilenidir, dedem heyecan yatışana kadar onu bir kilere saklamış da, adamcağız sağlıklı bir şekilde yüz yaşını görebilmiş.

Evin direği olan Margarita María Miniata'nın Aracataca'da geçirdikleri iki yılın ardından ölümüyle, ailenin başına gelen talihsizlikler de ayyuka çıkmış. Onun kuşaktan kuşağa tekrar edilen adı, benim aile kimliğine ilişkin bir sürü nişanımdan biridir, fotoğrafı yıllarca salonda durdu. Şimdiki kuşaklar pilili etekli, beyaz botlu, saç örgüleri beline gelen; bir büyükannenin retorik imajıyla asla örtüşmeyen bu çocuksu kadının görüntüsü karşısında duygulanmıyor. Bana kalırsa, pişmanlıkların ağır yükü ve daha iyi bir dünyaya kavuşamamanın hayal kırıklığı etkisindeki dedemle ninem için, bir anlamda sürekli alarm durumunda yaşadığımız o durum barışa en yakın şeydi; kendilerini ölene kadar bir yerlerde yabancı hissettiler.

Öyleydiler de. Ama dünyadan bize ulaşan trenin getirdiği yabancı bolluğu arasında hemen göze çarpmıyordu bu. Dedem ve ninemle aynı itkiyle hareket eden Fergussonlar, Dránlar, Beracazalar, Daconte ve Correalar da daha iyi bir yaşamın peşinde gelmişlerdi Aracataca'ya. Dertop olmuş çığlar gibi düşerdi İtalyanlar, Kanarya Adalılar, Türkler dediğimiz Suriyeliler kasabaya; özgürlüğe kavuşmak ve topraklarında kaybolarak yaşayıp gitmek için süzülürlerdi eyaletin sınırlarından içeriye. Her koşul ve renkte insan vardı. Bazıları Guayana'daki yasal Fransız sömürgesinden, yani Şeytan'ın adasından gelme kanun kaçaklarıydı; suç işledikleri için değil, fikirleri nedeniyle peşlerine düşülmüş adamlardı. Aralarından biri, René Belvenoit, politik nedenlerle hüküm giymiş bir Fransız gazeteciydi, kaçak olarak muz bölgesine girmiş ve köleliğinin dehşetini anlatan müthiş bir kitap kaleme almıştı. İyi ya da kötü tüm bu insanlar sayesinde Aracataca, ilk günlerinden beri sınırı olmayan bir ülke oldu.

Ama bizim en unutamadıklarımız Venezuelalılardır; yakınımızdaki bir evde daha sabahın alacasında sarnıçtan kova kova çektikleri buz gibi sularla yıkanan iki öğrenci tatillerini geçirirdi: Rómulo Betancourt ve Raúl Leoni; her ikisi de art arda ülkelerinin başkanı oldular. Venezuelalılar arasında benim aileme en yakın olan Misia Juana Freytes adında gösterişli bir kadındı, inanılmaz bir hikâye anlatma yeteneği vardı. Öğrendiğim ilk formel öykü 'Genoveva de Brabante'dir, ondan dinlemiştim; evrensel edebiyatın pek çok şaheserini çocuk öykülerine dönüştürürdü: *Odysseia, Çılgın Orlando, Don Kişot, Monte Cristo Kontu* ve İncil'den pek çok bölüm.

Dedemin soyu, en saygı duyulanlardan biriyse de en güçsüzlerdendi. Muz Şirketi'nin yerel hiyerarşisinden gördüğü itibarla diğerlerinden ayrılırdı. İç savaşların Liberal gazilerinin soyuydu, son antlaşmalardan beri Aracataca'daydılar; örneğin General Benjamín Herrera; Neerlandia'daki çiftliğinde öğleden sonraları barış zamanı klarnetiyle çaldığı hüzünlü valsleri dinlerdik.

Annem bu cehennemî ortamda kadın olmuş ve tifonun Margarita María Miniata'yı almasıyla insanların yüreğinde boşalan yeri doldurmuş. O da biraz hastalıklıymış aslında, üç günde bir gelen ateşlerle, tatsız bir çocukluk geçirmiş ama sonuncusunda bir iyileşmiş, pir iyileşmiş; demir gibi bir sağlıkla doksan yedi yaşını, kendisinin on bir, kocasının dört çocuğunu, yetmiş beş torununu, seksen sekiz torun çocuğunu ve on dört torun torunu gördü. Hiç bilmediği çocuklar bu sayılara dahil değil. 2002 yılının 19 Haziranı'nda, bizler onun ilk yüzyılını kutlamaya hazırlanırken doğal bir ölümle öldü; aynı gün hemen hemen aynı saatlerde bu anıların son noktasını koymuştum.

25 Temmuz 1905'te Barrancas'ta, ailesi savaşların felaketlerinden silkelenmeye yeni başladığı bir sırada doğmuştu. İlk adını Albay'ın annesi Luisa Mejía Vidal anısına koymuşlar. İkincisi Yeruşalim'de başı kesilen Havari Yakup'un[1] anma gününde doğduğu için, yaşamının yarısında bu adı gizledi annem, ona erkeksi ve fazlasıyla görkemli gelirdi; ama bir gün sadakatsiz bir oğul ismi bir romanında dünya âleme açıklayıverdi.

Piyano dersi hariç kusursuz bir öğrenciymiş, ama annesi bu konuda ısrar etmiş, nasıl olur da itibar sahibi bir señorita, piyanoda virtüöz olmaz? Luisa Santiaga söz dinleyerek üç yıl annesine boyun eğmiş, ama bir gün siesta muhmurluğunda yapılan alıştırmalardan usanarak piyanoyu bırakıvermiş. Yirmi yaşında çiçeği burnundayken en çok işine yarayan erdemininse, ailesi Aracataca'nın genç ve burnu havada telgrafçısının aşkıyla yanıp tutuştuğunu keşfedince ortaya çıkan güçlü karakteri olduğuna kuşku yok.

Bu çelişkili aşkların hikâyeleri gençliğimin bir baş-

---

[1] İspanyolcası Apóstol Santiago, Luisa Santiaga'nın adını aldığı havari (Çev).

ka şaşkınlığıydı. Annemle babam hem birlikte hem de ayrı ayrı bu hikâyeyi o kadar çok anlatmışlardı ki, yirmi yedi yaşında ilk romanım *Yaprak Fırtınası*'nı yazdığımda hemen her şeyi biliyordum, ama daha roman sanatı üzerine öğrenecek çok şeyimin olduğunun da farkındaydım. Her ikisi de kusursuz hikâyecilerdi, aşkın anısı onları mutlu ediyordu ama anlatırken öyle bir tutkuya kapılıyorlardı ki, sonunda elli yaşını aşıp da, bu hikâyeyi *Kolera Günlerinde Aşk*'ta kullanmaya karar verince, yaşamla şiir arasındaki sınırları belirleyemedim.

Annemin anlattığı gibi, ne babamın ne de annemin kim olduğunu söyleyebildiği ölü bir çocuğun başında yas tutarken tanıştıklarında hemfikirim. Annem avluda kız arkadaşlarıyla şarkı söylüyormuş, masum bir ölünün ardından yas tutulan dokuz gece boyunca zaman geçirmek için uygulanan, sevilen bir gelenekmiş böyle şarkı söylemek. Birden koroya bir erkek sesi dahil olmuş. Hepsi dönüp adama bakmışlar ve yakışıklılığı karşısında ağızları açık kalmış. Ellerini çırparak 'Onunla evleneceğiz' diye çığlık çığlığa şarkı söylemeye başlamışlar. Annem pek etkilenmemiş ya da öyle diyor, 'Bir yabancı daha,' diye düşünmüş içinden. Öyleymiş de. Babam parası olmadığı için tıp ve eczacılık eğitimine ara verdiği Cartagena de Indias'tan henüz gelmiş, yeni edindiği telgrafçılık mesleği sayesinde bölgenin farklı kasabalarını dolaşarak uçarı bir yaşam sürmekteymiş. O günlerde çekilmiş bir fotoğrafında yanıltıcı bir yoksul beyefendi havası vardır üzerinde. Koyu renkli tafta takım, günün modasına çok uygun dört düğmeli yelek, sert yakalı bir gömlek giyer, geniş bir kravat takar, başında da fötr şapka vardır. Ayrıca doğal camdan, ince çerçeveli, yine günün modasına uygun yuvarlak gözlük takar. Onu o dönemde tanıyan herkes kadın peşinde koşan, geceleri yaşayan bir bohem olduğunu sanırdı kuşkusuz, ama ne bir yudum içki içmiştir uzun hayatında ne de ağzına sigara koymuşluğu vardır.

İşte annem onu ilk kez o partide görmüş. Oysa babam annemi kolejden döndüğünden beri ona nezaret eden Francisca Simodosea eşliğinde gittiği bir gün önceki sabah sekiz âyininde görmüşmüş. Ertesi salı evin önündeki badem ağaçlarının altında dikiş dikerken bir kez daha görmüş, ama artık Albay Nicolás Márquez'in kızı olduğunu biliyormuş, cebinde de kendini dedeme tanıtmak için pek çok kartvizit varmış. Annem de onun havalı ve bekâr olduğunu; dur durak bilmez akıcı konuşmasıyla, rahat anlatımıyla, moda dansları yaparkenki zarafeti ve keman çalmadaki becerisiyle herkesi hemen etkilediğini öğrenmiş çoktan. Annemin bana anlattığına göre, gün ağarırken babamın kemanını duyan biri gözyaşlarını tutamazmış. Toplum içindeki kartviziti 'Dans bittiği zaman'mış; babamın dağarcığındadır, serenatların vazgeçilmez parçası, insanın içini geçiren romantiklikte bir vals. İşte bu içten davranışları, kişisel sevimliliği babama evin kapılarını açmış ve sık sık aile yemeklerinde boy göstermeye başlamış. Carmen Bolívar'ın soyundan gelen Francisca Teyze de, babamın kendi köyüne yakın bir köy olan Sincé'de doğduğunu öğrenince, onu çekincesiz bağrına basmış. Luisa Santiaga partilerde babamın onu etkilemeye yönelik davranışlarıyla eğleniyorsa da, daha fazlasına cesaret edebileceğini aklına bile getirmemiş. Tam tersine: İyi ilişkileri annemin kolejden bir arkadaşıyla babamın yaşadığı gizli aşkı perdelemeye yarıyormuş, hatta annem onlara düğünlerinde tanıklık yapmayı bile kabul etmiş. Birbirlerine baldız ve enişte diye hitap ederlermiş. İşte bu koşullar altında bir dans gecesi, cesur telgrafçı yelek cebindeki çiçeği çıkartıp anneme vererek,

"Sana bu gülle yaşamımı adıyorum," dediğinde kadıncağızın uğradığı şaşkınlığı hayal etmek zor olmasa gerek. Binlerce kez "Doğaçlama değildi," demiştir babam bana. Annemi tanıdıktan sonra Luisa Santiaga'nın onun için yaratıldığına karar vermiş. Annem onun bu hareketinin arkadaşlarına sık sık yaptığı çapkın şakalardan biri daha olduğunu düşünmüş. Parti biter bitmez gülü bir yerlerde unutuvermiş ve babam da bunun farkına varmış. O zamanlar anneme kur yapan tek bir kişi varmış, aslında annemin iyi bir arkadaşı olan bu talihsiz şair yakıcı dizeleriyle hiçbir zaman onun kalbine ulaşmayı başaramamış. Ancak Gabriel Eligio'nun verdiği gül açıklanamaz bir öfkeyle annemin uykularını kaçırmış. Artık çoluk çocuğa karışmış olan bu aşk üzerine ilk resmî konuşmamızda annem bana, "Onu düşündükçe öyle öfkeleniyordum ki, uyuyamıyordum. Öfkelendikçe daha fazla onu düşünüyor, düşündükçe de daha fazla öfkeleniyordum!" diye itiraf etti. Annem o haftanın geri kalanını babamla karşılaşmaktan korkarak ve onu görmemenin işkencesiyle kıvranarak geçirmiş. Baldız ve eniştelikten, birbirlerini tanımazdan gelmeye terfi etmişler. Günlerden bir gün, yine badem ağaçlarının altında dikiş dikerlerken, Francisca Teyze yaramaz bir çocukmuşçasına işaretparmağını anneme doğru sallayarak,

"Bana sana bir gül verdikleri söylendi," demiş.

Her zaman olduğu gibi, Luisa Santiaga yüreğinde yaşadığı fırtınaların herkesin dilinde olduğunu son öğrenen kişi olmuş. Annem ve babamla yaptığım sayısız konuşmada, bu yıldırım aşkının üç belirleyici aşaması olduğunu her ikisi de kabul etti: ilki Aziz Ramos'un anıldığı pazar günkü sabah âyini; annem Francisca Teyze'yle birlikte risalenin yanındaki bankta otururken, babam Flamenko topuklarını yer döşemeleri üzerinde tıkırdatarak genç kızın o kadar yakınından geçmiş ki, annemin burnuna tıraş losyonunun ılık kokusu değmiş. Francisca Teyze babamı görmezden gelmiş, o da kadınları fark etmemiş gibi davranmış. Ama her şeyi annemle teyzesini telgraf ofisinin önünden geçerlerken gördüğünde planlamış aslında. Kilisenin kapısına yakın sütunlardan birinin yanında, annemi sırtından görebileceği ama genç kızın onu göremeyeceği bir yerde ayakta dikilmiş. Birkaç gergin dakikanın sonunda yüreğindeki yoğun kaygıya dayanamayan annem, omzunun üzerinden kapıya doğru bir bakış fırlatmış. Öfkesinden öleyazmış, çünkü babam da anneme bakıyormuş ve bakışları karşılaşmış. "Tam da planladığım gibiydi," dedi babam, ihtiyarlığında bana keyifle öyküsünü anlatırken. Annemse bu tuzağa düştüğü için üç gün boyunca öfke içinde kıvrandığını tekrarlar dururdu.

İkinci aşama babamın yazdığı mektupmuş ama bu hiç de annemin kaçak şafak vakitlerinin şairi ve kemancısı olan bir adamdan umduğu gibi bir mektup değilmiş; sert ifadeli, bir sonraki hafta Santa Marta'ya gitmeden önce yanıtını vermesini isteyen kısa bir nottan ibaretmiş. Annem yanıt vermemiş, göğsündeki soluk almasına fırsat vermeyen solucanı öldürmek için odasına kapanmış, Francisca Teyze onu iş işten geçmeden uzlaşması için kandırana kadar orada kalmış. Annemin direncini kırmak için ona Juventino Trillo'nun, her gece imkânsız bir aşkla bağlı olduğu kızın balkonu altında akşamın yedisinden sabahın onuna kadar nöbet tutan âşığın hikâyesini anlatmış. Kız adamı hor görür ve türlü aşağılamalardan sonra, gecenin sonunda içi çiş dolu bir oturağı üzerine boca edermiş. Bu geceler boyunca böyle sürmüş, ama adamcağız yılmamış. Bu hırçınlıkların hepsini dimdik ayakta atlatan adamın yenilmez aşkının sonsuz özverisinden etkilenen kız sonunda onunla evlenmiş. Neyse ki annemle babamın hikâyesi böyle uç noktalara varmamıştı.

Üçüncü kuşatma aşaması hem annemin hem de babamın şeref konukları olarak davetli oldukları görkemli bir düğünde gerçekleşmiş. Luisa Santiaga ailesine bu kadar yakın bir kişiye verdiği sözü tutmayıp da düğüne gitmemek için hiçbir bahane bulamamış. Gabriel Eligio da aynısını düşünmüş ve her şeye hazır olarak düğüne gitmiş. Annem babamın son derece aşikâr bir kararlılıkla salonu boydan boya geçip de, ilk parçada dans etmek

60

için kendisini davet ettiğini görünce kalbinin deli gibi atmasına engel olamamış, "Yüreğim öyle bir atıyordu ki, öfkeden mi korkudan mı olduğuna karar veremedim," dedi bana. Babam da bunun farkına vararak sert bir şekilde geçirmiş avına pençelerini: "Evet demene gerek yok çünkü yüreğin evet diyor zaten."

Çaresiz dansa kalkan annem, parçanın tam ortasında babamı salonda bırakıp çekip gitmiş ama babam artık onun tarzını anlamışmış,

"Durumdan memnundum," dedi bana.

Annem şafak sökerken zehirli valsin notalarıyla uyandığında kendine karşı hissettiği kine dayanamıyormuş artık: 'Dans bittiği zaman.' Ertesi günün ilk saatlerinde Gabriel Eligio'nun verdiği tüm armağanları adama geri göndermiş. Bu zarafet yoksunluğu ve hor görme, dans pistinin ortasında babamı bırakıp gitmesinin dedikoduları, havaya atılmış kuş tüyleri misali, geri dönüş rüzgârları esmeyecekmiş gibi görünüyormuş. Herkes aralarında yaşananları gelgeç bir yaz fırtınası gibi görmüş. Luisa Santiaga çocukluğunun üç günde bir gelen ateşlerine yeniden yakalanmaya başlayınca, annesi onu Sierra Nevada eteklerinde, cennetten bir köşe olan Manaure'ye dinlenceye götürmüş. O aylar süresince bir iletişimlerinin olduğunu ne annem kabul ediyor ne de babam, ama kulağa pek inanılır gelmiyor bu, çünkü annem aşk ateşlerinden iyileşmiş bir halde eve döndüğünde, aralarındaki anlaşmazlık da sona ermiş gibi görünüyormuş. Babam annemin geleceğini Mina'nın ailesine yolladığı, artık eve döneceklerini bildiren telgrafında okuyup istasyona onu beklemeye gittiğini; Luisa Santiaga'nın ona elini uzatışında bir aşk mesajı olarak yorumladığı masonik bir işaret hissettiğini söylüyor. Annem bunu bana gençlik günlerini çağrıştıran bir iffetlilik ve yanaklarında hafif bir pembeleşmeyle her zaman reddetmiştir. Gerçek şu ki, o günden sonra daha az çekinerek bir araya gelmeye başladıkları görülmüş. Artık geriye bir tek

Francisca Teyze'nin begonyalı avluda dikiş dikerken duyurduğu final sahnesi kalmış zaten:

"Mina biliyor."

Luisa Santiaga babamı dans pistinin ortasında bırakıp gittiğinden beri yüreğini yiyip bitiren fırtınanın önündeki bentleri yıkıp atanın, ailesinin karşı çıkması olduğunu söyler. Tarafların gözünü kan bürüdüğü bir savaş olmuş. Albay pek karışmamayı denemişse de, Mina'nın hiç de göründüğü kadar masum olmadığını söyleyerek onu suçlamasından yakayı kurtaramamış. Herkese bu toleranssızlığın sahibi dedem değil de ninem gibi görünse de, bu aslında kabilemizin genlerinde yazılıdır, tüm sevgililer işlere burnunu sokan yabancılar olarak algılanır. Hâlâ bile kalıntısına rastlanabilen bu ölümcül önyargı sayesinde, bizim kabile bir sürü bekâr kız kardeş ve kıçına giyecek donu olmayan, sokaklara terk ettikleri sayısız oğul sahibi erkek doludur.

Arkadaşlar da yaşlarına göre âşıkların yanında ya da onlara karşı saflara bölünmüşler. Bu konuda radikal bir tutumu olmayanlarıysa, olaylar zorla kabul ettiriliyormuş. Gençler her ikisiyle de, ama özellikle toplumsal önyargıların bir kurbanı konumundan yararlanan babamla akla hayale gelmeyecek suç ortaklıkları yapıyorlarmış. Yetişkinlere gelince; Luisa Santiaga'yı zengin ve güçlü bir ailenin en değerli malı olarak görüyor, yabancı bir telgrafçının böyle bir kızla âşık olduğu için değil, çıkarları nedeniyle ilgileneceğini söylüyorlarmış. O zamana kadar söz dinleyen ve her şeye boyun eğen annem kendisine karşı çıkanlara yavrulamış bir aslan vahşiliğinde tepki gösteriyormuş. Evde çıkan sayısız kavganın en sertlerinden birinde, Mina iplerin tümüyle elinden kayıp gittiğini görünce, kızına ekmek bıçağını çekivermiş. Luisa Sartiaga gözünü bile kırpmadan dikilmiş karşısında. Öfkesinin cinaî doğasının hemen farkına varan ninem bıçağı elinden fırlatarak korku içinde "Aman Tanrım!" diye bağırmış, sonra da kendine sert bir ceza vermek istercesine elini fırının közlerine sokmuş.

Ninemle dedemin Gabriel Eligio'ya karşı gelmelerinin en önemli nedenlerinden biri, on dört yaşındayken canı çektiği için okul öğretmeniyle yatan, sonra da hiç evlenmeyen bekâr bir kadının oğlu olmasıymış. Adı Argemira García Paternina'ydı, özgür ruhlu narin bir beyazdı, ne evlendiği ne de aynı çatı altında yaşadığı üç farklı adamdan beş oğlu, iki kızı olmuştu. Doğduğu Sincé Kasabası'nda yaşamış, çoluk çocuğunu tırnaklarıyla, biz torunlarının ancak Aziz Ramos'tan dileyebileceğimiz yaşam dolu bir özgürlükle yetiştirmişti. Gabriel Eligio bu çok yoksul soyun nadide bir örneğiydi. Düğün gecelerinde, fırtınanın kamçıladığı uğursuz Riohacha guletinde anneme günah çıkarır gibi on yedi yaşından beri beş bakire sevgilisinin olduğunu söylemiş. Aralarından Achí Kasabası'nda telgrafçı olan on dokuz yaşında bir kızdan Abelardo adında üç yaşına girecek bir oğlu olduğunu; Ayapel'de telgrafçılık yapan yirmi yaşlarında bir başkasından da, tanımadığı ama adının Carmen Rosa olduğunu bildiği, henüz bir yaşına girmemiş bir kızı olduğunu itiraf etmiş. Annesine dönüp onunla evlenceceğine söz vermiş ve yaşam Luisa Santiaga'ya duyduğu aşkla yön değiştirdiğinde hâlâ sadıkmış bu sözüne. Büyüğünü noter önünde tanımış, kızı da tanıyacakmış ama bunlar kanun önünde hiçbir geçerliliği olmayan Bizans formalitelerinden başka bir şey değildi o devirde. Onun bu tasasız davranışlarının Albay Márquez'de ahlâkî kaygılar yaratmış olmasını anlamaksa, mümkün değil; çünkü üç yasal çocuğunun yanı sıra, evliliğinden önce ya da evliliği sırasında farklı kadınlardan tam dokuz çocuk sahibi olmuş, ninem de sanki öz çocuğuymuşlar gibi bu çocukların hepsini bağrına basmıştı.

Bu avareliklerden ilk kez ne zaman haberim olduğunu çıkartamıyorum ama, atalarımın yasalara karşı gelen davranışlarının beni hiç ilgilendirmediğini söylemeliyim. Beni ilgilendiren, hatta bana eşsiz görünen isimleriydi. Önce anne tarafımdan: Tranquilina, Wenefrida, Francisca Simodosea. Sonra baba tarafından büyükannem Argemira ve anne babasınınki: Lozana ve Aminadab. Belki de roman kahramanlarımın varoluşlarına uygun bir adları olmadan kendi ayakları üzerinde duramayacaklarına olan kesin inancım buradan gelir.

Ayrıca Albay Nicolás Márquez'in pek çok savaşta altetmeye çalıştığı Muhafazakâr Parti'nin aktif bir üyesi olması da, Gabriel Eligio'ya karşı olunmasının nedenlerinden biriydi. Neerlandia ve Wisconsin anlaşmalarıyla şöyle böyle sağlanmıştı barış, iktidar henüz yeni doğan merkeziyetçiliğin elindeydi ama godo[1] ve Liberallerin birbirlerine dişlerini göstermekten vazgeçmesi için daha çok zamana ihtiyaç vardı. Bence babamın Muhafazakârlığı öğretilerle ikna olduğu için değil, ailesinden bulaştığı içindi, ama dedemlerin gözünde iyi mizacına, aklına ve kanıtladığı dürüstlüğüne baskındı.

Babam şaşırtması da, memnun etmesi de zor bir insandı. Her zaman göründüğünden daha yoksuldu, yoksulluğu ne karşısında geri çekildiği ne de yenişebildiği iğrenç bir düşman gibi algılardı. Yalnız uyumak için bir hamağın asılı olduğu Aracataca telgraf ofisinin arka odasında, Luisa Santiaga'ya olan çelişkili aşkını aynı cesaret ve ağırbaşlılıkla kabullenmişti. Hamağın yanında arada bir geceleri ona hizmet vermesi için, yayları iyice yağlı portatif bir bekâr karyolası da duruyordu elbette. Bir ara kaçak bir avcının eğilimlerine sahipmiş, ama yaşam bana bunun yalnızlığın en acı biçimi olduğunu öğretti ve babama büyük bir şefkat duydum.

Ölümünden kısa bir süre önce, bu zor günlerden birinde bir sürü arkadaşıyla Albay'ın evine gitmek zorunda kaldığını anlatmıştı, babam hariç hepsi oturmaya buyur edilmişler. Annemin ailesi babamı her zaman reddetmiş, ona bir türlü vicdanları bu işe razı gelmiyormuş gi-

---

[1] Bağımsızlık savaşı sırasında Latin Amerika'daki İspanyollara verilen ad (Çev.).

bi kuşku ve içerlemeyle bakmıştır. Belki de bu benim sahip olduğum yanlış bir kanı; ama ninem bana çağrışımlar gibi değil de, o zamanlara birer geri dönüş gibi gelen yüz yaşının sayıklamaları arasında, bir keresinde acı içinde,

"Zavallı adamcağız. Orada salonun kapısında dikiliyor da, Nicolásito onu içeriye, oturmaya davet etmiyor," demişti.

Halüsinasyonlarının görüntüleri arasında salınan nineme adamın kim olduğunu sordum, bana kuru bir sesle,

"García, kemancı," yanıtını verdi.

Tüm bu karmaşanın ortasında, babamın mizacından hiç beklenmeyecek olansa, Albay Márquez gibi kabuğuna çekilmiş bir eski savaşçıyla karşı karşıya kalma ihtimaline karşı bir silah satın almasıdır. Kimsenin kaç sahibi ve kaç ölüsü olduğunu bilmediği, uzun namlulu, 38 kalibrelik bir Smith Wesson. Kesin olan bir şey varsa, meraktan ya da sırf korkutmak niyetiyle bile, bu silahı bir kez olsun ateşlemediği. Yıllar sonra biz büyük oğulları, bu silahı içinde beş orijinal kurşunuyla, işe yaramaz öteberinin saklandığı dolaplardan birinin dibinde, serenatlarda çaldığı kemanının yanında bulmuştuk.

Ne Gabriel Eligio ne de Luisa Santiaga boyun eğmiş ailenin öfkesine. Başlarda gizlice arkadaşlarının evlerinde buluşuyorlarmış, ama daha sonra annemin çevresindeki çember daralınca, iş inanılmaz yöntemlerle birbirlerine ulaştırdıkları mektuplara kalmış. Danslı toplantılarda birbirlerini uzaktan görüyorlarmış ama daha sonra babamın davetli olduklarına annemin gitmesine izin verilmemiş. Sonuçta baskılar öylesine artmış ki, kimsenin gözü Tranquilina Iguarán'la karşı karşıya kalmayı yememeye başlamış ve âşıklar toplum önünden çekilmişler. Kaçamak mektupları koyacak bir kovukları bile kalmayınca, dâhiyane çözümler yaratmışlar. Annem babamın doğum gününde birinin yapmayı üstlendiği pastanın içine bir mektup koymuş. Babam da gerçek mesajın ya şifreli ya da görünmez mürekkeple yazılı olduğu, güya yanlış giden ya da isimsiz telgraflar yollarmış eve. Francisca Teyze'nin suç ortaklığı o kadar barizmiş ki, böyle bir ortaklığın varlığını reddedip durmasına karşın, evdeki otoritesi ilk kez sarsılmış ve yeğenine sadece badem ağaçlarının altında dikiş dikerken eşlik etmesine izin verilmiş. Bunun üzerine Gabriel Eligio aşk mesajlarını karşı kaldırımdaki Doktor Alfredo Barboza'nın penceresinden sağır-dilsiz alfabesiyle göndermeye başlamış. Annem bu alfabeyi o kadar iyi öğrenmiş ki, teyzesinin bakmadığı zamanlarda sevgilisiyle içten konuşmalar yapmış. Bu, annemin comadre'si ve kurnaz suç ortağı Adriana Berdugo'nun âşıkların görüşmesi için yarattığı bitmek tükenmek bilmez çarelerden biriymiş.

Bu tür tesellilerle hafif ateş altında yaşarlarken, Gabriel Eligio, Luisa Santiaga'dan tuvalet kâğıdının üzerine alelacele karalanmış kaygı verici bir mektup almış. Annem, ninemle dedemin aşk sancılarına çare olması için onu Barrancas'a gönderecekleri kötü haberini veriyormuş. Bu uğursuz bir gecede Riohacha guleti ile yapılacak olağan bir yolculuk değil de, Sierra Nevada dağlarının patikalarında eşek sırtında yapılacak, geniş Padilla Eyaleti'nin boydan boya geçileceği zorlu bir yolculuk olacakmış.

Annem evi satmaya gittiğimiz gün "Ölmeyi tercih ederdim," demişti bana. Neredeyse denemiş de, babasına duyduğu saygı dolu korku onu çıkmaya zorlayana kadar üç gün kapının arkasına kol takıp kendisini odasına kilitlemiş, sadece ekmek ve suyla yaşamış. Gabriel Eligio gerilimin sınırlarına dayandığını hissedince, yine aşırı ama kotarılabilir bir çare bulmuş. Doktor'un evinden badem ağaçlarının gölgesine kadar gizlene gizlene gitmiş ve orada kucaklarında el işleriyle oturan iki kadının önüne dikilmiş. Francisca Teyze'ye,

"Beni bir an Señorita'yla yalnız bırakın," demiş, "yalnızca ona söyleyebileceğim çok önemli bir şey var."

"Bu ne cesaret!" demiş teyze de. "Onun senden duyacak bir şeyi yok!"

"O zaman ben de söylemem," demiş babam, "ama sizi uyarıyorum! Bundan sonra olacaklardan siz sorumlusunuz!"

Annem teyzesine ikisini yalnız bırakması, bu riski almaması için yalvarmış. Böylelikle babam anneme ne biçimde yapılırsa yapılsın ve ne kadar sürerse sürsün, ebeveynleriyle yolculuğa çıkmasını söylemiş, ancak babamla evleneceğine yemin edecekmiş. Annem işleri daha da karmaşıklaştırarak kendi hesabına buna ancak ölümün engel olabileceğini eklemiş.

Her ikisinin de verdikleri sözün ciddiyetini kanıtlamak için bir yılları olmuş ama bunun onlara nelere mal olacağını hayal bile edemezlermiş. Yolculuğun ilk kısmı bir katırın çektiği karavanda Sierra Nevada eteklerinde iki hafta sürmüş. Onlara Wencfrida'nın Barrancas'tan ayrılırlarken aileye katılmış olan hizmetçisi Chon –Encarnatión'un sevgi dolu kısaltılmışı– eşlik ediyormuş. Albay savaşlarla bölünen gecelerinde ardında çocuklardan bir iz bıraktığı bu engebeli yolları çok iyi biliyormuş, ama ninemin karayolunu seçmesinin nedeni Riohacha guletinden korkmasıymış. Zavallı annem ilk kez bir katıra binmenin yanı sıra, çıplak güneşlerden ve vahşi sağanaklardan bir karabasanda, uçurumların buğusunda içi geçerek, yüreği ağzında ilerliyormuş. Gece kıyafetiyle şafak vakitlerinde keman çalan belirsiz bir sevgiliyi düşünmek ona hayal gücünün bir şakası gibi gelmeye başlamış. Dördüncü gün artık dayanamayacağına karar vererek ninemi eve dönmezlerse kendini uçuruma atmakla tehdit etmiş. En az annem kadar korkmuş olan Mina da dönme yanlısıymış, ama sıradağların efendisi olan dedem önlerine bir harita açarak dönmenin de ilerlemenin de bir olduğunu göstermiş. Bu olayın üzerinden geçen on birinci günün sonunda, son tepelerin ardında Valledupar düzlüklerini gördükleri zaman, rahat bir nefes almışlar.

Daha onlar yolculuğun ilk kısmını bitirmeden, Gabriel Eligio, Barrancas'a varmadan önce uğrayacakları yedi kasabadaki telgrafçıların suç ortaklığı sayesinde, hareket halindeki sevgiliyle iletişiminin kesilmemesini sağlamış bile. Luisa Santiaga da payına düşeni yapmış. Tüm eyalet ağzına kadar cemaat bilinçleri içine girilmez bir ormanın gücüne sahip Iguarán ve Coteslerle doluymuş, annem topunu kendi yanına çekmeyi başarmış. Böylece üç ay kaldıkları Valledupar'dan başlayarak, neredeyse bir yıl sonra yolculukları bitene kadar Gabriel Eligio ile ateşli bir iletişim içinde olmuşlar. Genç ve heyecanlı akrabalar aracılığıyla sevgilisinin mesajlarını alıp ona yanıt göndermesi için yakınlarda bir telgraf ofisi olması yetiyormuş anneme. Ne okuması ne yazması olan ve bir sırrı ele vermektense ölmeyi yeğleyen sessiz Chon da, iç çamaşırlarının içinde mesajları taşıyarak hem Luisa Santiaga'yı merakta bırakmamış hem de kızın iffetine halel gelmesini engellemiş.

Bu olaylardan neredeyse altmış yıl sonra, beşinci romanım *Kolera Günlerinde Aşk* için bu anıları düzenlemeye çalışırken, babama telgrafçıların terminolojisinde iki ofisi birbirine bağlamak için kullanılan özel bir sözcük olup olmadığını sorduğumda, babam hiç düşünmeden *tutturmak* dedi. Sözcük sözlüklerde benim aradığım özel kullanım için olmasa da vardı, ama bana kusursuz gözüktü; çünkü farklı ofisler arasında iletişim telgraf terminallerinin tezgâhına tutturulmuş klavyeyle sağlanan bağlantı aracılığıyla yapılıyordu. Daha sonra bundan hiç söz etmedik. Ölümünden bir süre önce bir basın söyleşisinde babama yaşamında roman yazmayı hiç isteyip istemediğini sordular, babam da 'evet' yanıtını verdi, ama ben ona *tutturmak* yüklemini sorunca vazgeçtiğini ekledi; çünkü yazmayı düşündüğü romanı benim yazdığımı keşfetmiş.

Bu bana yaşamlarımızın gidişatını değiştirebilecek

gizli bir olayı da hatırlattı şimdi. Yolculuğun altıncı ayında, annem San Juan de César'dayken, Gabriel Eligio'ya gizli bir haber gelmiş. Habere göre, Medardo Pacheco'nun ölümünün yarattığı kinin dağlandığını gören Mina, güya tüm aileyi Barrancas'a geri taşımanın hazırlıklarını yapmaktaymış. Bu babama zor zamanların geride kalıp da, Muz Şirketi'nin kayıtsız şartsız hükmünün bir vaat edilmiş topraklar rüyasını andırmaya başladığı bir dönemde son derece saçma görünmüş. Ama Márquez Iguaránların inadının da farkındaymış elbette; kızlarını canavarın pençelerinden kurtarmanın yanında kendi öz mutluluklarını feda etmek nedir ki? Babamın acil kararı Barrancas'tan yirmi fersah kadar uzaktaki Riohacha'ya telgrafçı olarak tayinini istemek olmuş, hiç yer olmadığını ama boşalır boşalmaz dilekçesini işleme koyacaklarını söylemişler.

Luisa Santiaga annesinin gizli niyetlerini açıktan açığa soruşturamasa da, Mina'nın Barrancas'a yaklaştıkça sakinleşip derin derin iç çekmesine bakarak bir şeyler döndüğünü inkâr da edemiyormuş, herkesin sırdaşı olan Chon genç kıza hiçbir ipucu vermemiş. Annesinin ağzından sırrını almaya kararlı olan Luisa Santiaga, Barrancas'ta yaşamaktan çok hoşlanacağını laf arasına sıkıştırmış ama Mina bir an bocalamışsa da, hiçbir şey söylememeyi seçerek, kızını sırrın çok yakınından geçmiş olduğu duygusuyla baş başa bırakmış. Meraklı annem çareyi kendini bir Çingene kadının iskambil kartlarına emanet etmekte bulmuş, falcı Barrancas'taki geleceği hakkında bir ipucu verememişse de, şimdi uzakta olan, pek tanımadığı ama ölene kadar seveceği bir adamla uzun ve mutlu bir yaşam süreceğini söylemiş. Falcının yaptığı tanımlama annemin yüreğini ağzına getirmiş; kadının söylediklerinde özellikle de varoluş biçimiyle ilgili, sözlüsüyle öyle çok ortak nokta varmış ki. Falcı son olarak bir an bile tereddüt etmeden annemin altı çocuğu olacağını söylemez mi? "Korkudan öleyazdım," dedi annem ilk kez anlattığında, beş fazlasını doğuracağını hayal bile edemezdi herhalde. Hem annem hem de babam bu kehaneti öylesine heyecanla karşılamışlar ki, telgrafla yürüttükleri iletişim hayalî niyetlerinin bir konçertosu olmaktan çıkıp sistemli ve pratik, her zamankinden daha yoğun bir hal almış. Tarihler belirlemişler, nasıl yaşayacaklarını konuşmuşlar, yeniden bir araya geldikleri zaman nerede ve nasıl olursa olsun kimseye danışmadan evlenmeye kesin kararlı, yaşamlarını düzenlemeye başlamışlar.

Luisa Santiaga verdiği söze öylesine sadıkmış ki, sevgilisinin onayını almadan Fonseca'daki bir baloya katılmayı uygun bulmamış. Acil telgraf sinyali çaldığı zaman Gabriel Eligio hamağında kırk derece ateşle terliyormuş. Arayan Fonseca'daki arkadaşıymış. Güvenliği tam sağlamak için annem hattın öteki ucunda kim olduğunu sorunca şaşkınlıktan iltifat bile edemeyecek durumda olan babam kendini tanıtmak amacıyla şu cümleyi göndermiş: "Ona eniştesi olduğumu söyle." Babamın onayını alan annem ertesi sabahki âyine geç kalmamak için koşa koşa eve gidip elbisesini değiştirdiği sabahın yedisine kadar balodaymış.

Barrancas'ta aileden nefret eden yokmuş. Tersine, tatsız olaydan on yedi yıl sonra, Medardo Pacheco'nun yandaşları arasında bile bir unutmuşluk ve bağışlama havası hüküm sürmekteymiş. Ailenin öbür üyeleriyle kavuşmaları o kadar dokunaklı olmuş ki, bu kez de Aracataca'nın kesik kafalı hayaletlerinden, kanlı cumartesilerinden, sıcak ve tozundan kaçıp dağlardaki bu huzurlu yere gelmeyi düşünmeye başlayan Luisa Santiaga'ymış; Gabriel Eligio'ya Riohacha'ya tayin işinin peşini bırakmamasını söylemiş, babam da kabul etmiş. Tam o günlerde taşınma hikâyesinin aslı astarı olmadığı gibi, bunu Mina'dan başka düşünen olmadığı da ortaya çıkmış kuşkusuz. Medardo Pacheco'nun ölümünün üzerinden yirmi yıl geçmeden Barrancas'a dönmek fikrinden dehşete kapılan oğlu Juan de Dios'a gönderdiği mektupta anlaşilmiş her şey. Dayım Guajira[1] âdetlerinin kaçınılmaz yazgısına o kadar yürekten inanır ki, yarım yüzyıl sonra doktor oğlu Eduardo'nun mecburî hizmetini yapmak için Barrancas'a gitmesine bile karşı çıkmıştı.

Annemle babamın tüm korkularına karşın, düğüm üç gün içinde Barrancas'ta çözülmüş. Luisa Santiaga' nın annesinin Barrancas'a taşınmayı düşünmediğini sevgilisine haber verdiği salı günü, Gabriel Eligio'ya da ölüm sebebiyle Riohacha'daki görevin boşaldığını ve dilekçesinin işleme konduğunu duyurmuşlar. Ertesi gün, Mina kaybettiği makasını arayarak sandıkları altüst ederken, hiç de gereği yokken kızının içinde aşk telgraflarını sakladığı İngiliz galetaları kutusunu bulmuş. Öfkesi o kadar şiddetliymiş ki, ağzından ancak çok kötü zamanlarında duymaya alıştığımız bir cümle dökülmüş: "Tanrı itaatsizlik dışında her şeyi bağışlar!" O hafta sonu alelacele toparlanıp pazar günü kalkan Santa Marta guletini yakalamak için Riohacha'ya gitmişler. İkisi de şubat rüzgârlarının kamçıladığı korkunç gecenin farkında değilmiş: anne uğradığı yenilgi nedeniyle tüm duyuları taş kestiğinden, kız korkmuş ama mutlu.

Sağlam toprağa ayak basmak Mina'ya mektupları bulduğu zaman kaybettiği güvenini geri kazandırmış. Ertesi gün Luisa Santiaga'yı kardeşi Juan de Dios gözetiminde bırakarak tek başına dönmüş Aracataca'ya. Bu aşkı sona erdirmeye kararlıymış. İstediğinin tam tersi olmuş. Gabriel Eligio her fırsatta Aracataca'dan Santa Marta'ya annemi görmeye gidiyormuş. Dilia Caballero'ya duyduğu aşk aynı biçimde ana babasının hışmına uğramış olan Juanito Dayım, ta başından beri kız kardeşinin bu aşk hikâyesinde taraf olmamaya karar vermiş, ama yine de kız kardeşinin aşkıyla ana babasına duyduğu hürmet arasında kalmaktan yakayı sıyıramamış ve kendince bir çözüm üretmiş: Sevgililer evin dışında, her za-

---

[1] Natural de la Guajira, Kolombiya'nın bir bölgesi ve bu bölgesinden olanlar. (Çev.).

71

man yanlarında biri varken görüşeceklermiş ve dayımın bundan haberi olmayacakmış. Kendisine yapılanları bağışlamış ama asla unutmamış olan karısı Dilia Caballero, bir zamanlar kaynata ve kaynanasını atlatmak ve onlarla dalga geçmek için kullandığı numara ve sözde rastlantıların aynılarını tezgâhlayarak yer almış görümcesinin yanında. Gabriel ve Luisa önce arkadaşlarının evlerinde buluşmuşlar, sonra ara sıra fazla kalabalık olmayan yerlere gitme riskini almaya başlamışlar. Sonunda Juanito Dayı evde yokken pencereden konuşmaya kadar vardırmışlar işi; genç kız evin salonunda, genç adam da sokakta olduğu için verdikleri sözü de tutuyorlarmış hem. Pencere böyle aşklar için yapılmış gibiymiş, Endülüs tarzı, tüm pencereyi kaplayan bir parmaklığın ardından, pervaza sarılmış, gece melteminde kokusu eksik olmayan bir yasemin çerçevenin içinden konuşurmuş annem. Dilia her şeyi ayarlamış, o kadar ki, beklenmedik bir tehlike ânında, komşular şifreli ıslıklar çalarak uyarırlarmış âşıkları. Ama bir gece bu önlemlerin hiçbiri işe yaramamış ve dayım kendini gerçeğin ta karşısında buluvermiş. Dilia bu fırsattan yararlanarak sevgilileri açık pencerelerin önünde, aşklarını herkesle paylaşarak salonda oturmaya davet etmiş. Annem kardeşinin derin bir iç geçirerek söylediğini hiç unutamaz: "Rahat bir nefes aldım!"

O sırada Gabriel Eligio'nun Riohacha'ya telgrafçı olarak atandığının resmî duyurusu gelmiş. Bir ayrılıktan daha korkan annem, ana babasının iznini almadan onları evlendirmesini umarak, piskoposluğun vekili olan Monsenyör Pedro Espejo'ya başvurmuş. Monsenyör öyle bir saygınlığa sahipmiş ki, artık azizlerle karıştırılıyormuş. Bazıları âyinlerine sadece Yükseliş ânında yerden birkaç santimetre yükselip yükselmediğini görmek için giderlermiş. Luisa Santiaga yardımını istemeye gidince, Rahip aklın azizliğin ayrıcalıklarından biri olduğunu gösteren bir örnek sergilemiş. Mahremiyeti konusunda bu kadar hasis davranan bir ailenin iç işlerine karışmamış, ama kilisenin yardımıyla gizlice babamın ailesi hakkında bilgi almış. Sincé papazının belli ki Argemira Garciá'nın özgür yaşantısına aldırdığı yokmuş, olumlu bir yanıt vermiş: "Pek kiliseye gelmeseler de, saygıdeğer bir ailedir." Monsenyör sevgililerle birlikte ve ayrı ayrı konuştuktan sonra, Nicolás ve Tranquilina'ya bir mektup yazarak, gençlerin kararlılığının onu duygulandırdığını, hiçbir insanî kuvvetin bu güçlü sevgiye engel olamayacağını bildirmiş. Tanrı'nın rızasının yenilgiye uğrattığı dedemle ninem bu acılı defteri artık kapatmaya karar vererek, Juan Dios'a Santa Marta'da düğünün yapılması için gerekli tüm hazırlıkları yapmasını söylemişler; ama kendileri düğüne katılmayarak, Francisca Simodosea'yı göndermişler.

Annemle babam 11 Temmuz 1926'da, Santa Marta Katedrali'nde, annem düğün tarihini unutup da saat sekizi geçe ancak birilerinin uyandırmasıyla kalkabildiği için, kırk dakika gecikmeyle evlenmişler. Aynı gece babamın Riohacha'daki görev teslimine yetişmek için bir kez daha ürkütücü gulete binerek, geceyi deniz tutmasının bozgunuyla son derece iffetli geçirmişler.

Annem balayını geçirdiği evden öylesine özlemle söz ederdi ki, biz büyük çocukları sanki içinde yaşamışız gibi betimleyebiliriz bu evi. Bu da benim gerçekle ilgisi olmayan anılarımdan biridir. Neredeyse altmış yaşında, La Guajira Yarımadası'na ilk kez gittiğimde, telgrafevinin anılarımdakiyle uzaktan yakından ilgisinin olmaması beni çok şaşırtmıştı. Balçık bir denize inen güherçile sokaklarıyla çocukluğumdan beri yüreğimde taşıdığım masalsı Riohacha'ysa ninemlerden ödünç alınma hayallermiş. Dahası da var: Artık Riohacha'yı biliyorum ama onu olduğu gibi değil de, taş taş hayalimde inşa ettiğim gibi getirebiliyorum gözümün önüne.

Düğünden iki ay sonra, Juan de Dios babamdan Luisa Santiaga'nın hamile olduğunu bildiren bir telgraf almış. Bu haber hâlâ içindeki hıncı sönmemiş olan Mina'nın Aracataca'daki evini temellerine kadar sarsmış, hem

73

o hem de Albay yeni evlilerin yanlarına gelmesini isteye-rek silahlarını bir yana bırakmışlar. Bu pek kolay olma-mış, aylar süren ağırbaşlı ve anlaşılır bir direncin ardın-dan, sonunda Gabriel Eligio karısının doğumu anne ba-basının evinde yapmasını kabul etmiş.

Onları tren istasyonunda karşılayan dedem aile tari-himizin kılavuzunda altın harflerle yerini alan şu cümle-yi sarf etmiş: "Onu tatmin edecek her şeyi yapmaya ha-zırım." Ninem o zamana kadar kendi yattığı yatak odası-nı hazırlayarak annemle babamı oraya yerleştirmiş. O yıl içinde Gabriel Eligio telgrafçılıktan istifa ederek, kendi kendine ilan ettiği yeteneğini epeyce kuşkulu bir bilime adamış: Homeopati. Dedemse ya şükran ya da pişmanlık duygularıyla kasaba yetkililerinden Aracataca'da yaşadı-ğımız evin sokağına şu andaki adının verilmesini talep etmiş: Monsenyör Espejo Bulvarı.

İşte altı erkek, beş kız çocuğun ilki bu şartlar altın-da, 1927 yılının altı martında, bir pazar günü, sabah.n do-kuzunda, korkunç bir sağanak yeri göğü inletirken doğ-muş. Ailenin ebesi Santos Villero en zor anda işlerin yö-netimini elden kaçırdığı için neredeyse göbek kordonuy-la boğulayazmışım, Francisca Teyze odanın dışına çıka-rak yangın alarmı gibi çığlıklar atmaya başlamış:

"Oğlan oğlan," sonra da kafiye yapmak istermiş gibi, "Rom! Rom!"[1]

Herkes romun doğumu kutlamak için istendiğini sanmış ama friksiyon yaparak yeni doğmuş bebeği can-landırmak içinmiş. Kritik anda gökten inmiş gibi yatak odasına giriveren Misia Juana de Freytes, bana pek çok kez asıl sorunun göbek kordonu değil, annemin yatakta-ki kötü konumu olduğunu söyledi. Annemi tam zama-nında düzeltmiş ama beni canlandırmaları pek kolay ol-mamış; öyle ki Francisca Teyze öleceğimi sanarak paniğe kapılıp üzerime acil bir durum için hazır bekleyen vaftiz

---

[1] (İsp.) Varon: Oğlan, ron: rom. (Yay.)

74

suyunu dökmüş. Aziz Olegario Günü olduğu için bana Olegario adını vermeleri gerekirdi aslında, ama o anda kimsenin elinin altında Azizler Takvimi yokmuş. Öleceğimden korkulduğu için hemen babamın ilk adını, Aracataca'nın ve mart ayının marangoz azizi anısına da José koymuşlar. Misia Juana de Freytes, benim dünyaya gelmemle, aileler ve arkadaşlar arasında genel bir uzlaşma sağlanmasının anısına üçüncü bir ad daha önermiş, ama üç yıl sonraki resmî vaftiz törenimde bana bu adı koymayı unutmuşlar: Gabriel José de la Concordia.

2

Annemle evi satmaya gittiğimiz gün çocukluğumun üzerinde bir etki bırakmış olan her şeyi hatırladım, ama hangisi önceydi, hangisi sonra, hangisinin yaşamımda bir etkisi oldu, emin değilim. Muz Şirketi'nin sahte şaşaası sürse de, annemle babamın evliliğinin Aracataca'nın yozlaşmasını bitirecek olan sürecin içinde yer aldığının bilincindeydim. Ben bir şeyler hatırlamaya başladığım ilk günden beri duyardım o ölümcül, uğursuz cümlenin önceleri fısıltı halinde, sonra daha yüksek sesle ve nihayet panik içinde söylenişini: "Diyorlar ki şirket gidecekmiş." Ne kimse inanırdı bu söylenene ne de sonuçlarını düşünmek isteyen vardı.

Annemin anlatımındaki rakamlar öylesine abartılı ve gördüğüm sahne benim hayalimdeki boyutlarda bir dram için o kadar yetersizdi ki, bende hayal kırıklığı yarattı. Sonraları kurtulanlarla ve tanıklarla konuştum, basın arşivlerini ve resmî kayıtları inceledim ama hiçbir yerde rastlayamadım gerçeğe. Muhafazakârlar ölü olmadığını söylemekteydiler. Ters uçtakiler sesleri hiç titremeden yüzden fazla ölü olduğunu, onları meydanda kanlar içinde yatarken gördüklerini, bir yük treniyle çürük muzlar gibi denize atılmak için götürüldüklerini anlatırlardı. Bu nedenle benim gerçeğim sonsuza kadar çarpık kaldı ve iki görüşle de pek ilgisi yoktu. Romanlarımdan birinde bu kıyımı çocukluk yıllarımda belleğime çöreklendiği kesinlik ve korkunçlukta konu ettim. İşte bu nedenle, dramın epik boyutlarını koruyabilmek amacıyla kullandığım ölü sayısı üç bindir; sonunda gerçek yaşam da beni haklı çıkardı: Kısa süre önce trajedinin yıldönümünde, Senato'da sırayla söz alan konuşmacılardan biri kamu güçlerinin şehit ettiği üç bin kişi için bir dakikalık saygı duruşu talep etti.

Muz plantasyonlarındaki bu kıyım aslında pek çok benzerinin vardığı son noktadır, ama bu kez işçi liderlerinin komünist olduğu savı ortaya atılmıştı, muhtemelen öyleydiler de. Bu liderlerin arasında en çok göze batan ve peşine düşülen Eduardo Mahecha ile annemle evi satmaya gittiğimiz günlerde Modelo de Barranquilla Hapishanesi'nde şans eseri tanıştım, Nicolás Márquez'in torunu olarak kendimi tanıtınca aramızda iyi bir arkadaşlık gelişti. Bana âdil biri olarak nitelendirdiği dedemin 1928 grevinde tarafsız değil, arabulucu olduğunu da o söyledi. Kıyım hakkında öteden beri bir fikrim vardı, onun daha olgunlaşmasına ve bu toplumsal çatışmayı daha nesnel bir gözle görebilmeme yardımcı oldu. Herkesin anılarındaki yegâne boşluk şu ölü sayısı meselesiydi, bu tarihimizdeki tek bilinmez değildir elbette.

Hikâyenin bunca farklı anlatımının olması benim anılarımı da çarpıttı. Aralarında en çok belleğimi işgal eden bir Prusya şapkası ve oyuncak bir av tüfeğiyle evin kapısının önünde oynarken, bademlerin altından geçen terli Cachaco taburlarını izlememdir. Başlarındaki subaylardan biri geçerken beni selamlayarak,

"*Adiós* Yüzbaşı Gabi," demişti.

Bu anım son derece net ama kesin olmasının ihtimali yok. Şapka, tüfek ve üniforma bir arada var oldular ama grevden iki yıl sonra, Cataca'da askerî tabur kalmadığı bir dönemde. Bunun gibi pek çok olay, ev halkı arasında kafadan attığım anılarım ve olacakları önceden gördüğüm düşlerim olduğu yolunda kötü bir ün kazanmama neden oldu.

İşte aile çevremin bilincine varmam bu ortamda başladı ve bu çevreyi sonradan farklı bir şekilde hatırlayamadım; hafızamda çocukluğumdaki gibi yer etti: geniş bir evin yalnızlığında yaşanan duygusal yükler, özlemler, belirsizlikler.

Bu dönem yaşantımda süregiden bir karabasana dönüştü sanki, çocukluğumda yıllarca azizler odasındaki korkunun aynısıyla uyandım. Ergenliğimde de, And Dağları'ndaki o buz gibi yatılı okulda, gece yarıları hep ağlayarak uyanırdım. Cataca'daki evde dedemle ninemin bedbahtlıklarının her zaman sıkı sıkıya özlemlerine bağlı, hatta onların içine kısılmış olmak ve onları başlarından defetmeye direnmek olduğunu anlayabilmem için, içinde pişmanlıklara yer olmayan bir yaşlılık dönemine ihtiyacım varmış.

Daha da basit aslında: Cataca'dalardı ama hâlâ Padilla Eyaleti'nde yaşamaya devam etmekteydiler. Sanki dünyada başka hiçbir eyalet yokmuş gibi, oradan hâlâ ilave bir veriye gerek duymadan 'Eyalet' diye söz ederiz. Ninemle dedem, belki de hiç düşünmeden, Cataca'daki evi pencerelerinden yolun öteki kıyısında, içinde Medardo Pacheco'nun yattığı hüzünlü mezarlığın göründüğü Barrancas'taki evin törensel bir replikası gibi inşa etmişler. Cataca'da hem sevilirlerdi hem de hallerinden memnun görünürlerdi, ama yaşamları doğdukları topraklara hizmet etmeye adanmıştı. Zevklerine, inançlarına, önyargılarına körü körüne bağlıydılar ve her türlü farklılığa kapıları kapalıydı.

En yakın dostlukları herkesten önce Eyalet'ten gelenlerleydi. Evde konuşulan dil atalarının bir yüzyıl önce Venezuela üzerinden İspanya'dan getirdiği dildi; Guajira diline ait, damla damla bizimkine süzülen sözcükler, yerel Karayipçe lehçeleri ve kölelerin Afrika dilleriyle renklenmişti. Ninem benim anlamamı istemediği bir şey olduğunda konuşurdu Guajira dilini, bense hizmetlilerle doğrudan alışverişlerimde çok daha iyi anlaşırdım bu dilde. Hâlâ bir sürü sözcük var hatırladığım: *Atunkeshi*, uykum var; *jamusaitshi taya*, açım; *ipuwots*, hamile kadın; *arijuna*, yabancı; yani dedemin bir anlamda İspanyol, beyaz adam, nihayetinde düşman için kullandığı sözcük. Guajiralar çapakları olmayan, ışıl ışıl bir İspanyolca'yı, ninemin kaçınılmaz bir belirsizlik yarattığı için Chon'a yasakladığı sapkın bir kesinlikle konuşurlardı: 'Ağzın dudakları.'

Barrancas'ta kim doğmuş, Fonseca'da güreşte boğa kaç kişiyi öldürmüş, Manaure'de kim evlenmiş ya da Riohacha'da kim ölmüş; San Juan del Cesar'da ağır hasta yatan General Socarrás o sabah nasıl uyanmış gibi haberler gelmeden gün tamamlanmamış sayılırdı. Muz Şirketi'nin komiserliğinde ipekli kâğıda sarılmış Kaliforniya elmaları, buz içinde kokmuş pargolar,[1] Galiçya jambonları, Yunan zeytinleri ucuz fiyata satılırdı. Evde özlemlerle çeşnilendirilmemiş tek bir öğün yenemezdi kuşkusuz: Çorba için malanga[2] Riohacha'dan, kahvaltılık mısır ekmeğinin mısırı Fonseca'dan gelmiş olmalı; tekeler Guajira tuzuyla yetişmeli, kaplumbağa ve ıstakozlar Dibuya' dan canlı getirtilmeliydi.

Her gün trenle gelen ziyaretçilerin çoğu da, ya Eyalet'ten kopup gelenler ya da oradan birilerinin gönderdikleri kimseler olurdu. Çoğunlukla kutsal Cotes ya da Iguarán kabileleriyle bir şekilde yolları kesişmiş Riascos, Noguera, Ovalle soyadlı insanlardı bunlar. Omuzlarında sırt çantaları dışında bir şeyleri olmadan yürüyerek gelirler, ziyaretlerini önceden haber vermemiş olmalarına karşın yemeğe kalırlardı. Ninemin mutfağa girerken söylemeyi alışkanlık haline getirdiği şu cümlesini asla unutamam: "Her şeyi pişirmek gerek, konukların neden hoşlanacağı bilinmez ki."

Bu sürekli firar durumu coğrafi bir gerçekliğe da-

---

[1] İspanyol denizlerinde sık rastlanan, mercan balığı benzeri ama iki kat büyüklüğünde bir balık (Çev.).

[2] Özellikle Küba'da çok yenen bir sebze (Çev.).

yanıyordu aslında. Eyalet kendine özgü bir dünyanın özerkliğine, sağlam ve geçmişi olan bir kültürel birliğe sahip; Santa Marta Sierra Nevada'sıyla, Períja Sıradağları arasında, Kolombiya Karayibi'nde yer alan vahşi bir kanyondu. Dünyayla iletişimi ülkenin geri kalanıyla iletişiminden daha kolaydı, bu nedenle, özellikle de Jamaika ve Cruao ile kolay trafik akışı ve alışveriş sayesinde, yaşam Antil Adaları'nın yaşamına benzerdi daha çok; Venezuela'yla sınır kapıları her zaman açıktı ve ne rütbe ne de renk ayrımı yapılırdı. Ülkenin kendi halinde için için kaynayan iç kesimlerindeki iktidarın zehri, yasalar, vergiler, askerler; yani iki bin beş yüz metre yükseklikte ve ağaç kütüğüyle beslenmesi gereken buharlı bir gemiyle Magdalena Irmağı üzerinde yapılacak sekiz günlük bir yolculuk uzaklığında kuluçkaya yatmış kötü haberler pek ulaşamazdı Eyalet'e.

İşte Eyalet'in bu yalıtılmışlığı durgun bir kültür ve kendine özgü bir karakter yaratmıştı, ninemle dedemin Cataca'ya taşıdığı da buydu. Ev bir yuvadan çok bir köydü. Sofrada her zaman bir sürü tabak olurdu, ama üç yaşını doldurduğumdan beri iki yer kutsaldı: masanın başında Albay ve sağında, köşede de ben. Geri kalan yerlere önce erkekler, sonra kadınlar, sırayla ve her zaman ayrı ayrı otururlardı. Bu kurallar 20 Temmuz'da ulusal bayram kutlamalarında bozulur, bu kez sofra herkesin yiyebilmesi için uzun süre hiç kalkmazdı. Akşam da sofra kurulmaz, mutfakta ninemin leziz tatlıları eşliğinde fincan fincan sütlü kahve içilirdi. Kapılar kapatıldığı zaman evde kim varsa hamağını bulabildiği yere, ötekilerden farklı bir seviyeye, hatta avludaki ağaçlara asar, yatar uyurdu.

Günün birinde aynı tip giysiler içinde, tozluklar ve binici mahmuzları takmış, alınlarına külle birer haç çizilmiş bir sürü adam eve doluşunca, o yılların en büyük fantezilerinden birini yaşadım. Bin Gün Savaşı süresince, Albay'ın Eyalet topraklarına ektiği oğullarıymış, yaşadıkları kasabalardan çıkıp bir ay gecikmeyle de olsa babalarının doğum gününü kutlamaya gelmişler. Eve gelmeden önce o çarşamba yapılan Kül Âyini'ne[1] katılmışlar, Rahip Angarita'nın külle alınlarına çizdiği haçlar bana Kutsal Hafta'nın usûllerini öğrendikten çok sonraları bile, gizemi yıllarca peşimi bırakmayan doğadışı bir arma gibi göründü.

Çoğu ninemle dedem evlendikten sonra doğmuş. Mina doğumlarını öğrendikçe adlarını ve soyadlarını bir not defterine kaydetmiş, anlaşılması zor bir hoşgörüyle de, hepsini aile kayıtlarına dahil etmişti. Her birinin kendine özgü tuhaflıklarını sergilediği o ziyarete kadar ne Mina onları birbirlerinden ayırabilirmiş ne de bir başkası. Hepsi de cıddı ve çalışkandılar, evlerine bağlı, barış yanlısı insanlardı, ama belli ki bir cümbüşün baş döndürücü kargaşasında akıllarını yitirmeye yatkındılar. Evdeki tabak çanağı kırdılar, bir boğayı kovalarken gül yataklarını tarumar ettiler, güvece girecek tavukları kurşunla avladılar, bağlı bir domuzu salarak koridorda nakış işleyen kadınların ödünü patlattılar; ama beraberlerinde öylesine neşe ve mutluluk getirmişlerdi ki, bu kazalara sesini çıkartan olmadı.

Elvira Hala'nın ikizi Esteban Carrillo da sık sık uğrardı bize, el sanatları ustasıydı, yanında bir alet çantasıyla dolaşır, ziyaret ettiği evlerdeki tüm arızaları sırf iyilik olsun diye tamir ederdi. Mizah dolu yaklaşımı ve sağlam belleği sayesinde aile tarihimizdeki pek çok boşluğu doldurmama yardım etmiştir. Gençliğimde amcam Nicolás Gomez'le de sık görüşürdüm, rengârenk çilleri olan bir sarışındı, eski Fundación Sömürgesi'nde işlettiği bakkal dükkânı iyi iş yapardı, bu nedenle burnu havadaydı. Benim aile içinde 'kayıp vaka' olarak kazandığım ünden etkilenmiş, yolculuğuma çıkarken yanıma içi tı-

---

[1] Paskalya'dan önceki, Büyük Pehriz'in birinci günü olan çarşamba. Kilisede âyine katılanların alınlarına insanın topraktan gelip yine toprağa dönüşeceğini simgeleyen külle bir haç çizilir. (Çev.).

kabasa erzak dolu bir çanta vererek veda etmişti. Rafael Arias binici giysileri içinde, katırının üzerinde geçerken 'şöyle bir uğradığını' söyler, mutfakta ayaküstü bir kahve içecek zamanı ancak bulurdu. Ötekilerle ilk romanlarımı yazmak için Eyalet'te yaptığım nostalji gezilerimde arada bir karşılaştım, son derece aileye özgü bir arma gibi görünen külle çizilmiş haçı özledim alınlarında.

Yıllar sonra ninemle dedem ölüp de, atalarımızın evi kaderine terk edildiğinde, bir gece treniyle Fundación'a gidip o saatte istasyon civarında açık olan tek handa yemek yemiştim. Pek bir şey kalmamıştı, ama hanın sahibesi yoktan var ederek şerefime harika bir sofra donattı, hem çenebazdı hem de hizmet etmeyi, karın doyurmayı seviyordu, bu erdemleri bana kabilemin kadınlarının güçlü karakterlerini hatırlattı; yanılmadığımı yıllar sonra öğrendim: Güzel hancı tanımadığım halalarımdan biri olan Sara Noriega'ymış.

Her zaman kayıp bir amca gibi hatırladığım kısa boylu ama iri gövdeli eski köle Apolinar, bir öğleden sonra hiç haber vermeden siyah kumaştan bir yas giysisi içinde, başında kederli gözlerine kadar indirdiği yine siyah renkte dev gibi bir şapkayla çıkageldi. Mutfakta cenaze için geldiğini söyledi, ama kimse gizlice ve aciliyetle Santa Marta'ya götürdükleri dedemin ölüm haberinin bize ulaştığı ertesi güne kadar ne demek istediğini anlayamadı.

Toplumsal bir yankı uyandıran tek amca tüm kardeşlerin en büyüğü, aralarındaki tek Muhafazakâr olan José María Valdeblánquez'di, Bin Gün Savaşı sırasında Cumhuriyet'in bir senatörüydü. Kasabamızın yakındaki Neerlandia Çiftliği'nde Liberallerin imzaladıkları teslimiyet anlaşmasında bulunmuştu; yanı başında mağlupların safında da babası.

Benim varoluşumu ve düşünce biçimimi asıl şekillendirenin evin kadınları ve çocukluğumun vazgeçilmezleri hizmetliler olduğunu rahatça söyleyebilirim. Bu kadınlar güçlü karakterli, yumuşak kalpli ve şefkatliydiler, bana bir yeryüzü cennetindeymişim gibi doğallıkla davranırlardı. Aralarında beni tek şaşırtan, tehlikeli kötücüllüğüyle Lucia olmuştur. Bir keresinde beni karakurbağaların yaşadığı sokak arasına götürmüş, eteğini beline kadar sıyırarak karmakarışık, bakır rengi kıllarını göstermişti. Gerçekte ilgimi çeken pubis kılları değil, karnında boydan boya uzanan, mor renkli tepelerden ve sarı okyanuslardan oluşan bir dünya haritasını andıran doğum lekesiydi kuşkusuz. Öbür kadınlar kanatsız melekler saflığındaydılar: Önümde giysilerini değiştirir, kendileri yıkanırken beni de yıkar, beni küçük küvetime oturtur, onlar da kendilerininkine girer ve sırlarını, acılarını, kinlerini suda boğmak isterlerdi sanki; her şeyi anladığımın farkına varmazlar mıydı acaba, bazen onların bir araya getiremediği hikâyelerin uçlarını ben bağlardım oysa.

Chon da hizmetliler arasındaydı ama sokağı severdi. Küçük bir kızken dedemlerle Barrancas'tan gelmiş ve mutfakta yetişmiş, ailenin bir üyesi gibi olmuştu. Âşık annemle Eyalet'te çıktıkları o hac gezisinden sonra da herkesten bir koruyucu teyze muamelesi görmeye başlamış. Son yıllarında kendi arzusuyla kasabanın en yoksul kesiminde bir oda tuttu ve şafak sökerken mısır unundan yapılmış kahvaltılık çörekler satarak geçimini sağlamaya başladı, gün doğarken seslenişini duymaya alışmıştık: "İhtiyar Chon'un buz gibi çörekleri..."

Güzel bir yerli teni vardı, her zaman bir deri bir kemikti, çıplak ayakla yürür, başına kolalı kumaştan beyaz bir türban sarardı. Yolun ortasında çok yavaş ilerler, çevresinde dönen iri köpekler, ona sus pus eşlik ederlerdi. Sonunda kasabanın folklorunun bir parçası haline geldi; karnavallardan birinde bir kadın 'Chon kılığına' girmişti, türbanı ve giysileri eksiksizdi ama onun yaptığı gibi köpeklerden bir koruma edinmeyi becerememişti. Chon'un mısır çöreği satarkenki nakaratı akordeonla ça-

83

lınan bir şarkıya söz oldu. Ne yazık ki talihsiz bir şafak vakti, vahşi köpekler Chon'un köpeklerine saldırmışlar, bizimkinin çevresindeki evcil köpekler kendilerini öylesine canhıraş savunmuşlar ki, aralarındaki Chon yere devrilmiş ve omurgası kırılmış. Dedem pek çok tıbbî çareye başvurduysa da yaşamadı.

O zamanlardan kayda değer bir başka anı da, ben altı yaşlarındayken evde çalışan çamaşırcı Matilde Armenta'nın doğum yapmasıdır. Yanlışlıkla odasına girdim. Beyaz çarşaflar serili bir yatağın üzerinde çıplak, bacakları ayrık yatıyordu. Kadıncağız acılar içinde ulurken çevresini sarmış olan düzensiz ve aklını yitirmiş gibi görünen ebe ordusu zavallının bedenini tutuyor, çığlıklar içinde doğurmasına yardım ediyorlardı. Biri ıslak bir bezle yüzünün terini siliyor, ötekiler kollarını ve bacaklarını yatağa bastırıyor; doğumu hızlandırmak için karnına masaj yapıyorlardı. Santos Villero karmaşanın içinde ne yapacağını şaşırmış, gözleri kapalı dualar mırıldanıyor; doğuranın baldırları arasında kazı yapar gibi görünüyordu. Mutfaktan gelen içi kaynar su dolu tencerelerin buharında odadaki sıcak dayanılacak gibi değildi. Korkuyla merak arasında parçalanarak bir köşeye sindim. Sonunda ebe topuklarından çekerek canlı bir et parçası çıkardı kadının karnından. Bebek yeni doğmuş bir kuzuyu andırıyordu ve göbeğine kanlı bir kordon bağlıydı. Tam o sırada kadınlardan biri beni keşfetti ve sürükleyerek odadan çıkarttı,

"Bu işlediğin ölümcül bir günahtır," diye azarladı, tehditkâr parmağını sallayarak emretti: "İçeride gördüklerini unutacaksın!"

Gerçekten masumiyetime son veren kadınsa, ne bunu isteyerek yaptı ne de ne yaptığının farkına vardı. Adı Trinidad'dı, evde çalışan birinin kızıydı, fani bir ilkbaharda başlamıştı tomurcuklarını açmaya. On üç yaşındaydı ama hâlâ dokuz yaşının giysileriyle dolaştığından bedeninin her ayrıntısı öylesine belli olurdu ki, gözüme çıplak olabileceğinden daha çıplak görünürdü. Bir gece avluda yalnızdık. Birden yandaki evden müzik sesi duyuldu, Trinidad beni dansa kaldırdı ve o kadar sıkı sarıldı ki, nefes alamadım. Ona ne olduğunu bilmiyorum ama hâlâ gece yarıları heyecan içinde uyanırım ve eminim ki karanlıkta bile teninin dokunuşundan ve hayvanî kokusundan onu tanıyabilirim. Bir anda tüm içgüdülerim uyandı, bedenimin farkına vardım ve bir daha öyle müthiş bir şey hissetmedim yaşamımda; sanki çok ayrıcalıklı, çok farklı bir ölüm gibiydi. O olaydan sonra yaşama dair kafamı karıştıran bir giz olduğunu fark ettim. Hem gerçek dışı gibi geliyordu bu giz, hem de kurcalamamam gerektiğinin farkındaydım. Tek bilmediğim ne olduğuydu, ama sanki biliyormuşum gibi rahatsız ediyordu beni. Ailenin kadınlarıysa bana her zamanki iffetli tavırlarıyla davranıyorlardı.

Masumiyetimi kaybetmek bana Noel'de armağanları getirenin Tanrı'nın Oğlu olmadığını da öğretmişti, ama bunu kimseye söylememe konusunda dikkatliydim. On yaşında bence artık gerçeği bildiğimi fark etmiş olan babam, bana hediyelerin geldiği yeri yetişkinlere ait bir sırmış gibi açıkladıktan sonra, beni dükkâna kardeşlerimin armağanlarını seçmeye götürdü. Aynı şey Matilde Armenta'nın doğum odasına sızmadan önce doğumun gizemiyle ilgili yaşanmıştı: Bebekleri bir leyleğin Paris'ten getirdiğini söylediklerinde beni bir gülmedir tutmuştu. Ama şunu da eklemeliyim ki, doğumu hiçbir zaman seksle ilişkilendirmeyi başaramadım. Neyse ne işte, hizmetlilere olan yakınlığım da kadınlarla gizli bir iletişim hattına sahip olmamın kökeni olabilir. Belki de böyle bir hattın var olduğunu sanarak yaşamışımdır, ama tüm yaşamım boyunca kendimi kadınların arasında erkeklerin arasında olduğundan çok daha rahat ve güvende hissettim. Belki biz erkekler tarihî sertliğimiz ve kabalığımızla durmadan dünyayı altüst ederken, kadınların dünyayı ayakta tuttuklarına olan inancım da bundan kaynaklanıyordur.

Sara Emilia Márquez hiç farkında olmadan kaderimi etkiledi. İlkgençliğinden beri bakmaya bile tenezzül etmediği delikanlılar olurdu peşinde, sonra ona ilk eli yüzü düzgün görünen erkekte karar kıldı ve onunla geçirdi ömrünü. Seçtiği adamın babamla ortak yanları vardı, o da bir yabancıydı, nereden ve nasıl geldiğini bilmezdik, yaşam deneyimi vardı ama parası olduğu söylenemez. José del Carmen Uribe Vergel'di adı, ama bazen J. del C. diye imza atmakla yetinirdi. Gerçekten kim olduğunu ve nereden geldiğini öğrenmemiz zaman aldı. Sonunda politikacılar için söylevler yazdığını ve aşk dizelerini yayınladığını, çıkma sıklığı Allah'a kalmış kendine ait bir kültür dergisi olduğunu öğrendik. Eve gelir gelmez yazar olduğu için büyük bir hayranlık topladı. Yaşamımda karşılaştığım ilk yazardı. Hemen aynen onun gibi olmak istedim ve Mama Teyze bana saçımı onunki gibi taramayı öğretmeden de huzur bulmadım.

Ailede iki gencin gizli aşklarını öğrenen ilk ben oldum. Bir gece arkadaşlarımda komşu evin avlusunda oynuyorduk. Biri sessizce içeri süzüldü, beni bir yana çekti ve heyecan içinde elime Sara Emilia'ya vermem için bir mektup tutuşturdu. Teyzemin bizim evin kapısında oturmuş, bir arkadaşını beklediğini biliyordum. Yolu geçtim, bademlerin arkasına saklanarak eve kadar vardım, mektubu şaşmaz bir kesinlikle kucağına fırlattım. Korku içinde ellerini kaldırdı, tam bağıracaktı ki, mektubun üzerindeki harfleri tanıyınca çığlığı boğazında kaldı. Sara Emilia ve J. del. C. o zamandan beri dostumdur.

Esteban Amca'nın ikiz kız kardeşi Elvira Carrillo, bir şekerkamışını büker ve iki elinin arasında ovalar, cendere gibi suyunu çıkarırdı. Çocuklara karşı şefkatle değil de, sert bir açıklık ve kesinlikle yaklaşmasıyla ünlüydü; özellikle kadıncağızı Pa Teyze diye çağıran, aslında hem ona egemen hem de onun suç ortağı olan bir yaş küçük erkek kardeşim Luis Enrique'ye. Teyzenin ilgi alanı çözümsüz sorunlardı. Esteban'la birlikte Cataca'daki eve ilk gelenler olmuşlardı. Esteban bulabildiği her işi yaparak, meyve veren ticaretlere girişerek yaşamda kendi yolunu çizdi, ama Elvira Camillo öyle olduğunun bile farkına varamadan, ailedeki vazgeçilmez teyze olarak kaldı. Ona ihtiyaç olmadığında ortadan yok olurdu ve bir ihtiyaç hasıl olursa da, hiç kimse nerede olduğunu bilemez, bulup getiremezdi. Ruh hali pek parlak olmadığında tenceredeki yemeği karıştırırken kendi kendine konuşur, yüksek sesle insanların kaybolduğuna kanaat getirdiği eşyaların yerlerini açıklardı. Büyükler gömüldükten sonra, yabani otlar mekânı parça parça ele geçirmeye ve hayvanlar yatak odalarında gezinmeye başladığında bile evde kaldı, gece yarılarından sonra, komşu odada duyulan, mezara lâyık bir öksürükle huzursuz oldu.

Yetmiş dokuz yaşında bakire ölen Francisca Simodosea –Mama Teyze–, yani evin dişi generali, alışkanlıklarıyla da diliyle de farklıydı ötekilerden. O Eyalet kültürüne sahip değildi, gümüş işlemeciliğinde usta babası José María Mejía Vidal'in henüz çok gençken göçtüğü Bolivya savanlarının feodal cennetinden geliyordu. At kılı gibi kalın, neredeyse ölene dek aklara meydan okuyan koyu kahverengi saçını dizlerine kadar uzatmıştı. Onu haftada bir kez kokulu sularla yıkar, yatak odasının kapısının önüne oturarak kutsal bir töreni gerçekleştiriyormuş gibi saatlerce tarar; Liberallerin gece karanlığında düşmana yakalanmamak için yaptığı gibi, ateşi ağzının içinde gizleyerek birbiri ardına sarma sigaralar içerdi. Giysileri de farklıydı: pelerinler, bağcıklı kusursuz korseler, arkası açık, ökçesiz, kadife terlikler.

Ninemin dilinin iffetli saflığına kıyasla Mama'nın dili popüler terimlere daha yatkındı. Bir kimseye ya da koşula boyun eğdiğini görmedim hiç. Her şeyi herkesin yüzüne söylerdi açık açık. Santa Marta'da annemin gittiği yatılı okuldaki başrahibe bile onun bu münasebetsizliğinden payına düşeni almış, kadıncağızın ağzı açık kal-

mıştı: "Siz de şu başını kıçıyla karıştıranlardansınız."
Ancak Mama Teyze'nin öyle bir söyleyiş tarzı vardı ki,
sözleri ne hakaret gibi algılanırdı ne de kaba gelirdi ku-
lağa.

Yaşamının yarısından çoğunu mezarlığın anahtarla-
rının sorumluluğunu üstlenerek geçirdi, cenaze törenle-
rine katılır, tören bitince herkesi uğurlar, evde âyin için
mayasız ekmek pişirirdi. Ailede sancılı bir aşk acısını yü-
reğinde hissetmemiş erkek ya da kadın yegâne kişi oy-
du. Bunu bir gece doktor ona sonda takmaya hazırlanır-
ken fark ettik, o zaman anlamadığım bir nedenle adama
engel olmuştu: "Seni uyarmak isterim doktor, elim erkek
eline değmedi."

O geceden sonra bunu sık sık duydum ama ne insanı
zafere götürecek ne de pişmanlık yaratacak bir şey oldu-
ğunu düşündüm; sanki olup bitmiş de, onun yaşamında
hiçbir iz bırakmamış bir olaydı. Aslında kurnaz bir çöp-
çatanmış Mama Teyzem, annemle babamın aşkında hem
sevgililerin tarafını tuttuğu hem de Mina'ya sadakatsiz-
lik etmek istemediği için ıstırap çekmiş olmalı.

Bence Mama Teyze çocuklarla yetişkinlerden daha
rahat anlaşırdı. Calleja kayıtlarının odasına tek başına
taşınana kadar Sara Emilia'ya o bakmıştı. Sonra kişisel
işlerimle ninem, bir erkek olarak formasyonumla da de-
dem ilgilense de, Sara Emilia'nın yerine beni ve Mar-
got'yu benimsemişti Teyzem.

O zamanlara ait en merak uyandırıcı anım, kör olun-
ca Riohacha'dan abisinin yanına yaşamaya gelen dede-
min büyük ablası Petra Teyze'ye aittir. Dedemin çalışma
odasının yanındaki, daha sonra gümüş işliğine dönüştü-
rülen odada yaşar, karanlığının içinde kimsenin yardımı-
na ihtiyaç duymadan idare edebilmek için sihirli bir be-
ceri gösterirdi. Sanki iki gözü varmış gibi baston kullan-
madan, yavaş da olsa hiç sendelemeden, farklı kokuları
izleyerek dolaşmasını dünmüş gibi hatırlıyorum. Kendi
odasını yandaki işlikten gelen hidroklorik asit kokusun-

dan, koridoru bahçedeki yaseminlerden, ninemle dedemin yatak odasını gece uyumadan vücutlarını ovalama alışkanlığında oldukları odun alkolünün kokusundan, Mama Teyze'nin odasını mihraptaki kandillerin yağının kokusundan ve son olarak da yemek odasını mutfaktan gelen ve insanın ağzını sulandıran kokulardan bulurdu. İnce, uzun, zarif bir kadındı, sessizdi, solmuş zambakları andıran bir teni vardı; beline kadar saldığı sedef rengi pırıl pırıl saçlarının bakımını kendini yapardı. Bir genç kızınkinin duruluğuna sahip yeşil gözbebekleri ruh haline göre ışık değiştirirdi. Pek sık dolaşmazdı evin içinde, genellikle oda kapısını aralık bırakarak içeride oturur ve hemen her zaman yalnız olurdu. Bazen alçak sesle kendi kendine şarkı söylerdi, sesi Mina'nınkiyle karıştırılabilirdi aslında, ama şarkıları farklı, daha hüzünlüydü. Sözlerini duyanlar bunların Riohacha'dan aşk şarkıları olduklarını iddia edebilirlerdi rahatça, hepsini söylerken kendi uydurduğunu kocaman adam olunca öğrendim. İki-üç kez kimse fark etmeden odasına girmek gibi bir yaramazlık yaptıysam da, orada değildi. Yıllar sonra, okul tatillerimden birinde anneme bu anılarımı anlattığımda, beni yanıldığıma ikna etmek için büyük bir çaba harcadı. İddiasından en küçük bir kuşkusu bile yoktu, sözlerine kesinlikle aklının ve mantığının yerli yerinde olduğunu eklemeyi de ihmal etmedi: Petra Teyze ben iki yaşındayken ölmüştü.

Wenefrida Teyze'ye Nana derdik, kabilenin en neşeli ve sevimlisiydi ama bunu ancak hasta yatağında gösterebildi bize. Rafael Quintero Ortega, yani Quinte Amca'yla evliydi, Bogota'ya on beş fersah mesafede, denizden aynı yükseklikteki Chía'da doğmuş, yoksulların avukatlığını yapan bir adamdı amcam. Ama Karayipler'e öylesine alışmıştı ki, Cataca cehenneminde, aralık serinliğinde uyuyabilmek için ayaklarına sıcak su torbası koyardı. Daha aile Medardo Pacheco belâsından kendini toparlayamadan, Quinte Amca yasal bir anlaşmazlık nedeniyle karşı taraftan bir avukatı vurarak kendi karabasanını yaratmış. İyi ve barışçıl bir adam gibi görünürdü ama rakibi onu öylesine canından bezdirmiş ki, sonunda silahlanmaktan başka çare bulamamış. Ufacık tefecik bir adamdı, o kadar sıskaydı ki, silah taşımaya başlayınca, ceketinin altında boru gibi bir şişlik meydana getiren namlu yüzünden arkadaşlarının samimi şakalarına hedef olmuş. Dedem şu pek ünlü cümlesiyle uyarmış kardeşini: "Bir ölünün ağırlığının ne demek olduğunu bilmiyorsunuz." Ancak rakibi mahkeme binasının önünde çığlık çığlığa hakaretler yağdırarak önünü kesip de, dev gibi cüssesiyle üzerine atılınca, Quinte'nin dedemin sözlerini düşünecek zamanı olmamış. "Silahı ne zaman çıkardığımı fark etmedim bile, gözlerimi kapatıp iki elimle tetiği çekerek havaya ateş ettim," diye açıklamıştı yüz yaşında ölmeden kısa bir süre önce. "Gözlerimi açtığım zaman," diye anlatmaya devam etmişti bana, "onu gördüğümde hâlâ ayaktaydı, iri ve solgundu, yavaş yavaş olduğu yere çöktü ve sonunda kıçının üzerine oturdu." Ancak o zaman adamı alnının ortasından vurduğunu fark etmiş amcam. Rakibinin düştüğünü görünce ne hissettiğini sorduğumda, yanıtının içtenliğiyle beni şaşırtmıştı:

"Büyük bir rahatlama!"

Karısını son hatırlayışım, büyük yağmurların yağdığı bir şeytan çıkarma gecesiydi. Bu işi yapan alışıldık bir büyücü değil, sevimli, günün modasına göre giyinmiş bir kadındı. Elindeki ısırgan dalıyla hastanın bedenindeki kötü ruhları korkuturken, bir yandan da ninniyi andıran şeytan kovma duaları söylüyordu. Nana ani bir kasılmayla yatakta kıvrıldı, yanardöner tüyleri olan, neredeyse tavuk iriliğinde bir kuş çıktı çarşafların arasından. Kadın usta bir hamleyle kuşu havada yakalayarak önceden hazırlamış olduğu kara bir kumaş parçasına sardı. Arka avluda bir ateş yakılmasını emretti ve hiçbir törene gerek görmeden kuşu alevlerin arasına attı. Ama Nana iyileşip de ayağa kalkamadı.

Bir süre sonra, arka avludaki ateşi yeniden tutuşturduklarında, tavuğun biri tıpkı pinpon topunu andıran ve Frigya külahı biçiminde bir çıkıntısı olan, şaşırtıcı bir yumurta yumurtladı. Ninem yumurtayı ânında gördü ve "Bu bir basilico[1] yumurtası," diyerek yerden kaptı, cin kovma duaları arasında ateşe fırlattı.

Ninemle dedemi o dönemde hatırladığımdan farklı yaşlarda düşünemedim hiç. Bu, ak saçlı ihtiyarlıklarında çektirdikleri, giderek solan kopyaları bir kabile âdeti gibi dört verimli nesil boyunca elden ele dolaşan fotoğraflarındaki yaşlarıdır. Özellikle ninem Tranquilina'nın vardır böyle resimleri. Gördüğüm en inanılmaz ve etkileyici kadındı, gündelik yaşamın gizlerinin onda uyandırdığı o müthiş korkuyu anlatamam. Gündelik işlerini avaz avaz aşk şarkıları eşliğinde yaparak daha hoş bir hale getirmeye çalışır, birden susar, kadere meydan okuyan bir savaş çığlığı atarak,

"Safların safı Bakire Meryem!" diye haykırırdı.

Nineme kalırsa sallanan koltuklar tek başlarına sallanır, loğusa ateşleri yeni doğuranların yataklarını basar, yaseminin kokusu görünmez bir hayalet gibi avluda dolaşırdı; rasgele yere düşmüş bir ip parçası piyangonun büyük ikramiyesinin vuracağı numaranın şekline girer ve yemek odasına giren kör bir kuş sadece La Magnifica[2] ilâhisi söylenerek korkutulabilirdi. Eyalet'te söylenegelen şarkılarda gizli ipuçları arar, böylece sözü geçen kişileri ve yerleri keşfedebileceğine inanırdı. Durmadan başımıza bir uğursuzluk geleceğini kurar, kimin Riohacha'dan beyaz bir şapkayla ya da Manaure'den yalnızca hindi katısıyla iyileştirilebilecek tatsız bir karın ağrısıyla geleceğini önceden hissederdi; şifa yöntemleri önermekten çekinmezdi, çünkü kâhinlik becerisinin yanı sıra, gölgede kalmış bir şifa yeteneğinin olduğuna

---

[1] Güney Amerika'da yaşayan bir cins kertenkele. Aynı zamanda bakışıyla insanı öldüren masal ejderinin adıdır. (Çev.)
[2] Kilisenin yasakladığı ama köylüler arasında sevilen bir ilâhi. (Çev.)

da inanırdı.

Ninemin her birimizin o günkü davranış biçimimizi açıklayan ve evdeki yaşamın akışını belirleyen düşleri yorumlamak için çok kişisel bir sistemi vardı. Ne kendi düşlerini yorumlamadan durabilirdi ne de başkalarınınkileri. Ancak dedemin bir tehlike ânında, daha gözü kapalıyken eline alabilmek için yastığının altında sakladığı tabanca ateş alıp da, kurşun ninemin burnunun dibinden geçip tavana saplandığında, başına gelecekleri hiç de önceden göremeden ölecekti neredeyse.

Kendimi bildim bileli Mina'nın beni sabahları diş fırçalamaya zorlamasının işkencesini çektim. Ben böyle kıvranırken o dişlerini uyumadan önce çıkartıp temizlenmeleri için bir bardak suya bırakmak gibi bir ayrıcalığın keyfini sürerdi. Bunun onun doğal dişleri olduğunu sanır, onları Guajira büyüleri sayesinde takıp çıkarabildiğine inanırdım. Bir keresinde gözlerinin, beyninin, dilinin ve kulaklarının tersini görebilmek için bana dişsiz ağzının içini göstermesini istedim, ama yalnızca damağını görebilince hayal kırıklığına uğradım. Kimse bana bu diş mucizesini açıklamadığı için uzunca bir süre beni de diş hekimine götürerek böyle takıp çıkabilen dişler yaptırmaları için huysuzluk ettim; ben sokakta oynarken, ninem dişlerimi fırçalayabilecekti böylece.

Ninemle birlikte gizli bir tür şifre sistemi aracılığıyla görünmeyen bir evrenle ilişki kurardık. Onun bu büyülü dünyası bana gündüzleri şahane görünürdü ama geceleri fena halde korkardım: Varoluşumuzun öncesine dayanan bir karanlık korkusu tüm yaşamım boyunca ıssız sokaklarda ve hatta ucuz dans salonlarında peşimi bırakmamıştır. Dedemlerin evinde her azizin bir odası ve her odanın da bir ölüsü vardı. Ama resmî olarak 'ölünün evi' diye bilinen tek ev, komşumuzun eviydi, bu evin ölüsü de, bir ruh çağırma seansı sırasında adıyla tanımlanan tek ölüydü: Alfonso Mora. Adama yakın olan biri vaftiz ve ölüm kayıtlarından onun kim olduğunu bulmayı kendine iş edinmiş; pek çok adaşıyla karşılaşmıştı, ama hiçbiri bizimki olduğuna dair özel bir işarete sahip değildi. Burası yıllarca rahibe evlik etti, sonunda hayaletin gece gezintileri esnasında onu gözetleyenleri korkutmak isteyen Rahip Angarita'nın ta kendisi olduğu söylentisi yayıldı.

Ben ailenin Barrancas'tan getirdiği, fırtınalı bir gecede erkek kardeşi Alirio ile kaçan Guajira yerlisi, köle kız Meme'yi tanımadım. Evin diline kendi yerel lehçeleriyle çeşni katanın onlar olduğu söylenirdi. Kullandıkları çapraşık İspanyolca şairleri bile şaşırtırmış, bir gün Juan Dios dayımın kaybettiği kibritleri bulunca, kulhanbeyi bir tavırla, muzaffer bir cümleyle dayıma uzatmış Meme:

"Al, senin kibritin olayım."

Kaynaklar suyunu çekmeye başlayınca ninem Mina ve yoldan çıkmış kadınlarının evin ekonomik dayanağı olduklarına inanmam hiç de kolay olmadı. Albay'ın dağınık arazilerini Cachaco aileleri işgal etmiş, dedem de onları yerlerinden etmeyi reddediyormuş. Bir meselede oğullarından birinin şerefini kurtarmak için Cataca'daki evi ipotek etmesi gerekmiş ve ipoteği çözmek ona bir servete mal olmuş. Dedem artık duruma bir çare bulamamaya başlayınca, ninem pasta fırınıyla ailesinin imdadına yetişmişti, hayvan biçimli şekerlemeleri, tavuklar, ördek yumurtaları ve arka avludaki bostanın ürünleri tüm kasabada satılırdı. Ayrıca ninem hizmetli sayısında da radikal bir indirime gitmiş ve yalnızca çok gerekli olanları tutmuştu. Benim çocukluğumda nakit para evin sözlü geleneğindeki anlamını tümüyle yitirmişti çoktandır. Annem okulunu bitirince ona bir piyano almak gerektiğinde de aynı yöntemi uygulamışlar ve Pa Teyze bir piyanonun değerini ev kuruyla tam olarak belirlemiş:

"Bir piyano beş yüz yumurta eder."

Bu melek kadınlar arasında tam anlamıyla güvencemdi dedem. Yalnızca onun yanındayken tehlike geçer, ben kendimi ayaklarım yerde, sağ salim gerçek yaşamın içinde hissederdim. Şimdi düşünüyorum da, tuhaf olan dedem gibi olmak istememdi aslında: gerçekçi, cesur, kendinden emin; ama ninemin dünyasına balıklama dalmaktan da kendimi alıkoyamazdım bir türlü. Dedemi tombul, kanlı canlı, parlak alnında birkaç tutam kır saçla ve altın çerçeveli yuvarlak gözlükle anımsıyorum. Dura dura konuşur, sözleri apaçık anlaşılırdı; barış zamanlarında hep arabuluculuk yapardı ama Muhafazakâr arkadaşları, onu savaşın çatışmaları içinde korkulacak bir düşman olarak hatırlarlardı.

Askerî üniforma giymezdi çünkü harp akademisi mezunu değildi, rütbesi devrimciydi, savaşın üzerinden uzun bir süre geçene kadar Karayip gazilerinin giymeyi alışkanlık haline getirdiği, yakasına kadar ilikli pamuklu gömleklerden giydi. Savaş aylıkları yasası çıkınca, kendisininkini alabilmek için dilekçeler doldurdu ama yalnızca dedem değil, karısı ve en yakın mirasçıları da ölene kadar beklediler bu aylığın bağlanmasını. Ninem Tranquilina o evden uzakta öldü, kördü, elden ayaktan düşmüştü, yarım akıllı olmuştu, aklının başında olduğu son anlarında bana, "Neyse, içim rahat ölüyorum, biliyorum ki siz Nicolásito'nun emekli aylığını alacaksınız," dedi.

Aileye bitmek tükenmek bilmez hayallerin bir tohumu gibi ekilen o efsanevî sözcüğü ilk kez duyuyordum: emeklilik. Aslında eve benim doğumumdan önce, hükümet Bin Gün Savaşı'nın gazilerine aylık bağlamaya karar verdiğinde girmişti. Dedem kişisel olarak dava işlemlerini yürütmüş, yeminli tanık ve kendi durumunu kanıtlayan evrakları fazla fazla hazır etmiş, emeklilik sistemine giriş protokolünü imzalamak için Santa Marta'ya kendi eliyle götürmüştü. Arzu ettiği kadar olmayan ama ona ve ikinci kuşağa kadar mirasçılarına yetecek bir meblağa razı olmuştu. Ninem, "Tasalanmayın," derdi, "emeklilik ikramiyesi tüm dertlerimize deva olacak." Evde o zamana kadar kimsenin pek aldırmadığı postacı İlâhi Takdir'in bir elçisi olarak görülmeye başlandı.

Bu emeklilik meselesinden bir türlü hiçbir şeyden emin olamamanın getirdiği kuşkuların yüküyle, ben bile yakayı sıyıramadım. Tranquilina kendisi için kimseden hiçbir şey istemeyenlerdendi hiç kuşkusuz. Bin Gün Savaşı'nda dedem Riohacha'da ninemin Muhafazakâr ordunun subayı olan bir kuzeni tarafından hapse atılmış. Hem Liberal aile üyeleri hem de ninem böyle bir şeyi aile bağlarının elinin kolunu bağlayan savaşın bir parçası olarak görerek anlayışla karşılamışlar; ama ne zaman ki ninem dedemin sıradan bir suçlu gibi Filistin askısında olduğunu öğrenmiş; hemen subay kuzeninin karşısına dikilerek onu kocasını sağ salim kendisine teslim etmeye zorlamış.

Dedemin dünyası çok daha farklıydı. Evin içinde ufak tefek tamiratlar yaparak elinde alet çantasıyla dolaşırken, saatlerce arka avludaki el tulumbasından fıçılara su çekerken ve fıçıların içlerindeki suyu görebilmek için o eften püften merdivene tırmanırken, son yıllarında bile son derece çevik görünürdü. Ama kendi eğilirse soluksuz kaldığını söyleyerek botlarının bağcıklarını bana bağlatırdı. Bir sabah fıçıların kenarına kadar giden kör papağanı yakalayacağım derken ölmemesi bir mucizedir. Papağanı boynundan yakalamayı başardı, ama tahta iskelenin üzerinde sendeleyince, dört metre yüksekten yere çakıldı. Doksan kilosu ve elli bilmemkaç yaşıyla nasıl olup da hayatta kaldığını kimse açıklayamamıştı. Doktorun dedemi yatağına çıplak yatırıp karış karış bedenini incelediği o günü unutamam. Doktor kasığında yarım parmak büyüklüğünde eski bir yara izini görüp ne olduğunu sorunca dedem,

"Kurşun, savaştan miras," demişti.

Hâlâ bile heyecanıma engel olamam. Böyle heyecanıma engel olamadığım bir anım daha var. Dedemin ofisinin penceresinden içeri seslenerek ona satmak istedikleri ünlü bir atı görmesini istediler. Tam o anda dedem

95

gözlerinin birinin yaşardığını, hatta su dolduğunu hissetmiş. Elini götürerek gözünü korumak istediyse de, avcunun içinde birkaç damla ve duru bir sıvı kaldı. Sadece sağ gözünü kaybetmekle kalmadı dedem, ninem üzerinde bizzat şeytanın oturduğu o atı almasına asla izin vermedi. Kısa bir süre bulutlu göz çukurunun üzerine bir korsan bandı taktı, sonra göz doktoru bu bandı yüksek dereceli gözlükle değiştirerek, sürekli cebinde taşıdığı, kapağı açılınca müzik çalan altın köstekli saat gibi kimliğinin ayrılmaz bir parçası haline gelecek olan bastonu verdi. Dedeme sıkıntı vermeye başlayan ihtiyarlığın bu tür ihanetleri hiçbir biçimde gizlice kadınları ayarttığına ve hayranlık duyulan bir âşık olduğuna ilişkin ününü zedelememişti.

Son yıllarında benimle birlikte yapmayı alışkanlık haline getirdiği sabah altı banyolarında bir su kabağıyla suları dökünür, oramıza buramıza kaçakçıların tıpkı viski ve ipekli gömlekler gibi Curazao'dan getirip ev ev dolaşarak sattıkları Agua Florida de Lanman Y Kemps adlı losyonu sürerdik. Dedem kullanandan başkasının kokusunu almadığı iddiasıyla sürerdi bu parfümü, ama bir gün başkasının yastığında parfümünün kokusu keşfedilince bu hurafeye inanmaktan vazgeçti. Yine sık sık dinlediğim bir başka hikâye de bir gece vakti, ışık ortalıktan çekildikten sonra, dedemin Agua Florida sanarak başından aşağı bir şişe mürekkep boca ettiğidir.

Evdeki gündelik işleri yaparken lastik askılı talim pantolonunun altına yumuşak ayakkabılar giyer, siperlikli bir kumaş şapka takardı. Yalnızca çok geçerli bir nedeni varsa kaçırmayı göze aldığı pazar âyininde, kutlama ya da anma törenlerinde beyaz kumaştan üç parçalı bir takım giyer, sert yakalı gömleğini kesinlikle siyah bir kravatla tamamlardı. Bu seyrek fırsatlar sayesinde müsrif ve küstah payelerini kazandığına kuşku yok. Bana öyle gelirdi ki, içindeki her şeyle birlikte yalnızca dedem için vardı ev; dedemle nineminki erkeğin tartışmasız kral olduğu ama yönetimi karısına bıraktığı anaerkil bir toplumda, maço bir evliliğin kusursuz bir örneğiydi. Ve yine hiç kuşku yok ki maçoydu dedem. Demek istediğim şu: İnanılmaz şefkatli bir adamdı ama bunu insan içinde göstermekten utanırdı; karısıysa, onu mutlu edebilmek için hiçbir şeyi esirgemezdi.

Dedemle ninem hem ailemizin dördüncü çocuğu Aida Rosa'nın doğumunda bulunmak hem de Simón Bolívar'ın ölümünün yüzüncü yılını anma törenlerine katılmak için, 1930 yılının Aralık ayında bir kez daha Barranquilla'ya gittiler. Cataca'ya bir yaşını biraz geçmiş olan kardeşim Margot'yla birlikte döndüler, annemle babam Luis Enrique ve yeni doğan bebekle kalmışlardı. Bu değişikliğe kolay alışamadım çünkü raşitik ve vahşi doğalı Margot başka bir dünyadan gelen bir varlık gibi karışmıştı aramıza, girilmesi mümkün olmayan bir iç dünyası vardı. Luis Carmelo Correa'nın annesi Abigaíl kardeşimi gördüğü zaman, dedemle ninemin neden böyle bir yükün altına girdiklerini anlayamamış, "Bu çocuk hastalıklı," demişti. Aynısını benim için de söylerlerdi çünkü az yerdim, çünkü gözlerimi kırpıştırırdım, çünkü kavrayamadıkları için onlara yalan gibi gelen, ama bir anlamda kesinlikle doğru olan şeyler anlatırdım. Ancak yıllar sonra, Doktor Barboza'nın konuya bilgece yaklaşarak bana arka çıkan yegâne kişi olduğunu öğrendim: "Çocukların yalanları büyük bir yeteneğin göstergesidir."

Margot ev yaşamına teslim olana kadar epey zaman geçti. Hiç ayak altında olmayan bir köşede sallanan koltukta oturur, parmağını emerdi. Her saat başı kocaman hülyalı gözlerini dikip baktığı sarkaçlı saat hariç hiçbir şey ilgisini çekmezdi. Ağzına bir lokma koymadan günler geçirdiği olurdu. Ya hiç mesele yapmadan reddederdi yemeği ya da alıp oraya buraya fırlatırdı. Yalnızca bahçenin nemli toprağını ve duvarlardan tırnağıyla kazıdığı kireci yemekten hoşlandığı anlaşılana kadar, kimse nasıl olup da yemeden yaşayabildiğini anlayamamıştı. Ninem bunu keşfedince bahçenin en leziz görünen yerlerini inek dışkısıyla sıvadı ve saksıların içinde acı biber koydu. Rahip Angarita kardeşimi beni doğduğumda vaftiz ettiği acil vaftiz töreninin bir benzeriyle vaftiz etti. Bir iskemlenin üzerinde durarak cesaretle rahibin dilime koyduğu mutfak tuzuna ve başımın üzerine su dökmesine katlanmışım. Margot ikimiz adına da bu törene bir vahşi hayvan gibi çığlıklar atarak ve tüm bedeniyle mücadele ederek karşı koydu, vaftiz anası ve vaftiz babası küçük kızı kontrol etmekte güçlük çektiler.

Şimdi düşününce, onun benimle olan ilişkisinde büyüklerin birbirleriyle olan ilişkilerinden daha fazla mantık varmış gibi geliyor. Öyle tuhaf bir ortaklığımız vardı ki, bazen birbirimizin düşüncelerini tahmin ederdik. Bir sabah bahçede oynarken, her zamanki gibi saat on birde trenin düdüğünü duyduk. Ama o gün, içimden bir his, aylar önce ravent kaynatarak yaptığı bir şurupla kusma krizi geçirmeme neden olan Muz Şirketi'nin doktorunun da o trende olduğunu söyledi. Herkesi uyarmak için çığlıklar atarak evin içinde koşturdumsa da, Margot'dan başka aldıran olmadı. Adam yemeğini bitirip de bir sonraki trenle gidene kadar kız kardeşimle bir köşede saklandık. "Safların safı Bakire Meryem!" diye söylendi ninem, saklandığımız yatağın altından bizi çıkartırken. "Bu çocuklar varken insanın telgrafa ihtiyacı yok!"

Yalnız kalmanın, hele ki karanlıkta yalnız kalmanın korkusuna katlanamazdım, ama bu korkumun sağlam bir temeli olduğunu düşünürdüm: Geceleri ninemin tüm hayaletleri canlanır, önsezileri gerçekleşirdi sanki. Şimdi yetmiş yaşımda bile rüyalarımda koridordaki yaseminlerin coşkunluğunu, alacakaranlık odalarda gezinen hayaleti görür; çocukluğumu mahveden o korkuyu hissederim: gece korkusu. Tüm dünyanın uykusuzluğunun üzerime çöreklendiği zamanlarda, her gece öldüğümüz mutlu bir dünyada, o masalsı evin lânetini taşıdığımı düşünürüm.

En tuhaf olan da, ninemin bu gerçekdışılık duygusuyla evi çekip çevirmesidir. Kaynaklar öylesine kısıtlıyken o yaşam trenini nasıl yürüttü ki? İki yakaları bir araya gelmezdi. Albay tıpkı onun da dedesinden öğrenmiş olduğu gibi babasının zanaatını öğrenmişti, her yerde görülen minik altın balıkları çok ünlüydü ama kârlı bir iş olduğu söylenemezdi. Dahası da var: Bana bu işi pek seyrek ya da bir düğün armağanı vermek için yapar gibi gelirdi. Ninem onun hediye etmek için çalıştığını söylerdi. Ancak iyi bir memur olarak sağlam bir ünü vardı, Liberal Parti iktidara geldiği zaman yıllarca hazınede çalıştı ve maliye memurluğu yaptı.

Mesleğim açısından o deli dolu evden ve özellikle de beni yetiştiren kadınların karakterlerinden daha uygun bir ortam düşünemiyorum. Dedemle ikimizden başka erkek yoktu, o savaşlara ait kanlı hikâyeler anlatarak beni yetişkinlerin hüzünlü dünyasına hazırlar, kuşların nasıl uçtuğu ya da akşam alacasında gürleyen gökgürültüleri hakkında akademik bilgiler verir, resim çizmeye olan ilgimi desteklerdi. Evin kadınlarının çığlıkları göklere yükselene kadar boyamadığım duvar kalmadı: "Duvarlar bu piçin resim kâğıdı mı!" Dedem epeyce öfkelendi, işliğinin bir duvarını beyaza boyayarak bana önce renkli boya kalemleri, sonra da bir suluboya takımı aldı; o balıklarını imal ederken ben de canımın istediği gibi resim yapardım. Arada bir torununun ressam olacağını söylerdi, ama o zamanlar yalnızca kapıları boyayanlara ressam dendiğini düşündüğümden, pek kulak asmazdım.

Dört yaşında beni tanıyan herkes, solgun, içine kapanık, sadece palavralar atmak için ağzını açan bir çocuk olduğumu söylerdi, oysa o palavraların çoğu büyüklerin dikkatini çekmek için fantastik ayrıntılarla süslediğim gündelik yaşamımıza ait parçalardı. En iyi esin kaynağım da, onları anlamadığımı sanarak ya da anlaşmamam için şifreler uydurarak yanımda konuşan büyüklerdi.

Oysa gerçek bunun tam tersiydi: Söylediklerini kelimesi kelimesine anlar ve bir sünger gibi emer, parçalara ayırır, kökenlerini yok etmek için yeniden bir araya getirir, sonra aynı insanlara geri anlatırdım. Kendi düşündükleriyle benim söylediklerim arasındaki benzerlikler hepsini hayrete düşürürdü.

Bazen düşüncelerimle nasıl başa çıkacağımı bilemez, hızlı hızlı gözlerimi kırpıştırmaya başlardım. Ailemizin aklı başında bir üyesi beni bir göz doktorunun görmesine karar vermiş. Doktor göz kırpmalarımı bademciklerimdeki kronik bir rahatsızlıkla ilişkilendirip yetişkinleri yatıştırmakta çok işime yarayan bir yaban turpu şurubu reçete etti. Nineme gelince; elbette bu konuda ilâhi bir yorumu olacaktı: Torununda kehanet yeteneği olduğu sonucunu çıkardı. Böylelikle uzun süre en sevdiğim kurbanım haline dönüştü ama bir gün gerçekten düşümde dedemin ağzından bir kuşun havalanıp uçtuğunu görüp de, bunu ona söylediğimde fenalıklar geçirdi. Onun ölmesinden o kadar korktum ki, ilk kez erken gelişmişliğimden kaynaklanan o dur durak bilmez çenebazlığımın hızı kesildi. Şimdi bunların bir çocuğun münasebetsiz yaramazlıklarından ibaret olmadığını, tomurcuklarını yeni açmaya başlamış bir hikâye anlatıcısının gerçeği daha neşeli ve anlaşılır kılmak için kullandığı tekniklerin ilk aşaması olduğunu düşünüyorum.

Gerçek yaşama geçişim sokakta ve komşu arazilerde futbolu keşfetmemle oldu. Ustam, sporda doğal güdülere ve matematik konusunda doğuştan gelen bir yeteneğe sahip olan Luis Carmelo Correa'ydı. Ondan beş ay büyük olmama rağmen benden daha iri olduğu ve daha hızlı boy attığı için benimle alay ederdi, bez toplarla oynamaya başladık, iyi bir golcü olmuştum, ama aklı başında bir topumuz olunca öyle güçlü bir tekme savurdu ki, mideme çarpan top böbürlenmelerimin de sonunu getirdi. Birer yetişkin olduktan sonra karşılaştığımızda birbirimize hâlâ çocukmuşuz gibi davrandığımızı görmek içimi sevinçle doldururdu. Ama o döneme ilişkin en çarpıcı anım, Muz Şirketi'nin levazım memurunun, yanında altın rengi saçlarını rüzgârda uçuşmaya bırakmış güzel bir kadın ve şeref koltuğunda oturan dev bir Alman çoban köpeğiyle, üstü açık lüks bir arabada hızla geçip gidişini görmemdir. Bizim gibi ölümlülere yasak olan uzak, gerçekdışı bir dünyadan anlık görüntülerdi bunlar.

Pek fazla inanmasam da, bu işin kusursuz bir inancın olmazsa olmaz bir bileşeni olarak yorumlanacağını umarak âyinlere yardım etmeye başladım. Bu erdemli davranışlarım sayesinde olsa gerek, altı yaşında ilk komünyonun gizemleriyle tanıştırılmak üzere Rahip Angarita'ya götürüldüm. Yaşamım değişti. Bana bir yetişkin gibi davranmaya başladılar, kilisenin baş kayyımı âyine nasıl yardım edeceğimi öğretti. Tek sorunum çanı ne zaman çalacağımı kestiremediğim için, ne zaman aklıma gelir ya da canım isterse o zaman çalmamdı. Bir âyin sırasında üçüncü kez olur olmaz çan çalışımda, Rahip sert bir tavırla bana dönerek artık çalmamamı söyledi. Bu işin en iyi yanı öbür mihrap oğlanıyla birlikte âyin eşyalarını yerleştirmek için kilisede yalnız kalınca, bir bardak şarap eşliğinde kutsanmış mayasız ekmeğin kalanını mideye indirmekti.

İlk komünyonun arifesinde gerçek bir Papa edasıyla taht gibi bir iskemleye oturmuş olan Rahip sözü fazla döndürüp dolaştırmadan günah çıkarmamı dinledi, önünde duran bir yastığın üzerinde diz çökmüştüm. İyi kötü anlayışım epeyce yalındı aslında, ama Rahip eline içinde günahların yazılı olduğu sözlüğü alarak bana yardım etti, hangilerini işleyip hangilerini işlemediğime yanıt vermemi istedi. Hayvanlarla münasebetsizlikler yapıp yapmadığımı sorana kadar iyi gidiyordum sanırım. Bazı yetişkinlerin eşeklerle ne olduğunu hiç anlayamadığım bir günah işlediklerini biliyordum ama bunun tavuklarla da mümkün olduğunu o gece öğrendim. Böylelikle ilk komünyonum, masumiyetin kaybı yolunda atıl-

101

mış büyük bir adım daha oldu, ben de mihrap oğlanı olarak çalışmaya devam etmek için bir neden göremedim. Benim ateşle imtihanım annemle babam kardeşim Luis Enrique ve Aida ile Cataca'ya taşındıklarındaydı. Babamı pek hatırlamayan Margot ondan korkuyordu. Ben de korkuyordum ama bana karşı daha temkinliydi. Beni pataklamak için yalnızca bir kez kemerini çıkardı; dimdik ayakta durdum, dosdoğru gözlerinin içine baktım, dudaklarımı ısırdım ve olacaklara ağlamadan dayanmaya kararlı öylece karşısında dikildim. Elini indirdi ve kemerini gerisin geri takarken dişlerinin arasından beni azarladı. Yetişkin sohbetlerimizde bizi dövmekten aslında hiç hoşlanmadığını, ama yoldan çıkmamızdan korktuğu için bunu yapmak zorunda kaldığını anlattı. Keyfi yerindeyse eğlenceli bir adamdı, sofrada fıkralar anlatırdı ve bazıları çok iyiydi, ama o kadar çok aynı fıkrayı tekrarlardı ki, bir gün Luis Enrique yerinden kalkıp, "Gülmeyi bitirince bana haber verin," dedi.

Tarihî kötek Luis Enrique ne babamlara ne de dedemlere geldiği gece atıldı. Kasabanın yarısında onu aradıktan sonra, sinemada bulmuşlar. Meşrubat satan Celso Daza'dan saat sekizde bir bardak *zapote*[1] suyu alıp parasını ödemeden bardakla birlikte ortadan yok olmuş. Kızarmış yiyecekler yapan kadın kardeşime *empanada* sattıktan kısa bir süre sonra onun sinemanın kapıcısıyla sohbet ettiğini görmüş. Kardeşim kapıcıya da, babasının onu içeride beklediğini söyleyerek para ödemeden salona girmiş. George Melford'un yönettiği, Carlos Villarías ve Lupita Tovar'ın rol aldığı *Drakula* gösteriliyordu. Luis Enrique yıllar yılı tam Kont Drakula dişlerini güzel kadının ensesine batırmak üzereyken sinemanın ışıkları yanınca duyduğu korkuyu anlattı durdu. Balkonda bulabildiği en kuytu koltuğa oturmuş, oradan babamın ve dedemin sinemanın sahibi ve iki polis memuruyla birlikte

---

[1] Güney Amerika'da yetişen, boyu on metreyi bulan, ahşabı pek dayanıklı olmayan ve meyveleri yenen bir ağaç. (Çev.)

koltukların arasında onu aradıklarını görebiliyormuş. Papalelo torununu üst balkonun en arka sırasında görüp de bastonuyla,

"İşte orada!" dediğinde vazgeçmek üzerelermiş.

Babam kardeşimi saçlarından sürüklemiş, yediği dayak aile tarihinde efsanevî bir ceza olarak anlatılır. Erkek kardeşimin bu bağımsızlık hareketinden duyduğum korku ve ona duyduğum hayranlık şimdi bile capcanlıdır hafızamda. O nasılsa her vartayı başarıyla atlatıyor ve giderek bir kahramana dönüşüyordu. Bugün düşününce, babamın evde olmadığı ender zamanlarda hiç asilik yapmadığını fark ediyorum ve kafam karışıyor.

Hiçbir zaman olmadığı kadar dedemin gölgesine sığınıyordum. İşliğinde ya da maliye memurluğu yaparken ofisinde hep bir aradaydık. Kesilecek ineklerin damgalarını çizmek gibi beni mutlu eden bir iş vermişti bana, işimi o kadar ciddiye alıyordum ki, sonunda çalışma masasındaki yerini bana bıraktı. Tüm konuklarla birlikte yenilen yemeklere yine birlikte gidiyor, masanın başındaki her zamanki yerlerimize oturuyorduk. Onun önünde içinde buzlu su olan büyük bir sürahi, benim tabağımın yanında da her iş için kullandığım gümüş bir bıçak olurdu. İnsanlar canım bir parça buz istediğinde elimi sürahiye sokup almama şaşırırlardı; suyun üzerinde yağlı bir iz kalır ama dedem yine de beni savunurdu: "Onun her şeyi yapmaya hakkı var!"

Saat on birde treni karşılamaya giderdik, hâlâ Santa Marta'da yaşayan oğlu Juan Dios hangi kondüktörün vardiyasıysa onunla her gün bir mektup gönderirdi babasına; kondüktöre beş *centavo* verirdik. Dedem başka bir beş *centavo* karşılığında dönüş treniyle kendi mektubunu yollardı. Öğleden sonra güneş alçalınca benim elimi tutar, birlikte onun kişisel işlerini görmeye giderdik: berberde tıraş, çocukluğumun en uzun on beş dakikası; millî bayramsa havai fişekleri izlerdik, beni korkuturlardı; kutsal haftaların kutlamalarına katılırdık, ölü

İsa'yı hep etten kemikten sanırdım. Daha fazla dedeme benzeyebilmek için Mina'nın bana aldığı, tıpkı onunki gibi siperlikli ekoseli bir İskoç şapkası takardım. Bunu o kadar iyi başarırmışım ki, Quinte Amca bizi iki farklı yaşı olan tek bir insan gibi algılarmış.

Günün herhangi bir saatinde dedem beni Muz Şirketi'ndeki insanın ağzını sulandıran dükkâna, alışverişe götürebilirdi. İlk kez orada pargo gördüm, buza dokundum ve soğukluğunu hissedince içim ürperdi. Canımın her çektiğini yemekten memnundum ama Belçikalıyla yapılan ve uzun saatler süren satranç karşılaşmalarıyla, bitmek tükenmek bilmez politik tartışmalar canımı sıkardı. Şimdi farkına varıyorum ki, o uzun gezilerimizde iki farklı dünyaya tanık olurduk. Dedem ufkunda kendisininkini görürdü, ben de gözlerimin hizasında benimkini. O balkonlarında oturan dostlarını selamlarken, ben kaldırımlardaki seyyar satıcıların sattıkları oyuncaklara imrenirdim.

Akşamın ilk saatlerinde Las Cuatro Esquinas'ın evrensel karmaşasına karışırdık, dedem onu rengârenk dükkânının eşiğinde, ayakta karşılayan Don Antonio Daconte ile sohbete koyulur, ben de şaşkınlıklar içinde dünyanın yeniliklerini izlerdim. Şapkalarından tavşanlar çıkartan karnaval sihirbazlarına, ateş yutanlara, hayvanları konuşturan vantriloglara, Eyalet'te olup bitenler hakkında şarkılar söyleyen akordeonculara bayılırdım. Bugün aralarından çok yaşlı, beyaz sakallı birinin efsanevî Francisco el Hombre olabileceğini düşünüyorum.

Ne zaman uygun bir film olsa, Don Antonio Daconte bizi salonu Olympia'nın erken seansına davet eder, dedem de bunun masum torununa uygun olmayan bir sefahat âlemi olduğunu düşünerek paniğe kapılırdı. Ama yine de izlerdik filmi; ertesi gün dedem sofrada gördüklerimi anlatmamı ister, unuttuğum noktaları hatırlatır, yanlışlarımı düzeltir, zor sahneleri belleğimde canlandırmama yardım ederdi. Bunlar dramatik sanatın ilk göstergeleriydi ve daha yazmayı öğrenmeden önce çizgi roman kareleri çizmeye başladığımda bana çok faydalı olmuşlardı. İlk önce bu çocuksu başarılarım herkesin hoşuna gidiyordu, ama yetişkinlerin kolay gelen alkışlarını öylesine sevdim, onları öyle bir bezdirdim ki, sonunda geldiğimi hissettiklerinde kaçar oldular. Aynı şey düğün ve doğum günlerinde beni söylemeye mecbur ettikleri şarkılarda da başıma geldi.

Yatmadan önce Belçikalının işliğinde epey zaman geçirirdik. Birinci Dünya Savaşı'ndan sonra Aracataca'ya gelmiş, ürkütücü bir adamdı. Şaşırtıcı şivesini ve denizciliğe ait özlem dolu anılarını hatırlayınca, gerçekten Belçikalı olduğundan kuşku duymuyorum. Evinde yaşayan yegâne canlı, ABD başkanına ithafen Woodrow Wilson adında, iri, sağır bir Danua'ydı. Belçikalıyı dört yaşımda tanıdım, dedemle sessiz ve bitmek bilmez satranç partileri yaparlardı. İlk gece evinde ne işe yaradığını bildiğim tek bir şey olmaması şaşırtmıştı beni. Her şeyin sanatçısıydı ve kendi yapıtlarının karmaşası içinde yaşıyordu: pastel boyalarla yapılmış denizci resimleri, doğum günü ve ilk komünyonlarında çocuk fotoğrafları, Asya mücevherlerinin kopyaları, inek boynuzlarından yapılmış figürler, çok farklı dönem ve tarzlarda, birbirlerinin üzerine yığılmış mobilyalar.

Saçıyla aynı güneş sarısı renginde, kemiklerine yapışmış teni ilgimi çekerdi. Bir tutam perçem hep yüzüne düşer ve konuşurken ağzına girerdi. Eski bir deniz kurdu piposu içer ama satrançtan satranca yakardı; dedem de bunun rakibinin aklını dağıtmak için bir taktik olduğunu söylerdi. Bir gözü camdı ve biraz yörüngesinden kaydığı için, sağlam gözünden daha fazla dinleyicisiyle ilgiliymiş gibi görünürdü. Belinden aşağısı sakattı, gövdesi öne doğru kambur ve sol yanına doğru da çarpıktı, ama işliğinde mercan kayalıkları arasında gezinen bir balık gibi dolaşır, tahta koltuk değneklerinden destek alırmış gibi değil de, onlara yapışıkmış gibi görünürdü.

Çok sayıda olduğunu ve cesaret gerektirdiğini düşündüğüm deniz maceralarının sözünü etmezdi hiç. Evinin dışındaki tek tutkusu sinemaydı, hafta sonları ne gösterilirse gösterilsin, hiçbir filmi kaçırdığını görmedik.

Belçikalıdan hiç hoşlanmazdım, bir taşı ileri sürmenin saatler sürdüğü, uykunun gözümden aktığı satranç partileri esnasında hoşnutsuzluğum daha da artardı. Ama bir gece adamcağız o kadar elden ayaktan düşmüş göründü ki gözüme, çok yakında öleceği gibi bir önseziye kapıldım ve onun için kederlendim. Giderek yapacağı hamleleri öyle uzun düşünmeye başladı ki, sonunda tüm kalbimle ölmesini dilemeye başladım.

Bu sırada dedem yemek odasına Simón Bolívar'ın cenazesindeki bir fotoğrafını asmıştı. Büyükler başlarında beklerken gördüğüm diğer ölüler gibi kefene sarılı olmayıp da, neden zafer dolu günlerindeki üniformasıyla bir çalışma masasının üzerine uzatılmış olduğunu anlayamadım. Dedem son sözü söyleyerek kestirip attı ve beni tüm kuşkularımdan kurtardı:

"O farklıydı!"

Sonra da dedeminkine hiç benzemeyen titrek bir sesle bana fotoğrafın yanına asılı olan uzun şiiri okudu, aklımda sadece son dizeleri kalmış: 'Sen Santa Marta, çok misafirperverdin, ona kucağında uzanıp da öleceği okyanus sahilini verdin.' Bunun üzerine uzun yıllar Bolívar'ı bir sahilde ölü bulduklarını sandım. Benden onun dünya tarihinde doğmuş en büyük adam olduğunu unutmamamı dedem istedi. Bunun yine dedemin aynı vurguyla söylediği başka bir cümlesiyle çeliştiğini düşünerek kafam karıştı, ona Bolívar'ın İsa'dan da mı daha büyük olduğunu sordum. Başını salladı ama önceki kadar inançlı görünmüyordu.

"İkisinin birbirleriyle ilgisi yok!"

Artık dedemin beni bu akşam gezmelerine götürmesinde ısrar edenin ninem olduğunu biliyorum, bu gezilerin gerçek ya da varsayımsal âşıklarını ziyaret etmek için mükemmel bahaneler olduğunu düşünüyormuş. Birkaç kez onu engellemiş olmam muhtemeldir, ama önceden planladığımız güzergâhta olmayan hiçbir yere gitmezdik aslında. Kafamda şöyle net bir resim var: Bir gün birinin elinden tutmuş, tanımadığım bir evin önünden geçerken, dedemin içeride, evin sahibi ve efendisi gibi salonda oturduğunu gördüm. Bundan kimseye söz etmemem gerektiğini düşündüğümde tüylerim ürpermişti, nedenini bilmiyorum. Bugüne kadar hiç ortaya çıkmadı bu sır.

Beş yaşında beni yazılı harflerle ilk tanıştıran da dedemdir. Bir gün öğleden sonra Cataca'dan geçen bir sirkin hayvanlarını görmeye götürdü beni, sirk çadırı bir kilise kadar büyüktü neredeyse. En çok ilgimi çeken, geviş getiren bir hayvandı, yenilgilere uğramış da kederliymiş gibi görünüyordu, yüzünde korkmuş bir anne ifadesi vardı.

"Bu bir deve," dedi dedem.

Yakınlardaki biri lafa karıştı:

"Özür dilerim Albay ama bu bir hecin devesi."

Dedemin torununun önünde böyle düzeltildiği için kendini nasıl hissettiğini tahmin edebiliyorum artık, ama hiç renk vermeden olayı bir soruyla geçiştirdi:

"Ne fark var aralarında?"

"Bilmiyorum," dedi öbür adam, "ama bu bir hecin devesi."

Dedem eğitimli bir adam değildi, öyleymiş gibi de davranmazdı, Riohacha'daki devlet okulunu Karayipler'in sayısız iç savaşlarında kurşun atmak için terk etmiş, bir daha okula hiç dönmemişti. Eksikliğinin farkındaydı ve ayaküstü de olsa bir şeyler öğrenmeye çok meraklıydı, bu da aradaki farkı kapatıyordu. O gün pek keyifsiz ofisine döndü ve çocuksu bir merakla sözlüğe baktı. Böylelikle bir deveyle, bir hecin devesi arasındaki farkı hem o öğrenmiş oldu hem de sonsuza dek unutmamak üzere ben öğrendim. Sonunda o muzaffer cildi kucağıma koyarak bana,

"Bu kitap yalnızca her şeyi bilmekle kalmaz, hiç de yanılmaz," dedi.

Dev gibi bir kitaptı, içi resim doluydu, cildinde dünyayı omuzlarının arasında taşıyan iri bir Atlas vardı. O sırada ne okumayı biliyordum ne de yazmayı, ama iki bin sayfalık böyle koskocaman ve içi resimlerle dolu bir kitap söz konusuysa, Albay'ın söylediğinde ne kadar haklı olduğunu hayal edebiliyorum. Kilisede gördüğümde dualar kitabının boyutları da beni şaşırtmıştı, ama sözlük daha da kalındı. İlk kez tüm dünyaya bakıyormuşum gibi geldi.

"Ne kadar sözcük var içinde?" diye sordum.

"Hepsi var," yanıtını verdi dedem.

Gerçek şu ki o sıralarda beni etkileyen her şeyi resimlerle ifade edebildiğim için, yazılı sözcüğe ihtiyacım yoktu. Dört yaşında tıpkı Richardine'nin Olympia'daki gösterisinde yaptığı gibi, karısının başını kesen, sonra da yerine yapıştıran bir sihirbaz resmi çizmiştim. Grafik anlatım el testeresiyle kafanın kesilmesini, zafer dolu bir tavırla kesik kafanın herkese gösterilmesini ve son olarak da kadının kafası geri yapıştırılmış olarak alkışları kabul etmesini gösteriyordu. O zamanlar çizgi diziler icat edilmişti edilmesine, ama ben onları çok daha sonra, ancak pazar gazetelerinin eklerinde görebilecektim. Böylelikle sözsüz çizgi masallar uydurmaya başlamıştım. Dedem sözlüğü bana hediye edince, sözcüklere karşı öyle bir merak duydum ki, onu alfabetik sırayla bir roman gibi, hemen hemen hiçbir şey anlamadan okumaya başladım. İşte yazar yazgımdaki en temel kitapla tanışmam böyle oldu.

Çocuklara gerçekten ilgilerini çeken ilk öykü anlatıldıktan sonra, başka bir öyküyü daha dinlemelerini sağlamak kolay değildir. Bu hikâye anlatmaya meraklı çocuklar için geçerli olmasa gerek, en azından benim için öyle değildi. Ben daha fazlasını isterdim. Hikâyeleri hep ertesi gün daha iyisinin anlatılmasını umarak, müthiş bir oburlukla dinlerdim; özellikle de kutsal tarihin gizemleri hakkındakileri.

Sokakta başıma gelen her şeyin evde büyük bir yankısı olurdu. Evdeki kadınlar trenle gelen yabancılar hakkında hikâyeler anlatır, onlar da beraberlerinde anlatacak başka öyküler getirirler, hepsi birden sözlü geleneğin kasırgasına katılırlardı. Bazı olayları ilk kez karnavallarda şarkı söyleyen akordeonculardan duyardık, yolcular da bu hikâyeleri yeniden anlatır ve zenginleştirirlerdi. Çocukluğumun en çarpıcı hikâyesi bir pazar günü çok erken bir saatte, âyine gitmeye hazırlanırken ninemin öylesine ettiği bir cümleyle başladı:

"Zavallı Nicolásito, Hamsin Yortusu'nu kaçıracak!"

Daha keyifli bir şey yapacağımıza memnun olmuştum, çünkü pazar âyini benim yaşımdaki bir çocuk için fazla uzundu, ayrıca Rahip Angarita'nın daha küçükken çok hoşuma giden vaazları da uykumu getiriyordu. Ama bu boş bir hayalmiş çünkü dedem beni neredeyse sürükleyerek Belçikalının işliğine götürdü, üzerimde apışarası fazla dar gelen yeşil kadifeden pazar giysim vardı. Polis memurları dedemi ta uzaktan tanıyarak bildik törensel formülle kapıyı açtılar:

"Buyrun Albay."

Ancak o zaman Belçikalının altın siyanürü çözeltisi buharı soluduğunu öğrendim. Sinemaya gitmiş, Erich María Remarque'ın romanından uyarlanan, Lewis Milestone'nun çektiği *Batı Cephesinde Yeni Bir Şey Yok* adlı filmi izlemiş, sonra evine dönüp köpeğiyle paylaşmıştı zehri. İmkânsız gibi göründüğünde bile gerçeği bulup çıkarıveren popüler halk sezgisinin anlayıp da iddia ettiğine göre, Belçikalı perdede Normandiya'nın sazlıklarında, devriye arabasıyla taklalar atarken bedeninin parçalanışını görmeye dayanamamıştı.

Küçük misafir odası kapalı pencereler nedeniyle loştu, ama avludan gelen günün ilk saatlerinin ışığı belediye başkanının iki polis memuruyla birlikte dedemi beklediği yatak odasını aydınlatıyordu. Bir asker parkasına sarılı ceset battaniyenin altında yatıyordu, tahta koltuk değnekleri adamın ölmeye yatmadan önce bıraktığı gibi elinin uzanabileceği bir yerdeydi. Yanında küçük bir ahşap komodinin üzerinde içinde siyanürü buharlaştırdığı tas ve kurşunkalemle yazılmış bir not vardı: "Kimseyi suçlamayın, kaçığın biri olduğum için intihar ettim." Dedemin halletmek için on dakikadan fazla zaman harcamadığı yasal formaliteler ve cenaze öncesi yapılması gerekenler konuşuldu. Benim içinse, yaşamımın en etkileyici on dakikası oldu kuşkusuz.

Eve girer girmez kanımı donduran şey yatak odasındaki koku olmuştu. Çok sonraları bunun Belçikalının ölmek için içine çektiği siyanürün acıbadem kokusu olduğunu keşfettim. Ancak belediye başkanı dedeme göstermek için örtüyü kaldırdığında ortaya çıkan cesedin çarpıcı görüntüsü ne kokuyla kıyaslanabilirdi ne de başka bir şeyle. Çıplak, kaskatı ve çarpıktı; adamın sert derisi sarı kıllarla kaplıydı, gözleri bize canlıymışlar gibi bakan engin sulardı. O zamandan beri intihar ettikleri için kilisenin emriyle mezarlığın dışına gömülenlerin mezarları tüylerimi ürpertir; içlerinde yatan ölünün beni gördüğünü düşünürüm. Cesedi görünce Belçikalının evinde fena halde sıkılarak geçirdiğim o uzun saatleri hatırladım olanca canlılığıyla, bu nedenle olsa gerek, evden çıktığımız zaman dedeme,

"Belçikalı artık satranç oynayamayacak," dedim.

Basit bir düşünceydi ama dedem bunu aileye sanki dâhiyane bir fikirmiş gibi aktardı. Kadınlar bu söylediğimi o kadar şevkle yaydılar ki, benim önümde tekrar etmelerinden de, bana tekrar ettirmelerinden de korkarak, bir süre onların dost ziyaretlerinde ortalarda görünmemeye özen gösterdim. Bu olay bana yetişkinlerin yazar olarak çok işime yarayacak bir özelliklerini de göstermişti: Her biri hikâyeyi kendi işine geldiği gibi, yeni ayrıntılar ekleyerek anlatıyordu, sonunda öyle farklı çeşitlemeler çıktı ki ortaya, anlatılanların asıl öyküyle hiçbir ilgisi kalmadı. O zamandan beri ana babalarının dâhi ilan ettiği, konuklarını eğlendirmek için şarkı söylemeye, kuş taklidi yapmaya, hatta yalan söylemeye teşvik ettiği çocuklar için duyduğum şefkati tahmin edemezsiniz. Belçikalı 1932 yılında intihar etti. Aynı yıl General Luis Miguel komutasındaki Peru birliklerinin, Kolombiya'nın en güney ucunda, Amazon Irmağı kıyısındaki yenilmez Leticia'yı işgal ettiklerini duyduk. Haber ülkeyi karıştırdı. Hükümet ulusal seferberlik ilan etti ve evden eve dolaşarak her ailenin en değerli mücevherlerinin toplanması kararını aldı. Peruluların bu kurnaz saldırısı vatansever duyguları körüklemiş, ülkede beklenmedik bir tepki doğurmuştu. Vergi memurları evlerden yapılan gönüllü katkılarla başa çıkamıyorlardı; en çok da manevi değeri ön plana çıktığı için gerçek değeri abartılan alyanslar yağıyordu kucaklarına.

Yaşamımın en mutlu dönemlerinden biriydi o kaotik aylar. Okulların şaşmaz düzeni bozulmuş, sokaklar ve evler halkın yaratıcı gücünün esiri olmuştu. Genç erkekler sınıf ve ırk ayrımı gözetmeden bir sivil ordu kurmuş, Kızıl Haç kadın birlikleri yaratılmış, kötü niyetli saldırgana karşı ulusal marşlar uydurulmuştu, her yerde bir ağızdan "Yaşasın Kolombiya, Peru'ya ölüm!" çığlıkları atılıyordu.

Bir süre sonra hiçbir açıklama yapılmadan ve kimse bu destansı dayanışmanın ne zaman sona erdiğini anlayamadan ortalık süt liman oldu. Kanlı diktatörlüğünden hazzetmeyen biri General Sánchez Cerro'yu öldürünce barış geri geldi, savaş çığlığı da okul takımlarının futbol karşılaşmalarının bir rutinine dönüştü. Ama seferberliğe alyanslarını vererek katkıda bulunan annemle babam bu saflıklarından hiçbir zaman kurtulamadılar.

Sanırım müziğe olan ilgim o yıllara ve sokaklarda dolaşarak şarkı söyleyen gezgin akordeonculara duyduğum hayranlığa dayanır. Bazılarını, özellikle de ninem kaba bulup istemediği için gizli gizli mutfakta çalışan kadınlara çalınıp söylenenleri ezbere bilirim. Ancak yaşadığımı hissetmek için şarkı söyleme ihtiyacı duymamın nedeni dünyanın yarısını etkisi altına almış olan Carlos Gardel'in tangolarıdır. Onun gibi keçe bir şapka takar, ipek fular bağlar, avaz avaz tango söylemeye başlamak için pek ısrara ihtiyaç duymazdım. Ta ki uğursuz bir sabah Mama Teyze bana Gardel'in, Medellín üzerinde iki uçağın çarpıştığı bir kazada öldüğü haberini verene kadar. Kazadan aylar önce, Cataca'da hayır için düzenlenen her gecenin ve vatansever anma töreninin ruhu olan doğma büyüme Bogotalı öğretmenler öğretmeni Echeverri kardeşlerle 'Cuesta abajo'yu[1] söylemiştik. Öyle bir içtenlikle söylemişim ki tangoları, anneme ninemin küçümsediği akordeon yerine piyano öğrenmek istediğimi söylediğimde bana karşı çıkmaya cesaret edememişti.

O gece eğitime başlamam için beni Señorita Echeverrilere götürdü. Onlar sohbet ederken, ben odanın öbür köşesindeki piyanoya sahibi olmayan bir köpek sadakatiyle bakıyor, bir yandan da ayağımın pedallara uzanıp uzanmayacağını, serçeparmağımla başparmağımın alışılmadık aralıklara yetişip yetişmeyeceğini, notaların hiyeroglifini söküp sökemeyeceğimi düşünüyordum. İki saatlik hoş umutlarla dolu bir ziyaret oldu ama meyve vermedi, çünkü öğretmenler piyanonun bozuk olduğunu ve ne zaman tamir edileceğini bilemediklerini söylediler. Böylelikle bu fikir yıl sonunda akortçu kasabaya uğrayana kadar ertelendi ve bir daha ancak aradan yarım ömür geçtikten sonra sözü edildi. Anneme piyano öğrenemediğim için ne kadar üzüldüğümü hatırlattığımda,

"Piyano da arızalı değildi üstelik," dedi.

Böylelikle, annemin Presentación Koleji'nde okurken katlanmak zorunda kaldığı işe yaramaz piyano alıştırmalarının işkencesinden beni kurtarmak için öğret-

---

[1] Yokuş Aşağı. (Çev.)

menlerle işbirliği yaparak, hep birlikte arızalı piyano bahanesini uydurduklarını öğrenmiş oldum. Tesellim o zamanlar Cataca'da Montessori Okulu'nun açılmasıyla, öğretmenlerin pratik yöntemlerle beş duyuyu uyarıp eğiterek bize şarkı söylemeyi öğretmeleri olmuştu. Müdür Rosa Elena Fergusson kadar yetenekli ve güzel biriyle çalışmak, yaşam sevincine eşdeğerdi. Koku alma duygumun hakkını vermeyi öğrendim ki, yarattığı nostaljik çağrışımlar olağanüstüdür. Damak zevkim öylesine inceldi ki, pencere tadında içecekler, ağaç kütüğü tadında ekmekler, âyin tadında çaylar tattım. Kuramsal olarak bu son derece öznel zevkleri anlamak kolay değildir, ama aynı deneyime sahip olanlar ne demek istediğimi hemen kavrar.

Çocukların dünyanın güzelliklerine olan duyarlılıklarını artırmak ve yaşamın sırlarını merak etmelerini sağlamak için Montessori'den daha iyi bir yöntem olduğunu sanmıyorum. Bana bakılarak açıkça anlaşılacağı gibi, bağımsızlık ve bireysellik duygularını artırdığı için kusur bulunur bu yönteme. Ben asla bölme yapmayı, kare kök almayı ya da soyut fikirlerle başa çıkmayı öğrenemedim. O kadar küçüktük ki, yalnızca iki okul arkadaşımı hatırlıyorum. Biri okul açıldıktan kısa süre sonra tifodan ölen Juanita Mendoza'ydı; ölümü beni o kadar etkilemişti ki, tabutunda bir haç ve bir gelin duvağıyla yatışını unutamıyorum. Ötekisi de ilk teneffusumüzden beri dostum ve pazartesileri hafta sonunun akşamdan kalmalığını atlatmamda bana yardımcı olan sadık doktorum Guillermo Valencia Abdala.

Bu konudan yakındığını hatırlamasam da kardeşim Margot o okulda çok mutsuz olmalıydı. Birinci sınıf sırasında oturur ve teneffüsler de dahil çıkış zili çalana kadar hiç kımıldamadan belirsiz bir noktaya dikerdi gözlerini. Boş salonda yapayalnız otururken önlüğünün cebinde gizlice getirdiği bahçe toprağını çiğnediğini o zamanlar bilmiyordum.

Okumayı öğrenmem zor oldu. *M* harfinin *me* diye okunması bana hiç mantıklı gelmediği gibi, arkasına bir sesli gelince neden *mea* değil de *ma* oluyordu peki? Böyle okumam mümkün değildi. Sonunda Montessori'ye gidince, öğretmen bana harflerin adlarını değil de seslerini öğretti. Böylelikle evin yüklüğündeki tozlu bir sandığın içinden bulup çıkardığım ilk kitabı okuyabildim. Dikişleri sökülmüş ve bir parçası kaybolmuştu ama öyle bir dalmıştım ki okumaya, Sara'nın sevgilisi ürkütücü bir kehanette bulunmuştu: "*Carajo!*[1] Bu çocuk yazar olacak!"

Yaşamını yazarak kazanan birinin bunu söylemesi üzerimde büyük bir etki bırakmıştı. Kitabın *Binbir Gece Masalları* olduğunu anlayana kadar bir sürü gece geçti. En çok hoşuma giden öykü, aralarında en kısa ve en yalın olandı, tüm yaşamım boyunca okuduğum en iyi öykü olduğunu düşündüm; ama orada mı okudum, başka bir yerde mi rastladım emin değilim ve bu konuda beni aydınlatacak kimse de yok. Şöyleydi: Bir balıkçı bir kadından oltası için kurşun ister ve tutacağı ilk balığı ona vereceğini söyler. Kadın temizlemek için balığın karnını yardığında içinden badem kadar bir elmas çıkar.

Ben Peru savaşını Cataca'nın çöküş dönemiyle ilişkilendiririm, barış ilan edildikten sonra babam ne yapacağını bilememenin çaresizliğiyle bunalarak sonunda ailesini doğduğu Sincé Kasabası'na götürmeye karar vermişti. Kardeşim Luis Enrique ile keşif gezisinde ona eşlik etmiştik, bu gezi bizim için gerçek bir yaşam okulu olmuştu. İki kültür birbirinden o kadar farklıydı ki, kendimizi iki farklı gezegende zannetmiştik. Gittiğimizin ertesi günü bizi komşu tarlalara götürerek eşeğe binmeyi, süt danalarını hadım etmeyi, bıldırcınlara tuzak kurmayı, ucu kancalı bir mızrakla balık avlamayı öğretmişlerdi; ayrıca neden dişi köpeklerle erkeklerin çiftleştikten

---

[1] 'Allah kahretsin!', 'hay Allah!' anlamında Latin Amerika İspanyolcasında çok kullanılan bir sözcük. (Çev.)

sonra birbirlerinden ayrılamadıklarını da anlamıştık. Luis Enrique, Mina'nın bize yasakladığı ama Sincé'de yaşayan babaannem Algemira'nın aklına hiçbir kötülük gelmeden sözünü ettiği dünyayı keşfetmede hep benden bir adım öndeydi. O kadar çok amca ve hala, tuhaf soyadları olan, farklı renklerde, farklı lehçelerle konuşan kuzen vardı ki, bunun da farklı bir sevme biçimi olduğunu anlayana kadar, başlangıçta kafamız karıştı. Babamın babası Don Gabriel efsanevî bir okul öğretmeniydi, kardeşimle beni avlusuna davet etti. Dev gibi mango ağaçları vardı burada, iri ve leziz meyveleri tüm kasabanın dilindeydi. Dedem hasattan sonra sonra her gün meyvelerini teker teker sayar ve her birini bir *centavo* gibi inanılmaz bir fiyata satmak için kendi elleriyle koparırmış. İyi bir okul öğretmeni olarak anılarından söz ettiğimiz dostane bir sohbetin ardından, kardeşimle bana veda armağanı olarak en yeşil ağaçtan kopardığı dev gibi bir mango verdi.

Babam o yolculuğu ailenin bir araya gelmesi için önemli bir adım gibi sunmuştu bize, ama Sincé'ye varır varmaz gizli niyetinin ana meydanda bir eczane açmak olduğunu öğrendik. Kardeşimle Luis Gabriel Mesa'nın okuluna kaydolduk, orada kendimizi daha özgür ve yeni bir topluma daha iyi entegre olmuş hissediyorduk. Kasabanın en iyi yerinde iki katlı, büyük bir ev kiralandı, meydana bakan bir balkonu vardı, ıssız yatak odalarında sabaha kadar bir çulluk kuşunun görünmez hayaleti şarkı söylerdi.

Dedem Nicolás Márquez'in ölüm haberini duyuran telgraf geldiğinde, annemle kardeşlerimin mutluluk içinde yanımıza taşınmaları için her şey hazırdı. Dedemin boğazında bir rahatsızlık baş göstermiş ve ölümcül bir kanser olduğu anlaşılmış; öyle ki ölmesi için Santa Marta'ya götürecek zamanı bile zor bulmuşlar. Aramızdan bir tek altı aylık kardeşim kardeşim Gustave dedemin ölümüne tanık olmuş. Bebeği hastanın yatağına koymuşlar. Acı içindeki dedem onu okşamış ve veda etmiş. Bu akıl almaz ölümün benim için ne ifade ettiğini anlayabilmem için yıllar geçmesi gerekti.

Sincé'ye yalnızca çocuklar değil, ninem Mina, zaten hasta olan Mama Teyze ve her ikisinin de bakımını üstlenmiş olan Pa Teyze de taşındılar. Bu değişikliğin neşe ve heyecanıyla eczane projesinin başarısızlığı hemen hemen aynı zamana denk geldi; aradan daha bir yıl bile geçmeden, annemin bu gibi çaresiz durumlarda hep dediği gibi, 'kuyruğumuzu kıstırıp' Cataca'daki eve geri döndük. Babam dördüncü eczanesini açmanın yollarını arayarak Barranquilla'da kalmıştı.

Cataca'daki evde geçen o zorlu günlere ait son anım avluda dedemin giysilerini yakmalarıdır. Savaş günlerinden kalma yakasına kadar düğmeli pamuklu gömlekleri, sivil bir albay olarak giydiği beyaz takımı dedeme o kadar benziyorlardı ki, sanki giysileri yanarken hâlâ içlerinde yaşamaya devam ediyordu. Özellikle de artık bir nişan gibi olmuş, gelenin o olduğunu ta uzaktan belli eden rengârenk pamuklu şapkaları. Aralarına yanlışlıkla karışmış olan kendi ekose şapkamı görünce, bu bitiş töreninin dedemin ölümünde bana da bir rol verdiğini düşünerek ürperdim. Şimdi her şeyi açıkça görebiliyorum: Onunla birlikte içimde bir şey ölmüştü. Ve yine biliyorum ki ben, o andan itibaren henüz ilkokula giden ve yazmayı öğrenmesi gereken bir yazardım.

Annemle birlikte satamadığımız evden çıktığımızda, bana yaşamaya devam etme cesareti veren aynı ruh haliydi. Dönüş treni her an gelebileceği için, başka birinin hatırını sormayı düşünmeden dosdoğru istasyona gittik. "Daha sonra daha uzun kalırız," dedi annem, bir daha geri dönmeyeceğini söylemek için bu cümleyi bulabilmişti besbelli. Ben kendi hesabıma, bundan böyle yaşamımın geri kalanında, öğleden sonra üçteki gökgürültülerini özlemekten asla vazgeçmeyeceğimi biliyordum.

Bize bilet satan ve bir zamanlar yirmi-otuz adamın

telâş içinde yaptıklarını tek başına yapan memur hariç, istasyonda kimsecikler yoktu. Sıcak acımasızdı. Demiryolunun öte tarafında Muz Şirketi'nin yasak kentinin kalıntıları görülüyordu: kiremitleri uçmuş çatısız malikâneler, solmuş palmiyeler, fundalıkların orasında burasında hastaneden arta kalanlar, patikanın öteki ucunda, tirit gibi ihtiyar badem ağaçlarının arasında Montessori evi, istasyona bakan, o tarihi büyüklüğünden hiçbir iz kalmamış taş döşeli meydan.

Baktığım her şey ölmeye karşı koyabilmek için dayanılmaz bir yazma kaygısı uyandırıyordu yüreğimde. Böyle hissettiğim hiç olmamıştı diyemem ama, o sabah bir esin krizi geçirdim diyebilirim; evet o lânetli sözcük, esin; öylesine gerçektir ki, küllerine zamanında kavuşabilmek için önüne ne çıkarsa yıkar geçer.

İstasyonda ya da dönüş treninde annemle bir şey konuştuk mu hatırlamıyorum. Pazartesi günü teknede şafak sökerken, uyuyan bataklıktan esen meltemin serinliğinde, annem benim de uyumadığımı fark ederek sordu:

"Ne düşünüyorsun?"

"Yazıyorum," dedim sonra daha sevecen davranabilmek için kendimi zorlayarak, "ofise varınca ne yazacağımı tasarlıyorum desem daha doğru olur," diye ekledim.

"Babanın üzüntüden ölmesi seni kaygılandırmıyor mu?"

"Ölmek için o kadar çok nedeni oldu ki, bunun pek ölümcül olduğunu sanmam."

İkinci bir romana girişmek için uygun bir zaman değildi belki de, ilkinde tıkanmış şansım yardım etse de, etmese de farklı kurgu formları denemekteydim, yine de o gece kendi kendime bir savaş yemini ettim: Ya yazacaktım ya da ölecektim. Belki de Rilke'nin dediği gibi "Yazmadan yaşamayı becerebileceğini sanıyorsan, yazma."

Bizi teknelerin durduğu limana kadar götüren taksiden o bildik Barranquilla, ilâhi şubatın ilk ışıklarında pek hüzünlü, pek tuhaf göründü gözüme. *Eline Mercedes* adlı teknenin sahibi beni ailemin son on yıldır yaşadığı Sucre Kasabası'na kadar anneme eşlik etmeye davet etiyse de, reddetmek için bir saniye bile düşünmedim. Yanağından öperek anneme veda ettim, o da gözlerimin içine bakarak bir önceki günün öğle sonrasından beri ilk kez gülümsedi ve her zamanki tatlı-yaramaz tavrıyla: "Ne diyorum babana şimdi?" diye sordu.

Yüreğim ağzımda yanıt verdim:

"Onu çok sevdiğimi söyle, sayesinde yazar olacağım." Hiçbir şefkat göstermeden tüm yolları tıkadım sonra da: "Başka hiçbir şey olmayacağım, sadece yazar olacağım."

Bazen şaka, bazen ciddi bunu söylemekten hoşlanırdım ama hiçbir zaman o günkü gibi inançla söylememiştim. Güverteden bana yavaş yavaş el sallayan anneme el sallayarak, tekne öbür tekne döküntülerinin arasında gözden yitene kadar limanda kaldım. Yüreğimi sıkan bir kaygıyla, aceleyle *El Heraldo*'nun ofisine gittim, neredeyse soluk bile almadan annemin söylediği cümleyle yeni bir romana başladım: "Senden bana bir iyilik yapmanı istemeye geldim, evi satmama yardım et."

O zamanlarki yöntemim profesyonel bir yazar olduktan sonra benimsediğim yöntemden farklıydı. Şimdi de yaptığım gibi yalnızca işaretparmaklarımla daktilo yazardım ve yine şimdiki gibi tümüyle tatmin olana kadar bir paragrafı bölmez, içimdeki her şeyi kaba ve ham bir şekilde boşaltırdım. Sanırım bunun nedeni kâğıtların ölçüsüydü. Üzerine gazetenin basılacağı rulolardan kesilmiş, en az beş metrelik dikey bantlar halindeydiler. Bu uzun ve dar şeritler yazarken daktilodan şelaleler halinde dökülen papirüsleri andırır, yere değerlerdi. Yayın yönetmeni makaleleri paragraf, sayfa, kelime ya da harf sayısıyla değil, kâğıtların boyuyla isterdi bizden, "Bir buçuk metrelik bir söyleşi gerekli," derdi. Olgunluk dönemimde, bilgisayar ekranının pratikte aynı şey olduğunu kavrayana kadar bu formatı özledim.

Romana başlamak için öyle bir coşku duyuyordum ki, zaman kavramını yitirdim. Sabahın onunda, bir metreden fazla yazmıştım ki Alfonso Fuenmayor bir tekmede ana kapıyı açtı ve anahtarı kilitte, sanki banyonun anahtarıyla karıştırmış gibi olduğu yerde kalakaldı. Beni tanıyınca şaşkınlıkla,

"Siz bu saatte burada ne bok yiyorsunuz Allah aşkına!" diye sordu.

"Hayatımın romanını yazıyorum," yanıtını verdim.

"Bir tane daha mı?" diye sordu, hep yaptığı gibi acımasızca dalga geçerek. "Siz de bir kedi gibi dokuz canlısınız ha!"

Ona gereksiz açıklamalarda bulunmamak için, "Aslında aynısı ama farklı biçimde," dedim.

Birbirimize 'sen' diye hitap etmiyorduk, bu tuhaf bir Kolombiya geleneğidir, ilk selamlaşmada birbirimize 'sen' der, sonra evli çiftler arasında olduğu gibi arada büyük bir güven ve dostluk kurulunca 'siz'e geçeriz.

Yırtık pırtık çantasından kitaplar ve kâğıtlar çıkartarak yazı masasının üzerine koydu. Bu arada da bitmez tükenmez bir merakla çılgın yolculuğumun ve ona aktarmaya çalıştığım duygulanımlarımın hikâyesini dinliyordu. Sonunda sanki anlattıklarımın bir sentezini yapmak ister gibi, açıklamaya muktedir olmadığım bir şeyi tek bir cümleye indirgemek biçimindeki talihsiz alışkanlığıma engel olamayarak,

"Bu, yaşamımda başıma gelen en önemli şeydi," dedim.

"Aman sonuncusu olmasın da!" dedi Alfonso.

Bunu düşünmemişti bile, ama o da bir fikri doğru boyutuna indirgemeden önce kabul edebilen biri değildi. Yine de yolculuktan duyduğum heyecanın onu umduğum kadar duygulandırmadığını bilecek kadar tanıyordum arkadaşımı, ama ilgisini çektiği belliydi. Şöyle oldu: Ertesi günden itibaren bana romanımın gidişatı üzerine

119

öylesineymiş gibi görünen ama son derece açık sorular sormaya başladı, onun basit bir el hareketi bile benim bir şeyi düzeltmem gerektiğini düşünmeme yetiyordu.

Konuşurken bir yandan da masayı boşaltmak için kâğıtlarımı topluyordum çünkü o sabah Alfonso'nun *Crónica* için ilk 'editörden' yazısını yazması bekleniyordu, günümü şenlendirecek haberleri vardı arkadaşımın: Bir sonraki hafta çıkmasını umduğumuz dergi yeterince kâğıt bulunamadığı için beşinci kez ertelenmişti. Alfonso şansımız yaver giderse üç hafta içinde ilk sayının çıkacağını söyledi.

Allah'tan gelen bu gecikmenin kitabımın girişini ortaya çıkartmam için bana yeteceğini düşündüm; henüz o kadar acemiydim ki, romanların yazanın istediği gibi değil de, kendi istedikleri gibi başladıklarını henüz bilmiyordum. Altı ay sonra, artık sonuna geldiğime inanırken, okurun inandırıcı bulması için hâlâ pek hoşnut olmadığım ilk on sayfayı derinlemesine elden geçirmem gerekti. Sanırım dergideki bu gecikme Alfonso'yu da rahatlatmıştı çünkü yakınacağına ceketini çıkartıp masasına oturarak *Real Academia Española* sözlüğünün o sıralarda elimize geçen son sayısını düzeltmeye devam etti. Bir İngilizce sözlükte önemsiz bir hataya rastladığından ve düzeltiyi belgeleyerek Londra'daki editörlerine gönderdiğinden beri, en sevdiği boş zaman öldürme etkinliğine dönüşmüştü bu iş. Mektubuna eklediği ortak bir şakamızın getirdiği neşe dışında bir ödül beklediğini sanmam: "İngilizlerin de biz Kolombiyalılara bir iyilik borcu var nihayet." Ancak İngiliz editörler çok kibar bir teşekkür notuyla karşılık vermişler, hatalarını kabul ederek kendileriyle işbirliği yapmaya devam etmesini rica etmişlerdi. Bunun üzerine Alfonso yıllarca işbirliğine devam ederek yalnızca *Real Academia*'da başka hatalar düzeltmekle kalmamış, başka dillerdeki sözlüklerle de uğraşmıştı. Bu ilişki tavsadığında İspanyolca, İngilizce, Fransızca sözlükleri düzeltmek gibi bir kötü alışkanlık yanına kâr kalmıştı; ne zaman beklediği biri gecikse, otobüs bekle-mek zorunda kalsa ya da hayatımızı işgal eden kuyruk-lardan birine girmesi gerekse, dillerin fundalıkları ara-sında hata avlamak gibi ince bir işe girişirdi.

Saat on ikiye vardığında sıcak dayanılmaz olmuştu. Birlikte içtiğimiz sigaralar iki pencereden odaya giren az miktardaki ışığı da bulutlandırmıştı; belki de aynı du-manı ölene kadar içimize çekmek gibi ikincil bir bağım-lılığımız olduğundan, ikimizin de kalkıp odayı havalan-dırmaya niyeti yoktu. Ama iş sıcağa gelince değişiyordu. Ben şanslıyımdır, sıcaklık gölgede otuz dereceyi bulana kadar onu yok sayabilirim. Sıcak bastırdıkça çalışmasına hiç ara vermeden parça parça giysilerini çıkartıyordu Al-fonso: kravat, gömlek, fanila. Bunun başka bir avantajı da, o kan ter içinde kalırken giysilerinin kuru kalması ve akşam vakti sanki kahvaltıdaymış gibi ütülü ve temiz durmalarıydı. Sanırım gecenin bir vakti çizgili beyaz pantolonu, düğümlü kravatı, dosdoğru bir çizgiyle alnı-nın ortasından ikiye ayrılmış sert, Kızılderili saçlarıyla ortaya çıkıvermesinin sırrı da buradaydı. Tuvaletten çı-kıp öğlenin birinde sanki güzellik uykusundan yeni uyanmış gibi dikildi karşıma:

"Yemek yiyelim mi?"

"Aç değilim be Üstat," dedim.

Bu bizim çetenin terminolojisinde çok açık bir yanıt-tı: 'Evet' yanıtını verseydim, durumumun kritik olduğu, iki gündür ağzıma su ve ekmekten başka bir şey koy-madığım anlamına gelecekti; bu durumda onunla yemek yemeye giderdim ve o da bir şekilde hesabı ayarlardı. 'Aç değilim' ise her anlama çekilebilirdi, benim kendimce 'yemek işini kendim halledebilirim' dememin bir şekliy-di. Bunun üzerine her zamanki gibi öğleden sonra Mun-do Kitapçısı'nda buluşmaya karar verdik.

Öğleni biraz geçe, sinema artistine benzeyen genç-ten bir adam girdi içeri. Sapsarışın, güneş yanığı tenli, mavi gözleri gizemli, sıcacık sesi ezgili biriydi. Yakında çıkacak olan dergiden söz ederken, yazı masasının kapağına altı çizgiyi ustaca birleştirerek dövüşe hazır bir boğa çizip Fuenmayor'a bir not ekleyerek imzaladı. Ben o kadar yazdıklarıma dalmıştım ki, resmin altındaki imzaya bakmadım bile. Böylelikle günün geri kalanını ağzıma bir lokma bir şey koymadan yazarak geçirdim, alacakaranlık bastırdığında, koltuğumun altında yeni romanımın taslaklarıyla el yordamıyla ofisten çıkarken, bir yıldır umutsuzlukla bir şeyler karaladıktan sonra, sonunda farklı bir yola girdiğimden emin ve halimden memnundum.

O gece öğrendim ziyaretçinin Avrupa'ya yaptığı bir sürü yolculuğun birinden yeni dönen Alejandro Obrégon olduğunu. Yalnızca Kolombiya'nın en iyi ressamlarından biri değil, arkadaşları arasında da çok sevilen biriydi, *Crónica*'nın ilk sayısının çıkışında burada olabilmek için kısa kesmişti yolculuğunu. Onunla Alfonso Fuenmayor'un, Graham Greene'in son romanının adıyla, *El Tercer Hombre*[1] diye vaftiz ettiği Barrio Abajo'daki Luz Caddesi'nde, adı olmayan bir meyhanede dostlarıyla içerken karşılaştım: Ressamın dönüşleri her zaman görülmeye değer olurmuş meğerse. O gecenin numarası efendisinin emirlerini sanki insanmış gibi dinleyen bir çekirgenin marifetleriydi. Minik hayvan iki ayağının üzerinde duruyor, söylendiğinde kanatlarını açıyor, ritmik ıslıklarla şarkı söylüyor ve teatral selamlar eşliğinde alkışları kabul ediyordu. Sonunda eğiticisi alkışlara doyduğunda, Obrégon uzanıp çekirgeyi parmak uçlarıyla kanatlarından yavaşça tuttu, herkesin şaşkın bakışları altında ağzına götürdü ve duyarlı bir hazla canlı canlı çiğnemeye koyuldu. Türlü türlü armağana ve övgüye karşın teselli edilemez görünen çekirge eğitimcisiyle barışı sağlamak çevresindekiler için hiç de kolay olmadı. Sonradan bunun Obrégon'un herkesin önünde canlı canlı yediği ilk

---

[1] The Third Man. (Çev.)

çekirge olmadığını öğrendim, sonuncusu da olmadığını söyleyebilirim.

Kendimi hiçbir zaman o günlerde olduğu kadar bu kente ve hem gazetecilik hem de entelektüel çevrelerde Barranquilla grubu diye adlandırılmaya başlanan beşaltı kişiye bağlı hissetmemiştim. Kentin kültürel yaşamında başı çeken genç yazar ve sanatçılardı, başlarında 1924 yılından beri *Espasa Enciclopedia*'da yer verilen oyun yazarı ve efsanevî sahaf Ramón Vinyes vardı.

Onlarla ilk kez bir önceki yıl, o zamana kadar yaşadığım Cartagena'dan, *El Universal* gazetesinin genel yayın yönetmeni Clemente Manuel Zabala'nın acil önerileriyle geldiğimde tanışmıştım. Bir geceyi hemen her şey hakkında sohbet ederek geçirdik, kitaplar alıp vererek, edebî şakaları paylaşarak o kadar heyecanlı ve sürekli bir iletişim kurduk ki, kısa süre sonra onlarla çalışmaya başladım. Aralarından üçü bağımsızlıkları ve kalemlerinin gücüyle öne çıkıyordu: Germán Vargas, Alfonso Fuenmayor, Álvaro Cepeda Samudio. O kadar ortak yanımız vardı ki, bazı kötü niyetliler aynı babanın çocukları olduğumuzu iddia ediyorlardı, her çevrede sevildiğimizi söyleyemem çünkü çok bağımsızdık, sesimiz fazla yüksek çıkıyordu, yaratıcı bir kararlılığa sahiptik ve ite kaka kendimize yer açıyorduk; üstelik de çekingendik ve bu sorunu çözme yöntemlerimiz her zaman pek uygun kaçmıyordu.

Alfonso Fuenmayor yirmi sekiz yaşında, harika bir yazar ve gazeteciydi, uzun süredir *El Heraldo*'da, Shakespeare'den esinlenerek 'Puck' takma adıyla imzaladığı 'Günün Getirdikleri' adında aktüel bir köşesi vardı. Resmiyetten uzak tavırlarına, mizah duygusuna alıştıkça, dört dilde birden akla hayale gelebilecek onca kitabı okumuş olmasını giderek daha az anlayabiliyorduk. Son olmazsa olmaz macerası neredeyse elli yaşına vardığında aldığı, dev boyutlarda hurda mı hurda bir arabaydı; saatte yirmi kilometreyle gider ama yine de herkes kendini tehlikede hissederdi; hem arkadaşı hem de en görmüş geçirmiş okurları olan taksi sürücüleri uzaktan geldiğini gördükleri zaman sağa çekerek yolu boşaltırlardı.

Germán Vargas Cantillero akşam gazetesi *El Nacional*'de köşe yazarıydı, bilgili ve biraz ısırmasını seven bir edebiyat eleştirmeniydi; öyle tatlı dille yazardı ki, okurları Cantillero onlara anlattığı için bir şeyler olup bittiğini sanırlardı. O hoş dönemde yeni ortaya çıkan mesleklerin kuşkusuz en kültüre dayalı olanlarından biri olan radyo sunuculuğunda uzmandı; tam benim olmak istediğim gibi, taklidi mümkün olmayan doğal bir muhabirdi. Tehlikeli bir mavisi olan gözlere sahip iri kemikli bir sarışındı, insan okumaya değer her şeyi okuyacak vakti nasıl bulduğuna ve tam zamanında her şeyden haberdar olduğuna şaşar kalırdı. Eyalet'in uzak köşelerinde gizli kalmış edebî yetenekleri ortaya çıkarmak gibi bir takıntısı vardı ve bundan asla vazgeçmedi. İyi ki kardeş kardeşe yaşadığımız o dönemlerde araba kullanmaya merak sarmamış, çünkü korkarım direksiyon başında da bir şeyler okumaya kalkışabilirdi.

Àlvaro Cepeda Samudio'ysa mükemmel bir şofördü ve bu arabalar kadar sözcükler için de geçerliydi diyebilirim; canı oturup da yazmak istediğinde kusursuz öyküler anlatırdı, inanılmaz bir sinema eleştirmeniydi, aramızda en iyi eğitim almış olandı ve cesur polemikler hep onun başının altından çıkardı. Ciénaga Grande'den gelme bir Çingene'ye benzerdi, güneş yanığı bir teni vardı, simsiyah bukleli saçları her zaman karmakarışıktı, deli bakışlı gözleri yumuşacık bir kalbi olduğunu açık ederdi. Kumaştan yapılma en ucuz sandaletlerden alıp giyer, dişlerinin arasına çoğunlukla yakmadığı dev bir puro sıkıştırırdı. Bir gazeteci olarak ilk makalelerini *El Nacional*'de yayınlamış, ilk öyküleri yine bu gazetede basılmıştı. O yıl New York'ta, Columbia Üniversitesi'nde gazetecilik dalında yüksek lisans yapıyordu.

Grubun Don Ramón kadar seçkin, arada bir aramıza

katılan bir üyesi de Alfonso'nun babası José Félix Fuenmayor'du. Tarihî bir gazeteci ve bildiğim en iyi hikâye anlatıcılardan biriydi, bir şiir kitabı vardı, *Musas del Trópico*, 1910 yılında yayınlanmıştı; 1927 ve 28 yıllarında sırasıyla iki romanı çıkmıştı: *Cosme* ve *Una triste aventura de catorce sabios*. Hiçbirinin edebî başarı kazandığını söyleyemem, ama en iyi eleştirmenler onun Eyalet'in yoğun bitki örtüsünün sesini soluğunu kestiği mükemmel bir hikâye anlatıcı olduğunu iddia eder.

Tanışana kadar ondan söz edildiğini duymamıştım. Bir öğle sonrası Japy'de karşılaşınca, bilgeliği ve konuşmasındaki yalınlık beni şaşırttı. Bin Gün Savaşı'nda kötü bir hapislik dönemi geçirmiş ama hayatta kalmayı başarmıştı. Vinyes'in formasyonuna sahip değildi ama hem yaşamda duruşu hem de Karayip kültürü nedeniyle onu kendime daha yakın hissetmişimdir. En çok hoşuma gidense o müthiş bilgeliğini sanki çocuk oyunuymuş gibi kolayca karşısındakine aktarıvermedeki tuhaf becerisiydi. Dize gelmez bir çenebazdı, usta bir tartışmacı, yaşamdan keyif almasını bilen bir adamdı, düşünme biçimi o zamana kadar bildiğim her şeyden farklıydı. Àlvaro Cepeda'yla birlikte onu saatlerce dinlerdik, özellikle de yaşamla edebiyat arasındaki temel farkların yalnızca form hataları olduğunu iddia eden ilkesinden söz etmesini isterdik. Çok sonraları, neredeydi şimdi hatırlamıyorum ama Àlvaro emin olduğu bir sezgiyle şöyle yazacaktı: "Hepimiz José Félix'ten çıktık yola."

Grup sanki yerçekiminin zorlamasıyla kendiliğinden kurulmuştu; ilk bakışta anlaşılması zor, tahrip edilmesi pek mümkün olmayan bir yakınlık vardı aramızda. Sık sık bu kadar farklı insanlar olup da nasıl her zaman aynı fikirde olduğumuzu sorarlardı; gerçeği dile getirmemek için o anda bir yanıt bulmamız gerekirdi: Her zaman o kadar da iyi anlaşmıyorduk ama bunun nedenlerini anlayabiliyorduk. Kendi çevremizin dışında küstah, narsisist ve anarşik bir imajımız olduğunu biliyorduk.

Alfonso Liberal bir ortodoks gibi görülüyordu. Germán özgür düşünceliydi ama çekinceleri vardı, Àlvaro'ysa keyfî bir anarşistti, inansız bir komünist ve potansiyel bir intihar adayıydı. Hiç kuşkum yok ki, en çatışmalı konularda bile, sabrımızı kaybetsek de mizah yeteneğimizi yitirmememizdi şansımız.

Ciddi fikir ayrılıklarımız olduğunda bunları aramızda halletme yoluna giderdik ve bazen ortalık fena kızışırdı, ama masadan kalkar kalkmaz ya da uzak bir arkadaşın yanımıza gelmesiyle unutulurdu tartışma. En unutulmaz dersi Los Almendros Barı'nda, ben aralarına katıldıktan kısa süre sonra, Àlvaro ile Faulkner hakkında bir tartışmaya giriştiğimizde aldım. Tek tanıklar aynı masadaki Germán ve Alfonso'ydu; birer mermer suskunluğunda oturmaları sonunda çekilmez bir hal aldı. Tartışmanın hangi aşamasında hatırlamıyorum, herhalde iyice kinlenmiş, ham *aguardiente*[1] yükünü de tutmuş olmalıyım ki, Àlvaro'ya meseleyi yumruklarımızla çözmeyi önererek meydan okudum. İkimiz de ayağa fırlayıp sokağın ortasında yumruklaşmak üzereydik ki, birden Germán Vargas'ın sert sesi bize ömür boyu unutmayacağımız bir ders vererek ikimizi de olduğumuz yere mıhladı:

"İlk ayağa kalkan çoktan kaybetmiş demektir."

Aramızda daha otuzuna basan yoktu. Ben yirmi üç yaşında, grubun en genciydim, bir önceki aralık ayında kente kalmak üzere geldiğimden beri evlat edinmişlerdi beni. Don Rámon Vinyes'in masasında dördümüz de inanç üzerine ahkâm keser ve hak iddia eder, hep bir arada gezer, aynı şeylere güler, o kadar tek sesli muhalefet ederdik ki, sonunda bizleri tek bir kişi gibi algılamaya başladılar.

Çetemizin üyesi olarak kabul ettiğimiz tek kadın kendini çoktan şiirin tutkusuna kaptırmış olan Meira

---

[1] Alkol oranı yüksek bir tür likör. (Çev.)

Delmar'dı, ancak onu çok seyrek, kötü alışkanlıklarımızın yörüngesinden çıktığımız ender fırsatlarda görürdük. Evinde kente gelen ünlü yazar ve sanatçıların eşliğinde sabahladığımız geceler kayda değer. Daha da seyrek ve kısa süreli gördüğümüz bir başka kadın arkadaşımız da ressam Cecilia Porras'tı. Arada bir Cartagena'dan gelir ve gece gezmelerimizde bize katılır, sarhoş meyhanelerinde ya da kötü şöhretli evlerde gezen kadınlara kötü gözle bakılması umurunda bile olmazdı.

Hepimiz günde iki kez edebî bir buluşma noktası haline getirdiğimiz Mundo Kitapçısı'nda bir araya gelirdik. Akşam saat altı oldu mu kent merkezi ahalisinin akın ettiği telâşlı, gürültülü patırtılı bir ana arter olan San Blas Caddesi'nde esen fırtınanın ortasında durgun bir su gibi huzurluydu burası. Alfonso'yla birlikte *El Heraldo*'daki haber merkezinin yanındaki odamızda akşamın ilk saatlerine kadar çalışkan öğrenciler gibi yazar dururduk. O aklı başında makalelerini çıkartırdı ortaya, ben karmakarışık notlarımla uğraşırdım. Durmadan bir daktilodan ötekine fikir alışverişinde bulunur, birbirimize sıfatlar ödünç verir, şunu bunu sorardık; öyle bir noktaya varırdık ki sonunda, hangi paragrafı kimin yazdığını bilemezdik.

Gündelik yaşamımızsa, kimi zaman pazartesi sabah kahvaltısına kadar uzayan, ilham perisinin merhametine kaldığımız cuma geceleri dışında hiçbir zaman öngörülesi değildi. Bir kez başladık mı hiç frene basmadığımız, dur durak bilmeyen edebî bir hacca çıkardık. El Tercer Hombre'de başlardı gece, çevrede yaşayan sanatçılar ve bir araba tamirhanesinde çalışan tamirciler gelirdi, aralarına yoldan çıkmış memurların ve tuhaf tiplerin karıştığı da olurdu. En akla gelmeyecek kişiyse, gece yarısından biraz önce iş giysileriyle gelen mahallenin hırsızıydı: bale taytı, tenis ayakkabıları, beyzbol şapkası ve içine hafif alet edevatını doldurduğu bir sırt çantası. Biri tam evini soyarken hırsızın fotoğrafını çekmeyi başarmış, bir tanıyan çıkarsa diye gazetelere bastırmıştı. Adamcağızın elde ettiği tek şey zavallı hırsızlara kötü muamele ettiği için kızgın okurlardan aldığı mektuplar olmuştu.

Hırsızın iyi bir edebî sezgisi vardı, sanat ve kitap üzerine konuşmaların tek bir sözcüğünü bile kaçırmazdı, bilirdik ki gizliden aşk şiirleri yazan utangaç bir şairdi o; biz ortalarda görünmediğimizde öbür müşterilere okurmuş yazdıklarını. Saatler gece yarısını geçince mahallenin zengin kesimlerinde işe çıkar, üç-dört saat sonra asıl ganimetten ayırdığı ufak tefek armağanlarla geri dönerdi. "Kızlara," derdi, sevgilimiz olup olmadığını bile bilmeden. Bir kitap dikkatini çekerse çalıp bize getirirdi, biz de değer bulursak çetenin kitapçısı olan Meira Delmar'a verirdik.

İşte bu tür karargâhlardaki gece toplantılarımızdı bize inançlı ve iyi yürekli *comadre*'ler arasında gayet tatsız bir ün kazandıran; sabah beş âyininden çıktıklarında, şafak vakti sarhoş gezen serserilerle karşılaşmamak için kaldırım değiştirirlerdi. Gerçek şu ki, bundan daha onurlu ve meyve veren bir cümbüş yaşanmamıştır dünyada. Ben bunu en iyi bilecek kişiyim, arkadaşlarıma kerhanelerde John Dos Passos'un eserleri ya da Deportivo Junior Takımı'nın kaçırdığı goller hakkında attıkları çığlıklarda eşlik ederdim. El Gato Negro'nun şakacı sahibesinin, bedavaya çığlık çığlığa tartışarak tükettiğimiz bir gecenin sonunda besbelli ki içi bayılmış, yanımızdan geçerken,

"Bana bakın, konuştuğunuz kadar düzüşseydiniz, biz kızlar kendimizi cennette hissederdik!" deyivermişti.

Güneşin doğuşunu Orlando Rivera, nam-ı diğer Figurita'nın yıllarca yaşayıp dönem tarihini anlatan bir duvar resmi çizdiği Genelev Sokağı'nda, adı sanı olmayan bir kerhanede izlerdik. Deli bakışları, keçi sakalı ve öksüz çocuk yüreğiyle ondan daha yabani birini görmedim ben. Daha ilkokuldan itibaren Kübalı olduğuna takmıştı kafayı, giderek de bir Kübalıya dönüştü ve eminim gerçek Kübalılardan daha iyi bir Kübalıydı. Tıpkı bir Kübalı gibi yaşıyor, konuşuyor, resim yapıyor, giyiniyor, âşık oluyor ve dans ediyordu; Kübalı gibi yaşadı ve Küba'yı hiç görmemiş bir Kübalı olarak öldü.

Uyumazdı Figurita. Şafak sökerken ziyaretine gittiğimizde, duvar resminden daha fazla boyaya batmış yapı iskelesinden atlaya zıplaya aşağıya iner, akşamdan beri çektiği marihuanaların dumanlı kafasıyla *mambi*[1] ağzıyla topumuza sövüp sayardı. Alfonso'yla ona resimlendirmesi için makale ve hikâyeler getirirdik, ama ne okuyacak ne de kendisine okununca anlayacak kadar sabrı olduğundan, yazılı olanları canlı bir sesle anlatmamız gerekirdi. Karikatürcü tekniğiyle beş dakikada resimler çizerdi bize, yalnızca onlara inanırdı zaten. Genellikle memnun kalırdı çizdiklerinden, ama Germán Vargas iyi niyetle ve şakacı bir dille memnun kalmadıklarının daha iyi olduğunu söylemeyi ihmal etmezdi.

İşte böyle bir yerdi Barranquilla, başka hiçbir yere benzemezdi; özellikle aralıktan marta kadar daha bir tatlı olur, kuzeyden esen alizeler gündüzün cehennemî sıcağını evlerin arka bahçelerini birbirine katan ve tavukları havaya savuran gece fırtınalarıyla hafifletirdi. Böyle zamanlarda yalnızca gelip geçen yolcuların kaldığı otellerde ve limanın çevresindeki meyhanelerde hayat görülürdü. Bazı küçük gece kuşları, nehir gemilerinin gelip gelmeyeceği belli olmayan müşterilerini beklerdi gece boyunca. Bir bando ağaçlıklı yolda bezgin bir vals çalardı ama, Bolívar Yolu'nun yanındaki kaldırım boyunu mesken tutmuş taksilerin sürücülerinin futbol şamatası yüzünden duyan olmazdı. Buralarda tek gidilesi yer İspanyol sığınmacıların takıldıkları, kapısının olmaması gibi basit bir nedenle hiçbir zaman kapanmayan Roma Kahvesi'ydi. Bizimki gibi bardaktan boşanırcasına yağmur yağan bir kentte çatısı da yoktu ama, daha kimsenin yağmur başladı diye patatesli *tortilla*'sını[2] yemeden kalktığını ya da bir iş görüşmesini yarıda kestiğini duymadım.

---

[1] Adanın İspanyol efendilerine karşı ayaklanan Kübalı asiler. (Çev.)

[2] Üç-dört santim kalınlığında omlet. (Çev.)

Dışarının şamatasından kaçılacak sakin bir yerdi; beyaza boyalı küçük masaları ve demir iskemleleri vardı, çiçekli gür bir akasya çardağının altında oturulurdu. Saat on birde, *El Heraldo* ve *La Prensa* gündüz baskılarına girince, gece vardiyasının çalışanları oraya bir şeyler atıştırmaya giderdi. İspanyol sığınmacılarsa, kaybettikten tam on iki yıl sonra bile İç Savaş'ın haberlerini vermeye devam eden Profesör Juan José Pérez Domenech'in sabah haberlerini evde dinler, saat yedide damlarlardı kahveye. Bir gece yazar Eduardo Zalamea, La Guajira dönüşü kahveye demir atmış ve bir tabancayla kendini göğsünden vurmuş, neyse ki bir şey olmamış. Oturduğu masa tarihî bir anıt haline dönüşmüştü, garsonlar kimsenin oraya oturmasına izin vermez ve turistlere gösterirlerdi. Zalamea yıllar sonra bu macerasının tanıklığını yazdı: *Cuatro años a bordo de mí mismo*; bu bizim neslimize ufuklar açan bir romandır kuşkusuz.

Ben çetemizin en kimsesiziydim, bu nedenle Roma Kahvesi'ne sığınıp da sessiz bir köşede şafak vaktine kadar yazı yazdığım çok olmuştur, çünkü nedense yaptığım her iki işin de hem önemli olmak hem de yeterli para kazanmamı sağlamamak gibi bir ikilemi vardı. Şafak beni orada merhametsizce okurken bulurdu, açlıktan midem sırtıma yapıştığında koyu bir sıcak çikolata eşliğinde iyi cins İspanyol jambonundan yapılmış sandviç yer, günün ilk ışıklarıyla Bolívar Yolu'ndaki *matarratón* ağaçlarının altına giderdim. İlk geldiğim haftalar geç vakte kadar gazetedeki odada yazar, sonra da birkaç saat boş odalardan birinde ya da gazete balyalarının üzerinde kestirirdim, ama zaman içinde kendimi bu kadar özgün olmayan bir yer bulmak zorunda hissettim.

Çözüm gelecekte pek çok kez örneğini göreceğim gibi, Bolívar Yolu'nun neşeli taksi sürücülerinden geldi, bana katedrale bir blok uzaklıkla, bir buçuk peso karşılığında yalnız ya da biriyle birlikte uyuyabileceğim bir motel gösterdiler. Bina çok eskiydi ama akşamın altısından itibaren Bolívar Yolu'nda kederli aşkların yolunu bekleyen çileli orospucukların hesabına bakımlıydı. Kapıcının adı Lácides'ti. Camdan gözünün yörüngesi kaymıştı, utangaçlıktan kekeleyen bu adamı oraya ilk gittiğim geceden beri şükranla anarım. Bir peso elli *centavo*'yu tezgâhın altındaki, akşamın erken saatlerinin bozuklukları ve buruşuk banknotlarıyla zaten dolu olan çekmeceye attı, bana altı numaralı odanın anahtarını verdi.

Hiçbir yerde oradaki gibi huzurlu olmadım ben. Tek duyulan yumuşak adımlar, anlaşılmaz bir mırıltı ve arada bir paslı bir karyola yayının kaygılı gıcırtısı olurdu. Ne bir fısıltı ne de bir iç çekme: hiçbir şey. Tek sorun pencereler birbirine çaprazlamasına çakılı tahtalarla örtülü olduğu için içerinin fırın gibi sıcak olmasıydı. Yine de ilk gece, şafak sökene kadar büyük bir keyifle William Irish okumuştum.

Bina eskiden gemi sahiplerinin malikânesiymiş, kaymak taşından sütunları, kış bahçesinin muhteşem görüntüsünü yansıtan vitray camlarla kapatılmış, saçaklıkları baştan başa altın yaldızlarla süslü bir avlusu vardı. En alt katta kentin noterlerinin ofisleri bulunurdu. Asıl evin üç katındaki altı mermer salon, tıpkı benimkinin benzeri, sektörün gece işçilerinin hasatlarını topladığı küçük odacıklara bölünmüştü. Bu neşeli ve müstehcen evin adı bir zamanlar New York Oteli'ydi, daha sonra Alfonso Fuenmayor o yıllarda Empire State binasının tepesinden kendini atanlara ithafen binaya 'Gökdelen' adını taktı.

Yaşamlarımızın merkezi öğlenleri on ikide, akşam üzeriyse saat altıda, San Blas Caddesi'nin en kalabalık yerindeki Mundo Kitapçısı'ydı yine de. Kısa sürede gazetecilerin, yazarların ve politik gençlerin buluşma noktası haline gelen bu işyerini açma fikrini sahibi Don Jorge Rondón'a veren ve adamı ikna eden bizim Germán Vargas'tı. Rondón'un böyle bir işi kotaracak deneyimi yokmuş aslında, ama çok çabuk öğrendiği belliydi, öylesine heyecanlı ve alçakgönüllü bir adamdı ki, kısa sürede bilimin ve sanatın hakkı ödenemez koruyucu meleği olup çıktı. Germán, Alfonso ve Àlvaro kitap ısmarlama danışmanlarıydı, özellikle de İkinci Dünya Savaşı'ndan sonra tüm dünyanın edebî yeniliklerini çevirten, basan ve dağıtan Buenos Airesli yayınevlerini takip ederlerdi. Onlar sayesinde başka türlü kente gelmesi imkânsız kitapları tam zamanında okurduk. Yayıncılar da müşteriyi şevke getirmeyi başardılar; böylece yıllar önce Don Ramón'un tarihi kitapçısı kapanıp da bu ününü yitirmeden önce olduğu gibi, yeniden bir okuma merkezi oldu Barranquilla.

Kente gelip bizim çeteye katıldıktan kısa bir süre sonra ben de Arjantin'e yolculuk eden satıcıları cennetin elçileriymiş gibi beklemeye başladım. Onlar sayesinde erkenden Jorge Luis Borges'in, Julio Cortázar'ın, Felisberto Hernández'in; Victoria Ocampo'nun ekibi tarafından başarıyla İspanyolca'ya çevrilen İngiliz ve Kuzey Amerikalı yazarların tadını çıkardık. Arturo Barea'nın La Forja de Un Rebelde'si iki savaşla sesi soluğu kesilmiş İspanya'dan gelen ilk umut dolu mesajdı. Bu yolculardan biri, her zaman tam zamanında gelen Guillermo Dávalos, gece gezmelerimizde bize katılmak gibi hoş bir alışkanlık edinmişti; kentteki işlerini bitirdikten sonra, tanıtmak için getirdiği kitapları bize armağan ederdi.

Geçerli nedenleri yoksa, merkezden uzakta oturan arkadaşlar Roma Kahvesi'ne gelmezdi. Benim içinse orası sahip olamadığım evdi. Sabahları El Heraldo'nun sakin ofisinde çalışır, nerede ve nasıl bulabilirsem artık bir şeyler atıştırarak karnımı doyurur; aslında hemen hemen her zaman ilgili politikacılar ya da iyi dostlarımdan biri tarafından davet edilirdim. Öğleden sonra köşem 'La Jirafa'yı ve benden yazmam istenmiş başka bir metin varsa onu yazardım. Öğlen on iki ve akşamüzeri altıda saat gibi dakik Mundo Kitapçısı'nda alırdım soluğu. Akşamüzeri arkadaşlarla birlikte Colombia Kahvesi'nde bir şeyler içer, oradan Japy'ye geçer, San Blas'ın en neşeli ve havadar yeri olan ön kaldırıma yerleşirdik. Bu kahveyi ziyaretler için, ofis olarak, iş görüşmelerinde, söyleşi yaparken kullanırdık; hem de birbirimizi kolayca bulabileceğimiz bir yerdi.

Don Ramón'un Japy'deki masasının alışkanlıkla oluşmuş ihlal edilemez yasaları vardı. Öğleden sonra saat dörde kadar öğretmenlik yaptığı için ilk gelen o olurdu. Masada altı kişiden fazla olmazdık. Yerlerimizi onunkine göre belirlemiştik, sığmayacakları yerlere fazladan sandalye tıkıştırmaya yeltenmek zevksizlik olarak kabul edilirdi. Dostluklarının eskiliği ve hiyerarşisi nedeniyle, Germán ilk günden beri Don Ramón'un sağında otururdu. Onun malî işleriyle de ilgilenirdi. Yapması istenmese de hallediverirdi bu tür sorunları, çünkü Üstat'ın pratik yaşamla uzaktan yakından ilgisi yoktu. O zamanlarki ana mesele, Don Ramón Barcelona'ya dönmeden önce sahaf dükkânındaki kitapların resmî kütüphaneye satışı ve eşyalarının toplanmasıydı. Germán bir sekreter gibi değil de, iyi bir oğul gibiydi daha çok.

Don Ramón'un Alfonso'yla ilişkisinin temelindeyse, edebî ve politik sorunlar gibi daha ciddi konular vardı. Àlvaro'ya gelince; bana kalırsa kendini Don Ramón'la yalnız bulunca tutulur kalır, söze girişebilmek için başkalarının varlığına ihtiyaç duyardı. Masaya canı istediği gibi gidip gelen ve kesinlikle yer hakkı olan tek kişi José Félix'ti. Gece olunca Don Ramón Japy'ye değil de, mülteci İspanyol arkadaşlarını görmeye Roma Kahvesi'ne giderdi.

Bu masaya son katılan bendim ve hakkım olmasa da New York'ta olduğu için, Àlvaro Cepeda'nın sandalyesine otururdum. Don Ramón için bir öğrenciydim yalnızca, *El Espectador*'da çıkan öykülerimi okumuştu. Onunla annemle birlikte Aracataca'ya yaptığım yolculuk için borç isteyecek kadar yakınlaşacağım aklıma bile gelmezdi. Yolculuktan kısa süre sonra, altı peso borcumu kimse görmeden ödemek için herkesten önce yanına gittiğimde, akıl almaz bir rastlantı eseri ilk ve tek baş başa sohbetimizi ettik.

"N'aber dâhi!" diye selamladı beni her zamanki gibi, ama yüzümdeki bir şey onu telâşlandırmış olmalı ki, "Hasta mısın?" diye sordu.

"Sanmam Señor, neden sordunuz?"

"Çok zayıf buldum seni, ama sen bana aldırma, bu aralar hepimiz *fotuts del cul* durumundayız."

Çekingen bir tavırla, sanki hayırsız bir işten kazanılmış paraymış gibi altı pesoyu cüzdanına koydu.

"Bunu kendisinden istenmeden borcunu ödeyen çok yoksul bir genç adamdan bir anı olarak kabul ediyorum," dedi kızararak.

Ne diyeceğimi bilemedim, salonun patırtısında kurşun gibi bir sessizliğe gömüldüm. Bu kadar şanslı bir karşılaşmayı rüyamda bile göremezdim. Grup halinde yaptığımız sohbetlerde herkes çorbaya kendi tuzunu katıyordu, herkesin erdemleri ve eksiklikleri başkalarınınkine karışıyordu; yıllardan beri bir ansiklopedide yaşayan bir adamla sanat ve zafer üzerine konuşacağım aklıma bile gelmezdi. Geceleri geç vakitler, odamın yalnızlığında kitap okurken, sık sık edebî kuşkularım hakkında onunla sohbet ettiğimin hayalini kurardım, ama bunlar gün ışıyınca hiçbir iz bırakmadan yok olurlardı. Alfonso harika fikirlerinden biriyle ortaya çıkınca, Germán Üstat'ın daha olgunlaşmamış düşüncelerinden biriyle ters düştüğünde, Àlvaro aklımızı başımızdan alan bir projeyle öne atılınca, utangaçlığım daha da artardı.

Şanslıydım ki o gün Don Ramón inisiyatifi alarak bana okumalarımın nasıl gittiğini sordu. O zamana kadar Yitik Kuşak'a ait İspanyolca bulabildiğim her şeyi okumuştum, Faulkner'e özellikle dikkat ediyor, kanlı bir jilet gizemiyle izini sürüyordum, çünkü uzun vadede kurnaz bir retorikçiden başka bir şey çıkmaması gibi tuhaf bir korkum vardı. Bunu der demez bir kışkırtma olabileceğini düşünerek ürperdim ve söylediklerimi yumuşatmak için atıldım ama Don Ramón fırsat vermedi,

"Kaygılanma Gabito," dedi bana başka türlüsünü kabul etmez bir tavırla, "Faulkner Barranquilla'da olsaydı, bu masada olurdu."

Öte yandan, Ramón Gómez de la Serna'yla yakından ilgilenerek 'La Jirafa'da tartışmasız çok iyi romancılar olan bir-iki yazarla birlikte sözünü etmem ilgisini çekmişti. Ona bunun nedeninin romanları olmadığını açıkladım, gerçi *El Chalet de las Rosas* çok hoşuma gitmişti ama, yazarda asıl beni ilgilendiren, cüretkâr zihni ve sözel yeteneğiydi; onu nasıl yazılacağını öğrenmek için ritmik jimnastik yapar gibi okuyordum. Bu açıdan bakıldığında, o unlu *greguería'*larından[1] daha akıllı bir tarz gelmiyordu aklıma. Don Ramón alaylı bir gülümsemeyle kesti sözümü:

"Senin için tehlike ne biliyor musun, farkına bile varmadan kötü yazmayı da öğrenebilirsin."

Ancak konuyu kapatmadan önce kendine özgü o ışıltılı karmaşıklığıyla Gómez de la Serna'nın iyi bir şair olduğunu sözlerine ekledi. İşte böyleydi onun yanıtları; aniden bilgece bir söz ediverirdi, bense birinin gelmesiyle bu eşsiz sohbet fırsatının yok olmasından o kadar korkuyordum ki, söylediklerini ne kadar hazmedebiliyordum emin değilim. Ama o durumu nasıl idare edeceğini biliyordu. Alıştığı garsonu saat on bir buçuk Coca-Cola'sını getirince fark etmemiş gibi davrandı, ara vermeden açıklamalarına devam ederken, bir yandan da kamışıyla kolasından yudumlar almayı ihmal etmedi. Müşterilerin çoğu ta kapıdan yüksek sesle selamlıyorlardı onu: "Nasılsınız Don Ramón?" O hiç bakmadan sanatçı elinin bir hareketiyle karşılık veriyordu selamlara.

Don Ramón bir yandan konuşurken, bir yandan da iki elimle sapına yapışmış olduğum deri çantama kaça-

---

[1] Ramón Gómez de la Serna'nın dizeler halinde kıvrak bir dille yazdığı, metaforik imgeler. (Çev.)

mak bakışlar fırlatıyordu. İlk kolasını bitirdikten sonra, sanki bir tornavidaymış gibi kamışı büktü ve ikincisini ısmarladı. Ben de bu masada herkesin kendi hesabını ödediğinin son derece farkında olarak benimkini ısmarladım. Sonunda sanki can yeleğiymiş gibi sarıldığım o çantanın içinde o kadar değerli ne olduğunu sordu.

Ona doğruyu söyledim: Annemle Cataca'dan döndükten sonra yazmaya başladığım romanımın taslak halindeki ilk bölümü. Yaşamla ölümün kesiştiği o kavşaklardan birindeydim sanki, bir daha asla kalkışamayacağım bir cüretkârlıkla, çantamı açıp sanki masum bir kışkırtmaymış gibi önüne koydum. O mavisi tehlikeli duru gözleriyle bana baktı ve biraz da şaşırarak:

"İzin verir misin?" diye sordu.

Bir akordeonun körüğü gibi üst üste katlanarak bir araya toplanmış baskı kâğıdının üzerine daktiloyla yazılmış ve sayısız düzeltme görmüş sayfalar halindeydi romanım. Don Ramón hiç acele etmeden yakın gözlüğünü taktı, kâğıt tomarlarını profesyonel bir beceriyle açtı, ifadesinde bir değişiklik olmadan, derisi renk değiştirmeden, soluğunun ritmi farklılaşmadan, papağan ibiğini andıran saçları düşünceleri yüzünden dalgalanmadan okudu. İki tomarı bitirdiği zaman kâğıtları üst üste katlayarak bir ortaçağ sanatçısı gibi bir araya topladı ve çantayı kapattı. Sonra gözlüğünü kutusuna kaldırarak göğüs cebine yerleştirdi.

"Görüyorum ki malzeme daha ham, böyle olması da mantıklı," dedi büyük bir yalınlıkla, "ama iyi gidiyor."

En zorlu sorunum, benim için bir ölüm kalım meselesi olan zamanı ele alışımla ilgili bir-iki sıra dışı yorum yaptı:

"Dramın çoktan yaşanıp bittiğini gözden kaçırmamalısınız, karakterleriniz yalnızca onu hatırlamak için oradalar, bu nedenle iki zamanla yetinmelisiniz."

O zamanlar çok deneyimsiz olduğum için değerini bilemediğim birkaç teknik yorumun ardından bana romandaki kentin adının Barranquilla olmamasını önerdi, bunun gerçekle çok koşullanmış bir isim olduğu için okura pek hayal kuracak alan bırakmadığı fikriyle önerisini destekledi, sonra da şakacı bir tavırla,

"Ya da masummuş gibi davranarak gökten yere inmesini bekleyebilirsin," diye ekledi, "Sophokles'in Atina'sıyla, Antigone'ninki kesinlikle aynı kent değildi."

Benim edebiyat yaşamım süresince sadık kaldığımsa veda cümlesi oldu:

"Kibarlığın için sana teşekkür ederim, karşılığında sana minik bir öğüt vereceğim: Asla birilerine yazdığın bir şeyin taslağını gösterme."

Onunla baş başa biricik sohbetimizdi bu, ama her şeye değerdi, çünkü 15 Nisan 1950'de, bir yıldan fazla bir süredir hazırlanmakta olduğu Barcelona yolculuğuna çıkarak, üzerinde siyah pamuklu takımı ve başında sulh hâkimi şapkasıyla silindi gözlerden. Bir okul çocuğunu uğurlamak gibi bir duyguydu bu. Altmış sekiz yaşında, aklı başında, sağlığı yerindeydi; ama havaalanına kadar eşlik edenler, sanki anayurduna, kendi cenazesine gidiyormuş gibi veda ettik ona.

Ertesi gün Japy'deki masamıza kavuştuğumuzda fark ettik ardında bıraktığı boşluğu. Oybirliğiyle uygun adayın Germán olduğuna karar verene kadar, kimse onun iskemlesine oturmak istemedi. Don Ramón'un ilk mektubu gelene kadar gündelik sohbetlerimizin yeni ritmine alışmamız için aradan birkaç gün geçmesi gerekti; mor mürekkep kullandığı özenli el yazısı sesiyle yazılmıştı sanki. Böylelikle Germán aracılığıyla sık ve yoğun bir yazışma başladı aramızda; kendi yaşamından pek söz etmez, Franco yaşadığı ve Katalonya'yı egemenliği altında tuttuğu sürece düşman bir ülke olarak göreceği İspanya'daki yaşamı anlatırdı.

Haftalık bir dergi çıkarma fikri Alfonso Fuenmayor'undu. Uzun süredir aklındaydı aslında, ama Katalan bilgenin vatanına dönmesiyle acele etmeye başlamıştı

137

sanki. Üç gece sonra Roma Kahvesi'nde buluştuğumuzda, Alfonso derginin çıkışı için her şeyin hazır olduğunu duyurdu. Tabloid boyda, edebiyat ve güncel konular üzerine, yirmi sayfalık, haftalık bir dergi olacaktı, *Crónica* olan adı kimse için pek bir şey ifade etmiyordu. Çılgınlık gibi geliyordu kulağa, dört yıldır böyle bir işe yatırmak için fazla fazla parası olanlardan bir kuruş koparamayan Alfonso, sonunda sanatçılardan, otomobil tamircilerinden, emekli memurlardan, hatta kendi reklamlarını romla ödemeyi öneren suç ortağı meyhane sahiplerinden toplamıştı parayı. Sanayi çevreleri ve kibirli yurttaşlarına karşın her zaman şairlerine düşkün olan bu kentte, böyle bir derginin tutunacağını düşünmek için geçerli nedenlerimiz vardı.

Bizleri saymazsak az sayıda kişi katkıda bulunacaktı dergiye. Aramızdaki tek deneyimli profesyonel Carlos Osío Noguera, nam-ı diğer El Vate Osío'ydu. Dev gibi bir bedene sahip, çok sevecen yaradılışlı bir şair ve gazeteciydi; hem devlet dairesinde memurdu hem de Álvaro Cepeda ve Germán Vargas ile birlikte çalıştığı *El Nacional*'de sansür görevlisiydi. Roberto (Bob) Prieto, seçkin bir üst sınıf üyesiydi, İspanyolca olduğu kadar İngilizce ve Fransızca da düşünebilir, büyük ustaların eserlerini piyanoda notaya bakmadan çalardı. Ama Alfonso'nun aklındaki listenin en anlaşılmaz kişisi Julio Mario Santodomingo'ydu kuşkusuz. Alfonso, Santodomingo farklı bir adam olmak niyetinde olduğu için onu hiç itiraz kabul etmeden dayatmıştı bize, ama bir Latin Rockefeller'ı olmaya yazgılıymış gibi görünen eğitimli, sıcakkanlı, yine de çaresizce gücün karanlığına gömülmüş bu adamın neden editörler arasında yer aldığını pek anlamadık. Adamın yirmi beş yıllık rüyasının yazarlık olduğunu bizler de dahil, çok az kişi biliyormuş meğerse.

Derginin yöneticisi, hakkı olduğu üzere Alfonso olacaktı elbette. Germán Vargas büyük bir muhabirdi ve bu görevi zamanım olunca değil de –hiçbirimizin zamanı olmazdı çünkü– nasıl yapılacağını öğrenince onunla paylaşmak istiyordum. Àlvaro Cepeda boş zamanlarında New York, Columbia Üniversitesi'nden katkılarını gönderecekti. Listenin sonunda da, çıkıp çıkmayacağı kesin olmayan bağımsız bir haftalık derginin yayın yönetmeni olmaya kimsenin hevesli olamayacağı kadar hevesli olan ben vardım.

Alfonso yıllardır dosyalarını hazırlıyordu, son altı ayda epeyce çalışmış, yorum dosyaları hazırlamış, edebî malzeme toplamış, başarılı makaleler yazmış, zengin dostlarından reklam verme sözü almıştı. Yayın yönetmeninin baştan kesinleşmiş çalışma saatleri yoktu, maaşı benim sınıfımda herhangi bir gazetecinin alabileceğinden daha iyiydi, ama her şey derginin gelecekteki kazancına bağlıydı. Ayrıca derginin zamanında ve düzgün bir biçimde çıkmasından da sorumluydum. Sonunda, ertesi hafta öğleden sonra saat beşte, *El Heraldo*'daki ofisimize girdiğimde, Alfonso Fuenmayor başını yazdığı yazıdan kaldırmadan,

"Malzemeni gözden geçir Üstat," dedi, "*Crónica* haftaya çıkıyor."

Korkmadım çünkü bu cümleyi daha önce de iki kez duymuştum. Ama üçüncü denemede gerçek oldu. Haftanın en önemli gazetecilik olayı Brezilyalı futbolcu Heleno de Freitas'ın Deportivo Junior takımına katılmasıydı, haberi bu konunun uzmanı basınla rekabete girerek değil de, kültürel ve sosyal getirileri büyük bir olay gibi duyurduk. *Crónica*'nın bazı konulardan hiç söz etmeyerek hasıraltı edilmeye hiç niyeti yoktu, hele ki konu futbol kadar popülerse. Bu ortak alınmış bir karardı ve iyi bir iş çıkardık.

Önceden o kadar çok malzeme hazırladık ki, son anda yapılması gereken tek şey, futbol hastası Germán Vargas'ın Heleno ile yapacağı ve kaleme alacağı söyleşiydi. İlk sayımız tam zamanında, 29 Nisan 1950'de, Azize Catalina de Siena gününde bayilerdeydi. *Crónica* adının altında benim son dakikada uydurduğum sloganımız vardı: 'En iyi weekend.' Kolombiya basınında o yıllarda esen dilde yalınlık rüzgârlarına meydan okuduğumuzu biliyorduk ama, sloganla ifade etmek istediğimizi verebilecek aynı nüansa sahip İspanyolca bir sözcük yoktu. Kapakta Heleno de Freitas'ın, üç çizerimiz arasında tek portre ressamı olan Alfonso Melo'nun yaptığı bir portresi yer alıyordu.

İlk sayımız son dakika telâşıyla çıkmasına ve hiç reklamı yapılmamasına karşın, her ikisi de Barranquilla takımları olan Deportivo Junior ve Sporting maçının oynanacağı ertesi gün –30 Nisan– daha biz belediye stadyumuna varmadan çok önce tükendi. Derginin muhabirleri de kendi aralarında bölünmüşlerdi, çünkü Germán ve Àlvaro Sporting'i, Alfonso'yla ben de Junior'u tutuyorduk. Ancak bir yanlış anlaşılma oldu, Heleno'nun adı ve Germán Vargas'ın yaptığı müthiş söyleşi, Kolombiyalılarda Crónica'nın sonunda uzun süredir yolunu gözledikleri büyük spor dergisi olduğu izlenimini uyandırdı.

Stat hıncahınç doluydu. İlk yarının altıncı dakikasında, Heleno Freitas Kolombiya'daki ilk golünü, neredeyse orta sahadan çektiği bir sol şutla kaydetti. Sporting maçı 3-2 kazanmış olsa da, o öğle sonrası zafer Heleno'ya ve bunu tahmin etmiş gibi onu kapağa koyduğumuz için bize aitti. Bundan böyle Allah'ın hiçbir kulu ya da ilâhi güç insanların Crónica'nın bir spor dergisi değil, haftalık bir kültür dergisi olduğunu, Heleno de Freitas'ı yılın önemli haberlerinden biri olarak onurlandırdığını anlayabilmesini sağlayamazdı kuşkusuz.

Acemi şansı değildi bu. Üçümüz ve elbette ki Germán Vargas futbol haberleriyle genel olarak ilgilenirdik. Alfonso Fuenmayor bir futbol hastasıydı, Àlvaro Cepeda uzun yıllar Missouri St. Louis'de The Sporting News'un muhabirliğini yapmıştı. Ama hasretle beklediğimiz okurlar sonraki sayıları kollarını açarak beklemediler ve stadyumların fanatikleri de bizi acımasızca terk ettiler.

Bu bozgunu hafifletmek için bu kez Deportivo Junior'un Uruguaylı yıldızı Sebastián Berascochea hakkında benim bir haber yapmama karar verdik, günlük köşemde pek çok kez okült bilimleri başka alanlarla barıştırmayı denediğim gibi, futbolla edebiyatı barıştırabileceğimizi umuyorduk. Luis Carmelo Corea'nın bana Cataca arsalarında bulaştırdığı futbol aşkım sıfıra inmişti. Ayrıca ben Karayip beyzbolu ya da aramızda söylediğimiz gibi 'top oyunu' severdim, ama elbette ki kabul ettim bu görevi.

Örnek aldığım Germán Vargas'ın söyleşisiydi, başka söyleşiler de okuyarak elimi güçlendirdim. Sevimli ve akıllı, hayranlarında nasıl bir imge yaratmak istediğinin son derece farkında bir adam olan Berascochea ile uzun bir söyleşi yapabilmek içimi rahatlattı. Tek sorun sadece soyadını göz önüne alıp onu örnek bir Basklı gibi çizerek, kopkoyu rengini ve en güzel Afrikalı ırklardan birinden olduğunu göz ardı etmemdi. Hayatımın en büyük fiyaskolarından ve derginin en kötü anlarından biriydi. Öyle bir durumdaydım ki, benim bir futbol topuyla bir vagonu birbirinden ayıramayacak kadar kötü bir spor yazarı olduğumu söyleyen okur mektubuna tüm kalbimle hak veriyordum. İnsanları yargılama konusunda son derece özenli davranan Germán Vargas bile, yıllar sonra yazdığı bir anı kitabında Berascochea hakkındaki söyleşimin hayatımda yazdığım en kötü şey olduğuna değinmeden edememiş. Abartıyordu ama o kadar da değil, çünkü kimse bu işi onun kadar iyi yapamazdı, söyleşileri de makaleleri de o kadar akıcı olurdu ki, linotipe canlı bir sesle dikte edilmişler gibi gelirdi kulağa.

Futboldan da beyzboldan da vazgeçmedik çünkü ikisi de popülerdi Karayip kıyılarında, yine de güncel konulara ve edebî yeniliklere daha fazla ağırlık verdik. Hiçbiri işe yaramadı. Crónica'nın bir spor dergisi olduğu izlenimini yıkamadık, ama stadyum fanatikleri kendi yanlış anlamalarından hemencecik kurtularak bizi bir kenara atıverdiler. Biz karar verdiğimiz gibi dergiyi çıkarmaya devam ettik ama üçüncü hafta geldiğinde dergi hâlâ vaftiz edilememiş bir halde, ne olduğu belirsiz ortalardaydı.

Moralimi bozmadım. Annemle birlikte Cataca'ya yaptığım gezi, Don Ramón Vinyes'le o tarihi konuşma, Barranquilla grubuyla yakın ilişkim, beni yaşamımın sonuna değin sürecek bir cesaretle doldurmuştu. O zamandan beri daktilomla kazanmadığım tek bir kuruş girmedi cebime. Bunun sanılandan daha fazla övgüye ve dikkate değer bir konu olduğunu düşünüyorum, çünkü öykülerimden ve romanlarımdan kazandığım teliflerle yaşamaya başlamam, inanılmayacak kadar az kazançlarla dört kitap yayınladıktan sonra, kırklı yıllarımın ortalarını bulmuştur. Bundan önce yaşamım beni bir yazardan başka her şeye dönüştürmeyi deneyen sayısız yemle mücadele ederek galip gelmeye çalışan, iç içe geçmiş bir tuzaklar, hileler ve hayaller karmaşasıydı.

3

Aracataca felaketi sona erdiğinde dedem çoktan ölmüş, ne idüğü belirsiz gücünden geriye kalan ne varsa yitmiş, onlardan güç alarak yaşayan bizler de derin özlemlerin merhametine kalmıştık. Trenle kimseler gelmemeye başlamış, evde tek bir kul kalmamıştı. Mina vc Francisca Simodosea bir köle gibi kendini onlara adayan Elvira Carrillo'nun bakımındaydı. Ninem aklını ve gözlerini kaybettiği zaman, annemle babam en azından ölürken daha iyi bir yaşamı olması için onu yanlarına aldılar. Bakire ve çilekeş Francisca Teyze eskiden olduğu kadar emindi kendinden, ürkütücü bahaneler öne sürerek ne mezarlığın anahtarlarını teslim etti son gününe kadar ne de takdis için mayasız ekmek pişirmekten vazgeçti; Tanrı böyle isteseydi, ona söylermiş. Bir gün o kusursuz patiskalarıyla odasının kapısına oturdu ve kendi kefenini dikmeye başladı, o kadar özenli bir iş çıkarıyordu ki, ölüm tam iki hafta işini bitirmesini bekledi. O gece kimseye veda etmeden yattı, bir hastalığı ya da sıkıntısı da yoktu, en sağlıklı halinde ölmeye hazırlandı. Daha sonra öğrendik o gece kendi ölüm belgesini doldurup kendi cenaze töreni için gerekli formaliteleri yerine getirdiğini. Kendi arzusuyla eli erkek eline değmemiş olan Elvira Carrillo evin engin yalnızlığında tek başına kaldı. Gece yarısı yan odada durmadan öksüren hayalet onu uyandırırmış, ama doğaüstü yaşamın kederlerini paylaşmaya

143

da alışık olduğundan, buna hiç mi hiç aldırmazmış.

Tam tersine ikiz kardeşi Esteban Carrillo ihtiyar ya-şına kadar aklını ve dinamizmini korudu. Bir keresinde onunla kahvaltı ederken, tüm görsel ayrıntılarıyla Ciéna-ga teknesinin güvertesinden babasını denize atmaya yel-tenmelerini hatırladım. Kalabalık dedemi omuzlarına al-mış, katırcıların Sanço Panço'yu sardıkları gibi bir batta-niyeye sarıp sarmalamışlardı. Bunu anlattığımda Papale-lo çoktan ölmüştü, bana eğlenceli bir hikâye gibi görün-düğü için sözünü etmiştim Esteban Amca'ya. Birden ka-nı beynine sıçradı, bunu ta o zaman anlatmadığım için bana içerleyerek ayağa fırladı ve dedemle konuşan ada-mın kim olduğunu belleğimden bulup çıkarmamı istedi ki, ondan kardeşini kimlerin suya atmak istediklerini öğ-renebilsin. Ayrıca iki iç savaşta iyi bir nişancı olan, pek çok kez cephede bulunan, yastığının altında tabancayla uyuyan, üstelik de barış zamanı düelloda bir arkadaşını öldüren Papalelo'nun neden kendini savunmadığını hiç anlayamamıştı. Esteban Amca kendisi ve kardeşleri için saldırganı cezalandırmakta geç kalmak gibi bir şey ola-mayacağını söyledi. Bu Guajira yasasıdır: Bir ailenin bir üyesine tatsızlık yapılırsa, bunu saldırgan ailenin tüm erkek çocukları öder. Esteban Amcam o kadar kararlıydı ki, bir yandan beni sorguya çekerken, öte yandan da be-linden silahını çekip zaman kaybetmemek için masanın üzerine koydu. O kahvaltıdan sonra, ne zaman bir araya gelsek saldırganı hatırlayabilmiş olmamı umardı. İlk ro-manımı bitirip de aile geçmişini araştırdığım bir dönem-de bir gün habersizce gazetedeki odama gelerek, adamı birlikte aramamızı önerdi. Onu Cartagena de Indias'ta son gördüğümde iyice ihtiyarlamıştı artık, kalbi tekliyor-du, bana hüzünlü bir gülümsemeyle veda etti:

"Böyle kötü bir hafızayla nasıl yazar olabileceksin anlamıyorum."

Aracataca'da yapacak hiçbir şey kalmayınca, babam bizi bir kez daha Barranquilla'ya götürdü, bir kuruş sermayesi olmadan bir eczane daha açmaya kalkışıyordu, söylediğine göre önceki işlerindeki ortağı ve toptancılar arasında iyi bir kredisi varmış. Bu beşinci eczane değil, aile içinde söylemeye alıştığımız gibi, babamın ticari önsezilerine göre bir kentten ötekine taşıdığımız yegâne dükkândı: iki kez Barranquilla'da, iki kez Aracataca'da ve bir kez de Sincé'de. Hepsinin de kârı kıt, borcu bol olmuştu. Dokuz yıllık evliliklerinden sonra ne ninemle dedem, ne teyze ve amcalarım, ne halalarım ne de hizmetçiler vardı artık; üç kız, üç de erkek kardeştik, bir de annemle babam.

Yaşamımdaki bu yeni değişiklik beni çok kaygılandırıyordu. Çocukken hep gelip geçici olmak kaydıyla, ailemi ziyaret etmek için pek çok kez Barranquilla'da bulunmuştum ama tüm anılarım bölük pörçüktü. İlk ziyaretim üç yaşında, beni kardeşim Margot'nun doğumu için getirdiklerindeydi. Şafak vaktiydi, limandaki çamur kokusunu hatırlıyorum, tek atlı bir arabanın sürücüsü kamçısını kullanarak ıssız, tozlu sokaklarda arabanın sürücü yerine tırmanmaya çalışan hamalları kovalıyordu. Bebeğin doğduğu hastanenin bebek koğuşunun aşıboyası duvarlarını, yeşil ahşaptan kapılarını ve panjurlarını, keskin ilaç kokan havasını hatırlıyorum. Yeni doğmuş bebek boş bir odanın dibinde, çok sade demir bir karyolada yatıyordu, başında annem olması gereken bir kadın vardı; kadının yüzünü hatırlamıyorum ama bitkin bir tavırla elini uzatıp içini çekerek,

"Beni hatırlamıyorsun bile," dediğini hatırlıyorum.

Başka bir şey demedi. Ona ait ilk net ve kuşku duymadığım anım yıllar sonrasına aittir, ama zamanını kestiremiyorum. İkinci kardeşim Aida Rosa'nın doğumundan sonra Aracataca'ya yaptığı ziyaretlerden biri sırasında olmalı. Ben avluda Santos Villero'nun benim için ta Fonseca'dan getirdiği yeni doğmuş bir kuzuyla oynuyordum ki, Mama Teyze çığlık çığlığa yanıma koşarak, korkudan yüreğimi hoplattı:

"Annen geldi!"

Beni kolumdan çekip neredeyse sürükleyerek evin tüm kadınlarının ve ilaveten birkaç komşu kadının sanki bir ölünün başını bekler gibi duvarın kenarına dizili sandalyelerde oturdukları salona götürdü. Ben aniden içeri girince konuşmalar kesildi. Kapıda hangisinin annem olduğunu bilemeden taş kesilmiş gibi kalakalmıştım. Sonunda aralarından biri bana kollarını açarak şefkatli bir sesle konuştu:

"Kocaman adam olmuşsun!"

Güzel bir Romalı burnu vardı, vakur ve solgundu, o yılın modası yüzünden her zamankinden farklı görünmüştü gözüme: Fildişi renkli ipekli elbisesinin tam kalçalarında bir drape vardı. Birkaç sıra inci kolye takmıştı, ayakkabıları bantlı ve gümüş renkli, yüksek ökçeliydi, sessiz filmlerde gördüklerimize benzer, çan biçimli hasır bir şapka takmıştı. Kokusu bildik annemin kokusuydu, bana sarılınca suçluluk duygusu ruhumu ve bedenimi ele geçirdi; görevimin onu sevmek olduğunu biliyordum ama bundan emin değildim.

Öte yandan babam hakkındaki ilk anım apaçık, üstelik de kesindir: 1 Aralık 1934, otuz üç yaşına bastığı gün. Dedemlerin Cataca'daki evine neşeli, hızlı adımlarla girdiğini hatırlıyorum, beyaz ketenden, yelekli takım elbise giymiş, şapka takmıştı. Sarılarak doğum gününü kutlayan biri kaç yaşına bastığını sordu. Verdiği yanıtı o zaman anlayamadığım için hiç unutmadım:

"İsa'nın yaşı."

Kendime birçok kez neden bu anıyı çok eskiymiş gibi anımsadığımı sordum, aslında o zamana kadar babamı pek çok kez görmüş olmalıyım.

Hiçbir zaman aynı evde yaşamamıştık ama Margot'nun doğumundan sonra, ninemle dedem beni Barranquilla'ya götürmeyi alışkanlık edinmişlerdi, bu nedenle Aida Rosa doğduğunda bana eskisi kadar yabancı gelmiyorlardı. Oranın mutlu bir ev olduğunu sanırdım.

Bir eczaneleri vardı ve kısa süre sonra ticaret merkezinde bir tane daha açacaklardı. Arada bir babaannem Algemira'yı, yani Gime Anne'yi ve iki çocuğunu görmeye giderdik; Julio ve Ena. Ena çok güzeldi ama şanssızlığıyla ünlüydü, neden bilinmez ama yirmi beş yaşında öldü, hâlâ reddettiği bir âşığının onu lânetlediği söylenir. Büyüdükçe Gime Anne'yi daha sevimli ve daha az ağzıbozuk bulmaya başladım.

Aynı dönemde annemle babam bende silinmesi güç bir duygusal iz bıraktılar. Bir gün annemin içi belli ki özlemle dolmuş, piyanoya oturup gizli aşklarının tarihi valsi 'Dans bittiği zaman'ı çalmaya koyulmuş, babam da aşka gelip bir teli eksik olduğu halde kemanıyla ona eşlik etmeye yeltenmişti. Annem hiç zorlanmadan, romantik gece yarısı-üslubuyla, hiçbir zaman olmadığı kadar iyi çalmaya başladı, neşeyle omzunun üzerinden bakınca babamın gözlerinin yaşla dolu olduğunu gördü. "Kimi hatırladın şimdi?" diye sordu öfkeli bir masumiyetle. "İlk kez bunu birlikte çaldığımız zamanı," yanıtını verdi babam valsten esinlenerek. Annem çılgın gibi iki yumruğunu birden klavyenin üzerine indirdi:

"O ben değildim, Tanrı aşkına!" diye bağırdı avaz avaza. "Kiminle çaldığını çok iyi biliyorsun ve onun için ağlıyorsun!"

Kadının adını ne o zaman söyledi ne de sonra, ama öyle bir bağırmıştı ki, evin farklı yerlerindeki bizler paniğe kapılarak taş kesmiştik. Her zaman korkmak için gizli nedenlerimiz olan Luis Enrique'yle ben yatağın altına saklanmıştık. Aida komşuya kaçmış, Margot'nun da ateşi çıkmış ve üç gün havaleler geçirmişti. Daha küçük çocukları bile annemin Romalı burnu bir bıçak kadar keskin ve gözleri alev alev geçirdiği bu kıskançlık krizlerine alışmıştı. Onun son derece tuhaf bir sükûnetle duvarlardaki resimleri birer birer indirip bir cam kırığı fırtınası içinde yere çaldığını görmüşlüğümüz vardı. Çamaşır sepetine atmadan önce babamın üzerinden çıkardığı çamaşırları teker teker kokladığını biliriz. O trajik düetten sonra başka bir olay yaşanmadı ama, Floransalı akortçu piyanoyu satmak için götürdü, babam da kemanını silahıyla birlikte yüklükte bir dolapta çürümeye terk etti.

O dönemde Barranquilla sivil bir ilerleme içindeydi, Liberalizm yumuşaktı, politik birlik nihayet kurulmuştu. Kentin gelişmesinde ve zenginleşmesindeki belirleyici etmenler, İspanyollardan bağımsızlığını kazandığından beri yüzyıldır ülkeyi mahveden iç savaşların sona ererek, büyük grevden sonra uygulanan vahşi baskıyla ölçüsüz derecede yaralanan muz bölgesinin çöküşüydü.

İnsanların girişimci doğalarına hiçbir şey engel olamıyordu. 1919'da genç sanayici Mario Santodomingo, yani Julio Mario'nun babası, Kuzey Amerikalı William Knox Martin'in kullandığı ilkel bir uçaktan, çadır bezinden bir çanta içine doldurduğu elli yedi mektubu Barranquilla'dan beş fersah uzaklıktaki Puerto Colombia sahili üzerine atarak, ulusal posta servisini başlatıp sivil bir zafer kazanmıştı. Birinci Dünya Savaşı'ndan sonra, aralarında Helmuth von Krohn'un da bulunduğu bir grup Alman pilot gelerek Junkers F-13'lerle havayollarını kurmuşlar, göksel bir çekirgeyi andıran ilk deniz uçakları, içlerinde altı gözü pek yolcu ve posta çantalarıyla Magdalena Irmağı üzerinde görülmeye başlamıştı. Bu, dünyada bu türden en eski şirketlerden biri olan Kolombiya-Alman Hava Taşımacılığı Şirketi'nin temeliydi.

On bir yaşındayken Barranquilla'ya son taşınmamız benim için sadece basit bir ev ve kent değişimi değil, baba değişimi de oldu. Bu yenisi iri bir adamdı, ama Margarita'yla beni dedemlerin evinde mutlu edenden çok farklı bir ebeveyn otoritesi anlayışına sahipti. Kendi kendilerimizin efendisi olmaya alıştığımız için farklı bir yönetime alışmamız çok güç oldu. Bana en dokunaklı gelen, en sevimli yanından söz edecek olursak, babam kendi kendini eğiten biri ve en sistemsizi olsa da gördüğüm en kendini bu işe vermiş okurdu. Tıbbiyeyi terk etmek zorunda kaldıktan sonra, kendini tek başına homeopati öğrenmeye adamış, o zamanlar akademik formasyon istemeyen bu dalda en iyi dereceyle lisansını almıştı. Ancak krizlerle başa çıkmak konusunda annem gibi beceri sahibi değildi. En kötü zamanlarda odasındaki hamağa uzanır, eline geçen her gazeteyi okuyarak ve çapraz bulmacalarını çözerek zaman öldürürdü. Gerçeklikle ilgisi olmayan bir adamdı ve bu ne yazık ki çözümsüz bir sorundu. Zenginlere, ama ne idüğü belirsizlere değil de parasını beceri ve onurlarıyla kazanmışlara inanılmaz bir hayranlığı vardı. Günün ortasında hamağında hayallere dalar, daha önce aklına bile gelmemesine şaşırdığı basit işlerle yattığı yerde servetler kazanırdı. Örnek olarak da Darién'den bildiği tuhaf zenginliklerden söz etmeyi severdi. İki yüz fersaha yayılmış, yavrulamış dişi domuzlar. Bu alışılmadık girişimler bizim yaşadığımız yerlerde değil de, onun bir telgrafçı olarak gezerken dinlediği kayıp cennetlerdeydi kuşkusuz. Babamın gerçeklerden bu ölümcül uzaklığı bizi felaketlerle aynı bozgunun yinelenmesi arasında sürüncemede bırakır; gökten yiyecek ekmeğin kırıntılarının bile düşmediği uzun dönemler geçirirdik. Anne babamız bize iyi ya da kötü her durumda ayakta kalmayı; iyi günleri kutlarken kötülerine eski zaman Katolikleri gibi bir sabır ve gururla katlanmayı öğrettiler.

Geçmem gereken son deney babamla birlikte yalnız yolculuğa çıkmaktı. Bunu da yeni eczanesini açmak ve ailenin gelişi için hazırlıkları yapmak üzere Barranquilla'ya giderken beni de yardıma götürdüğünde atlattım. Baş başa kaldığımızda bana yetişkin bir erkeğe davranır gibi şefkat ve nezaketle davranmasına şaşırmıştım, hatta bana benim yaşım için becermesi zor işler veriyor, o her zaman aynı kanıda olmasa da, ben altlarından memnuniyetle ve başarıyla kalkıyordum. Babamın çocukluğuyla ilgili eğlendirici öyküler anlatma alışkanlığı vardı, ama her doğan yeni çocukla birlikte o kadar çok yinelendiler ki, biz zaten hepsini bilen büyükler için ilginçliklerini yitirdiler. Öyle bir an geldi ki, babam masada hikâyelerine başlayınca, biz büyükler kalkıp gidiyorduk. Luis Enrique, açık sözlülük krizlerinden birinde, masadan kalkarken,

"Dedem yine ölünce bana haber verin," diyerek babamı küstürmüştü.

Kardeşimin bu ani çıkışları babam için o kadar anlaşılmazdı ki, onu Medellín'deki ıslahevine göndermeyi düşünmesi için eline yeni kozlar veriyordu. Ama babam Barranquilla'da benimle birlikte farklı bir insan oldu. Durmadan tekrarladığı sevgili anekdotlarından oluşan dağarcığını bir kenara iterek, bana annesiyle yaşadığı zorlu hayata, babasının efsanevî cimriliğine, okumak için katlandığı zorluklara ilişkin ilginç öyküler anlattı. Bu anıları hatırlamak onun kimi kaprislerine daha kolay katlanmamı, anlayışsızlıklarını kabullenmemi sağlıyor.

O zamanlar okuduğumuz ve okunacak kitaplardan söz eder, halk pazarının cüzamlı dükkânlarında Tarzan, dedektiflik romanları ve uzay maceralarından oluşan iyi bir hasat yapardık. Babamın bazı pratik çözümlerinin de kurbanıydım elbette, özellikle günde tek bir öğün yiyeceğimizi söylediğinde. İlk çatışmamız yemeğin üzerinden yedi saat geçtikten sonra, alacakaranlıkta kazınmaya başlayan midemi gazozlar ve tatlı çöreklerle yatıştırmaya çalışırken beni yakalayıp da, ona yiyecekler için parayı nereden bulduğumu söyleyemeyince yaşandı. Ona annemin, babamın yolculuklarda uyguladığı Trappist[1] rejime karşı önlem olarak bana gizlice üç-beş kuruş verdiğini söyleyemedim. Annemin bana verecek parası olduğu sürece devam etti bu gizli suç ortaklığımız. Yatılı okula giderken de bavuluma banyo ve tuvalet malzemeleri koyar, bir Reuter sabunu kutusuna, ihtiyacım olduğunda kullanacağımı düşünerek on peso sıkıştırırdı. Ya-

---

[1] Katolik manastır sisteminde, çok sıkı kuralları olan ve konuşmayı bile reddeden keşişler. (Çev.)

tılı okuyan bir öğrenciye, sabun kutusunda on peso bulmak nasıl da ilaç gibi gelir.

Babam gece Barranquilla'daki eczanesinde beni yalnız bırakmamak için türlü çözümler üretirdi ama bulduğu çareler bazen on iki yaşında bir çocuk için fazlasıyla tuhaf ve ilginç olurdu. Arkadaşlarına ve aile dostlarına geceleri yapılan ziyaretler yorucuydu, benim yaşımda çocukları olanlar onları sekizde yatağa gönderir, zavallı ben havadan sudan konuşmaların engin arazisinde sıkıntıdan patlardım, gözlerimden uyku akardı. Bir gece babamın doktor bir arkadaşının evinde uyayakalmışım, nasıl ya da saat kaçta uyandığımı bilmiyorum ama tuhaf bir caddenin ortasında yürüyordum. Ne nerede olduğumu ne de oraya nasıl gittiğimi hatırlıyordum, tıpkı bir uyurgezer gibi davranmışım. Aslında ailemizde uyurgezerlik yoktur ve bugüne dek böyle bir davranışı yinelemiş de değilim; ama doğrusu ya, başka bir açıklama bulamadım. Uyanınca gördüğüm ilk şey, yansımalı aynalarıyla bir berber salonunun vitrini oldu. Altında birkaç müşterinin sıra beklediği saat, benim yaşımda bir çocuğun dışarıda tek başına olmasının imkânsız olduğu sekizi on geçeyi gösteriyordu. O kadar şaşkın ve korkmuştum ki, hem ziyaret ettiğimiz ailenin adını doğru söyleyemedim hem de adresi şaşırdım, ama gelip geçenlerden birkaçı söylediğim bölük pörçük şeyleri bir araya getirerek beni doğru adrese ulaştırdılar. Eve vardığımızda tüm ahali ortadan yok olduğum için paniğe kapılmış, türlü türlü yorum yapmaktaydı. Tek bildikleri konuşmanın ortasında koltuktan kalkışımdı, tuvalete gittiğimi düşünmüşler. Uyurgezerlik öyküsü hiç kimseyi, özellikle de babamı tatmin etmedi ve bunun benim sonu kötü biten yaramazlıklarımdan biri olduğunu düşündü.

Günler sonra, bir iş yemeğine katılmak için beni bir arkadaşının evine bıraktığında, şans eseri bunun acısını çıkarabildim. Aile üyeleri Atlantico Radyo İstasyonu'nda yayınlanan popüler bir yarışmaya kaptırmışlardı kendi-

151

lerini; bu yarışmada bazı soruları bilebilmek imkânsız
gelir insana: "Hangi hayvan yuvarlanırken adı değişir?"
Tuhaf bir tesadüf ama o gün bu sorunun yanıtını *Alma-
naque Bristol*'de okumuş ve söz oyununa dayalı kötü bir
şaka olduğunu düşünmüştüm. Adını değiştiren tek hay-
van *escarabajo*'ydu çünkü yuvarlandığı zaman *escarriba*
oluyordu.[1] Bunu gizlice evdeki çocuklardan birine söyle-
dim, en büyükleri telefona koşarak radyo istasyonuna
yanıtı bildirdi. Böylelikle evin üç aylık kirasının eşdeğe-
ri olan büyük ödülü kazandı: yüz peso. Salon programı
dinleyen ve kazananı tebrik eden gürültücü komşularla
dolmuştu birden, ama aile üyelerini paradan çok Karayip
kıyılarında radyo tarihine geçen bir programda galip ol-
mak ilgilendiriyordu. Kimse orada olduğumun farkında
bile değildi. Babam beni almaya gelince, o da ailenin kut-
lamalarına katıldı, onlarla birlikte kadeh kaldırdı, ama
kimse ona gerçek kazananın kim olduğunu söylemedi.

O zaman kazandığım bir başka zafer de pazar sabah-
ları Colombia Sineması'nın matinesine yalnız gidebil-
mek için kopardığım izindi. İlk kez dizi yapıyorlar ve her
pazar bir bölümü gösteriyorlardı. Öyle bir gerilim ya-
ratıyorlardı ki, insan hafta içinde beklerken bir saniye
huzur bulamıyordu. *Mongo'nun İstilası*, sonradan yerini
bir tek Stanley Kubrick'in *Uzay Yolu 2001*'inin doldurabi-
leceği ilk gezegenler arası destandır izlediğim. Daha son-
ra Carlos Gardel'in filmleriyle Arjantin sineması da yüre-
ğimde yer etti ve sonunda Libertad Lamarque hepsini alt
etti.

İki aydan kısa bir sürede eczaneyi donattık ve an-
nemle kardeşlerim için eve bir-iki eşya aldık. Eczane ti-
caret merkezinde çok işlek bir caddede, Bolívar Yolu'na
yalnızca dört blok uzaklıktaydı. Evimizse, Barrio Aba-
jo'nun gözden düşmüş, neşeli ve marjinal bir sokağın-
daydı. Ne yazık ki kira evin ne olduğuna göre değil de, ne

---

[1] Escarabajo: Bokböceği. Burada bir sözcük oyunu var. 'Abajo' altında, 'arriba' üzerinde
demektir. Escarriba uydurulmuş bir sözcüktür. (Çev.)

olması gerektiğine göre ayarlanmıştı: iki savaş kulesi olan, sarılı kırmızılı bir tarçın rengine boyalı, askerî bir konak.

Eczanenin yerini bulduğumuz gün hamaklarımızı dükkânın arkasındaki çengellere asarak tere batmış bir halde ağır bir uykuya daldık. Evi kiralayınca hamaklar için çengel olmadığını görerek şiltelerimizi yere serdik, sıçanları uzak tutacak ödünç bir kedi bulduktan sonra, olabildiğince iyi bir uyku çektik. Sürünün geri kalanıyla birlikte annem geldiğinde evde pek çok eksik vardı, mutfak araç gerecinin yanı sıra, yaşamak için elzem olan pek çok şey de yoktu.

Sanatsal olmaya niyetlenen süsünü püsünü bir yana bırakırsak, sıradan bir evdi ve bize ancak yetiyordu. Salon, yemek odası, iki yatak odası ve taş döşeli minicik bir avludan ibaretti. Aslında ödediğimiz kiranın üçte biri bile etmezdi, annem evi görünce dehşete kapıldı ama babam onu parlak bir gelecek masallarıyla sakinleştirdi. Her zaman böyle olagelmiştir, dünyada birbirinden bu kadar farklı ama bu kadar iyi anlaşan ve birbirini bunca seven iki insan daha bulmak olanaksızdır.

Annemin görünüşü beni etkilemişti. Yedinci kez hamileydi, gözkapaklarıyla ayak bileklerinin de karnı kadar şiş olduğunu düşündüm, otuz üç yaşındaydı, dayayıp döşemek zorunda olduğu beşinci evdi bu. Hiç keyfi yoktu ve ilk geceden sonra kendi kendine uydurduğu bir fikirden dehşete kapılarak moralini daha da beter bozdu. Hiçbir temeli olmadan, bıçaklanarak ölen Madam X'in hayaletinin bizim evde gezdiğini düşünüyordu. Bu cinayet tam yedi yıl önce, annemler Barranquilla'da yaşadığı sırada işlenmişti ve o kadar ürkütücüydü ki, annem bir daha Barranquilla'da yaşamamaya yemin etmişti. Belki de geri döndüğünde unutmuştu bu öyküyü, ama ayak basar basmaz bu kederli evle Dracula'nın şatosu arasında bir benzerlik kurmuş olmalı ki, hikâyeyi hatırlayıverdi.

Madam X hakkındaki ilk haber, çürümenin epeyce ileri safhalarında bulunan çıplak cesedinin tanınmayacak haliydi. Otuzundan küçük, kara saçlı, çekici hatları olan bir kadın olduğunu ancak anlayabilmişler. Canlı gömüldüğüne inanıyorlardı çünkü sol elini korkmuş bir hareketle gözlerinin üzerine götürmüş, sağ kolunu da başının üzerine uzatmıştı. Kimliğini belirlemeye yarayabilecek tek ipuçları iki mavi kurdeleyle, saçlarını örerek topladığı anlamına gelebilecek süslü bir taraktı. Muhtelif varsayımlar arasında en akla yatkını, muhtemel cinayet gününden beri kayıp olan ve kolay bir hayat süren Fransız bir balerin olduğuydu.

Barranquilla ülkenin en sakin ve konuksever kenti olarak bilinirdi, ama her yıl vahşi bir cinayet de eksik olmazdı. Yine de bıçaklanarak öldürülmüş adsız kadın kadar uzun süre gündemde kalan ve halkı korkutanı olmamıştı hiç. *La Prensa* o dönemlerde ülkenin en önemli gazetelerinden biriydi ve Buck Rogers, Maymunlar Kralı Tarzan gibi pazar çizgi dizileri yayınlamanın öncülüğünü yapmıştı, ilk yıllarından beri cinayet haberlerini çok yakından takip eden bir gazetedir. Aylarca büyük manşetler atarak ve şimdi çoktan unutulmuş olan muhabirini ister istemez ülke çapında ünlü yapan açıklamalarda bulunarak tüm kenti gerilim içinde bırakmıştı.

Yetkililer soruşturmalarına engel olduğu bahanesiyle gazetenin verdiği haberleri kısıtlamak istemişlerse de, okurlar onlara *La Prensa*'nın iddialarından daha az kıymet vermişlerdi. Açıklamalar okurların yüreğini günlerce ağızlarına getirmiş ve en az bir kez soruşturmanın yön değiştirmesine neden olmuştu. Madam X'in imgesi öyle bir yerleşmişti ki halkın hayal gücüne, bir sürü evde kapılar zincirlerle sağlama alınmış, katil bu cinayet programını sürdürmeye niyetliyse diye özel korumalar tutulmuş, ergenlik çağındaki gençlerin akşamüstü altıdan sonra yalnız sokağa çıkmaları yasaklanmıştı.

Sonunda ortaya çıkıp da kendini ele veren katilden

başka kimse gerçeğe ulaşamadı elbette. Efraín Duncan, önceden kararlaştırdığı bir tarihte cinayet masasına gidip karısı Angela Hoyos'u öldürerek bıçaklanmış cesedi buldukları yere gömdüğünü itiraf etti. Akrabaları kadının beş nisanda Calamar'a yapılacak bir yolculuk için evden çıkarken taktığı kurdele ve tarağı teşhis ettiler. Dava bir fantastik roman yazarı kolundan çekip de önümüze koymuşçasına akıl almaz bir rastlantının ortaya çıkmasıyla kesin olarak kapandı; Angela Hoyos'un tek yumurta ikizi vardı, ancak bu sayede ceset kesin olarak teşhis edilebildi zaten.

Madam X efsanesi adi bir aşk cinayetine indirgenmişti sonunda, ama ikiz kardeşinin gizemi hâlâ evlerde dolaşmaya devam etti, insanlar onun sihirle yaşama dönen Madam X olduğunu düşünmeye başladılar. Kapılara haç biçiminde tahtalar çakıldı ve arkaları türlü öteberiyle desteklendi ki, yine sihirle hapisten kaçan katil gece vakti evlere girip başka canlar alamasın. Zengin mahallelerde duvarların içinden geçebilen katillere saldırmak üzere eğitilmiş avcı köpekleri moda oldu. Komşuları Barrio Abajo'daki evin Madam X cinayeti sırasında daha inşa edilmemiş olduğuna ikna edene kadar annem rahat huzur bulmadı.

10 Temmuz 1939'da, annem bir kız bebek dünyaya getirdi, güzel bir yerli profiline sahipti kardeşim. Büyüklerimin Casialı Azize Rita'ya olan sevgisi nedeniyle adını Rita koydular. Azize Rita pek çok iyiliğinin yanı sıra, sapkın kocasının kötü karakterine gösterdiği sabırla da takdir topluyordu. Annemin anlattığına göre adam bir gece, tavuğun biri yemek masasına pisledikten hemen sonra zil zurna sarhoş eve gelmiş, tertemiz masa örtüsünü temizleyecek zaman bulamayan karısı pisliği bir tabakla örtüp zorunlu soruyu sorarak adamın dikkatini dağıtmaya çalışmış:

"Ne yemek istersin?"

Adam aksi aksi homurdanarak,

"Bok!" yanıtını vermiş,

Bunun üzerine kadın tabağı kaldırarak azizlere yaraşır tatlılıkta bir sesle,

"Ah, işte burada!" demiş.

Söylenceye göre bunun üzerine koca karısının azizeliğine ikna olarak Hz. İsa'ya inanmaya başlamış.

Barranquilla'daki yeni eczane görülmeye değer bir başarısızlık oldu ve babamın hissedebildiğinden daha hızlı eridi gitti. Aylarca debelendikten ve birini yamamak için iki delik birden açtıktan sonra, babamın göründüğünden de sebatsız olduğu ortaya çıktı. Bir gün tasını tarağını toplayarak Magdalena Irmağı'nın en akla gelmeyecek köylerinin altında gömülü hazineleri aramak için yola çıktı. Gitmeden önce beni ortak ve arkadaşlarına götürerek, kederli bir sesle yokluğunda beni o gibi bilmelerini istedi. Hiçbir zaman anlayamamışımdır, hüzünlü ortamlarda yapmayı sevdiği gibi bir şaka mıydı bu, yoksa olağan durumlarda takınmaktan hoşlandığı tüm ciddiyetiyle mi etmişti o lafı. Sanırım herkes bunu kendince yorumladı, on iki yaşında raşitik ve solgundum, resim yapacak ya da şarkı söyleyecek halde bile değildim. Bize veresiye süt satan kadın, eminim ki içinde hiçbir kötülük olmadan anneme hepimizin önünde,

"Söylediğim için bağışlayın Señora, ama sanırım bu çocuk büyümeyecek," demişti.

Bu sözün üzerine, uzunca bir süre aniden ölmeyi bekleyerek kaygı içinde yaşadım, aynaya baktığım zaman kendimi değil de, ana karnında doğmamış bir buzağı gördüğümü hayal ettim. Okul doktoru bana malarya, bademcik iltihabı ve hiçbir rehberlik almadan kötü şeyler okuduğum için huysuzluk teşhisi koydu. Hiç kimseyi yatıştırmaya kalkışmadım. Tam tersine ev işlerinden paçayı sıyırabilmek için bu hastalıklı durumumu abarttım. Ama babam bilime hiç kulak asmayarak gitmeden önce evden ve aileden sorumlu olduğumu bildirdi.

"Tıpkı ben varmışım gibi," dedi.

Yolculuğa çıkmadan önce bizi salonda toplayarak talimatlarını verdi ve yapacağımız herhangi bir yaramazlığa karşı önlem olarak önceden azarladı, ama bunun ağlamamak için bir bahane olduğu besbelliydi. Her birimize beş *centavo* verdi, o zamanlar her çocuk için küçük bir servet sayılabilirdi bu; dönüşünde tek parça olursak, paranın iki katını vereceğini söylemeyi de ihmal etmedi. Son olarak da meleksi bir sesle bana dönüp,

"Onları senin ellerine emanet ediyorum, senin ellerinden almak isterim," dedi.

Onun binici tozluklarıyla, sırtına bohçalarını vurup gidişini görmek yüreğimi parçaladı, köşeyi dönmeden önce arkaya bakıp da bize son kez el salladığında, gözyaşlarına ilk teslim olan bendim. Ancak o zaman, onu hep çok sevmiş olduğumu ve seveceğimi anladım.

Bana verdiği görevi yerine getirmek zor değildi. Annem böyle tatsız, belirsiz süreleri yalnız geçirmeye alışmaya başlamıştı artık ve isteyerek değilse bile, büyük bir kolaylıkla her şeyi çekip çeviriyordu. Yemek pişirmek ve evi düzenli tutmak en küçüklerimizin bile ev işlerine yardım etmesini gerektiriyordu ve bunu çok iyi beceriyorlardı. O dönemde kardeşlerimin bana bir amcaymışım gibi davrandıklarını fark edince, ilk kez kendimi yetişkin gibi hissettim.

Hiçbir zaman utangaçlığımı yenemedim ben. Seyyah babamın omuzlarıma yüklediği kanlı canlı sorumluluğu hissedince, utangaçlığın yenilmez bir hayalet olduğu çıktı ortaya. Ne zaman veresiye istemem gerekse, bu konuda dükkân sahibi arkadaşlarla önceden mutabık kalınmış olsa bile, saatlerce binanın çevresinde dolanır, ağlama isteğimi ve mide ağrılarımı bastırmam gerekir, sonunda çenelerim kilitlenmiş bir halde dükkâna girerdim, ancak bu kez de sesim çıkmazdı. Kafamı karıştıracak kalpsiz bir dükkâncı da eksik olmazdı: "Salak çocuk, ağzın kapalıyken konuşamazsın ki!" Eve bir bahane uydurarak ellerim boş döndüğüm olmuştur. Ama hiçbir zaman köşedeki dükkândan telefonla konuşmak istediğimdeki kadar bunalmış hissetmedim kendimi. O zamanlar otomatik servis olmadığı için dükkâncı operatörle konuşmama yardım etti. Ahizeyi elime verince ölümün soluğunu hissettim, yardımsever bir ses beklerken, tek duyduğum karanlıkta benimle aynı anda konuşmaya çalışan birinin bağırtısıydı. Beni duyamadığını düşünerek sesimi yükseltebildiğim kadar yükselttim, bu kez karşı taraf sinirlenerek o da sesini yükseltti:

"Bana bak! Ne hakla bana bağırıyorsun?"

Korku içinde kapattım telefonu. Şunu itiraf etmeliyim ki, iletişim kurma merakıma karşın telefondan ve uçaklardan hâlâ korkarım, acaba bu o günlerden kalma bir şey mi? Peki babamın omuzlarıma yüklediği görevi yerine getirmeyi nasıl becerecektim? Sanırım annemin hemen yanıtı yapıştırması benim iyiliğimeydi: "Hizmet etmek için acı çekmek gerekir."

Babamdan ilk haber iki hafta sonra, bir şey açıklamaktan çok bizi neşelendirmek için yazılmış bir mektupla geldi. En azından annem öyle yorumladı ve moralimizi düzeltmek için o gün tabakları yıkarken şarkı söyledi. Babam olmadığı zaman farklıydı: Sanki büyük ablalarıymış gibi anlaşırdı kızlarıyla. Onlara o kadar iyi uyum sağlardı ki, bebeklerle oynanan çocuk oyunları da dahil, en iyileriydi; arada bir sinirlenir, sanki onlardan biriymiş gibi saç saça baş başa kavga ederlerdi. Babamdan gelen öbür iki mektup da aynı havadaydı, o kadar vaatlerle doluydular ki, rahat uyumamıza yardımcı oldular.

Ciddi bir sorunumuz giysilerimizin çok çabuk küçülmesiydi. Luis Enrique'den kimseye hiçbir şey kalmıyordu, çünkü anlayamadığımız bir nedenle sokaktan üstü başı perişan, giysileri paçavraya dönmüş gelirdi. Annem dikenli tellerin arasında dolaşmışa benzediğini söylerdi. Yedi ve dokuz yaşları arasındaki kız kardeşlerim kendi aralarında dâhice mucizelerle çözerlerdi bu gibi sorunları, o günlerde yaşadığımız zorlukların onları erken olgunlaştırdığına inanırım. Aida sorunlara hemen bir çare üretiverirdi, Margot utangaçlığını büyük oranda yenmiş, yeni doğan bebekle ilgilenen şefkatli bir kız olmuştu. Aralarında en zoru bendim. Bunun nedeni farklı görevleri yerine getirmem değildi yalnızca, herkesin heyecanıyla korunan annem, beni yürüyerek eve on blok uzaklıktaki Cartagena de Indias okuluna kaydettirmek için evi geçindiren paradan kısma riskini göze alıyordu.

Bize bildirildiği gibi, yirmi aday giriş sınavına katılmak için sabah sekizde okula gittik. Neyse ki yazılı bir sınav değildi. Üç öğretmen bizi bir önceki hafta kayıt olduğumuz sıraya göre çağırarak daha önceki diplomamıza uygun bir sözlü yaptılar. Ne Aracataca'daki ilkokuldan ne de Montessori'den isteyecek zamanımız olmadığı için, adaylar arasında tek diploması olmayan bendim. Annem belgelerim olmadan başvuramayacağını düşünüyordu ama ben şansımı denemeye karar verdim. Öğretmenlerden biri belgelerimin olmadığını görünce beni sıradan çıkarmak istedi, ama bir başkası kaderimi ellerine aldı ve beni kendi ofisine götürerek bir önkoşul olmadan sınav yapmak istedi. Bana on iki düzinenin miktarını, bir lustrada ve milenyumda kaç yıl olduğunu, eyaletlerin başkentlerini ve başlıca ırmaklarımızla bu ırmakları çevreleyen kentleri sordu. Hangi kitapları okuduğumu sorana kadar her şey bir rutinin parçasıydı. Yaşıma göre çok sayıda ve çeşitte kitaptan söz etmem ve Rahip Angarita'nın tüylerini diken diken eden kaba bölümlerinin hiçbirinin çıkartılmadığı bir yetişkin baskısından *Binbir Gece Masalları*'nı okumuş olmam dikkatini çekti. Önemli bir kitap olduğunu duyunca şaşırdım çünkü büyüklerin lambadan çıkan cinlere ya da sihirli sözcüklerle açılıp kapanan kapılara aldırış edeceklerini sanmazdım. Benden önce içeri giren adaylar en fazla on beş dakikada kabul edilip edilmediklerini öğrenerek çıkmışlardı, ben her türlü konudan sohbet ederek yarım saatten fazla kaldım içeride. Yazı masasının arkasındaki kitaplığı inceledik.

Sayıları ve cazip baskılarıyla ilgimi çeken *Gençlik Hazinesi* dizisini gördüm, ama öğretmen *Don Kişot*'un benim yaşım için daha uygun olduğunda ısrarcıydı. Kütüphanede bulamadı ama daha sonra ödünç vereceğine söz verdi. *Denizci Sinbad* ve *Robinson Crusoe* üzerine yarım saatlik hızlı bir sohbetin ardından, bana kapıya kadar eşlik etti ama kabul edilip edilmediğimi söylemedi. Edilmediğimi düşündüm kuşkusuz, ama bahçede elimi sıkarak bana yalnızca pazartesiye kadar veda ettiğini, pazartesi sabahı saat sekizde ilkokulun en üst seviyedeki sınıfına beklediğini söyledi: dördüncü sınıf.

Okul müdürüymüş. Juan Ventura Casalins'ti adı, onu çocukluk dönemime ait bir arkadaş gibi hatırlıyorum, dönemin ürkütücü öğretmenleriyle ilgisi yoktu. Hepimize eşiti yetişkinlermişiz gibi davranmak erdemiydi; ama bana hâlâ, beni biraz kayırıyordu gibi gelir. Bana ötekilerden daha fazla soru sorar, yanıtlarımın kesin ve anlaşılır olması için yardım ederdi. Okul kütüphanesindeki kitapları okumak için eve götürmeme izin verirdi. Aralarından ikisi, *Define Adası* ve *Monte Cristo Kontu*, o zorlu yıllarda mutluluk ilacım oldu. Satır satır okur, bir sonraki satırda ne olduğunu öğrenmek için can atarken, bir yandan da büyüyü bozmamak için öğrenmek istemezdim. Tıpkı *Binbir Gece Masalları* gibi bu iki kitap da bana, yalnızca bizi onları tekrar tekrar okumaya zorlayan kitapları okumamız gerektiğini öğretti.

Öte yandan *Don Kişot*'u okumam başka bir bölümde anlatılmayı hak eder, çünkü bende Casalins Öğretmen'in öngördüğü etkiyi yaratmadı. Seyyah şövalyenin uzun söylevlerinden sıkıldım, yardımcısının aptallıklarını hiç de komik bulmadım, hatta hakkında onca söz söylenen kitabın elimdeki olmadığını düşünmeye başladım. Öte yandan öğretmenim kadar bilge bir insanın yanılamayacağını düşünüyor, sanki bir müshil ilacı gibi kitabı yutmaya çalışıyordum. Lisede başka okuma girişimlerinde de bulundum ve kitabı zorunlu bir ödev olarak çalışmam bile gerekti, ama her defasında sıkıldım; ta ki bir arkadaşım kitabı sifonun üzerinde bırakarak, günlük ihtiyaçlarımı giderirken okumamı önerene kadar. Böylece ani bir parlama gibi keşfettim kitabı, başından sonuna kadar tekrar tekrar, bazı bölümleri ezbere söyleyecek kadar çok okudum.

O ilâhi okulda geri gelmesi mümkün olmayan bir döneme ve kente ilişkin tarihi anılarım da var. Yeşil bir tepenin üzerindeki tek yapıydı, balkonlarından dünyanın her iki ucu da görünebilirdi. Solda en seçkin ve pahalı mahalle olan Prado vardı, evler ilk bakışta United Fruit Company'nin elektrikli tellerle çevrili evlerinin bir kopyası gibi görünürdü. Bu bir tesadüf değildi: Bu bölgeyi Kuzey Amerikalı bir kent planlama şirketi, kendi ithal zevk, ölçü ve fiyatlarına göre inşa etmişti; mahalle ülkenin geri kalanı için turistik çekiciliği olan bir yerdi kesinlikle. Sağda bizim Barrio Abajo'nun varoşları vardı, sokaklar ateş gibi bir tozla kaplıydı, evler saz ve çamur karışımı bir malzemeden yapılıp çatıları palmiye yapraklarıyla örtülmüştü; bize her an etten kemikten ölümlüler olduğumuzu hatırlattıklarını düşünürdüm. Neyse ki okulun balkonundan geleceğin panoramik bir görüntüsüne de sahiptik: dünyanın en büyük deltalarından biri olan Magdalena Irmağı'nın tarihi deltası ve Bocas de Ceniza'nın gri okyanusu.

28 Mayıs 1935'te, ilk kez petrol tankeri *Taralite*'yi gördük. Kanada bandıralı gemi, dümeninde Kaptan D. F. McDonald'la, sevinç çığlıkları arasında kayaların içine oyulmuş kanala girerek, müzik ve havai fişeklerin patırtısı eşliğinde kent limanına demirledi. Bu bir sürü yıla ve pesoya mal olan çabaların sonucunda elde edilmiş sivil bir başarıydı, Barranquilla ülkenin tek deniz ve ırmak limanı olmuştu böylece.

Bundan kısa bir süre sonra Kaptan Nicolás Reyes Manotas komutasındaki bir uçak evlerin çatılarını yalayarak geçti, zavallı pilot hem kendi postunu hem de düşünce öldüreceği Hıristiyanları kurtarmak için acil iniş yapabileceği bir açıklık arıyormuş. Kolombiya havacılığının öncülerindendi. Meksika'da hediye edilen ilk uçağını Orta Amerika'nın bir ucundan ötekine tek başına getirmişti. Barranquilla Havaalanı'nda toplanan kalabalık bayraklar ve mendiller sallayarak onu sıcak bir şekilde karşılamaya hazırlanmıştı, bando da eksik değildi, ama Manotas iki kez daha kent üzerinde dönüp herkesi selamlamak istemiş, o sırada motorlarından biri bozulmuştu. İnanılmaz bir beceri sergileyerek uçağı ticaret merkezinin ortasındaki bir binanın çatısına indirmeyi becerebildiyse de, inerken uçak elektrik kablolarına dolandı ve bir elektrik direğine asılı kaldı. Kardeşim Luis Enrique ile heyecanla kalabalığın arasına karışarak, onu izleyebildiğimiz kadar izledik, pilotu ancak büyük zorluklarla uçaktan çıkarabildiklerinde gördük; sağ salimdi ve bir kahraman gibi alkışlandı.

Ayrıca kent o dönemde ilk radyo istasyonuna da kavuştu. Modern bir su kanalı, su arıtmada en yeni yöntemlerin sergilendiği pedagojik ve turistik bir çekim merkezi halini aldı; sirenleri ve çanları duyuldukları anda çocuklar ve yetişkinler için bir şenlik başlatan itfayemiz de vardı. Aynı zamanlara denk geldi üstü açık arabaların kent sokaklarında görülmeye başlaması. Çılgın bir hızla gidip sonunda yeni taş döşenen yollarda hurdaya dönüyorlardı. Cenaze levazımatçısı La Equitiva, ölümün mizahından esinlenerek kentin çıkışına koskocaman bir tabela asmıştı: 'Aceleye gerek yok, sizi bekliyoruz.'

Geceleri evden başka bir sığınak kalmadığında annem bizi bir araya toplar ve babamın mektuplarını okurdu. Çoğu bizi neşelendirmek ve kafamızı dağıtmak için yazılmış şaheserlerdi ama aralarından biri dikkat çekiciydi, Aşağı Magdalena'da homeopati'nin yaşlı insanlarda uyandırdığı heyecandan söz ediyordu. "Burada mucize gibi vakalar var," diyordu. Arada bir, bize büyük bir şey açıklayacağı izlenimine kapılıyordum ama ardından bir aylık bir sessizlik daha geliyordu. Kutsal Hafta'da iki kardeşim birden tehlikeli bir suçiçeğine yakalanınca, ona haber vermenin yolunu bulamadık, çünkü en uzman iz sürücüler bile izine rastlayamıyorlardı.

İşte o aylarda ninemle dedemin çok kullandığı bir sözcüğün gerçek yaşamdaki anlamını kavradım: yoksulluk. Ben yoksulluğu Muz Şirketi'nin toparlanıp gitmeye hazırlandığı dönemde onların evinde yaşanan durum sanırdım. Durmadan yakınırlardı, eskiden olduğu gibi sofrada iki-üç kap yemek çıkmaz olmuş, tek bir çeşide inmişti sayı. Ceplerinde para kalmadığında bile ne yapıp edip çarşıda hazır satılan, aslında iyi ve çok daha ucuz olan yiyeceklerden satın alarak bu öğle yemeği sofrası âdetini bozmak istememişler, şaşırarak hazır yemeklerin biz çocukların daha çok hoşumuza gittiğini görmüşlerdi. Ancak Mina eskiden sık sık eve gelen ziyaretçilerin artık yemek eskisi kadar iyi olmadığı için ayaklarını kestiklerini öğrendiğinde, öğle yemeği diye bir şey de kalmamıştı.

Annemle babamın Barranquilla'daki yoksulluğu ise insanı yiyip bitiren cinstendi, ama bana annemle özel bir ilişki kurma fırsatı verdi. Ona duyduğum ana sevgisinden fazlasıydı. Suskun ama rakiplerinin karşısında vahşileşiveren dişi aslan karakterine, Tanrı'yla olan boyun eğmekten ziyade mücadeleye dayalı ilişkisine hayrandım. İki erdemi vardı onu yaşamı süresince hiç hayal kırıklığına uğratmayan bir güvenle donatan: En kötü zamanlarda Allah'ın lütfuna bağlı öz kaynaklarıyla dalga geçebilirdi. Bir keresinde bir öküz bacağı almış, günlerce, artık kaynata kaynata hiçbir şey çıkaramaz hale gelene kadar giderek daha fazla su tadı veren bir çorba yedirmişti bize. Elektriğin şafak sökene kadar gelmediği korkunç fırtınalı bir gecede bir aylık domuz yağını harcayarak mumlar yapmıştı; çünkü kendisi aşılamıştı küçüklere yataklarından çıkmamaları için karanlık korkusunu.

Annemle babam başlarda muz krizi ve sosyal düzenin giderek yozlaşması nedeniyle Aracataca'dan göç eden dost aileleri ziyaret ederlerdi. Bunlar döngüsel ziyaretlerdi, sohbet konusu her zaman kasabanın başına gelen talihsizliklerdi. Ama Barranquilla'daki yoksulluk iliğimizi kemiğimizi kurutmaya başlayınca, annemin bir daha uzaktaki evden şikâyet ettiğini duymadım; o dönemle ilgili yakınmalarını tek bir cümleye indirgedi: "Yoksulluk gözlerde okunurdu."

Beş yaşına kadar ölüm, başkalarının başına gelen doğal bir sondu benim için. Cennetin zevkleri de, cehennemin işkenceleri de Rahip Astete'nin sınıfında ezbere öğrenilmesi gerek dersler gibi görünürdü gözüme. Bir gün bir ölünün başı beklenirken göz ucuyla bakıp da, adamın saçlarının arasından çıkan bitlerin nereye gideceklerini şaşırmış halde yastıkta dolaştıklarını görene kadar benimle hiçbir ilgisi yoktu. O zaman beni rahatsız edense ölüm korkusu değil, ölümün başında bekleyen akrabalarımın benim bitlerimi de görebilecekleri düşüncesiydi. Barranquilla'daki okulda, ailedeki herkese bulaştıracak kadar bitlendiğimin farkında değildim elbette. Bunun üzerine annem karakterini bir kez daha ispatladı. Çocuklarını teker teker hamamböceği zehiriyle dezenfekte etti, bu derinlemesine temizliği de soylu bir isimle, 'polis' adıyla vaftiz etti. Ama sorun, arınır arınmaz okuldan tekrar bit kapmamdı. Sonunda annem meseleye kökünden bir çare bulmaya karar verdi ve saçlarımı sıfır numaraya vurdurdu. Pazartesi günü başımda yün bir şapkayla okula gitmem gerçekten kahramanlık gerektiren bir hareketti, ama arkadaşlarımın alaylarının cesaretle üstesinden geldim ve öğrenim yılını en yüksek notları alarak tamamladım. Casalins Öğretmen'i o yıldan sonra bir daha görmedim ama ona sonsuz şükran borçluyum.

Babamın daha önce karşılaşmadığımız bir arkadaşı bana evin yakınındaki bir matbaada yazlık bir iş buldu. Maaş çok azdı ama mesleği öğrenme fikri bana cesaret vermişti. Matbaa makinesine bir kez bile göz atma fırsatım olmadı, benim işim başka bir bölümde baskıya girecek litograf plakalarını düzenlemekti. Tek tesellim annemin maaşımdan *La Prensa*'nın pazar ekini almama izin vermesiydi, *Tarzan* ve *Buck Rogers*'ın çizgi dizilerini yayınlarlardı. Rogers'a *Rogelio el Conquistador* adını koymuşlardı, *Mutt and Jeff* de *Benitín y Eneas* adlarıyla yayınlanırdı. Pazar günleri boş zamanımda onların resimlerini ezberden çizmeyi öğrendim, hafta içinde de kendi hesabıma öykünün devamını tasarlardım. Bizim oralarda yaşayan bazı yetişkinlerin dergilere ilgisini çekmeyi başarınca, okuduğum eski sayıları iki *centavo*'ya satmaya başladım.

İşim yorucu ve tatsızdı, ne kadar çabalarsam çabalayayım, üstlerimin verdiği raporlar beni işime karşı hiçbir heyecan duymamakla suçluyordu. Aileme acıdıkları için olsa gerek, beni dükkânın tekdüzeliğinden kurtararak, en ünlü sinema oyuncularının tavsiye ettiği bir öksürük şurubunun renkli reklamlarını dağıtmam için sokağa saldılar. Keyfim yerindeydi çünkü el ilanları kuşe kâğıda basılmıştı ve oyuncuların fotoğrafları renkliydi. Ancak kısa sürede bu işin sandığım kadar kolay olmadığını gördüm, insanlar bedavaya verilen ilanı ya kuşkuyla karşılıyor ya da sanki elektriğe kapılmışlar gibi almamak için eğilip bükülüyorlardı. İlk günler elimde kalanlarla dükkâna döndüm ki, ne kadarını dağıtabildiğimi hesaplayabilsinler. Bu Aracataca'dan bir okul arkadaşıma rastlayana kadar sürdü. Annesi, annemin uzun konçlu botlarımı eskitmemem için aldığı bez sandaletler ayağımda, ancak dilencilere yakıştırabildiği bir işi yaptığımı görünce şok geçirmişti:

"Luisa Márquez'e sor bakalım," dedi, "ana babası en sevdikleri torunlarını sokaklarda tüketim mallarının el ilanlarını dağıtırken görse ne derdi?"

Sinirini bozmamak için bu mesajı anneme iletmediysem de, öfke ve utançtan geceler boyu ağladım. Bu dram el ilanlarını dağıtmak yerine kanala atmamla son buldu. Ama o engin sularda kuşe kâğıdının suyun üzerinde yüzeceğini ve köprünün altında güzel renklerden oluşan hiç alışılmadık bir battaniye görüntüsü yaratacağını bilemezdim.

Annem gaipten haberler gelen rüyalarından birinde sevgili ölülerinden bir mesaj almış olmalı ki, daha iki ay dolmadan, hiçbir açıklama yapmadan beni işten çıkardı. Ben ailede cennetten çıkma bir armağan gibi karşılanan *La Prensa*'nın pazar ekini kaybetmemek için buna itiraz ettim; annemse çorbaya bir patates daha az katmayı göze alarak dergiyi almaya devam etti. Bizi kurtaran başka bir şey de, en zor geçen aylarımızda Juanito Amca'nın gönderdiği paraydı. Sertifikalı bir muhasebeci olarak kazandığı azıcık parayla hâlâ Santa Marta'da kıt kanaat geçiniyor, ama bize her hafta kursağından artırdığı iki peso eklediği bir mektup göndermeyi ihmal etmiyordu. *Aurora* adlı teknenin, ailenin eski bir dostu olan kaptanı sabahın yedisinde verirdi bana mektubu; pazara gider, günlerce yetineceğimiz yemeklik öteberiyi alarak dönerdim eve.

Bir çarşamba günü, bu işi ben yapamayınca annem Luis Enrique'ye güvendi. Kardeşim iki pesoyu bir Çin tavernasındaki kumar makinesinde çoğaltma arzusuna karşı gelememiş. İlk iki jetonu kaybettiğinde duracak kararlılığa da sahip değilmiş, son kuruşunu da kaybedene kadar oynamaya devam etmiş. Bana kocaman bir adam olduğunda, "Öyle bir paniğe kapılmıştım ki," diye anlattı, "bir daha eve dönmemeye karar vermiştim." O iki pesonun tüm bir haftanın temel gıda parası olduğunu biliyordu elbette. Neyse ki son jetonu attığında makineye bir haller olmuş, bağırsaklarında meydana gelen metal bir depremle sarsılmış ve sonu gelmez bir şakırtıyla kardeşimin kaybettiği iki pesonun tüm jetonlarını kusmuş. "Her nedense şeytan aklıma girmişti bir kere," diye anlatmaya devam etmişti Luis Enrique, "riske girip bir jeton daha aldım." Kazanmış. Bir jeton daha almış ve kazanmış. Bir tane daha. Yine kazanmış. "Kazanmanın korkusu kaybetmeninkinden daha fazlaydı," diye anlattı bana, "midem kasılıyordu, ama oynamaya devam ettim." Sonunda başlangıçtaki iki pesonun beş *centavo*'luk madeni paralar halinde iki katını kazanmış, ama dükkânın Çinli sahibinin bir numara çevirmesinden korkarak, kasaya gidip madeni paraları kâğıt paraya çevirmesini isteyememiş adamdan. Paralar cebinde öyle bir şişkinlik yaratmışlar ki, anneme madeni paralar halinde iki pesoyu vermeden önce kalanını, eline evin dışında geçen her kuruşu gömdüğü avludaki bir çukura gömmüş. Paraları yavaş yavaş harcamış ve aradan yıllar geçip de, son kuruşunu Çinlinin tavernasında riske atma arzusuna yenilmesi canını sıkmaya başlayana kadar bundan hiç kimseye söz etmemiş.

Kardeşimin parayla ilişkisi son derece kişiseldi. Annemin cüzdanını karıştırıp pazar parasına el uzatırken yakalandığında, kendini barbarca ama son derece mantıklı savunmuştu: Bir çocuğun ana babasının cüzdanından aldığı paraya hırsızlık denemezdi, çünkü o herkesin parasıydı; parayı bize vermemelerinin nedeniyse, parayla çocukların yaptıklarını yapamadıkları için bize duydukları gıptaydı. Hatta bu savını o kadar ileri götürmüştü ki, benim de acil durumlarda evdeki gizli saklama köşelerindeki geçim parasına el uzattığımı iddia etmişti. Annem sonunda yatışarak bana döndü ve neredeyse bağırarak, "Bu kadar aptalca davranmayın," dedi, "senin de, erkek kardeşinin de benden bir şey çaldığınız yok. Ben parayı sıkıntı çekerseniz rahatça bulabileceğiniz bir yere koyuyorum." Bir öfke krizi esnasında da annemi umutsuzlukla, Tanrı'nın insanlara çocuklarının karnını doyurabilmesi için bir şeyler çalma izni vermesi gerektiğini mırıldanırken duydum.

Luis Enrique'nin bu tür muzurluklardaki doğal becerisi bazı ortak sorunlarımızı çözmede çok işe yarıyorsa da, asla beni bu yanlış tutumuna suç ortağı yapmadı.

Tam tersine, kimsenin benden en ufak kuşku duymaması için her şeyi ayarlardı; böylece onunla aramda tüm yaşamımca sürecek güçlü bir sevgi bağı gelişti. Bana gelince; cesaretine ne kadar hayran olduğumu ve babam onu döverken nasıl acı çektiğimi ona hiç söylemedim. Davranışlarım onunkilerden çok farklıydı ama bazen ona öyle gıpta ederdim ki, bu duygumla zor başa çıkardım. Oysa beni, yalnızca bağırsak kurdu ilacı verecekleri ya da hintyağı içirecekleri zaman uykuya yatırdıkları ninemlerin Cataca'daki evi kaygılandırırdı. O kadar ki, ilaçları ağırbaşlılıkla yuttuğum için bana verdikleri yirmi *centavo*'yu bile hor görmüştüm.

Kentin en zengin, en yardımsever adamı olarak tanınan birine elimde bir mektupla gönderilmem, annemin umutsuzluğunun son kertesiydi sanırım. Adamın maddi başarıları kadar, ne denli iyi yürekli olduğundan da söz edilirdi durmadan. Annem ona kaygılı ve açık bir mektup yazmış, parasal yardıma ne kadar ihtiyacı olduğunu, kendisinin her şeye katlanabileceğini ama çocukları için bunu istemek zorunda kaldığını anlatmıştı. Bunun hayatında nasıl bir aşağılanma olduğunu anlamak için annemi tanımak gerekir, ama bıçak kemiğe dayanmıştı. Bana sıkı sıkıya bu sırrın ikimiz arasında kalmasını tembihledi ve şu anda kâğıda aktarana kadar da öyle oldu.

Bir kiliseyi andıran evin zilini çaldım, kapıda küçük bir pencere açıldı ve yalnızca gözlerindeki buz gibi bakışı hatırladığım bir kadın yüzü gördüm. Hiçbir şey söylemeden mektubu aldı ve pencereyi kapattı. Sanırım sabah on bir buçuk sularıydı. Üçe kadar eşikte oturduktan sonra, bir yanıt alabilmek için bir kez daha zili çaldım. Yine aynı kadın açtı pencereyi, beni görünce şaşırarak biraz beklememi istedi. Yanıt ertesi salı aynı saatte orada olmam gerektiğiydi. Gittim ama aldığım tek yanıt bir hafta daha beklemi söylemesiydi. Böyle üç kez gitmem gerekti o eve; üçüncüde ilkinden daha sert görünen bir kadın kapıyı açarak, beyefendinin evinin bir yardım kurumu olmadığını söyledi.

Cayır cayır yanan sokaklarda dolaşarak anneme hayallerini yıkacak haberi götürebilmek için cesaretimi toplamaya çalıştım. Sonunda karanlık basınca eve gittim, yüreğim dağlanarak, kuru bir sesle iyi yürekli adamın aylar önce öldüğünü söyledim. En çok içimi burkan annemin adamın huzur içinde yatması için ettiği duaydı.

Dört-beş yıl sonra, radyoda adamın gerçekten bir gün önce öldüğü haberini dinlerken, annemin tepkisini bekleyerek taş kesildim. Haberi sevecen bir ilgiyle dinleyerek, derin derin içini çekip,

"Allah rahmet eylesin!" deyişini hiç anlayamamışımdır.

Evin bir blok ötesinde yaşayan Mosqueralarla dost olmuştuk. Resimli romanlara bir servet harcayarak, onları avlularındaki bir ambarda tavana varan bir yığın halinde saklayan insanlardı. Orada *Dick Tracy* ve *Buck Rogers* okuyarak bütün bir günü geçirebilmek gibi bir ayrıcalığımız vardı. Başka bir hoş keşfim de, yakındaki Las Quintas Sineması'nın afişlerini hazırlayan çıraktı. Sırf zevk olsun diye altın yaldızlı harfleri boyardım, o da bizi silahların çekildiği, yumruk yumruğa dövüşülen filmlere haftada iki-üç kez bedavaya sokardı. Eksik olan tek lüksümüz günün herhangi bir saatinde tek bir düğmeye basarak müzik dinleyebileceğimiz radyoydu. O zamanlar yoksulların evlerinde radyoya ne kadar seyrek rastlandığını anlamak bugün için kolay değil. Luis Enrique ile köşedeki dükkânda çalışanların boş zamanlarında oturup sohbet etmek için dışarı koydukları banka kurulur, sabahtan akşama kadar o zamanın radyo programlarının çoğunluğunu oluşturan popüler müzik programları dinlerdik. Miguelito Valdés'in, Casino de la Playa Orkestrası'yla; Daniel Santos'un, Señora Matancera'yla söylediği şarkıların ve Toña la Negra'nın sesinden, Agustín Lara'nın bolerolarının hepsi dağarcığımızdaydı. Geceleri tek eğlencemiz, özellikle de faturayı ödeyemediğimiz için iki kez elektriğimizi kestiklerinde, bu şarkıları annemle kardeşlerimize öğretmekti. Ligia ve Gustavo hiçbir şey anlamadan birer papağan gibi şarkıları ezberler, lirik zırvalamalarıyla bizi ölesiye güldürürlerdi. Hiç istisnasız hepimize annem ve babamdan iyi bir müzik hafızası ve kulağı geçmiştir. Bir şarkıyı öğrenmemiz için iki kez dinlememiz yeterlidir. Özellikle de bir müzisyen olarak doğan ve karşılıksız aşkları anlatan serenatlarda gitar sololarıyla ustalaşan Luis Enrique. Radyosu olmayan komşu evlerde yaşayan çocukların tüm bu şarkıları kardeşlerimden, özellikle de bizim bu çocuklar evimizde bir abladan başka bir şey olmayan annemden öğrenip söylediklerini keşfetmemiz uzun sürmedi.

En sevdiğim program 'her şeyden biraz' saatiydi. Besteci, şarkıcı ve orkestra şefi Angel María Camacho y Cano, öğleden sonra birden itibaren akla hayale gelmeyecek çeşitlemelerle dinleyicileri ele geçirirdi; özellikle de on beş yaşından küçüklerin şarkı söyleyerek yarıştığı amatör saat hoşumuza giderdi. Katılmak için gereken tek şey, Yurttan Sesler bürolarından birine kayıt yaptırarak, yarım saat öncesinden programa gitmekti. Üstat Camacho y Cano piyanoda çocuklara eşlik eder, amatör şarkıcının en ufak bir hatasında, yardımcılarından biri bir kilise çanı çalarak acımasızca şarkıyı keserdi. En iyi şarkı söyleyene verilen beş pesoluk para ödülü rüyalarımızda bile göremeyeceğimiz bir şeydi; ama annem asıl önemli olanın para değil, böyle prestijli bir programda iyi şarkı söylemenin zaferi olduğunda ısrarcıydı.

O zamana kadar kendimi babamın tek soyadı olan García, iki ön adım Gabriel ve José ile tanıtırdım. Ama anlatacağım tarihi olayda, annem kimliğimden kimsenin kuşku duymaması için onun soyadı Márquez'i de kaydettirmemi rica etti. Bana sanki ilk komünyonuma gidiyormuşum gibi beyazlar giydirerek, evden çıkmadan önce potasyum bromit yutturdu. İki saat önce Yurttan Sesler'e geldim. Kimsenin programdan on beş dakika öncesine kadar stüdyolara girmesine izin verilmediğinden yakındaki bir parkta gezindim, o arada yatıştırıcının etkisi de geçti. Geçen her dakikayla içimde korku ağlarını örüyordu, sonunda içeriye girdiğimde yüreğim ağzımdaydı. Bir bahane uydurup yarışmama izin vermediklerini söyleyerek eve dönmeme ramak kalmıştı. Üstat piyanosuyla beni alelacele sınayarak sesimin tonunu ayarladı. Benden önce kayıt sırasına göre yedi kişiyi içeriye çağırmışlar, şu ya da bu beceriksizlikleri yüzünden üçüne zili çalmışlardı. Beni de sadece Gabriel Márquez diye tanıttılar. 'Kuğu'yu söyledim. Bu acımasız bir avcının âşığıyla birlikte öldürdüğü, bir kar tanesinden daha beyaz kuğunun öyküsünü anlatan duygusal bir parçaydı. İlk ölçülerden sonra, provasını yapmadığımız bazı notalarda tonun benim için fazla yüksek olduğunu fark ettim, yardımcının kuşku dolu ifadesini ve çanı çalmak için hazırlandığını görünce paniğe kapıldım. Her nasılsa ona çanı çalmaması için bir işaret yapacak cesareti kendimde buldum, ama geç kalmıştım. Çan acımasızca çaldı. Beş pesoluk ödül ve propaganda amaçlı hediyelerin hepsi *Madame Butterfly*'ın bir parçasının canına okuyan çok güzel bir sarışına gitti. Uğradığım bozgun nedeniyle eve gözyaşları içinde döndüm ve annemi teselli etmeyi bir türlü beceremedim. Bana üzüntüsünün gerçek nedeninin akraba ve arkadaşlarından beni dinlemelerini istemek olduğunu, sonra da onları nasıl atlatacağını bilemediğini söyleyene kadar yıllar geçti.

Kahkahalar ve gözyaşları arasında geçen bu zorlu dönemde okula hiç ara vermedim, yiyecek bir lokma bulamadığımızda bile gittim. Ancak evde kitap okuyabileceğim saatler ev işlerine gidiyordu, gece yarısına kadar kitap okumak için elektriğe ayıracak paramız da yoktu ama bir yolunu buldum. Okuldan eve dönerken, yol üzerinde bir sürü yolcu otobüsü garajı vardı. Aralarından bir tanesinde, otobüsün yanına yolları ve güzergâhları duyuran işaretleri çizmelerini izleyerek saatler geçirirdim. Bir

171

gün ressamdan yapıp yapamayacağımı görmek için birkaç harfi boyamama izin vermesini rica ettim. Doğal yeteneğim onu şaşırtınca, arada bir aile bütçesine katkıda bulunan birkaç peso karşılığında ona yardım etmeme izin vermeye başladı. Bir başka beni neşelendiren olaysa, Magdalena Irmağı'ndan bir denizcinin üç oğlu olan García kardeşlerle kurduğum dostluktur; bir üçlü kurmuşlar, sırf sanat aşkına arkadaşlarının partilerinde popüler şarkılar söylerlerdi. Ben de aralarına katılınca García Kuartet'i kurarak, Atlantico Radyo İstasyonu'nun amatör saatinde yarışmaya karar verdik. Daha ilk gün çılgın gibi alkışlanarak kazandık, ama kayıt sırasındaki geri dönülmez bir hatayı bahane ederek bize beş pesoluk ödülü ödemediler. Yaşam bizi başka yönlere yöneltene kadar o yılı birlikte prova yaparak ve dost toplantılarında bedavaya şarkı söyleyerek geçirdik.

Babamın yoksullukla başa çıkmada gösterdiği sabrın epeyce sorumsuzluk içerdiği yolundaki kötücül görüşü hiçbir zaman paylaşmadım ben. Tam tersine: Karısıyla arasında hiçbir zaman zedelenmeyen, uçurumun kenarında bile cesaretlerini koruyup devam etmelerini sağlayan birliğin Homeros destanlarına yaraşır biçimde sınanmasıydı bu. Babam annemin panik duygusuyla başa çıkmayı, umutsuzlukla başa çıkmaktan daha iyi becerdiğini biliyordu, hayatta kalabilmemizin sırrı da buradaydı. Düşünmediği şey, annemin onun yaralarını sararken, kendi yaşamının en iyi bölümünü arkada bıraktığıydı belki de. Yolculuklarının nedenini hiçbir zaman anlayamazdık. Sık sık cumartesileri gece yarısında uyandırılır, Catatumbo'daki bir petrol istasyonuna götürülürdük çünkü babam telsiz telefondan bizi arardı. Teknolojinin epeyce güçleştirdiği bir konuşma sırasında annemin gözyaşlarına boğulmasını asla unutamam.

"Ay Gabriel," dedi annem, "beni bir alay çocukla bırakıp çekip gitti, o kadar kötü ki, bazen ağzımıza koyacak bir lokma ekmek bulamıyoruz."

Babam ona karaciğerinin büyüdüğünü söyleyerek yanıt vermiş. Annem söyleneni pek ciddiye almadı çünkü bu arada bir olurdu, babamın sadakatsizliklerini gizlemek için de kullandığı bir olaydı.

"İyi davranmadığın zaman geliyor başına bunlar," dedi annem şakayla karışık.

Babam oradaymış gibi mikrofona bakarak konuşuyordu. Ona bir öpücük göndermek istediği için kafası karıştı ve tutup mikrofonu öptü. Kendisi de gülmeye başladı. Bu hikâyeyi ne zaman anlatsa öylesine kahkahaya boğulurdu ki, gözyaşları içinde kalırdı. Ama o gün aklı başka yerdeydi, masada birden, kimseye söylemiyormuş gibi,

"Gabriel'in sesinde tuhaf bir şey vardı," dedi.

Ona bu telsiz sisteminin yalnızca sesleri bozmakla kalmadığını, kişilikleri de maskelediğini açıkladık. Ertesi gece yarı uykuluyken, "Ama yine de sesi sanki çok zayıflamış gibi çıkıyordu," dedi. Kötü günlerinde olduğu gibi burnunun hatları daha keskindi, iç çekmeler arasında o Allahsız ve kanunsuz kasabalarda korunmasız adamının halinin nice olduğunu sordu.

Annemin gizli niyetleri ikinci bir telsiz konuşmasında, babama iki hafta içinde hiçbir şey çözemezse eve dönme sözü verdirdiğinde ortaya çıktı. Bu süre dolmadan Altos del Rosario'dan tek kelimelik dramatik bir telgraf aldık hiç kuşkusuz: 'Kararsızım.' Annem bu mesajda en âlâ kehanetlerinin gerçekleşmekte olduğunu sezmiş olmalı ki, tartışılmaz hükmünü bildirdi:

"Ya pazartesiden önce dönersin ya da ben çoluk çocuğumu toplar oraya gelirim."

Babam annemin boş yere tehdit savurmayacağını bilirdi, daha bir hafta dolmadan Barranquilla'daydı. Yeşilimsi teni ve tıraş etmediği sakallarıyla gelişi bizi etkiledi. Annem onu hasta sandı. Ama bu geçiciydi, iki gün içinde Barranquilla'dan gemiyle bir gün bir gece uzaklıkta, zengin ve dillere destan Sucre'de bir eczane açma fikrini geliştirdi. Gençliğinde orada telgrafçılık yapmıştı, yarı aydınlık kanallarda, altın renkli bataklıklarda yapılan yolculukları ve ebedî dansları hatırladığında yüreği hopluyormuş hâlâ. Bir zamanlar oradaki dükkânı tutmayı çok istemiş, ama tıpkı Aracataca'da çok istediği dükkânı tutamadığı gibi, orada da şansı pek yaver gitmemiş. Beş yıl sonra, üçüncü muz krizi sırasında tekrar aklına takılmışsa da, Mangué'den gelen toptancıların dükkânı kiraladığını görmüş. Barranquilla'ya dönmeden bir ay önce tesadüf eseri onlardan biriyle karşılaşınca, adam hem bildiklerinden farklı bir şey anlatmamış hem de Sucre'de yapacağı iş için iyi bir kredi teklif etmiş. Babam kabul etmemiş çünkü Altos del Rosario'nun altın rüyasını gerçekleştirmek üzereymiş o sıra; ama karısının itiraz kabul etmez emrini duyunca, hâlâ ırmak kasabalarında dolaşan toptancıyı arayıp bulmuş ve anlaşmayı yapmışlar.

İki haftalık bir incelemenin ve arkadaşı toptancılarla yaptığı anlaşmaların sonucunda, eski görünüşüne ve haline tavrına kavuşmuş olarak yola koyuldu; Sucre hakkındaki izlenimleri o kadar olumluydu ki, ilk mektubunda bize 'gerçek özlemle hatırladıklarımdan da iyi' diye yazdı. Ana meydanda balkonlu bir ev kiralayarak, onu kolları açık karşılayan eski arkadaşlarıyla yeniden ilişki kurmuş. Biz satabildiklerimizi satmalı, gerisini derleyip toparlamalı, ki pek fazla bir şeyimiz yoktu, Magdalena Irmağı boyunca düzenli seferler yapan buharlı gemilerden birine binmeliydik. Aynı mektupla bize acil harcamalarımızı karşılayabilmemiz için incelikle hesaplanmış bir posta çeki göndererek, bir tane de yolculuk masrafları için göndereceğini duyurmuştu. Annemin çabucak hayallere kapılıveren karakteri için bundan daha çekici haberler düşünemiyordum; babama yanıt verdiği mektupta bir yandan kocasının moralini yüksek tutmaya çalışırken, bir yandan da sekizinci kez hamile olduğu ha-

174

berini yumuşatmaya çalışıyordu.

Formları doldurarak, Barranquilla'dan Maganqué'ye olan yolu bir gece-yarım günde alan efsanevî gemi *Capitán de Caro*'da yerlerimizi ayırttım. Daha sonra motorlu bir tekneyle San Jorge Irmağı'nı ve hoş manzaralı Mojana Kanalı'nı geçecektik.

"Cehenneme gitsek bile burayı terk ediyoruz," dedi annem. Sucre'nin günah yuvası olarak yaptığı kötü şöhretinden hep kuşku duymuştu; "öyle bir kasabada bir koca yalnız bırakılamaz."

Bizi öylesine acele ettirdi ki, daha yolculuğa üç gün kala şiltelerimiz de dahil satılabilecek neyimiz var neyimiz yoksa açık artırmayla sattığımız için yerlerde uyuyorduk. Geri kalan öteberimiz sandıklara yerleştirilmiş, yolculuk parası binlerce kez sayılarak annemin gizli bir yerlerine tıkıştırılmıştı ve binlerce kez daha sayılacaktı kuşkusuz.

Denizyollarının bürosunda bana yardımcı olan memur o kadar iyi niyetliydi ki, onunla anlaşabilmek için dişlerimi sıkmam gerekmedi. Sorumluluğunu bilen Karayiplilerin o açık, anlaşılır şivesiyle söylediği tarifeleri gayet iyi not aldığımdan kesinlikle emindim. Beni en çok mutlu eden ve en iyi hatırladığımsa, on iki yaşından küçüklerin normal tarifenin yarısını ödedikleriydi. Yani ben hariç tüm çocuklar. Bunun üzerine annem paranın yolculuk için gereken kısmını bir kenara ayırarak, geri kalanını son kuruşuna kadar evi dağıtmaya harcadı.

Cuma günü biletleri almaya gittiğimde memur son derece şaşırarak bana on iki yaşından küçüklerin yarı yarıya değil, yalnızca yüzde otuz indirimi olduğunu söyledi ki, aradaki fark bizim için kapatılır gibi değildi. Benim yanlış yazdığım konusunda ısrarcıydı, bu bilgi tam önümde duran resmî bir belgede de yer alıyordu hem. Eve mahvolmuş bir halde döndüm, annem hiçbir yorum yapmadı, üzerine babasının yasını tutarken giydiği elbiseyi geçirdi ve denizyolları bürosunun yolunu tuttuk.

175

Hakkaniyetli davranmak istiyordu: Yanılan biri vardı ve bu kişi oğlu da olabilirdi pekâlâ; bunun hiçbir önemi yoktu, çünkü biletlere ödeyecek başkaca paramız yoktu. Satış görevlisi yapabileceği hiçbir şey olmadığını söyledi.

"Lütfen señora," dedi, "mesele size hizmet etmek istemem ya da istememem değil, ama burada bir şirketin kuralları söz konusu. Bunu rüzgârgülü gibi istediğim yöne çeviremem."

"Ama onlar yalnızca çocuk," dedi annem örnek olarak beni göstererek. "Düşünün ki bu en büyükleri, yeni on ikisine bastı."

Eliyle göstererek, "Diğerleri de şu kadarcıklar," diye ekledi.

"Mesele boyları değil yaşları," yanıtını verdi adam. Bedavaya yolculuk eden yeni doğmuş bebekler hariç, bundan daha azını ödeyen yoktu ne yazık ki. Annem beklediği çözümü daha üst düzeyde bir yetkiliden umarak,

"Bunu kiminle halledebiliriz?" diye sordu.

Memurun yanıt verecek zamanı olmadı. Hamile gibi şiş göbekli yaşlı bir yönetici tartışmanın tam ortasında bürosunun kapısını açarak başını uzatınca, onu gören memur ayağa kalktı. Adam dev boyutlarındaydı, gömleğinin kollarını kıvırmış ve tere batmış olmasına karşın saygı uyandırıyordu, yetkili biri olduğu apaçıktı. Annemi dikkatle dinledikten sonra sakin bir sesle böyle bir kararın ancak ortaklar toplanarak kurallarda değişiklik yapılmasıyla mümkün olabileceğini söyledi.

"İnanın ki çok üzgünüm," diye bitirdi sözlerini.

Annem bir anlığına da olsa iktidarın soluğunu hissederek, söylemek istediklerini daha kibar bir tavırla iletti.

"Çok haklısınız beyefendi," dedi, "ama sorun sizin memurunuzun benim oğlumu gerektiği gibi bilgilendirmemiş olması. Belki de oğlum yanlış anladı; neticede ben kendimi bu durumda buldum. Her şeyim paketlendi ve gemiye yüklenmeye hazır, tahta üzerinde uyuyoruz, yiyecek paramız bugün sona erecek ve pazartesi eve yeni kiracılar girecek." Salondaki tüm memurların dikkatle kendisini dinlediklerini fark etmişti. Onlara dönerek, "Bu kadar önemli bir şirket için bu ne anlama gelir sizce?" dedi ve bir yanıt beklemeden dosdoğru yöneticinin gözlerine bakıp,

"Siz Tanrı'ya inanıyor musunuz?" diye sordu.

Adamın kafası karıştı sanki. Tüm ofis gereğinden uzun süren bir sessizlik boyunca soluğunu tuttu. Annem iskemlesinde kımıldandı, artık titremeye başlamış olan dizlerini birleştirdi, çantasını kucağına koyarak iki eliyle sıkıca kavradı ve büyük bir amacı olduğundaki tipik kararlı tavrıyla,

"Bu sorun çözülmeden buradan kımıldamayacağım!" dedi.

Yönetici korkuya kapılmıştı, tüm personeli işi bırakmış, annemi izlemekteydi. Annemse keskin hatlı burnu, ter damlacıklarıyla incilenmiş solgun teniyle geçit vermez bir tavır sergiliyordu. Aslında babasının yasını tutmayı bırakmıştı, ama yas giysisi bu durum için giyilmesi en uygun kıyafet gibi gelmişti ona. Yönetici anneme bakmadı, ne yapacağını bilemez bir tavırla herkese hitap eder gibi,

"Daha önce böylesi gelmemişti başıma!" dedi.

Annem gözünü bile kırpmadı, "Aslında boğazıma bir şey düğümlenmişti ve ağlamak istiyordum, ama dayanmak zorundaydım çünkü her şey berbat olabilirdi," diye açıkladı yıllar sonra. Bunun üzerine yönetici çalışanından belgeleri ofisine getirmesini istedi. İçeri girdiler. Beş dakika sonra memur azarlandığı besbelli, öfkesi tepesinde dışarı çıktı ama tüm yolculuk işlemlerimiz tamamlanmış, biletlerimiz hazırdı.

Ertesi hafta sanki orada doğmuşuz gibi indik Sucre'ye. O zamanlarki pek çok belediye gibi, on altı bin civarında nüfusa sahipti kasaba. Herkes herkesi yalnızca adıyla değil, yaşamının en gizli yönleriyle de tanıyordu.

Yalnızca kasaba değil tüm bölge zamana, yere ya da bizlerin ruh haline göre renk değiştiren, çiçek örtüleriyle kaplı engin sulardan oluşuyordu. Güneydoğu Asya'nın düşlere lâyık geniş sularının muhteşemliğini hatırlatıyordu görüntü. Ailemin orada yaşadığı yıllar boyunca tek bir otomobil bile görmedik. Gerekli değildi ki, ezilmiş topraktan sokakları çıplak ayakların yürümesi için dümdüz çizilmişti sanki, pek çok evin mutfağında özel bir iskelesi, yerel taşımacılık ve öteberi getirip götürmek için de kanoları vardı.

Benim ilk duygum inanılmaz bir özgürlüktü. Biz çocukların sahip olmadığımız ya da özlemini çektiğimiz her şey ânında ayağımıza gelirdi. Karnı acıkan istediği zaman yemek yer, uykusu gelen istediği yerde kıvrılıp uyurdu, böyle bir ortamda başkalarıyla ilgilenmek hiç de kolay değildi; toplumsal kuralların katılığına karşın yetişkinler kendilerini o kadar fazla kişisel zamanlarına ve uğraşlarına kaptırmışlardı ki, kendileri için kaygılanacak halleri bile yoktu. Çocukların emniyetleri açısından tek koşul yürümekten önce yüzmeyi öğrenmeleriydi, çünkü kasaba suları karanlık, hem su yolu hem de lağım olarak iş gören bir kanalla ikiye ayrılmıştı. Çocuklar mutfak balkonlarından önce su korkularını yenmeleri için canyelekleriyle, sonra da ölüme duydukları saygıyı yitirmeleri için yeleksiz suya atılırlardı. Yıllar sonra erkek kardeşim Jaime'yle kız kardeşim Ligia bu riskli alıştırmayı kazasız belasız atlatmış çocuklar olarak, minikler yüzme şampiyonalarında yıldız gibi parladılar.

Sucre'yi benim için unutulmaz yapansa biz çocukların sokaklardaki özgürlüğüydü. İki-üç hafta içinde hangi evde kimlerin yaşadığını öğrendik ve sanki ezelden beri tanışıyormuşuz gibi davranmaya başladık. Toplumsal gelenekler kullanım kolaylığı açısından yalınlaştırılmışlardı, feodal bir kültür içinde modern bir toplum yaşamı sürüyordu: Hayvan sürüleri ve şeker endüstrisinin sahibi olan zenginler ana meydanda, yoksullarsa nereyi bulabilmişlerse orada yaşarlardı. Rahip zümresine gelince; geniş bir göller imparatorluğunda, kendi hukuk sistemi ve idaresi olan bir misyon bölgesiydi Sucre. Bu dünyanın merkezinde, yani Sucre'nin ana meydanında kilise vardı, Colonia Katedrali'nin bir cep çeşitlemesiydi, mimarlığa soyunan bir rahibin aklından yaptığı bir kopyaydı. Rahipler güçlerini kesin olarak ve ânında kullanırlardı. Her gece duadan sonra, yakındaki sinemada gösterilen filmin Katolik Film Ofisi kataloğuna göre yer aldığı ahlâkî sıralamaya karşılık gelen sayıda çan çalınırdı. O sırada görevli olan bir misyoner karşı kaldırımdaki ofisinin kapısında oturarak, kilisenin uyarısına karşı gelerek sinemaya girenleri not eder, bunlar sonradan cezalandırılırlardı.

Benim en büyük hayal kırıklığımsa, Sucre'ye geldiğim yaştı. On üç yaşımın kader çizgisini aşmama birkaç ay vardı, evde bana bir çocukmuşum gibi davranmaya katlanamıyorlar ama yetişkinmişim gibi davranmayı da kendilerine yediremiyorlardı. Bu yaş aralığında kaldığım için de, kardeşlerimin arasında bir tek ben öğrenemedim yüzmeyi. Annemle babam büyüklerin masasına mı, çocukların masasına mı oturmam gerektiğini bile kestiremiyorlardı. Hizmetliler ışıkları söndürmeden benim önümde giysilerini değiştirmiyorlardı artık, ama aralarından biri geceler boyu, hiç bana ilişmeden ve uykusunu bozmadan yatağımda çıplak uyumaktan çekinmedi. Sucre'de Casalins Öğretmen'in yüksek notlarına uygun bir lise olmadığı için, bir sonraki yılın ocak ayında liseye başlamak için Barranquilla'ya dönmem gerektiğinde, heveslerimin hiçbirini tatmin edecek zamanı bulamamıştım.

Annemle babam uzun uzun tartışarak ve herkesin tavsiyesini sorarak epeyce bir zaman geçirdikten sonra, beni Barranquilla'daki San José de la Companía de Jesús Koleji'ne kaydettirmeye karar verdiler. Eczane ve homeopatik tedavi merkezi hâlâ geleceğe ilişkin hayaller olduğundan, birkaç ayda bu kadar parayı nereden bulup çıkardıkları hakkında hiçbir fikrim yok. Annemin halihazırda hiçbir kanıt gerektirmeyen bir açıklaması vardı elbette: 'Tanrı büyüktür.' Taşınma masraflarının arasında yeniden yerleşme ve ailenin geçimini de önceden hesaplamış olmalıydılar, ama benim okul paramı değil. İki giysimden biri yıkanırken ötekini giyer, yırtık pırtık bir ayakkabıyla dolaşırdım, ama annem nasıl yaptıysa, hemen boy atacağımı bilmiyormuş gibi, içi yeni giysi dolu katafalk kadar bir sandık hazırladı bana. Babamın sesim değişmeye başlamadan giyemeyeceğime ilişkin sosyal çekincesine karşı çıkarak, uzun pantolon giymeye başlamam gerektiğine karar veren de annem oldu.

Annemle babamın çocukların eğitimi üzerine sürdürdükleri bitmek tükenmek bilmez tartışmalarından birinde, babamın çılgın gibi bir öfkeyle hiçbir çocuğun liseye gitmeyeceğini haykırmasıydı hayallere kapılmama neden olan. Bu imkânsız da değildi ona göre. Kendisi de yoksulluğun zorlamasıyla kendi kendini eğitmemiş miydi; babası ailenin bütünlüğünün korunması için evde bireysel eğitimi öneren VII. Fernando'nun çelik gibi ahlâkından esinlenmemiş miydi? Liseden hapisten korkar gibi korkuyordum, belli zillerin çalışına uyarak yaşamak ödümü kopartıyordu; ama bir yandan ailemle iyi ilişkilerimi koruyup, öte yandan onların disiplininden, demografik heyecanlarından, sarsıntı içinde geçen günlerinden uzakta olup ışık olduğu sürece soluk almadan okuyarak, on üçümden sonra özgür bir yaşamın tadını çıkarmanın tek yolu da buydu.

Karayipler'deki en pahalı ve zor okullardan biri olan San José Koleji'ne tek itirazım son derece katı disipliniydi, ama annem, "Orada valiler yetişir," diyerek bitirdi tartışmayı. Geri çekilecek yeri kalmayınca da babam, "Şunu bil ki ben ne evet diyorum ne de hayır," diyerek kestirip attı konuyu.

Babam en azından İngilizce öğrenebileceğim Amerikan Koleji'ne gitmemi yeğlerdi ama annem oranın Luther yanlılarının ini olduğunu söyleyerek sözünü bile ettirmedi. Bugün babama hakkını vermiş olmak için itiraf etmeliyim ki, bir yazar olarak yaşamımdaki en büyük kusurlarımdan biri İngilizce konuşamamak oldu.

Üç ay önce yolculuk ettiğimiz *Capitán de Caro*'nun güvertesinden yeniden Barranquilla'yı görmek ruhumu sıktı, sanki yeniden gerçek yaşama dönüyordum. Allahtan annemle babam genç ve sevimli insanlar olan kuzenim José María Valdeblánquez ile karısı Hortensia'nın yanında bana kalacak yer ve yiyecek ayarlamışlar. Yalın bir oturma odası, yatak odası, kuruması için iplere asılan çamaşırlar nedeniyle sürekli gölgeli, minicik bir avluda geçen huzurlu yaşamlarını benimle paylaştılar. Altı aylık bebekleriyle birlikte yatıyorlardı, ben salondaki çekyatta uyuyordum.

San José Koleji üç blok ötede, eskiden kentin en eski mezarlığının da içinde olduğu, hâlâ taşlar arasında kemiklere ve ölülerin giysilerine rastlanabilen badem ağaçlarıyla dolu bir parktaydı. Ana avluya girdiğim gün yeni başlayanlar için tören yapılıyordu, herkes beyaz pantolon ve mavi flanel ceketten oluşan pazar üniformalarını giymişti; sanki benim bilmediğim her şeyi biliyorlarmış gibi bir duyguya kapılarak korku içinde kaldım. Kısa sürede geleceğin belirsizlikleri karşısında onların da benim kadar ürkek ve ham olduklarını anladım.

Benim kişisel hayaletim ilk yıl hazırlık öğrencilerinden sorumlu olan ve üst düzey akademisyenleri benim liseye başlamaya hazır olmadığıma ikna etmeye çalışan Peder Pedro Reyes'di. En beklenmedik yerlerde karşıma dikilerek şeytanî tuzakları olan sorularla ayaküstü bir sınav yapardı: "Tanrı'nın kendisinin bile taşıyamayacağı bir taş yapabileceğine inanır mısın?" diye sorar ve düşünmek için bir an bile tanımazdı. Başka bir iğrenç tuzak daha: "Ekvatorun çevresine elli santimetre kalınlığında altın bir kuşak sarsak, dünyanın ağırlığı ne kadar artar?' Doğru yanıtı bilsem bile ilk kez telefonla konuştuğumdaki gibi sesim soluğum kesilir, bir türlü söyleyemezdim. Aslında temelsiz bir korku değildi bu. Peder Reyes'in haklı olduğunu bilirdim. Olgunluk sınavına hazır değildim ama beni liseye sınavsız kabul etmiş olmaları gibi bir şansı da tepemezdim. Onu görür görmez titremeye başlardım, bazı arkadaşlarım onun beni böyle kuşatmasına kötücül anlamlar yükleyen yorumlarda bulundularsa da, kötü düşünmemi gerektirecek bir neden yoktu ortada. Ayrıca vicdanım da bana yardım ediyordu, Fray Luis de León'u sular seller gibi ezberden okuyup renkli tebeşirlerle karatahtaya canlı gibi görünen bir İsa çizince, ilk sözlü sınavımdan hiç itirazla karşılaşmadan geçtim. Komisyon o kadar memnun kaldı ki, aritmetik ve ülke tarihini unuttular.

Peder Reyes ile olan sorunum kısa zamanda çözüldü. Kutsal Hafta'da botanik dersi için bazı çizimlere ihtiyacı olunca, gözümü kırpmadan yardımına koştum. Hem beni kuşatmasına ara verdi hem de teneffüslerde yanıtlayamadığım soruların sağlam bir temele oturan çözümlerini öğretti; bu sorularından epey tuhaf olan bazıları, ilk yılın daha sonraki sınavlarında rastlantıymış gibi karşıma çıktı. Ne zaman bir grup içinde karşılaşsak gülmekten katılırdı, ona kalırsa ilkokul üç seviyesinde olup da, lisede okuyan tek öğrenciydim ben. Bugün haklı olduğunu görüyorum. Özellikle de tüm öğrenimim boyunca benim için bir cehennem azabı olan ve bugün bile düzeltilerimi yapanları şaşırtan imla konusunda. İyimserler bunların klavyede yazarken yaptığım hatalar olduğunu düşünerek kendilerini avuturlar.

Yazar ve ressam Héctor Rojas Herazo'nun resim öğretmeni olarak atanması bana bir ölçüde rahat nefes aldırdı. Yirmi yaşlarında olmalıydı. Yanında başrahiple sınıfa geldi, verdiği selam, öğleden sonra saat üç mahmurluğunda, bir kapının çarpılması gibi yankı yaptı. Bir sinema artistinin güzelliğine ve zarifliğine sahipti; altın düğmeli, üzerine oturan devetüyü ceket, içine rengârenk bir yelek giyer, ipek bir kravat takardı. En şaşırtıcı olansa, sıcaklık gölgede otuz dereceyken taktığı melon şapkaydı. Boyu kapıların üst pervazını bulur, tahtaya resim çizebilmek için eğilmesi gerekirdi. Başrahip yanında Tanrı'nın ellerine teslim edilmiş gibi görünürdü.

Öğretmek için ne bir yönteminin ne de sabrının olduğu ta başından belliydi, ama oyuncul ve kötücül mizah duygusuyla bizi uyanık tutar, renkli tebeşirlerle tahtaya çizdiği şahane resimlerle de şaşırtırdı. Üç aydan daha fazla dayanamadı; gidiş nedenini hiçbir zaman öğrenemedik, ama dünyevî ve seküler pedagojik yaklaşımının Compañia de Jesús'nun zihinsel düzen ve disipliniyle örtüşemediği aşikârdı.

Okula başlar başlamaz şair olarak ün kazandım, çünkü ders kitaplarındaki İspanyol romantik ve klasiklerinin şiirlerini büyük bir kolaylıkla ezberler, başından sonuna kadar söylerdim; bir nedeni de okul dergisi *Colegio*'ya arkadaşlarım için yazdığım kafiyeli taşlamalardı. Basılmanın zaferine ulaşacaklarını bilseydim, ya yazmazdım onları ya da daha dikkatli yazardım. Öğleden sonra ikinin insana boğuntu veren havasında girdiğimiz derslerde elden ele kaçamak dolaşan kâğıt parçalarına yazılmış sevimli taşlamalardı bunlar. Peder Luis Posada bir tanesini ele geçirdi, beklendiği gibi kaşlarını çatarak okudu ve beni bir güzel azarladı, ama şiiri cebine atmayı da ihmal etmedi. Sonra Rahip Arturo Mejía'nın ofisine çağrıldım, bana bu zorla ele geçirilmiş taşlamaların öğrencilerin resmî yayın organı olan *Juventud*'da[1] çıkmasını önerdi. İlk tepkim şaşkınlıktan mideme kramplar girmesi, utanç ve sevinçti, pek de inandırıcı olmayan bir şekilde,

"Benim zırvalıklarım işte!" diyerek reddettim. Peder Mejía yanıtımı not etti, sonra da kurbanın iznini alarak

---

[1] Gençlik. (Çev.)

taşlamalarımı 'Benim Zırvalıklarım' başlığı altında, *Gabito* imzasıyla derginin ikinci sayısında yayınladı. Arkadaşlarımın arzuları üzerine, iki sayı daha yayınlandı bu dizelerim dergide. İyisiyle kötüsüyle, o çocuksu dizeler benim ilk *opera prima*'mdır.

Kötü huyum elime her geçeni okumaktı, hem boş zamanlarımın tamamını hem de sınıfta geçirdiğim zamanın çoğunu alıyordu. O zamanlar Kolombiya'da her daim söylenen halk dağarcığındaki şiirlerin tümünü, çoğunu ders kitaplarından öğrendiğim, İspanyol romantizminin ve Altın Çağ'ın en güzel şiirlerini ezbere söyleyebilirdim. Benim yaşımda bir çocuğa hiç de uygun olmayan bu tür bilgilerim öğretmenlerimi çaresiz bırakıyordu, ne zaman sınıfta ölümcül bir soru yöneltseler, ya edebî bir alıntı yaparak ya da kitaplardan edindiğim bir fikirle karşılık verirdim ve onlar bunu değerlendirecek durumda olmazlardı. Peder Mejía katlanılmaz bir velet olduğumu açığa vurmamak için, 'etki altında kalmış bir çocuk' derdi. Hiçbir zaman hafızamı zorlamama gerek kalmazdı çünkü iyi bir klasik eserin dizelerinin aklımda kalması için üç-dört kez okumam yeter de artardı. İlk dolmakalemimi Gaspar Núñez de Arce'nin 'El vértigo'sunu hiç takılmadan ezbere okuduğum için başrahip hediye etmişti.

Derslerde kitabı dizlerimin üzerine koyar, o kadar utanmazca okurdum ki, şimdi düşününce bu küstahlığım yalnızca öğretmenlerin suç ortaklığıyla mümkünmüş gibi görünüyor. Kafiyeli pohpohlamalarım sayesinde bile yakayı kurtaramadığım bir şey varsa, her gün yapılan sabah yedi âyiniydi. Zırvalıklarımı yazmanın yanı sıra, koroda solist olarak şarkı söylüyor, karikatür çiziyor, ağırbaşlı toplantılarda şiirler okuyor, yeri ve zamanı olmayan bir alay iş beceriyordum; kimse ne zaman ders çalıştığımı anlayamıyordu. Nedeni basitti: Ders çalışmıyordum.

Aşırı ve gereksiz dinamizmime karşın öğretmenlerimin neden benimle bu kadar uğraştıklarını ve berbat im-

184

lam konusunda kıyameti koparmadıklarını merak ediyordum. Oysa annem canını sıkmamak için bazı mektuplarımı babamdan gizliyor, ötekileri de imla yanlışlarımı düzelterek bana geri gönderip dilbilgisinde bir ilerleme kaydetmişsem ya da bir sözcüğü doğru kullanmışsam övgüler yolluyordu. Ama iki yılın sonunda görünüşte bir düzelme kaydetmemiştim. Bugün de sorunum aynı: Neden sessiz harfler vardır ya da iki farklı harf aynı sese sahiptir; bunlar gibi ne olduğunu çözemediğim bir alay anlamsız kural var.

Tüm yaşamım boyunca bana eşlik edecek bir meşgaleyi keşfetmem de böyle oldu: benden büyük öğrencilerle sohbet etmenin zevki. Bugün bile, torunum olacak yaştaki gençlerle sohbet ederken, kendimi onlardan daha küçük hissetmemek için çaba harcamam gerekir. Böylelikle yaşamımın tarihî dönemlerinde hep yanımda olacak benden büyük iki öğrenciyle arkadaş oldum. Bir tanesi muhabir olarak gazeteciliğe adım attığım Barranquilla'daki *El Heraldo*'nun üç kurucusundan ve ortaklarından birinin oğlu olan, Juan B. Fernández'di; ta en başından başlayarak yönetim kademesine kadar yükseldi gazetede. Öteki arkadaşımsa Enrique Scopell'di, efsanevî bir Kübalı fotoğrafçının oğluydu, foto-muhabiriydi. Ona olan minnettarlığım basında birlikte yaptığımız işlerden çok, öbür işine temellenir; dünyanın dört bir yanına vahşi hayvan derileri ithal ederdi. İlk yurtdışı seyahatlerimden birinde bana bir timsal derisi hediye ederek,

"Bu deri bir servet eder," dedi işi hiç dramatikleştirmeden, "ama sana önerim açlıktan ölecek hale gelmeden satmamandır."

Hâlâ kendime görmüş geçirmiş Quique Scopell'in bana nasıl olup da ebedî bir uğur verdiğini sorar dururum, üstelik bunu biliyordu, açlıktan nefesimin koktuğu yıllarda o deriyi defalarca satmış olmam gerekirdi aslında. Bugün bile benimle, tozlu, neredeyse çürüdü artık,

185

çünkü onu dünyanın yarısında valizimde gezdirdim ve her zaman ağzıma bir lokma koyacak parayı bulabildim. Sınıfta son derece sert olan Cizvit öğretmenler sınıf dışında farklıydılar, bize içeride öğretemediklerini öğretir, gerçekten öğretmek istedikleri şeylerden söz ederlerdi. O yaşımda görebildiğim kadarıyla bile, inanıyorum ki aradaki fark son derece çarpıcıydı ve bize çok yardımı oldu. Genç bir Cachaco olan Peder Luis Posada, yıllarca sendika çevrelerinde çalışmıştı, son derece ilerici bir zihniyete sahipti; pek çok konuyu ama özellikle kitapları ve yazarları içeren, bir araya derlenip toparlanmış ipuçlarıyla dolu bir kart arşivi vardı. Peder Ignacio Zaldívar, dağlardan gelme bir Basklıydı, yaşlılığı epey ilerlediğinde bile Cartagena'daki San Pedro Claver Manastırı'nda ziyaretine giderdim. Peder Eduardo Núñez, Kolombiya edebiyatının anıtsal tarihini yazmakta epey mesafe katetmişti, ama sonradan ona ne olduğu hakkında haber alamadım. İhtiyar müzik öğretmenimiz Peder Manuel Hidalgo, notaları kendi başına çıkartır, pagan müziğine beklenmedik girişler yapardı.

Müdürümüz Peder Pieschacón ile birkaç kere rastlantı eseri söyleştik, hem açtığı konulara hem de yaptığı cesur açıklamalara bakarak, o zamanlar bile beni bir yetişkin gibi gördüğünden eminim. Yaşamımda cennet ve cehennem kavramlarına açıklık getirmemde belirleyici olmuştur. Din kurallarını öğreten kitaplarda yazanları basit coğrafî engeller nedeniyle kabul edemiyordum. Müdür bu dogmalara karşı geliştirdiği cesur düşünceleriyle beni rahatlattı. Cennet, öyle fazla dinbilimsel karmaşaya gerek duyulmaksızın Tanrı'nın varlığıydı, cehennemse bunun tam tersi elbette. Ancak iki kez bana kendi sorununun da 'ne olursa olsun cehennemde ateşler yanması' olduğunu itiraf etti, bunu açıklayamıyordu. Sınıftaki derslerden çok, boş zamanlarımızda ve teneffüslerde yapılan bu açıklamalar sayesinde, yılı göğsüm madalyalarla dolu olarak bitirdim.

Sucre'deki ilk tatilim bir pazar öğle sonrası saat dörtte, kedi merdivenleri ve rengârenk balonlarla süslü bir mendirekte ve Noel kermesine dönüştürülmüş bir meydanda başladı. Ayağımı yere basar basmaz güzeller güzeli, canının çektiği gibi davranmasıyla insanın aklını başından alan bir sarışın boynuma atlayarak beni öpücüklere boğdu. Babamın evliliğinden önce olan kızı, kardeşim Carmen Rosa'ymış, tanımadığı ailesiyle biraz zaman geçirmeye gelmiş. Bu fırsattan yararlanarak Abelardo da gelmişti, o da babamın evlilik öncesi çocuklarındandı, iyi bir terziydi, meydanın bir köşesine dükkânını açtı ve ergenlik dönemim boyunca bana yaşam yolunda öğretmenlik etti.

Yepyeni eşyalarla döşenmiş yeni evimizde bir bayram havası esiyordu, aramıza bir de kardeş katılmıştı: Jaime, altı aylıkken mayısta, uğurlu İkizler Burcu'nda doğmuştu. Gelene kadar varlığından haberim yoktu, sanırım annemle babam yıllık doğumları biraz azaltmaya karar vermişlerdi, ama annem doğumunu, evimize bolluk getiren Azize Rita'ya bir armağan olmasıyla açıklamakta ısrarcıydı. Gençleşmiş ve neşeli görünüyordu, her zamankinden daha çok şarkı söylüyordu, babamın da keyfi yerindeydi; homeopati merkezi dolup taşıyordu söylediklerine göre, eczane de, özellikle dağlardan hasta insanların geldiği pazar günleri iyi iş yapıyordu. Acaba bunu sağlayanın iyi bir şifacı olarak ün kazanması olduğunu hiç fark etti mi merak ederim, kırsal kesimlerden gelen insanların onun küçük şeker drajelerinin ya da mucizeler yaratan sularının erdemlerine kulak astıkları yoktu elbette; onlar için babamın üstün büyücülük yeteneğiydi kayda değer olan.

Sucre hatırladığımdan da iyiydi, çünkü Noel kutlamalarında nüfus iki büyük mahalleye dağılırdı: güneyde Zulia ve kuzeyde Congoveo. İkincil derecede önemli başka müsabakaların yanı sıra, artistik turnuvalarda mahalleler arasındaki tarihî rekabeti temsil eden, temsilî atlı araba yarışları düzenlenirdi. Noel arifesinde ana meydanda toplanılır, büyük tartışmalardan sonra halk o yılın galibinin hangi mahalle olduğuna karar verirdi.

Carmen Rosa gelir gelmez yeni bir soluk oldu bizim için. Moderndi, flört etmeyi seviyordu, peşinde ona kur yapan bir alay delikanlıyla dans partilerinin kraliçesi oluverdi. İş kendi kızlarına geldi mi, olan biten her şeyi yakın takibe alan annem, ona karşı farklıydı, sevgililerinin işini kolaylaştırıyor, bu da eve yeni bir hava katıyordu. Bu annemin kendi kızlarıyla hiçbir zaman kurmadığı bir suç ortaklığıydı. Abelardo'ya gelince; tek mekândan ibaret, bir tahta perdeyle ikiye böldüğü terzi dükkânında çözümlemişti kendi yaşantısını. Zamanının çoğunu dikiş makinesinin önünde yalnız ve sıkılarak değil de, tahta perdenin arkasındaki yatakta, yanında hoş bir hanımla geçirmeyi yeğliyordu.

Babam nedense o tatillerde beni iş yaşamına hazırlamak gibi bir fikre kapılmıştı. 'Ne olur ne olmaz' diye uyarıyordu sık sık. Bana ilk öğrettiği insanların evlerine giderek eczaneye olan borçlarını tahsil etmekti. Bir gün beni elimde bir sürü faturayla, kentin eteklerindeki, yaş konusu da dahil gevşek tutumuyla ünlenen kerhane La Hora'ya gönderdi.

Sokağa açılan aralık kapıdan içeri girdim, evdeki kadınlardan biri yalınayak, üzerinde kalçalarını örtmeyen bir kombinezonla şişme bir şiltede uyuyordu. Ben ağzımı açamadan yatakta oturdu ve uykulu bir sesle ne istediğimi sordu. Ev sahibi Don Eligio Molina için babamdan bir mesaj getirdiğimi söyledim. Bana nereye gitmem gerektiğini söyleyeceğine içeri girip kapının kol demirini takmamı istedi, işaretparmağının her şeyi açık eden bir hareketiyle yanına çağırdı.

"Buraya gel."

Yaklaştım, ağır soluması taşan bir ırmak gibi dolduruyordu odayı, sağ eliyle kolumu kavrayarak sol elini pantolonumun içine soktu, tadına doyum olmaz bir korkuydu hissettiğim.

"Demek küçük damlaları olan doktorun oğlusun sen," dedi; beş becerikli parmakla pantolonumun içini yokluyor, bana sanki bir elinde on parmağı varmış gibi geliyordu. Kulağıma sıcak kelimeler fısıldamaya hiç ara vermeden pantolonumu çıkardı, kombinezonunu başının üzerinden sıyırıp attı, üzerinde sadece renkli çiçekli donuyla, sırtüstü yatağa uzandı. "Onu sen çıkaracaksın," dedi bana, "bu erkek işidir."

Fermuarı indirdim ama aceleden donu çıkaramadım, yatakta bir yüzücü gibi hızlı hareketler yaparak bana yardımcı olması gerekti. Sonra beni dirseklerimden tutarak kaldırdı ve misyoner pozisyonunda kendi üzerine yatırdı. Geri kalanını ben yapayalnız üzerine uzanmış, dişi tay kalçalarının arasında çalkalanıp ölürken kendi yaptı diyebilirim. Sonra kendi tarafına kayıp benim gözlerime bakarak sessizce yattı; bu kez korkmadan, yeniden başlamasını ve daha fazla sürmesini umarak bakışlarına karşılık verdim. Birden hazırlıklı gelmemiş olduğum için iki pesoluk servis ücretini almayacağını söyledi. Sonra yattığı yerden dikkatle yüzümü inceledi.

"Ayrıca Luis Enrique'nin abisisin değil mi? Sesleriniz aynı," dedi.

Kardeşimi nereden tanıdığını soracak kadar masumdum.

"Salak olma," dedi gülerek, "hatta geçen kez burada donunu bıraktı da, yıkamam gerekti."

Kardeşimin yaşını düşünerek abarttığına karar verdim, ama bana çıkarıp da donu gösterince kuşkum kalmadı. Sonra bir balerin zarafetiyle yataktan atladı, giyinirken evin sol yanındaki kapının Don Molina'nın olduğunu söyledi, ardından,

"İlk kez oldu, değil mi?" diye sordu.

Yüreğim ağzıma geldi,

"Ne demek," diye diklendim, "yedinci bu!"

"Her neyse," dedi eliyle alaylı bir işaret yaparak, "o

189

zaman kardeşine söyle de sana biraz öğretsin."

Bu başlangıç hayatî bir gücü harekete geçirdi içimde. Tekrar ona gidebilmek için kaç kez iki peso bulabileceğimi düşünerek kaygılandım. Bu beden meselelerinde epeyce görüp geçirdiği her halinden belli olan Luis Enrique, bizim yaşımızda birinin iki kişinin yaptığı ve ikisini de mutlu eden bir şey için para ödemek zorunda kalmasına gülmekten katıldı.

La Mojana'nın feodal yapısında, toprak ağaları derebeyliklerinde bakireleri baştan çıkarır, birkaç gece kötü kullandıktan sonra talihin merhametine bırakırlardı. Danslar bittikten sonra meydanda bizi avlamaya gelen kızlar arasında epeyce seçme şansı olurdu. Ama o tatilde kızlar beni telefonla konuşurken duyduğum korkunun aynısına gark ediyorlardı, hepsinin suya yansıyan bulutlar gibi geçip gittiklerini görmekle yetiniyordum. O ilk rastlantısal maceramın bedenimde meydana getirdiği büyük yıkımın ardından bir an bile huzur bulamadım. Bunun Bogotalı şair Don José Manuel Marroquín'in, ilk kıtasından başlayarak insanı deli eden dâhiyane bir palavrasıyla kararmış, tamamen altüst olmuş ürkütücü bir ruh haliyle okula dönmemin nedeni olduğuna inanmak, bugün bile bir abartı sayılmaz.

Şimdi havlıyor köpekler, şimdi ötüyor horozlar,
şimdi duyuluyor yükseklerdeki çanlardan gelen çınıltılar;
eşeklerin anırmaları ve kuşlar ve cıvıltılar,
ıslıkları bekçilerin ve domuzlardan homurtular,
şafağın gül tarlaları, altın yaldızlı kırlar,
acı içinde döktüğüm gözyaşlarım damladan birer inci şimdi,
ve yanıp kavrulan ruhların buz gibi titreyişleri,
iç çekmeye geldim ıstırapla; pencerenin altında.

Şiirin bitmek bilmez dizelerini söyleyerek gittiğim her yerin düzenini bozmakla kalmadım, kimbilir nereden bir yerlinin akıcılığıyla konuşmayı da öğrendim. Sık

190

sık başıma gelirdi bu: Bir soruya bulup buluşturup o kadar tuhaf ya da eğlenceli bir yanıt verirdim ki, öğretmenler geri çekilirdi. Bir sınavda ilk bakışta anlaşılamaz gibi görünen ama aslında doğru bir yanıt verdiğimde, öğretmenin biri akıl sağlığımdan kuşkulanmış olmalı. Herkesi güldüren bu kolay şakalarda bir kötülük olduğunu sanmıyorum.

Rahiplerin benimle sanki aklımı kaybetmişim gibi konuştukları dikkatimi çekince, ben de onların yolundan gittim. Telâşlanmak için başka bir neden de pagan harflerini kullanarak kutsal ilâhileri parodileştirmemdi, neyse ki kimse anlamıyordu. Danışmanım annemle babamın onayını alarak beni bir uzmana götürdü, kapsamlı ama çok eğlenceli bir testten geçirildim, çünkü uzmanın zihinsel çabukluğunun yanı sıra, kişisel bir sevimliliği ve dayanılmaz yöntemleri vardı. Üzerinde hiçbir anlamı olmayan cümleler olan bir kartı okumamı istedi, yapmam gereken sözcükleri düzene sokmak, anlamlı cümleler yaratmaktı. Öyle bir heyecanla bu işe koyuldum ki, doktor oyunuma katılma arzusuna engel olamadı, ortaya başka hastalarıyla da kullanabileceği çok çarpıcı testler çıktı. Alışkanlıklarım hakkında derinlemesine sorular sorduktan sonra, sıra kaç kez mastürbasyon yaptığıma geldi, aklıma ilk gelen şeyi söyledim: Buna hiç cesaret edememiştim. Palavrama inanmadı ama, çok da üzerinde durmazmış gibi yaparak korkunun cinsel sağlık açısından olumlu bir etmen olmadığından söz etti, onun bu inanmaz tavrı neredeyse teşvik ediciydi diyebilirim. Harika bir adamdı, yetişkin biri olup da *El Heraldo*'da gazetecilik yapmaya başladığımda, onunla buluşup testlerin neticesinde hakkımda ne kanıya vardığını öğrenmek istedim; özel bir bilgiydi elbette istediğim, ama tek öğrenebildiğim yıllar önce ABD'ye taşındığı oldu. Eski dostlarından biri çok daha açık sözlüydü bu konuda, büyük bir sevgiyle doktorun Şikago'da bir akıl hastanesinde yatmasında hiçbir tuhaflık olmadığını, zaten her zaman hastalarından daha kötü durumda olduğunu düşündüğünü söyledi.

Tanısı, yemeklerden sonra kitap okumamın kötüleştirdiği sinirsel bir yorgunluktu. Bana hazım sırasında iki saatlik kesin bir dinlenme ve zorunlu olarak yapılması gerekenlerin dışında da fiziksel etkinlik önerdi. Annemlerle öğretmenlerimin onun emirlerini son derece ciddiye almış olmaları beni bugün bile şaşırtır. Okumalarımı bir hale yola soktular, beni derslerde sıranın altında kitap okurken yakalayınca, birkaç kez kitabımı elimden aldılar. Zor konulardan uzak durmamı ve günün farklı saatlerinde spor yapmamı sağladılar. Böylelikle herkes sınıfta ders yaparken ben basket sahasında saçma sapan basketler atar, ezberimden tekrar yapardım. Sınıf arkadaşlarım daha ilk andan itibaren aralarında bölündüler: benim ezelden beri deli olduğuma inananlar, hayatın tadını çıkarabilmek için deli taklidi yaptığımı düşünenler, asıl delilerin öğretmenler olduğunu düşünerek benimle ilişkisini eskisi gibi sürdürenler. Bu, karatahtaya üç sayısının kuralları hakkında bir alıştırma yazarken, matematik öğretmenine mürekkep hokkasını fırlattığım için okuldan atıldığım hikâyesinin ortaya atıldığı döneme rastlar. Neyse ki babam bu meseleyi son derece basit ele aldı, her şeyin önemsiz bir karaciğer rahatsızlığından kaynaklanabileceğini söyledi, böyle bir nedenle zamanını ve parasını daha fazla boşa harcamamaya karar vererek, yılı bitirmeden eve dönmemi istedi.

Erkek kardeşim Abelardo içinse hayatta yatakta çözülmeyecek bir sorun olamazdı. Kız kardeşlerim bana şefkat gösterirlerken, o daha dükkânına adım atar atmaz sihirli reçetesini yumurtlayıverdi:

"Senin sıkı bir düzüşmeye ihtiyacın var."

Bu işi o kadar ciddiye aldı ki, her gün yarım saatliğine köşedeki bilardo salonuna gider, beni terzi dükkânındaki tahta perdenin ardında, her tipten ve ırktan, ama her defasında farklı bir kız arkadaşıyla birlikte bırakırdı.

Abelardo'nun klinik teşhisini doğrular gibi görünen yaratıcı bir aşırılık döneminin ardından, ertesi yıl aklım başıma gelmiş olarak okula döndüm.

Beni San José Koleji'nde büyük bir coşkuyla karşılayarak, babamın küçük damlalarını göklere çıkarışlarını hiç unutamam. Bu kez Valdeblánquezlere gidemedim çünkü ikinci çocuklarının doğmasıyla evlerinde yer kalmamıştı. Babamın babasının iyiliği ve dürüstlüğüyle tanınan kardeşi Don Eliécer García'da kalacaktım. Emekli olana kadar bir bankada çalışmıştı, bana en dokunaklı gelen, İngilizce'ye olan tutkusuydu. Yaşı elverdiği sürece, yaşamı boyunca şafaktan gün batana kadar şarkılı alıştırmalarla İngilizce çalıştı, iyi bir sesi ve şivesi vardı. Tatillerde limana gider, turist avına çıkarak onlarla konuşurdu; İngilizce'ye en az İspanyolca'ya olduğu kadar hâkimdi ama utangaçlığından tanıdığı kimselerle konuşamıyordu. Ne hepsi benden büyük olan üç oğlu duyabildi onu İngilizce konuşurken ne de kızı Valentina.

Yakın bir dostum ve bana esin veren bir okurum olan Valentina sayesinde, Arena y Cielo[1] hareketini keşfettim, Pablo Neruda'nın izinden ilerleyerek Karayip kıyılarının şiirine yeni bir soluk getirmek çabasındaydılar. İspanyol Juan Ramón Jiménez'in gölgesinde Eduardo Carranza' nın çıkardığı edebiyat eklerinde ve Bogota kahvelerinde hükmü geçen, XIX. yüzyılın ölü yapraklarını süpürüp atmak gibi şapka çıkarılacak bir işe soyunan Piedra y Cielo[2] grubunun yerel bir kopyasıydılar aslında. Ergenlikten yeni çıkmış bir avuç gençten ibarettiler, ama kıyı boyunca çıkan edebiyat eklerini öyle bir zorluyorlardı ki, sanatsal anlamda büyük bir vaat gibi algılanmaya başladılar.

Arena y Cielo'nun kaptanı César Augusto de Valle yirmi iki yaşındaydı, yenilikçi itkisini yalnızca konularında ve duygularında değil, yazım ve dilbilgisi kuralla-

---
[1] 'Kum ve Gök'. (Çev.)
[2] 'Taş ve Gök'. (Çev.)

rında da gösteriyordu. Dilde aşırı özleştirme yanlıları için kabul olunmuş doktrinlere karşı çıkan biri, akademisyenler için bir salak, klasikler için de cin çarpmışın tekiydi. Gerçekse, bulaşıcı militanlığının yanı sıra, tıpkı Neruda gibi, iflah olmaz bir romantik olduğuydu.

Kuzinim Valentina beni bir pazar günü, César'ın kentin en cümbüşlü yeri olan San Roque Mahallesi'nde ana babasıyla birlikte yaşadığı evine götürdü. İri kemikli, koyu tenli, sıska, tavşan dişli ve zamanın şairlerinin havasına uygun karmakarışık saçlı bir delikanlıydı. Gürültü patırtıyı seven, kadınlara düşkün biriydi her şeyden önce. Orta alt sınıf standartlarındaki evinde her yer öylesine kitap doluydu ki, bir tane daha koyacak yer kalmamıştı kesinlikle. Emekli bir memuru andıran ciddi ve biraz da hüzünlü bir adamcağız olan babası, oğlunun bu kısır işinden pek de memnun görünmüyordu. Annesi beni oğlu için onca gözyaşı dökmesine neden olan aynı dertten mustarip başka bir oğulmuşum gibi keder içinde karşıladı.

O ev belki varlığını sezdiğim, ama on dört yaşımda ne olduğunu tam kestiremediğim bir dünya açtı gözlerimin önüne. O ilk günden sonra en sadık ziyaretçisi oldum, o kadar çok zamanını alırdım ki şairin, bugün bile bana nasıl tahammül ettiğini bilemiyorum. Beni belki biraz keyfî, ama kesinlikle göz kamaştırıcı olan edebî kuramlarının alıştırmasını yapmak için kullandığı sonucuna vardım; şaşkın ve kimseye zararı dokunmayan bir dinleyiciydim. Bana adını duymadığım şairlerin şiir kitaplarını verirdi, ben de farkında olmadığım bir küstahlıkla yorumlardım onları. Neruda'nın 'Yirmi Şiiri'ni özellikle başından sonuna kadar ezberlemiştim ki, şiirin bu sapa yollarını bilmeyen bir-iki Cizvit'in tepesinin tasını attırayım. O zamanlar kentin kültür ortamı Meira Delmar'ın, kıyının tüm yayın organlarını istila eden Cartagena de Indias hakkında bir şiiriyle çalkalanıyordu. César del Valle bana sesini ve vurguları öylesine ustaca kullanarak okudu ki şiiri, ikinci okuyuşta ezberlemiştim bile.

César kendince yazdığı için konuşamadığımız da olurdu. Odalarda ve koridorlarda başka bir dünyadaymış gibi dolaşır, her iki-üç dakikada bir uyurgezer gibi önümden geçer, birden yazı makinesinin başına çöker, kimi zaman bir dize, kimi zaman bir sözcük yazar; bazen de bir nokta ya da virgül koyup yeniden gezinmeye başlardı. Bense şiir yazmanın biricik ve gizli yöntemini keşfetmiş olmanın duygulanmalarıyla şaşkın, izler dururdum onu. Bana kişisel şeytanlarımı serbest bırakabileceğim söz sanatının temelini sağlayan San José Koleji'nde okuduğum yıllar boyunca hep böyle olmuştur. O unutulmaz şairden iki yıl sonra Bogota'dan gelen bir telgrafla son kez haber aldım, Valentina iki sözcük yazmış, imzalayacak gücü bulamamıştı kendinde: 'César öldü.'

Annemle babamın olmadığı Barranquilla'da ilk duygum özgür irademin farkına varmaktı. Okul dışında kurduğum arkadaşlıklar da vardı. Teneffüslerde ettiğim tumturaklı sözlerin ikinci sesi olan Àlvaro del Toro ve Arteta çetesini aralarında sayabilirim, onlarla birlikte kütüphanelere, sinemalara kaçardım. Eliécer Amca'nın, sorumluluğuna sahip çıkmak amacıyla bana getirdiği tek kısıtlama, akşam sekizden geç kalmamamdı.

Bir gün evinin salonunda kitap okuyarak César del Valle'yi beklerken, şaşırtıcı bir kadın çıkageldi. Adı Martina Fonseca'ymış, melez kalıbına dökülmüş bir beyazdı sanki; akıllı, kendine yeten biri olduğu belliydi, şairin sevgilisi olabilirdi. İki-üç saat onunla sohbet etmenin müthiş keyfini sürdüm, sonra César geldi ve bana nereye gideceklerini söylemeden çıkıp gittiler. O yılın Kül Çarşambası'na kadar nereye gittiklerini öğrenemedim. Büyük Ayin'den çıktığımda Martina parkın bir köşesinde beni bekliyordu. Bunun bir serap olduğunu düşündüm. Güzelliğine saflık katan işli kumaştan elbise giymiş, boncuklardan yapılma bir kolye takmıştı, alçak boyun çizgisinde canlı bir ateş çiçeği vardı. Bu hatırada en çok hoşuma giden, bunu önceden düşünüp düşünmediğine ilişkin hiçbir işaret vermeden, ikimizin de alınlarımıza külle çizili kutsal haç işaretini dikkate bile almadan, beni evine davet etmesidir. Magdalena Irmağı üzerinde çalışan bir geminin kaptanı olan kocası on iki günlük iş gezisindeydi. Karısının olağan bir cumartesi günü beni bir fincan sıcak çikolata eşliğinde bademli çörek yemek için evine davet etmesinde ne kötülük olabilirdi ki? Bunun tüm yıl boyunca tekrarlanan bir alışkanlık haline geldiğini, kocasının her zaman gemisiyle uzakta olduğunu, ziyaretin amcam Eliécer'in beni Rex Sineması'nın çocuk saatinde sandığı saat dörtle yedi arasına denk getirildiğini saymazsak, hiçbir şey.

Martina'nın meslekî uzmanlık alanı ilkokul öğretmenlerini terfi sınavına hazırlamaktı. Aralarından en iyi olanlarla boş zamanlarında sıcak çikolata ve bademli çörek eşliğinde ilgilenmeyi alışkanlık haline getirdiğinden, cumartesileri gelen bu yeni öğrenci çenesi düşük komşularının dikkatini çekmemişti. Bu gizli aşk tüm hızıyla marttan kasıma kadar alev alev yandı. İlk iki cumartesiden sonra sürekli onunla olmak için öyle bir arzuyla yanıp kavrulmaya başladım ki, buna dayanamayacağımı sandım.

Güvendeydik çünkü kocası kente geldiğini gemi limana girdiğinde bir şifreyle karısına duyurma alışkanlığındaydı. Üçüncü aşk cumartesimizde, yataktayken uzaktan bir gemi sireni duyuldu. Martina gerildi.

"Sakin ol," diyerek iki siren sesi daha duymayı bekledi. Ama korkuyla beklediğim gibi bir çırpıda yataktan fırlamak yerine, istifini bile bozmadan, "Daha üç saatten fazla ömrümüz var," dedi.

Bana kocasını, "İki metreden uzun dev gibi bir zenci, mermi gibi de bir aleti var," diye betimlemişti. Kıskançlık krizi geçirerek oyunun kuralını bozuyordum neredeyse, hem de az buz değil: Onu öldürecektim. Sorunu

Martina'nın olgunluğu çözdü, o günden beri gerçek ya-
şamın dikenli yollarında, kuzu postuna bürünmüş bir
kurt gibi ilerliyorum.

Okul felaket gidiyordu, bu konuda tek bir şey dahi
duymak istemiyordum ama Martina öğrencilik hayatı-
mın kurtuluşunu kendine görev edindi. Yaşamın daya-
nılmaz çağrısının şeytanlarına uyarak derslerimi bir ke-
nara atmamın çocuksuluğu onu şaşırtıyordu. "Mantıklı,"
dedim, "bu yatak okul, sen de öğretmen olsaydın, yalnız-
ca sınıfımın değil, tüm okulun birincisi olurdum." Bunu
aklıbaşında bir örnek olarak ele aldı.

"Tam da bunu yapacağız işte," dedi.

Çok fazla fedakârlığa kalkışmadan, sabit bir takvim
belirleyerek duruma el koydu. Bana ödevler veriyor, ders
çalıştırıyor, arada bir yatağa atlayarak, arada bir anne gi-
bi azarlayarak bir sonraki haftaya hazırlıyordu. Ödevim
tamam değilse ya da zamanında yapılmamışsa, üç eksik-
te bir cumartesiyi keserek beni cezalandıracağını söyle-
di. Asla ikiden fazla ödevi yapmamazlık etmedim. Bu de-
ğişiklik okulda fark edilmeye başlandı.

Aslında pratikte bana öğrettiği, başarısızlığa uğra-
ması mümkün olmayan tek bir formüldü, ama ne yazık
ki yalnızca oradaki son yılımda yaradı işime: Sınıfta der-
si dinler, ödevlerimi arkadaşlarımdan kopyalamak yeri-
ne kendim yaparsam, hem iyi notlar alır, hem boş zaman-
larımda istediğim kadar kitap okuyabilir, hem de sınav
önceleri sabahlayarak ya da yersiz korkular çekerek ya-
şamımı sekteye uğratmazdım. Bu sihirli reçete sayesin-
de 1942 yılında sınıf birincisi oldum, üstün derece madal-
yası ve bir alay onur ödülü aldım. Gizli şükranlar deli-
ğimi iyileştirmiş olan doktorlara gitti. Yıl sonu şenliğin-
de, önceki yıllardaki kutlama törenlerinde benim olma-
yan başarıları kabullenerek başkalarına teşekkür eder-
ken epeyce alaycı olduğumu fark ettim, tatsızdı bu. Son
yılımda tüm bu başarıları gerçekten hak edince, kimseye
teşekkür etmemek son derece adilce ve dürüstçe geldi.

Şükranlarımı tüm kalbimle Guillermo Valencia'nın 'El circo' şiirini başından sonuna dek hiç duraklamadan okuyarak ifade ettim, aslanların önüne atılmış bir Hıristiyan kadar korkmuştum.

O iyi yılın tatil aylarında, Aracataca'ya giderek ninem Tranquilina'yı ziyaret etmeye karar vermiştik, ama katarakt ameliyatı olmak için onun acilen Barranquilla'ya gelmesi gerekti. Onu görmenin sevinci dedemin bana armağan olarak verdiği sözlüğü de yanında getirmesiyle ikiye katlandı. Ya görüşünü yitirdiğinin gerçekten hiç farkına varmadı ninem ya da odasından çıkamaz olana dek bunu itiraf etmek istemedi. Caridad Hastanesi'ndeki ameliyat hem iyi geçti hem de sonucunun iyi olacağı öngörüldü. Ninem bandajları çıkarılırken yatağına oturdu, yeni bir gençlikle ışıyan gözlerini açtı, yüzü aydınlandı ve sevincini tek bir sözcükle dile getirdi:

"Görüyorum."

Cerrah tam olarak ne gördüğünü anlamak istediğinde yeni gözleriyle odayı tarayarak hayran olunacak bir kesinlikle her şeyin dökümünü yaptı. Doktor şaşırmıştı, ninemin bir bir sıraladığı nesnelerin orada gözünün önündeki hastane odasındakiler değil de, düzenlerini bile ezbere bildiği Aracataca'daki odasındakiler olduğunu bir tek ben biliyordum. Bir daha asla göremedi.

Annemle babam tatili onlarla Sucre'de geçirmem ve ninemi de yanımda götürmem konusunda ısrarcıydılar. Yaşından çok daha ihtiyar gösteriyordu Mina, aklı zayıfladıkça sesi güzelleşiyor, her zamankinden daha çok, daha esin dolu şarkılar söylüyordu. Annem dev bir oyuncak bebekmiş gibi onun temiz ve düzenli olmasına özen gösteriyordu. Çevresinde olup bitenin farkında olduğu belliydi ama her şeyi geçmişle ilişkilendiriyordu. Özellikle radyo programlarına çocuksu bir ilgi duyuyordu. Farklı sunucuların seslerini ayırt edebiliyor, onları Riohacha'daki arkadaşlarıyla özdeşleştiriyordu, çünkü Aracataca'daki evine bir kez olsun radyo girmemişti. Sunucuların söylediklerinin bazılarına karşı çıkıyor, bazılarını da eleştiriyor, farklı konularda onlarla tartışıyor, sanki yatağının yanında duran etten kemikten varlıklarmış gibi dilbilgisi hatalarından yakınıyor, onlara veda etmeden üzerini değiştirmelerine izin vermiyordu. Her zamanki kibarlığıyla,

"İyi akşamlar bayım," diyordu.

Ninemin kendi kendine sürdürdüğü konuşmalarında kayıp nesneler, sırlar ya da yasak konular hakkında pek çok şey çıkıyordu açığa: Kim Aracataca'daki evden sandığının içinde su teknesini yürüttü, Matilde Salmona'nın gerçek babası kimdi, kardeşleri başka biri sanınca, kim kurşunu yedi.

Yanımda Martina Fonseca olmadan Sucre'de tatil geçirme fikri benim için hiç de keyifli değildi, ama gelebilmesine olanak yoktu. Onu iki ay görememenin düşüncesi bile bana gerçekdışı geliyordu. O böyle düşünmüyordu besbelli. Konuyu açınca, her zamanki gibi benim üç adım önümde gittiğini fark ettim.

"Ben de bundan söz etmek istiyordum," dedi lafı dönüp dolaştırmadan. "İkimiz çok bağlandık, bu nedenle eğitimine devam etmek için başka bir yere gitsen iyi olacak. Böylelikle aramızdakinin olduğundan daha farklı bir şey olmadığını da anlarsın hem."

Şaka sandım.

"Yarın gidiyorum. Üç ay sonra dönüp hep yanında olacağım."

Tango notalarıyla yanıt verdi:

"Hah! Hah! Ha!"

Martina'nın bir şeye evet dediğinde ikna edilmesinin çok kolay, hayır dediğinde de bunun olanaksız olduğunu işte o zaman öğrendim. Meydan okumasını kabul ettim, gözyaşlarına boğuldum, benim için planladığı yaşamda başka bir kişi olmaya karar verdim: başka bir kent, başka bir okul, başka arkadaşlar, hatta başka bir yaşam biçimi. Üzerinde düşünmedim bile. Aldığım takdirnamelere güvenerek babama apaçık bir hüzünle ne San José Koleji'ne ne de Barranquilla'ya döneceğimi belirttim.

"Allah aşkına!" dedi babam. "Her zaman Cizvitlerle eğitim görmek gibi romantik bir fikre nereden kapıldığını sorar dururum kendime."

Annem onun yorumlarını umursamadı bile.

"Orası olmazsa, Bogota olmalı," dedi.

"Hiçbir yere gitmeyecek o zaman. Cachacolara yedirecek param yok benim," dedi babam.

Tuhaftır, o zamana kadar en büyük hayalim olan okula gitmemek düşüncesi bana hiç de gerçekçi görünmüyordu. Hatta o zamana kadar dilimin ucuna bile getirmediğim bir düşten söz ettim.

"Burslar var," dedim.

"Bir sürü," yanıtını verdi babam, "zenginler için."

Bir dereceye kadar doğruydu bu, ama torpil yapılmasından çok, başvuru işlemlerinin zorluğu ve gerekli şeylerin yeterince duyurulmamasıydı nedeni. Merkeziyetçilik nedeniyle, aklına burs koyan birinin kesinlikle Bogota'ya gitmesi gerekirdi, bu da sekiz gün süren bin kilometrelik bir yolculuk ve iyi bir okulda üç ay yatılı öğrencilik ücretine bedel bir masraf demekti. Yine de işe yaramayabilirdi. Annem umutsuzluğa kapıldı.

"İş para hakkında plan yapmaya gelince, nereden başlayacağını biliyorsun da, nerede duracağını hiç kestiremiyorsun."

Ayrıca zaten geciktirilmiş olan başka zorunluluklar da vardı. Benden bir yaş küçük olan Luis Enrique yörede iki farklı okula kaydolmuş, ama ikisini de birkaç ayda terk etmişti. Margarita ve Aida rahibelerin ilköğretim okulunda okuyorlardı ama lise için yakın ve daha az masraflı bir kenti düşünmeye başlamışlardı bile. Gustavo, Ligia, Rita ve Jaime'nin acil bir durumları yoktu henüz, ama tehditkâr bir hızla büyümekteydiler. Hem onlar hem de daha sonra doğan üç kardeşim bana hep yeniden bir yerlere gitmek üzere gelen biri gibi davranıyorlardı. Bir karar yılıydı benim için. Her iki atlı arabanın da en çekici yanı, zarafet ve güzellikleri nedeniyle seçilmiş, kraliçeler gibi giyinmiş, kasabanın iki mahallesi arasındaki ezelî simgesel savaş hakkında şiirler okuyan kızlardı. Ben yarı dışarlıklı sayıldığım için taraf tutmama ayrıcalığının keyfini çıkartarak, öyle davranıyordum. Ancak o yıl Congoveo'nun lideri, sanat eseri gibi bir arabanın kraliçesi olan kız kardeşim Carmen Rosa'ya bir şiir yazmam için ayaklarıma kapanınca, razı geldim. Zevkle onlarla suç ortaklığı yaptım, ama oyunun kurallarını bilmediği için rakibe saldırılarımda ölçüyü kaçırmışım. Skandalı iki aşk şiiriyle tamir etmekten başka çarem kalmadı: Biri Congoveo'nun güzeli, öteki de Zulia'nınki için. Bu olay kamuya yansıdı. Kasabanın neredeyse hiç tanınmayan anonim şairi günün kahramanı oldu. Böylclikle topluma girmiş oldum ve her iki tarafın da dostluğunu kazandım. Sonra da çocuk oyunlarına, hayır kermeslerine, iyilikseverlerin düzenlediği fuarlara, hatta belediye meclisinden birinin yapacağı konuşmaya kadar, bu tür işlerden başımı alamadım.

Daha o zamanlar iyi bir gitarist olacağının işaretlerini vermeye başlayan Luis Enrique, bana *tiple*[1] çalmayı öğretti. O ve Filadelfo Velilla'yla birlikte serenatların kralları olduk, büyük ödül kendilerine serenat yapılan kızlardan bazılarının aceleyle giyinerek evlerini bize açması, komşu kızları uyandırması ve partinin kahvaltı vaktine dek sürmesiydi. O yıl grubumuz büyük ve cömert bir toprak sahibinin torunu olan José Palencia'nın da aramıza katılmasıyla hem zenginleşti hem de genişledi. José doğuştan müzisyendi, eline geçirdiği her aleti çalabilirdi. Bir film artisti gibiydi, yıldız bir dansçıydı, insanın aklını başından alan bir zekâya sahipti, gelip geçici aşklarda fena halde gıpta edilecek bir şansa sahipti.

---

[1] Çok keskin sesler çıkartan küçük bir gitar. (Çev.)

Bana gelince; ne dans etmesini bilirdim ne de Señorita Loiseauların evinde öğrenebildim. Hepsi de doğuştan engelli olan ve sallanan koltuklarından kalkmadan dans dersi veren altı kız kardeştiler. Şan şöhrete karşı hiçbir zaman duyarsız kalamayan babamsa, konuya başka bir açıdan yaklaştı. İlk kez baş başa konuşarak saatler geçirdik. Birbirimizi tanımıyorduk bile. Aslında bugün bakıyorum da, Aracataca, Barranquilla, Sincé ve Sucre'deki yılları da sayarsak, ana babamla toplam üç yıl ancak geçirmişimdir. Benim onları daha iyi tanımamı sağlayan, çok hoş bir deneyimdi bu sohbet. Annem, "Babanla dost olman ne kadar iyi," dedi. Günler sonra da, mutfakta kahve pişirirken şöyle ekledi:

"Baban seninle gurur duyuyor."

Ertesi gün ayaklarının ucunda gelerek beni uyandırdı ve kulağıma şöyle fısıldadı: "Babanın sana bir sürprizi var." Aynı gün kahvaltı ederken, babam herkesin önünde hüzünlü bir tonda, üzerine basa basa şu açıklamayı yaptı:

"Toparla eşyalarını, Bogota'ya gidiyorsun."

Bendeki ilk etkisi büyük bir hayal kırıklığıydı, asıl istediğim bu sürekli cümbüşün içinde boğulmakmış meğerse. Ama masumiyet üstün geldi. Soğuğa dayanıklı giysi sorunu da yoktu. Babamın bir tane İskoç yapağısından, bir de kadifeden, siyah renkli iki takım elbisesi vardı ve ikisinin de kemeri kapanmıyordu. Mucizeler yaratan Terzi Pedro León Rosale, ikisini de benim bedenime göre ayarladı. Annem de bana ölen bir senatörün devetüyü paltosunu satın aldı. Evde paltonun üzerime oturup oturmayacağını ölçerken, doğuştan medyum olan kardeşim Ligia, bana gelip gizlice geceleri senatörün hayaletinin paltoyu giyerek evin içinde dolaştığını söyledi. Ona aldırmadım ama belli ki etkilenmişim, çünkü Bogota'da paltoyu her giyişimde, kendimi aynada ölü senatörün yüzüyle görürdüm. Bir gün paltoyu on peso karşılığında Monte de Piedad'da rehine bıraktım ve bir daha da gidip almadım.

Evde öyle hoş bir hava hüküm sürmeye başlamıştı ki, veda etme zamanı geldiğinde neredeyse gözyaşlarına boğulacaktım, ama katı bir tavırla, duygusallığa yer bırakmayacak şekilde planımızı uyguladık. Şubatın ikinci haftasında, Mangué'de özgür bir erkek olarak geçirdiğim bir gecenin ardından, Kolombiya Deniz Yolları bandıralı *David Arango*'ya bindim. Kamara arkadaşım yüz küsur kilo çeken, köse bir melekti. Karındeşen Jack diye çağrılıyordu, Küçük Asya'da sirklerde bıçak atarak ün kazanmış bir ailenin son üyesiydi. İlk bakışta beni uyurken boğazlayabilirmiş gibi görünüyordu ama sonraki günlerde görünüşe aldanmamak gerektiğini fark ettim: bedenine sığmayacak kadar büyük bir yüreği olan dev bir bebekti.

İlk gece orkestra ve gala yemeğiyle kutlama vardı, ama ben gizlice kaçıp hiç acı çekmeden unutmaya karar verdiğim dünyaya son bir kez baktım ve sabaha kadar iki gözüm iki çeşme ağladım. Bugün diyebilirim ki, yalnızca o yolculuğu bir kez daha yapabilmek için tekrar çocuk olmayı isterim. Aynı yolculuğu dört yıllık lise, iki yıllık da üniversite yaşamım boyunca pek çok kez yapmam gerekti, her keresinde yaşam hakkında okulda öğretilenlerden daha çoğunu ve daha iyisini öğrendim. Suların yeterince yüksek olduğu günlerde, yolculuk Barranquilla'dan Salgar Limanı'na beş gün sürüyordu, oradan Bogota'ya kadar trene binmek gerekiyordu. İnsanın acelesi yoksa, yolculuğun çok daha eğlenceli olduğu kurak günlerde, üç haftaya kadar uzuyordu bu süre.

Gemilerin kolay ve akılda kalır isimleri vardı: *Atlántico, Medellín, Capitán de Caro, David Arango*. Kaptanları Conrad'ınkiler gibi iyi huylu ve otoriterdiler, barbarlar gibi yemek yer, krallara layık kamaralarında yalnız uyumak nedir bilmezlerdi. Yolculuklar yavaş ve şaşırtıcıydı. Biz yolcular tüm gün güvertede oturur, unutulmuş köyleri, sırtüstü yatıp ağızlarını açarak dikkatsiz kelebeklerin geçişini bekleyen timsahları, gemiyi görünce korkup havalanan balıkçılları, bataklıkların iç kesimlerindeki ördek sürülerini, geniş sahillerde yavrularını emzirirken bir yandan da şarkı söyleyen denizayılarını izlerdik. Yolculuğun her günü, şafakla birlikte maymun ve papağanların şamatasıyla uyanırdı insan. Öğle uykusundan boğulmuş bir ineğin leş kokusuyla uyandığımız çoktur; bazen suyun akışına kapılmış hareketsiz leşin karnına tünemiş yalnız bir hindi olurdu.

Bu günlerde insan uçaklarda pek seyrek tanıdığı birine rastlıyor. Bu nehir gemilerinde her yıl yolculuklarımızı denk getirmeyi planlayan biz öğrenciler tek bir aile olurduk. Arada bir gemi kuma saplanıp on beş gün oyalanırdı aynı yerde. Hiç kaygılananı görmedim, çünkü şamata tam gaz devam eder, kaptan okula geç gitme mazereti olarak yüzüğündeki armasıyla mühürlediği kapalı bir mektup verirdi bize.

İlk günden itibaren bir öğrenci grubunun en genç üyesi çekti dikkatimi. Sanki uykuda gibi *bandoneón* çalıyor, tüm gün birinci sınıfın kapalı bölümünde geziniyordu. Ona imrenmekten kendimi alamamıştım, Aracataca'da, 20 Temmuz bayramında, Francisco el Hombre'nin akordeonunu ilk kez dinledikten sonra bana bir akordeon alması için dedeme tutturmuştum, ama ninem her zamanki gibi akordeonun ayaktakımının müzik aleti olduğu saçmalıklarıyla bize engel olmuştu. Aradan otuz yıl geçtiğinde, aynı akordeoncuyu Paris'te, dünya nöroloji kongresinin düzenlendiği bir yolcu gemisinde yeniden gördüğümü sanıyorum. Bohem bir sakal bırakmıştı ve giysileri iki beden büyüktü üzerine, ama yeteneğinin anısı öylesine canlıydı ki belleğimde, yanılmış olamazdım; yine de kendimi takdim etmeden,

"*Bandoneón* nasıl gidiyor?" diye sorduğumda, tepkisi daha soğuk olamazdı. Şaşırarak,

"Neden söz ettiğinizi anlamadım," dedi.

Yerin dibine girdiğimi hissettim, binlerce kez özür

dileyerek onu *David Arango*'nun güvertesinde, 1944 Şubatı'nda *bandoneón* çalan bir öğrenciyle karıştırdığımı söyledim. O zaman hatırladı. Kolombiyalı Salomón Hakim, dünyanın en ünlü nörologlarından biriydi, *bandoneón*'u ameliyat alet edavatıyla değiştirmekti pişmanlığı.

Başka bir yolcu da mesafeli duruşuyla dikkatimi çekmişti. Genç, iriyarı, kızıl-sarı tenliydi. Uzak gözlüğü takıyor, erken kelliğini pek iyi taşıyordu. Tipik bir Cachaco turist görünümündeydi. İlk günden itibaren en rahat şezlonga kuruldu, yanındaki küçük masanın üzerine yepyeni kitaplardan bir kule yaptı, sabahın köründen akşamın şamatasıyla rahatsız olmaya başlayana kadar gözünü kırpmadan okuyordu. Yemek salonuna her gün çiçekli, farklı renkli bir plaj gömleğiyle geliyor, en kuytudaki masada okumasına ara vermeden kahvaltı ediyor, öğle ve akşam yemeklerini yiyordu. Kimseye selam verdiğini görmedim. Kendi kendime onu 'kitap kurdu' adıyla vaftiz ettim.

Kitaplarına bir göz atmaktan kendimi alamadım. Çoğu kamu hukukuna ilişkin yenilip yutulmaz anlaşmalardı, sabahları satırların altlarını çizerek ve kenarlara notlar alarak bunları okuyordu. Öğleden sonranın serinliğindeyse, romana geçiyordu. Aralarından biri beni şaşırttı: Barranquilla'da bir kitapçıdan çalmaya çalışıp da beceremediğim Dostoyevski'nin 'Öteki'si. Bu romanı okuyabilmek için deli oluyordum, ödünç istemeye de cesaretim yoktu. O günlerden birinde daha önce adını bile duymadığım *Le Grande Maulne*[1] ile ortaya çıktı; bu roman kısa sürede en sevdiğim eserlerden biri olacaktı. Benim yanımdaysa çoktan okumuş olduğum, tekrarı mümkün olmayan eserler vardı: Peder Coloma'nın *Jeromín*'i, bu kitabı hiç bitirememişimdir; José Eustasio Rivera'nın *La Vorágine*'si; Edmundo de Amicis'in *Apenin Dağlarından And Dağlarına* adlı romanı ve saatlerce

---

[1] Alain-Fournier, Adsız Ülke, Can Yayınları 1981.

parça parça okuduğum dedemin sözlüğü. O kusursuz okura gelince, elindeki kitapları okumaya zaman yetiştiremiyordu besbelli; söylemek istediğim ve söylemediğim, onun yerinde olmak için her şeyi verebileceğimdi.

Üçüncü ilginç yolcu Karındeşen Jack'ti kuşkusuz, kamara arkadaşım, uykusunda kaba bir dille saatlerce konuşurdu. Konuşmasının şafak vakti okumalarıma yeni bir fon oluşturan tuhaf bir ezgisi vardı. Bana ne uykusunda konuştuğunun farkında olduğunu söyledi ne de kullandığı dilin; çocukken sirkteki akrobatlarla Asya'nın altı farklı lehçesinde anlaşabilirmiş ama annesi ölünce bunların hepsini unutmuş. Yalnızca anadili olan Lehçe'yi hatırlıyormuş ama uykusunda konuştuğu dilin bu olmadığını keşfettik. Kendi allı güllü dilinde bıçaklarını biler ve keskin yanlarını denerken, ondan daha sevimli birini tanımadım.

Tek sorunu ilk gün yemek salonunda, garsonlara ona günde dört porsiyon yemek vermezlerse hayatta kalamayacağını söylediğinde yaşandı. Kamarot özel bir indirimle biraz fark öderse bunun mümkün olduğunu açıkladı. Bizimki dünyanın tüm denizlerinde yolculuk ettiğini, hepsinde onu açlıktan öldürmeyerek insanlık hakkına saygı gösterdiklerini söyleyerek itiraz etti. Mesele kaptana kadar çıktı ve kaptan tam da Kolombiyalılara yakışacak bir karar verdi: Garsonlar iki porsiyon servis yapacaklardı, hiç farkına varmadan, yanlışlıkla iki porsiyon daha koyabilirlerdi önüne. Ayrıca Karındeşen, pek fazla iştahı olmayan, ama onun fikirlerini dinlemeye bayılan masa arkadaşlarına arada bir çatalıyla yardım da edebilirdi. İnsanın inanması için gözünün görmesi gerek.

Ben ne yapacağımı bilemezken, La Gloria'da gemiye binen öğrenciler geceleri üçlü ve dörtlü gruplar oluşturarak aşk boleroları eşliğinde güzel serenatlar yapmaya başladılar. Fazladan bir *tiple*'leri olduğunu görünce el koydum, öğleden sonraları onlarla prova yaptım ve şafak sökene kadar şarkı söyledik. Boş zamanlarımda ne yapacağımı bilememenin sıkıntısı yürekten gelen bir çözüme kavuşmuş oldu böylece: Şarkı söylemeyen biri, şarkı söylemenin ne kadar zevkli olduğunu bilemez.

Bir dolunay gecesi kıyıdan gelen ıstırap dolu bir çığlıkla uyandık. En büyük kaptanlardan biri olan Clímaco Conde Abello, reflektörlerle bu çığlığın nereden geldiğini araştırma emri verdi: Devrilmiş bir ağacın dallarının arasında hapsolmuş dişi bir denizaslanıydı. Filikalar suya indirildi, hayvanı bir bocurgata bağlayarak serbest kalmasını sağlamayı başardılar. Çok dokunaklı, harika bir yaratıktı, dört metre uzunluğunda, kadınla inek arası bir şeydi. Derisi canlı ve yumuşaktı, memelerle kaplı geniş göğsüyle kutsal kitaplara layık bir anaydı. İlk kez Kaptan Conde Abello'dan duydum ırmağın hayvanlarını öldürmeye devam ederlerse dünyanın sonunun geleceğini, gemisinden ateş edilmesini de yasaklamıştı.

"Birini öldürmek isteyen varsa, gitsin kendi evinde öldürsün, benim gemimde değil," diye bağırmıştı.

On yedi yıl sonrasının 19 Şubat 1961 tarihini nefretlik bir gün olarak hatırlarım. Meksika'ya telefon eden bir arkadaşım, *David Arango* vapurunun Magangué Limanı'nda yanıp kül olduğunu bildirmişti. O gün telefonu kapatırken, gençliğimin artık sona erdiği korkunç gerçeğinin bilincine vardım; o özlem ırmağından geriye kalan azıcık şey de çöpe gitmişti böylece. Bugün Magdalena Irmağı kirli suları, soyu tükenmiş hayvanlarıyla bir ölü. Birbiri ardına gelen hükümetler durmadan kurtarma çalışmalarından söz ederler ama bir şey yapıldığı yok, çünkü yüzde doksanı özel mülk olan topraklara altmış milyon ağacın uzman ellerce ekimi, bu toprakların sahiplerinin de sırf vatan aşkına halihazırdaki gelirlerinin yüzde doksanını feda etmeleri gerekmektedir.

Yolculuklarda geçtiğimiz köylerde pek çoğumuz kaderine kavuşur ve oralara bağlanır, böylelikle biz gemide kalanlar da kısa süreli, ama unutulmaz hayat derslerine tanıklık ederdik. Ünlü bir tıp öğrencisi, davet edilmeden bir köy düğününe karışmış, düğünün en güzel kızıyla dans etmiş ve kızın kocası tarafından tek kurşunda vurulmuştu. Başka biri de körkütük sarhoşken Puerto Berrío'da ilk hoşuna giden kızla evlenmiş, karısı ve dokuz çocuğuyla mutlu bir hayat sürmüştü. Sucre'den arkadaşımız José Palencia, Tenerife'te davulcular arasında yapılan bir yarışmada büyük ödül olan ineği kazanmış, sonra o zaman için bir servet sayılacak elli pesoya satmıştı. Petrol başkenti Barrancabermeja'nın uçsuz bucaksız randevuevleri sokağında, bir randevuevinin orkestrasında şarkı söyleyen José'nin kuzeni Angel Casij Palencia'ya rastlamıştık; geçen yıl arkasında iz bırakmadan ortadan yok olmuştu Sucre'de. Sabaha kadar yiyip içip dans ederek eğlenmemizin faturasını orkestra üstlenmişti.

Benim en çirkin anım Puerto Berrio'da karanlık bir meyhanededir; polis biz dört yolcuyu cop darbeleriyle dışarı çıkartmış, hiçbir açıklama yapmamış, dediğimiz hiçbir şeyi dinlememiş, bir öğrenciye tecavüz ettiğimiz gerekçesiyle tutuklamıştı. Karakola vardığımızda gerçek suçluları yakalamışlardı bile; gemimizle ilgisi olmayan, yörenin serserileriydi hepsi de ve üzerlerinde tek bir çizik bile yoktu.

Puerto Salgar son limandı, sabahın beşinde o yüksek topraklar için giyimli olarak gemiden inmek gerekirdi. Erkekler siyah renkli, yelekli, yünlü takımlarını giyer, melon şapkalarını takar, paltolarını kollarına alır; ölü hayvanlarla dolu ırmağın pis kokulu havasını soluyarak, sağda solda zıplayan kurbağalar arasında kartvizit alıp verirlerdi. İneceğimiz saat geldiğinde beklenmedik bir sürprizle karşılaştım. Annemin arkadaşlarından biri son dakikada onu bana bir *petate* hazırlamaya ikna etmişti: Dar bir hamak, yün battaniye ve acil ihtiyaç için bir oturak, hasırdan bir bohçaya sarılıp hamağın ipleriyle çaprazlamasına bağlanmıştı. Müzisyen arkadaşlarım medeniyetin beşiğinde beni böyle bir denkle görünce gülmelerine engel olamadılar, içlerinden en gözü pek olan benim yapmaya cesaret edemediğim şeyi yaptı: Bohçayı suya attı. Bu unutulmaz yolculuğa ilişkin son anım, bohçamın akıntıya kapılıp döne döne köklerine kavuşmasıdır.

Puerto Salgar'dan bindiğimiz tren ilk dört saat sürünür gibi kayalık dağlara tırmandı. En dik yerlerde biraz hız kazanabilmek için geriye kayıyor, sonra bir ejderha gibi kükreyerek yeniden tırmanışa geçiyordu. Bazen yükü azaltmak için yolcuların inip bir sonraki tepeye kadar yürümeleri gerekebiliyordu. Yol boyunca gördüğüm köyler hüzünlü ve buz gibiydi, ıssız istasyonlarda yalnızca yaşamları boyunca bu işi yapmış satıcı kadınlar bekliyordu bizi; vagonların penceresinden nar gibi kızarmış, şişman tavuklar, tadı cennet meyvelerini andıran karlı patatesler uzatıyorlardı. İşte orada o zamana kadar hiç bilmediğim, göze görünmez, bedeni ilgilendiren bir durumla tanıştım: soğuk. Şafak sökünce cennette bir deniz gibi yeşil ve güzel savanlar açıldı önümüzde, ufka kadar uzanıyorlardı. Yaşam sakin ve hızlı bir hal aldı. Trenin havası değişti.

Kitap kurdunu tümüyle unutmuştum ki, birden önümde belirdi, sanki acil bir durum varmış gibi karşıma oturdu. İnanılır gibi değildi, gemide geceleri söylediğimiz bir bolerodan etkilenmiş, sözlerini yazmamı istiyordu. Yalnızca arzusunu yerine getirmekle kalmadım, nasıl söyleneceğini de öğrettim. Keskin kulağı ve sesinin tonu beni şaşırttı, daha ilk söyleyişinde hiç hata yapmamıştı.

"O kadın bunu duyunca ölecek," dedi gözleri parlayarak.

Böylelikle kaygısının nedenini de anlamış oldum. Şarkıyı söylediğimizi duyunca, üç ay önce Bogota'da veda ettiği, şimdi de istasyonda kendisini bekleyen sevgilisine aşkını ifade etmenin en güzel biçimi olduğunu düşünmüş. İki-üç kez dinlediği için bölük pörçük çıkarabiliyormuş şarkının sözlerini, ama beni peronda tek başıma beklerken görünce, gelip de bu iyiliği istemeye karar vermiş. Sohbet sırasında kurnazlıkla lafı döndürüp dolaştırıp aslında konuyla hiç ilgisi olmamasına karşın, masasında bulunması o kadar zor bir kitap görünce nasıl şaşırdığımı söyledim.

"Hangisi?"

"*Öteki.*"

Kendinden memnun güldü,

"Daha bitirmedim," dedi, "ama elime geçen en tuhaf kitaplardan biri."

Konuyu daha fazla uzatmadı. Bana boleronun sözleri için teşekkür ederek, hararetle elimi sıktı.

Tren yavaşladığı zaman hava da kararmaya başlamıştı. İçi paslı hurda demir dolu bir vagonu geçerek hüzünlü bir istasyona demirledik. Sandığımı sapından kavrayarak kalabalık beni yere devirmeden önce yola kadar sürükleyebildim. Tam varmak üzereydim ki arkamdan bağıran bir ses duydum:

"Genç adam! Hey!"

Benimle birlikte koşan pek çok genç ve daha az genç adamla birlikte, ben de dönüp baktım. Kitap kurdu yanımdan geçerken hiç durmayarak bana bir kitap uzattı.

"Al, keyfini çıkar," dedi kalabalığın arasında gözden yitmeden önce.

Dostoyevski'nin 'Öteki'si. Öylesine şaşırmıştım ki, olan biteni anlamadım bile. Kitabı paltomun cebine sokuşturdum. İstasyondan çıkar çıkmaz alacakaranlığın buz gibi havası çarptı yüzüme. Ölmek üzereydim. Sandığımı peronun bir köşesine koyarak biraz soluklanmak için üzerine oturdum. Sokaklarda Allahın tek bir kulu görünmüyordu. Yegâne görebildiğim denizden iki bin dört yüz metre yüksekte, nefes almayı zorlaştıran bir kutup havasında döne döne, hafif hafif yağan karla karışık yağmurun altındaki karanlık, buz gibi bulvarın köşesiydi.

Soğuktan donarak en az yarım saat bekledim orada. Birinin beni karşılaması gerekiyordu çünkü babam bana evini açacak bir akrabasına, Don Eliécer Torres Arango'ya acil bir telgrafla geleceğimi bildirmişti. Beni kaygılandıransa birinin beni karşılamaya gelip gelmemesi değil, dünyanın bir ucunda, hiç kimseyi tanımadığım bir yerde, tabut büyüklüğünde bir sandığın üzerinde oturmanın verdiği korkuydu. Birden bir taksiden iyi giyimli bir adam indi, ipekli bir şemsiye taşıyordu, devetüyü paltosu topuklarına kadar iniyordu. Bana şöyle bir bakarak yanımdan geçip gitmesine karşın beni karşılamaya geldiğini anlamıştım, ama elimi kaldırıp da işaret edecek cesaretim yoktu doğrusu. Koşa koşa istasyona girdi, birkaç dakika sonra yüzünde hiçbir umut ifadesi olmadan gerisin geri dışarı çıktı. Sonunda beni keşfederek, işaretparmağını uzatıp,

"Sen Gabito'sun değil mi?" diye sordu.

Tüm yüreğimle "Öyle sayılır," yanıtını verdim.

4

Bogota iç karartıcı, mesafeli bir kentti, XVI. yüzyılın başından beri dur durak bilmez bir ahmak ıslatan yağıyordu. Sokaklarda benim de giydiğim gibi koyu renkli takımları, sert şapkalarıyla, sürekli oradan oraya koşuşturan erkeklerin bolluğu çekti dikkatimi. Öte yandan insanı teselli etmek için olsun tek kadın çarpmıyordu göze; cüppeli din görevlileri ve üniformalı askerler gibi, kadınların da ticaret merkezindeki hüzünlü kahvelere girmeleri yasaktı. Tramvaylarda ve genel tuvaletlerde karanlık suratlı bir tabela vardı: "Tanrı'dan korkunuz yoksa, frengiden korkun!"

Bira arabalarını çeken dev gibi Percheronlarla, köşeleri dönerken ya da yağmur altında yürüyerek ilerleyen cenaze konvoylarına yol vermek için dururken havai fişekler gibi kıvılcımlar saçan tramvaylar etkiledi beni. Kentteki en iç karartıcı şeydi bu konvoylar, ölümü kendileri icat etmiş gibi davranan iyi ailelere mensup ölüler kadifeler giydirilmiş, tüylerle süslü başlıklar takılmış atların çektiği lüks arabalarda taşınırdı. Bir taksiyle önünden geçtiğim Las Nieves Kilisesi'nin avlusunda ilk kez sokakta bir kadın gördüm: İnce ve sakıngandı, sanki bir yas kraliçesi gibi giyinmişti, ama hayalim yarım kaldı çünkü yüzü aşılması imkânsız bir peçeyle örtülüydü.

Ahlâkî bir çöküştü bu. Geceyi geçirdiğim ev büyük ve rahattı, ama içinde koyu renkli güllerin yetiştiği karanlık bahçesi ve insanın iliğine işleyen soğuk yüzünden hayalî görünürdü gözüme. Babamın akrabaları olan Torres Gamboa ailesi benim de tanımadığım insanlar değillerdi, ama bana yalnızca akşam yemeğinde karşılaştığım, uyku tulumlarına sarınmış yabancılar gibi gelirlerdi. Beni en etkileyen şeyse, ilk gece çarşafların arasında kaydığımda, kendimi buz gibi bir sıvıya batmış hissettiğim için attığım korku çığlığıydı. Bana ilk deneyimin böyle olduğunu ama yavaş yavaş iklimin tuhaflıklarına alışacağımı açıkladılar. Mutsuz bir uykuya dalmadan önce saatlerce sessizce ağladım.

İşte geldikten dört gün sonra, koşar adım ulusal burs sınavına kayıtların açılacağı eğitim bakanlığına giderken hislerim böyleydi. Kuyruk bakanlığın üçüncü katındaki kayıt odasından başlayarak döne döne ana girişe kadar iniyordu. Görüntü cesaret kırıcıydı. Gök aydınlanmaya başladığında, kuyruk Jiménez Quesada Bulvarı'nda dört blok daha uzamıştı ve buna kapı aralıklarına sığınan adaylar dahil değildi. Böyle bir rekabete girip de bir şey elde edebilmek pek mümkün görünmedi gözüme.

Günü yarıladıktan sonra birinin sırtıma hafifçe vurduğunu hissettim. Gemideki kitap kurduydu, beni kuyruğun sonlarında görüp tanımıştı ama fötr şapkası ve Cachacoların cenaze kaldırıcılarını andıran giysisiyle benim onu tanımam zor oldu doğrusu. O da şaşırmıştı, bana,

"Burada ne halt ediyorsun?" diye sordu.

Söyledim.

"Ne eğlenceli ama," dedi gülmekten iki büklüm, "benimle gel." Kolumdan tutup bakanlığa doğru sürükledi beni. O zaman dostumun eğitim bakanlığının ulusal burslardan sorumlu yöneticisi Dr. Adolfo Gómez Támara olduğunu öğrendim.

Bu inanılmaz rastlantı yaşamımın en şanslı olaylarından biridir. Öğrencilik günlerinden kalma şakacı bir tavırla, Gómez Támara beni yardımcılarına romantik boleroları en içten söyleyen şarkıcı olarak tanıttı. Bana kahve ikram edip başvuru formlarına ve uzun kuyruklara saygısızlık etmediklerini, aksine rastlantının akıl ermez tanrılarına saygılarını sunduklarını söyleyerek, bürokrasinin gereklerini göz ardı edip kaydımı yaptılar. Genel sınavın gelecek pazartesi San Bartolomé Koleji'nde yapılacağını bildirdiler. Üç yüz elli burs için tüm ülkeden binlerce başvuru olacağını sanıyorlardı, uzun ve zorlu bir mücadele olacak, belki de hayallerimin üzerine bir bardak soğuk su içmem gerekecekti. Bir hafta içinde hangi okula kaydolacaklarının bilgisiyle birlikte burs sınavını kazananlar açıklanacaktı. Bu yeni ve ciddi bir bilgiydi benim için, Medellín ya da Vichada'ya bile gitmek zorunda kalmam anlamına geliyordu. Bana bu coğrafî piyangonun nedeninin farklı bölgeler arasındaki kültür hareketlerini canlandırmak olduğunu açıkladılar. İşlemlerim tamamlanınca, Gómez Támara boleroya teşekkür ettiği aynı enerjik heyecanla sıktı elimi.

"Şimdi çok dikkatli ol," dedi, "yaşamın ellerinin arasında."

Bakanlıktan çıkarken din görevlisi görünümlü, ufak tefek bir adam bana elli peso karşılığında istediğim okulda sınava falan girmeden garantili burs ayarlayacağını söyledi. Benim için bir servetten söz ediyordu elbette, ama o kadar param olsaydı, sırf sınav korkusundan kurtulmak için o anda razı gelebilirdim sanırım. Aradan günler geçtikten sonra üçkâğıtçının fotoğrafını gazetede bir çeteninkiyle birlikte basılı gördüm. Rahip gibi giyinip resmî kuruluşlarda türlü yasadışı işler çeviren soytarılarmış.

Beni başka bir yere göndereceklerinden emin olduğum için sandığımı boşaltmadım. O kadar karamsardım ki, sınav arifesinin gecesi gemide tanıştığım müzisyenlerle birlikte Las Cruces Mahallesi'nde hiç de parlak bir ünü olmayan bir meyhaneye gittim. İçkilerimizi kazanmak için, bir kadeh *chicha* başına birer şarkı söyledik;

chicha, mayalanmış mısırdan yapılan, ezelî ayyaşların barutla incelttikleri barbarlara yaraşır bir içkidir. Böylelikle sınava geç kaldım, kafam zonkluyordu, ertesi gün ne önceki geceyi nerede sonlandırdığımı hatırlıyordum ne de beni eve kimin götürdüğünü. Acıdıkları için olsa gerek beni adaylarla dolu dev gibi bir salona aldılar. Soru kâğıdına şöyle bir göz atmak bile çoktan bozguna uğradığımı anlamama yetti. Sınav gözetmenlerini kandırabilmek için bana ötekilerden daha az zalim görünen sosyal bilimler sorularıyla oyalanmaya başladım. Birden inanılır yanıtlar vermemi ve mucizevî çıkarımlarda bulunmamı sağlayan bir esin halesiyle sarmalandım sanki. Tanrı'nın arzusuyla bile anlamamın imkânı olmayan matematik hariç. Aceleyle ama iyi yaptığımı hissettiğim çizim sınavı beni rahatlattı. "*Kızın* yarattığı bir mucize olsa gerek bu," dedi müzisyen arkadaşlarım. Sonuçta tam anlamıyla duruma teslim olarak, anne babama eve dönmemek için nedenlerimi açıklayan ve haklarımdan söz eden bir mektup yazmaya karar verdim.

Bir hafta sonra gidip sonucu öğrenme görevimi de yerine getirdim. Resepsiyondaki memure dosyamın üzerinde özel bir işaret görmüş olmalı ki, hiçbir nedeni olmadan beni müdüre götürdü. Kırmızı lastikten şık pantolon askıları ve gömleğinin sıvalı kollarıyla, pek keyfi yerinde görünüyordu Támaro'nun. Profesyonel bir dikkatle sınavda aldığım notları gözden geçirdi, bir-iki yerde tereddüt etti ve sonunda iç çekerek,

"Fena değil," dedi kendi kendine. "Matematik hariç, resimde aldığın beş sayesinde kılpayı yakayı kurtarmışsın."

Yaylı koltuğunda arkaya kaykılarak bana hangi okulu düşündüğümü sordu.

Korkudan ödüm koptu, ama hiç bocalamadan,

"Burada, Bogota'da San Bartolomé," dedim.

Masasının üzerindeki bir kâğıt yığınının üzerine avcunu koyarak,

"Bunlar nüfuzlu kişilerden gelen ve çocuklarını, akrabalarını ya da arkadaşlarını buradaki okullara girmesi için öneren mektuplar," dedi, sonra bir an duraklayıp aslında bunu dememiş olması gerektiğini fark etti, yine de sözlerine devam etmeyi seçti: "Sana yardım etmemi istiyorsan, Nacional Zipaquirá Lisesi'ni önerebilirim, trenle bir saat," diye ekledi.

Sözünü ettiği tarihi kent hakkında tek bilgim tuz madenleri olduğuydu. Gómez Támara bana okulun sömürge zamanından kalma bir kolej olduğunu ve yakın tarihteki Liberal bir reform sırasında dinî bir cemaatten geri alındığını açıkladı, modern zihniyetli genç öğretmenleriyle tanınan harika bir okulmuş. Onu bazı kuşkulardan kurtarmanın görevim olduğunu düşünerek,

"Benim babam godo,[1]" diye uyardım.

Kahkahalara boğuldu.

"O kadar da ciddiye alma," dedi, "Liberal derken açık fikirli demek istemiştim."

Hemen kendini toplayarak kaderimin ders çalışmaktan başka hiçbir şeyin yapılamayacağı, üzerine ölü toprağı serilmiş kasabadaki inançsızlar için bir okula dönüştürülen XVII. yüzyıldan kalma eski manastır olduğuna karar verdi. Yaşlı manastır ebedîyetin önünde geçit vermez görünüyordu aslında. Yapıldığı dönemde taş revakına şu cümle kazınmış: *'Bilgeliğin başlangıcı Tanrı korkusudur.'* Ancak 1936 yılında, Alfonso López Pumajero başkanlığındaki Liberal hükümet Kolombiya'da eğitimi ulusallaştırdığı zaman, bu nişan da Kolombiya armasıyla değiştirilmiş. Girişte iri sandığımın ağırlığı altında soluk almaya çalışırken, gerçek kayalardan oyulmuş kolonyal kemerleri olan küçük avlu, avluyu çevreleyen yeşil boyalı ahşap balkonlar, korkuluklara asılı hüzünlü çiçek saksıları içimi daralttı. Üç yüz yıldan fazla bir süredir hiçbir şeye kadın eli değmediğini belli eden, katı bir dü-

---

[1] Bağımsızlık savaşı sırasında Latin Amerika'daki İspanyollara takılan isim. (Çev.)

zen seziliyordu her yerde. Karayipler'in yasa tanımaz düzlüklerinde yetişmiş olan ben, ergenlik dönemimin dört belirleyici yılını zamanın karaya oturmuş gibi göründüğü bu yerde geçirme düşüncesi karşısında korkuyla ürperdim.

Bugün bile o karanlık avlunun çevresindeki iki katlı binayla arkadaki araziye yapılmış taş binaya nasıl olup da müdürün ofisi ve evi, yönetici sekreterlik ofisleri, mutfak, yemek odası, kütüphane, altı derslik, fizik ve kimya laboratuvarları, depo, dispanser odası; çoğu ülkenin en iç karartıcı kasabalarından, ama pek azı başkentten kopup gelen elli kadar öğrencinin demir karyolalarının sıralandığı yatakhane sığabilmiştir, merak ederim. Bu sürgünün koşulları benim başka bir şansım oldu neyse ki. Bu sayede dünyanın kavga gürültüsü içinde benim şansıma çatan ülkenin nasıl bir yer olduğunu öğrendim. Beni hemen kendilerinden biri olarak benimseyen on-on iki Karayipliyle birlikte, kendimiz ve öbürleri arasında aşılmaz bir ayrım oluşturduk: biz ve yabancılar.

İlk gecenin teneffüsünden başlayarak avlunun farklı köşelerinde bir araya gelen gruplar ülkemin zengin bir örneğiydi sanki. Herkes kendi toprağında olduğu sürece bir zıtlaşma ya da rakiplik yoktu ortada. Ben hemen Karayip kıyılarından gelenlerle kaynaştım; gürültücü, grup yardımlaşması ve birlik konusunda fanatik, dansta usta olarak ünlenmiştik. Ben bu konuda bir istisnaydım ama Cartagena'dan gelme bir rumbacı olan Antonio Martínez Sierra, bana gece teneffüslerinde günün moda danslarını öğretti. Gizli kaçamaklarda en büyük suç ortağım olan Ricardo González Ripoll ise çok ünlü bir mimar oldu; eminim ki son günlerine kadar dişlerinin arasından aynı duyulur duyulmaz ezgiyi mırıldanmış ve tek başına dans etmiştir.

Mincho Anaya doğuştan piyanistti, ulusal bir dans orkestrasının şefi oldu, bir müzik aleti çalmaya hevesli tüm öğrencileri bir araya getirerek okul orkestrasını kurmuştu; bolero ve vallanatolardaki ikinci sesin sırrını ondan öğrendim. Sanırım en büyük başarısızlığı safkan bir Bogotalı olan Guillermo López Guerra'ya Karayip usulü klavye çalmayı öğretmeye yeltenmektir ki, hepsi hepsi üç-iki, üç-iki'den ibarettir ölçüsü.

El Banco'dan Humberto Jaimes yorulmak nedir bilmeden ders çalışır, dansla ilgilenmez, hafta sonlarını okulda kalıp çalışarak heba ederdi. Hayatında futbol topu görmediğinden ya da herhangi bir maç hakkında iki satır okumadığından emindim. Sonunda Bogota'da mühendis çıkıp *El Tiempo*'nun spor servisine çırak olarak girdi ve hem bölümünün başı hem de ülkenin en iyi futbol yazarlarından biri oldu. Ama yine de en tuhafımız, Choco'dan çok koyu bir esmer olan Silvio Luna'dır kuşkusuz; önce avukat, ardından doktor oldu, gözlerini kaybettiğinde üçüncü üniversitesine başlamıştı.

Pagocio diye çağırdığımız Daniel Rozo, beşerî ve ilâhiyat bilimlerinde bilge ilan etmişti kendini, hem teneffüslerde hem de derslerde durmadan yorum yapar, kehanetlerde bulunurdu. İkinci Dünya Savaşı sırasında dünyanın gidişatı hakkında ondan bilgi alırdık, okula dergi ve gazete girmesi yasak olduğundan her şeyi dedikodulardan takip eder, radyoyu sadece birbirimizle dans ederken kullanırdık. Pagocio'nun her birini istisnasız Müttefiklerin kazandığı tarihi muharebelerin hikâyelerini nereden bulup çıkardığını bilemezdim doğrusu.

Quetame'den gelen Sergio Castro mezun olana kadar lisenin en iyi öğrencisi oldu diyebilirim, hep en yüksek notları aldı. Sanırım sırrı Martina Fonseca'nın bana San José Koleji'nde öğrettiğinin aynısıydı: Derslerde öğretmeninin ağzından çıkan hiçbir şeyi kaçırma, sınıf arkadaşlarının her söylediğini dinle, öğretmenin soluk alışını bile not et ve bu notlarını bir deftere kusursuz bir biçimde temize çek. Bu nedenle olsa gerek sınavlara çalışmaz, hafta sonları biz kapanıp ter dökerken o macera romanları okurdu.

Teneffüslerdeki sürekli arkadaşım safkan Bogotalı Àlvaro Ruiz Torres'ti, gece dinlencesinde askerî adımlarla avluyu arşınlarken, kız arkadaşlarımız hakkında birbirimize günlük raporlar verirdik. Ötekiler arasında Jaime Bravo'yu, Humberto Guillén'i ve Àlvaro Vidales Barón'u sayabilirim. Onlarla hem lise yıllarında çok yakındım hem de gerçek yaşamda uzun yıllar görüşmeye devam ettik. Àlvaro Ruiz her hafta sonu Bogota'ya ailesini görmeye gider, sigaralar ve sevgililer hakkında haberlerle yükünü tutup gelirdi. Beraber çalıştığımız dönemde bu iki kötü huyu da ondan kapmışımdır, ayrıca geçtiğimiz iki yıl süresince yazdıklarıma şevk katmak için, hafızasındaki en güzel anılarla besledi beni.

Liceo Nacional'deki tutukluluğum süresince gerçekten ne öğrendiğimi bilmiyorum, ama dört yıl süresince çeşit çeşit insanla uyum içinde yaşamak ulusumu birlikçi bir açıdan görebilmemi sağladı; ne kadar farklı olduğumuzu, kimin nede iyi olduğunu kavradım; ülkenin teker teker hepimizin toplamından oluştuğunu bir daha unutmamacasına öğrendim. Belki de bakanlıkta sözünü ettikleri, hükümetin hız kazandırmak istediği bölgesel hareketlilikten kastettikleri budur. Olgunluk çağıma eriştiğimde transatlantik uçuşu yapan bir uçağın pilot kabinine davet edildiğimde, kaptanın ilk sorusu nereli olduğumdu.

"Tıpkı sizin Sogamosolu olduğunuz gibi ben de Karayip kıyısındanım," yanıtını vermem için konuşmasını bir kez duymam yeterliydi.

Çünkü aynı lisede dördüncü yılımda sıra arkadaşım olan Marco Fidel Bulla gibiydi duruşu, onun gibi hareket ediyordu, seslerinin dokusu aynıydı. Bu sezgi sayesinde nasıl davranacağı öngörülemeyen bu toplumun karanlık sularında pusulasız ve akıntıya karşı yüzebildim; belki de bu, yazarlık mesleğimin ana anahtarıydı.

Bir düşü yaşıyor gibiydim çünkü burs fikrini ortaya atarken amacım eğitim görmek değil, bazı şeylerden vazgeçmek zorunda kalmadan ve ailemle iyi ilişkilerimi koruyarak bağımsız olabilmekti. Günde üç öğün yemek garantisi olması bile, bu yoksul barınağında evlerimizde olabileceğinden daha iyi yaşadığımız anlamına geliyordu; otonom bir gözetim altındaydık belki, ama bu da evin baskısına yeğdi. Yemek odasında işleyen değiş-tokuş sistemi her öğrencinin öğününü istediği gibi ayarlamasına olanak tanıyordu. Paranın değeri yoktu. Kahvaltıda verilen iki yumurta en çok peşinde koşulan para birimiydi, çünkü bunlarla diğer üç öğündeki yemeği kârıyla satın alabilirdin. Her şey tam değerini bulmuştu ve bu yasal ticareti bozan hiçbir şey yoktu. Dahası da var: Dört yıllık yatılılığımda hiçbir sorunun yumruk yumruğa çözüldüğünü hatırlamıyorum.

Aynı salonda, başka bir masada yemek yiyen öğretmenler bu kişisel değiş-tokuşlara karşı çıkmazlardı çünkü hâlâ kendi okul yıllarının alışkanlıklarının izlerini taşırlardı. Çoğu bekârdı, olmayanların da eşleri yanlarında değildi, aylıkları ailelerimizin bize gönderdiği harçlıklar kadar kıt olmalıydı. Onların da bizler gibi yemekten yakınmak için bir sürü nedenleri vardı ve tehlikeli bir kriz sırasında, aralarından bazılarının bizimle birlikte açlık grevi yapması gibi bir işbirliği fikri atıldı ortaya. Yalnızca bir armağan aldıklarında ya da dışarıdan konukları geldiğinde bu konuda aramızdaki eşitliği bozacak öğünler yedikleri olurdu. Dördüncü yılımızda hoş bir şey oldu. Okul doktoru anatomi dersinde incelememiz için bir öküz kalbi getirmeye söz verdi. Ertesi sabah hâlâ kanlı ve taze olan kalbi okulun buzdolabına gönderdi, ama ders için kalbi almaya mutfağa gittiğimizde yerinde bulamadık. Bize söz verdiği gibi bir öküz kalbi bulamayan doktorun, son dakikada ayağı kayarak dördüncü kattan düşen kimsesiz bir inşaat işçisinin kalbini getirdiği öğrenildi. Bunun öğretmenlerin masası için ısmarladıkları yürek olduğunu sanan aşçılar, herkese yetecek büyüklükte olmadığını görünce onu leziz soslarla çoğaltarak pişirmişlerdi. Öğretmenler ve öğrenciler arasındaki bu rahat ilişkinin o zamanlarda yapılan ve kendine tarihte pek yer edinemeyen eğitim reformuyla ilgisi olduğunu sanıyorum, en azından o sıralarda protokolü yalınlaştırmaya yaramıştı. Yaş farklarını azaltmış, kravatları gevşetmiş, öğretmenlerle öğrencilerin birlikte bir kadeh atmaya gidip de, hafta sonları dans partilerine birlikte katılmaları kimseyi şaşırtmamaya başlamıştı.

Bu hava kolaylıkla kişisel ilişki kurabilen bir öğretmen grubu sayesindeydi. Matematik öğretmenimiz, bilgeliği ve keskin mizah duygusuyla sınıfı korkunç bir şölene dönüştürüyordu. Adı Joaquín Giraldo Santa olan bu öğretmen Kolombiya'nın ilk matematik doktoru unvanına da sahipti. Talihsizliğimden hem onun çabalarına hem de kendi uğraşlarıma karşın bir türlü sınıfına dahil olmayı beceremedim. O zamanlar insanlar edebî becerilerin matematikle çatıştığını söylerlerdi, sonunda insan yalnızca bunlara inanmakla kalmaz, üstelik bu söylentilerde boğulurdu. Geometri sanata yakınlığı ya da edebî prestiji nedeniyle daha bağışlayıcıydı, ama tam tersine aritmetik düşman bir yalınlıkla davranırdı. Bugün bile bir toplama işlemini akıldan yaparken sayıları daha küçük bileşenlerine ayırırım, özellikle de çarpım tablolarını bir türlü ezberleyemediğim dokuz ve yediyi. Yediyle dördü toplamak için, yediden iki çıkartırım, önce dörtle beşi toplar, sonra iki eklerim: on bir! Çarpmayı hiçbir zaman beceremem çünkü aklımdaki sayıları hatırlayabildiğim olmamıştır. Cebire hem tarihi mirasına olan saygımdan, hem de öğretmenimi sevdiğim ve ondan korktuğum için son derece iyi niyetle yaklaştım ama boşuna. Her üç dönemin ardından kalır, iki kez sınava girer ve tekrar çakardım, sonuncusunda yine nafile bir çabanın ardından iyiliklerinden beni geçirirlerdi.

Kendilerini feda etmeye en yatkın öğretmenlerden üçü dil öğretmenleriydi. İlki, İngilizce öğretmenimiz Abella safkan bir Karayipliydi, kusursuz bir Oxford vurgusuyla konuşurdu, neredeyse gözleri kapalı tekrar ettiği Webster Sözlüğü'ne karşı dinî bir coşku duyardı. Ardından gelen Héctor Figueroa, teneffüslerde hep bir ağızdan söylediğimiz bolerolara ateşli bir tutku duyan genç ve iyi bir öğretmendi. Sınıfın uyuşuk havasında ve final sınavında elimden geleni yapardım, ama sanırım aldığım iyi notlar Shakespeare'den çok, bir sürü aşk cennetinden ve intiharından sorumlu Leo Marini ve Hugo Romani[1] sayesindeydi. Dördüncü yılın Fransızca öğretmeni Mösyö Antonio Yelá, beni polisiye romanlarla zehirlenmiş buldu. Dersi öbür dersler gibi beni ölesiye sıkardı, ama sokak Fransızcası hakkında öğrettikleri on yıl sonra Paris'te açlıktan ölmememe yardımcı oldu.

Öğretmenlerin çoğu bir yüzyıllık Muhafazakâr hükümetlerin memur kafalı pedagojisini insancıl bir rasyonalizmle değiştirmeye ant içmiş San Juan del Cesarlı Doktor José Francisco Socarrás yönetimindeki Normal Supérior'da almıştı eğitimini. Manuel Cuello del Río, Marksist bir radikaldi, belki de bu nedenle Lin Yutang'a bayılır ve ölülerin dirilere göründüklerine inanırdı. Carlos Julio Calderón'un kütüphanesini La Voragine'nin yazarı hemşerisi José Eustasio Rivera yönetir, Yunan klasiklerine, Kreol y Cielo Piedra akımı yazarlarına, her taraftan romantiklere eşit önem verirdi. O ve onun gibi birkaç kişi sayesinde, sayıcak azınlıkta kalan benim gibi sıkı okurlar San Juan de la Cruz ve José María Vargas Vila'nın yanı sıra, işçi devriminin havarilerinin kitaplarını da okuyabildik. Hayat bilgisi öğretmeni olan Gonzalo Ocampo'nun odasında iyi bir politik kütüphanesi vardı, kitaplar üst sınıfların koridorlarında hiçbir art niyet gözetilmeksizin elden ele geçerdi; şahsen Frederick Engels'in Ailenin Kökenleri, Özel Mülk ve Devlet gibi kitaplarının boğucu öğleden sonraları yapılan politik ekonomi dersinde işlenip insanlığa dair güzel bir epik şiir olarak

---

[1] Arjantinli ünlü bolero şarkıcıları. (Çev.)

edebiyat dersinde okutulmayışını kavrayamam. Guilermo López Guerra teneffüslerde Gonzalo Ocampo'dan ödünç aldığı, yine Engels'in *Anti-Dühring*'ini okurdu. Öğretmenimden López Guerro ile tartışabilmek için kitabı ödünç istediğimde, insanlığın gelişmesinde bir dönüm noktası olan, ama uzunluğu ve sıkıcılığı nedeniyle belki de tarihe geçemeyecek cildi vermeyerek, bana bu kötülüğü yapamayacağını söyledi. Lisemizin politik bir sapkınlık laboratuvarı olarak edindiği kötü ünde bu tür ideolojik değiş-tokuşların da payı vardır kuşkusuz. Bunun güçsüzleri her türlü dogmatizmden korkutup kaçıran, güçlüleri de dogmatizme karşı aşılayan doğaçlama bir deneyim olduğunun farkına varmam ömrümün yarısını aldı elbette.

Ben en çok ilk sınıflarda İspanyol dili, dördüncü sınıfta dünya edebiyatı, beşincide İspanyol ve altıncı sınıfta da Kolombiya edebiyatı öğretmenimiz olan Carlos Julio Cálderon'la ilişki içindeydim. Zevkleri göz önüne alınınca bir tuhaflık vardı eğitiminde: muhasebe. Huila Eyaleti'nin başkenti Neiva'da doğmuştu, José Eustasio Rivera'ya olan vatansever hayranlığını ortaya koymaktan hiç yorulmazdı. Sanata ve edebiyata duyduğu dayanılmaz tutku nedeniyle tıp ve cerrahi eğitimini bırakmış olmayı yaşamının hayal kırıklığı olarak anardı. İlgili düzeltileriyle taslaklarımı yerle bir eden ilk öğretmenimdir.

Nereden bakarsak bakalım, öğretmenlerle öğrencilerin ilişkisinde hem sınıfta hem de akşam yemeğinden sonra avluda sıra dışı bir doğallık vardı. Bu, bizlerin aşina olduğu farklı bir alışverişe olanak verirdi, çevremizi saran saygı ve dostluk atmosferi de bunu pekiştirirdi.

Kütüphaneye gelen Freud'un tüm eserleri korkulu bir deneyim yaşamama neden oldu. Çapraşık analizlerinden bir şey anladığımı söyleyemesem de, klinik vakaları Jules Vernes'in fantezileri gibi beni sonuna kadar gerilim içinde bırakırdı. Calderón Öğretmen İspanyolca dersinde serbest konulu bir öykü yazmamızı istedi. Aklıma yedi yaşında hasta bir kızın öyküsünü yazmak geldi, bulduğum başlık hiç de edebî sayılmazdı: 'Bir Obsesif Psikoz Vakası'. Öğretmen sınıfta okumamı istedi. Sıra arkadaşım Aurelio Prieto ne bilimsel ne de edebî hiçbir eğitimim olmadan böyle çapraşık bir konuya el atmış olmamı itiraz kabul etmez bir tavırla kınadı. Alçakgönüllülükten eser olmayan kinci bir tavırla Freud'un anılarında sözünü ettiği bir vakadan esinlenerek, onu ödevimde kullandığımı söyledim. Sınıf arkadaşlarımın bu şiddetli kınamalarına alınmış olabileceğimi düşünen Calderón Öğretmen, teneffüste beni yanına çağırarak moral verdi ve aynı yolda yürümeye devam etmem için cesaretlendirmeye çalıştı. Öykümde modern yazın kurallarından haberimin olmadığının açıkça belli olduğunu, ama iyi niyet ve arzumun ortada olduğunu söyledi. Ona kalırsa en azından özgün olmaya niyetlenilmiş, iyi yazılmış bir öyküydü, bana ilk kez güzel söz söyleme sanatından bahsetti. İddiacı olmadan şiir yazabilme sanatı üzerine bazı pratik tema ve ölçü ipuçları verdi, sonra da sırf akıl sağlığım için olsa bile, yazı yazmakta ısrarcı olmamı öğütledi. Bu, lise yıllarım boyunca yapacağımız uzun sohbetlerin ilkiydi, teneffüslerde ve boş zamanlarımızda yaptığımız bu sohbetlere bir yazar olarak geçirdiğim yaşamımda çok şey borçluyum.

Benim için ideal ortamdı okul. San José Koleji'nden beri elime ne geçerse okuma alışkanlığım tüm boş zamanlarımı, giderek sınıfta geçirdiğim zamanı da kaplamaya başlamıştı. On altı yaşında, dilbilgim iyi olsa da olmasa da, San José'de öğrendiğim tüm şiirleri tekrar edebiliyor; onları gelişigüzel, kimseden yardım almadan, genellikle de ders saatlerinde gizlice okuyup duruyordum. Sanırım lisenin tarifi mümkün olmayan kütüphanesinin tümünü okumuş, resmî kayıtlar, kayıtsız öğretmenlerin bıraktığı belgeler, kimbilir nasıl bir kazadan sağ salim çıkıp da oralara ulaşmış, kimsenin varlığından haberi olmayan kitaplar gibi daha önemsiz yapıtlara geçmiştim.

Eğitim bakanlığının okullara dağıttığı, Don Daniel Samper Ortega başkanlığındaki Aldeana Kütüphanesi'ni unutamam. Kolombiya'da yazılmış yüz temel eserden oluşuyordu, içlerinde son derece iyileri de vardı kötüleri de. İçim kaldırabildiği sürece numara sayısıyla okumaya karar vermiştim. Bugün beni korku içinde bırakansa, son iki yılımda bu amacıma neredeyse ulaşmış olmamdır, daha sonraki yaşamımda bir halta yarayıp yaramadıklarını anlayabilmiş değilim.

Yatakhanede tan vaktinin kuşkulu bir benzerliği vardı mutlulukla; gece alacasının altısında çalan o zehirli zil –böyle derdik– hariç. Yalnızca bir-iki yarım akıllı suyun buz gibi aktığı altı duşun önündeki ilk sıraları kapmak için fırlardı yatağından. Geri kalanlarımız nöbetçi öğretmen uyuyanların battaniyelerini üzerlerinden çekerek yatakların arasında dolaşmaya başlayana dek son düş damlalarını süzerdik. Giysilerimizi düzenli olarak giymek, ayakkabılarımızı cilalamak; ucunda duş olmayan bir borudan akan buz gibi suyun altında herkes avaz avaz hayal kırıklıklarını haykırır, ötekilerle dalga geçer, romantik sırları açığı vururken duş almak, son alışverişleri tamamlamak, anlaşmazlıkları tatlıya bağlamak, yemekhanedeki değiş-tokuş üzerine pazarlıkları sonlandırmak için dolu dolu bir buçuk saatimiz vardı kendimize ayıracak. Sabah tartışmalarının sürekli konusuysa, bir gece önce okunan bölüm olurdu.

Guillermo Gradados şafaktan itibaren tenor sesiyle tükenmez tango dağarcığının dizginlerini koyverirdi. Yatakhane komşum olan Ricardo González Ripoll ile yatağın ayakucuna oturup ayakkabılarımızı cilaladığımız bezin ritmiyle ikili Karayip *Guaracho*'ları söylerken, yoldaşım Sabas Caravallo beton sertliğindeki çüküne bir havlu asar, anasının onu doğurduğu günkü kadar çıplak, yatakhanenin bir ucundan ötekine dolaşırdı.

Mümkün olsaydı, çoğumuz hafta sonları verdiğimiz sözleri yerine getirmek için okuldan kaçardık sanırım.

Gece bekçisi ve o haftanın nöbetçisi dışında yatakhanede kalan öğretmen yoktu. Lisenin ebedî bekçisi Riverita, gündelik işlerini yaparken de gözü açık uyur haldeydi zaten. İşinin ehli bu adam tavan arasında bir odada yaşardı; bize gece olunca bu okula dönüştürülmüş manastırın ağır kapısının demirini gürültüsüzce kaldırıp uzaktaki bir evde gecenin keyfini sürebilirmişiz ve tan vaktinden hemen önce buz gibi sokakları aşıp okula geri dönebilirmişiz gibi gelirdi. Riverita'nın ölü gibi görünmesine karşın gerçekten uyuyup uyumadığını bilemezdik, belki de bu onun oğlanlarla işbirliği yapmasının kibar bir yoluydu kimbilir. Pek kaçan olmaz, olsa da anlattıkları suç ortaklarının hafızalarında küflenir giderdi. Bunu yapmayı alışkanlık haline getiren birkaç kişi tanıyordum, birkaç tane de içlerini macera gerilimiyle dolduran bir cesaretle kaçmaya kalkışmış, korkudan bitmiş olarak geri dönmüş öğrenci vardı. Yakalanan birini bilmiyorduk.

Okuldaki sosyal yaşantımı etkileyen tek olumsuz şey annemden miras aldığım, herkesin en derin uykularını mezar ötesinden gelen ulumalar gibi bozan çığlıklar attığım karabasanlarımdı. Yatak komşularım bunları çok iyi bilir, yalnızca gecenin sessizliğindeki ilk tüyler ürpertici çığlıktan korkarlardı. Nöbetçi öğretmen uyuduğu karton kulübeden çıkar, uyurgezer gibi yatakhaneyi bir baştan ötekine dolaşarak huzuru yeniden sağlardı. Bu düşler yalnızca kontrolsüz olmakla kalmazlardı, benim vicdanımla da ilgileri vardı besbelli, çünkü iki kez kerhanelerde de gördüm onları. Anlaşılmaları da mümkün değildi çünkü korkunç kâbuslarda değil, tanıdık, bildik yerlerdeki mutlu anlarımda, aniden masum bir bakış açısıyla bakıp kötücül bir olayı fark ettiğimde atardım bu çığlıkları. Bir tanesi anneminkine benzerdi, kucağında kendi kafasını tutan annem kendi saçlarını uyumasına fırsat vermeyen bit ve sirkelerden ayıklarmış düşünde. Çığlıkları korkudan değil, biri bana yardım eli uzatsın da uyandırsın diye atardım. Lisenin yatakhanesinde hiçbir şeye zaman kalmazdı çünkü, ilk inlemelerimde üzerime yastıklar atılır; altıma etmek üzere, yüreğim ağzımda, ama yaşadığım için mutlu, uyanırdım. Lisedeki en iyi şeyse, uyumadan önce yüksek sesle yapılan okumalardı. Bu okumaları ilk kez Carlos Julio Calderón, beşinci sınıfların ertesi günün ilk dersinde yapılacak sınav için çalışmaları gereken Mark Twain'i okuyarak başlattı. Kitabı okuyacak zamanı olmayan öğrencilerin not almaları için, ilk dört bölümü karton bölmesinden yüksek sesle okudu. İlgi öylesine büyüktü ki, uyumadan önce yüksek sesle kitap okumak bir alışkanlık haline geldi. Başta kolay olmadı, kuşkucu bir öğretmen okunacak kitapları kendisinin seçmesi ya da seçilenleri reddetmesi ölçütünü getirmeye kalkıştıysa da, bir isyan tehlikesinden korkulduğu için bu iş büyük sınıf öğrencilerine teslim edildi.

Öncelcri yarım saatle başladık. Nöbetçi öğretmen genel yatakhanenin girişindeki iyi aydınlatılmış kulübeciğinden okur, bizler de yarı şaka yarı ciddi ama hep yerli yerine oturan horlamalarla onun sözünü keserdik. Daha sonra bu okumalar öykünün ilginçliğine göre bir saate çıktı, öğretmenlerin yerini her hafta değişen öğrenciler aldı. Bu keyifli zamanlar herkesin hoşuna giden *Nostradamus* ve *Demir Maskeli Adam* öyküleriyle başladı. Benim bugün bile kendime açıklayamadığımsa, Thomas Mann'ın *Büyülü Dağ* adlı romanının şaşırtıcı başarısıdır; tüm geceyi Hans Castorp ve Clavdia Chauchat'nın bir öpücüğünü bekleyerek gözümüzü kırpmadan geçirmememiz için müdürün araya girmesi gerekmişti. Naphta ve arkadaşı Settembrini arasındaki felsefî atışmanın tek bir sözcüğünü bile kaçırmamak için tuhaf bir gerilim içinde yataklarımızda bağdaş kurup oturmuştuk. O gece okuma bir saatin üzerine çıkmış, sonunda alkışlarla karşılanmıştı.

Gençliğimin büyük bilinmezlerinden biri olarak kalan tek öğretmen olan müdürümüzle okula ilk gittiğimde karşılaştım. Alejandro Ramos keskin zekâlı, yardımsever biriydi, kalın camlı gözlüğünün ardında bir körü andırırdı, söylediği her söz demir gibi bir yumruk ağırlığında, gösterişsiz bir adamdı. Sığınağından sabahın yedisinde iner, yemekhaneye girmeden önce her birimizin kişisel işlerine bir göz atardı. Canlı renklerde kusursuz takımlar giyer, yakası alçı gibi sert kolalı gömleklerini neşeli kravatlarla renklendirirdi, ayakkabıları her zaman pırıl pırıldı. Kişisel bakımımızda herhangi bir eksiklik görüp de kaşlarını çatması, yatakhaneye geri dönüp durumu düzeltmek için verilmiş bir emir niteliğindeydi. Günün geri kalanında ikinci kattaki odasına kapanırdı ve onu ertesi sabaha kadar ya da ofisiyle haftada üç kez tek bir matematik dersi verdiği altıncı sınıf arasındaki on iki adımı attığı zamanlar dışında görmezdik. Öğrencileri iş sayılara gelince bir dâhi ve sınıfta neşeli biri olduğunu söylerdi; bilgeliğiyle onları şaşırtır, final sınavı korkusuyla titretirmiş.

Geldikten kısa bir süre sonra lisedeki resmî bir törenin açılış konuşmasını yazmam gerekti. Öğretmenler yazımı onaylasalar da, bu gibi konuşmalarda son sözün Müdür'e ait olduğunu söylediler. İkinci kattaki merdivenlerin sonunda yaşıyordu, o mesafe bana yürüyerek dünya turu atmak gibi geldi. Bir gece önce kötü uyudum, pazarları taktığım kravatı taktım ve kahvaltımın tadını bile alamadım. Müdür'ün oda kapısını o kadar yavaş çaldım ki, ancak üçüncüde duydu ve beni selamlamadan yolu gösterdi. İyi ki, çünkü yalnızca boğazım kuruduğu için değil, soylu ahşap eşyalar, kadife döşemelerle kaplı odasının büyüklük, güzellik ve düzeninden, deri kaplı şaşırtıcı ciltler barındıran kitap raflarıyla dolu duvarlarından etkilendiğim için de ona yanıt verecek sesim çıkmayacaktı. Müdür ben soluğumu düzene sokana kadar resmî bir sükûnet içinde bekledi, sonra çalışma masasının önündeki koltuğu işaret ederek, o da kendisininkine oturdu.

Onu ziyaret nedenimi açıklamayı da en az konuşma

kadar hazırlamıştım. Sessizce dinledi, her cümlemi ba-şıyla onayladı, ama ne bana bakmıştı daha ne de elimde titreyen kâğıda. Eğlenceli olduğunu sandığım bir anda ondan bir gülümseme koparmayı denediysem de bir işe yaramadı. Dahası da var: Ziyaretimin nedenini bildiğinden emindim, ama açıklama törenini yerine getirtti bana.

Sözlerimi bitirince çalışma masasının üzerinden elini uzatarak kâğıdı aldı. Derinlemesine okumak için gözlüğünü çıkarttı ve elindeki kalemiyle yalnızca iki düzeltme yapmak için durakladı. Sonra gözlüğünü takarak yüreğimi yerinden oynatan taş gibi bir sesle, gözlerime bakmadan konuşmaya başladı.

"Burada iki sorun var," dedi, "'İspanyol bilge José Celestino Mutis'in XVIII. yüzyılda dünyaya tanıttığı yurdumuzun sohluk kesici bitki örtüsü arasında, bu lisede cennet gibi bir ortamda yaşıyoruz' yazmışsınız; soluk yazarken 'h' yoktur, ayrıca 'yurdumuz' yerine 'ülkemiz' deseniz belki daha iyi."

Kendimi aşağılanmış hissettim. İlk durum için bir yanıtım yoktu ama ikincisinden kuşku duymuyordum, sesimin çıktığı kadar hemen yanıtımı yapıştırdım:

"Özür dilerim Müdür Bey, sözlüğe baktım, iki sözcüğü de kullanabileceğimi gördüm, 'yurdumuz' bana daha vurgulu gibi geldi.'

O da benim gibi kendini saldırıya uğramış hissetmiş olmalı, bana bakmadan ve tek söz etmeden kütüphanesinden sözlüğünü aldı. Yüreğim burkuldu çünkü dedemin Atlas'ının aynısıydı ama yeni ve pırıl pırıl, belki de hiç kullanılmamıştı. Bir açışta doğru sayfayı buldu, okudu, sonra bir daha okudu ve gözlerini sayfadan kaldırmadan:

"Siz hangi sınıftasınız?" diye sordu.

"Üçüncü," yanıtını verdim.

Sert bir darbeyle sözlüğü kapattı ve ilk kez gözlerime bakarak,

"Bravo," dedi, "böyle devam edin."

O günden sonra sınıf arkadaşlarımın bir tek beni kahraman ilan etmedikleri kaldı, beni alayla 'kıyıdan gelip Müdür'le konuşan velet' diye çağırmaya başladılar. O görüşmeden en çok aklımda kalansa, imlayla yaşadığım kişisel dramla bir kez daha yüz yüze gelmiş olmamdır kuşkusuz. Hiçbir zaman imlayı anlayamamışımdır. Öğretmenlerimden biri Simón Bolívar'ın zaferini berbat imlasına borçlu olmadığını söyleyerek moralimi düzeltmeye çalıştı. Ötekiler de bunun pek çok insanın sorunu olduğunu söyleyerek beni teselliye uğraştılar. Bugün on yedi yayınlanmış kitabın ardından bile, düzeltmenler korkunç imla hatalarımı basit basım hatalarıymış gibi kibarca düzelterek, beni onurlandırmaya gayret ederler.

Zipaquirá'da herkes gönlüne göre ve kişiliğine uygun bir biçimde değerlendirirdi boş zamanlarını. İspanyollar bulduğunda hâlâ işletilen tuz madenleri, hafta sonları fırına verilen tavuk eti ve tuz sepetlerine doldurulan patateslerle piknik yapılan turistik bir çekim merkeziydi. Biz kıyıdan gelenlerse, fena halde hak ettiğimiz yaygaracı ve edepsiz ünümüzle günün moda müzikleriyle artistler gibi dans eder ve ölesiye âşık olurduk.

Artık o kadar doğaçlama davranır olmuştum ki, Dünya Savaşı'nın bittiği haberi geldiği gün, bayraklar, pankartlar ve zafer çığlıklarıyla kutlamak için sokağa döküldüğümüzde, söylev verecek bir gönüllü arandığını söylediklerinde hiç düşünmeden ana meydanın karşısındaki kulübün balkonuna çıktım, pek çok kişinin ezberlenmiş olduğunu düşündüğü bir konuşmayı çığlıklar arasında oracıkta yapıverdim.

Bu, hayatımın ilk yetmiş yılında hiç hazırlanmadan yaptığım tek konuşma oldu. Konuşmamı Büyük Dörtler'e şiirsel bir övgüyle bitirdim, ama meydanda toplananların dikkatini çeken kısa süre önce ölmüş olan ABD başkanı için söylediklerim oldu: "El Cid gibi öldükten sonra da savaşları kazanmasını bilen Franklin Delano Roosevelt." Bu cümle günlerce kentte duyuldu, sokak levhalarına ve bazı dükkânların vitrinlerindeki Roosevelt portrelerine yazıldı. Böylelikle de benim ilk kamusal başarım ne şair ne de romancı, hatip olarak kazanılmış oldu; daha da kötüsü: politik bir hatip. Ondan sonra beni bir balkona çıkarmadıkları politik bir etkinlik olamadı lisede, tek fark tüm söylevlerimin yazılıp son satırına kadar düzeltilmiş olmalarıydı.

Zamanla bu yırtıklığım neredeyse tamamen dilsiz kesilmemi sağlayan bir sahne korkusu edinmeme neden oldu, ne büyük düğünlerde açabiliyordum ağzımı ne de hepimizin sonunda yerlere devrildiğimiz pelerinli ve sandaletli yerlilerle dolu meyhanelerde. Başka birine deli gibi âşık olduğu için benimle evlenmeyecek kadar şanslı olan güzel ve önyargısız Berenice'nin evinde de; annemle babam kişisel masraflarım için para göndermekte geciktiklerinde kaygılı telgraflarımı veresiye gönderen, hatta birkaç kere beni zorluk çekmekten kurtarmak için posta çeklerimi önceden ödeyen unutulmaz Sarita'nın telgraf ofisinde de dut yemiş bülbül gibiydim. En unutulmaz kızsa, kimsenin aşkı değil, şiir bağımlılarının perisiydi kuşkusuz. Cecilia González Pizano'ydu adı, vızır vızır işleyen bir zekâsı, kişisel bir sevimliliği, fena halde tutucu bir ailede yetişmesine karşın özgür bir ruhu ve her türlü şiiri hatırlayan doğaüstü bir belleği vardı. Soylu ve bekâr teyzesiyle lisenin kapısının karşısında, güneş çiçekleriyle dolu bir bahçeyi çevreleyen sömürge döneminden kalma bir malikânede yaşardı. İlk önceleri bu şiirsel çekişmelerle kısıtlı bir ilişkiydi, ama zamanla Cecilia gerçek bir hayat arkadaşı oldu, her zaman gülerdi, sonunda herkesin suç ortaklığıyla Calderón Öğretmen'in derslerine sızmayı başardı.

Aracataca'da yaşarken bana bir öyküyü anlatmanın en eski ve mutluluk verici biçimi akordeon eşliğinde güzel bir sesle şarkılar söyleyerek bir şenlikten ötekine gezmek gibi gelir, bunun hayalini kurar, harika bir yaşam olduğunu düşünürdüm. Annem çocuklar doğurmak için piyanodan vazgeçmişse ve babam da o çocukların geçimini sağlamak için kemanını bir yana bırakmışsa, en büyük oğullarının müzik uğruna açlıktan ölmeye niyetlenmesi pek doğru gelmiyor kulağa. Lise grubunda şarkıcı ve *tiple* çalgıcısı olmam, en zor müzik aletini çalacak kulağımın olduğunun ve şarkı söyleyebildiğimin kanıtıdır.

Lisede benim el atmadığım hiçbir millî bayram ya da tumturaklı bir olay düzenlenmemiştir. Bunlarda başı çeken daima Guillermo Quevado Zornosa Öğretmen olurdu, hem bestekârdı hem de kentin ileri gelenlerinden biriydi; belediye bandosunun ebedî şefi ve 'gelincik' şarkısının –yürek gibi kırmızı, yoldaki gelincik– yazarıydı; bu gençlik şarkısı, zamanında, sabahlanan gecelerin ve serenatların gözbebeği olmuştur. Pazar sabahları âyinden sonra her zaman *La gazza ladra* ile başlayıp *Il trovatore* korosuyla bitirdiği konserine katılmak için parkı ilk geçenlerden biri olurdum. Ne öğretmenim bunu bildi ne de ben ona söylemeye cesaret edebildim, ama o yıllarda hayatta düşlediğim tek şey onun gibi olmaktı.

Lisede müziği takdir etmeye yönelik bir ders için gönüllüler istendiğinde ilk el kaldıranlar Guillermo López ve bendim. Ders cumartesi sabahları, ilk klasik müzik programı Bogota'nın Sesi'nin yöneticisi Andrés Pardo Tovar öğretmenliğinde yapılacaktı. Sınıf için düzenlenmiş yemekhanenin dörtte birini bile doldurmuyorduk, ama ânında onun havarilerinkini andıran akıcı diliyle baştan çıktık. Kusursuz bir Cachaco'ydu, koyu lacivert bir takım, saten bir ceket giyer, inişli çıkışlı bir sesle ve kesik beden hareketleriyle konuşurdu. Onun antikalıkları arasında sözünü etmeye değer olan tıpkı bir denizaslanı eğitmeninin aşkı ve yetkinliğiyle pikabını kullanmasıydı. Bizi tartışmasız acemiler olarak kabul etti ki, doğruydu bu; Saint-Saëns'in *Hayvanlar Karnavalı*'yla işe başlayıp her hayvanın kesin verilerle altını çizdi, sonra Prokofiev'in *Peter ve Kurt*'unu çaldı. Bu cumartesi sabahı şölenlerinden bende büyük ustaların müziğinin neredeyse gizli bir kötü alışkanlık olduğuna ilişkin utanç verici bir duygu kaldı ve iyi müzikle kötüsü arasında küstah ayrımlarda bulunmamayı öğrenmek yıllarımı aldı.

Ertesi yıl dördüncü sınıfın geometri öğretmeni olarak karşımıza gelene kadar Müdür'le başka bir ilişkim olmadı. Salı günü sabah onda sınıfa girdi, kimseye bakmadan homurdanarak günaydın dedi ve hiçbir toz kırıntısı kalmayana kadar sünger silgiyle karatahtayı temizledi. Sonra bize döndü ve yoklama bile yapmadan Àlvaro Ruiz Torres'e,

"Bir nokta nedir?" diye sordu.

Torres'in yanıt verecek zamanı olmadı çünkü fen öğretmeni çalmadan sınıfın kapısını açarak Müdür'e eğitim bakanlığından acil bir telefon geldiğini bildirdi. Müdür aceleyle telefona yanıt vermek için sınıftan çıktı ve geri gelmedi. Bir daha hiç geri dönmedi çünkü telefon, hizmete adadığı tüm bir ömrün ardından, lisede geçirdiği beş yıllık müdürlük görevinden alındığını bildirmek içinmiş.

Ardından gelen müdür, Şair Carlos Martín'di, Barranquilla'da, César del Valle'nin keşfetmeme yardım ettiği Piedra y Cielo grubunun iyi şairlerinin en genciydi. Otuz yaşındaydı ve üç yayınlanmış kitabı vardı, şiirlerini biliyordum ve Bogota'da bir kitapçıda karşılaşmıştık da, ama ne ona söyleyecek bir şeyim vardı ne de imzalatmak için yanımda bir kitabı. Bir pazartesi günü hiç haber vermeden öğle teneffüsünde ortaya çıktı. Onu daha geç bekliyorduk, İngiliz kumaşından çizgili takımıyla bir şairden çok avukata benziyordu. Açık bir alnı ve şiirlerinde bile fark edilen bildiğinden şaşmazlığını vurgulayan çizgi gibi bir bıyığı vardı. Ölçülü adımlarla en yakınındaki öğrenci grubuna yöneldi, sakin ve her zamanki biraz mesafeli tavrıyla bize elini uzatarak,

"Merhaba, ben Carlos Martín," dedi.

Ben o sıralarda Eduardo Carranza'nın *El Tiempo*' nun edebiyat bölümünde ve *Sábado* dergisinde yayınladığı şiirlere hayrandım. Bana Guillermo Valencia efsanesini haritadan silmeye niyetli genç şairler arasında moda olan Juan Ramón Jiménez'in *Platero y yo* adlı kitabından esinlenen bir tarz gibi görünüyordu. Uçsuz bucaksız bir servetin mirasçısı olan Şair Jorge Rojas, adı ve parasıyla bazı orijinal kitapların yayınlanmasını desteklemiş, bu da büyük bir ilgi uyandırarak iyi ve tanınmış bir şair grubunun bir araya gelmesini sağlamıştı.

Böylece okul içi ilişkilerde büyük bir değişiklik yaşandı. Önceki Müdür'ün görüntüden ibaret imgesi, elbette gerekli mesafeyi koruyan ama her zaman ulaşabileceğimiz bir yerde duran somut bir varlıkla yer değiştirdi. Nasıl göründüğümüzle ilgili rutin kontrolü ve öbür gereksiz uygulamaları bir kenara bırakan yeni Müdür, arada bir gece teneffüslerinde öğrencilerle sohbet de ederdi.

Bu yeni tarz benim de yoluma girmemi sağladı. Belki de Calderón yeni Müdür'e benden söz etmişti, ilk gecelerden birinde şiirle ilişkim üzerine öylesine bir sondaj yapınca, içimde ne varsa boşalttım ona. Bana Don Alfonso Reyes'in üzerinde çok konuşulan *La experiencia literaria* adlı kitabını okuyup okumadığımı sordu. Okumadığımı itiraf edince, ertesi gün kitabı getirdi. Üç derste kitabın yarısını sıramın altından okuyarak bitirmiştim bile, kalanını da futbol sahasında, teneffüslerde okudum. Bu kadar prestijli bir deneme yazarının Agustín Lara'nın şarkılarını, çok akıllıca bir cümleyi bahane ederek Garcilaso'nun şiirleri gibi incelemekle ilgilenmesi beni keyiflendirmişti: 'Agustín Lara'nın popüler şarkıları, popüler şarkı değillerdir.'[1] Bu benim için gündelik yaşam çorbasında erimiş şiirle karşılaşmak gibi bir şeydi.

---

[1] Bu cümlenin İspanyolcasında akıllıca yapılmış bir sözcük oyunu var. 'Popular' sözcüğü İspanyolca hem Türkçe'deki gibi halk tarafından sevilen, tutulan, herkesin bildiği anlamına gelir, hem de halka ait, halkın içinden çıkan anlamına. (Çev.)

Martín muhteşem müdür dairesinden de vazgeçti. Ofisini açık kapılarla ana avluya kurunca, bu onu akşam yemeklerinden sonraki sohbetlerimize daha da yakınlaştırdı. Eşi ve çocuklarıyla birlikte uzun süreliğine ana meydanda yer alan, sömürge döneminden kalma iyi durumdaki evlerden birine yerleşti, duvarlarındaki rafların o yılların yenilikçi zevklerine özen gösteren bir okurun hayal edebileceği tüm kitaplarla dolu olduğu bir çalışma odası vardı. Hafta sonları Bogota'dan arkadaşları, özellikle de Piedra y Cielo grubundan dostları ziyaretine gelirlerdi. Bir pazar günü Guillermo López Guerra ile gezinirken uyduruk bir nedenle evine gittiğimizde, iki büyük yıldızla, Eduardo Carranza ve Jorge Rojas ile karşılaştık. Müdür sohbeti bölmemek için bize oturun anlamına gelen hızlı bir el işareti yaptı, orada oturup yarım saat Paul Valéry'nin adını bile duymadığımız bir kitabı hakkında tek bir sözcüğünü bile anlamadığımız bir sohbeti dinledik. Carranza'yı Bogota'daki kitapçılarda ve kahvelerde görmüştüm, onu sadece sıradan giysilerine ve varoluş biçimine son derece yakışan sesinin tınısından ve akıcılığından bile tanıyabilirdim: Bir şairdi o. Oysa Jorge Rojas'ı, Carranza ona adıyla hitap edene kadar üst başından ve bir bakanı andıran tarzından çıkarabilmem olanaksızdı. Ben bu üç büyük ustanın şiir hakkındaki tartışmalarına tanık olmak için yanıp tutuşuyordum ama gerçekleşmedi bu. Valéry konusu bitince Müdürümüz elini omzuma koyarak konuklarına,

"İşte size büyük bir şair," dedi.

Kibarlığından söylemişti elbette ama ben yıldırım çarpmışa döndüm. Carlos Martín iki büyük şairle fotoğrafımızı çekmek için ısrar etti ve çekti de, ama o fotoğraftan ancak yarım yüzyıl sonra, yaşlılığının keyfini sürmek için çekildiği Katalan kıyısındaki evde haberim oldu.

Lise bir yenilik rüzgârıyla sarsılıyordu. O zamana kadar yalnızca erkek erkeğe dans etmek için kullandığımız radyo, Carlos Martín'le birlikte ilk kez avluda gece haberlerini dinleyip tartıştığımız sosyal bir yayın aracına dönüştü. Bir edebiyat merkezi kurularak gazetenin çıkmaya başlamasıyla kültürel etkinlikler de arttı. Edebiyata gerçekten ilgi duyanların listesini yaptığımızda kişi sayısı bize grubun adını da sağladı: On Üçlerin Edebî Merkezi. Önyargılara bir meydan okuma olarak kabullendiğimiz bu durumu ayrıca uğurlu saydık. İnisiyatif öğrencilerindi, tek değişiklik haftada bir kez edebiyattan söz etmek için bir araya gelmemizdi aslında, oysa ne lisede ne de dışarıda bundan başka bir şey yaptığımız yoktu ki. Herkes kendi yapıtını getirir, okur ve ötekilerin değerlendirmelerine sunardı. Ben Javier Garcés takma adıyla imzaladığım dörtlüklerimi okurdum, amacım kendimi farklı kılmak değil, gizlemekti aslında. Bunlar ne ilham ne de soluk sahibi, yüreğimden gelmedikleri için hiçbir şiirsel değer yüklemediğim basit teknik denemelerdi. Quevedo, Lope de Vega ve hatta García Lorca'yı taklit ederek başlamıştım, sekizli hece ölçüleri öylesine kendiliğinden çıkıverirdi ki, ivmesiyle devam etmek için başlamak yeterliydi. Bu taklit ateşine fena yakalanmıştım, kendime Garcilaso de Vega'nın kırk dörtlüğünün her birini kendi düzeni içinde hicvetme görevi verdim. Bunların yanı sıra istek üzerine bazı yatılı öğrencilerin pazarları sevgililerine verecekleri şiirleri de yazardım. Hatta bu kızlardan biri bana son derece gizli kalması kaydıyla, heyecan içinde sevgilisinin sanki kendi yazmış gibi ona adadığı dizeleri okudu.

Carlos Martín bize lisenin ikinci avlusunda pencereleri güvenlik nedeniyle kilitli olan küçük bir depo vermişti. Beşimiz orada bir sonraki toplantıda yapılacakları belirliyorduk. Grubun üyelerinden benden başka hiçbiri yazarlık mesleğini benimsemedi, ama o sırada meselemiz bu değil, herkesin kendi olanaklarını görebilmesiydi. Başkalarının yapıtlarını tartışır ve sanki bir futbol maçından konuşuyormuşuz gibi kızışırdık. Bir gün Ricardo González Ripoll'ün bir tartışmanın ortasında odadan çıkması gerekince, Müdürümüz kulağını kapıya yapıştırmış, tartışmayı dinlerken yakalandı. Çok anlaşılır bir meraktı bu, boş zamanlarımızı edebiyata ayırmamız ona hiç de gerçekçi görünmemişti.

Mart ayının sonlarında, eski Müdürümüz Don Alejandro Ramos'un Bogota'daki Parque Nacional'de başına bir kurşun sıktığı haberi geldi. Kimsenin bu davranışını yalnız ve biraz da depresif karakteriyle ilintilendirmeye niyeti yoktu, Capitolio Atriumu'nda iki fanatik tarafından baltayla katledilen, dört sivil savaşın galibi, mücadeleci ve Liberal politikacı General Rafael Uribe Uribe'nin heykelinin ardında intihar etmesi için mantıklı bir neden de akıllara gelmiyordu. Herkesin aklında başka bir devre veda gibi kalan Müdür Alejandro Ramos'un cenazesine yeni Müdürümüzün başında olduğu temsilciler katıldı.

Yatılılar arasında ülke politikasıyla pek ilgilenen yoktu. Dedemlerin evinde, Bin Gün Savaşı'ndan sonra, iki politik parti arasındaki tek farkın, Liberallerin görülmemek için saat beş âyinine katılmaları, Muhafazakârların da inançlı görünmek için sekiz âyinine gitmeleri olduğunu yeteri kadar duymuştum. Muhafazakâr Parti'nin iktidarı kaybedip de, Liberallerin ülkeyi dünyada esen yenilik rüzgârlarına açmalarıyla, otuz yıl sonra gerçek farklılıklar da hissedilmeye başlanmıştı kuşkusuz. Kendi tartışmasız iktidarının pasının yenilgisine uğrayan Muhafazakâr Parti, İtalya'da Mussolini'nin uzak parıltısı ve İspanya'da General Franco'nun alacakaranlığında kendi evini temizler ve düzenlerken; Başkan Alfonso López Pumajero'nun ilk hükümeti eğitimli gençlerden kurulu takımyıldızıyla modern bir Liberalizm için gerekli koşulları hazırlamaya çalışıyor, bu arada belki de hiç farkında olmadan bizi de dünyanın ayrılmış olduğu iki yarıya bölerek, kaderin tarihî gereğini yerine getiriyordu. Kaçınılmazdı bu. Öğretmenlerin bize ödünç verdikleri kitaplardan birinde Lenin'den alınmış bir cümle hatırlıyorum: "Sen politikaya karışmasan bile, politika sonunda sana bulaşır."

Muhafazakâr başkanların kırk altı yıllık mağara adamlarına özgü hegemonyalarından sonra ilk kez barış mümkünmüş gibi görünmeye başlamıştı. Üç genç başkan ve modern bir anlayış, geçmişin sislerini dağıtmaya niyetli gibi görünen Liberal bir bakış açısı sunmuştu. Bu üç başkanın en kayda değerleri olan Alfonso López Pumajero, risk alan bir yenilikçiydi, 1942 yılında ikinci dönem için yeniden seçildiğinde hiçbir şey değişimlerin ritmini bozmayacak gibi görünüyordu. Lisedeki ilk yılımda, kendi ülkemizin politikasından çok daha fazla ilgimizi çeken Avrupa'daki savaşın haberlerini izlerdik. Basın hakkında düşünme alışkanlığımız olmadığından, gazeteler seyrek olarak okula girerlerdi. Taşınabilir radyolar da yoktu, tek radyomuz saat yediden sonra yalnızca dans etmek amacıyla sonuna kadar açtığımız, öğretmen odasındaki büyük konsoldu. O sıralarda savaşlarımızın en fırtınalı ve kanlısının kuluçkada beklediğini düşünmekten öylesine uzaktık ki.

Politika kendini zorla soktu liseye. Liberal ve Muhafazakâr gruplara ayrıldık, ilk kez herkesin hangi yanda olduğunun bu kadar farkındaydık. Başlarda içten gelen, samimi, neredeyse akademik bir taraf tutmaydı bu, ama ülkeyi çürütmeye başlayan aynı ruh haliyle yozlaştı. Okulda yaşanan ilk gerginlikler belli belirsizdi, ancak kimse ideolojilerini hiçbir zaman gizlemeyen öğretmenlerin başındaki Carlos Martín'in iyi niyetinden kuşku duymuyordu. Yeni Müdür bir militan olmasa bile, en azından salondaki radyodan gece haberlerinin dinlenmesi iznini vermişti ve o zamandan beri haberler dans müziğinden daha öne çıkmıştı. Ofisinde bir Lenin ya da Marx portresi olduğu, kanıtlanamasa da söylenirdi.

Okuldaki tek başkaldırı tehlikesi işte bu giderek tuhaflaşan ortamın meyvesi olsa gerek. Yatakhanede yastık ve ayakkabılar havada uçmaya başladı; ne uyuma olanağı vardı ne de kitap okumaya devam etme. Ne olduğunu çıkartamıyorum ama bana kalırsa –pek çok sınıf arkadaşım da aynı kanıda–, o gece yüksek sesle okunan kitabın bir bölümü nedeniyleydi tartışma. Rómulo Gallegos'un *Cantaclaro*'su. Tuhaf bir dövüşe çağrı.

Acil çağrılan Carlos Martín yatakhaneye girerek ortaya çıkmasının neden olduğu kesif sessizlikte odayı bir ucundan ötekine defalarca katetti. Sonra da onun karakterinden hiç beklenmeyecek otoriter bir tavırla hepimize yatakhaneden çıkıp pijama ve terliklerimizle buz gibi avluda sıraya girmemizi buyurdu. Orada dairesel Catilina[1] tarzı bir söylev çekti ve sırayı hiç bozmadan uyumaya gittik. Lise yıllarımdan aklımda kalan tek olaydır bu.

O yıl altıncı sınıfta aramıza katılan Mario Convers, öbür okullarda çıkarılan alışıldık gazetelerden farklı bir gazete çıkarma düşüncesiyle allak bullak etmişti bizi. İlk görüştüğü kişilerden biri de bendim ve o kadar inandırıcıydı ki, ne yapacağım hakkında hiçbir fikrim olmamasına karşın yazı işleri müdürü olmayı kabul ettim. Gazetenin son hazırlıkları, 8 Temmuz 1944'te Başkan López Pumarejo'nun, ülkenin güneyindeki resmî bir ziyaret sırasında Silahlı Kuvvetler'in üst düzey subaylarınca tutuklanmasıyla çakıştı. Başkan'ın kendi anlattığı bu öyküde palavra yoktu. Belki de hiç niyeti olmamasına karşın, araştırmacıların eline harika bir hikâye vermişti; anlattığına göre serbest bırakılana kadar ne olup bittiğinden haberi olmamış. Gerçek, yaşamın hakikatlerine o kadar yakındı ki, Pasto Askerî Darbesi ülke tarihinin gülünç olaylarından biri olarak kaldı.

Başkan Yardımcısı Alberto Lleras Camargo, López serbest bırakılana ve düzen yeniden kurulana kadar tüm ülkeyi kusursuz sesi ve üslubuyla Radio Nacional'den uyuttu. Ama basının sansür edilmesiyle, katı bir sıkıyönetim de başlamış oldu. Tahminler çeşitliydi. 1819 yılın-

---

[1] Çiçero'nun Catilina'ya karşı verdiği söylevler. (Çev.)

da İspanya'dan bağımsızlığın kazanılmasından beri ülkeyi yöneten Muhafazakârların Liberalleşme belirtisi gösterdikleri yoktu. Liberallerse, iktidarın tuzaklarından büyülenen genç ve entelektüel seçkinlerdi; aralarında en göze çarpan ve radikal örnek Jorge Eliécer Gaitán'dır. Muz bölgesinde yaşanan baskılara karşı, aklım ermeye başladığından beri dinlediğim eylemleriyle benim çocukluğumun kahramanıdır. Ninem ona hayrandı ama komünistlerle o zamanki benzerlikleri kadıncağızı endişelendirirdi sanırım. Zipaquirá Meydanı'ndaki bir balkondan gümbür gümbür bir konuşma yaptığında arkasında duruyordum, kavun biçimli başı, düz ve sert saçları, kusursuz yerli teni, belki de politik hesaplarla abartılmış bir Bogotalı sokak çocuğu şivesiyle konuştuğu gökgürültüsünü andıran sesi beni etkilemişti. Konuşmasında herkes gibi Muhafazakârlardan ve Liberallerden, sömürenlerden ve sömürülenlerden değil, yoksullardan ve oligarşiden söz etti; her cümlesine kakılı bu sözcüğü ilk kez duyuyordum, sözlükten bakmak için okula seğirttim.

Seçkin bir avukattı, Roma'da büyük ceza hukukçusu Enrico Ferri'nin gözde öğrencilerindendi. Belli ki orada Mussolini'nin hatiplik sanatını incelemişti çünkü onun teatral tarzına sahipti. Partinin içindeki rakibi Gabriel Turbay, kendisine sinema oyuncusu havası veren ince altın çerçeveli gözlüğüyle eğitimli ve zarifti. Komünist Parti'nin yakın geçmişteki bir kongresinde beklenmedik konuşmasıyla birçoklarını şaşırtmış, partidaşı bazı burjuvaları da kaygılandırmıştı; ancak ne sözleriyle ne de eylemleriyle Liberal formasyonuna ve aristokrat hali tavrına ters düştüğüne inanıyordu. Rus diplomasisiyle yakınlığı Roma'da Kolombiya büyükelçisi olarak 1936 yılında Sovyetler Birliği ile kurduğu ilişkilere dayanıyordu. Yedi yıl sonra, ABD'de Kolombiya'nın bir bakanı olarak bu kez benzer ilişkileri Washington ile kurdu.

Bogota'daki Sovyet elçiliğiyle ilişkileri çok sıcaktı,

Kolombiya Komünist Partisi'nin başındaki bazı dostları Liberallerle bir seçim birliği kurabilecek gibi görünüyorlardı; bu konu o zamanlar herkesin dilindeyse de, hiçbir zaman gerçekleşmedi. Yine aynı dönemde, Kolombiya'da, Washingon elçisi olarak büyük bir Hollywood yıldızının gizli sevgilisi olduğu söylentisi de yaygındı –belki Joan Crawford ya da Paulette Goddard– ama hiçbir zaman bir müzmin bekâr olmaktan vazgeçmedi.

Gaitán ve Turbay'in seçmenleri Liberal bir çoğunluk oluşturup aynı parti içinde yeni yollar açabilirlerdi belki, ama bu iki yarının hiçbiri birleşik ve silahlı Muhafazakârlara karşı çoğunluğu sağlayamazdı.

İşte *Gaceta Literaria*'mız bu kötü günlerde çıktı. İlk baskıyı çıkartan bizler bile tabloid boydaki iyi düzenlenmiş ve iyi basılmış sekiz sayfanın profesyonel sunumundan etkilendik. Carlos Martín ve Carlos Julio Calderón en heyecanlılarımızdı, her ikisi de teneffüslerde bazı makaleler üzerine yorumlar bile yaptılar. En önemli makalelerden birini Carlos Martín yazmıştı zaten; devletin çıkarlarının seyyar satıcılığını yapanlara karşı aklımızı başımıza toplayarak cesur bir mücadele vermemiz gerektiğinden, hırslı politikacılardan ve ülkenin özgürce ilerlemesine karşı çıkanlardan dem vuran bir metindi. İlk sayfada Müdürümüzün büyük bir portresiyle, Convers'in Hispaniklik hakkında bir makalesi ve benim Javier Garcés diye imzaladığım bir şiirim yer alıyordu. Convers, Bogota'daki arkadaşları arasında gazetenin büyük heyecanla karşılandığını, okullar arası bir gazete olarak ortaya çıkabilmesi için bazı destek ihtimalleri olduğunu söyledi.

Pasto Darbesi yapıldığı zaman daha ilk sayı dağıtılmamıştı. Kamu düzeninin sarsıldığı aynı gün Zipaquirá belediye başkanı silahlı bir bölükle birlikte liseye gelerek dağıtım için hazır ettiğimiz kopyalara el koydu. Filmlere yaraşır bir saldırıydı, gazetenin bozguncu malzemesi olduğuna ilişkin kurnaz bir ihbarla açıklanabilir bu ancak. Aynı gün Cumhuriyet'in başkanlık basın bürosundan gelen bir haberde gazetenin sıkıyönetim sansüründen geçmeden basıldığı bildirilerek, Carlos Martín önceden uyarılmaksızın müdürlük görevinden alındı.

Bizim açımızdan anlamsız bir karardı bu, kendimizi hem aşağılanmış hem de önemli hissetmiştik. Gazetenin baskı sayısı iki yüzden fazla değildi ve arkadaşlar arasında dağıtılacaktı, ama bize sıkıyönetim yasalarına göre sansür gereklerini yerine getirmenin kaçınılmaz olduğunu söylediler. Lisansımız bir daha hiç gelmeyen ikinci bir emre kadar iptal edildi.

Ancak aradan elli yıl geçtikten sonra, bu kitabı yazmaya karar verdiğimde Carlos Martín'le konuşup bu saçma sapan olayların aslını öğrenebildim. *Gaceta*'nın toplatıldığı gün, onu lisenin müdürlüğüne atayan eğitim bakanının ta kendisi, yani Antonio Rocha bu kez istifasını istemiş. Carlos Martín onunla karşılaştığında elinde pek çok cümlesini düzen bozucu bulup kırmızıkurşun kalemle altını çizdiği *Gaceta Literaria* varmış. Martín'in editör olarak yazdığı makalenin, Mario Convers'in makalesinin, hatta tanınmış biri olup da, takma ad kullandığından kuşkulanılan şairin cümlelerinin bile altı çiziliymiş. "Böyle kötü niyetle davranarak İncil'in cümlelerinin bile altını çizip aslında tam tersini söylediklerini iddia edebilirsin," demiş Carlos Martín; öylesine çileden çıkmış ki, bakan onu polis çağırmakla tehdit etmiş. Martín'i *Sábado* dergisinin yöneticisi yapmışlar, onun gibi bir aydının parlak bir terfi gibi görmesi gereken bir durummuş bu. Ama eski Müdürümüz kendini her zaman sağ kanadın bir entrikasının kurbanı gibi görmeye devam etmiş. Bogota'da bir kahvede taciz edilmiş ve neredeyse olayı silahla savuşturacak noktaya gelmiş. Daha sonra yeni bir bakan onu hukuk bölümünün baş avukatı olarak atamış, orada geçirdiği parlak meslek yaşamının ardından, Tarragona'daki vahasında kitapları ve anılarıyla çevrili bir emekliliğe kavuşmuş sonunda.

Carlos Martín görevinden alındığı sırada lisede, kentteki evlerde ve meyhanelerde kimin ortaya attığı bilinmeyen bir söylenti yayıldı –bunun elbette ki Martín'le hiçbir ilgisi yok–, 1932'de Peru'yla yapılan savaş, Muhafazakârların çığrından çıkmış muhalefetine karşı iktidardaki Liberal hükümetin bir numarasıydı güya. Teksirle çoğaltılıp dağıtılan kâğıtlarda yazılanlar da dahil, anlatılanlara göre bu dramın hiçbir politik nedeni yokmuş, Perulu bir çavuş, askerî bir bölükle birlikte Amazon Irmağı'nı geçerek Kolombiya kıyısında Leticialı idare memurunun, adı Pilar olan ama Pila diye çağrılan güzeller güzeli melez sevgilisini kaçırmış. Kolombiyalı idare memuru olayı duyunca, bir grup silahlı işçiyle birlikte ırmağı geçerek Peru topraklarına girip Pila'yı kurtarmış. Bunu duyan Peru Diktatörü General Luis Sánchez Cerro, fırsattan istifade Kolombiya topraklarını işgal edip Amazon sınırını ülkesinin yararına değiştirmeye niyetlenmiş.

Yarım yüzyıldan fazla süren mutlak bir iktidarın ardından bozguna uğrayan Muhafazakâr Parti'nin gaddarca fişteklemesiyle, Olaya Herrera savaş ve ulusal seferberlik ilan etti, güvendiği adamların liderliğinde ordusunu topladı ve bölükleri Peruluların işgal ettikleri toprakları bağımsızlığına kavuşturmaya gönderdi. Bir savaş çığlığı ülkeyi sarsarak çocukluğumuzu yakıp tutuşturdu: "Yaşasın Kolombiya, kahrolsun Peru!" Savaşın iyice kızıştığı dönemde, SCADTA'nın sivil uçaklarının bile orduya katılıp savaş bölükleri olarak silahlandığı, hatta içlerinden birinin bombası olmadığı için Peru'nun Guepí Kasabası'ndaki Kutsal Hafta törenlerini hindistancevizi bombardımanıyla dağıttığı söylentisi yayıldı. Başkan Olaya'nın bu karşılıklı yalan savaşında gerçekleri duyurması için cepheye gönderdiği büyük yazar Juan Lozano, usta kalemiyle olayın gerçeğini anlattıysa da, yalan anlatı da uzun bir süre geçerliliğini korudu.

Generel Luis Miguel Sánchez için bu savaş, demir idaresini daha da sağlamlaştırmak için gökten inme bir fırsattı elbette. Olaya Herrera o sırada Paris'te bulunun Muhafazakâr General Alfredo Vásquez Cobo'yu Kolombiya güçlerinin komutanlığına adadı. Tam iki tarafın diplomatları savaşı yatıştırmaya başlamışlarken, Cobo Atlantik Okyanusu'nu silahlı bir gemiyle geçerek, Amazon Irmağı'nın ağzından ta Leticia'ya kadar ilerledi.

Pasto Darbesi'yle ya da okulda çıkardığımız gazeteyle ne ilişkisi vardı bilmiyorum ama, Carlos Martín'in yerine meslekten bir eğitimci ve prestij sahibi bir fizikçi olan Oscar Espitia Brand atandı. Bu atama okulda her türlü kuşkuyu uyandırdı elbette. Daha ilk karşılaşmamızda, şair kılığıma ve düzeltilmemiş bıyığıma öyle bir şaşkınlıkla baktı ki, tüylerim ürperdi. Sert görünüyor, ciddi bir ifadeyle insanın gözlerinin içine bakıyordu. Organik kimya öğretmenimiz olacağı haberi beni korkudan bitirdi.

O yılın cumartesi gecelerinden birinde sinemada tam filmin yarısındayken, hoparlörden huzursuz bir sesle lisede bir öğrencinin öldüğünü duyurdular. O kadar etkileyiciydi ki, hangi filmi izlediğimizi kesinlikle hatırlayamasam da, Claudette Colbert'in bir köprünün parmaklıklarından akıp köpüren bir ırmağın sularına kendini atmak üzere olduğu sahnenin ağırlığını unutamam. İkinci sınıfta, uzak Ekvador sınırındaki Pasto kentinden aramıza yeni katılmış on altı yaşında bir delikanlıydı ölen. Beden öğretmeninin tembel öğrencileri için hafta sonu cezası olarak düzenlediği koşma yarışı sırasında solunum yetmezliğinden ölmüş. Orada geçirdiğim sürede ölen tek öğrenciydi ve yalnızca lisede değil, tüm kentte müthiş bir duygulanım yarattı. Arkadaşlarım cenazede birkaç veda cümlesi etmemde ısrar ettiler. Aynı gece yeni Müdür'den konuşmamı okuması için bir randevu talep ettim ve ofisine girdiğimde sanki ölü Müdür'le yaptığım görüşmenin doğaüstü bir tekrarını yaşıyormuşçasına tüylerim diken diken oldu. Müdür Espitia makalemi trajik bir ifadeyle okudu, hiçbir yorum yapmadan onayladı, ama tam odasından çıkmak için ayağa kalktığımda eliyle oturmamı işaret etti. Teneffüslerde gizlice elden ele dolaşan yazılarımı ve dizelerimi okuduğunu ve bazılarının ona bir edebiyat ekinde basılmaya layık göründüğünü söyledi. Ben acımasız utangaçlığımı yenmeye uğraşırken, o birden kuşkuya yer bırakmayacak şekilde bana bu konuşmasının gerçek amacını açıkladı. Ciddi bir adama yakışmayan şair buklelerimi kesmemi, fırça gibi bıyığımı düzeltmemi, karnaval gömleklerine benzeyen kuşlu çiçekli gömlekler giymekten de vazgeçmemi öğütledi. Böyle bir şeyi hiç beklemiyordum, neyse ki münasebetsiz bir yanıt vermemek için sinirlerime hâkim olabildim. Bunu fark edince vaaz verir gibi bir tonda şair ünüm nedeniyle bu modanın genç öğrenciler arasında benimsenmesinden korktuğunu açıklamaya girişti. Odasından çıktığımda böyle yüksek bir mercinin şairane üst başımı ve yeteneğimi fark etmesinden etkilenmiş, o kadar hüzünlü bir tören için kılık kıyafetime çekidüzen vererek Müdür'ü memnun etmeye karar vermiştim. Öyle ki ölenin ailesinin dileğiyle cenaze sonrasındaki tören iptal edildiğinde bunu kişisel bir başarısızlık olarak gördüm.

Bu iş epey kasvetli bitti. Biri lisenin kütüphanesinde sergilenen tabutun camının buğulandığını görmüş. Àlvaro Ruiz Torres, ailenin isteğiyle tabutu açınca, gerçekten içinden buğulanmış olduğunu gördü. El yordamıyla böyle yalıtılmış bir kutuda oluşan buharın nedenini ararken, parmaklarının ucuyla hafif bir baskı uygulayınca, kadavradan insanın kanını donduran bir inilti koptu, bunun üzerine aile oğullarının canlı olabileceği fikriyle dehşete kapıldı, doktorun solunum yetmezliği nedeniyle ölüm ânında ciğerlerinde kalan havanın göğse yapılan basınçla dışarı çıkmasının bu sesi yarattığını açıklaması gerekti. Bu tanının yalınlığına karşın ya da böylesine yalın olduğu için, bazılarında onu canlı canlı gömdükleri korkusu kaldı. İşte bu ruh haliyle, annemleri eğitimime devam etmemem konusunda yumuşatmaya kararlı olarak dördüncü yıl tatiline çıktım.

Görünmez bir yağmur altında indim Sucre'ye. Limanın mendireği özlemlerimdekinden farklı göründü gözüme. Meydan da belleğimdekinden daha küçük ve çıplaktı, kilise ve gezinti yolu budanmış badem ağaçlarının altında kimsesiz görünüyordu. Sokaklardaki renkli çelenkler Noel'in gelişini muştuluyorsa da, bu bende önceki duygulanmalarımı yaratmadı, mendirekte şemsiyeleriyle bekleyen bir avuç insanın kim olduğunu çıkartamadım, ta ki biri yanımdan geçerken karıştırmam mümkün olmayan bir ton ve vurguyla,

"Mesele ne?" diyene kadar.

Babamdı, kilo kaybından solgun ve ufalmış görünüyordu. Genç bir adamken uzaktan bile tanınmasını sağlayan beyaz keten takımı yoktu üzerinde, bir ev pantolonunun üzerine kısa kollu tropikal desenli bir gömlek giymiş, başına tuhaf bir kasket takmıştı. Yanındaki kardeşim Gustavo'yu da dokuz yaşının büyüme hamlesi nedeniyle tanıyamamıştım.

Neyse ki ailem yoksulluğun girişimci ruhunu kaybetmemişti de, erken yenen akşam yemeği sanki bana buranın evim olduğunu ve başka evim olmadığını bildirmek amacıyla hazırlanmıştı. Masadaki iyi haber kız kardeşim Ligia'nın piyango kazanmasıydı. Kardeşimin anlattığına göre hikâye annemin düşünde babasının Aracataca'daki eski evi soymaya yeltenen bir hırsızı suçüstü yakalayıp havaya ateş ettiğini görmesiyle başlamış. Annem alışkanlık olduğu üzere düşünü kahvaltı masasında anlattıktan sonra, tıpkı dedemin tabancasına benzeyen yedi rakamıyla biten bir bilet alınmasını önermiş. Annem ödül parasıyla ödemeye söz verdiği veresiye bir bilet almış. Sonra o sırada on bir yaşında olan kız kardeşim Ligia babamdan hiçbir şey çıkmayan biletin parasını ödemek üzere otuz *centavo* istemiş ve bir otuz *centavo*'yu da bir sonraki hafta için yine aynı tuhaf numaralı bileti almaya harcamış: 0207

Kardeşim Luis Enrique, Ligia'yı korkutmak için bileti saklamış ama, ertesi pazartesi kardeşim piyangoyu kazandığını haykırarak çığlık çığlığa eve daldığında kendisi daha beter korkmuş. Çünkü muzurluk yapayım derken bileti nereye koyduğunu unutmuş ve çılgın gibi ararlarken dolapları, sandıkları boşaltıp evin altını üstüne getirmişler, salondan tuvaletlere kadar el değmedik yer bırakmamışlar. Kabalistik ödül bedeli tüm bu öykünün en kaygı uyandırıcı yanıydı kuşkusuz: 770 peso.

Kötü haberse, annemlerin Luis Enrique'yi Medellín'deki Fontidueño Islahevi'ne gönderme hayallerini gerçekleştirmeleriydi sonunda, oranın söz dinlemez evlatlar için bir okul olduğuna ikna olmuşlardı, ama aslında son derece tehlikeli genç suçluların topluma kazandırılması için bir hapishaneydi.

Babam bu konuda son kararını ele avuca sığmaz oğlunu eczanenin bir alacağını tahsil için bir müşterisine göndermesiyle vermiş çünkü kardeşim alacak bedeli olan sekiz pesoyu babama vermek yerine, büyük ustalıkla çalmayı öğrendiği iyi cins bir *tiple* satın almış. Babam müzik aletini evde keşfedince kardeşime hiçbir şey belli etmemiş ve ona sekiz pesoyu sormaya devam etmiş, kardeşim de her keresinde dükkân sahibinin ödeyecek parası olmadığı yanıtını vermiş. Aradan iki ay geçtikten sonra, bir gün Luis Enrique babamı gizlice aldığı *tiple*'siyle doğaçlama bir şarkı söylerken bulmuş: "Bak elimdeki *tiple*'ye, tam sekiz peso değerinde."

Babamın bu işin aslını nasıl öğrendiğini ya da oğlunun bu halden anlamaz numarasına neden baştan ses etmediğini hiçbir zaman öğrenemedik, ama oğlan annem kocasını yatıştırana kadar evden toz olmuş. Ondan sonra babamın ağzından Luis Enrique'yi Medellín'deki ıslahevine göndereceği tehditleri duyulur oldu, ama kimse aldırmadı çünkü beni de Ocaño'daki manastıra göndermekten söz ederdi; cezalandırmak için değil de, evde bir

247

rahip bulunmasının şerefine; neyse ki bu fikrini unutması gerçekleştirmesinden daha hızlı oldu. Sanırım *tiple* bardağı taşıran son damlaydı.

Islahevine girmek için bir çocuk yargıcının kararı gerekliydi, ama babam bu eksikliği arkadaş çevresinde çözümledi ve Medellín Başpiskoposu Monsenyor García Benítez'den bir öneri mektubu aldı. Luis Enrique iyi huyluluğunu bir kez daha gözler önüne sererek, alınıp götürülmesine sanki bir partiye gidermişçesine muzaffer bir havayla izin verdi.

Onun olmadığı bir tatilin tadı yoktu. Sihirli terzi ve usta *tiple* çalgıcısı Filadelfo Velilla'ya ve elbette Üstat Valdés'e bir profesyonel gibi eşlik edebilirdi o. Zenginlerin dans partilerinden çıktığımızda, kaçak acemi kuşlar parkın karanlıklarında her türlü kötü niyetle üzerimize üşüşürlerdi. Bir keresinde onlardan biri olmayan ama bana öyle gibi gelen bir kıza benimle gelmesini önerince, gelemeyeceğini çünkü kocasının evde uyuduğunu söyleyerek bana mantık örneği bir yanıt vermişti. Ama iki gece sonra haftada üç kez, kocası evde olmadığında çalmadan içeri girebilmem için sokak kapısının kol demirini takmayacağını söyledi.

Adını da soyadını da hatırlıyorum ama onu o zamanki gibi çağırmayı yeğlerim: Nigromanta.[1] Noel'de yirmi yaşını dolduracaktı, Etiyopyalılar gibi bir profili ve kakao teni vardı. Yatağı neşeli, doyumu taşlı ve ıstıraplı, aşk içgüdüsü bir insanoğlundan çok girdaplı bir ırmağa yaraşır nitelikteydi. Kocasının tıpkı Juan Breva gibi dev bir bedeni ve çocuk sesi vardı. Ülkenin güneyinde polis memuruydu ve atış talimi yapmak için Liberalleri avladığı gibi tatsız bir ünün sahibiydi. Kartondan bir bölmeyle ikiye ayrılmış, bir kapısı sokağa, öteki mezarlığa açılan bir evde yaşarlardı. Komşuları mutlu dişi köpekler gibi çığlıklar atarak ölülerin huzurunu bozduğundan

---

[1] Nigromanta 'büyücü' anlamına gelir. (Çev.)

şikâyet ederlermiş, ama bana kalırsa ne kadar çok bağırırsa, ölüler onun bu çığlıklarıyla rahatsız edilmekten o kadar mutlu olmalıydılar.

İlk hafta sabaha karşı saat dörtte evden kaçmam gerekti, çünkü tarihte yanılmıştık ve polis memuru her an geri dönebilirdi. Mezarlığa bakan kapıdan bataklık yakamozlarına ve ölüsever köpeklerin havlamalarına çıktım. Kanalın üzerindeki ikinci köprüde yanımdan geçene kadar kim olduğunu çıkartamadığım dev gibi bir cüssenin yaklaştığını gördüm. Çavuşun ta kendisiydi ve beş dakika daha gecikseydim, beni kendi evinde yakalayacaktı.

İçten bir sesle, "Günaydın beyaz çocuk," dedi.

Hiç de inandırıcı olamadan,

"Tanrı sizi korusun çavuş," yanıtını verdim.

Sonra ateş istemek için durdu. Kibritin sabah rüzgârında sönmemesi için çok yakınında durarak isteğini yerine getirdim. Sigarasını yaktıktan sonra biraz uzaklaşıp,

"Öyle bir orospu kokuyorsun ki, olacak gibi değil," dedi.

Korktuğumun başıma gelmesi sandığım kadar uzun sürmedi, çünkü ertesi çarşamba yine uyuyakaldım ve gözlerimi açınca rakibimin sakince yatağın ayakucundan bana baktığını gördüm. Öylesine korktum ki, nefes almaya devam edebilmek için çaba göstermem gerekti. Nigromanta da uyanmış, araya girmeye çalışıyordu ama kocası tabancasının namlusuyla onu uzaklaştırdı.

"Sen karışma," dedi, "yatakta sadakatsizlik kurşunla halledilir."

Tabancayı masanın üzerine koydu, bir şişe şekerkamışı romu açtı, karşılıklı oturup hiç konuşmadan içmeye koyulduk. Ne yapacağını kestiremiyordum ama beni öldürmeye niyeti olsaydı, bu kadar oyalanmayacağını umuyordum. Bir süre sonra Nigromanta bir çarşafa sarınmış halde, neşeli bir tavırla ortaya çıktı, ama kocası silahını ona doğrultarak,

"Bu erkek işi," dedi.

Kadın olduğu yerde sıçrayıp karton bölmenin arkasına saklandı.

Dışarıda fırtına başladığında ilk şişenin dibini görmüştük. İkincisini açtı, tabancayı kendi şakağına dayayarak buz gibi gözlerle bana baktı. Sonra dibine kadar tetiği çekti, ama kurusıkıydı. Bana silahı uzattığında ellerinin titremesini ancak kontrol edebiliyordu, "Sıra sende," dedi.

İlk kez elime bir silah alıyordum, o kadar ağır ve sıcak olmasına şaşırdım. Buz gibi bir ter döküyordum, midem alev alev bir köpükle doluydu sanki, bir şey söylemek istedimse de, sesim çıkmadı. Ateş edemedim, bunun yakayı sıyırmak için tek fırsatım olduğunun bile farkına varmadan silahı ona geri verdim.

"Ne oldu, donuna mı doldurdun?" dedi keyifli bir aşağılamayla. "Bunu gelmeden önce düşünecektin."

Sert erkeklerin de sıçtıklarını söyleyebilirdim ama böyle ölümcül şakalar yapacak kadar taşaklı olmadığımı fark ettim. Bunun üzerine tabancanın topunu açarak içindeki tek kapsülü çıkardı ve masanın üzerine fırlattı: boştu. Hissettiğim rahatlama değil, aşağılanmaydı.

Yağmur dörtten önce hafiflemişti, ikimiz de gerilimden öylesine bitip tükenmiştik ki, bana ne zaman giyinme emri verdiğini hatırlamıyorum, düelloya yakışan bir ağırbaşlılıkla yerine getirdim. Dönüp de oturduğumda ağlayanın o olduğunu gördüm, doya doya hiç çekinmeden, sanki gözyaşlarını göstermek istercesine ağlıyordu. Sonunda elinin tersiyle gözlerini sildi, burnunu iki parmağının arasına alarak sümkürdü ve ayağa kalktı.

"Neden buradan canlı çıktığını biliyor musun?" diye sordu, sonra kendi sorusuna kendi yanıt verdi: "Çünkü üç yıl boyunca kimsenin çaresini bulamadığı berbat bir belsoğukluğundan beni baban iyileştirdi de ondan."

Bir erkek gibi omzuma vurarak beni sokağa itti. Yağmur devam ediyordu, kasabayı sel götürüyordu, öyle ki hâlâ canlı olmanın şaşkınlığıyla dizlerime kadar gelen su akıntısının içinde ilerledim.

Annemin bu karşılaşmadan nasıl haberi olduğunu bilmiyorum ama sonraki günler gece dışarı çıkmamam için inatçı bir kampanya yürüttü. Bana da babama yaptığı gibi pek işe yaramayan aklımı başka yere çekme yöntemleri uyguluyordu. Giysilerimi cvin dışında çıkarıp çıkarmadığıma ilişkin işaretler arıyor, ortada öyle bir şey yokken parfüm kokusu alıyor, kocasının da oğullarının da sindirim aşamasında aşk yapmayacaklarına olan batıl inancıyla evden çıkmadan önce bana ağır yemekler yediriyordu. Bir gün artık beni evde tutacak bahanesi kalmadığında, önüme oturup şöyle dedi:

"Söylediklerine göre bir polisin karısıyla işi pişirmişsin ve adam kafana bir kurşun sıkmaya yemin etmiş."

Annemi bunun doğru olmadığına ikna etmeyi başardım ama dedikodu devam etti. Nigromanta yalnız olduğuna, kocasının uzakta görevli olduğuna ve onu bir süredir görmediğine dair bana haber gönderdi. Adamla hiçbir zaman karşılaşmamaya özen gösterdim, ama ne zaman beni uzaktan görse hem tehdit hem de uzlaşma olarak yorumlanabilecek bir el işareti yapardı. Ona en son bir sonraki tatilimde, fena içtiğimiz bir gece rastladım ve bana bir bardak sert rom ikram edince geri çeviremedim.

O zamana kadar beni içedönük bir öğrenci olarak kabul eden öğretmenlerim ve arkadaşlarımın, beşinci yılımızda Carlos Martín döneminin resmiyetten uzak havasında serpilen lânetli bir şair olduğum izlenimine hangi hayallerin sonucunda kapıldıklarını bilemiyordum. Acaba bu imgeye daha fazla uyum sağlayabilmek için mi, on beş yaşında, lisede sigaraya başladım? İlk deneyim korkunçtu. Gecenin yarısını banyonun zemininde kendi kusmuğuma bulanmış ıstırap çekerek geçirdim. Bitmiş bir halde sabahı ettim ama nedense tütünün akşamdan kalmalığı beni iteceğine içimde içmeye devam etmek için dayanılmaz bir arzu uyandırdı. İşte böylece tütün tiryakiliğim başladı ve öyle bir noktaya vardı ki, ağzım dumanla dolu olmadan tek bir cümle bile düşünememeye başladım. Lisede yalnızca teneffüslerde tütün içmemize izin vardı, ama ben aşermemin üstesinden gelebilmek için her ders iki-üç kez tuvalete gitmek için izin istemeye başladım. Böylelikle iş günde yirmi sigaralık üç pakete kadar vardı, gecenin uzayışına göre dördüncüsünü açtığım da olurdu. Liseyi bitirdiğim bir dönemdi, boğazımın kurumasından ve kemiklerimin ağrısından delirecek gibi olarak sigarayı bırakmaya karar verdim, ama iki gün dayanabildim.

Calderón Öğretmen'in giderek cesurlaşan ödevleri ve beni neredeyse okumaya zorladığı kuramsal edebiyat kitaplarıyla birlikte düzyazı konusunda elimin çözülmesinde sigaranın payı var mı bilmiyorum. Şimdi yaşantımı gözden geçirdiğimde, *Binbir Gece Masalları*'yla yaşadığım şaşkınlığın ardından okuduğum onca öyküye karşın, o zamanlar bu konudaki algımın ilkel olduğunu görüyorum. Öyle ki, Şehrazat'ın anlattığı masalların onun zamanında gündelik yaşamda gerçekten oluştuğunu, ama sonraki nesillerin inançsızlığı ve ödlek gerçekçiliği nedeniyle meydana gelmez olduklarını düşünmüştüm. Bu nedenle de öykü yazarı okurlarını inandırabilmeye muktedir değilse, kentlerin ve dağların üzerinde bir halıyla uçulabileceğine ya da Cartagena de Indias'tan bir kölenin iki yüz yıl bir şişenin içinde hapis yaşayacağına zamanımızda kimsenin yeniden inanacağını düşünemiyordum.

Ezbere öğrendiğim edebiyat dersleri hariç, öbürlerini astım, hepsinde tek bir rol oynuyordum zaten: Ölesiye sıkılıyor, işleri şansa bırakıyordum. Her konunun püf noktasını hissedebilmemi sağlayan bir içgüdüm vardı, geri kalanları çalışmamak için öğretmenleri en çok neyin ilgilendirdiğini bir kâhin gibi tahmin ediyordum. Beni duygulandırmayan, benim olmayacak bir hayatta hiç işime yaramayacak konulara neden aklımı ve zamanımı feda etmem gerektiğini anlayamıyordum aslında.

Öğretmenlerimin çoğunun bana sınavlarımdan çok edepli tavrım nedeniyle not vereceklerini düşünmeye cesaret edebiliyordum; beni kurtaran, beklenmedik yanıtlarım, çılgın kuramlarım, mantıksız yaratımlarımdı. Başa çıkamayacağımı sandığım akademik heyecanlar içinde beşinci yılımı bitirdiğimde, kendi sınırlarımın da farkına vardım kuşkusuz. O zamana kadar lise eğitimim mucizelerle döşeli bir yol olmuştu, ama yüreğim beşinci yılın sonunda beni aşılmaz bir duvarın beklediği konusunda uyarıyordu. Hiç allanıp pullanmamış haliyle gerçek, akademik bir kariyer için irademin, gönülden duyulan bir arzumun, düzen, para ve imlamın olmadığıydı. Şöyle desek daha iyi: Yıllar uçup gidiyordu ve benim içimde ne olacağıma ilişkin en küçük bir fikir bile yoktu, o bozgun döneminin bile bana yararlı olduğunu anlamam içinse köprülerin altından çok sular akması gerekecekti; çünkü bir yazarın işine yaramayacak bir şey ne bu dünyada vardır ne de ötekinde.

Ülkenin gidişatı da iyi değildi. Tepkici Muhafazakârların vahşi muhalefetine boyun eğen Alfonso López Pumajero, 31 Temmuz 1945'te başkanlıktan istifa etti. Başkanlık döneminin son yılı için Kongre Alberto Lleras Camargo'yu atadı. Huzur veren sesi ve kendine özgü bir metinle yaptığı görevi devralış konuşmasıyla Lleras, yeni bir seçim dönemine giren ülkedeki heyecanı yatıştırmak gibi hayalî bir işe de soyunmuş oldu.

Müdürümüz, yeni Başkan'ın kuzeni olan Monsenyör López Lleras aracılığıyla, Atlantik kıyısına yapılacak bir eğitim gezisi için yardım bulmak amacıyla bir temsilciler grubu oluşturdu. Söz dinlemez saçlarıma ve çalı gibi bıyığıma çekidüzen vermem şartıyla neden beni de bu gruba dahil ettiğini bilmiyorum. Öbür davetliler Başkan'ın tanıdığı olan Guillermo López Guerra ve Yenilikçiler neslinden, cesur konulara el atan ünlü bir şair olan Laura Victoria'nın yeğeni Àlvaro Ruiz Torres'ti; Laura Vic-

253

toria, Lleras'ın da sahibiydi. Başka bir seçeneğim yoktu: Cumartesi gecesi Guillermo Granados yatakhanedekilere bir roman okurken, üçüncü sınıftan bir berber çırağı bana bir asker tıraşı ve tango bıyığı yaptı. Haftanın geri kalanında bu yeni tarzım nedeniyle hem yatılı hem de gündüzlü öğrencilerin alaylarına katlanmam gerekti. Başkanlık Sarayı'na girme düşüncesi bile kanımı donduruyordu ama yüreğim yanılıyormuş bu konuda, orada iktidarın gizemlerinin karşılaştığımız tek göstergesi göklere yaraşır bir sessizlikti. Halılar ve saten perdelerde kaplı girişte kısa bir süre bekledikten sonra, üniformalı bir asker bizi Başkan'ın odasına götürdü.

Lleras Camargo fotoğraflarına pek benzemiyordu. İngiliz gabardininden kusursuz bir takımın içindeki üçgen omuzları, çıkık elmacıkkemikleri, parşömen solgunluğu, karikatüristlerin pek hoşuna giden yaramaz çocuk dişleri, hareketlerindeki yavaşlık ve elini uzatırken dosdoğru insanın gözünün içine bakması beni etkiledi. Başkanların nasıl olması gerektiği konusunda ne gibi bir fikre sahiptim anımsamıyorum, ama hepsinin onun gibi olduğunu sanmıyorum. Zamanla onu daha iyi tanıdıkça, her şeyden çok yolunu şaşırmış ve boşa harcanmış bir yazar olduğunu kendisinin bile bilemeyeceğini fark ettim.

Müdür'ün sözlerini gözle görülür bir ilgiyle dinledikten sonra birkaç uygun yorumda bulundu, ama üç öğrenciyi dinlemeden bir karar vermedi. Bizi de aynı şekilde dikkatle dinleyip Müdür'e davrandığı saygı ve sevimlilikle davranması hoşumuza gitti. Son iki dakika, şiirden nehir gemiciliğinden daha iyi anladığını ve kesinlikle daha çok ilgilendiğini anlamamız için yeterliydi.

Bize tüm istediklerimizi verdikten sonra, lisenin dört ay sonraki kapanış törenine katılmaya da söz verdi. Gerçekten de en ciddi hükümet olaylarından birine katılıyormuş gibi bu sözünü yerine getirdi ve şerefine sahnelediğimiz komediye kimsenin gülmediği kadar güldü.

Dönem sonu partimizdeyse aslından farklı bir imge sunarak sanki öğrencilerden biriymiş gibi eğlendi ve içki dağıtanlardan birine çelme takmak için ayağını uzatmak gibi bir öğrenci muzurluğu yapmaktan kendini alamadı; neyse ki adam tam zamanında fark etti durumu.

Ders yılı sonu kutlamalarının bayram havası içinde beşinci yılın tatilini ailemle geçirmeye gittim. Bana ilk söyledikleri, kardeşim Luis Enrique'nin bir yıl altı ayı ıslahevinde geçirdikten sonra eve dönmesiydi. Çok mutluluk verici bir haberdi bu. Kardeşimin iyi huyluluğu beni bir kez daha şaşırtmıştı. Bu tutukluluk için hiç kimseyi suçlamıyor ve orada yaşanan talihsizlikleri ele avuca sığmaz bir neşeyle anlatıyordu. Hapis olduğu sıradaki düşüncelerinin neticesinde annemle babamın onu iyi niyetle ıslahevine gönderdiklerine kanaat getirmişti. Ancak Piskopos'un koruması bile onu gündelik hapishane yaşamının zorlu deneyiminden koruyamamış, ama bu kardeşimi yozlaştıracağına karakterini ve mizah duygusunu zenginleştirmişti.

Dönünce ilk işi Sucre belediye başkanının sekreterliği oldu. Bir süre sonra belediye başkanı ani bir gastritten şikâyet etmeye başlayınca, biri ona pazara yeni çıkan büyülü bir ilacın reçetesini vermiş: Alkaseltzer. Belediye başkanı ilacı suda eriteceğine normal bir hap gibi yutmuş ve bir mucize eseri midesindeki aşırı köpürmeden boğulmamış. Bu şoku bir türlü atlatamayınca kendine bir-iki gün tatil vermiş, ama politik nedenlerde resmî yardımcılarının hiçbirinin vekilliğini yapmasını istemediğinden, bu görevi kardeşime bırakmış. Bu karambolde daha reşit bile olmamış Luis Enrique, belediye tarihinin en genç başkanı unvanını kazanmıştı.

O tatilde beni gerçekten rahatsız eden tek şey, bizimkilerin yüreklerinin derininde gelecekten beklentilerini kesinlikle benim üzerime kurmuş olmalarıydı, bir tek ben bunun boş bir hayal olduğunu biliyordum. Babamın yemekte öylesine söylenmiş havasında ettiği bir-iki cümle ortak kaderimiz hakkında konuşacak çok şeyimiz olduğunu gösterdi bana, annem de bunu doğrulamak istermişçesine bastırıyordu bir yandan: "İşler böyle giderse, er ya da geç Cataca'ya dönmemiz gerekecek." Ama babamın ters ters baktığını görünce, düzeltti bu söylediğini:

"Ya da her nereyeyse."

Böylece açıklığa kavuştu her şey: Yeniden başka bir yere taşınma fikri ailede yavaş yavaş zemin kazanmaya başlıyordu, bunun nedeni de moral olsun diye mekân değiştirmek değil, çocuklar için daha olanakları bol bir gelecek yaratmaktı. O zamana kadar içinde bulunduğum bozguna uğramış ruh halini kasabaya, insanlarına ve hatta aileme bağlayarak teselli buluyordum, ama babamın dramı insanın isterse her zaman bir suçlu bulup suçu kendi üzerinden atabileceğini bir kez daha gösterdi bana.

Benim havada hissettiğimse çok daha ağır bir şeydi. Annem yalnızca altı aylık erken doğumunun etkilerini bir türlü atlatamayan en genç oğlu Jaime'nin sağlığıyla ilgili görünüyordu. Günün çoğunu hüzün ve feci sıcağın baskısı altında yatak odasında oğluyla birlikte hamağında yatarak geçiriyordu, onun ihmalinin etkileri evde sezilmeye başlanmıştı. Kardeşlerimin başında bir büyük yoktu sanki. Yemek saatleri öylesine gevşemişti ki, acıkan bir şeyler atıştırıyordu. Gördüğüm en evcil adam olan babam günlerini eczanesinden meydanı izleyerek tüketiyor, akşamları bilardo kulübünde hararetli maçlar yapıyordu. Öyle bir gün geldi ki, artık bu gerilime daha fazla dayanamadım. Kendimi çocukluğumda hiç yapamadığım gibi hamağa, annemin yanına attım ve evin havasında soluk alıp veren bu gizemin ne olduğunu sordum. Sesinin titrememesi için derin bir soluk alıp bana yüreğini açtı:

"Babanın başka bir kadından çocuğu var."

Sesinde sezdiğim rahatlamayla ona bu soruyu sormamı nasıl bir kaygıyla beklediğinin farkına vardım. Olayı kıskançlıktan falcılık yaparken öğrenmiş, bir hizmetçi heyecanla eve gelip babamı telgraf ofisinde telefonla konuşurken gördüğünü söyleyince annem durumu anlamış. Kıskanç bir kadının daha fazlasını bilmesine ihtiyaç yoktur. Köydeki tek telefondu ve ancak önceden yazdırılarak uzun mesafe konuşuluyordu, ne kadar bekleneceği önceden belli olmadığı gibi, konuşmanın dakikası da o kadar pahalıydı ki, ancak çok önemli telefonlar edilirdi. Ne kadar basit olursa olsun, her konuşma meydan ahalisinin kulaklarını dikmesine neden olurdu. Sonra babam eve dönünce, annem hiçbir şey söylemeden onu cebinden çıkardığı, mesleği kötüye kullanma gereçesiyle yapılmış bir şikâyetle ilgili olarak mahkemeden gelen belgeyi yırtana kadar izlemiş. Boş bulunduğu bir anda babama telefonda kiminle konuştuğunu soracak fırsatı kollamış. Soru öylesine ani gelmiş ki, babam o anda gerçeği söylemekten başka çıkar yol görememiş:

"Bir avukatla konuşuyordum."

"Bunu zaten biliyorum," demiş annem de, "benim ihtiyacım olan, senin hak ettiğim açıklıkla bana olanı biteni kendi ağzından anlatman."

Annem sonradan hiç farkına varmadan açmış olabileceği Pandora'nın kutusundan korkuya kapıldığını itiraf etti. Babam anneme gerçeği söylemeye cesaret edecekse, bu ya onun zaten her şeyi bildiğini sandığı için ya da gerçekten gerçeği söylemeye ihtiyacı olduğu içinmiş.

Öyle de olmuş. Babam hakkında muayenehanesinde iğneyle morfin yaparak uyuttuğu bir hastaya tecavüz etmekten suç duyurusu yapılmış. Parası olmayan hastalara bakarak kısa süreler harcadığı dönemden kalma unutulmuş bir dava olsa gerekmiş, ama hemen onurunu kurtarmış babam: Bayıltma ve tecavüz öyküsü düşmanlarının ona kurduğu bir komploymuş, ama çocuk onunmuş ve kadın normal şartlar altında hamile kalmış.

Annem için bu skandalı bertaraf etmek kolay değildi, çünkü çok güçlü biri, kendisi gölgede kalıp bu oyunun iplerini ellerinde tutuyordu. Farklı zamanlarda bizlerle yaşamış, herkesin çok sevdiği Abelardo ve Carmen Rosa örnekleri vardı, ama onlar babamın annemle evliliğinden önce doğan çocuklarıydı. Yine de annem hem kinini hem de kocasının sadakatsizliğinin ve yeni bir çocuğun varlığının acı ilacını yutmak zorunda kalarak, tecavüz öyküsünün aslı astarı olmadığı kanıtlanana kadar konu komşuya karşı babamla omuz omuza mücadele verdi.

Sonunda aileye barış geri döndü, ama bu kez de yine aynı bölgeden, babamın kendi çocuğu olarak nüfusuna geçirdiği, başka bir kadından olan bir kız çocuğunun berbat koşullarda yaşadığına ilişkin el altından haberler geldi. Annem kavga ve varsayımlarla zaman kaybetmedi ve kızı eve getirebilmek için mücadele verdi. "Babamın evlilik dışı çocukları ortaya çıktığında Mina da aynısını yapmıştı," dedi fırsattan istifade, "ve hiçbir zaman da pişman olmadı." Böylece kendi gayretiyle konu fazla dallanıp budaklanmadan çocuğun getirilmesini sağladı ve o da zaten kalabalık olan ailemize karıştı.

Kardeşim Jaime başka bir kasabanın şenliklerinde erkek kardeşimiz Gustavo'nun eşi bir oğlanla karşılaştığında tüm bunlar geçmişte kalmıştı. Bu oğlan tecavüz davasına neden olan çocuktu, iyi yetiştirilmiş ve annesi tarafından şımartılmıştı. Ama annem evde halihazırda on bir kişiyken, onun da eve gelip bizimle birlikte yaşaması için elinden ne geldiyse yaptı, daha sonra da onun bir meslek sahibi olmasını ve yaşamda kendi yolunu bulmasını sağladı. Anneme onun kadar kıskanç bir kadının böyle davranmasının beni şaşırttığını söylediğimde, bana o zamandan beri bir elmas gibi sakladığım bir cümleyle yanıt verdi:

"Benim çocuklarımın damarlarında akan kanın aynısı orada burada sürünemez."

Kardeşlerimi yalnızca tatillerde görebiliyordum. Her

yolculuktan sonra onları tanımak ve hafızama yeni birini daha yerleştirmek pek kolay olmuyordu. Vaftiz adımızdan başka, bir de günlük kullanım kolaylığı açısından bize konulan adlarımız vardı, bu da nedense bir kısaltma değil, daha sıradan bir takma ad olurdu. Beni doğduğum andan itibaren Gabriel'in Guajira kıyısında uydurulmuş sıra dışı bir kısaltması olan Gabito diye çağırmışlardı; ben her zaman vaftiz adım Gabito'ymuş da, Gabriel onun kısaltmasıymış gibi hissettim. Azizler Takvimi'nin kaprisleriyle aklı karışan biri, bana neden ana babaların çocukları takma adlarıyla vaftiz edip bu meseleyi kolayca çözüme kavuşturmadıklarını sormuştu.

Annemin bu Liberal tavrı iş iki büyük kızı Margot ve Aida'ya gelince değişiyor, onlara karşı babamla inatçı aşkı sırasında ninemin ona uyguladığı baskıcı tavrı ve ciddiyeti sergilemeyi seçiyordu. Annem başka bir kasabaya taşınmak istiyordu. Bavullarını hazırlayıp yola düzülmesi için bunu iki kez duyması gerekmeyen babamsa, bu kez çekinceli davranıyordu. Bana bu taşınma meselesinin gerçek nedeninin büyük kızlarının aynı adı taşıyan iki farklı adamla yaşadıkları aşklar olduğunu itiraf etmeleri zaman aldı: Rafael. Bana bunu anlattıkları zaman gülmeme engel olamayarak onlara zamanında yaşadıkları korku romanını hatırlattım, annem:

"Aynı şey değil," dedi.

"Tıpkısının aynısı," diye ısrar ettim.

"İyi," dedi boyun eğerek, "aynısı ama, şimdi bir kerede ikisi birden."

Annem söz konusuysa ne mantık işe yarardı ne de varsayımlar. Ayrıca annemlerin bunu nasıl öğrendikleri de bir muamma, çünkü ablalarımın ikisi de durum fark edilmesin diye ayrı ayrı önlemler almışlardı. Ama tanıklar en akla gelmeyecek kişilerdi, çünkü ablalarım masumiyetlerine güvenerek birkaç kez küçük kardeşlerini yanlarına almışlardı. En şaşırtıcı olansa, açık açık olmasa da aynen dedem Nicolás'ın kızına gösterdiği pasif direnişle babamın da bu ava karışmasıydı.

Aida Rosa bir basın görüşmesinde, "Bir partiye giderdik ve babam aniden gelir, Rafaeller oradaysa bizi eve götürürdü," diye açıkladı. Ablalarıma ne gezmeye ne de sinemaya gitmeleri için izin veriyorlar ya da ancak yanlarına onları gözden yitirmeyecek birini katarak gönderiyorlardı. Her ikisi de romantik randevularına gidebilmek için işe yaramaz bahaneler icat ediyorlar, ama bu kez de görünmez bir hayalet işlerini bozuyordu. Onlardan daha küçük olan Ligia casus ve ispiyoncu olarak kötü bir üne sahipti; ama kız kardeşler arasındaki kıskançlığın sevginin başka bir şekli olduğunu öne sürerek kendini temize çıkarıyordu.

O tatil süresince annemle babamı dedemle ninemin hatalarının aynılarını tekrarlamamaları için ikna etmeye çalıştıysam da, beni anlamamak için hep karmaşık nedenler öne sürdüler. Bunların en korkuncu da *pasquine*' lerdi; bunlar en ilgisi olmayan ailelerin bile –gerçek ya da hayalî– korkunç sırlarını ortaya koyan, imzasız postalanan ve her defasında skandal yaratan mektuplardı. Bunlarda gayri meşru çocuklardan, utanç verici ihanetlerden, yatakta sapkınlıklardan söz edilirdi. Aslında kimsenin bilmediği şeyler değildi *pasquine*'lerde sözü edilenler, herkesin daha karmaşık yollardan çoktan öğrenmiş olduğu dedikodulardı bunlar; kâğıtlarda ne kadar gizlenirse gizlensin bir biçimde dedikodusu yapılmayan ya da er ya da geç meydana gelmeyecek olan bir olaydan söz edilmezdi. Kurbanlarından biri "İnsan kendi *pasquine*'sini kendi yaratır," demişti.

Annemlerin öngöremediği, kızlarının kendilerini onların kullandığı yöntemlerin aynısıyla savunacaklarıydı. Margot'yu eğitimi için Montería'ya gönderdiler, Aida da kendi isteğiyle Santa Marta'ya gitti. İkisi de yatılıydı, tatil günlerinde her zaman onlara eşlik edecek biri ayarlanırdı, ama onlar ne yapar eder, uzaktaki Rafaellerle haberleşecek bir yol bulurlardı. Annem kendi ana babasının başaramadıklarını başardı yine de: Aida yaşamının yarısını bir manastırda geçirdi, ne kederi ne de zaferi tadarak, kendini erkeklere karşı güvencede hissedene kadar orada yaşadı. Margot ile, birlikte geçirdiğimiz, onun toprak yediğini fark etmesinler diye benim büyükleri gözlediğim çocukluğumuzun anılarıyla bağlıydık birbirimize. Sonunda herkes, özellikle de ona en fazla ihtiyacı olan Cuqui için ikinci bir anneye dönüştü ve son nefesini verene kadar onun yanında kaldı.

Annemin o mutsuz zihin yapısının ve evdeki gerilimlerin, ülkenin o sıralarda yüzeye çıkmamış korkunç çelişkileriyle ne kadar uyumlu olduğunu ancak bugün fark edebiliyorum. Başkan Lleras yeni yıldaki seçimleri ertelemek zorunda kalmıştı, gelecek karanlık görünüyordu. López'i alaşağı etmeyi başaran Muhafazakârlar, ardılıyla ikili bir oyun oynamaktaydılar: Bir yandan tarafsızlığı için onu pohpohluyorlar, bir yandan da iktidarı ikna yoluyla ya da zorla ele geçirmek için içten içe Eyalet'teki anlaşmazlıkları körüklüyorlardı.

Sucre şiddete karşı aşılıydı sanki ve o zamana kadar meydana gelen bir-iki olayın da politikayla ilgisi yoktu. Bunlardan biri bandonun nefesli çalgılarından birini çalan, herkesin sevgilisi Joaquín Vega'nın öldürülmesiydi. Akşamın yedisinde sinemanın girişinde çalarlarken, düşman bir akrabası müziğin basıncıyla şişmiş boğazını kesince, adamcağız yere düşüp kanamadan ölmüş. İkisi de kasabanın çok sevilenlerindenmiş; doğrulanmasa da, aralarında bir onur meselesi olduğu tek açıklamaydı. O sırada ailem kardeşim Rita'nın doğum gününü kutluyormuş ve kötü haberin gelişiyle saatler öncesinden hazırlanılan partinin tüm tadı kaçmış.

Çok daha önce olan ama kasabanın ortak belleğinden silinemeyen öbür düelloysa, Plinio Balmaceda ve Dionisiano Barrios arasındaydı. İlki eski ve saygıdeğer bir aileden gelen dev gibi, hoş bir adamdı ama içkiyi fazla kaçırınca başını belaya sokardı. Aklı başındayken bir beyefendi havasında ve zarafetindeydi, ama içince hemen silaha davranan ya da hoşuna gitmeyenlere karşı belindeki at kırbacını kullanan bir zorba olup çıkardı. Polis bile ondan uzak durmaya çalışırdı. Her içtiğinde onu eve sürüklemekten yorulan ailesi de bir süre sonra işi şansa bıraktı.

Dionisiano Barrios ise tam tersiydi: Utangaç, horlanan, şakadan hoşlanmayan ve ağzına içki koymayan bir adamdı. Plinio Balmaceda ezik büzük tavrıyla ilgili hoş olmayan şakalarla kışkırtana kadar kimseyle sorun yaşamamıştı. Bir gün yoluna çıkıp da, canı öyle istediği için kırbacıyla yüzünü kesene kadar Balmaceda'yı görmezden gelmek için elinden geleni yapmıştı Barrios. Bu olay sırasında Dionisiano birden utangaçlığını üzerinden atmış, kambur sırtını dikleştirip kendisine sataşan zorbaya silahını çekmiş ne yazık ki; ani bir düello olmuş ve iki adam da ağır yaralanmışlar, ama ölen Dionisiano'ydu.

Kasabadaki tarihi düelloysa, yine aynı Plinio Balmaceda'yla Tasio Ananías arasındaki, her ikisinin de öldüğü düellodur. Mauricio Ananías'ın örnek oğlu Tasio, ahlâklı davranışlarıyla ün yapmış kusursuz bir polis memuruydu, Joaquín Vega'yla aynı bandoda davul çalardı. Bu, sokak ortasında yapılan resmî bir düelloydu, her ikisi de ciddi olarak yaralandılar ve evlerinde uzun ve ıstıraplı bir dönem geçirdiler. Plinio'nun bilinci düellodan sonra hemen yerine gelmiş ve ilk düşündüğü Ananías'ın nasıl olduğu olmuş. Tasio da, Plinio'nun büyük bir kaygıyla sağlığını sormasından etkilenmiş. Her ikisi de ötekinin ölmemesi için Tanrı'ya yakarmaya başlamışlar, aileleri yaşadıkları sürece her birini öteki hakkında bilgilendirmiş. İkisinin de yaşamını uzatabilmek için her türlü çaba harcanırken, tûm kasaba gerilim içinde kalmış.

Kırk sekiz saat süren ıstırabın ardından, kilisenin çanları ölen bir kadın için çalmış. Her iki ölümcül yaralı da yataklarından çanları duyunca, öteki için çaldığını sanmışlar. Ananías, Plinio için ağlayarak o anda üzüntüsünden ölmüş. Bunu öğrenen Plinio da iki gün sonra, Çavuş Ananías için gözyaşı dökerek ölmüştü.

Böyle barışçıl insanların yaşadığı Sucre'de o yıllarda şiddetin kendini ifade ediş biçimi daha az ölümcüldü belki, ama daha az zararlı değildi: *pasquine*'ler. Özellikle büyük ailelerde, ertesi sabah çıkacak ölümcül bir piyango gibi beklenirlerdi. En az beklediğiniz anda, bir kâğıt parçası ceza gibi çıkıverirdi ortaya, bazen sizin hakkınızda söylemediği şey için sevinir, hatta başkaları için söylediklerine için için bayram ederdiniz. Hayatta gördüğüm en barışçıl adamlardan biri olan babam hiçbir zaman kullanmadığı muhterem silahını yağlayıp bilardo salonunda açmıştı ağzını:

"Kızlarımdan birine elini sürecek olan," diye bağırmıştı, "kızgın bir adamın kurşununun tadına bakacak!"

Pek çok aile *pasquine*'leri muhalefeti sindirmek amacıyla ülkenin iç kesimlerindeki kasabaları kasıp kavuran polis şiddetinin bir öncüsü olarak görüp korkudan göç etmeye başladılar.

Gerilim gündelik yaşamın bir parçası haline geldi. Başlangıçta kâğıtları kimlerin yazdığını öğrenmek için olduğu kadar, şafak vakti yırtılan bu kâğıtlarda neler olduğunu öğrenmek için de gizli bölükler kuruldu. Aralarında benim de bulunduğum bir grup arkadaşla sabahlamış eve dönerken, belediye memurlarından birinin sabahın üçünde evinin kapısına çıkmış, güya temiz hava aldığını gördük, aslında *pasquine*'leri kimin bıraktığının peşindeydi. Kardeşim şakayla karışık kâğıtlarda yazılanların o kadar da palavra olmadığını söyleyince, adam silahını çekip kardeşimin burnuna doğrultarak,

"Söylediğini tekrar et!" diye bağırdı.

Böylelikle bir gece önce bekâr kızını hedef alan bir *pasquine* aldığını öğrenmiş olduk. Aslında söylenenleri babası dışında, kızın evinde bile bilmeyen yoktu.

Başlangıçta bunları yazanın aynı el, aynı kalem olduğu belliydi, ama bizim kasabanın meydanı gibi kısıtlı bir

ticaret merkezinde ancak tek bir dükkândan gönderile-
bilirlerdi ve dükkân sahibi masumiyetini kanıtlamak
için elinden geleni yaptı. O zamandan beri *pasquine*'ler
hakkında bir roman yazacağımı biliyordum, ama bunun
nedeni zaten dedikodusu yapılan ve pek de zekice olma-
yan fantezileri değil, evlerde yaratmayı başardıkları ina-
nılmaz gerilimdi.

Yirmi yıl sonra yazdığım üçüncü romanım *Kötü
Saatte*'de gerçek ve tanımlanabilir vakalardan söz etme-
meyi ahlâklı bir davranış olarak benimsedimse de, bazı-
ları gerçekten benim uydurduklarımdan daha iyiydiler.
Buna gerek de görmedim, çünkü bu sosyal olay beni kur-
banların özel yaşantılarından daha fazla ilgilendiriyordu.
Ancak romanım basıldıktan sonra, bizim gibi ana mey-
danda yaşayanların sevilmediği yoksul mahallelerde
pasquine'lerin bir neşe kaynağı olduğunu öğrendim.

Pasquine'ler bana somutlaştırmakta zorluk çektiğim
bir olay örgüsünü kurmamda başlangıç noktası sağladı-
lar yalnızca, çünkü benim yazdıklarım sorunun kökeni-
nin herkesin inandığı gibi ahlâkî değil, politik olduğunu
gösteriyordu. *Kötü Saatte*'deki askerî vali için Nigro-
manta'nın polis kocasının iyi bir model olacağını düşün-
müşümdür, ama onu bir roman karakteri olarak işlerken,
insan olarak hoşuma gittiği için ölmesini gerektirecek
nedenleri yaratamadım ve ciddi bir yazarın geçerli bir
nedeni olmadan yarattığı karakteri öldüremeyeceğini
keşfettim; benim de böyle bir nedenim yoktu.

Bugün aynı romanı farklı bir biçimde de yazmış ola-
bilirdim, diye düşünüyorum. Paris'in Latin Mahallesi'n-
de, Saint-Michel Bulvarı'na yüz metre uzaklıktaki Cujas
Sokağı'nda, sefillik içinde hiçbir zaman gelmeyecek bir
çekin beklendiği bir öğrenci pansiyonunda yazılmıştı o
roman. Bitirdiğimi düşündüğüm zaman sayfaları bir ara-
ya toparladım, daha iyi günlerde taktığım üç kravatım-
dan biriyle bağladım ve dolabın dibine gömdüm.

İki yıl sonra Ciudad de México'da,[1] Esso Colombiana'nın açtığı ve aç yattığımız o günlerde ödülün üç bin dolar olduğu bir edebiyat yarışmasına bir romanla katılmam istendiğinde nerede olduğunu bile hatırlamıyordum. Yarışmada Kolombiyalı eski arkadaşım Guillermo Angulo da görev yapıyordu. Paris'te yazdığım günlerden biliyordu taslağın varlığını, sayfaları öylecene kravatla bağlı aldı, teslim süresinin bitimine o kadar az zaman kalmıştı ki, kırışıklıkları buharlı ütüyle açacak zamanımız bile olmadı. İşte romanımı bir ev almaya yetecek kadar ödül verilen bir yarışmaya böyle, hiçbir umudum olmadan gönderdim. 16 Nisan 1962'de, kısmetiyle doğan ikinci oğlum Gonzalo dünyaya gözlerini açtığı anda, seçkin bir jürinin romanımı kazanan ilân ettiği haberi geldi.

Kolombiya Dil Akademisi Başkanı Peder Félix Restrepo'dan bir mektup aldığımızda, onu düşünecek halimiz bile yoktu. Ödül jürisine başkanlık eden hoş bir adamdı ve romanımın adını bilmediğini bildiriyordu, ancak o zaman son dakika telâşı içinde, ilk sayfaya romanın adını yazmayı unuttuğumu fark ettim: *Este pueblo de mierda.*[2]

Peder Restrepo adı duyunca şok geçirmiş, Germán Vargas aracılığıyla daha yumuşak ve kitabın tonuyla daha uyumlu bir ad koymamı kibarca rica etti. Karşılıklı pek çok fikir alışverişinde bulunduktan sonra, belki kitapta yaşanan dram hakkında fazlaca ipucu vermeyen, ama fazilet denizine bayrak açabileceğim bir adda karar kıldım: *Kötü Saatte.*

Bir hafta sonra, Kolombiya'nın Meksika Elçisi ve başkanlık seçimlerinde aday olan Doktor Carlos Arango Vélez, çalışma odasında yaptığımız görüşmede Peder Restrepo'nun ödüllü metinde uygunsuz görünen iki sözcüğü değiştirmemi rica ettiğini iletti: *prezervatif* ve *mastürbasyon.* Bu rica karşısında ne elçi saklayabildi şaş-

---

[1] Meksika'nın başkenti. (Çev.)
[2] 'Bu boktan kasaba' anlamında. (Çev.)

kınlığını ne de ben, ama bu bitmek bilmez yarışmaya tutarlı bir çözümle mutlu bir son sağlayabilmek için onun bu arzusunu yerine getirmeye karar verdik.

"Anlaştık Sayın Büyükelçi," dedim, "iki sözcükten birini çıkartacağım, ama hangisi olacağına siz karar vereceksiniz."

Elçi rahatladığını belli eden derin bir iç çekişle, *mastürbasyon* sözcüğünü çıkardı. Böylelikle anlaşmazlık çözüldü ve kitap Madrid'de La Editorial de Iberoamericana tarafından büyük baskı sayısı ve parlak bir reklam eşliğinde piyasaya sürüldü. Deri kaplıydı, harika bir kâğıdın üzerine kusursuz bir baskısı vardı ama balayı kısa sürdü çünkü kitabıma bir göz atma arzuma karşı koyamayınca, benim yerli lehçemle yazdığım satırların –o zamanın filmlerine de yapıldığı gibi– safların safı bir Madrid lehçesine dönüştürüldüğünü gördüm.

Ben: *Así como viven ahora, no sólo están en una situación insegura sino que constituyen un mal ejemplo para el pueblo'* yazmışım, İspanyol editör tüylerimi diken diken etmek için, *Así como vivís ahora, no sólo estáis en una situación insegura sino que constituís un mal ejemplo para el pueblo'* diye düzeltmiş.[1] Daha kötüsü de şu: Bu cümleyi söyleyen bir din görevlisi olduğu için, Kolombiyalı okur bu söyleyiş biçimini onun İspanyol olduğunu göstermek için bir ipucu olarak algılayabilir, böylece hem adamın tutumu karmaşıklaşır hem de dramın ana öğelerinden biri tümüyle farklılaşıp safdışı kalır. Editör yalnızca diyalogların dilbilgisini tımar etmekle kalmamış, kendinde kalemiyle silahlanıp romanın yazım tarzına el atma hakkını da görmüş, böylelikle kitap aslıyla ilgisi olmayan Madrid ağzı yamalarıyla donanmış. Bana metnimin tecavüze uğradığını söyleyerek basım iznimi

---

[1] İspanyolca'da ikinci çoğul şahıs İspanya ve Güney Amerika'da hem özne hem de yüklemde farklılıklar gösterir. O yıllarda doğrusunun Madrid İspanyolcası olduğu düşünülürdü. Cümlenin Türkçesi şöyledir: İçinde bulunduğunuz durum yalnızca sizi belirsiz ve tatsız bir konuma yerleştirmekle kalmıyor, kasaba halkı için de kötü örnek oluyorsunuz. (Çev.)

geri çekip satılmayan kopyaların toplanmasını ve yakılmasını istemekten başka çare kalmamıştı. Bu işten sorumlu olanların bana verdikleri yanıtsa kesif bir sessizlikten ibaretti.

O andan itibaren romanı basılmamış saydım ve onu yeniden kendi Karayip lehçeme çevirmek gibi zorlu bir görevi de üstlendim, çünkü yarışmaya gönderdiğim ve basım için İspanya'ya giden asıl kopyaydı. Asıl metni yeniden kurduktan ve bir kez de kendi hesabıma düzelttikten sonra, Meksika'da La Editorial Era, bunun ilk basım olduğunu basılı ve sözlü olarak duyurarak kitabı bastı.

Kitaplarım arasında neden bir tek *Kötü Saatte*'nin beni bahar meltemleri esen dolunaylı bir gecede kendi zaman ve mekânına taşıdığını hiç bilememişimdir. Bir cumartesi gecesiydi, bulutlar açılmış, yıldızlar göğe sığmıyordu sanki. Annemin kollarında salladığı bebeği uyutmak için yemek odasında bir aşk fadosu mırıldanarak gezindiğini duyduğumda saat on biri henüz çalmıştı. Bu müziğin nereden çıktığını sorduğumda tam da annemden beklenecek bir yanıt verdi:

"Haydut kadınların evinden."

Bana istemediğim halde beş peso verdi, çünkü bir partiye gittiğimi biliyordu. Evden çıkmadan önce her zamanki yanılmaz öngörüsüyle avlunun kapısının kol demirini takmamamı söyledi ki, istediğim saatte babamı uyandırmadan içeri girebileyim. 'Haydut kadınların' evine kadar gidemedim çünkü eve döner dönmez Luis Enrique ile anlaşan Üstat Valdés'in marangozhanesinde müzik provaları vardı.

O yıl *tiple* çalmak ve altı üstatlarıyla şafak vaktine kadar şarkı söylemek için aralarına katılmıştım. Ben her zaman kardeşimin iyi bir gitarist olduğunu düşünüyordum, ama o gece rakiplerinin bile onu bir virtüöz olarak kabul ettiklerini öğrendim. Onlardan daha iyi bir grup yoktu ve kendilerinden o kadar emindiler ki, birisi barışmak ya da özür dilemek amaçlı bir serenat vermelerini istediğinde, Üstat Valdés istek sahibini önceden sakinleştirirdi:

"Merak etme, sesimizi duyunca yastığını ısıracak."

Onun olmadığı bir tatilin tadı yoktu. Gelir gelmez partiyi coşturur, Filadelfo Vellilla'yı da yanlarına katıp Luis Enrique ile beraber profesyoneller gibi çalarlardı. İşte alkolün sadakatini o zaman öğrendim ve doğru biçimde, yani gündüzleri uyuyarak, geceleri şarkı söyleyerek yaşamaya başladım. Annemin söylediği gibi: İplerin ucunu koyverdim gitsin.

Hakkımda söylenmeyen yoktu, öyle ki mektuplarımın annemlere değil, kötü kadınların evine gönderildiği dedikodusu yapılırdı. İnsana üç geceyi çıkartacak kadar enerji veren, efsanevî, bir kaplan ödü kadar sert buğulamalarının ve iguana yahnilerinin en sadık müşterisi oldum. Ne yeniden okumaya döndüm ne de aile sofrasına. Bu annemin sık sık dile getirdiği gibi, canının istediğini yapanın ben olduğum ama Luis Enrique'nin kötü bir üne sahibi olduğu fikrine çok uyuyordu aslında. Luis de bir gün annemin bu cümlesinden hiç haberi olmadığı halde şöyle dedi: "Artık seni yozlaştırdığım için beni yeniden ıslahevine göndermedikleri kaldı yalnızca."

Noel'de yıllık atlı araba yarışından kaçmak için iki suç ortağı arkadaşımla birlikte, üç günlüğüne yakındaki Majagual Kasabası'na gittik ama ben tam on gün kaldım. Suç ilk gece tanıştığımız inanılmaz bir kadın olan María Alejandrina Cervantes'indi. Onunla birlikte, bir sonraki pazar yatağımda uyanmayıp da sonsuza kadar ortadan yok olana dek, yaşamımın en patırtılı cümbüşüne daldım. Yıllar sonra, bir başka kadından söz etmemeyi seçerek, onu hoşluğundan daha çok adının tınısı için anılarımdan kurtardım ve romanlarımdan birinde hiçbir zaman var olmamış bir sefa evinin madamı ve sahibesi olarak yeniden yaşadım.

Eve dönünce annemi sabahın beşinde mutfakta kahve kaynatırken buldum. Bana suç ortağı bir tavırla yanında kalmamı, babamın uyandığını ve tatilde bile bu kadar özgür olmadığımı göstermeye kararlı olduğunu fısıldadı. Hoşlanmadığımı bildiği halde bir fincan acı kahve ikram etti ve ocağın yanına oturttu. Babam uyku mahmurluğuyla pijamalarıyla mutfağa girdi, beni dumanı tüten fincanla görünce şaşırdı ve tuhaf bir soru sordu:

"Kahve içtiğini söylemeyeceksin değil mi?"

Ne yanıt vereceğimi bilemediğim için aklıma ilk geleni yumurtlayıverdim:

"Bu saatlerde hep susarım."

"Bütün ayyaşlar gibi," dedi.

Ne bir daha bana baktı ne de olup bitenlerin sözünü etti. Ancak annem o yanıtımla perişan olduğunu ve bana belli etmese de, beni kayıp vaka olarak kabul ettiğini söyledi.

Masraflarım o kadar artmıştı ki, annemin birikimlerine de el atmıştım. Luis Enrique, ana babadan çalınan paranın fahişelere değil de, sinemaya harcanırsa meşru olduğunu söyleyerek aklımı çelmişti. Annemin, babamın benim yanlış yolda olduğumu fark etmemesi için beceriksizce suç ortaklığı yapması vicdan azabı çekmeme neden oluyordu. Haklıydı da adam, çünkü öğle yemeği saatlerine kadar uyuyor, boğuk bir horoz sesiyle konuşuyordum; o kadar aklım havadaydı ki, bir gün babamın sorularından ikisini duymayınca, bana en sert tanısını koyuverdi:

"Senin karaciğerinde sorun var."

Her şeye karşın dış görünüşümü koruyabiliyordum. Düzgün giyiniyor, gala danslarında ve tüm yıl kapalı kalan evleri öğrenciler Noel tatili için döndüğünde açılan ana meydanda yaşayan ailelerin arada bir verdikleri öğle yemeklerinde terbiyeli davranıyordum.

O yıl, tatilini üç muhteşem danslı parti vererek kutlayan Cayetano Gentile'nin oldu. Benim de şansımın yaver gittiği tarihlerdi bunlar, çünkü üçünde de aynı kızla dans ettim. İlk gece onu dansa kaldırırken ne kim ne kimin kızı olduğunu sordum ne de kiminle geldiğini. İkinci parçada o kadar gizemli görünüyordu ki, ona büyük bir ciddiyetle evlenme teklif ettim, verdiği yanıt daha da gizemliydi:

"Babam benimle evlenecek olan prensin daha doğmadığını söylüyor."

Birkaç gün sonra onu kızgın öğle güneşinde gezinti yolunu geçerken gördüm, parlak organza bir elbise giymişti, altı-yedi yaşlarında, biri kız biri erkek, iki çocuğun ellerinden tutuyordu. Ben daha soramadan gülmekten katılarak "Benim çocuklarım," dedi. Öylesine bir hınzırlıkla gülmüştü ki, evlenme teklifimin unutulup havaya karışmadığından kuşkulanmaya başladım.

Aracataca'da doğduğum ilk günlerden beri öğrenmiştim hamakta yatmayı, ama ancak Sucre'de bu doğamın bir parçası haline geldi. Öğle uykusu uyumak, yıldızların saatini yaşamak, yavaş düşünmek, hiç önyargısız aşk yapmak için ideal bir yerdir hamak. Fena dağıttığım o haftanın ardından eve döndüğüm gün, eskiden babamın yaptığı gibi hamağımı iki ağaç arasına astım ve huzurlu bir uykuya daldım. Çocuklarının uyurken öleceği korkusuyla içi içini yiyen annem canlı olup olmadığımı görmek için beni akşamüstü uyandırdı, sonra da sorgusuz sualsiz yanıma uzanıp kafalarını kurcalayıp yaşamlarını zorlaştıran konuya daldı balıklama:

"Babanla ben, sana neler olup bittiğini öğrenmek isterdik."

Bundan daha açık bir cümle olamazdı. Bir süreden beri annemle babamın bendeki değişikliklere kaygılandıklarını biliyordum, annem, babamı sakinleştirmek için sıradan bahaneler uyduruyordu. Evde annemin bilmediği bir şeyin olup bitmesine olanak yoktu ve öfkesi efsaneviydi. Belli ki bir hafta süresince eve gün ışımadan girmemem bardağı taşıran son damla olmuştu. Doğrusu annemin sorularından kaçınmak ya da yanıtları daha uygun bir zamana bırakmaktı, ama o bu kadar önemli bir meselede yanıtların ânında verilmesi gerektiğini bilirdi.

Çok geçerli nedenleri vardı aslında: Bir düğüne gider gibi giyinip hava kararırken ortadan yok oluyor, sabaha kadar eve dönmeyip öğle yemeğine kadar uyuyordum. Yaşamımda ilk kez okumuyor ve burnumun ucunu göremeyecek kadar sarhoş eve gelme cesaretini gösterebiliyordum. "Kardeşlerine bile bakmıyorsun, adlarını ve yaşlarını karıştırıyorsun, geçenlerde Clemencia Morales'in torunlarından birini kardeşin sanarak öptün," dedi annem. Ancak birden abarttığının farkına vararak, yalın gerçeği söylemeyi yeğledi:

"Yani bu evde bir yabancı gibisin."

"Bütün bu söylediklerin doğru," dedim, "ama nedeni çok açık, her şeyden bıktım."

"Bizden mi?"

Olumlu bir yanıt verebilirdim, ama doğru olmazdı.

"Her şeyden."

Sonra ona lisedeki durumumu anlattım. Beni notlarımla yargılıyorlardı, ailem aldığım sonuçlardan gurur duyuyordu, yalnızca hiç şikâyet gerektirmeyen bir öğrenci değil, örnek bir arkadaş, en akıllı ve parlak delikanlı olduğumu düşünüyorlardı; en sevimli ya da ninemin dediği gibi, 'kusursuz çocuk'.

Uzun lafın kısası, gerçek bunun tam tersiydi. Öyleymiş gibi görünüyordum çünkü canının çektiğini yapan kardeşim Luis Enrique'nin cesaretine de, bağımsızlık duygusuna da sahip değildim. Oysa onun, insanın çocukları için arzu ettiği türden olmasa da, ana babaların aşırı sevgilerinin, mantıksız korkularının ve neşeli beklentilerinin üstesinden gelmesine fırsat tanıyacak bir mutluluğu yaşayacağı kesindi.

Annem babamla birlikte düşlerinde çizdiklerinden çok farklı görünen bu portre karşısında çöktü.

Ölümcül bir sessizliğin ardından, "Ne yapacağımızı

bilemiyorum," dedi, "çünkü bunları babana anlatacak olursak ölüverir. Ailenin gururu olduğunun farkında değil misin?"

Onlar için her şey basitti: Babamın yeterli parası olmadığı için onun isteyip de olamadığı gibi benim de doktor olmam mümkün görünmediğinden, en azından başka bir alanda meslek sahibi olmalıydım.

"Hiçbir şey olmayacağım," diye sona erdirdim konuşmayı. "Devletin istediği bir şey olmak bir yana, ne kendim istemediğim bir şey olacağım ne de siz beni zorla istemediğim bir şey yapabileceksiniz."

Bu tartışma haftanın geri kalanında da saçma sapan nedenlerle sık sık gündeme gelerek devam etti. Sanırım annem babamla konuşmak için biraz zaman kazanmak istiyor ve bu durum bana biraz soluk aldırıyordu. Bir gün aklına öylesine gelivermişçesine şaşırtıcı bir öneride bulundu:

"Aklına koyarsan iyi bir yazar olacağını söylüyorlar."

Ailemde daha önce böyle bir şeyden söz edildiğini duymamıştım. Eğilimlerime bakarak çocukluğumdan beri benim ressam, müzisyen, kilise korosunda şarkıcı, hatta pazar günü şairi olacağımı varsayarlardı. Herkesin de bildiği gibi, ben de kendimde yazıya karşı çarpık ve biraz da semavî bir eğilim keşfetmiştim elbette, ama verdiğim tepki benim için de şaşırtıcıydı.

"Yazar olacaksan en büyüklerinden biri olman gerekir, onlardan da artık üretilmiyor. Açlıktan ölmek için daha iyi yollar da var nihayetinde."

O öğle sonralarından birinde, annem benimle konuşmak yerine gözyaşsız bir ağlama tutturdu. Bugün olsa telâşlanırdım, çünkü bu bastırılmış ağlamanın büyük kadınların kendi arzularını dayatmak için başvurdukları, başarısızlığa uğrama şansı olmayan bir çare olduğunu biliyorum artık. Ama on sekiz yaşındaydım, ona ne diyeceğimi bilemedim ve suskunluğum gözyaşlarıyla bile istediğini elde edemeyeceğini belli etti,

"Peki," dedi, "bana en azından elinden gelenin en iyisini yaparak liseyi bitireceğine söz ver, gerisini ben babanla hallederim."

İkimiz de aynı anda kazanmanın rahatlığını hissettik. Babam için olduğu kadar onun için de kabul ettim bu öneriyi, çünkü kısa zamanda bir anlaşma sağlamazsak öleceklerinden çekiniyordum. Böylelikle kolay bir çözüm bulduk: Hukuk ve kamu yönetimi okuyacaktım; bu, yapmak istediğim her meslek için iyi bir kültürel temel oluşturmanın yanı sıra, derslere sabahları girilen ve akşamüstleri insana çalışmak için boş zaman tanıyan rahat bir eğitimdi. O günlerde annemin omuzlarına yüklenen duygusal yük nedeniyle kaygılı olduğumdan, bana babamla yüz yüze konuşacağım bir olanak yaratmasını söyledim. Kesinlikle kavga edeceğimizden emin olduğu için buna karşı çıktı.

"Dünyada sizin kadar birbirine benzeyen iki insan yoktur," dedi, "bu da konuşmak için hiç uygun değildir."

Her zaman bunun tersinin doğru olduğunu düşünmüşümdür. Şimdi, babamın uzun hayatının tüm yaşlarını tüketmiş biri olarak, aynada kendimi, kendimden çok ona benzetiyorum.

Annem o gece bu değerli çalışmasını taçlandırmak istemiş olacak ki, babam yemekte tüm aileyi toplayarak olağan bir tavırla, "Evimizde bir avukat olacak," dedi. Sanırım babamın aynı tartışmayı bu kez tüm aileye açmasından korkan annem tüm masumiyetiyle araya girdi.

"Bizim durumumuzda, böyle bir alay çocukla," diye açıkladı bana, "en iyi çözümün senin kendi paranla karşılayacağın bir eğitim olacağını düşündük."

İşler hiç de söylediği kadar basit değildi elbette, ama bizim için kötünün iyisi olabilirdi bu çözüm ve getirebileceği yıkım en kansız olandı. Oyuna devam etmek için babamın fikrini sordum, ânında ve yürek burkan bir içtenlikle geldi yanıtı:

"Ne dememi istiyorsun ki? Yüreğim parçalandı, ama

en azından sana canının istediğini olmanda yardım etmenin gururunu taşıyabilirim."

1946 yılının Şubat ayında yaşadığım lüksse, büyük bir sorunla ortaya çıkan José Palencia sayesinde ilk kez uçağa binmemdir. Cartagena'da beş yıllık lise eğitimini kör topal bitirmiş, ama altıncı yılında çakmıştı. Diplomasını alabilmesi için ona bizim lisede bir yer ayarlayabileceğimi söyleyince, o da, onunla birlikte uçakla gitmemi önererek bana da bilet aldı.

Bogota'ya uçuşlar haftada iki gün, LANSA şirketinin DC-3'leriyle yapılıyordu ve tehlike uçağın kendisi değil de, bir çayırlığın ortasında alçıyla uydurulmuş piste fırlayan ineklerdi. Bazen inekleri korkutabilmek için bir sürü tur atması gerekebiliyordu uçakların. Kilise'nin uğur olsun diye kutsal ekmek taşımayı yasakladığı bir dönemde, ilk kez şu ünlü uçuş korkumu tattım. Uçuş saatte üç yüz elli kilometreyle, kesintisiz dört saat sürüyordu. Bizim gibi o olağanüstü nehir yolculuğunu yapmış olanlara gökten rehberlik ediyordu Grande de la Magdalena Irmağı'nın canlı haritası. Minicik görünen köyleri, bağlı gemicikleri, okullarının avlularından bize el sallayan mutlu oyuncak bebekleri görüyorduk. Kanlı canlı hostesler zamanlarını dua eden yolcuları yatıştırarak, midesi bulananların imdadına yetişerek, pek çoğumuzu aşağıda, ırmaktaki ölümü gözleyen hindi sürüleriyle çarpışma tehlikesi olmadığına ikna etmeye çalışarak geçiriyorlardı. Deneyimli yolcularsa, cesaretlerini kanıtlamak ister gibi durmadan eski uçuşlarını anlatıyorlardı. Ne basınç düzenlemesi ne de oksijen maskesi olmadan Bogota Platosu'na yapılan iniş insanın kalbinde bir bas davul etkisi yaratıyor, kanatların sarsıntısı ve havayı dövüşü, inmenin sevinciyle artıyordu sanki. Ama en büyük sürpriz Bogota'ya bir gece önce gönderdiğimiz telgraflardan daha önce varmış olmamızdı.

Bogota'dan geçerken, José Palencia tüm bir orkestra için gerekli müzik aletlerini satın aldı. Bunu önceden düşünerek mi, yoksa o anda içine doğduğu için mi yaptığını bilemiyorum ama Müdür Espitia onun kararlı adımlarla gitarlar, davullar, marakas ve mızıkalarla içeri girdiğini gördüğünde, ben okula kabul edildiğini biliyordum. Bana gelince; yüreğimde eşiği aşmış olmanın ağırlığını taşıyordum: son sınıf öğrencisi. O zamana kadar alnımda herkesin hayalini gördüğü bir yıldızla dolaşacağımın farkında değildim, bu diğer öğrencilerin bize yaklaşışlarında, konuşma biçimlerinde, hatta saygılı çekingenliklerinde seziliyordu. Ayrıca bir yıllık bir şamataydı yaşadığımız. Yatakhane yalnızca burslular için olduğundan José Palencia meydanın en iyi oteline yerleşti, otelin sahibelerinden birinin piyano çalmasıyla, hayat bizler için bir yıllık bir pazar gününe dönüştü.

Yaşamımdaki sıçrayışlardan biridir bu da. Ergenlik dönemimde annem bana kullanılmış giysiler alır, küçüldüklerinde de küçük kardeşlerime göre düzeltirdi. İlk iki yılım gerçekten sorun olmuştu çünkü soğuk iklime uygun yünlü giysiler hem pahalıydı hem de bulması zordu. Bedenim büyümek konusunda öyle pek heyecanlı davranmasa da, bir yıl içinde boy atar, ertesi sene aynı giysiyi giyemezdim. İşleri daha da kötüleştiren yatılılar arasındaki ticarete giysilerin dahil edilememesiydi, çünkü kimin eskileri oldukları o kadar belliydi ki, yeni sahiplerinin alaylarla başa çıkmaları mümkün olamazdı. Espitia mavi ceket ve gri pantolondan oluşan bir üniforma giyme zorunluluğu getirdiğinde bu sorun kısmen çözüldü, görüntümüz eşitlendi ve ikinci el giysiler gizlendi.

Üçüncü ve dördüncü yılımda Sucre'deki terzinin elden geçirdiği aynı giysiyi giydim, ama beşinci sınıfta yine iyi korunmuş başka bir ikinci el takım satın almam gerekti, o da altıncı sınıfa kadar dayanmadı. Son sınıfta değişmeye niyetlenmemden çok heyecanlanan babam, bana üzerime göre dikilmiş bir takım alabileceğim kadar para verdi, José Palencia da kendi önceki yıldan kalma takımını armağan etti, devetüyünden neredeyse yepyeni, üç parçalı bir giysiydi bu. Böylece dış görünüşün hiçbir halta yaramadığını çabucak öğrendim, çünkü üniformanın yerine de giyebildiğim yeni takımımla kıyıdan gelenlerin başı çektiği dans partilerinde yalnızca bir sevgili bulabildim, onun ömrü de bir çiçeğinki kadar kısa sürdü.

Espitia beni alışılmadık bir heyecanla karşıladı. Hızlı soru ve cevaplarla haftada iki kez verdiği kimya derslerini sadece benim için yaparmış gibi bir hali vardı. Böylece ders dinlemek zorunda kalıyordum, bu da annemle babama eğitim yaşamımı onurlu bir biçimde bitireceğime ilişkin verdiğim sözü tutmama yardımcı oluyordu. Gerisini Martina Fonseca'nın o biricik, basit yöntemi halletti: sabahlara kadar ders çalışıp sınav korkusu yaşamamak için, sınıfta ders dinlemek. Bu bilge bir öğretiydi. Lisenin son sınıfında uygulamaya karar verdikten sonra, içimdeki sıkıntı da yatıştı. Öğretmenlerin sorularını kolaylıkla yanıtlayabiliyordum, böylelikle onlar da daha tanıdık kişiler haline gelmişlerdi. Annemlere verdiğim sözü tutmanın ne kadar kolay olduğunu fark ettim.

Geriye kalan tek kaygı verici sorunum, gördüğüm karabasanlar sırasında attığım çığlıklardı. Disiplin kurulu başkanı öğrencilerle ilişkileri çok iyi olan Gonzales Ocampo'ydu, ikinci dönem bir gece ayak uçlarında yatakhaneye girerek ona geri vermeyi unuttuğum bir anahtarı almak istemiş. Tam elini omzuma atmak üzereymiş ki, herkesi uyandıran vahşi bir çığlık atmışım. Ertesi gün beni ikinci kattaki altı kişilik uyduruk bir yatakhaneye taşıdılar.

Gece korkularıma bir çareydi belki de, ama çok deneyseldi çünkü bu uydurma yatakhane tam kilerin üzerindeydi; öbür dört öğrenci gece yarısı mutfağa bir baskın düzenleyerek istedikleri gibi karınlarını doyurmak arzusundaydılar. Kendisinden hiçbir zaman kuşkulanılmayan Sergio Castro ve en ödlekleri olan ben, gerekirse bir acil durum pazarlığı yapmak için yataklarımızda kaldık. Ötekiler bir saat sonra kilerin yarısını boşaltmış olarak geri döndüler. Bu, uzun yatılılık yıllarımızın yeme içme şöleni oldu. Ancak fena halde sindirim sorunları yaşamaya başlayınca, bizi yirmi dört saat içinde yakaladılar. O anda her şeyin sona erdiğini düşündüm, ama Espitia'nın muhteşem pazarlık becerisi bizleri okuldan atılmaktan kurtardı.

Lisenin iyi, ülkeninse hiçbir şey vaat etmeyen bir dönemiydi. Lleras'ın yansızlığı öyle bir niyeti olmasa da, okulda ilk kez hissedilmeye başlanan gerilimi artırdı. Şimdi farkına vardığım kadarıyla aslında hep içimdeydi bu duygu, ama ancak o dönemden sonra yaşadığım ülkenin nasıl bir yer olduğunun bilincinc varmaya başladım. Bir önceki yıldan beri tarafsızlıklarını korumaya gayret gösteren öğretmenler artık bunu beceremiyorlar, politik tercihleri konusunda sınıfta yenilir yutulur tarafı olmayan patlamalar yaşıyorlardı. Özellikle de kimin başkan olacağı konusundaki sert kampanyalar başladıktan sonra.

Gaitán ve Turbay'le birlikte on altı yıllık mutlak iktidarının ardından Liberal Parti'nin bu kez seçimleri kaybedeceği apaçık ortadaydı artık. Sanki iki farklı politik partidenmişçesine birbirlerine zıt rakiplerdi ve bunun nedeni sadece kendi günahları değil, ilk günden beri durumu tüm açıklığıyla gören Muhafazakârların kanlı kararlığıydı da: Laureano Gómez'in yerine, bir yurtsever olarak hak ettiği bir üne sahip milyarder Mühendis Ospina Pérez'in adaylığını desteklediler. Bölünmüş Liberalizm ile birleşik ve silahlı Muhafazakârlık arasında pek bir seçenek de yoktu zaten: Ospina Pérez seçildi.

Bunun üzerine Laureano Gómez her yanda şiddete başvurarak ve her türlü resmî gücü kullanarak onun ardılı olabilmek için hazırlanmaya başladı. Bu, sekiz genel, on dört yerel iç savaşla, üç askerî darbeyle ve dört milyon kişilik bir nüfusta her iki tarafta da seksen binden fazla ölü bırakan Bin Gün Savaşı'yla, barışı hiç yaşayamayıp yalnızca geçici ateşkesler gördüğümüz on dokuzuncu yüzyılın tarihi gerçekliğine bir geri dönüş anlamına geliyordu neredeyse. Bu kadar basitti işte: Yüz yıl geriye gitmemiz için ortak bir programdı söz konusu olan.

O yılın sonunda Giraldo Öğretmen bana hâlâ utandığım bir ayrıcalık tanıdı. Dördüncü yıldan beri çaktığım cebirimi kurtarmam için çok basit sorulardan oluşan bir sınav hazırladı ve kopya çekebilmem için her türlü malzemeyi uzanacağım bir yere koyarak, beni öğretmenler odasında yalnız bıraktı. Bir saat sonra umut içinde geri dönüp de felaket sonucu görünce vahşi bir homurdanmayla her sayfaya baştan sona kırmızı bir çarpı çizdi: "Senin beynin sulanmış." Yine de yıl sonu notlarımda cebirden geçtiğim görülüyordu, Öğretmenime gidip beni kayırmak için ilkeleri ve zorunluluklarıyla ters düştüğü için teşekkür etmeyecek kadar onurum vardı neyse ki.

O yılın son final sınavının arifesinde Gonzalo Ocampo Öğretmen'le sarhoşluk yüzünden nahoş bir olay yaşadık. López Guerra ile birlikteydim, José Palencia, çiçekler içindeki parkın ve sonundaki kilisenin masal gibi manzarasına karşı sömürge döneminden kalma bir inciyi andıran otel odasına bizi ders çalışmaya davet etmişti. Yalnızca son bir sınavımız kaldığı için gece geç vakte kadar oyalandık ve okula eski fakir meyhanelerimize uğrayarak döndük. O sırada nöbette olan Ocampo Öğretmen disiplini kusursuz uygulardı. Bizi okula döndüğümüz saat ve halimiz nedeniyle azarlayınca, biz de ona sövüp saymaya başladık. Onun öfkeli tepkisi ve bizim bağırtılarımız tüm yatakhaneyi rahatsız etmiş.

Disiplin kurulunun kararına göre, López Guerra ile son kalan final sınavımıza giremeyecektik. Bu şu anlama geliyordu: En azından o yıl mezun olamayacaktık. Bundan sonra öğretmenler arasındaki gizli pazarlıkların nasıl geliştiğini hiçbir zaman öğrenemedik, ama dosyayı inanılmaz bir dayanışmayla kapattılar. Müdür Espitia bu sorunun sorumluluğunu da, risklerini de kendi üzerine almış olmalı. Bizi Bogota'da, eğitim bakanlığında yapılan mezuniyet sınavına kendisi götürmek üzere gerekli düzenlemeleri yaptı. Biz yazılı soruları yanıtlarken yanımızda kaldı, notlarımız hemen orada verildi. Çok iyi birer sınav vermiştik.

Belli ki bu çok ciddi bir iç soruna neden olmuş, çünkü Ocampo mezuniyet törenine katılmadı. Bunun nedeni bizim mükemmel notlarımız ve Espitia'nın bulduğu kolay çözüm olabilirdi. Mezun olurken bana kişisel başarılarım için özel bir ödül bile verdiler, unutulmaz bir kitaptı bu: Diógenes Laercio'nun *Vidas de filósofos ilustres*'i. Her şey yalnızca anne babamın beklentilerini aşmakla kalmamıştı, üstelik o yılı birincilikle bitirmiştim, ama sınıf arkadaşlarımın ve hepsinden çok benim bildiğimiz gibi, en iyi öğrenci değildim.

5

Bogota'da yayınlanan *El Espectador*'un, o dönemin en ilginç ve ciddi edebiyat eklerinden biri olan *Fin de Semana*'sında, ilk öykümün mezuniyetimden dokuz ay sonra yayınlanacağını asla hayal edemezdim. Kırk iki gün sonra da ikincisi yayınlandı. Gazetenin yardımcı yayın yönetmeni ve edebiyat ekinin yöneticisi Eduardo Zalamea Borda (Ulysses), zamanın en aklı başında Kolombiyalı eleştirmenlerinden biriydi ve yeni değerlerin ortaya çıkışını yakından izlerdi, benim için yazdıklarına gerçekten şaşırmıştım.

O kadar beklenmedik bir süreçti ki bu, anlatmak hiç de kolay değil. O yılın başında, babamlarla anlaştığım gibi, Universidad Nacional de Bogota'da, hukuk fakültesine kaydolmuştum. Kent merkezinde, Florián Sokağı'nda, kalanların çoğunluğunu Atlantik kıyısından gelen öğrencilerin oluşturduğu bir pansiyonda yaşıyordum. Boş olduğum öğle sonralarında para kazanmak için çalışacağıma zamanımı kahvelerde ya da odamda kitap okuyarak geçiriyordum. Rastlantı ya da şans eseri elime geçen kitaplardı bunlar, aslında benim şansımdan çok rastlantıydı söz konusu olan, çünkü parası kitap satın almaya yeten arkadaşlarım bana onları o kadar sınırlı süreler için ödünç verirlerdi ki, zamanında geri verebilmek için geceleri uyumamam gerekirdi. Ama Zipaquirá'daki lisede okuduğum, kutsal yazarlar adına dikilecek bir mozolede yer almayı hak eden kitapların aksine, fırından yeni çıkmış sıcak ekmek gibiydi bunlar; Avrupa'daki İkinci Savaş'ın neden olduğu uzun duraklamanın ardından Buenos Aires'te çevirtilip basılmışlardı. Şanslıydım çünkü çoktan keşfedilmiş olan Jorge Luis Borges, D.H. Lawrence, Aldous Huxley, Graham Greene, Chesterton, William Irish, Katherine Mansfield ve daha nicelerini bu kitaplar sayesinde ben de keşfetmiş oldum.

Bu yenilikleri kitapçıların ulaşılmaz vitrinlerinde görüyorduk, bazıları da taşradan gelmiş öğrenciler arasında kültürün yayıldığı etkin merkezler olan öğrenci kahvelerinde elden ele dolaşırlardı. Taşralı öğrenciler yıllarca bu kahvelerin müdavimi olurlar, bazılarının mektupları, hatta posta çekleri bile kahveye gelirdi. Kahve sahiplerinin ya da güvenilir çalışanlarının yaptıkları iyilikler bir sürü üniversite kariyerinin kurtulmasında belirleyici olmuştur. Bu ülkenin profesyonel çalışanlarının pek çoğunun, ortalıklarda görünmeyen öğretmenlerinden daha çok onlara gönül borcu vardır.

Ben kaldığım pansiyona iki-üç yüz metre mesafede, Jiménez Bulvarı'yla Carrera Séptima'nın yaşamsal önemi olan köşesinde yer alan, yaşlı şairlerin gittiği El Molino'yu yeğlerdim. Öğrencilere sabit bir masa vermezlerdi ama yakınlardaki masalara kulak misafiri olarak dinlediğimiz ebedî sohbetlerden ders kitaplarından öğrenebileceğimizden çok daha fazlasını öğrenirdik. İspanyol tarzında inşa edilmiş, iyi durumda dev bir evdi kahve, duvarlarında Ressam Santiago Martínez Delgado'nun fırçasından çıkma, Don Kişot'un yel değirmenlerine karşı verdiği savaştan sahneler vardı. Benim için ayrılmış bir yerim olmasa da, garsonlardan rica eder, sakallı, homur homur ve keyifli bir adam olan büyük usta León de Greiff'in yakınlarına bir yere yerleşirdim her zaman; dönemin önde gelen yazarlarıyla akşam alacakaranlığında başlardı *tertulia*,[1] gece

---

[1] Eskiden kalma bir Latin geleneğidir, genellikle bir kahvede ya da evde yapılan, sohbet amaçlı, resmî olmayan, düzenli edebî toplantılara verilen addır. (Çev.)

yarısı, ucuz alkole batmış bir halde satranç öğrencileri eşliğinde sonlanırdı.

Ülkenin önde gelen sanatçı ya da edebiyatçılarından olup da, o masada oturmayan pek az kişi vardı; bizler aralarında yaptıkları söyleşinin tek bir sözcüğünü bile kaçırmamak için kendi köşemizde kulak kesilirdik. Sanatlarından ya da yapıtlarından çok kadınlardan ve politik entrikalardan söz etseler de, her zaman öğrenecek yeni bir şey söylerlerdi. En dikkatli dinleyiciler biz Atlantik kıyılarından gelenlerdik, kitaplar Karayiplilerin Cachacolara karşı giriştikleri suç ortaklıklarından daha fazla bağlardı bizi birbirimize. Bir hukuk öğrencisi olan Jorge Àlvaro Espinosa, bana İncil'e yelken açmayı öğretmiş, Eyub Peygamber'in arkadaşlarının adlarını ezberletmişti birer birer; bir gün masanın üzerine insanı şaşırtacak kadar iri cüsseli bir cilt koyarak bir piskopos otoritesiyle, "Bu da öbür İncil," dedi.

James Joyce'nin *Ulysses*'iydi elbette, sabrım tükenene kadar bölük pörçük, kavga dövüş okudum. Zamansız bir gözü peklikmiş. Yıllar sonra, uysal bir yetişkine dönüştüğümde kendime kitabı ciddiyetle yeniden okuma görevi verdim ve yalnızca içimde varlığından bir an bile kuşku duymadığım kendine özgü bir dünyayı keşfetmekle kalmadım, dilin kullanımında özgürleşmem, zamanın idaresi ve kitaplarımın yapısı konularında da müthiş bir teknik destek aldım.

Sucre'den beri dostum olan tıp öğrencisi Domingo Manuel Vega'yla aynı odada kalıyor, aynı okuma çılgınlığını paylaşıyorduk. Bir başkası da amcam Juan de Dios'un büyük oğlu, ailemin erdemlerini belleğimde canlı tutmamı sağlayan kuzenim Nicolás Ricardo'ydu. Vega bir gece elinde yeni aldığı üç kitapla çıkageldi ve içlerinden birini uyumama yardım etmesi için rasgele bana ödünç verdi. Tam tersi oldu: Bir daha asla eskisi gibi huzur içinde uyuyamadım. Kitap Franz Kafka'nın *Dönüşüm*'üydü. Borges'in yanlış çevirisiyle, Buenos Aires'te

282

Editorial Losada'nın yayınladığı kopyaydı, bugün dünya edebiyatının en büyük nişanlarından biri olan giriş cümlesiyle, ilk satırından itibaren yaşamımda yeni bir yön açtı: 'Gregor Samsa bir sabah huzursuz uykusundan uyandığında, yatağında dev gibi bir böceğe dönüşmüş olduğunu gördü.' Bunlar gizemli kitaplardı, dar dehlizleri yalnızca farklı değil, o zamana kadar bildiğim her şeyle de çelişki içindeydi. Olayların nasıl geliştiğini göstermeye gerek görülmüyordu: Gerçek olması için yazarın öyle yazmış olması yeterliydi, bunun yeteneğinin gücü ve sesinin otoritesinden başkaca bir ispatı da yoktu. Yazar Şehrazat'tı yeniden, ama onun her şeyin mümkün olduğu bin yıllık dünyasında değil de, her şeyin çoktan kaybolduğu ve geri getirilme olanağı olmayan bir dünyada.

Dönüşüm'ü okumayı bitirdiğim zaman, bu yabancı cennette yaşamak için dayanılmaz bir arzu duydum. Ertesi gün yine Domingo Manuel Vega'nın bana ödünç verdiği emektar daktiloda, Kafka'nın dev bir hamamböceğine dönüşen zavallı bürokratına benzer bir şey yazmaya çabalarken buldum kendimi. Sonraki günlerde bu büyünün bozulmasından korkarak üniversiteye gitmedim ve haset terleri döktüm; ta ki Eduardo Zalamea Borda köşesinde yeni nesil Kolombiyalı yazarların hatırlanmaya değer adları olmadığına ve ufukta bunu değiştirecek bir şeyin de görünmediğine ilişkin umutsuz bir makale kaleme alana kadar. Nesildaşlarımın adına bunu bir meydan okuma olarak kabullenme hakkını bana ne verdi bilmiyorum, ama misilleme yapabilmek için bir kenara attığım öyküme geri döndüm. Bu öykü cesedinin kurgu fikrini *Dönüşüm*'ün bilincinde olarak inceden inceye işledim, onu sahte gizemlerinden ve varlıkbilimsel önyargılarından kurtardım.

Kendimi o kadar güvensiz hissediyordum ki, bunu kahvedeki masa arkadaşlarımdan biriyle konuşmaya cesaret edemedim. Derslerin sıkıcılığına katlanmaya çare olsun diye yazdığım lirik dizelerimin tek okuru olan sınıf arkadaşım Gonzalo Mallarino'ya bile açmadım bu konuyu. Yorulana kadar tekrar tekrar okuyup düzelttim öykümü, hayatımda hiç görmediğim, o güne dek bana tek bir satır bile yazmamış olan Eduardo Zalamea'ya kişisel bir not yazarak, hepsini bir zarfın içine koydum ve elimle *El Espectador*'un resepsiyonuna teslim ettim. Kapıcı ikinci kata çıkıp mektubumu bizzat Zalamea'nın kendisine vermeme izin verdi, ama düşüncesi bile beni felç etmeye yetiyordu. Zarfı kapıcının masasının üzerine bırakarak tüydüm oradan.

Bu bir salı günü oldu, öykümün kaderi konusunda fazlaca bir yürek çarpıntısı yaşamadığım gibi, basarlarsa da bunun çok yakında olmayacağından emindim. İki hafta boyunca cumartesi öğle sonralarının sıkıntısını öldürmek amacıyla bir kahveden ötekine dolaştım durdum, on üç eylülde El Molino'ya girince, *El Espectador*'un ekini boydan boya kaplayan öykümün başlığıyla çarpıştım: '*La tercera resignación* (Üçüncü Teslimiyet).

Umutsuzluk içinde ilk farkına vardığım şey, gazeteyi alacak beş *centavo*'m olmadığıydı. Bu, yoksulluğun en açık simgesiydi çünkü o zamanlar gündelik yaşamın pek çok temel ihtiyacı beş *centavo* ederdi: tramvay, telefon, bir fincan kahve, ayakkabıları cilalatmak. Hiç durmadan çiseleyen yağmurdan korunmak için üzerimde bir şey olmadığı halde kendimi sokaklara attım ama çevredeki kahvelerde bana sadaka verecek hiçbir tanıdığa rastlamadım. Cumartesinin o ölü saatlerinde pansiyonda da sahibesinden başka kimseyi bulamadım, o da hiç kimse anlamına gelirdi çünkü iki aylık yemek ve yiyecek karşılığında ona yedi yüz yirmi kez beş *centavo* borcum vardı. Her şeyi yapmaya hazır olarak yeniden sokağa çıktığımda, Tanrı'nın bir lütfu gibi elinde *El Espectador*'u tutan bir adam indi taksiden, hemen karşısına dikilip bana gazeteyi hediye etmesini istedim.

Böylelikle gazetenin resmî çizeri Hernán Merino' nun çizgileri eşliğinde yayınlanan ilk basılmış öykümü okuyabildim. Odama saklanıp tek bir solukta, tüm yüreğim ağzıma gelerek okudum onu. Her satırda matbaa harflerinin ezici gücünü hissediyordum, evrensel bir dehanın alçakgönüllü bir parodisi kılığında o kadar aşk ve acıyla ortaya çıkardığım satırlar bir-iki teselli veren cümlenin desteklediği zayıf, karanlık monologlar gibi görünüyordu gözüme. O öyküyü ikinci kez okuma cesaretini bulana kadar aradan neredeyse yirmi yıl geçmesi gerekti, değerlendirmem o zaman da –kendime acımayla bile– pek yumuşamamıştı, okuduklarımdan daha bile az hoşnut kaldım.

En zoru da ellerinde gazeteleriyle gözleri parlayarak odamı işgal eden pansiyon arkadaşlarımın anlamadıklarından emin olduğum bir öyküye yağdırdıkları ölçüsüz övgülerdi. Üniversite arkadaşlarımdan bazılarının hoşuna gitmişti, bazıları pek anlamamışlardı, daha aklı başında olanlarsa dördüncü satırın ötesine geçmemişlerdi, ama edebî değerlendirmelerinden kuşku duymam pek mümkün olmayan Gonzalo Mallarino, hiç çekincesiz onaylamıştı.

En büyük kaygımsa eleştirel bıçağından bizimkinden daha üst çevrelerde bile epeyce korkulan Jorge Àlvaro Espinosa'nın hükmüydü. Çelişkili bir ruh hali içindeydim: Bu belirsizlikten kurtulmak için hem onu hemen görmek istiyor hem de onunla karşılaşma düşüncesinden korkuyordum. Salıya kadar ortalarda görünmedi, bu onun gibi kitap kurtları söz konusu olduğunda alışılmadık bir durum değildi. Sonunda El Molino'da ortaya çıktığında da öykümden değil, cüretimden söz etmeye başladı.

"Sanırım başını nasıl bir belaya soktuğunun farkındasındır," dedi kral-kobra yeşili gözlerini benimkilere dikerek. "Artık tanınmış yazarlarla aynı vitrindesin, bunu hak etmek için çok çalışman gerek."

Beni *Ulysses*'in fikri kadar etkileyecek tek fikir olan bu cümle karşısında taş kesilmiştim. O sözünü bitirmeden hem o zaman hem de hâlâ gerçek olduğuna inandığım düşüncemi açıklayarak onun bir adım önüne geçmek için atıldım:

"Çok boktan bir öykü."

Ters ters bakıp sarsılmaz bir öz-denetimle bu konuda henüz bir şey söyleyemeyeceğini çünkü öyküme şöyle bir göz atabildiğini bildirdi. Ama söylediğim kadar kötü olsa bile, yaşamın bana sunduğu altın fırsatı feda edecek kadar kötü olamayacağını söyledi.

"Hem artık o öykü geçmişte kaldı," diye devam etti sözlerine, "şimdi önemli olan bir sonraki."

Ağzım açık kaldı, ama kimseden bundan daha akıllıca bir öğüt duyamayacağımı fark edene kadar, ona karşı çıkacak nedenler aramakta ısrar ettim. Önce anlatılacak öyküyü, sonra da anlatım tarzını bulmak konusundaki sabit fikrinde diretiyordu; bu ikisi karşılıklı hizmet etmede birbirlerine bağımlıydılar ve klasiklerin sihirli asası da buydu. Bu sık sık dile getirdiği fikir üzerinde durarak, okulda zorunlu olarak okuduğum Homeros'un yanına başkalarını da katarak derinlemesine Yunan klasiklerini okumam gerektiğini söyledi. Söz vererek öbürlerinin adlarını duymak istedim ama konuyu değiştirerek o hafta sonu okuduğu André Gide'in *Kalpazanlar* adlı yapıtından söz etmeye başladı. Ona hiçbir zaman o konuşmamızla belki de yaşamımı çözümleyen ipucuna kavuştuğumu söyleyecek cesaretim olmadı. Geceyi bir sonraki öyküm için not tutarak uykusuz geçirdim, ilkinin dolambaçlarından eser olmayacaktı bu kez.

Bana öykümden söz edenlerin muhtemelen okumadıkları, okudularsa da kesinlikle anlamadıkları hikâyeden değil de, onu öylesine önemli bir sayfada farklı bir dizgiyle basılı görmekten etkilendiklerinden kuşkulanıyordum. Şöyle başlayayım: Benim en büyük iki yanlışım, en büyük iki yanlışın ta kendileriydi: metni kaleme alışımdaki sarsaklık ve beceriksizlik, bir de insan yüreğini hiç tanımamam. Bu durum benim uydurduğum duyguların sömürülmesiyle daha da kötüleşen bir soyut düşünceler karmaşası olarak apaçıktı ilk öykümde.

İkinci öyküm için belleğimde gerçek yaşamdan durumlar ararken, çocukken gördüğüm en güzel kadınlardan birinin, bana kucağına alıp okşadığı çok şirin bir kedinin içinde olmak istediğini söylediğini hatırladım. Neden diye sorduğumda, "Benden daha güzel de ondan," yanıtını vermişti. Böylelikle ikinci öyküm için bir dayanak noktası ve çekici bir ad edinmiştim: 'Eva Kedisinin İçinde'. Gerisi bir önceki öykü gibi yoktan var edildi, tam da bu nedenle –o zamanlar söylemekten hoşlandığımız gibi– her ikisi de kendi içlerinde kendi yıkımlarının tohumlarını taşıyordu.

İkinci öyküm de sayfada aynı birincisi gibi yer alarak, 25 Ekim 1947'de yayınlandı. Resimleyen Karayip göğünde yükselen bir yıldızdı: Enrique Grau. Arkadaşlarımın bu öykünün basılmasını kendini işine adamış bir yazarın yaşamının rutin bir parçası gibi karşılamaları dikkatimi çekmişti. Bana gelince; yanlışlarımdan acı çektim, başarılarımdan kuşkulandım ama yine de umudumu kaybetmemeyi becerebildim. Büyük darbe birkaç gün sonra Eduardo Zalamea'nın *El Espectador*'da çıkan, her zamanki gibi Ulysses takma adıyla imzaladığı günlük köşesindeki bir paragraftı. Dosdoğru konuya giriyordu: "Bu gazetenin edebiyat eki 'Fin de Semana'nın okurları güçlü bir kişiliği olan, özgün, yeni bir dâhinin ortaya çıktığına tanık oldular." Biraz daha aşağıda, "Her şey mümkündür hayallerde, ama oradaki inciyi doğallıkla, yalınlıkla, ortalığı velveleye vermeden söküp alabilmek edebiyatla yeni ilişkiye giren yirmi yaşındaki her delikanlının harcı değildir." Ve hiç tereddüt etmeden şöyle bitirmişti yazısını: "García Márquez ile yeni ve dikkate değer bir yazar doğuyor."

Bu yazı benim için bir mutluluk şokuydu –nasıl olmasın ki–, ama bir yandan da Zalamea'nın kendine hiçbir çıkış yolu bırakmamasından rahatsızdım. Söyleyecek

287

her şeyi söylemişti, onun bu cömertliğini yaşamımın geri kalanında vicdanıma bir çağrı olarak yorumlamalıydım. Ayrıca yazı, Ulysses'in gazetede çalışan arkadaşlarından biri sayesinde kimliğimi keşfettiğini de ortaya koyuyordu. O gece bunu on beş yıldır aynı gazetede, Eduardo Zalamea'nın masasının beş metre ötesinde, Gog takma adını kullanarak tükenmez bir tutkuyla okur mektuplarını yanıtlayan daha yakın kuzenlerimden birinin yakın kuzeni olan Gonzalo Gonzáles sayesinde öğrendiğini öğrendim. Neyse ki ne o beni aradı ne de ben onu. Bir kez El Molino'da Şair De Greiff'in masasında gördüm, sesinden ve iflah olmaz bir tiryakinin hırıltılı öksürüğünden tanıdım, sonradan bir sürü kültürel etkinlikte de karşılaştık; ama kimi bizleri tanımadığından kiminin de tanışmadığımızı aklı almadığından, kimse bizi tanıştırmadı.

O zamanlar insanların nasıl da şiirin gölgesinde yaşadıklarını hayal etmek zordu. Çılgın bir tutkuydu bu, farklı bir varoluş biçimiydi, her yere giren bir ateş topuydu. Gazeteyi açınca daha ekonomi bölümünde ya da hukuk sayfasında, kahvede otururken kahve fincanının dibinde hayallerimizi üstlenmek için bizi bekliyordu şiir. Öyle ki, bizim gibi tüm eyaletlerden gelme taşralılar için Bogota ülkenin başkenti, hükümet ağının bulunduğu yer, ama hepsinden önemlisi şairlerin yaşadığı kentti. Yalnızca şiire inanmak ve onun için canımızı vermekle kalmazdık, tıpkı Luis Cardoza ve Aragón gibi düşünürdük: 'Şiir, insan varoluşunun biricik somut kanıtıdır.'

Dünya şairlere aitti. Benim kuşağım için onların yeni şiirleri giderek daha moral bozucu bir hal almaya başlayan politika haberlerinden çok daha önemliydi. Kolombiya şiiri XIX. yüzyılda, doktorunun tentürdiyotla yerini işaretlediği kalbine otuz bir yaşında kurşunu sıkmış olan iflas olmaz romantik José Asunción Silva'nın yapayalnız yıldızıyla parlamıştı. Rafael Pombo ya da büyük lirik Eduardo Castillo'yu tanımak için zamanında doğmamıştım; dostları, silindir şapkası, morfinden yeşile çalan teni, hindi profiliyle alacakaranlıkta ortaya çıkan bir mezar kaçkınına benzetirlerdi onu: kötücül şairin fiziksel temsili. Bir öğleden sonra, Séptima Caddesi'ndeki büyük bir evin önünden tramvayla geçiyordum, kapısında o güne dek yaşamımda gördüğüm en etkileyici adamı gördüm, kusursuz bir takım giymiş, fötr şapka takmıştı, ışıksız gözlerinde koyu renk bir gözlük ve sırtında sığır çobanı pelerini vardı. Şair Alberto Angel Montoya'ymış, fazlaca görkemli bir romantik; döneminin en iyi şiirlerinden bazılarını yazmıştı. El Molino Kahvesi'nde yıllarca gizlice izlediğim Léon de Greiff dışında, şairler benim neslim için geçmişin hayaletleriydi,

Popoyánlı bir soylu olan, 1910'da, ulusal bağımsızlığımızın ilk yüzyılıyla kesiştiği için bu adı almış Centenario[1] Kuşağı'nın papalığına otuzundan önce yükselen Guillermo Valencia'nın zaferine yaklaşmayı hayal bile edemezdi hiçbiri. Romantik akımın iki büyük şairi olan çağdaşları Eduardo Castillo ve Porfirio Barba Jacob, efsanevî adıyla üç kuşağın yollarını tıkayan Valencia'nın mermer gibi retoriğiyle gözleri kamaşmış bir ülkede fazlasıyla hak ettikleri eleştirel adalete kavuşamadılar. 1925'te Yenilikçiler adı ve yenilikçi niyetlerle ortaya çıkan bizden bir önceki kuşakta Rafael Maya ve Léon de Greiff gibi muhteşem örnekler vardı ama, Valencia tahtında oturduğu sürece büyüklükleri hak ettikleri kadar tanınamadı. Valencia da onu devlet başkanlığının eşiğine kadar getiren kendine özgü bir zaferin keyfini sürdü.

Yarım yüzyıllık bir süre içinde Valencia'nın yoluna çıkmaya, bir tek son tahlilde Valensist olmamaktan başka hiçbir ortak özelliği bulunmayan Piedra y Cielo Grubu' nun üyeleri cesaret etti. Eduardo Carranza, Arturo Camacho Ramírez, Aurelio Arturo ve hepsinin şiirlerinin basımını finanse eden Jorge Rojas. Ne üslup ne de esin

---

[1] İspanyolca yüzüncü yıl. (Çev.)

olarak birbirlerinin aynıydılar, ama grup olarak Parnas-yenlerin[1] arkeolojik kalıntılarının temellerini sarsıyor, Juan Ramón Jiménez, Rubén Darío, García Lorca, Pablo Neruda ve Vicente Huidobro gibi şairlerin çağrışımlarıy-la yürekten gelen yeni bir şiir ortaya koyuyorlardı. Halk onları hemen bağrına basmadı, onların da şiirin evini te-mizlemek için Tanrı'nın gönderdiği şairler olarak görül-düklerinin farkındaymış gibi bir halleri yoktu. O yılların en saygıdeğer deneme yazarı ve eleştirmeni olarak ün yapmış Don Baldomero Sanín Cano, Valencia'ya karşı herhangi bir girişimin önünü kesmek için bir makale ka-leme almakta gecikmedi kuşkusuz. Aldığı bu sözel ön-lem çöp tenekesine gitti. Kesin hüküm veren pek çok cümlesi arasında, Valencia'nın, 'geçmişte kalmış uzak za-manların ruhunu tanımak için antik bilgeliğe sahip oldu-ğu ve insanlığın tüm ruhunu keşfetmek için çağdaş me-tinleri de araştırdığı' vardı. Bir kez daha onun zamanı ve sınırları olmayan bir şair olduğunun üzerinde duruyor, ona 'ruhunu kurtarmak için bedenini esirgeyen Lucre-tius, Dante, Goethe gibilerin' arasında yer veriyordu. Böyle dostları olan Valencia'nın düşmana ihtiyacı olma-dığını düşünenler olmuştur.

Eduardo Carranza, Sanín Cano'ya her şeyi daha baş-lığında söyleyen bir makaleyle yanıt verdi: 'Bir Ozan Va-kası'. Bu, Valencia'yı kendine uygun sınırların içine çek-mek ve kaidesini doğru yere ve boyuta indirmek için iyi hesaplanmış bir saldırıydı. Şairi Kolombiya'da yürekten gelen bir ateş yakmak yerine sözcüklerden oluşmuş bir ortopedi yaratmakla suçladı, dizelerini eğitimli, frijit, be-cerikli ve özentili bir yontucunun işleri olarak betimledi. Vardığı sonuç kendi kendine sorduğu, özünde iyi şiirle-rinden birini andıran bir soruydu: 'Şiir kanımı kaynatmı-yorsa, aniden sırlara pencereler açmıyorsa, dünyayı keş-fetmeme yardım etmiyorsa, umutsuz yüreğimin yalnız-

---

[1] 19. yüzyıl ortalarına ait bir Fransız şiir ekolü. (Çev.)

lıkta ve aşkta, şenlikte ve sevgisizlikte eşlikçisi değilse, ne işime yarar?' Şöyle bitiriyordu sözlerini: 'Benim açımdan bakarsanız –kâfir ben!– Valencia mı, eh işte fena bir şair sayılmaz.'

O zamanlar tirajı yüksek olan *El Tiempo*'nun 'Lecturas Dominicales'[1] ekinde yayınlanan 'Bir Ozan Vakası' toplumda duygulanmaya yol açtı. Beklenmedik bir sonuç da, makalenin Don Juan de Castellanos'un *Elegías de varones ilustres de Indias* (Yerlilerin Renkli Oğullarına Ağıtlar) adlı yapıtından beri Kolombiya'da ciddi olarak incelenmemiş şiirin ta kökenlerinden başlayarak derinlenmesine incelenmesini sağlamasıydı.

O zamandan beri şiir açık gökyüzüdür. Yalnızca Yenilikçiler için değil, onlardan sonra ortaya çıkıp dirsek darbeleriyle kendilerine yer edinmeye çalışanlar için de böyledir. Şiir o kadar popüler olmuştu ki, Carranza'nın yönettiği 'Lecturas Dominicales'in ya da eski lise Müdürümüz Carlos Martín yönetimindeki *Sábado*'nun her bir sayısının nasıl da beklendiğini ve yaşandığını anlamak bugün mümkün değildir. Carranza şiirinin yanı sıra, bu zaferiyle de akşamın altısında Séptima de Bogota Caddesi'nde nasıl şair olunacağını belirlemiş oldu ki, bu, elindeki kitabı göğsüne bastırarak bina blokları genişliğinde bir vitrinde gezinmek demektir. O bir sonrakinde her biri kendine göre bir ekol olan kendi kuşağı için bir örnekti.

O yılın ortalarında, şiirin politik bir silah olması gerektiğini düşünen Pablo Neruda, Bogota'ya geldi. Bogotolılarla *tertulia*'larında Laureano Gómez'in ne tür bir gerici olduğunu öğrendi ve veda ederken, neredeyse elinin yazma hızıyla üç cezalandırıcı sone yazdı, bunun ilk dörtlüğüyse, tüm gericilereydi:

Elveda, defne taçlarıyla hiç onurlandırılmamış Laureano hüzünlü vali, zıpçıktı kral.

---

[1] Pazar Okumaları. (Çev.)

Elveda, dördüncü katın imparatoru,
her şey peşin ödenmiş, hiç sonu yok, hep daha fazlası.

Carranza sağ kanada sempati duymasına ve Laureano Gómez ile kişisel dostluğuna karşın bu dizeleri edebiyat sayfalarında politik bir duyurudan çok, bir haber olarak yayınladı. Neredeyse oybirliğiyle geldi olumsuz tepkiler. Asıl nedeni de, bu dizeleri Laureano Gómez'in gerici fikirlerine olduğu kadar Pablo Neruda'nın devrimci düşüncelerine de ters düşen, iliğine kadar Liberal eski Başkan Eduardo Santos'un gazetesinde yayınlamanın mantıksızlığıydı. En patırtılı tepkiler bir yabancının böyle bir suistimale kalkışmasına göz yummayanlarındı. Şiirsellikten çok maharetle yazılmış üç alaycı dörtlüğün böyle bir fırtına koparması o yıllarda şiirin nasıl bir gücü olduğunu gösteren çarpıcı bir örnektir. Cumhuriyet'in başkanı olarak aynı Laureano Gómez, ardından da General Gustavo Rojas Pinilla, Neruda'nın Kolombiya'ya girmesini yasakladılar, ama şair Şili ve Avrupa arasında yaptığı sayısız yolculukta, buharlı gemilerin uğrak limanı olan Cartagena ve Buenaventura'ya pek çok kez geldi. Yolculuklarını haber verdiği Kolombiyalı arkadaşları arasında bu ziyaretler büyük kutlamalar yapmak için bir nedendi.

1947 Şubatı'nda hukuk fakültesine kaydolduğumda, Piedra y Cielo grubuyla birlikte anılmaya devam ediyordum. Çoğuyla Carlos Martín'in Zipaquirá'daki evinde karşılaşmış olsam da, bunu yanına yaklaşması en kolay olan Carranza'ya bile çıtlatacak kadar atak değildim. Bir kez pansiyonuma çok yakın olan Grancolombia Kitapçısı'nda karşılaştık ve onu hayranı olarak selamladım. Bana çok seven karşılık verdi ama tanımadı. Bir keresinde de, El Molino'da öykülerimin *El Espectador*'da yayınlandığını duyunca masasından kalkan Léon de Greiff, yanıma kadar gelerek bana selam verdi ve öykülerimi okuyacağını söyledi. Ne yazık ki birkaç hafta sonra 9 Nisan halk ayaklanması yaşandı ve hâlâ dumanı tüten kenti terk etmem gerekti. Dört yıl sonra geri döndüğümde, El Molino küllerinin altında yok olmuş, Üstat pılı pırtısı ve dostlarıyla birlikte El Automático Kahvesi'ne taşınmıştı, orada kitap ve *aguardiente*[1] arkadaşı olduk, bana satranç taşlarının nasıl hareket ettiğini öğretti.

Eski arkadaşlarım öykü yazmaya kafayı takmış olmamı anlayamıyorlardı, ben de şiirin en yüce sanat olduğu bir ülkede neden böyle yaptığımı açıklayamıyordum kendime. Oysa bu gerçeği Karayip kasabalarında, kesekâğıtlarına yazılıp katlanmış, pazaryerlerinde ve mezarlıklarda iki *centavo*'ya satılan *Miseria Humana*'nın (İnsanlık Sefaleti) başarısı nedeniyle daha küçücük bir çocukken öğrenmiştim. Romanaysa pek seyrek rastlanırdı. Jorge Isaac'ın *Maria*'sından (Meryem) sonra birçok roman yazılmış ama pek bir yankı uyandırmamıştı. José María Vila, yoksulların yüreklerini hedef alan elli iki romanıyla alışılmadık bir olaydı. Yorulmak nedir bilmez bir gezgindi, taşıdığı fazla bavul Latin Amerika ve İspanya'da otellerin kapılarında sergileyip peynir ekmek gibi sattığı kendi romanlarıyla dolu olurdu genellikle. En tanınan yapıtı *Aura o las violetas* (Aura ya da Menekşeler), çok daha iyi yazılmış çağdaşlarıyla kıyaslanamayacak kadar çok kalp kırmıştır.

Kolombiya'da kendi zamanlarının ötesine kalan yegâne romanlar, 1600 ile 1638 arasında, sömürge döneminin tam ortasında, İspanyol Juan Rodríguez Freyle'nin yazdığı *El carnero* (Koç) ile başlar; bu Nueva Granada'nın[2] tarihi hakkında o kadar ölçüsüzce atıp tutan, serbest bir öyküydü ki, bir romancılık harikası olarak kaldı. Ardından gelen örnekler arasında 1867 tarihli Jorge Isaac'ın *Maria*'sı (Meryem); 1924 tarihli José Eustasio

---

[1] Şekerkamışından yapılan sert bir içki. (Çev.)
[2] Nueva Granada, Kolombiya'nın bir İspanyol sömürgesi olduğu dönemdeki adıdır. (Çev.)

Rivera'nın *La vóragine*'si (Girdap); 1926 tarihli Tomás Carrasquilla'nın *La marquesa de Yolombó*'su (Yolombó Markizi) ve 1934 tarihli Eduardo Zalamea'nın *Cuatro años a bordo de mí mismo* (Kendi Kendimin Kıyısında Dört Yıl) adlı romanı sayılabilir. Bu romanların hiçbiri onlarca şairin hak etmiş olsalar da olmasalar da tattıkları zafer duygusunu yaşatmadılar yazarlarına. Öte yandan öykü –Antioqua'nın büyük yazarı Carrasquilla kadar seçkin bir ada karşın– inişli çıkışlı, ruhsuz bir söz oyunu olmaktan öteye gidemedi.

Benim bir hikâye anlatıcısı olacağımın kanıtını görmek için, lisede uğurlarında ölmeye hiç niyetim olmadığından imzalamadığım ya da takma adlarla imzaladığım dizelerime bakmak yeterlidir. Dahası da var: İlk öykülerim *El Espectador*'da çıktığı zaman bunu yapmaya hiç de hakkı olmayan bazı kişiler tutup türü hakkında tartıştılar. Bugün bunun anlaşılır olduğunu düşünüyorum çünkü Kolombiya'da hayat pek çok açıdan XIX. yüzyılda kalmıştı. Özellikle de ne gönülden gelen bir çağrı duyarak ne de isteyerek Universidad Nacional'in hukuk fakültesine yazıldığım kırklı yılların, hâlâ sömürge dönemini özleyen kasvetli Bogota'sında.

Buna tanık olmak için Bogotalıların abartısıyla dünyanın en iyi köşesi olarak nitelenen kentin can damarı Séptima Caddesi ve Jiménez de Quesada Bulvarı'na çıkmak yeterliydi. San Francisco Kulesi'ndeki saat öğlen on ikiyi çaldığı zaman, insanlar saatlerini kilisenin resmî saatine göre ayarlamak için yolda durur ya da kahvelerdeki sohbetlerine ara verirlerdi. Bu kavşağın çevresinde ve yakınlarındaki sokaklarda, işadamlarının, politikacıların, gazetecilerin ve elbette şairlerin günde iki kez bir araya geldikleri kalabalık mekânlar bulunur, herkes Efendimiz Kral IV. Don Felipe gibi tepeden tırnağa siyahlara bürünmüş olurdu.

Benim öğrencilik yıllarımda bu köşede hâlâ gazete okunabiliyordu, sanırım bunun dünyada pek az benzeri olmuştur, okullardakine benzeyen bir karatahtaydı bu, *El Espectador*'un balkonunda, saat on iki ve altıda, üzerinde günün son haberleri tebeşirle yazılı olarak sergilenirdi. O saatlerde kaldırımda sabırsızlıkla bekleyen kalabalık yüzünden yürümek zorlaşır, hatta olanaksız hale gelirdi. Bu sokak okurları hoşlarına giden haberleri alkışlamak, gitmeyenleriyse yuhalamak, hatta karatahtaya taş atmak imkânına sahiptiler. Buna ânında demokratik katılım da denebilirdi, *El Espectador* halkın nabzını tutmak için her şeyden daha etkili bir araca sahipti.

Televizyon yoktu, radyo haberleri çok tatmin ediciydi ama belli saatlerde yayınlanırdı, bu nedenle insanlar daha tam bir dünya görüşüyle evlerine gidebilmek için öğle ya da akşam yemeklerinden önce karatahtanın asılmasını beklerdi. Kaptan Concha Venegas'ın Lima ile Bogota arasında yalnız uçuşu oradan duyurulur ve örnek alınacak unutulmaz bir şaşmazlıkla izlenirdi. Böyle ilginç haberler olduğu zaman, halkın açlığını özel haberlerle doyurmak için belirli saatlerin dışında, günde birçok kez asılırdı karatahta. Bu eşsiz gazetenin sokak okurlarının hiçbiri bu fikrin yaratıcısı ve kölesinin *El Espectador*'un acemi muhabirlerinden biri olan yirmi yaşındaki José Salgar olduğunu bilmezlerdi; sonradan ilkokul mezunu büyük bir gazeteci olacaktı.

Bogota'nın seçkin kurumları merkezdeki kahvelerdi, er ya da geç tüm ülkenin yaşamı kesişirdi buralarda. Kahvelerde politik, edebî ya da ekonomik bir konunun tadını çıkartırdık, öyle ki o yıllarda Kolombiya tarihinin büyük bölümünün bu kahvelerle bir ilişkisi vardı. Herkesin en sevdiği kahve, kimliğinin yanılmaz bir işareti gibiydi.

Yüzyılın ilk yarısının bazı yazar ve politikacıları –hatta bazı devlet başkanları– On Dördüncü Cadde'de, Rosario Koleji'nin karşısındaki kahvelerde eğitim görmüşlerdi. El Windsor zamanın ünlü politikacılarını ağırlayarak ün kazanmıştı, ömrü en uzun olan kahvelerden biridir, ünlü Karikatürist Ricardo Rendón'un da sığınağıydı; orada en büyük yapıtını çizmiş, yıllar sonra Grand Via'da bir arka odada o dâhi beynine bir kurşun sıkmıştı.

Can sıkıntısıyla geçirdiğim pek çok öğle sonrasının çaresi Biblioteca Nacional'de[1] rastlantı eseri bulduğum halka açık bir müzik salonuydu. Sevimli bir görevliden yazılı olarak istediğimiz büyük müzisyenlerin yapıtları eşliğinde kitap okuduğum bir sığınak haline getirdim orayı. Salonu sık sık ziyaret edenler, tercih ettiğimiz müziğe bağlı olarak mizaçlarımıza ilişkin farklı incelikler keşfettik. Böylelikle, kişilerin birbirinden farklı zevkleri aracılığıyla en sevdiğim müzisyenlere aşina oldum, iflah olmaz bir melodi manyağı günbegün bize hiç merhamet göstermeden Chopin çalınmasını istediği için, uzun yıllar bu ustayı sıkılmadan dinleyemedim.

Bir öğle sonrasında salonu boş buldum çünkü müzik sistemi bozulmuştu, yönetici oturup sessizlikte okumama izin verdi. İlk başlarda bunun huzurlu bir vaha olduğunu düşündüysem de, iki saatin sonunda okumamı bölen, kendi bedenimde kendimi rahatsız hissetmeme neden olan bir iç sıkıntısıyla dikkatimi toplayamaz oldum. Günler sonra bu iç sıkıntısının çaresinin salonun sessizliği değil, müzik olduğuna karar verdim; o zamandan beri benim için neredeyse gizli ve sürekli bir tutkuya dönüşmüştür müzik.

Pazar öğleden sonra, müzik salonu kapalı olduğundan, en işe yarar etkinliğim mavi camlı pencereleri olan tramvaylara binmek, beş *centavo* karşılığında hiç durmadan Bolívar Meydanı ile Chile Bulvarı arasında yolculuk etmek, pek çok kayıp pazardan oluşan bitmek bilmez bir kuyruğu peşinde sürükler gibi görünen ilkgençliğimin pazarlarını bu yolla tüketmekti. Bu kısırdöngü yolculuğunda hiç durmadan çiseleyen yağmur altında ilk ışıklar yanana kadar belki de tek yaptığım, kentteki

---

[1] Ulusal Kütüphane. (Çev.)

her bina blokuna karşılık bir dörtlük okumaktı. Sonra kentin tarihî bölümündeki kasvetli kahvelere takılır, birinin bana iyilik yapıp da okumayı henüz bitirdiğim şiirler hakkında benimle sohbet etmesini umardım. Bazen birine rastlardım ve bu kişi kesinlikle bir erkek olurdu, saat gece yarısını geçene kadar o sıkıcı delikte oturur, zaten içmiş olduğumuz sigaraların izmaritlerini sömürerek şiirden söz ederdik, dünyanın geri kalanıysa aşk yapardı.

O zamanlar herkes gençti ama biz her zaman bizden daha genç olanlarla karşılaşırdık. Özellikle şairler ve suçlular arasında kuşaklar birbirini iter, biri bir şey yaptığı anda bir başkası daha iyi yapacağı tehdidiyle ortaya çıkardı. Bazen eski kâğıtlarımın arasında sokak fotoğrafçılarının San Francisco Kilisesi'nin avlusunda çekmiş oldukları fotoğraflarımıza rastlıyorum, yüreğim şefkatle doluyor: Hiçbir şeyin, özellikle de pazar öğle sonralarının üstesinden aşksız gelmenin kolay olmadığı bir kapalı kapılar kentinde çekilmiş, bizim değil, oğullarımızın fotoğrafları sanki. Bu arada rastlantı eseri amcam José María Valdeblánquez ile tanıştım, bir an pazar âyininin çıkışındaki kalabalıkta şemsiyesiyle kendine yol açan dedemi görüyorum sandım. Giysileri kimliğini bir dirhem olsun gizlemeye yetmiyordu: Takımı siyah yünlü kumaştandı, kolalı yakalı beyaz gömlek giymiş, verevine çizgili kravat takmıştı, yeleğinde köstekli saati asılıydı, fötr şapkası ve altın çerçeveli gözlüğü vardı. O kadar etkilenmiştim ki, farkına varmadan yolunu kesmişim. Tehditkâr şemsiyesini havaya kaldırdı ve gözlerimin bir karış uzağında tutarak,

"Geçebilir miyim?" diye sordu.

"Özür dilerim," dedim utançla, "sizi dedemle karıştırdım."

Astronot bakışlarıyla beni küçümseyerek süzdü ve kötücül bir alayla:

"Bu pek ünlü büyükbaba kimmiş, öğrenebilir miyim?" diye sordu.

Yaptığım küstahlık aklımı karıştırdığından dedemin tam adını söyleyiverdim. O zaman şemsiyesini indirerek pek keyifle gülümsedi.

"O zaman benzerliğimizin bir nedeni var," dedi, "ben onun en büyük oğluyum."

Universidad Nacional'de gündelik yaşam biraz daha çekilir gibiydi, ama belleğimde o dönemin gerçekliğine ilişkin bir şey bulamıyorum, çünkü Bogota'da tamamladığım ilk yıl aldığım notlar bunun tersine inanmayı mümkün kılsa da, kendimi bir tek gün bile bir hukuk öğrencisi olarak algılamadım. Orada lisedeki kişisel ilişkileri kuracak ne zaman vardı ne de fırsat, sınıf arkadaşlarım dersler bitince kentin çeşitli yerlerine dağılırlardı. Benim için en hoş sürpriz hukuk fakültesi genel sekreterinin yazar Pedro Gómez Valderrama olmasıydı, edebiyat sayfalarına yaptığı katkılardan tanıyordum onu, zamansız ölümüne kadar en iyi arkadaşlarımdan biri oldu.

En sık görüştüğüm üniversite arkadaşım Gonzalo Mallarino Botero'ydu, yaşamın mucizelerinin olaylarla belgelenmese de gerçek olduğuna inanma alışkanlığındaki tek kişiydi. Bana hukuk fakültesinin sandığım kadar kısır olmadığını gösteren kişidir, ilk günden sonra beni sabahın yedisinde istatistik ve demografi dersinden çıkarttı, kampusun kantininde bir şiir düellosuna davet ederek meydan okudu. Sabahın o ölü saatlerinde ezberinden İspanyol klasiklerinin şiirlerini okurdu, ben de bir önceki yüzyılın söz oyununa dayanan kalıntılarına ateş açan genç Kolombiyalı şairlerin şiirleriyle yanıt verirdim.

Bir pazar günü beni annesi, kız ve erkek kardeşleriyle birlikte yaşadığı, tıpkı benim kendi evimdeki gibi aile içi gerilimlerin hissedildiği evine davet etti. En büyükleri Victor tam zamanlı bir tiyatro sanatçısıydı, İspanyolca konuşulan çevrelerde temsilleriyle tanınırdı. Annemle babamın himayesinden kaçtığımdan beri, Mallarinoların annesi Pepe Botero'yla tanıştığımdaki kadar evimde hissetmemiştim kendimi; Bogota aristokrasisinin yalıtılmış merkezinde yaşayan bir Antioquian kadınıydı. Doğal zekâsı ve harika konuşmasıyla, Cervantes'in soyundan gelen atalarını aratmayacak biçimde tam taşı gediğine koymasını biliyordu. Sıcak çikolatanın kokusu ve yağda kızartılmış hamur tatlısı eşliğinde, zümrüt renkli sınırsız bozkırın üzerinde günbatımlarını izlediğimiz unutulmaz akşamüstleriydi onlar. Pepe Botero'nun sınır tanımayan argosu ve gündelik yaşama ait ayrıntıları anlatış biçimi sayesinde gerçek yaşamın söz söyleme sanatı üzerine öğrendiklerim paha biçilmezdi.

Öbür iyi okul arkadaşlarım Zipaquirá'daki liseden de tanıdığım Guillermo López Guerra ve Álvaro Varón' du. Şair ve gazeteci Juan Lozano y Lozano'nun yayınladığı, neredeyse gizli bir gazete olan La Razón'un edebiyat ekini tırnaklarıyla çıkartan Luis Villar Borda ve Camilo Torres Restrepo'ya kendimi çok daha yakın hissediyordum kuşkusuz. Gazetenin baskıya gireceği günler onlara katılıyor ve son dakikada çıkan acil sorunlarda yardım eli uzatıyordum. Arada bir dizelerine hayran olduğum ama asıl Sábado'da yayınladığı ulusal figürlerle ilgili biyografik skeçlerine bayıldığım yayın yönetmeniyle karşılaşıyordum. Ulysses'in benim hakkımda yazdığı satırları çok net olmasa da anımsıyordu ama öykülerimden hiçbirini okumamıştı, hoşuna gitmeyeceklerinden emin olduğum için bu konuyu kapattım. İlk günden itibaren gazetesinin kapılarının bana açık olduğunu söyleyip durdu, ama bunun bir Bogotalı kibarlığı olduğunu düşünerek üzerinde durmadım.

Okul arkadaşlarım Camilo Torres Restrepo ile Luis Villar Borda, Eduardo Carranza'nın El Tiempo'nun sayfalarında ülkeye dayattığı türden lirik moda dizeleri on altı yaşında yayınlanmış olan Plinio Apuleyo'yla beni tanıştırdılar. Koyu renkli teni ve dümdüz simsiyah saçları Kızılderili görünümünü daha da vurguluyordu. Muhtemelen tek bir satır yazmamış olmasına karşın doğuştan gazeteci olan babası ve eski Savaş Bakanı Plinio Mendoza'nın kurduğu haftalık *Sábado* dergisinde çıkan makaleleriyle genç yaşına karşın beğeni toplamıştı. Mendoza, büyük cakalarla kurduğu, sonra da daha önemli politik görevler ya da feci dev şirketler kurmak uğruna terk ettiği gazetelerinde yazmaları için pek çoklarını eğitmişti kuşkusuz. O dönemde yalnızca birkaç kez görmüştüm oğlunu, yanımızda her zaman öğrenci arkadaşlarım olurdu. Yaşına karşın görmüş geçirmiş biri gibi akıl yürütmesinden etkilenirdim, ama yıllar sonra ürkütücü gazetecilik günlerimizi paylaşacağımız aklıma bile gelmezdi o sırada, çünkü gazetecilik bir meslek olarak aklımdan bile geçmediği gibi, beni hukuk kadar bile ilgilendirmiyordu.

Plinio'nun kız kardeşi Elvira Mendoza, Arjantinli tiyatro sanatçısı Berta Singerman ile yine o günlerde acil bir söyleşi yapana kadar bu mesleğin beni ilgilendirebileceğini düşünmemiştim bile, bu söyleşiyle gazetecilik hakkındaki önyargılarım değişti, kendimde yok saydığım bir eğilim keşfettim. Yaptığı, hâlâ beni çok kuşkulandıran o klasik soru-cevap söyleşilerinden değil, Kolombiya'da o güne dek yayınlananların en ilginçlerinden biriydi. Yıllar sonra, Elvira Mendoza dünya çapında tanınmış bir gazeteci ve benim en iyi dostlarımdan biri haline geldiğinde, o söyleşinin bir başarısızlığı önlemek için son çare olduğunu itiraf etti.

Berta Singerman'ın gelişi günün en önemli olayıydı. O zamanlar *Sábado* dergisinde kadın bölümünün yönetmeni olan Elvira, bir söyleşi yapmak için izin isteyince, babası bu konuda deneyimi olmadığı için biraz çekinerek razı olmuş. O sıralarda *Sábado* ülkenin en ünlü entelektüellerinin buluşma noktasıydı, Elvira onlardan söyleşisi için birkaç soru rica etmiş. Granada Oteli'ndeki başkanlık süitine vardığında Berta Singerman, Elvira'yı öylesine küçük görerek huzuruna kabul etmiş ki, kızcağız neredeyse paniğe kapılmak üzereymiş.

Singerman ilk sorudan itibaren Elvira'nın ağzından her çıkanı saçma ya da aptalca bulduğunu söyleyip reddederek onunla alay etmeye başlamış, soruların arkasında Kolombiya'ya yaptığı ziyaretlerde tanıştığı ve hayran olduğu iyi yazarların olabileceğini aklına bile getirmemiş elbette. Tepkilerini her zaman içtenlikle gösteren Elvira'ysa gözyaşlarını tutarak bu aşağılanmaya katlanmak zorunda kalmış. Söyleşiyi kurtaran Berta Singerman'ın kocasının odaya beklenmedik girişiymiş, adam ciddi bir olay çıkmak üzereyken durumu iyi bir mizah duygusu eşliğinde akılcı taktiklerle idare etmiş.

Elvira önceden planladığı gibi Diva'nın verdiği yanıtlara temellenen bir söyleşi yazacağına, kadından çektikleri üzerine bir makale kaleme almıştı. Kocanın gök ten inmiş bir kurtarıcı gibi olaya katılmasından yararlanarak, onu söyleşinin gerçek kahramanı ilan etmişti. Berta Singerman söyleşiyi okuduğu zaman tarihe geçecek bir öfke krizi yaşamış. *Sábado* en çok okunan haftalık dergiydi, altı yüz bin kişinin yaşadığı bir kentte haftalık tirajı yüz bine ulaşırdı.

Elvira Mendoza'nın soğukkanlılığı ve ustalığı sayesinde Berta Singerman'ın gerçek kişiliğini ortaya koyması, benim ilk kez söyleşinin sunduğu olanakları düşünmemi sağladı: yalnızca bir bilgi sağlama yöntemi olarak değil çok daha fazlası, edebî bir tarz olarak. Bu deneyimi şahsen yaşamam için çok fazla yıl geçmesi de gerekmeyecekti, bugün söyleşi ve romanın aynı annenin çocukları olduğunu her zamankinden daha fazla düşünüyorum.

O güne kadar yalnızca şiirle kendimi riske atmıştım: San José Koleji'nde hicivler, aşk soneleri ve Liceo Nacional'in gazetesinin biricik sayısında Piedra y Cielo üslubunda lirik dizeler kaleme almıştım. Zipaquirá'dan suç ortağım Cecilia González, deneme yazarı ve şair Daniel Arango'yu, takma adla ve yedili ölçüyle yazdığım balad tarzı bir şiiri *El Tiempo*'nun pazar ekinin en göze batmayan köşesinde yayınlamaya ikna etmişti. Bu ne beni etkiledi ne de kendimi daha fazla şair hissettim. Oysa Elvira'nın söyleşisi içimde uyuyan gazetecinin farkına varmamı sağladı ve onu uyandırmak istedim. Farklı gazeteler okumaya başladım. Camilo Torres ve Luis Villar Borda gazetecilik konusunda benimle aynı fikirde olduklarından Don Juan Lorenzo'nun *La Razón*'un sayfaları için yaptığı öneriyi yinelediler, ama hiçbir zaman benim olarak nitelendirmediğim bir-iki teknik şiirle yetindim. *Sábado* Dergisi için Plinio Apuleyo Mendoza ile konuşmamı önerdiler, ama utangaçlığım yüzünden daha alacak çok yolum olduğunu düşündüğüm bir meslekte kendimi riske atmak istemedim. Neyse ki bunun bir faydası oldu, o günlerde lisede yazdığım ödevler de dahil, kaleme aldığım her şeyin Piedra y Cielo'nun kötü bir kopyası olduğuna ilişkin bir inanç vardı içimde, bir sonraki öykümden itibaren bu durumu değiştirmeye karar verdim. Bu uğraşım –*mente* ile biten zarfların dili yoksullaştıran bir kötü alışkanlık olmasına karar vermemle sonuçlandı. Böylelikle her yoluma çıktıklarında onları cezalandırmaya başladım, bu takıntım nedeniyle de daha zengin ve kendini daha iyi ifade eden söyleyiş biçimleri yakaladım. Birkaç makale dışında, bu yapıyı uzun zamandır kitaplarımdan hiçbirinde kullanmadım. Üslup konusundaki bu takıntım çevirmenlerimin dikkatini çekti ya da onlar tarafından da uygulandı mı bilemem.

Camilo Torres ve Villar Borda ile arkadaşlığımız kısa zamanda gazete ofislerinin dışına taştı, üniversitede geçirdiğimiz zamandan daha fazlasını sokakta birlikte geçirmeye başladık. Her ikisi de ülkedeki politik ve sosyal durumun güçleştirdiği bir düzen karşıtlığıyla yanıyorlardı içten içe. Ben edebiyatın gizemlerine dalmıştım, ne dairesel analizlerini anlıyordum ne de karanlık öngörülerini, ama hem Camilo'nun hem de Villar'ın dostluğu, o yıllardan kalma en yararlı, en minnet duyduğum hatıramdır.

Üniversitede sınıftaysa, tam tersine ağzımı bıçak açmazdı. Bizim can sıkıntımıza katlanmak zorunda kalan o büyük öğretmenlerin hakkını verememek beni her zaman üzmüştür. Aralarında XX. yüzyılda Kolombiya'da ikinci kez seçilen tek başkanın oğlu Alfonso López Michelsen de vardı, bazılarının başkan olmaya yazgılı doğduklarına ilişkin genelleştirdiğim düşüncemin kaynağı bu delikanlıydı sanırım; zaten oldu da. Hukuka giriş dersinin verildiği salona insanı sinirlendirecek bir dakiklikle, Londra'da dikilmiş şahane kaşmir ceketler içinde gelirdi. Her zaman uzak düşlerin dünyasında yaşarmış gibi görünen akıllı miyoplara özgü semavî bir havada, kimseye bakmadan anlatırdı dersini. Edebiyat hakkında olmayan her ders gibi, onun dersini de tek notalı bir monolog olarak algılardım, sesinin tekdüzeliği bir yılan terbiyecisinin hipnotik etkisine sahipti. Sağlam temellere dayanan geniş edebî bilgisini hem söylevlerinde hem de yazılı metinlerinde iyi değerlendirirdi, ama bu becerisini ancak yıllar sonra, sınıfın iç bayıltıcı atmosferinin uzağında yeniden bir araya geldiğimizde takdir edebildim. Sevimliliğiyle insanları büyüleyip tehlikeli sayılabilecek sağduyusunun da yardımıyla, özellikle de pek hoşlanmadıklarının gizli niyetlerini keşfedivermesi kararlı bir politikacı olarak edindiği prestiji beslerdi. Bir halk adamı olarak en çarpıcı erdemi, tek bir cümleyle tarih yazabilmesiydi kuşkusuz.

Zamanla çok iyi arkadaş olduk ama üniversitede en çalışkan ve hevesli öğrencisi değildim, çaresiz utangaçlığım özellikle en hayran olduğum kişilerden aşılmaz bir mesafede durmama neden olurdu. Tüm bunlara ve okula hemen hiç uğramadığım için görünmez bir öğrenci olarak kazandığım üne karşın ilk yılın final sınavlarına çağrılınca şaşırdım. Söz oyunlarına girişerek konuyu saptırmak eskiden de başvurduğum bir çareydi. Öğretmenimin bu kurnazlığımın farkında olduğuna karar verdim, belki edebî bir kaçamak olarak takdir ettiği bu çabamın keyfini sürüyordu. Tek tuzak sınavda 'zamanaşımına dayanan hak' terimini kullanmamın getirdiği sıkıntı oldu. Neden söz ettiğimi bilip bilmediğimi anlamak için benden terimi tanımlamamı istedi.

"Zamanaşımına dayanan hak, bir mülkü; belli bir sürenin sonunda elde etmektir," diye açıkladım.

"Elde etmek mi, kaybetmek mi?" diye sordu bir an bile duraksamadan.

Aynı şeydi ama doğuştan gelen kendime güvensizliğim nedeniyle tartışmaya girişmedim, sanırım bu da dost sohbetlerinde yaptığı o ünlü şakalarından biriymiş, çünkü kararsızlığım notumu kırmasına yol açmamıştı. Yıllar sonra bu olayı hatırlattığımda hatırlamadı kuşkusuz, aslında aradan o kadar çok zaman geçmişti ki, o süreci gerçekten yaşamış olduğumuzdan ikimiz de emin değildik artık.

Dostluğumuz sırasında politikayı ve 'zamanaşımına uğramış hak' kavramının gizemlerini unutmak için başvurduğumuz bir çareydi edebiyat, kimi zaman ziyaretin rezil olmasına ve eşlerimizin umutsuzluğa kapılmasına neden olan bitmek bilmez sohbetlere dalar, şaşırtıcı kitaplar ve unutulmuş yazarlar keşfederdik. Annem bizim akraba olduğumuzu iddia ederdi, öyleydik de, ama *vallenato* şarkılarına düşkünlüğümüz unutulmuş bir akrabalıktan daha çok bağlardı bizi birbirimize.

Büyük yazarların yeni çıkan kitaplarının kimsenin polislik yapmadığı açık, geniş masalarda teşhir edildiği Grancolombia Kitapçısı'nın sahibi olan ekonomi ve politika profesörü Carlos H. Pareja ile baba tarafımdan yine böyle rastlantısal bir akrabalığım vardı. Biz kendi öğrencileri bile günbatımının ihmalkâr saatlerinde dükkânı işgal eder, kitap çalmanın suç olduğunu ama günah olmadığını söyleyen öğrenci yasası uyarınca elçabukluğuyla masaların üzerinde sergilenen kitapları cebe indirirdik. Erdemli biri olduğumdan değil de korkaklığımdan bu saldırılarda geri planda kalır, kendileri için yürüttüklerinin yanı sıra benim istediğim birkaç kitabı da getirmeleri koşuluyla el becerisi yerinde olan arkadaşlarımın arkasını kollardım. Bir akşamüstü arkadaşlarımdan biri tam Francisco Luis Bernárdez'in *La ciudad sin Laura*'sını (Laura'sız Kent) cebe indirmişti ki, omzumu bir pençe kavradı ve arkamdan gelen bir çavuş sesi,

"Sonunda, Allah kahretsin!" dedi.

Suç ortaklarımdan üçü ortadan toz olurken ben korku içinde arkama dönerek Carlos H. Pareja ile burun buruna geldim. Neyse ki özür dilemeye başlamadan önce öğretmenimin beni hırsızlıktan değil, bir aydan fazladır derslerinde göremediği için yakaladığının farkına vardım. Sıradan diye niteleyebileceğim bir azarın ardından,

"Gabriel Eligio'nun oğlu olduğun doğru mu?" diye sordu.

Öyleydi elbette, ama babalarımızın hiçbir zaman nedenini öğrenemediğim bir olay nedeniyle ayrı düşmüş akrabalar olduğunu bildiğim için hayır yanıtını verdim. Ama gerçeği öğrendi, o günden sonra bana hem kitapçıda hem de sınıfta yeğeniymişim gibi davrandı, Simón Latino takma adıyla yazdığı, hiçbiri bir ötekine benzemeyen dizelerden oluşan birkaç şiir kitabı da vardı, ama ilişkimiz edebî değil de politik düzeyde ilerledi diyebilirim; bu akrabalık bilinci, dükkânından kitap yürütülmesinde oynadığım paravan rolünden vazgeçmemi sağladığı için ona yaradı.

Aralarında gizli bir rekabet varmış gibi görünen López Michelsen'in tam tersi olan Diego Montaña Cuéllar da harika bir öğretmendi. López sürüden ayrılmış bir Liberaldi, Montaña Cuéllar ise radikal bir solcu. Bana öyle gelirdi ki López Michelsen'in gözünde şair bir güvercindim, Montaña Cuéllar'ınkindeyse, bir din gibi gördüğü devrime gerekli iyi bir aday.

Montaña Cuéllar'a duyduğum sempati derslere subay üniformasıyla katılan üç askerî öğrenciyle sınıfta sıkıntı yaşadığı gün başladı. Bu subay-öğrenciler bir kışla dakikliğinde sınıfa girer, hep aynı sıralara yan yana oturur, kusursuz not tutar ve zorlu sınavlarda hak ettikleri gibi yüksek notlar alırlardı. Diego Montaña onları ilk günlerden birinde bir köşeye çekerek sınıfa savaş giysileri içinde gelmemeleri için uyarmıştı. Askerî öğrenciler de ona sanki bir amirlerinin emirlerini yerine getirirmiş gibi son derece terbiyeli yanıt vererek bu ağırlığı hissettirmek için her fırsatı değerlendirdiler. Bu tür tuhaflıkları bir yana bırakılırsa, bu üç askerin muhteşem öğrenciler olduklarını ne öğretmenler inkâr edebilirdi ne de biz öğrenciler.

Uyarıya rağmen birbirine eş üniformalarını giymekten vazgeçmediler, tepeden tırnağa kusursuz, hep bir arada ve son derece dakiktiler. Yan yana otururlardı, sınıfın en ciddi ve yöntemli öğrencileri oldukları tartışma götürmezdi, ama bana bizimkinden farklı bir dünyaları varmış gibi gelirdi. Biri bir şey söyleyecek olursa özenli ve sevimli davranırlardı ama aşılmaz bir resmiyetleri vardı. Onlara sorulanlara yanıt vermek dışında ağızlarını açmazlardı. Sınav döneminde biz siviller dörtlü gruplara ayrılır, kahvelerde çalışırdık, cumartesi partilerinde, öğrenci arbedelerinde, dönemin kasvetli meyhane ve kerhanelerinde bir araya gelirdik, ama okul dışında askerî sınıf arkadaşlarımızdan hiçbirine, bir kez olsun rastlamadık.

Üniversitede paylaştığımız o uzun yılda onlarla pek selamlaştığım söylenemez. Buna zaman olduğu da söylenemez çünkü sınıfa tam zamanında gelir, öğretmenin söylediği son cümleyle gider, ikinci yılını okuyan öbür askerî öğrenciler dışında kimseyle konuşmaz, teneffüslerde de bir araya toplanırlardı. Ne adlarını öğrendim ne de daha sonra ne yaptıklarından haberim oldu. Bugün geriye bakınca, en az onların bizden çekindiği kadar çekiniyordum onlardan, ninemle dedemi hayal kırıklığına uğratan savaşların ve Muz Şirketi'nin gerçekleştirdiği kıyımların çağrışımlarını beynimden söküp atamamıştım.

Anayasa Hukuku öğretmeni Jorge Soto del Corral, dünyanın tüm anayasalarını ezbere bilmek gibi bir üne sahipti, sınıfta muhteşem zekâsı ve hukuk bilgisiyle bizi şaşkınlığa uğratırdı, bu yeteneklerine tek gölge düşürense kıt mizah duygusuydu. Kendi politik düşüncesini sınıfta belli etmemek için elinden geleni yapan öğretmenlerdendi, ama zannettiklerinden daha fazla ortadadır her şey. El hareketleri ve fikirlerini vurgulayışı bile düşüncelerini ortaya koyuyordu, çünkü kırk bilmem kaç yıllık silahlı bir barışın ardından yeniden iç savaşın eşiğine gelen bir ülkenin derinlerde atan nabzı en çok üniversitede hissedilir.

Okula pek uğramamama ve hukuku ihmal etmeme karşın ilk yılın kolay sınavlarından son dakikada eteklerim tutuşarak, zor konulardaysa eski lafı dolandırıp konuyu dağıtma hilesi sayesinde geçtim. Kendimi rahat hissetmiyordum ve çıkışı olmayan o yolda el yordamıyla nasıl ilerleyeceğimi bilemiyordum. Hukuku lisede gördüğümüz herhangi bir ders kadar bile anladığım yoktu, üstelik beni hiç ilgilendirmiyordu. Kendi kararlarımı verecek kadar büyüdüğümü düşünüyordum hem. On altı ay süren bu mucizevî hayatta kalma çabasından tek elde ettiğim, bir avuç iyi dosttan ibarettir.

Öğrenimime zaten kıt olan ilgim Ulysses'in hakkımda yazdığı yazıdan sonra, özellikle de arkadaşlarım bana üstat diye hitap edip beni yazar olarak tanıtmaya başladıklarında daha da azaldı. Bu, hem inanılır hem de fantastik olan ama çatlakları bulunmayan bir kurgu yaratmayı öğrenme kararlılığımla çakıştı. Babasının katilini araştırırken katilin kendisi olduğunu fark eden Sophokles'in *Kral Oedipus*'u, her şeyin rastlantı eseri meydana geldiği W.W. Jacob'un 'Maymun Ayağı' adlı öyküsü, Maupassant'ın *Boule de suif*'i ve daha bir sürü Tanrı katına lâyık mesafeli ama kusursuz örnek vardı önümde. İşte bu durumdayken bir pazar gecesi başımdan anlatmaya değer bir şey geçti. Günün tamamına yakınını Gonzalo Mallarino'nun evinde bir yazar olarak hayal kırıklıklarımı dillendirerek geçirdikten sonra, son tramvayla pansiyona dönerken, Chapinero İstasyonu'nda vagona etten kemikten, kır kaçkını bir yarı-tanrı bindi. Evet iyi söyledim: bir yarı-tanrı. Tramvaydaki birkaç gece yarısı yolcusunun onu görünce şaşırmadığını fark edince, pazarları çocuk parklarında rastlanılan kostümlü tiplerden biri daha sandım. Ama boynuzları ve sakalı bir keçininkiler kadar vahşiydi, yanımdan geçerken postunun kötü kokusu geldi burnuma ve gerçekliği ondan kuşku duyamayacağıma inandırdı beni. Mezarlığın bulunduğu yirmi altı numaralı sokaktan önce iyi bir aile babası tavırlarıyla tramvaydan inerek parkın ağaçları arasında gözden yitti.

Saat daha gece yarısını bulmamıştı, yatağımda bir o yana bir bu yana dönüp durmamdan rahatsız olan Domingo Manuel Vega neler olduğunu sordu, uyku sersemi "Tramvaya bir yarı-tanrı bindi," deyince, bu bir karabasansa nedeninin pazar günü yediklerimi hazmedememem olduğunu söyledi, yok bir sonraki öykümün konusuysa, harikaymış. Ertesi gün, bir gün önce tramvayda gerçekten bir yarı-tanrı görüp görmediğimden emin değildim. Belki de pazar gününe mahsus bir hayaldi. Sonunda günün yorgunluğundan tramvayda uyuyakaldığımı ve gerçekten ayıramayacak netlikte bir düş gördüğümü itiraf etmeye başladım. Benim için önemli olansa yarı-tanrının gerçek olup olmaması değil, onu gerçekmiş gibi algılamamdı. İşte tam da bu nedenle –ister düş olsun ister gerçek– doğru olan, onu hayalimin bir saptırması olarak değil, yaşamımın harika bir deneyimi olarak kabullenmekti.

Böylece öyküyü bir çırpıda yazdım, yastığımın altında demlenmeye bıraktım, geceleri uyumadan önce ve sabahları uyandığımda okudum. Tramvayda yaşadığım olayın süsleyip püslemeden hikâye edilişiydi, başıma geleni gazetenin toplumsal olaylar sayfasında yer alan bir vaftiz töreni masumiyetiyle anlatmıştım. Sonunda yazdığımdan her yönüyle kuşku duymaya başlayınca, basılı harflerin yanılmaz sınavından geçmesine karar vererek bu kez *El Espectador*'a değil, *El Tiempo*'nun edebiyat ekine gönderdim. Sanırım benimle yeni bir macerayı paylaşmak için hiçbir nedeni olmayan Eduardo Zalamea'yı da kayırarak, farklı bir eleştiri almak istedim. Edebiyat ekinin çiçeği burnunda yönetmeni genç Don Jaime Posada'ya yazılmış bir mektup eşliğinde pansiyon arkadaşlarımdan biriyle gönderdim öyküyü. Ne öyküm basıldı ne de mektubuma bir yanıt alabildim.

O dönemde yazdığım öykülerim, yazıldıkları ve *Fin de Semana*'da yayınlandıkları düzen içinde, hükümetin çapulcularının 6 Eylül 1952'de *El Espectador*'a düzenledikleri baskın ve ardından çıkan yangın sırasında kayboldular. Ne bende ne de yakın arkadaşlarımda kopyaları vardı, hiçliğin ateşinde yok olduklarını düşündüm, içim rahatladı. Ama daha sonra bazı taşra gazetelerinin ekleri hiç izin almadan bu öyküleri bastılar, bazı öykülerim de yine aynı biçimde çeşitli dergilerde çıktı; sonunda 1972 yılında Ediciones Alfil de Montevideo hepsini birden öykülerden birinin başlığı altında bir ciltte topladı: *Nabo, el negro que hizo esperar a los ángeles* (Nabo, Melekleri Bekleten Zenci).

Sanırım güvenilir bir kopyası olmadığından içlerinden biri bu kitaba giremedi: *Tubal Caín forja una estrella* (Tubal Caín Bir Yıldız İşliyor); 17 Şubat 1948'de *El Espectador*'da yayınlanmıştı. Herkes bilemeyebilir, kahramanın adı İncil'deki müziği keşfeden nalbanttan esinlenmiştir. Böyle üç öyküm var. Yazıldıkları sırayla basılıp okundular, bana sonuçsuz ve soyut görünürler, bazıları da düpedüz saçmadır ve hiçbiri gerçek duygulara temellenmemiştir. Eduardo Zalamea kadar ciddi bir eleştirmenin onları hangi ölçüte vurarak okuduğunu anlamayı hiçbir zaman başaramamışımdır. Kimseler bu öyküleri benim önemsediğim kadar önemseyemezdi elbette, o dönemde yaşamımın geçirdiği hızlı evrime karşılık gelen bir nüans vardı her birinde.

O sıralarda okuyup da hayran kaldığım romanların çoğu beni yalnızca teknik öğretileri nedeniyle ilgilendirirdi. Şunu demek istedim: gizli işçilikleri. Bu romanlarda ilk üç öykümün metafizik soyutluklarından son yazdığım üç öyküye kadar işime yarayan, bir yazarın ilk oluşumu için çok yararlı ve kesinliği tartışılmaz ipuçları yakaladım. Değişik biçimler keşfetme düşüncesi öylecene içime doğmadı. Öykü ve romanın yalnızca iki farklı edebî tür olduklarını düşünmenin yanı sıra, karıştırmanın ölümcül olabileceği iki farklı organizma olduklarını da düşünüyordum. Hâlâ aynı fikirdeyim ve öykünün romana üstünlüğüne her zamankinden daha fazla inanıyorum.

Edebî başarının kıyısına sokulup da öykülerimin *El Espectador*'da çıkması bana daha dünyevî çeşitli sorunlar doğurdu. Bu kadar gelecek vaat eden bir yazarın öyküleri için yüksek miktarlar kazanmayacağını aklı almayan beş parasız arkadaşlarım beni yolda çevirip borç istemeye başladılar. Ne bu işten bir kuruş kazanmadığıma inandılar ne de hiç para istemediğime. Oysa ülke geleneğinde böyle bir şey yoktu ki! O zamana kadar doğmuş on bir kardeşimin üçü okurken kendi masraflarımı karşılayamayacağıma ikna olan babamın hayal kırıklığıysa daha ciddiydi. Ailem bana ayda otuz peso gönderirdi. Pansiyon, kahvaltıda yumurta hariç ayda on sekiz pesoydu ve her zaman bu paraya el atmamı gerektiren beklenmedik bir harcama çıkardı. Farkında olmadan gazetelerin kenar boşluklarına, lokantalarda peçetelere, kahvelerdeki mermer masalara resim çizme alışkanlığımı nerede edindim bilemiyorum. Şimdi bu resimlerin basbayağı dedemin işliğinin duvarlarına çizdiklerimin torunları olduklarına inanmaya cesaret edebiliyorum, belki de bu nedenle duygularımı kolayca ifade edebiliyordum. El Molino'dan bir tanıdığın bakanlıklardan birinde çizer kadrosuna girecek kadar arkası kuvvetliydi, resim çizmekten hiçbir şey anlamadığı için onun işini yapmamı ve maaşını paylaşmamızı teklif etti. Yaşamımın geri kalanında hiç bu denli yozlaşmaya yaklaşmadım, ama pişman olacak kadar da yakın değilmişim.

Aynı dönemde müziğe ilgim de artmıştı, çünkü anamın sütünü emerken dinlediğim popüler Karayip şarkıları artık Bogota'daydı. En çok dinleyici çeken radyo programı, Atlantik Kıyısı'nın Başkent'teki müzik elçisi gibi görülen Pascual Delvecchio'nun *La hora costeña'* sıydı (Kıyı Saati). Pazar sabahları yayınlanan program o kadar sevildi ki, biz Karayip'ten gelen öğrenciler radyo binasına, öğleden sonranın geç saatlerine kadar dans etmeye giderdik. Bu müziğimizin önce ülkenin içlerinde, sonra da en uzak köşelerinde son derece sevilmesinin başlangıcıdır, ayrıca kıyıdan gelip Bogota'da eğitim gören öğrencilerin bir anlamda sosyal ilerleme göstermesini sağlamıştır.

Bunun tek olumsuz yanı zorunlu bir evliliğin ortalarda dolaşan hayaletiydi. Bizden önce buraya gelen kötü niyetliler hangi nedenle Bogota'da kızların Karayip kıyılarından gelen gençlere gevşek davranıp onları evlenmeye zorlamak için yatakta tuzaklar kurduklarını söylentisini yaydı bilemiyorum. Üstelik bunun nedeni aşk bile değil, denize bakan bir pencereye sahip olarak yaşama hayaliymiş. Hiçbir zaman bu düşunceyi benimsemedim. Tam tersine, kederli sarhoşluklarımızı tüketmek için gittiğimiz kentin eteklerindeki kasvetli kerhanelerde yaşamımın en tatsız anılarına sahip oldum. Bunların en can sıkıcısı da, biraz önce birlikte olduğum kadının çırılçıplak koridora fırlayarak gece masasının çekmecesinde sakladığı on iki pesosunu çaldığımı haykırmasıydı, içimde kalan azıcık canı da orada bırakmama neden olacaktı neredeyse. Evin iki zebanisi beni yere devirdi, berbat bir sevişmenin ardından cebimde kalan iki pesoyu almakla yetinmediler, ayakkabılarımı bile çıkartarak her bir santimetrekaremde çalıntı parayı aradılar. Sonunda beni öldürmek yerine polise teslim etmeye karar vermişlerdi ki, kadın bir gün önce parasını gizlediği yeri değiştirdiğini hatırladı ve her kuruşunu buldu.

Üniversite yaşamından bana kalan dostluklar arasında en kayda değer ve dramatik olan Camilo Torres'inkidir. Bir gün ilk kez bir derse girmedi. Bunu yapma gerekçesi vahşi bir ateş gibi yayıldı okulda. İşlerini ayarlamış, Bogota'dan yüz bilmem kaç kilometre uzaklıktaki papaz okuluna kaydolmak için yola çıkmış. Annesi onu tren istasyonunda yakalayarak çalışma odasına hapsetmiş. Orada ziyaretine gittim. Her zamankinden daha solgundu rengi, beyaz bir pelerin vardı üzerinde, o kadar dingin görünüyordu ki, ilk kez keyfinin yerinde olduğunu düşündüm. Papaz okuluna gönülden duyduğu ama yok saydığı, sonradan sonuna kadar boyun eğmeye karar verdiği bir çağrı nedeniyle gitmekteymiş.

"En zor kısmını atlattım," dedi bana.

Bu, nişanlısına veda ettiği, kızın da bu kararını olumlu karşıladığı anlamına geliyordu. Birlikte geçirdiğimiz harika bir öğleden sonranın ardından bana anlamını çözmenin mümkün olmadığı bir armağan verdi: Darwin'in *Türlerin Kökenleri* adlı kitabı. Veda zamanı geldiğinde, ona sonsuza kadar veda ediyormuşum gibi tuhaf, kesin bir duyguya kapıldım.

Papaz okulundayken izini kaybettim. Sonra teolojik formasyonu için üç yıllığına Lovaina'ya gittiği haberi geldi, kendini dine adaması öğrenci ruhunu ve laik tavırlarını değiştirmemiş dendi; onu görüp de iç geçiren kızlar papaz cüppesi uğruna silahlarını bırakmış bir sinema oyuncusuymuş gibi davranırlarmış.

On yıl sonra Bogota'ya döndüğünde makamının özelliklerini beden ve ruh olarak benimsemişti ama ilkgençliğinin en olumlu erdemlerine de sahipti hâlâ. Ben o zamanlar yazar ve unvanı olmayan bir gazeteciydim, evlenmiştim, Oğlum Rodrigo 24 Ağustos 1959'da, Bogota'da, Palermo Kliniği'nde doğmuştu bile. Ailecek onu Camilo'nun vaftiz etmesine karar verdik. Vaftiz babası uzun zamandan beri hem karımın hem de benim can dostumuz Plinio Apuyelo Mendoza olacaktı. Bana iyi bir gazeteci ve iyi bir dost olma sanatını öğreten dostum Germán Vargas'ın eşi Susana Linares de vaftiz annesiydi. Camilo öteden beri Plinio'ya hepimizden daha yakındı, ama belki komünistlere olan yakınlığından, belki törenin kutsallığını bozmaya yatkın şakacı doğasından, onu vaftiz babası olarak kabul etmek istemedi. Susana çocuğun manevi eğitiminin sorumluluğunu üstleneceğini söyleyince, Camilo da vaftiz babasının yolunu tıkayacak başka nedenler bulmadı ya da bulmak istemedi.

Vaftiz töreni Palermo Kliniği'nin şapelinde, akşamüzeri saat altının buz gibi alacakaranlığında yapıldı, vaftiz anası ve babası, ben, bir de fark edilmeden törene katılabilmek için havada yürürmüşçesine hafif adımlarla yanımıza sokulan sandaletli ve pelerinli bir köylüden başka kimse yoktu. Can çıkar, huy çıkmazmış. Susana'nın kucağında yeni doğan bebekle geldiğini gören vaftiz babası ilk fırsatta şakayı patlattı:

"Bu bebekten büyük bir gerilla savaşçısı yetiştireceğiz."

Tören için gerekli öteberiyi hazırlayan Camilo aynı ses tonuyla karşı saldırıya geçti: "Ama Tanrı adına savaşacak bir gerilla." Sonra da o zamanlar için alışıldık olmayan bir kararla töreni başlattı:

"İnançsızlar da bu törenin ne ifade ettiğini anlayabilsinler diye bebeği İspanyolca vaftiz edeceğim."

Mihrap oğlanı olarak Aracataca'da geçirdiğim yıllarımdan kalma Latincesinden aklımdan takip ettiğim duaları okuyan sesi duru bir İspanyolca'yla yankılandı. Sıra bebeğin üzerine su ve şarap dökmesine geldiğinde kışkırtıcı bir açıklama daha yaptı:

"Şu anda Kutsal Ruh'un bu bebeğin üzerine indiğine inananlar diz çöksünler."

Bebek dosdoğru üzerine akan suyun altında yaygarayı basarken, vaftiz annesi ve babasıyla birlikte, üçümüz de rahip arkadaşımızın bu saldırısından biraz rahatsızlık duyarak ayakta kaldık. Tek diz çöken sandaletli köylüydü. O tören yaşamımın sert anılarından biri olarak kaldı belleğimde, her zaman köylüyü oraya getirenin bize bir alçakgönüllülük, en azından terbiye dersi vermek niyetiyle bunu önceden düşünen Camilo olduğuna inandım.

Camilo'yu birkaç kez daha gördüm, hepsinde de geçerli bir nedeni ve acelesi vardı, çoğu politik nedenlerle eziyet görenler yararına yaptığı yardımseverlik çalışmalarıyla ilgiliydi. Evlendikten kısa bir süre sonra bir sabah yanında adi bir hırsızla evime geldi, adam cezasını çekmiş olmasına rağmen polis bir türlü rahat vermiyormuş: Her şeyini çalmışlar. Ona özel taban tasarımıyla daha güvenli olduğu iddia edilen yürüyüş botlarımı armağan ettim. Birkaç gün sonra hizmetçi hendeğin birinde ölü bulunan kimliği belirsiz bir sokak suçlusunun gazetedeki resminde tabanlarından tanıdı botları: Hırsız dostumuzdu.

Bu anlattığımın Camilo'nun kaderiyle ilgisi olduğunu söylemeye çalışmıyorum, ama aylar sonra hasta bir arkadaşını ziyaret etmek için askerî hastaneye girmiş, daha sonra, hükümet Ulusal Özgürlük Ordusu'nda sıradan bir gerilla olarak ortaya çıktığını açıklayana kadar ondan haber alamadık. 5 Şubat 1966 tarihinde, bir sokak çatışmasında, askerî devriye tarafından otuz yedi yaşında öldürüldü.

Camilo'nun papaz okuluna girmesiyle benim hukuk fakültesinde daha fazla zaman kaybetmeme kararım çakışmıştı, ama anne babamla çatışarak bu defteri kapatacak cesaretim yoktu. 1948 Şubatı'nda iyi bir iş sahibi olarak Bogota'ya gelen kardeşim Luis Enrique'den öğrenmiştim ilk yıl aldığım sonuçtan son derece memnun kaldıklarını; öyle ki bana sürpriz olarak piyasadaki en hafif, en modern daktiloyu alıp göndermişlerdi. Yaşamımda edindiğim ilk ve en talihsiz daktilodur, çünkü kardeşim ve pansiyon arkadaşlarımla hoş geldin şamatasına devam edebilmek için daha ilk gününde on iki peso karşılığında rehin verdik. Ertesi gün başımız ağrıdan çatlar halde rehincinin evine gidip, makinenin bağları açılmamış halde orada durduğunu, bize gökten onu kurtaracak para düşene kadar da duracağını doğrulamak istedik. Aslında ortağım sahtekâr çizerin ödediğiyle elimize bir ara bu fırsat geçti de, ama son dakikada daktiloyu sonsuza dek rehin bırakmak işimize geldi. Kardeşimle birlikte ya da ayrı ayrı, ne zaman rehincinin evinin önünden geçsek, selofanlı kâğıda sarılı, organza fiyonklu daktilonun dizi dizi iyi korunan ev aletinin arasında bir mücevher gibi durduğunu görürdük. Bir ay sonra sarhoş kafalarımızın iyimserliğiyle yaptığımız neşeli hesapların tutmadığını gördük, ama daktilo yerinde durup duruyordu ya, bize yeter de artardı; on iki pesonun üç aylık faizlerini ödediğimiz sürece de öylece duracaktı besbelli.

Sanırım o sırada ülkeyi pençesine almaya başlayan korkunç politik gerilimlerin farkında değildik henüz. Ospina Pérez'in ılımlı Muhafazakâr olarak iktidara gelmesinin prestijine karşın partisinin çoğunluğu zaferin Liberallerin bölünmesiyle mümkün olduğunu biliyordu. Bu darbeyle şaşkına dönen Liberallerse, bozguna Alberto Lleras'ın katı tarafsızlığının yol açtığından yakınıyorlardı. Karşıt oylardan çok kendi depresif doğasının aklını bulandırdığı Doktor Gabriel Turbay, kardiyoloji dalında uzmanlık derecesi alma bahanesiyle amaçsız ve anlamsız Avrupa'ya gitti, bir buçuk yıl sonra Paris'te, Place Athénée Oteli'nde, yapma çiçekler ve solmuş goblenler arasında, yaşadığı bozgunun soluksuz bırakmasıyla yapayalnız can verdi. Eliécer Gaitán'a gelince; bir sonraki dönemde seçim kampanyasına bir gün bile ara vermedi, ülkenin Liberaller ve Muhafazakârlar arasındaki tarihi bölünmesinin ötesine geçen, Cumhuriyet'in ahlâkî açıdan yenilenmesini temel alan bir programla kampanyasını iyice radikalleştirerek, sömürenler ve sömürülenler arasında yatay ve daha gerçekçi bir ayrımla derinleştirdi: politik ülke ve ulusal ülke. Tarihi sloganı 'Devirelim onları!', doğaüstü enerjisi ve bir yıldan kısa bir sürede kendine yer edinen dev kışkırtma kampanyası sayesinde direniş tohumlarını ülkenin en uzak köşelerine kadar ekerek, benzeri olmayan bir sosyal devrimin eşiğine geldi.

Böylelikle ülkenin İspanya'dan bağımsızlığını kazanmasından beri süren, ancak orijinal kahramanlarının rollerini bu kez torunlarının çocuklarının oynayacağı aynı iç savaşın uçurumuna yuvarlanmak üzere olduğumuzun farkına vardık. Art arda dört dönemin ardından ancak Liberallerin bölünmesiyle seçimi kazanabilen Muhafazakâr Parti'yse, iktidarı ne pahasına olursa olsun bir daha elden kaçırmamak niyetindeydi. Ospina Pérez Hükümeti bunu gerçekleştirmek için öyle bir temizlik harekâtına girişti ki, insanların gündelik yaşamına, hatta evlerinin içine varıncaya kadar ülke kan gölüne döndü.

Hem politikayla uzaktan yakından ilgim yoktu, hem de her şeyi edebiyatın bulutları arasından izliyordum, bu nedenle bir gece pansiyona dönerken vicdanımın hayaletiyle karşılaşana kadar bu apaçık ortada olan gerçeğin farkına varmadım. Tepelerin açıklıklarından esen buz gibi rüzgârın kamçıladığı ıssız kent, Jorge Eliécer Gaitán'ın Belediye Tiyatrosu'nda her cumartesi verdiği haşin söylevin metalik sesi ve niyeti belli vurgulamalarıyla yankılanıyordu. Tiyatro tıkabasa dolsa bin kişi ancak alırdı, ama konuşma eşmerkezli dalgalar halinde önce hoparlörlerden yakındaki sokaklara, sonra da ağzına kadar açık radyolardan tüm kente yayılarak şaşkın halkın üzerinde bir kırbaç şaklaması gibi çınlıyor, ulusal dinleyici kitlesinin üzerine üç, hatta dört saat süreyle boşanıyordu.

Her cuma gecesi *El Tiempo*'nun bulunduğu önemli

köşede dikilen savaşa hazırmışçasına silahlı bir alay polisi saymazsak, o gece sokaklarda yalnızca ben vardım sanki. Bir anda kendime Gaitán'a inanmama izni verecek kadar küstah olduğumu fark ettim; yine o gece adamın İspanyolca diyarının ötesine geçtiğinin, söylediği sözcüklerle değil de yarattığı duygulanım ve sesindeki kurnazlıkla herkesin anlayacağı açık bir dil kurduğunun aniden ayırdına vardım. Gaitán destansı söylevlerinde içinde pek de iyilik barındırmayan babacan bir tonda dinleyicilerine barış içinde evlerine dönmelerini öğütlüyor, ama onlar bunu tam da istenildiği biçimde, sosyal eşitsizlikleri temsil eden her şeyi ve sert bir hükümetin iktidarını reddetme anlamına gelen bir şifre olarak algılıyorlardı. Düzeni sağlamaları gereken polisler bile tam tersine yorumladıkları bu uyarıyla aşka geliyorlardı.

O gecenin konusu Liberal muhalefeti bastırmak amacıyla uygulanan resmî şiddetin neden olduğu ıstırapların abartısız bir anlatısıydı, henüz ne kamu güçlerinin kırsal kesimlerde neden olduğu ölümlerin kesin rakamı biliniyordu ne de kentlere kaçıp başının üzerinde bir dam, ağzına koyacak lokması olmayan göçmenlerin sayısı. Cinayet ve saldırılar tüyler ürpertilerek teker teker hatırlatıldıktan sonra Gaitán sesini yükseltmeye, tam amaca yönelik, etkili ve duyarlı bir söz oyunu mucizesinin sözcük sözcük, cümle cümle tadını çıkarmaya başladı. Dinleyicilerin onun sesinin ritmiyle birlikte artan gerilimi kent sınırlarının içinde patlayan son bir çıkışla, radyodan ülkenin en uzak köşelerine kadar yayıldı.

Patlamak üzere olan kalabalıklar sokaklara dökülerek polisin de gizliden göz yumduğu bir kör dövüşüne giriştiler. O gece dedemin hayal kırıklıklarını ve Camilo Torres Restrepo'nun mükemmel analizini nihayet anlayabildim sanırım. Beni şaşırtan Universidad Nacional'de öğrencilerin Liberal ve *godo* olmalarına, aralarında komünist hücreler bulunmasına karşın, Gaitán'ın ülkede açmaya çalıştığı gediğin orada hissedilmemesiydi. Gecenin duygulanımlarıyla sarsılmış olarak pansiyona vardığımda, oda arkadaşımı yatağında huzur içinde Ortega y Gasset okurken buldum.

"Artık yeni biriyim, Dr. Vega," dedim ona, "Albay Nicolás Márquez'in savaşlarının nasıl çıktıklarını şimdi anladım."

Birkaç gün sonra, 7 Şubat 1948'de, hayatımda ilk kez bir politik harekete katıldım: ülkedeki resmî şiddetin sayısız kurbanları için düzenlenen anma töreni; koyu yas tutan altmış binden fazla kadın ve erkek partinin kırmızı bayrakları ve Liberal yası temsil eden siyah bayraklarla sokaklara döküldüler. Her şeyi bastıran tek bir çığlık vardı: kesif bir sessizlik. Ana bulvarın üzerindeki evlerin ve ofislerin hıncahınç dolu balkonlarından geçişimizi izleyenlere varana kadar, herkesin üzerinde akıl almaz bir dramatik etkisi vardı bu sessizliğin. Yanımda yürüyen bir kadın dişlerinin arasından dua mırıldanıyordu, yanındaki adam şaşkınlıkla kadına bakarak,

"Señora lütfen!" dedi.

Kadıncağız bir özür mırıldanarak hayaletler okyanusuna dalıp gitti. Benim gözlerimi yaşartansa, o doğaüstü sessizlikte kalabalığın attığı dikkatli adımlar ve insanların soluklarıydı. Benim hiçbir politik inancım yoktu, yalnızca sessizliği merak ettiğimden katılmıştım yürüyüşe, buna rağmen boğazımda hissettiğim düğüm beni şaşırttı. Gaitán, Bolívar Meydanı'ndaki belediye zabıtası binasının balkonundan duygusal yükü insanı sarsan bir yas konuşması yaptı. Kendi partisinin karanlık öngörülerine karşın sessiz çığlığına en uygun koşullarda bitirdi konuşmasını: Tek bir alkış duyulmadı.

Kolombiya'da yapılmış tüm yürüyüşlerin en duygusalı olan 'sessizlik yürüyüşü' böyleydi işte. Tarihe geçecek bir akşamüstüydü, hem partidaşları hem de düşmanları Gaitán'ın seçilmesinin kaçınılmaz olduğunu düşünüyorlardı. Şiddetin tüm ülkeye bulaşmasından, rejimin polisinin silahsız Liberallere tutumundaki vahşete ve uyguladıkları insanları topraklarından koparıp alan politikaya gösterilen sert tepkilerden, Muhafazakârlar da biliyordu bunun olacağını. Ülkenin nasıl bir ruh hali içinde olduğunun en karanlık göstergesiyse, o hafta sonu Bogota Arenası'ndaki boğa güreşlerinde, boğanın uysallığına ve boğa güreşçisinin bir türlü boğayı öldürememesine sinirlenen izleyiciler arenayı işgal edince kendini belli etti: Kızgın kalabalık boğayı canlı canlı parçaladı. Bu dehşet verici olayı yaşayan ya da duyan bir sürü gazeteci ve yazar bunu ülkeyi ele geçiren öfkenin en korkunç göstergesi olarak yorumladı.

Bu gerilim ortamında, 30 Mart'ta öğleden sonra saat dört buçukta, Dokuzuncu Panamerican Konferansı Bogota'da başladı. Mevkii gereği konferansa başkanlık yapan Devlet Bakanı Laureano Gómez'in şatafatlı estetik anlayışıyla, inanılmaz paralara yenilenmişti kent. Tüm Latin Amerika ülkelerinin devlet bakanları ve kayda değer kişileri katılıyordu konferansa. Göz önündeki Kolombiyalı politikacıların tümü şeref konukları olarak davetliydi, tek çarpıcı istisnaysa, muhtemelen her iki partinin de oligarşisine yaptığı saldırılarla nefretlerini kazandığı Liberal liderlerin ve Laureano Gómez'in anlamlı vetosuyla davet edilmeyen Jorge Eliécer Gaitán'dı. Konferansın yıldızı ABD Delegesi ve Avrupa'da kısa süre önce sona eren savaşın en büyük kahramanı George Marshall'dı, bir sinema artistinin göz kamaştırıcı parıltısı içinde, yerle bir olmuş Avrupa'nın yeniden inşasını yönetmekten sorumluydu.

9 Nisan'da, Jorge Eliécer Gaitán haberlerde günün adamıydı kuşkusuz, Gazeteci Eduardo Galarza Ossa'yı öldürmekle suçlanan Teğmen Jesús María Cortés Poveda'nın affedilmesini sağlamıştı. Gaitán daha sekiz bile olmadan Séptima Caddesi'nin Jiménez de Quesada ile birleştiği kalabalık kavşaktaki ofisine vardığında sevinçten havalara uçuyormuş. Gün içinde bir sürü randevusu

varmış ama, gazetelerin henüz basamadığı hukuk zaferini kutlamaya gelen altı şahsi dostu ve politik yandaşıyla birlikte, Plinio Mendoza Neira'nın saat birden biraz önceki öğle yemeği davetini hemen kabul etmişler. Gaitán'ın doktoru ve yakın politik çevresinin bir üyesi olan Pedro Eliseo Cruz da aralarındaymış.

Hava böylesine ağırdı işte, onların ofislerinin birkaç blok aşağısındaki pansiyonun yemek odasında masaya yeni oturmuştuk. Wilfrido Mathieu korku içinde masanın önünde bittiğinde daha bana çorba konmamıştı bile.

"Şimdi bu ülke boğazına kadar boka battı işte," dedi, "El Gato Negro'nun önünde Gaitán'ı öldürmüşler!"

Mathieu örnek bir tıp ve cerrahi öğrencisiydi, pansiyonun öbür sakinleri gibi Sucre'den gelmeydi, karanlık kehanetlerde bulunmayı severdi. Doğuracağı korkunç sonuçlar nedeniyle, başımıza gelmesi en muhtemel, en ürkütücü olayın Jorge Eliécer Gaitán'ın öldürülmesi olduğunu bize söyleyeli daha bir hafta bile olmamıştı. Böyle bir olayın sonuçlarını tahmin etmek için falcı olmaya gerek olmadığından, bu söylediği kimseyi etkilememişti elbette.

Jiménez de Quesada Bulvarı'nı neredeyse uçarak geçip soluk soluğa Séptima Caddesi'nin hemen köşesindeki El Gato Negro Kahvesi'nin önüne geldim. Henüz hayatta ama yaşaması için pek umut kalmamış olan yaralıyı birkaç blok ötedeki Clínica Central'e götürmüşlerdi, tarihî bir anı olarak saklamak için mendillerini yerdeki sıcak kan gölüne batıranlar vardı. Ayaklarına sokaklarda satılan ucuz espadrillerden giymiş, siyah bir şala bürünmüş bir kadın elinde kanlı mendiliyle,

"Orospu çocukları, Gaitán'ımı öldürdüler," diye söylendi.

Boyacı sandıklarıyla silahlanmış ayakkabı boyacıları, olay sırasında çevrede bulunan birkaç polisin linç edilmekten korumak için sakladığı katili ele geçirmek amacıyla Nueva Granada Eczanesi'nin demir kepenklerine saldırıyorlardı. Kusursuz gri takımının içinde düğüne gider havasında, uzun boylu, kendinden son derece emin görünümlü bir adam gerekli yerlerde gerekli şeyleri haykırarak onları yönlendiriyordu sanki; sonunda dükkânını yakacaklarından korkan eczane sahibi kepenkleri açtı. Bir polis memuruna yapışmış olan saldırgan üzerine gelen çıldırmış kalabalığı görünce paniğe kapılarak, "Memur bey," dedi neredeyse çıkmaz olmuş bir sesle, "beni öldürmelerine izin vermeyin."

O adamı asla unutamam. Saçı başı birbirine karışmış, gözleri korkudan dışarı fırlamıştı, ölüm grisi yüzünde iki günlük sakalı uzamıştı. Üzerinde son derece eski, dikine çizgili yünlü bir giysi vardı, kalabalığın ilk çekiştirmeleriyle yırtıldı ceketinin yakaları. Hem bir anlık hem de ebedîydi bu görünümü, ayakkabıcılar sandık darbeleriyle polislerin elinden aldıkları adamı ölene değin tekmelediler. Yere devrilir devrilmez ayakkabılarından birini yitirdi.

Kim olduğu hiçbir zaman belirlenemeyen gri giysili adam bağırarak, "Saraya!" diye emir verdi. "Saraya!"

En kızışmış olanlar bu çağrıya uydular. Topuklarından kavradıkları kanlı cesedi Séptima Caddesi boyunca Bolívar Meydanı'na kadar sürüklemek niyetiyle yola koyuldular, haberi duyup da durmuş olan elektrikli tramvayların arasından geçerken bir yandan da hükümet karşıtı savaş çığlıkları atıyorlardı. Kaldırım ve balkonlardan onları destekleyen çığlıklar ve alkışlar yükseliyor, tekme darbeleriyle biçimini yitirmiş ceset taş döşeli sokaklarda ardında kanlı giysi ve beden parçaları bırakıyordu. Daha altı blok bile yürümemiş olan kalabalık yolda katılanlarla birlikte bir savaş taburu büyüklüğüne ve gücüne erişmişti. Eziyet içindeki cesetin üzerinde sadece donu ve ayakkabısının teki kaldı.

Yeniden düzenlenen Bolívar Meydanı zarafet yoksunu ağaçları ve yeni benimsenen resmî estetik anlayışına göre yapılmış, daha gelişiminin başlangıcındaki heykelleriyle tarihi cuma günlerinin eski görkeminden yoksundu. On gün önce Panamerican Konferansı'nın açılışının yapıldığı Capitolio Nacional'deki delegeler öğle yemeğine çıkmışlardı. Kalabalık, içinde kayda değer kimsenin olmadığı Başkanlık Sarayı'na ulaştı. Üzerinde paçavraya dönmüş donundan ve sol ayağındaki ayakkabısından başka bir şey kalmamış ve anlaşılmaz bir nedenle boynuna iki kravat bağlanmış olan cesetten geriye ne kaldıysa, oraya bırakıldı. Birkaç dakika sonra da, Engativá Kasabası'nda düzenlenen bir inek fuarının açılışını yapmaktan dönen Devlet Başkanı Maríano Ospina Pérez ve karısı öğle yemeği için saraya geldiler. Makam aracının radyosunu açmadıkları için o dakikaya kadar cinayetten haberleri olmamıştı.

On dakika daha cinayet sahnesinde kaldım. Tanıkların ifadelerinin biçim ve içerik olarak gerçeklikle her türlü benzerliklerini kaybedene kadar değişmelerindeki hız beni hayrete düşürdü. Olaylar olup biterken Jiménez Bulvarı ve Séptima Caddesi'nin köşesinde, *El Tiempo*' nun elli adım uzağındaydık. Ofisinden çıkarken Gaitán'a eşlik edenlerin Pedro Eliseo Cruz, Alejandro Vallejo, Jorge Padilla ve önceki Alfonso López Pumajero Hükümeti'nin Savaş Bakanı Plinio Mendoza olduğunu biliyorduk. Onları yemeğe Bakan davet etmişti. Gaitán ofisinden arkadaşlarının arasında, hiç korumasız çıkmış. Kaldırıma çıkar çıkmaz Mendoza onun kolunu tutarak ötekilerin arasından bir adım öne çıkarmış ve,

"Sana söylemek istediğim gerçekten aptalca bir şey," demiş.

Daha fazlasını söyleyememiş. Gaitán eliyle yüzünü örtmüş, Mendoza tam önlerinde tabancasıyla nişan alıp liderin kafasına bir profesyonel katil soğukanlılığıyla üç kurşun sıkan adamı daha göremeden silahın ilk patlayışını duymuş. Bir an sonra hedefi bulmayan bir dördüncü kurşundan, hatta beşincisinden söz edilmekteydi.

Babası ve kız kardeşleri Elvira ve Rosa Inés'le birlikte orada bulunan Plinio Apuyelo Mendoza, yüzüstü yere düşmüş olan Gaitán'ı kliniğe götürülmeden önce bir anlığına görebilmiş. "Ölü gibi durmuyordu," diye anlattı bana yıllar sonra. "Yüzüstü kaldırıma devrilmiş etkileyici bir heykel gibiydi, yanında biraz kan, sabit bakan açık gözlerindeyse büyük bir hüzün vardı." O karmaşa içinde kız kardeşleri babalarının da öldüğünü sanmışlar ve o kadar sarsılmışlar ki, Plinio Apuyelo onları ilk geçen tramvaya bindirerek olay yerinden uzaklaştırmak istemiş. Ama olanın bitenin farkına varan kondüktör tramvayını yolun ortasında bırakıp başındaki kasketi yere fırlatarak ilk çığlıkları yükselmeye başlayan isyancılara katılmak üzere çekip gitmiş. Deliye dönmüş kalabalığın çıkardığı arbedede devrilen ilk tramvay oydu.

Bu işe karışanların sayısı ve rolleri hakkındaki uyuşmazlıklar çözülebilir gibi görünmüyordu. Tanıklardan biri üç kişinin sırayla ateş ettiğini söylerken, bir başkası da gerçek katilin hiç acele etmeden kalabalığa karışarak hareket halindeki tramvaylardan birine bindiğini iddia ediyordu. Mendoza Neira'nın kolunu tuttuğu Gaitán'a söylemek istediği de, o zamandan beri söylentisi çıkarılanlardan hiçbiri değilmiş; sendika liderleri yetiştirmek için bir enstitü kurmasına izin vermesini istemekmiş niyeti. Ya da birkaç gün önce damadının şakasını yaptığı gibi: 'Şoföre felsefe öğretecek bir okul.' Neira ilk kurşun tam önlerinde ateşlenmeden önce bunu söylemeye fırsat bile bulamamış.

Elli yıl sonra hâlâ aklım eczanenin önünde kalabalığı kışkırtan o adama takılıdır, o gün hakkında okuduğum sayısız tanıklıklardan hiçbirinde ondan söz edildiğine rastlamadım. Oysa onu çok yakından gördüm, üzerinde çok kaliteli bir giysi vardı, duru bir tene sahipti ve hareketlerini milimetresi milimetresine kontrol ediyordu. O kadar ilgimi çekmişti ki, katilin cesedi götürülür götürülmez onu almaya gelen yepyeni bir otomobile binene kadar gözlerimi üzerinden alamadım, sonra da tarihin belleğinden silinip gitti. Gazetecilik yaptığım günlerde, gerçek katilin, kimliğini gizlemek için yanlış birinin katil diye öldürülmesini sağladığı düşüncesine kapılana kadar, benim de aklımdan çıkmıştı doğrusu.

Panamerican Konferansı'nın demokratik bir eşi biçiminde düzenlenen öğrenci kongresine katılmak üzere Havana Üniversitesi'nden gelen yirmi yaşındaki Kübalı öğrenci lideri Fidel Castro da o kargaşanın içindeymiş. Altı gün önce Alfredo Guevara, Enrique Ovares ve Rafael del Pino'yla birlikte gelmiş. Hepsi de onun gibi öğrenciymişler. İlk yaptıkları hayran oldukları Jorge Eliécer Gaitán'dan bir görüşme istemek olmuş. Geldikten iki gün sonra Gaitán'la karşılaşan Castro, bir sonraki cuma için görüşmeyi ayarlamış. Gaitán çalışma masasının üzerindeki ajandasına, o güne denk gelen 9 Nisan sayfasına kendi eliyle şöyle yazmış: 'Fidel Castro, 14:00.'

Hem farklı ortamlarda pek çok kez anlattığına, hem de uzun ve eski dostluğumuz süresince bu konu üzerinde defalarca konuştuğumuzda söylediğine göre, Fidel, haberi ikideki randevusuna tam zamanında gitmek için çevrede dolaşarak vakit öldürürken duymuş. Aniden deli gibi koşmaya başlayan kalabalığı görüp bağrışmaları duyunca şaşkınlığa kapılmış:

"Gaitán'ı öldürdüler!"

Fidel Castro, Mendoza Neira'nın beklenmedik yemek daveti nedeniyle görüşmenin zaten dörde-beşe kadar yapılamayacağını çok sonra öğrendi.

Cinayet sahnesinde bir kişiye daha yer kalmamıştı. Trafik durmuş, tramvaylar devrilmişti, yemeğimi bitirmek için pansiyona doğru yola koyulmuştum ki, öğretmenim Carlos H. Pareja, kitapçısının kapısında yolumu kesip nereye gittiğimi sordu.

"Öğle yemeğine," dedim.

"Sıçtırtma şimdi ağzına!" dedi, iflah olmaz Karayip argosuyla, "Gaitán'ı öldürmüşlerken nasıl olup da yemek düşünebiliyorsun?"

Sonra da bir şey söylememe fırsat vermeden bana hemen okula gidip öğrenci protestosunun başına geçmemi söyledi. Şaşırtıcı olan, doğama aykırı olsa da bu dediğini yapmaya niyetlenmiş olmamdır. Séptima Caddesi'nden kuzeye, cinayetin işlendiği köşeye koşturan meraklı, üzgün ve kızgın kalabalığın tersine doğru ilerledim. Universidad Nacional'in öfkeli öğrencilerinin kullandığı otobüsler yürüşüyün başını çekiyorlardı. Cinayet yerinden yüz metre kadar uzaktaki Santander Parkı'nda koşuşturan otel görevlileri, Panamerican Konferansı'na katılan bazı delege ve önemli davetlilerin de kaldığı Hotel Granada'nın –kentin en lüks oteli– kapılarını kapatmakla uğraşmaktaydılar.

Her türlü arbedeyi çıkarmaya hazır yoksul insan sürüleri çıkıyordu her köşeden. Çoğunun ellerinde ilk dükkân yağmalarında çaldıkları iri bıçaklar vardı ve onları kullanmaya hevesli görünüyorlardı. Gaitán'a yapılan saldırının olası sonuçları hakkında açık bir bakış açısına sahip değildim, protestodan çok öğle yemeğimle ilgileniyordum, bu nedenle adımlarımı yeniden pansiyona çevirdim. Politize arkadaşlarımın savaşa hazır olduklarını varsayarak merdivenlerden yukarı koştum. Ama hayır: Yemek salonu boştu. Bitişik odayı paylaşan kardeşimle José Palencia yanlarına başka arkadaşlarını da katmış, şarkı söylemekteydiler.

"Gaitán'ı öldürdüler!" diye haykırdım.

Bana elleriyle biliyoruz anlamına gelen işaretler yaptılarsa da, yastan ziyade tatil havasındaydılar, şarkılarına ara vermediler. Sonra ıssız yemek salonuna geçtik, biri biz kayıtsızların da olup bitenleri dinlemesi için radyonun sesini açana kadar, olayların daha da büyümeyeceğini düşünerek yemeğe oturduk. Carlos H. Pareja, bir saat önce beni yola düzdüğü konuşma tarzından ödün vermeyerek, aralarında ünlü yazar ve politikacı Jorge Zalamea'nın da bulunduğu sol kanadın önemli Liberallerinin yer aldığı Junta Revolucionario de Gobierno'nun[1] kuruluşunu açıklıyordu bir kanalda. İlk anlaşmaları icra ko-

[1] Devrimci Hükümet Cuntası (Çev.).

mitesinin kurulması, ulusal polis kuvvetinin ve tüm organların devrimci bir devlet anlayışına uygun yönetimiydi. Sonra cuntanın öbür üyeleri de konuştu, attıkları ayaklanma çığlıkları giderek artıyor ve küstahlaşıyordu.

Bu eylemin heybeti karşısında ilk düşündüğüm, kuzeni sert *godo*'nun aşırı sol bir devrimin liderliğine soyunduğunu öğrenince babamın ne düşüneceğiydi. Pansiyonumuzun sahibesi üniversitelerle bağlantılı isimlerin büyüklüğünü duyunca neden öğretmen gibi değil de, kötü yetişmiş öğrenciler gibi davrandıklarını anlayamayarak şaşkınlığa kapıldı. Farklı bir ülkeyle karşılaşmak için radyoda iki istasyon öteye gitmek yetmişti. Meclisteki Liberaller Radio Nacional'den sakin olun çağrısı yaparken, başka istasyonlarda Moskova'ya sadık komünistler aleyhine yaygara koparılıyor, resmî Liberalizmin en üst düzey efendileriyse, sokaklardaki tehlikeye meydan okuyarak Muhafazakâr hükümetle bir birleşme anlaşması yapabilmek için Başkanlık Sarayı'na varmaya çalışıyorlardı.

Bu karmaşaya şaşırmış bir durumda olup biteni izlemeye çalışırken birden pansiyonun sahibesinin oğullarından biri bağırarak evin yandığını haber verdi. Arka taraftaki kalın tuğla duvardan açılan bir yarıktan içeri dolan kapkara duman yatak odalarının havasını bozmuştu. Pansiyona bitişik hükümet binalarının sokaklardaki isyancılar tarafından yakıldığına kuşku yoktu ama aradaki duvar dayanacak kadar sağlam görünüyordu. Koşarak aşağıya indik ve savaş halinde bir kentle karşılaştık. Hak tanımaz saldırganlar ellerine ne geçirirlerse hükümet binasının pencerelerinden aşağıya fırlatıyorlardı. Yangınlardan çıkan dumanlar ortalığı karartmıştı, bulutlu gökyüzü uğursuz bir battaniyeyi andırıyordu. Bıçaklarla ve nalburlardan çaldıkları her türlü metal öteberiyle silahlanmış azgın bir kalabalık, isyankâr polislerin yardımıyla Séptima Caddesi'ndeki ve çevresindeki sokaklardaki işyerlerine saldırıyor, her yeri ateşe veriyordu. Durumun kontrolden çıktığını görmek için şöyle bir göz atmak yetmişti. Kardeşim bir çığlıkla benden önce düşüncemi dile getirmiş oldu.

"Siktir! Daktilo!"

Sıkı sıkı kapalı demir parmaklıklarının ardında daha yağmalanma sırası gelmemiş olan tefecinin evine kadar koştuk, ama daktilo her zamanki yerinde değildi. Daha sonraki günlerde onu geri alabileceğimizi düşünerek bu durumu o kadar da dert etmedik, o devasa felaketin sonraki günlerinin olmayacağının henüz farkında değildik.

Bogota'daki askerî garnizon resmî binaları ve bankaları korumakla yetinmişti, kimse kamu düzeninin sorumluluğunu üstlenmiş görünmüyordu. İlk birkaç saatin ardından üst düzey polis yetkililerinin çoğu Beşinci Bölük'teki siperlerine çekilmişler, dışarıda görevli memurlar da sokaklardan topladıkları silah yükleriyle amirlerini izlemişlerdi. Aralarından kollarına kırmızı isyan bandı takmış olan bazıları o kadar yakınımızda tüfeklerini boşalttılar ki, ödüm patladı. O zamandan beri bir silahın sadece gürültüsünün bile öldürebileceğine ikna olmuşumdur.

Tefecinin evinden dönerken kentin en zengin alışveriş merkezi olan Octava Caddesi'nin birkaç dakika içinde yerle bir olduğunu gördük. O değerli mücevherler, biz kıyıdan gelen öğrencilerin ulaşılmaz vitrinlerin ardında görüp de beğendiğimiz Bond Street şapkaları, İngiliz yünlü kumaşları, akla gelebilecek her şey yalnızca yabancı bankaları koruyan aşılmaz askerlerin gözü önünde herkesin elindeydi. İçine asla giremediğimiz şık mı şık San Marino Kahvesi'nin kapıları açıktı, her şeyi sökülüp alınmıştı; bu kez Karayipli öğrencilerin içeri girmesini engellemek için seğirtecek fraklı garsonlar yoktu.

Dükkânlardan zarif giysiler ve omuzlarında top top yünlü kumaşlarla çıkanlar onları sokağın ortasına atıp gidiyorlardı. O kadar ağır olacağını düşünemeyerek bir tanesini aldım ama yüreğim acıyarak bırakmak zorunda kaldım. Nereye gitsek sokaklara atılmış ev araç-gereçleri takılıyordu ayağımıza, en pahalı viski markaları ve kalabalığın bir bıçak darbesiyle başlarını uçurduğu her cinsten şişe şişe egzotik içki arasında yürümek kolay değildi. Kardeşim Luis Enrique ve José Palacio iyi bir giysi mağazası yağmasının kalıntılarını buldular, içlerinde tam babama göre, gök mavisi, çok iyi cins yünlü bir giysi vardı, babam o takımı yıllarca önemli olaylarda giydi. Benim tek ganimetim kentin en pahalı çay salonunun kuzu derisinden çantasıydı, sonraki yılların uyuyacak bir yerimin olmadığı gecelerinde yazdıklarımın özgün kopyalarını kolumun altında taşımamı sağladı.

Kendine yol açarak Octava Caddesi'nden Capitolio' ya doğru ilerleyen bir kalabalığın içinde yürürken üzerimize açılan makineli tüfek ateşi Bolívar Meydanı'na ilk varanları silip süpürdü. Yolun ortasına yığılan yaralı ve ölüler bizi yerimize mıhladı. O yığının içinden sürünerek çıkan ölümcül yaralı, tepeden tırnağa kan içinde bir adam pantolonumun paçasına yapışarak iç paralayan bir sesle,

"Genç adam, Tanrı aşkına, ölmeme izin verme!" dedi.

Dehşet içinde kaçtım. O zamandan beri kendimin ve başkalarının korkularını unutmayı öğrendim, ama yangınların parlak aydınlığında o gözlerde gördüğüm umutsuzluğu hiç unutmadım. O acımasız cehennemde kendimin ya da kardeşimin ölebileceğini bir an bile düşünmemiş olmam beni hâlâ şaşırtır.

Öğleden sonra saat üçte sağanak başlamıştı, saat beşi geçerken İncil'e yakışır bir sel küçük yangınların pek çoğunu söndürerek, isyanın hızını kesti. Böyle bir isyana toptan karşı çıkması mümkün olmayan Bogota'daki küçük askerî birlik sokaklardaki öfkeyi küçük gruplara bölmeyi başarmıştı. Komşu bölüklerden, özellikle de resmî şiddetin okulu olarak bilinen Boyacá'dan beklenen acil destek ve yardım bölükleri gece yarısını geçene kadar gelmedi. O zamana kadar olayları kışkırtan radyo hiçbir bilgi vermiyordu, hiçbir haberin kaynağı belli değildi ve gerçeği duymak olanaksızdı. Sabahın ilk saatlerinde kente gelen taze birlikler öfkeli kalabalıkların altüst ettiği, yangınların aydınlığından başka ışık olmayan ticaret merkezini kontrol altına aldılar, ama kulelere ve çatılara yerleşen keskin nişancılarla desteklenen politik direniş günlerce sürdü. Sokaklarda yatan ölüleri saymak mümkün görünmüyordu.

Pansiyona dönebildiğimiz zaman kent merkezinin büyük bir bölümü alevler içinde kalmıştı. Ters dönmüş tramvaylar ve mahvolmuş otomobiller doğaçlama yaratılmış barikatlar görevini görmekteydiler. Değerli birkaç parça eşyamızı bir valize tıktık, basılması mümkün olmayan bir-iki taslağımı, bir daha asla bulamadığım dedemin sözlüğünü, mezuniyetimde ödül olarak verilen Diógenes Laercio'yu geride bıraktığımı ancak daha sonra fark edebildim.

Kardeşimle tek düşünebildiğimiz, pansiyondan yalnızca dört blok ötede oturan Juanito Amca'nın evine sığınmaktı. Amcamın, karısı ve üç çocuğu Eduardo, Margarita ve Nicolás'la birlikte yaşadığı, ikinci katta bir daireydi bu; bir salonu, yemek odası, iki yatak odası vardı. Nicolás bir süre pansiyonda benimle yaşamıştı. Eve ancak sığabiliyorduk, Márquez Caballero ailesi olanca iyi yürekliliklerleriyle yemek odasını bile açmışlar, yalnızca kardeşimle benim için değil, başka arkadaşları ve pansiyondan dostlarımız için de olmayan yerden yer yaratmışlardı: José Palencia, Domingo Manuel Vega, Carmelo Martínez, Sucre'dendi, ötekileri pek tanımıyorduk.

Gece yarısından biraz önce yağmur kesilince, yangınların közleriyle aydınlanan kentin cehennemi görüntüsüne bakmak için çatıya çıktık. Art-alanda Monserrate ve La Guadalupe tepeleri dumanların kararttığı gökyüzünde iki uçsuz bucaksız gölgeydi sanki, ama benim o hüzünlü siste tek görebildiğim, olanaksız bir yardımı istemek için sürünerek bana gelen o yaralının dev yüzüydü. Sokaklarda süregiden av biraz yatışmışa benziyordu, o çirkin sessizlikte tek duyulan, kent merkezinin her yerine dağılmış sayısız keskin nişancının arada bir silahlarını ateşlemesiyle, kentin kontrolünü ele geçirmek için silahlı ya da silahsız her türlü direniş izini yavaş yavaş yok etmeye başlayan askerî bölüklerin gürültüsüydü. O ölüm manzarasından etkilenen Juanito Amca hepimizin duygularını tek bir solukta ifade etti:

"Aman Tanrım! Bu bir düş gibi!"

Karanlık salona döndüğümüzde kendimi koltuğa attım. Hükümet güdümünde olan radyo istasyonlarının yayınladığı resmî bültenler yavaş yavaş yerleşen bir huzur panoraması çizmekteydiler. Söylevler son bulmuştu, resmî kanallarla asilerin elinde olanları birbirinden ayırmak mümkün değildi, hatta bu yayınları kontrol edilemez bir kötü niyetli söylenti çığından ayırmak da olanaksızdı. Tüm elçiliklerin tıkabasa sığınmacılarla dolu olduğu söyleniyordu, General Marshall'ın askerî okulun şeref bölüğü tarafından korunan ABD Elçiliği'nde olduğu da, yine söylentiler arasındaydı. Laureano Gómez'in de olayların başladığı ilk saatlerde oraya sığındığı söyleniyordu, bu durumu yaratanın komünistler olduğunu düşünüyor, sürekli başkanıyla telefon bağlantısı halinde, onun bu koşullarda.Liberallerle bir anlaşma yapmasına engel olmaya çalışıyormuş. O zaman Panamerican Sendikası başkanı olan eski Devlet Başkanı Alberto Lleras, Capitolio'dan çıktığında zırhsız aracının içinde tanınıp da, çıldırmış kalabalık iktidarı yasal olarak Muhafazakârlara teslim etmesinin hesabını sormaya kalkışınca, canını zor kurtarmış deniliyordu. Saatler gece yarısını bulduğunda, Panamerican Kongresi'nin delegelerinin çoğu güvenliğe kavuşmuştu.

Birbiriyle çelişen haberlerin arasında, Şair Guillermo León Valencia'nın babasıyla aynı adı taşıyan oğlunun ölesiye taşlandığı ve cesedinin Bolívar Meydanı'nda asıldığı da vardı. Ordu isyankârların eline geçmiş olan radyo istasyonlarını geri almaya başlar başlamaz hükümetin duruma hâkim olduğu haberleri de şekillenmeye başladı. Savaş çığlıkları atmak yerine hükümetin durumu kontrol ettiği haberleriyle halk sakinleştirilmeye çalışılıyor, Liberal hiyerarşinin üst düzeyindekilerse, iktidarın yarısı için Cumhuriyet'in başkanıyla pazarlık ediyorlardı.

Gerçekte politik sağduyuyla hareket edermiş gibi görünen tek grup, azınlıkta ve son derece heyecanlı olan komünistlerdi, sokaklardaki karmaşanın ortasında –tıpkı trafik polisleri gibi– kalabalığı güç merkezlerine doğru yönlendirdikleri görülüyordu. Liberalizminse, Gaitán'ın kampanyasında dile getirdiği gibi ikiye bölünmüş olduğu apaçık ortadaydı: Başkanlık Sarayı'nda iktidardan pay almak için pazarlık eden liderler ve çatıların tepeleri, hatta kuleler de dahil, nereye kadar gidebilmişlerse oradan ve nasıl direnebilirlerse öyle direnen seçmenleri.

Gaitán'ın ölümüyle ilgili ortaya çıkan ilk kuşku katilinin kimliğiyle ilgiliydi. Bugün bile Séptima Caddesi' nin kalabalığı arasından ona tek başına ateş edenin Juan Roa Sierra olduğu konusunda tam bir fikir birliği yoktur. Bana anlaşılması en zor gelen o kahredici ölümü o gün, o saatte, o yerde ve o biçimde, tamamen kendi kendine gerçekleştirecek bir altyapıya sahip olmayıp da, nasıl olup bunu tek başına yaptığıdır. Elli iki yaşındaki dul annesi Encarnación Sierra, radyodan politik kahramanı Gaitán'ın öldüğünü duyunca, yas tutabilmek için en iyi giysisini siyaha boyamaya koyulmuş. Katilin on dört çocuğunun on üçüncüsü Juan Roa olduğunu duyduğunda daha işini bitirmemişmiş. Çocukların hiçbiri ilkokuldan ötesini okumamış ve dördü –iki kız, iki erkek– ölmüş.

Kadıncağız sekiz aydan beri Juan'ın davranışlarında değişiklikler fark ettiğini açıkladı. Tek başına konuşuyor, nedensiz yere gülüyormuş, bir gün ailesine bağımsızlık kahramanımız General Francisco de Paula Santander'in yeniden dünyaya geldiğine inandığını itiraf etmiş, ama onlar bunu sarhoş şakası olarak kabul etmişler. Oğlunun o güne kadar kimseyi incittiğini duymamış. İş bulabilmek için ağırlığı olan insanlardan tavsiye mektupları almayı becerirmiş. Hatta Gaitán'ı öldürdüğü iddia edildiğinde böyle bir mektup çıkmıştı çantasından. Mektubu altı ay önce kendi kalemiyle Başkan Ospina Pérez'e hitaben, iş istemek için yazmıştı.

Anne soruşturmayı yürütenlere oğlunun işsizlik sorununu Gaitán'ın şahsına da açıkladığını söyledi, ama politikacı hiçbir umut vermemiş. Hayatında bir silah ateşleyip ateşlemediği bilinmiyordu ama cinayet silahını kullanış biçiminin acemilikle uzaktan yakından ilgisi yoktu. Tabanca uzun namlulu bir 38'likti, o kadar kötü kullanılmıştı ki, tutukluk yapmaması mucizeydi.

Binada çalışan bazı memurlar Juan Roa'yı cinayet öncesinde Gaitán'ın ofislerinin bulunduğu katta görmüş olabileceklerine inanıyorlardı. Kapıcının 9 Nisan sabahı onu merdivenlerden yukarı çıkarken, sonra da yanında bir yabancıyla asansörle inerken gördüğüne hiç kuşkusu yoktu. İkisinin de binanın girişinin oralarda uzun saatler oyalandıklarını sanıyordu, ama Gaitán on birden biraz önce ofisine çıkarken Roa kapının önünde tek başınaydı.

Gaitánist kampanyanın gazetesi olan *La Jornada*'da çalışan Gazeteci Gabriel Restrepo, Roa Sierra'nın cinayeti işlediği sırada yanında olan kimlik belgelerinin bir dökümünü çıkardı. Kimliği ve sosyal konumu hakkında kuşkuya yer bırakmayan ve niyeti hakkında hiçbir ipucu vermeyen belgelerdi bunlar. Gündelik yaşamın önemli araçlarının çoğu yalnızca beş *centavo*'yken, pantolon ceplerinde irili ufaklı bozuk paralar halinde seksen iki centavo vardı. Ceketinin iç cebindeki siyah deri cüzdandan bir peso değerinde kâğıt para çıktı. Ayrıca yanında bir temiz kâğıdı, polisten alınmış sabıkasının olmadığını gösterir bir belge, yoksulların yaşadığı bir mahalledeki adresini gösterir bir ikametgâh belgesi vardı: Octava Caddesi no 30-73. Aynı cepte taşıdığı ikinci sınıf yedek asker olduğunu gösterir askerî karneye göre Rafael Roa ve Encarnación Sierra'nın oğluydu, yirmi bir yıl önce doğmuştu: 4 Kasım 1927.

Bu kadar alçakgönüllü bir geçmişe sahip ve sabıkasız birinin iyi bir yurttaş olduğunu kanıtlar bunca belgesinin olmasının dışında her şey düzgün görünüyordu. Bende kurtulmayı hiçbir zaman başaramadığım kuşkular bırakansa, onu azgın kalabalığın önüne atan, sonra da lüks bir otomobille çekip giden o iyi giyimli, şık adamdır.

Trajedinin gurultu patırtısının içinde, cinayete kurban gitmiş havarinin cesedi, bozulmadan önce ilaçlanırken, Liberal liderler acil önlemleri görüşmek üzere Clínica Central'in yemek salonunda toplandılar. Yapılacak en önemli şey önceden kararlaştırılmış bir randevu olmaksızın Başkanlık Sarayı'na giderek, devletin başıyla ülkeyi tehdit eden felaketi dindirecek bir formülü tartışmaktı. Aynı gece saat dokuzdan biraz önce yağmur dindiğinde, aralarından seçtikleri temsilciler halk ayaklanmasıyla altüst olmuş sokaklarda, kule ve balkonlardan ateş eden keskin nişancıların kör kurşunlarıyla delik deşik olmuş cesetler arasından zorlukla ilerlemeye başladılar.

Başkanlık Sarayı'nın bekleme odasında Muhafazakâr kanattan birkaç memur ve politikacıyla, Ospina'nın son derece kendinden emin görünen eşi Doña Bertha Hernández varmış. Serginin açılışında kocasına eşlik ettiği giysisiyleymiş ve belinde kurallar gereği silahını taşıyormuş.

O öğle sonrasında Başkan en kritik noktalarla irtibatını kaybetmişti, bakanları ve askerlerle kapalı kapılar ardında ulusun durumunu değerlendirmeye çalışıyordu. Liberal liderlerin gece saat on civarındaki ziyaretine şaşırmış, hepsini bir arada değil de ikişer ikişer kabul etmek istemiş, ama Liberaller bu durumda hiçbirinin içeri girmeyeceğini söyleyerek bu öneriyi reddetmişler. Başkan boyun eğmiş ama Liberaller bunu cesaret kırıcı bir neden olarak nitelemişler.

Başkan'ı geniş bir konferans masasının başında oturur bulmuşlar, sanki hiçbir kaygı belirtisi taşımıyormuş, üzerinde kusursuz bir giysi varmış, gerilim içinde olduğunun tek göstergesi açgözlülükle ara vermeksizin sigara içişiymiş, bazen bir başkasını yakmak için bir sigarayı yarısında söndürdüğü oluyormuş. Bu ziyaretçilerden biri yıllar sonra, yangınların o dize gelmez Başkan'ın gümüş renkli başı üzerindeki ışıltısından ne kadar etkilendiğini açıklamıştı bana. Yanan gökyüzünün altındaki yıkıntıların közleri başkanlık ofisinin geniş pencerelerinden ufka kadar görünebiliyormuş.

Ziyaretçiler Liberal akşam gazetesi *El Espectador*'un yayıncısı Don Luis Cano, toplantıya önayak olan Plinio Mendoza ile en genç ve etkin diğer üç Liberal liderdi: Carlos Lleras Restrepo, Darío Echandía ve Alfonso Araujo. Tartışma süresince başka önde gelen Liberaller de odaya girip çıkmış.

Yıllar sonra Caracas'ta geçirdiği sabırsız sürgünlüğü sırasında, Plinio Mendoza Neira'dan dinlediğim berrak anılarına göre hiçbirinin halihazırda bir planı yokmuş. Gaitán'ın cinayetinin tek tanığı oydu, doğuştan yetenekli bir anlatıcı ve kronik gazeteci olarak teker teker açıklamış tanık olduklarını. Mendoza'nın sözlerini hüzünlü bir sessizlik içinde dinleyen Başkan, ziyaretçilerinden içinde bulundukları acil duruma çare olabilmek, adil ve yurtsever bir çözüm bulabilmek için düşüncelerini söylemelerini istemiş.

Hem dostları hem de düşmanları arasında lafı dönüp dolaştırmamasıyla bilinen Mendoza, yapılacak en uygun davranışın halkın orduya duyduğu güveni göz önünde bulundurarak hükümetin yönetimi silahlı kuvvetlere devretmesi olduğunu söylemiş. Mendoza, Alfonso López Pumajero'nun Liberal hükümetinde savaş bakanlığı yapmıştı, askerleri iyi tanıyordu ve yalnızca onların yeniden normal düzeni sağlayabileceğine inanıyordu. Ama ne Başkan bu formülün gerçekliğiyle hemfikirmiş ne de öbür Liberallerden destek görmüş.

İkinci müdahale son derece tedbirli biri olarak bilinen Don Luis Cano'dan gelmiş. Başkan'a neredeyse babacan duygular beslemekteymiş, çoğunluğun desteğiyle alacağı tüm hızlı ve adil kararlarda onun yanında olacağını söylemiş. Ospina ona normale dönmek için gerekli çareleri bulacağının ve bunların anayasaya uygun olacağının güvencesini vermiş. Sonra da pencerelerden kenti yiyip bitiren cehennemi göstererek belli etmemeyi pek de beceremediği bir alayla tüm bunlara hükümetin neden olmadığını söylemiş.

Laureano Gómez'in aşırılıkları ve seçim ittifaklarında uzman partidaşlarının küstahlıklarıyla kıyaslanınca, ılımlı tavırları ve kibarlığıyla ünlenmiş bir adamdı Başkan, ama o tarihi gecede en az onlar kadar dikkafalı davranmak niyetinde olduğunu hepimize ispatladı. Aralarındaki tartışma hiçbir sonuca varılamadan gece yarısına kadar sürmüş, arada bir içeri giden Doña Bertha Ospina'nın verdiği haberlerse, giderek korkunçlaşıyormuş.

Sokaklardaki ölülerin, ulaşılmaz konumlara yerleşmiş olan keskin nişancıların, lüks pazarlardaki iyi markaların yağmasıyla sarhoş, acı ve öfkeden çıldırmış kalabalığın sayılarını hesaplamanın olanağı kalmamıştı. Alevler içindeki kent merkezi mahvolmuştu, pahalı dükkânlar, Adalet Sarayı, La Gobernación ve bir sürü tarihî bina yağmalanmış, ateşe verilmişti. İşte başkanlık ofisinin ıssız adasında, birçok adamla karşılarındaki tek bir adam arasındaki barışçıl bir anlaşmanın yolunu acımasızca daraltan gerçek buydu.

O toplantıda belki de en yüksek otorite olan Darío Echandía en az kendini ifade edenmiş bana anlatılanlara göre. Başkan hakkında bir-iki alaycı yorumdan sonra, kendi kabuğuna çekilmiş. Başkanlık yarışında Ospina Pérez'in yerini alacak kaçınılmaz aday olarak görülüyordu, ama o gece bunu hak edecek ya da bundan vazgeçmesini gerektirecek pek bir şey yapmamış. Ilımlı bir Muhafazakâr olduğu düşünülen Başkan'sa hiç de öyle olmadığını sergiliyormuş. Bu yüzyılda ülkeye başkanlık etmiş iki kişinin torunu ve yeğeniydi, aile babasıydı, emekli bir mühendisti ve kendini bildi bileli milyonerdi, sessiz sedasız hallettiği pek çok işte parmağı vardı, aslı olmasa da evde de, Saray'da da işleri çekip çevirenin kararlı ve hırslı karısı olduğu söylenirdi. Aslında böyle bir öneriyi kabul etmenin onu rahatsız etmeyeceğini söylermiş –yakıcı bir alayla–, sonra da halkın iradesiyle oturduğu başkanlık koltuğundan hükümeti yönetirken kendini çok rahat hissettiğini eklermiş.

Konuşurken Liberallerin elinde olmayan bir haber kaynağından güç alıyordu kuşkusuz: Ülkedeki güvenlik güçlerinin tam ve kesin bilgisi geliyordu ona. Pek çok kez odadan çıkarak bu konudaki son haberleri takip etmiş olmalı. Bogota'daki garnizonda bin kişi bile yoktu aslında, ülkedeki diğer birimlerden gelen haberlerin ciddi olmadığı söylenemezdi, ama her şey sadık silahlı kuvvetlerin kontrolü altındaydı. Tarihi Liberalizmi ve sert Muhafazakârlığıyla tanınan komşu Boyocá Bölüğü inatçı bir *godo* olan Vali José María Villarreal'in emriyle kendi sorumluluk bölgesindeki olayları çıkar çıkmaz bastırmakla kalmamış, başkente boyun eğdirmek için son derece iyi silahlanmış birlikleri yola çıkarmıştı bile. Başkan'ın tek yapması gereken ılımlı, ölçülü davranışlarla olabildiğince az konuşarak ve yavaş yavaş sigara içerek Liberalleri oyalamaktı. Hiç saatine bakmasa da devlet baskısı uygulamakta kendilerini hayli kanıtlamış olan taze birliklerin kente gireceği zamanı dikkatle hesaplamış olmalıydı.

Uzun süre deneme-yanılmaya dayalı formüllerin değiş-tokuşunu yaptıktan sonra, Carlos Lleras Liberal liderlerin Clínica Central'de son çare olarak kararlaştırdıkları seçenekten söz etmiş: Başkan'dan toplumsal barış ve politik uyumun gereği olarak yönetimi Darío Echandía'ya devretmesini istemiş. Böyle bir plan eski başkanlar ve ileri görüşlü politikacılar olan Eduardo Santos ve Alfonso López Pumajero tarafından hiç çekincesiz kabul edilirdi, ama ne yazık ki o gün ülke dışındaydılar.

Sigara içtiği hasislikte yanıt veren Başkan'ın söylediği bekledikleri gibi değilmiş. Bu fırsatı boşa harcamayarak, o zamana kadar pek kimsenin bilmediği gerçek niyetini ortaya çıkarmış. Hem kendisi hem de ailesi için en iyisinin iktidarı bırakarak kişisel servetleriyle yurtdışında politik kaygılardan uzak bir yaşam sürmek olduğunu söylemiş, ama seçimle başa gelen bir başkanın görevini bırakarak kaçmasının ülke için ifade edecekleri onu endişelendiriyormuş. Böylesi bir durumda iç savaş kaçınılmaz olacaktı. Lleras Restrepo görevden çekilmesi konusunda ısrar edince, Başkan ona anayasayı ve yasaları savunmanın yalnızca vatanına değil, vicdanına ve Tanrı'ya karşı da en yüce görevi olduğunu söylemiş. Dediklerine göre işte tam o anda, görünüşe göre hiçbir zaman söylemediği, ama sonsuza kadar ona mal olan o tarihi cümle çıkmış ağzından: "Kolombiya demokrasisi için ölü bir başkan, kaçak bir başkana yeğdir."

Tanıklar arasında bu cümleyi Başkan'ın ya da başka birinin dudaklarından duyduğunu hatırlayan kimse çıkmadı. Zaman içinde Başkan'ın farklı becerileri gündeme geldi, politik olarak neyi hak edip neyi etmediği, tarihî değeri tartışıldı ama edebî kıvraklığı hiç söz konusu olmadı. Bu cümle o zamandan sonra Ospina Pérez Hükümeti'nin sloganı, zaferinin temel direklerinden biri oldu. Hatta bu cümlenin Muhafazakâr gazeteciler, özellikle de o sırada toplantı odasında olmasa da Başkanlık Sarayı'nda olan, tanınmış yazar ve politikacı, dönemin Enerji ve Tabii Kaynaklar Bakanı Joaquín Estrada Monsalve tarafından yaratıldığı söylendi. Bu iddianın haklı tarafları vardı. Külleri yeni soğumaya başlayan mahvolmuş bir kentte ve bir daha asla eskisi gibi olamayacak bir ülkede, kimin söylemesi gerekirse onun söylediği bir cümle olarak tarihte yerini aldı.

Başkan'ın gerçek becerisi tarihî cümleler uydurmak değil, halk isyanını bastıracak ve ülkeye Muhafazakâr barışı getirecek taze birliklerin kente gireceği gece yarısına kadar Liberalleri tatlı sözlerle uyutmaktı. Ertesi gün 10 Nisan'da, Darío Echandía sabahın sekizinde uykusundan telefonun kâbus gibi on birinci çalışında uyanarak iki partili teselli rejiminin devlet bakanı olduğunu öğrendi. Bu çözümden hiç hoşlanmayan ve kişisel güvenliği açısından endişeye kapılan Laureano Gómez, tam hiç vazgeçmediği başkan olma arzusunu gerçekleştirmeye uygun koşullar oluşmaya başlarken ailesiyle birlikte New York'a gitti.

Gaitán'ın uğrunda öldüğü köklü bir sosyal değişimin hayalleriyse kentin dumanı tüten kalıntıları arasında yok oldu gitti. Bogota sokaklarındaki ölülerin ve sonraki yıllardaki devlet baskısı neticesindeki ölümlerin bir milyonu aştığı söyleniyor, insanların çektikleri sefalet ve katlanmak zorunda kaldıkları sürgün de cabası. Tüm bunlar olurken üst düzey hükümet görevlerindeki Liberal liderlerin tarihe suç ortakları olarak geçme riskini aldıklarının farkına varmalarına daha çok vardı.

Bogota'da o tarihi günde yaşanan olaylara tanık olan ve birbirini tanımayan iki kişi vardı, yıllar sonra ikisi de en iyi dostlarımın arasında yer aldılar. Biri kendi delegasyonunun başı ve ülkesinin dışişleri bakanı olarak Panamerican Konferansı'na katılan Guatemalalı edebiyat adamı, şair ve politik deneme yazarı Luis Cardoza y Aragón, öteki de Fidel Castro'ydu. Ayrıca ikisi de olaylara karışmakla suçlanmıştı sonradan.

Cardoza y Aragón için yapılan suçlama Guatemala' daki ilerici Jacobo Arbenz Hükümeti'nin özel delegesi kisvesi altında olayları başlatanlardan biri olduğuydu. Şunu kavramak gerekir ki, Cardoza y Aragón tarihi bir hükümetin delegesi ve dilimizin büyük şairlerinden biriydi, tutup da böylesine delice bir serüvene destek verecek biri değildi. Güzelim anı kitabında yer alan en acı verici çağrışım, Enrique Santos Montejo'nun –Calibán– *El Tiempo*'da kaleme aldığı sevilen köşesi 'Saatlerin Dansı'nda ona General George Marshall'ı öldürme görevini yakıştırmasıdır. Konferansa katılan delegelerin çoğu gazeteciden bu gafını tamir etmesini istedilerse de, bu mümkün olmadı. İktidarı elinde bulunduran Muhafazakârların resmî yayın organı olan *El Siglo,* dört bir yana Cardoza y Aragón'un ayaklanmada elebaşılık yaptığı haberini yaydı.

Onu ve karısı Lya Kostakowsky'yi yıllar sonra Ciudad de México'da, anılarıyla kutsallaşan, zamanın büyük ressamlarının yapıtlarıyla daha da güzelleşen Coyoacán'daki evlerinde tanıdım. Biz dostları pazar akşamlarını hiçbir konuda üstünlük taslamayan bu önemli adamın evinde geç saatlere dek toplanarak geçirirdik. Kendini bir kazazede olarak tanımlardı, çünkü cinayetten hemen hemen bir saat sonra keşkin nişancılar otomobilini makineli tüfekle taramışlardı. Günler sonra, isyan bastırıldığındaysa, sokakta yolunu kesen bir sarhoş tutukluk yapan bir tabancayla iki kez yüzüne ateş etmiş. Sohbetlerimizde sık yinelenen bir konuydu 9 Nisan, öfkemiz kaybedilen yıllara duyduğumuz özleme karışırdı.

Fidel Castro'ya gelince; biraz da militan bir öğrenci olması nedeniyle her türlü saçma suçlamanın kurbanı durumundaydı. Kendini kaybetmiş kalabalıkların arasında geçirdiği korkunç bir günün ardından, o kara gecede Beşinci Ulusal Polis Bölüğü'ne giderek, sokaklarda insanların birbirini öldürmesine engel olabilmek için ne yapabileceğini araştırmaya başlamış. Hiçbir ortak ölçütün sağlanamadığı isyan içindeki kalede ne tür bir umutsuzluğa kapıldığını anlamak için onu tanımak gerek.

Garnizonun komutanlarıyla ve üst düzey yetkililerle konuşarak, onları barakalarında oturan kuvvetlerin bir işe yaramadığına ikna etmeye çalışmış. Düzenin sağlanmasını ve daha adil bir sistem kurulmasını sağlamak için adamlarını dışarı çıkartıp sokaklarda mücadele etmeleri gerektiğini anlatmış. Onlardan öncekilerin başarılarını anlatarak şevke getirmeye uğraşmış, ama resmî bölükler ve tanklar kaleyi delik deşik ederken sesini duyan olmamış. Sonunda Fidel şansını başkalarıyla denemeye karar vermiş.

Şafak vakti Liberal liderlerden getirdiği emirlerle Beşinci Bölüğe gelen Plinio Mendoza Neira, yalnızca isyankâr subaylar ve adamlarının değil, kaleye sığınmış, harekete geçmek için emir bekleyen Liberallerin de barışçıl bir biçimde teslim olmalarını sağlamak amacındaymış. Bir anlaşmaya varmak için pazarlıkların yapıldığı uzun saatlere ilişkin Mendoza Neira'nın belleğinde iriyarı, tartışmacı Kübalı öğrencinin imgesi kalmıştı en çok. Castro Liberal liderler ve isyankâr subaylar arasındaki çatışmalara herkesi aşan aklı başında müdahalelerde bulunmuş pek çok kez. Neira yıllar sonra Caracas'ta, o sıralarda Sierra Maestra'da olan Fidel Castro'nun o korkunç gecede çekilmiş bir fotoğrafına rastlayınca anlamış Kübalı öğrencinin kim olduğunu.

Ben Castro'yu tam on bir yıl sonra, Havana'ya zaferle girişine tanıklık eden bir gazeteciyken tanıdım, zamanla yıllara direnen ve pek çok vartayı atlatan sağlam bir dostluk oluştu aramızda. Birlikte ilâhi ve insanî konularda yaptığımız pek çok sohbette, Fidel Castro'nun bireysel oluşumunun temel ve belirleyici dramlarından biri olarak sık sık dile getirdiği 9 Nisan ağzımızdan düşmez, özellikle de içeri girip çıkan asilerin içinde bulundukları acil duruma politik bir çözüm üretmek için çaba harcayacaklarına, durmadan sövüp saydıklarını fark ettiği Beşinci Bölük'te geçirdiği gece.

Bu iki arkadaşım Kolombiya tarihini ikiye bölen olaylara tanıklık ederlerken, bizler kardeşim ve diğer sığınmacılarla birlikte Juanito Amca'nın evinin karanlığında hayatta kalmaya çalışıyorduk. Çıraklık döneminde bir yazar olarak, bir gün gelip de içinde yaşadığımız o vahşi günleri belleğimde yeniden kurgulamam gerekeceğini fark etmedim bile. O sıralardaki tek derdim çok daha dünyevîydi: ailemi –en azından o âna kadar– yaşadığımızdan haberdar etmek, onlardan, annemden, babamdan ve kardeşlerimden, daha da önemlisi farklı kentlerde yatılı okuyan iki kız kardeşim Margot ve Aida'dan haber almak.

Juanito Amca'nın sığınağı bir mucizeydi. İlk günler, dışarıdaki hiç dinmeyen ateş ve güvenilir haber alamamamız nedeniyle zordu, ama yavaş yavaş yakınlardaki dükkânları keşfettik ve yiyecek bir şeyler satın alabildik. Sokakları saldırı bölükleri ele geçirmişti, kesin ateş etme emirleri vardı. Uslanmaz José Palencia rahatça dolaşabilmek için bir sandığın içinde bulduğu asker üniformasını giyip mantar şapka ve tozluklar takarak asker kılığına girmiş, onu fark ederek ateş açan ilk devriyeden mucize eseri kurtulmuştu.

Gece yarısından önce susturulan ticarî radyo kanalları ordunun kontrolündeydi. Telgraf cihazları ile ilkel ve az sayıda olan telefonlar güvenlik güçlerinin emrine verilmişti, başkaca iletişim aracı da yoktu. Telgraf ofisleri tıklım tıklımdı, önlerindeki kuyruklar sonsuza uzuyordu, radyo istasyonları yakalayıp da dinleyecek kadar şanslı olanlara gönderilecek bir mesaj servisi kurmuştu. Pek umudumuz olmasa da bize en kolay ve güvenilir gibi görünen bu yöntemi yeğledik.

Üç gün kapalı kaldıktan sonra kardeşimle birlikte dışarı çıktık. Korkunç bir görüntüydü. Kent harabeye dönmüştü, yangınları azaltmasına karşın enkaz kaldırma çalışmalarını geciktiren sürekli yağmur nedeniyle hava bulutlu ve karanlıktı. Çatılarda yuvalanan keskin nişancılar nedeniyle merkezdeki sokakların çoğu kapalıydı, dünya savaşındalarmışçasına silahlı devriyelerin emirleriyle anlamsız turlar atmak gerekiyordu. Ölümün sokaklara sinen kokusu dayanılacak gibi değildi. Ordunun kamyonları kaldırımlarda yatan ceset dağlarını kaldırmamıştı henüz, askerler umutsuzluk içinde akrabalarının kimliklerini belirlemeye çalışanlarla çatışmak zorunda kalıyorlardı.

Bir zamanlar kentin iş merkezi olan harabedeki kötü koku o kadar dayanılmazdı ki, soluk almak neredeyse olanaksız olduğundan pek çok aile ölülerini aramaktan vazgeçmek zorunda kalıyordu. Büyük ceset piramitlerinden birinde ayakkabısı ve pantolonu olmayan, ama üzerinde kusursuz bir frak bulunan bir ölü ilişti gözüme. Üç gün sonra küller, enkaz arasında ya da kaldırımlarda yığınlar halinde çürüyen, hâlâ kimsenin sahiplenmediği cesetlerin kokusunu yayıyordu.

Kardeşimle birlikte hiç beklemediğimiz bir anda, o kesin emirle birlikte bir silahın emniyet kilidinin hiçbir şeyle karıştırılamayacak sesini arkamızda duyarak donduk kaldık:

"Eller yukarı!"

Korkudan taş kesilerek hiç düşünmeden kaldırdım ellerimi, birinci sınıf yedek olarak silahlı kuvvetlerin çağrısına uyan arkadaşımız Angel Casij'in kahkahasını duyunca çözüldüm ancak. Bir gün kadar Radio Nacional'in önünde bekledikten sonra, sayesinde Juanito Amca'nın evindeki sığınmacılar adına bir radyo mesajı göndermeyi başardık. Babam iki hafta süresince gece gündüz yayınlanan sayısız mesajın arasında dinlemiş onu. Ailenin tahmin manyaklığının iflah olmaz kurbanları olarak, kardeşimle birlikte annemin bu mesajı onu en kötüsüne hazırlayan arkadaşlarımızın bir iyiliği olarak yorumlayacağından korktuk. Pek de yanıldığımız söylenemez: Annem ilk geceden itibaren düşlerinde iki büyük oğlunun karışıklıklar sırasında bir kan denizinde boğulduğunu görmüş. Çok inandırıcı bir karabasan olmalı çünkü başka kanallardan da gerçeği öğrendiği zaman, evde oturup açlıktan ölmemiz gerekse bile, hiçbirimizin bir daha asla Bogota'ya dönmemesine karar vermiş. Bu kesin bir karardı belli ki, ailemizden bize ulaşan ilk telgrafta geleceği belirlemek için en kısa zamanda Sucre'ye gitmemizi istiyorlardı.

O gergin bekleyiş sırasında Bogota'nın küllerinden yeniden doğacağını sanan pek çok arkadaşım, Cartagena de Indias'ta eğitimime devam etmenin altın olanaklarından söz ettiler bana, oysa Bogotalılar o kıyımın korkusundan ve dehşetinden asla kurtulamayacaklardı. Cartagena'da kentin tarihi kalıntıları kadar prestijli yüz yıllık bir üniversite ve benim Universidad Nacional'deki kötü notlarımı iyi olarak kabul edecek insanî boyutlarda bir hukuk fakültesi vardı.

Aslını astarını anlamadan bu fikri göz ardı etmek ya da annemlere bahsetmek gibi bir niyetim yoktu. Onlara Sucre'ye Cartagena üzerinden uçakla yolculuk edeceğimi bildirdim, o sıcak savaş sırasında Magdalena Irmağı bir intihar yolu olabilirdi. Luis Enrique ise Bogota'daki patronlarıyla hesabını kapatır kapatmaz Barranquilla'ya iş aramaya gideceğini haber verdi.

Aslında hiçbir yerde avukat olmayacağımı biliyordum pekâlâ. Tek amacım bizimkileri oyalamak için biraz daha zaman kazanmaktı, Cartagena düşünmek için iyi bir teknik durak olabilirdi. Asla aklıma gelmemiş olansa, bu mantıklı hesabın beni oranın yaşamak istediğim yer olduğu çözümüne götüreceğiydi.

O günlerde kıyıdaki herhangi bir yere gidecek bir uçakta beş kişilik yer bulabilmek kardeşimin yiğitliğidir. Bitmek bilmez ve tehlikeli kuyruklarda bekledikten, tüm bir günü bir acil durum havaalanının içinde koşuşturarak geçirdikten sonra, üç farklı uçakta, uygunsuz zamanlarda, görünmez kurşunların ve patlamaların arasında, beş yer bulabildi. Barranquilla'ya aynı uçakta gidebilmemiz için iki yeri sonunda onayladılarsa da, son dakikada farklı uçaklara binmek zorunda kaldık. Bogota'da bir önceki cuma gününden beri dinmeyen yağmur ve kalkmayan sis, barut ve çürümüş ceset kokuyordu. Evden havaalanına giderken iki kontrol noktasında durdurulup korkudan sersemlemiş askerlerce sorguya çekildik. İkinci kontrol noktasında ağır makineli ateşinin izlediği bir patlamada kendilerini yere atıp bizim de aynısını yapmamızı istediler, sonradan patlamanın nedeninin endüstriyel gaz kaçağı olduğu anlaşıldı. Bir asker hiç dinlenmeden üç gündür nöbet tuttuğunu söyleyince biz öbür yolcular ne demek istediğini anladık, üstelik kentte cephane namına bir şey kalmadığından cephanesi de yoktu. Bizi durdurduklarından beri konuşmaya cesaret edememiştik, askerlerin korkusu bardağı taşıran son damlaydı. Kimliğimizin ve gideceğimiz yerin belirlenmesi gibi resmî işlemlerden sonra uçağa alınana kadar hiçbir şey yapmadan orada bekleyeceğimizi öğrenmek içimizi rahatlattı. Birinin iyilik olsun diye bana verdiği üç sigaranın ikisini orada içtim, üçüncüsünüyse uçak korkusuna sakladım.

Telefon olmadığı için uçuş anonsları ve öbür değişiklikler farklı kontrol noktalarına motorlu askerî kuryelerle ulaşıyordu. Sabahın sekizinde bir yolcu grubunu çağırdılar, Barranquilla'ya kalkan ama benimkinden farklı bir uçağa hemen binmeleri gerekiyordu. Sonradan farklı bir kontrol noktasında bekleyen üç arkadaşımızın kardeşimle birlikte bindiklerini öğrendim. O yalnız bekleyiş doğuştan gelen uçuş korkum için hiç de hayırlı olmadı, çünkü uçağa binme vakti geldiğinde gök gürlemeleri bir kovadan boşanan taşlar gibi sesler çıkarıyordu ve gökyüzü kapkaranlıktı. Ayrıca uçağımızın merdiveni başka bir uçakla gittiği için, iki askerin derme çatma bir merdivenle uçağa binmeme yardım etmeleri gerekti. Bana yıllar sonra söylediğine göre, Fidel Castro aynı saatte, aynı havaalanından kargosu güreş boğaları olan bir uçakla Havana'ya doğru yola çıkmış.

Artık şans mı şanssızlık mı bilemiyorum ama, benim uçağım taze boya ve yeni yağ kokan bir DC-3'tü, ne herkese ayrı ışık vardı kabinde ne de havalandırma. Askerî birliklerin taşınması için yapılmıştı, turistik uçuşlardaki gibi üçlü koltuklar yerine, iki sıra halinde sağlamca yere tutturulmuş, bildiğimiz uzun ahşap banklar vardı. Tek eşyam içinde birkaç parça kirli giysi, şiir kitapları ve kardeşimin kurtarmayı başardığı edebiyat ekleri kesikleri bulunan valizimdi. Yolcular pilot kabininden kuyruğa kadar karşılıklı oturuyorduk. Emniyet kemerleri yerine gemileri bağlamaya yarayan iki kenevir halat vardı, her bir sıra için ortak kullanılan iki uzun emniyet kemerini andırıyorlardı. Benim için en zoru uçuş için ayırdığım sigarayı yakar yakmaz pilotun kabininden, uçağın yakıt tankları ayaklarımızın altındaki tahta döşemenin hemen altında olduğu için sigara içmenin yasak olduğunu duyurmasıydı. O üç saatlik uçuş bitmek bilmedi.

Barranquilla'ya vardığımızda, ancak nisanda böyle yağan yağmur henüz dinmiş, temellerinden sökülen evler sokaklardaki akıntıya kapılmış, yalnız hastalar yataklarında boğulmuşlardı. Sel yüzünden allak bullak olmuş havaalanında havanın açmasını beklemek zorunda kaldım, kardeşim ve iki arkadaşının uçağının zamanında geldiğini bile öğrenemeyecektim neredeyse, ilk sağanağın gökgürültülerini duyar duymaz havaalanından çıkabilmek için acele etmiş olmalılar.

Seyahat şirketine ancak üç saatte varabildim ve fırtına nedeniyle otobüs saatleri öne alındığından Cartagena'ya giden son otobüsü kaçırdığımı öğrendim. Kardeşimin oraya gittiğini düşünerek endişelenmedim ama cebimde bir kuruş olmadan Barranquilla'da bir gece geçirme düşüncesinden ürküyordum. Sonunda José Palencia sayesinde güzel kız kardeşler Ilse ve Lila Albarracín'in evinde acil bir sığınak bulabildim ve ancak üç gün sonra, posta şirketinin kırık dökük kamyonuyla Cartagena'ya ulaştım. Kardeşim Luis Enrique iş bulabilmeyi umarak Barranquilla'da kalmıştı. Sekiz peso param kalmıştı, ama José Palencia gece otobüsüyle biraz daha para getireceğine söz vermişti. Araçta ne oturacak yer vardı ne de ayakta duracak, sürücü üç yolcunun normal fiyatın dörtte birine, otobüsün tepesinde yük denklerinin üzerinde gidebileceklerini söyledi. Güneş altında çok tuhaf bir durumdu bu, Kolombiya'da XX. yüzyılın o 9 Nisan 1948 günü başladığını düşündüğümü fark ettim.

6

Kıvrımlı yollarda ölümcül çukurlara gire çıka yapı
lan bir yolculuktan sonra, posta şirketinin kamyonu tam
da hak ettiği noktada son nefesini verdi: Cartagena de
Indias'a yarım saatlik yolda, çürümüş balık kokan iğrenç
bir mangov bataklığına saplandı. Hem dedemi hem de
'kamyonla yolculuk eden nerede öleceğini bilemez' deyi-
şini hatırladım. Altı saat çıplak güneşin altında gitmek-
ten ve tuz bataklıklarının berbat kokusundan serseme
dönen yolcular, aracın tepesinden inmeleri için merdive-
nin uzatılmasını beklemeden tavuk kümeslerini, muz
hevenklerini, kısaca onlara koltuk görevi gören satılık ya
da öldürmelik her türlü öteberiyi aşağıya atmaya baş-
ladılar. Koltuğundan aşağı atlayan sürücü ısıran bir sesle
bağırdı:

"La Heroica!"[1]

Bu, Cartagena de Indias'ın geçmişteki zaferleri ne-
deniyle konulmuş simgesel adıydı, öyle de olmalıydı,
ama 9 Nisan'dan beri üzerimde olan siyah yünlü giysinin
içinde ancak soluk alabildiğimden pek göremedim. Kı-
yafetlerimin geri kalanı Monte de Piedad'da daktiloyla
aynı kaderi paylaşmıştı ama annemlere anlatılan şerefli
öykü, makinenin ve öbür kişisel eşyalarımın yangın kar-
maşasında ortadan kaybolduklarıydı. Yolculuk boyunca
üstümün başımın perişan haliyle dalga geçen küstah sü-

---

[1] Cesur, kahramanca, kahramanlar dönemine ait anlamlarına gelir. (Çev.)

rücü, ben kenti bir türlü göremeyerek kendi çevremde dönüp durdukça zevkten dört köşe olarak,

"Kıçında!" diye bağırdı herkesin duyabileceği bir sesle. "Hem sen dikkatli ol çünkü burada göt heriflere madalya takarlar!"

Gerçekten de dört yüzyıldan beri arkamda duruyordu Cartagena de Indias, ama onu mangov bataklıklarının üç kilometre kadar uzağında, şaşaalı devirlerinde kenti putperestlerden ve korsanlardan koruyan efsanevî duvarın arkasına gizlenmiş, vahşice büyüyen dalların ve sarı çançiçeklerinin ormanında sona ererken düşünemezdim. Ben de yolcuların karmaşasına karışarak kabukları ayakkabılarımın tabanlarının altında çatapat gibi sesler çıkartan canlı yengeçlerden bir halının içinden valizimi çekip aldım. O sırada ilk yolculuğumda arkadaşlarımın Magdalena Irmağı'na attıkları *petate*'mi, lisenin ilk yıllarında ülkenin yarısında ardımdan sürüklediğim, sonra da mezuniyetim şerefine And Dağları'nın bir uçurumuna yuvarladığım tabutu andıran sandığımı hatırlamamam olanaksızdı. Hak edilmemiş fazla yüklerimizde bir başkasının kaderine ait bir şey varmış duygusuna kapılırım, yaşadığım uzun yıllar da bunun tersini kanıtlamaya yetmemiştir.

Akşamüstü sisinin içinden kiliselerin ve manastırların kubbelerini yeni yeni görmeye başlamıştık ki, bizi karşılamaya gelen bir yarasa sürüsü başlarımızı sıyırarak uçuşmaya başladı, yere devrilmediysek onların bilgeliklerindendi. Kanatları bir alay gök gürültüsü gibi uğulduyor, artlarında iğrenç bir koku bırakıyorlardı. Paniğe kapılarak kendimi yere attım ve başımı ellerimin arasına sakladım, yanımda yürüyen bir kadın,

"*La Magnífica*'yı söyle!" diyene kadar öylece kaldım.

Bu şu anlama geliyordu: Kilise tarafından yasaklanan, Tanrı'ya ve azizlere edecek küfür kalmayınca büyük ateistler tarafından kutsanan, Şeytan'ın saldırılarını karşılamak için okunan gizli dua. Kadın dua etmeyi bilmediğimin farkına varınca, valizimin öbür sapından tutarak ayağa kalkmama yardım etti.

"Benimle birlikte dua et," dedi, "ama çok inanarak okuyacaksın."

Böylelikle bana teker teker *La Magnífica*'nın dizelerini söyledi, bir daha asla hissetmediğim bir kendimi adamışlıkla tekrar ettim sözlerini. Bugün buna inanmakta zorluk çeksem de, daha biz dua etmeyi bitirmeden yarasa sürüsü gökte kayboldu. Geriye tek kalan, sarp kayalıklarda patlayan okyanusun sesiydi.

El Reloj Kapısı'na vardık. Yüz yıldır orada olan bu köprülü kapı antik kenti eteklerindeki Getsemaní Mahallesi'ne ve bataklıklardan geçinen yoksulların yaşadığı varoşlara bağlıyor, gece saat dokuzdan şafak sökene kadar köprü kaldırılıyordu. Halk yalnızca dünyanın geri kalanından değil, tarihten de yalıtılmış oluyordu böylece. Söylentiye göre, kentin dışındaki yoksulluktan korkan, fakirlerin gece kente sızarak onları uykularında boğazlayacaklarını düşünen İspanyol sömürgeciler inşa etmişlerdi köprüyü. Kent o ilâhi zarafetinden hâlâ bir şeyler barındırıyordu kesinlikle, bir adım atarak surun öte yanına geçip onu akşamın altısının kötü ışığında tüm görkemiyle karşımda gördüğümde yeniden doğmuşum duygusuna kapılmama engel olamadım.

Haksız da değildi bu duygum. Hafta başında Bogota'yı bir kan ve çamur bataklığında çırpınır bırakmıştım, dumanı tüten yıkıntıların arasında kimsenin sahiplenmediği ceset yığınları vardı hâlâ. Cartagena'daysa birden dünya farklı bir görünüme bürünmüştü. Ülkeyi harabeye çeviren savaştan eser yoktu burada, aynı yaşamda başıma gelenlerden bir hafta sonra içinde keder barındırmayan bu yalnızlığa, bu uçsuz bucaksız denize vardığıma dair o sonsuz duyguya inanmam zordu.

Cartagena de Indias'tan doğduğumdan beri öyle çok söz edilmişti ki, atlı arabaların durduğu, eşeklerin çektiği yük arabalarının beklediği küçük meydanı ve ticaretin daha yoğun ve gürültülü olduğu art-alandaki kapalıçarşıyı görür görmez tanıdım. Resmî bilinçte böyle algılanmasa da, kökenlerinden beri kentin son hareketli kalbi burasıydı. Sömürge zamanında Portal de los Mercaderes[1] diye anılmıştı. Hem köle ticaretinin göze görünmez ipleri buradan idare edilirdi hem de İspanyol baskısına karşı kazan burada kaynatılırdı. Daha sonra da cahil yoksullar için aşk mektupları ve her türlü belgeyi kaleme alan yün ceketli, kolluklu kâtiplerden esinlenilerek Portal de los Escribanos[2] adını almıştı. Bunların çoğu tezgâh altından, özellikle de Kutsal Ofis'in yasaklamış olduğu ucuz kitapları satarlardı. Ayrıca İspanyollara karşı Kreollerle suç ortaklığı yaptıklarına da inanılırdı. Babam XX. yüzyılın başlarında şiir hevesini bu kapıda aşk mektupları yazarak tatmin etmiş. Doğrusunu söylemek gerekirse ne şair olarak cebine üç-beş kuruş girmiş ne de kâtip olarak, çünkü bazı kurnaz –belki de çaresiz– müşterileri babamdan iyilik olsun diye mektuplarını yazmasını istemekle kalmamışlar, posta parası olan beş reali vermesini de rica etmişler.

Paçavralar içindeki dilencilerin pazarın artıklarını yemeğe geldiği ve yerli falcıların müşterilerine ölecekleri günü ve saati söylememek için epeyce bir ücret istediği kapı yıllardır Portal de los Dulces[3] olarak anılmakta. Karayipler'den gelen guletler limanda oyalanarak hem pişiren hem de kafiyeler uydurarak satan *comadre*'lerin tatlılarını almak için dururlardı: *'Los pionos por los monos, los diabolines para los mamines, las de coco para los locos, las de palena para Manuela.'*[4] Bu kapı iyi günlerde de kötü günlerde de kentin en canlı merkezi olmaya devam etti; hükümetle ilgili işler el altından halledilirdi,

---

[1] Tüccarlar Kapısı. (Çev.)
[2] Arzuhalciler Kapısı. (Çev.)
[3] Tatlılar Kapısı. (Çev.)
[4] Sadece kafiyeleri için söylenen, anlamı olmayan dizeler. (Çev.)

burası Cumhuriyet'in Bogota'daki başkanının daha aklına bile düşmeden, tezgâhlarında kızarmış yiyecekler satan kadınların bir sonraki valinin kim olacağını bildikleri, dünyadaki tek yerdir.

Kentin görkeminden etkilenmiştim, valizimi ardımdan sürükleyerek akşamüstü kalabalığının içine daldım. Ayakkabı boyacılarının durduğu yerde paçavralar içinde bir deri bir kemik kalmış yaşlı bir adam, şahin bakışlarını üzerime dikmiş gözlerini kırpmadan bana bakıyordu. Birden duruverdim. Onu fark ettiğimi görünce valizimi taşımayı teklif etti, ona teşekkür ediyordum ki anadilinde konuyu netleştirdi:

"Otuz *chivo.*"

Olanaksızdı. Bir valiz taşımak için otuz *centavo*, bir sonraki hafta ana babamdan takviye kuvvet gelene kadar idare edeceğim dört pesomda bir gedik açmak anlamına gelirdi bu.

"İçindekilerle birlikte valiz o kadar eder zaten," diye yanıt verdim.

Ayrıca Bogota'daki arkadaşların ayarladıkları pansiyon pek de uzak olmasa gerekti. İhtiyar üç *chivo*'ya razı oldu, ayağındaki sandaletlerini çıkartarak boynuna astı ve kemiklerinden beklenmeyecek bir güçle valizimi omzuna alarak, yüzyıllardır ihmal edilmekten dökülmeye başlamış sömürge döneminden kalma evlerin arasındaki sert zeminde çıplak ayaklı bir atlet gibi koşmaya başladı. Pek fazla bir ömrü kalmamış olması gereken o olimpik dedeyi gözden kaybetmemeye çalışırken, yüreğim yirmi bir yaşıma karşın yerinden fırlayacakmış gibi atıyordu. Beş blok koştuktan sonra bir pansiyonun büyük kapısından içeri girerek basamakları ikişer ikişer tırmandı. Soluk soluğa bile kalmamıştı, valizimi yere bırakarak avcunu açtı.

"Otuz *chivo.*"

Ona borcumu meydanda ödediğimi hatırlattım, ama kapının önünde ödediğim üç *centavo*'ya merdivenlerin dahil olmadığını söyleyerek itiraz etti. Bizi karşılamaya gelen pansiyon sahibesi de ona hak vermez mi: Adam haklıymış, merdivenler ayrı ödenirmiş. Bana ömrüm boyunca geçerli olacak bir öngörüde bulundu:

"Göreceksin, Cartagena'da her şey farklıdır."

Ayrıca kötü bir haberle karşılaştım, ben de dahil dört kişi için yer ayırtılıp onaylanmıştı, ama Bogota'daki pansiyon arkadaşlarımdan gelen giden yoktu daha. Onlarla yaptığımız programa göre, o gün saat altıdan önce pansiyonda buluşacaktık. Otobüs yerine posta servisinin köhne kamyonuna binmek zorunda kalmam beni üç saat geciktirmişti, yine de hepsinden daha dakik olarak buluşma yerindeydim işte, cebimde dört peso eksi otuz üç *centavo*'yla ne yapacağımı bilemiyordum. Pansiyonun sahibi çok hoş bir anaydı, ama orada yaşadığım iki uzun ay boyunca da doğruladığım gibi, kendi ölçütlerinin tutsağıydı. İlk ayın giderlerini peşin ödemeden beni pansiyona kaydetmeyi kesinlikle kabul etmedi: altı pesoluk bir odada, günde üç öğün yemek dahil on sekiz peso.

Annemlerden bir haftadan önce yardım gelmesini ummuyordum, bu da bana yardım edebilecek arkadaşlarım gelene dek valizimin merdiven sahanlığının ötesine geçememesi demekti. Bahtsızlığımın kanıtı o kamyonun tepesinde, tüm bir günü çıplak güneş altında geçirdikten sonra, üzerine iri çiçekler resmedilmiş bir başpiskopos koltuğuna oturarak beklemek gökten inme bir armağan gibi geldi. Gerçek şu ki, o günlerde hiç kimse, hiçbir şeyden emin değildi. Orada belli bir günde ve belli bir saatte buluşmayı kararlaştırmanın gerçekliği yoktu; bunu yapmamızın nedeni, birbirimize, hatta kendimize bile ülkenin yarısının yıllardan beri kırsal kesimlerde gizlenen kanlı bir savaşın içinde olduğunu, bir haftadan beri kentlerin de bu ölümcül savaşa girdiğini apaçık söyleyemememizdi.

Sekiz saat Cartagena'daki o pansiyonda çakılı kaldım, José Palencia ve arkadaşlarının başına ne gelmiş olabileceğini bir türlü anlayamıyordum. Bir saat daha hiçbir haber çıkmadan bekledikten sonra, kendimi ıssız sokaklara atıp dolaşmaya başladım. Nisanda hava erken kararır. Sokak lambaları o kadar zayıftılar ki, ağaçların arasında görünen yıldızlarla karıştırılabilirlerdi. Sömürge dönemi bölgesinin kaldırım taşı döşeli, kıvrımlı yollarında gelişigüzel on beş dakikalık bir yürüyüşün sonunda, göğsümde büyük bir rahatlamayla bu tuhaf kentin bize okulda anlattıkları konservelenmiş fosille bir ilgisinin olmadığını keşfettim.

Sokaklarda tek bir kul bile yoktu. Tan ağarırken kentin eteklerinden çalışmaya ya da mallarını satmaya gelenler akşamüzeri saat beşte alcalacle mahallelerine dönmüşler, surun içinde yaşayanlarsa yemek yemek ve gece yarısına kadar domino oynamak için evlerine kapanmışlardı. Özel otomobil sahibi olmak gibi bir alışkanlık henüz yerleşmemiş, hizmet gören bir-iki araba da surun dışında kalmıştı. En üst düzey memurlar bile Plaza de los Coches'e kadar yerel ustaların yaptığı otobüslerle geliyor, oradan ofislerine kadar yürüyor, kaldırımlardaki ucuzcu tezgâhların üzerlerinden atlıyorlardı. O trajik yılların en yapmacıklı valilerinden biri, seçkin mahallesinden Plaza de los Coches'e kadar bir zamanlar okula gittiği aynı otobüslerle yolculuk yaptığını söyleyerek kendine pay çıkarmıştı.

Kentin tarihî gerçekliğinin tersine giden otomobillerin kullanılması pek de mümkün değildi aslında: Geceleri raşitik atların nalsız toynak seslerinin yankılandığı dar ve eğri büğrü sokaklara sığmıyorlardı. Hava çok sıcaksa, parkların serinliği içeri girsin diye balkon kapıları açıldığı zaman, hayalî yankılarla en mahrem konuşmalardan parçalar gelirdi kulağa. Uyuklayan dedeler taş döşeli sokaklarda kaçak adımların sesini duyar, gözlerini açmadan kimin yürüdüğünü çıkarana kadar kulak kesilir, sonra da hoşnutsuz bir sesle, "İşte José Antonio, Chabela'yı görmeye gidiyor," derlerdi. Gerçekte uyku tutmayanları çileden çıkartan tek şey, domino masasındaki taşların çıkardığı kuru seslerin tüm duvarların içinde yankılanmasıydı.

Benim için tarihî bir geceydi. Kitapların yaşamın çoktan bozguna uğrattığı akademik kurgularını kendi gerçeklikleri içinde kavrayacaktım neredeyse. Markilerin, girişlerinde dilencilerin kıvrılıp uyuduğu, duvarları dökülen ve boyaları soyulan saraylarını önümde görünce gözlerime yaşlar dolacak kadar duygulandım. Korsan Francis Drake'in top yapmak için çanlarını yürüttüğü, çansız katedrali gördüm. Saldırıdan kurtulan az sayıda çan da, başpiskoposun büyücüleri tarafından kötücül çınıltılarının şeytanı çağırdığı iddiasıyla ateşe mahkûm edilmişlerdi. Solmuş ağaçlarla renkli kahramanların ölümlü mermerden oyulmuşa değil de, yaşayan ölülere benzeyen heykellerini gördüm. Cartagena'da zamanın aşındırmasına karşı korunmuş değildi hiçbir şey, bunun tam tersiydi durum: Yüzyıllar yaşlanırken her şey asıl çağında kalsın diye zaman korunmuştu. İşte ilk geldiğim gece attığım her adımda kent bana böyle gösterdi kendi yaşamını. Tarihçilerin *papier-mâché* fosili değildi, etten ve kemiktendi, savaşlarının zaferleriyle değil de, yıkıntılarının ağırbaşlılığıyla ayakta duruyordu.

El Reloj Kulesi'nde saat onu vururken bu yeni ruh haliyle döndüm pansiyona. Uyuklayan kapıcı, arkadaşlarımdan hiçbirinin gelmediğini, ama valizimin otelin deposunda güvende olduğunu bildirdi. Ancak o zaman Barranquilla'daki kötü kahvaltıdan sonra ağzıma bir lokma yiyecek ya da su koymadığımı fark ettim. Açlıktan bacaklarım tutmuyordu ama pansiyon sahibesinin valizimi kabul ederek, oturma odasında bir koltuğun üzerinde bile olsa, bir gececik orada uyumama izin vermesiyle yetinmeye razıydım. Kapıcı bu masumiyetime güldü.

"İbnelik etme!" dedi saf Karayip şivesiyle. "O madam yedide gidip yığınla parasıyla yatar, ertesi gün onda kalkar."

Bana o kadar akla yatkın bir sav gibi göründü ki bu, hiç kimseyi rahatsız etmeden beklemek için sokağın öbür tarafındaki Bolívar Parkı'nda bir banka oturdum. Parktaki fenerler yalnızca pazarları ve önemli bayramlarda yakıldığı için, sokak lambalarından gelen ışıkta solmuş ağaçlar hayal meyal seçiliyorlardı. Mermer banklarda utanmaz şairlerin pek çok kez silip yeniden yazdıkları destanların izleri vardı. Inquisición Sarayı'nın işlenmemiş taştan oyulmuş valilik cephesinin ve bazilika benzeri girişinin ardında, bu dünyadan olması olanaksız hasta bir kuşun tesellisi imkânsız sızlanması duyuluyordu. Aynı anda hem sigara içmek için büyük bir özlem duydum hem de okumak: Tüm gençliğimde inatçılıkları ve sürekliliklieri nedeniyle birbirine karıştırdığım iki kötü alışkanlık. Uçakta duyduğum fiziksel korkunun okumama izin vermediği Aldous Huxley'in romanı Ses Sese Karşı oteldeki valizimde kilit altındaydı. Rahatlama ve korku karışımı tuhaf bir duyguyla son sigaramı yaktım ve sabahı olmayan bir geceye saklamak için yarısında söndürdüm.

Ağaçların koyu gölgelerinin içinde bir şey gizliymiş gibi bir duyguya kapıldığımda üzerinde oturduğum bankta uyumaya razı olmuştum bile. Simón de Bolívár'ın at üzerindeki heykeliymiş. Başka biri değilmiş yani: Dedem onu bir idol olarak benimsememi emrettiğinden beri kahramanım olan General Simón José Antonio de la Santísima Trinidad Bolívar y Palacios, güvercinlerin pislediği Roma imparatoru kafasıyla parlak tören üniforması içinde orada dikiliyormuş.

Çaresiz tutarsızlıklarına karşın ya da onlar nedeniyle, benim unutulmaz kahramanım olmaya devam etti. Öz dedemin Bolívar'ın kurduğu ve desteklediği aynı Muhafazakâr Parti'ye karşı Liberallerin verdiği savaşta yaşamını pek çok kez riske atması ve albay rütbesini kazanması türünden tutarsızlıklarıyla kıyaslanamazlardı nihayetinde. Ben bu bulutların içinde dolaşırken arkamda duyduğum itaat isteyen ses ayaklarımın yere basmasını sağladı.

"Eller yukarı!"

Arkadaşlarımın sonunda geldiklerini düşünüp rahatlayarak ellerimi kaldırdım, yeni tüfeklerini bana doğrultmuş rustik ve nedense hırpani görünüşlü iki polis memuruyla karşılaştım. İki saat önce başlamış olan sokağa çıkma yasağına neden karşı geldiğimi öğrenmek istiyorlardı. Onlardan öğrendiğim üzere geçtiğimiz pazardan beri uygulanan sokağa çıkma yasağından haberim bile yoktu, çalan boruları da çanları da duymadığım gibi, neden sokaklarda tek bir Allah'ın kulunun olmadığını anlamamı sağlayacak başka bir işaret de görmemiştim. Kimlik belgelerimi gösterip neden orada bulunduğumu açıklarken, polisler anlayışlıdan çok tembel bir tavır takındılar. Belgelerimi bakmadan geri verdiler. Ne kadar param olduğunu sorduklarında dört pesoyu bile bulmadığı yanıtını verdim. Daha azimli görüneni benden sigara isteyince, uyumadan önce içmeyi düşünerek söndürdüğüm izmariti gösterdim. Elimden alıp tırnakları yanana kadar içti. Bir süre sonra beni kolumdan tutarak yasayı yerine getirmekten çok sigaraya aşerdikleri için, tanesi bir *centavo*'ya sigara satan açık bir yer bulabilmek amacıyla yola koyuldular. Dolunayın altındaki gece berrak ve serindi, sessizlik hava gibi solunabilen görünmez bir maddeydi sanki. İşte o zaman babamın anlattığı, bizim de inanmadığımız öyküsünü kavradım: Aşk valslerinin tüm Karayipler'de duyulması için sabaha karşı mezarlığın sessizliğinde keman çalarmış.

Polisler boşu boşuna taneyle satılan sigara aramaktan yorulunca, surun dışına çıkıp halk pazarının arkasında, kendine ait bir yaşamı olan mendireğe gittik, buraya Curazao, Arusa ve Küçük Antiller'den gelen guletler demirlerdi. İşlerinin doğası gereği sokağı çıkma yasağı sırasında gece boyunca dışarıda dolaşma izinleri bulunan, kentin en neşeli ve yararlı insanlarının bulunabileceği yerdi. Tan ağarana kadar uygun fiyata ve iyi dostlar eşliğinde yemek yiyebileceğiniz bir açık hava tezgâhı vardı, sadece gece çalışanların değil, yemek yemek isteyen herkesin açık başka bir yer kalmadığında gittiği yerdi. Buranın resmî bir adı olmadığı gibi, kendisine en az uyan isimle anılırdı: Mahzen.

Polisler evlerindeymiş gibi rahatça ilerlediler. Belli ki masada oturan müşterilerin hepsi uzun süredir birbirlerini tanıyorlardı ve bir arada olmaktan memnundular. Bir soyadı duymak mümkün değildi çünkü birbirlerine okuldaki takma adlarıyla hitap ederek, kimseye bakmadan ve kimseyi dinlemeden, hep bir ağızdan bağıra çağıra konuşuyorlardı. Adonis tipli, kar beyazı saçlı, başka devirlerden kalma bir smokinin içinde altmışlarında görünen bir adamla, yanındaki, pullarla süslü giyilmekten eprimiş bir tuvaletin içinde, her tarafına gerçek mücevherlerini takıp takıştırmış olgun ve hâlâ çok güzel kadın dışında herkes iş giysisi içindeydi. Kadının oradaki varlığı yaşamdaki statüsünün canlı bir verisi gibiydi, çünkü o zamanlar pek az kadının kocası böyle kötü ünü olan yerlerde görünmelerine izin verirdi. Ötekilerle samimiyetleri, yerel şiveleri ve rahat tavırları olmasa, onları gören turist sanabilirdi. Sonradan hiç de göründüğü gibi olmadığını öğrendim. Cartagenalı yolunu şaşırmış, yaşlı bir evli çiftmişler, her bahaneyle yemek yemek için evden çıkar, baloya gider gibi giyinirlermiş; o gece sokağa çıkma yasağı nedeniyle lokantaları kapalı, şef garsonları da uyur görünce limana gitmişler.

Bizi yemeğe davet eden de onlar oldu. Masadakiler yer açınca, biraz mahcup ve sıkışık oturduk. Polis memurlarına hizmetlilerine davrandıkları içtenlikle davranıyorlardı. Memurlardan biri ciddi ve kendine güvenliydi, masada iyi yetişmiş birinin davranışlarını gösterdi. Ötekisinin yeme ve sigara içme dışında aklı başka yerde gibi görünüyordu. Ben kibarlıktan çok utangaçlıktan, onlardan daha az yemek ısmarladım, masadan yarı aç kalkacağımı fark ettiğimde, ötekiler önlerindekini silip süpürmüşlerdi bile.

Mahzen'in sahibi ve tek garsonunun adı Juan de las Nieves'di, neredeyse ergenlik çağında bir siyahtı, insanı huzursuz eden bir güzelliği vardı, Müslümanların giydiği türden tertemiz bir entariye bürünmüştü, kulağının arkasına her zaman canlı bir karanfil sıkıştırırdı. Fazla akıllıydı ve hakkındaki en çarpıcı şey aklını mutlu olmak ve başkalarını mutlu etmek için kullanmasıydı. Neredeyse bir kadından pek farkı kalmadığı görülüyordu ve yalnızca kocasıyla yatağa girdiği gibi oturuşmuş bir üne sahipti. Kimse onun bu durumuyla şaka yapmaya kalkışmazdı, çünkü alaycılığı ve hazırcevaplığıyla her hoşluğa teşekkür eder, her sataşmaya misillemeyle karşılık verirdi. Her müşterisinin yemeğini tam sevdiği gibi pişirmekten bir eliyle yeşil muz dilimlerini kızartıp ötekiyle hesabı tutmaya kadar her işini kendisi yapardı. Altı yaşlarında ona anne diye hitap eden bir oğlanın ettiği azıcık yardım dışında, yardım almazdı. Veda ederken bu keşfim beni duygulandırmıştı, huysuz gece kuşlarının takıldığı o yerin yaşamımın unutulmaz mekânları arasında yer alacağını o sırada hayal edemezdim.

Yemekten sonra polislere gecikmiş devriyelerinde eşlik ettim. Ay gökte altın bir tabak gibiyd. Hafif bir esinti çıkmış, çok uzaklardaki büyük bir cümbüşün müziğinden ve şamatasından sesler getiriyordu kulağımıza. Polisler yoksul mahallelerde kimsenin sokağa çıkma yasağı var diye yatağa gitmediğini biliyorlardı elbette; her gece farklı evlerde kayıtlı üyelere dans partileri düzenleniyor, kimse şafak sökene kadar evin içinden dışarıya adım atmıyordu.

Saatler ikiyi gösterdiğinde arkadaşlarımın gelmiş olduğundan bir an bile kuşku duymayarak pansiyonun kapısını çaldık, ama onu nedensiz yere uyandırmamıza sinirlenen gece bekçisi bizi cehenneme yolladı. Uyuyacak bir yerimin olmadığının farkına varan polisler beni karakola götürmeye karar verdiler. Bu bana o kadar tatsız bir şakaymış gibi göründü ki, keyfim kaçarak saygısızlık ettim. Benim bu çocuksu tepkime şaşıran memurlardan biri tüfeğinin dipçiğini karnıma vurarak, haddimi bildirdi.

"Bana bak göt herif," dedi gülmekten iki büklüm, "sokağa çıkma yasağını ihlal etmekten tutuklu bulunduğunu unutma."

Böylelikle altı kişilik bir hücrede, başkalarının terleriyle mayalanmış hasır bir yaygının üzerinde uyudum – Cartagena'daki ilk mutlu gecem.

Kentin ruhuna erişmek ilk günümü atlatmaktan çok daha kolaydı. İki haftadan kısa bir sürede annemlerle ilişkilerimi çözümledim, savaş olmayan bir kentte yaşama kararımı hiç çekinmeden kabul ettiler. Beni hapiste bir gece geçirmeye mahkûm eden pansiyon sahibesi, sömürge döneminden kalma güzelim evinin çatısına kısa süre önce inşa ettiği kaçak bir barakada yirmi öğrenciyle birlikte kalacağım bir yer ayarladı. Şikâyet etmek için pek bir nedenim yoktu, Liceo Nacional'in yatakhanesinin Karayip kopyası gibiydi ve her şey dahil Bogota'daki pansiyondan daha ucuza geliyordu.

Hukuk fakültesine kaydolmam fakülte sekreteri Ignacio Vélez Martínez ile adı anılarımın arasında yer almayan bir ekonomi-politik profesörünün yaptığı giriş sınavıyla bir saat içinde halloldu. Âdet olduğu üzere, sınav tüm ikinci sınıf öğrencilerinin önünde gerçekleşti. Ülkenin iç kısımlarında sözel karmaşasıyla ünlü bu kentte bu iki öğretmenin dillerinin kesinliği ve değerlendirmelerinin berraklığı daha başından beri ilgimi çekti. Piyangoda çıkan ilk konu benim hakkımda hiçten de az şey bildiğim Amerikan İç Savaşı'ydı. Bize yeni yeni ulaşmaya başlayan Kuzey Amerikalı yazarları henüz okumamış olmam utanç vericiydi, ama Doktor Vélez Martínez şansıma lise yıllarından beri iyi bildiğim *Tom Amca'nın Kulübesi*'ne bir gönderme yaparak açtı konuyu. Havada kaptım. İki öğretmen bir nostalji saldırısıyla karşı karşıya kalmış olmalılar, sınav için ayrılmış altmış dakikanın tamamını Güney Amerika'daki kölelik rejiminin kepazeliği hakkında duygusal bir değerlendirmeye harcadık. Benim bir Rus ruleti olacağını tahmin ettiğim şey, bana iyi bir not ve biraz da sıcak alkış kazandıran duygusal bir konuşmaya dönüştü.

İkinci yılımı bitirmek için hukuk fakültesine işte böyle kaydoldum, Bogota'daki ilk yılımdan kalan bir-iki dersin bütünleme sınavlarını vermem koşuluysa, hiçbir zaman yerine getirilmedi. Birkaç okul arkadaşım benim konuları ehlileştirme ve uygarlaştırma tarzım karşısında heyecana kapıldılar. Bildiğinden şaşmaz, eğilip bükülmez katı bir akademik tutum içinde kızağa çekilmiş bu üniversitede, yaratıcı özgürlük yanlısı, militanca tavırlar benimseyenler vardı aralarında. Bu liseden beri yalnız benim gördüğüm bir düştü, ama nedeni Allah vergisi bir uyumsuzluk değil, sınavlarda çalışmadan geçebilmek konusunda tek umudum olmasıydı. Sınıflarda bağımsız düşünce iddiasında olan bu öğrenciler final zamanı kaderlerine boyun eğer ve atalarından kalma kolonyal ciltleri ezberlemiş olarak sınav darağacına çıkarlardı. Neyse ki gerçek yaşamda, giderek arsızlaşan sıkıyönetimin baskısına rağmen kayıtlı üyeler için cumaları düzenlenen dans partilerini sürdürme sanatının ustalarıydı hepsi de. Danslar emniyet güçlerinin el altından verdiği izinlerle sokağa çıkma yasağı sırasında düzenlenirdi, yasaklandıkları zaman küllerinden öncekinden de canlı olarak doğdular. Özellikle de o karanlık yıllarda en çok cümbüş yapılan Torices, Getsemaní, La Popa gibi zevk düşkünü mahallelerde. En çok hoşumuza giden partiyi seçmek için camdan içeri göz atmamız yeter de artardı, elli *centavo*'ya yaygaracı hoparlörlerle güçlendirilmiş en sıcak Karayip müzikleriyle sabaha kadar dans edebilirdik. Hafta arasında okul çıkışlarında gördüğümüz kızlar eş olarak davet edilirdi, koruyucu teyzelerinin ya da özgür ruhlu annelerinin gözetiminde, pazar âyini üniformalarının içinde masum hayat kadınları gibi dans ederlerdi. Bu büyük av gecelerinden birinde sömürge devrinde köle mahallesi olan Getsemaní'de dolaşırken, omzumda bir şaplak hissettim ve arkamda bir ses patladı:

"Haydut!"

Afrikalı büyük-büyük-büyük dedelerinin de yaşadığı Mala Crianza Mahallesi'nin gedikli sakini Manuel Zapata Olivella'ydı. Birbirimizi en son 9 Nisan arbedesinde Bogota'da görmüştük, Cartagena'da tekrar canlı karşılaştığımıza şaşırdık. Manuel gönüllü bir doktor olmasının yanı sıra romancı, politik eylemci ve Karayip müziği meraklısıydı, ama öncelikli işi herkesin derdine derman olmaya çalışmaktı. O uğursuz cuma gününe ilişkin deneyimlerimizden ve gelecekle ilgili planlarımızdan söz ettikten sonra, bana şansımı gazetecilikte denememi önerdi. Bir ay kadar önce, Liberal lider Domingo López Escauriaza gündelik *El Universal* gazetesini Clemente Manuel Zabala'nın yayın yönetmenliğinde kurmuştu. Ondan gazeteci olarak değil de her türlü müzikten anlayan bir akademisyen ve faaliyetten çekilmiş bir komünist olarak söz edildiğini duymuştum. Zapata Olivella gidip onu görmemizde ısrar etti. Zabala'nın ülkede, özellikle de en geri kalmış kentlerden biri olan Cartagena'da hüküm süren tekdüze ve itaatkâr gazetecilik anlayışının karşısına yaratıcı gazetecilik örneğiyle çıkmasına yardımcı olacak yeni insanlara ihtiyacı olduğunu duymuştu.

Gazeteciliğin benim mesleğim olmadığından emindim. Ben farklı bir yazar olmak istiyordum ama bunu benimle ilgisi olmayan yazarları taklit ederek yapmaya çalışıyordum. O sıralarda düşünmek için her şeye ara vermiştim; çünkü Bogota'da basılan, Eduardo Zalamea, başka eleştirmenler, iyi ve kötü arkadaşlarımca göklere çıkartılan üç öykümden sonra kendimi çıkmaz bir sokakta hissediyordum. Zapata Olivella, kısa vadede edebiyatla gazeteciliğin aynı şey olduğunu söyleyerek bu savlarıma karşı çıktı, ayrıca *El Universal* ile ilişkide olmak bir taşla üç kuş vurmak anlamına gelecekti benim için: Yararlı ve onurlu bir biçimde geçim sorunumu çözecektim, önemli bir mesleğin profesyonel ortamında bulunacaktım, insanın hayal edebileceği en iyi gazetecilik üstadı olan Clemente Manuel Zabala ile çalışacaktım. Onun bu basit akıl yürütmeleri beni utandırıp engelleyerek bir başarısızlıktan koruyabilirdi. Ama Zapata Olivella bir şeyi başaramamaya nasıl katlanılacağını bilemiyordu, ertesi gün akşamüzeri saat beşte, gazetenin bulunduğu San Juan de Dios Sokağı, üç yüz seksen bir numarada bana randevu verdi.

O gece bölük pörçük uyudum. Ertesi sabah kahvaltıda pansiyon sahibesine San Juan de Dios Sokağı'nın yerini sorunca, pencereden eliyle göstererek,

"Burası sayılır, dört blok ileride," dedi.

El Universal'in ofisi kadının gösterdiği yerde, Amerika'nın ilk azizinin adını taşıyan San Pedro Claver Kilisesi'nin taşları altın yaldızlı dev duvarının karşısındaydı. Bu kilisenin ana mihrabının altında yüz yıldan fazladır azizin bozulmamış bedeni sergilenmekteydi. Gazete binası cumhuriyetçi dokunuşlarla süslü, sömürge döneminden kalma eski bir yapıydı. İki büyük kapısı ve içerisinin olduğu gibi·göründüğü pencereleri vardı. Benim gerçek karabasanımsa pencereden üç metre kadar uzakta, zımparalanmamış bir tahta perdenin arkasında oturuyordu: ham pamukludan beyaz bir takım giymiş, ceketli ve kravatlı, teni siyaha çalan, bir yerlinin sert ve düz saçlarına sahip yalnız ve olgun bir adam. Üzeri ilgi bekleyen kâğıt yığınlarıyla dolu eski bir çalışma masasında kurşunkalemle bir şeyler yazıyordu. Ona hayranlık duyduğumu hissederek, ters yönde yürüyüp binayı geçtim, geriye dönüp iki kez daha binanın önünden yürüdüm, ilk geçişimdeki gibi dördüncüde de o adamın Clemente Manuel Zabala olduğundan en küçük bir kuşkum yoktu; tam düşündüğüm gibi ama daha korkutucuydu. Yaşam ve yaşamın meşgaleleri hakkında fazlasıyla bilgi sahibi olduğunu anlamak için bir pencereden görmenin yettiği bu adamdan ürkerek, öğleden sonraki randevumuza gitmemek gibi basit bir çare düşündüm. Pansiyona geri dönerek kendimi yüzüstü yatağa attım, hiç ara vermeden sigara içip André Gide'in *Kalpazanlar*'ını okuyarak, kendime içinde pişmanlığa yer olmayan o tipik günlerimden birini armağan ettim. Akşamüzeri saat beşte yatakhanenin kapısı bir tüfeğin patlamasını andıran sert bir yumruk darbesiyle sarsıldı.

"Gidiyoruz it herif!" diye girişten bana doğru bağırdı Zapata Olivella, "Zabala seni bekliyor, bu ulkede hiç kimse kendine onu ekme lüksünü tanıyamaz!"

Bu görüşmenin başlangıcı benim hayal edebileceğim her türlü karabasandan daha zordu. Zabala ne yapacağını bilemeyerek beni kabul etti, hiç ara vermeden sigara içiyor, havanın sıcağı içinde bulunduğu sıkıntıyı daha' da artırıyordu. Bize her şeyi gösterdi. Bir yanda yazı işleri odaları ve yönetim bölümü vardı. Öteki tarafta haber merkezi ve o erken saatte kimsenin olmadığı, içinde üç masa bulunan mürettiphane, dip tarafta da bir ayaklanmadan sağ çıkmış döner baskı makinesi ve gazetenin yegâne iki linotipi bulunuyordu.

Beni en çok şaşırtansa Zabala'nın üç öykümü okumuş olup Zalamea'nın hakkımdaki değerlendirmesini doğru bulmasıydı.

"Ben öyle düşünmüyorum," dedim. "Öykülerim hoşuma gitmedi, onları biraz da bilinçsiz itkilerle yazdım, yayınlanmış halde okuduktan sonra da, şimdi ne yöne gideceğimi bilemiyorum."

Zabala sigarasının dumanını derin derin içinde çektikten sonra, Zapata Olivella'ya,

"Bu iyi bir belirti," dedi.

Manuel bu fırsatı havada kaparak üniversiteden kalan boş zamanımda ona gazetede yararlı olabileceğimi söyledi. Zabala da, Manuel benim için randevu istediğinde aynı şeyi düşündüğünü söyledi. Gazetenin sahibi Doktor López Escauriaza'ya beni bir gece önce sözünü ettiği muhtemel yardımcı olarak tanıştırdı.

"Harika olur," dedi, Escauriaza, geçmiş zaman beyefendilerinden kalma sonsuz gülümsemesiyle.

Bir anlaşmaya varmadık, ama Zabala iyi bir ressam ve gazetenin parlak köşe yazarı olan Héctor Rojas Herazo'yla tanışmam için ertesi gün tekrar uğramamı istedi. Bugün nedenini açıklayamadığım bir utangaçlıkla onun San José Koleji'nde resim öğretmenim olduğunu söyleyemedim. Gazeteden çıkınca, Aduana Meydanı'nda, San Pedro Claver'in etkileyici ön cephesinin önünde havaya sıçrayan Manuel, bu gelişmeyi erkenden kutlamaya niyetlenerek,

"Ya işte gördün mü kaplan! Kader ağlarını örüyor!" dedi.

Onu hayal kırıklığına uğratmamak için sıcak bir kucaklamayla karşılık verdimse de, geleceğim hakkında ciddi kuşkularım vardı. Manuel bana Zabala'yı nasıl bulduğumu sorunca, ona gerçeği söyledim. Ruhları avlayan bir adam gibi gelmişti bana. Bu, kendi aklı ve dikkatiyle beslenen bir grup genç insan için tanımlayıcı bir özellikti belki de. Zamanından önce ihtiyarlamış bu adamı yapmacıktan takdir ederek bitirdim sözlerimi, belki de böyle bir varoluşa sahip olmasıydı, ülkenin basın-yayın yaşamında belirleyici bir rolü olmasını engelleyen.

Manuel gecenin bir yarısında aradı, Zabala ile hakkımda yaptığı konuşma nedeniyle gülmekten katılıyordu. Zabala büyük bir heyecanla benden söz ederek haber sayfası için bir kazanç olacağımı söylemiş, gazete sahibi de aynı kanıdaymış. Ama Manuel'in beni aramasının gerçek nedeni, Üstat Zabala'yı tek endişelendirenin hastalık derecesindeki utangaçlığım olmasıydı; adamcağız bunun benim yaşamımda büyük bir engel oluşturabileceğini düşünüyormuş.

Son dakikada gazeteye gitmeye karar vermemin tek

nedeni, ertesi sabah duşun kapısını açan bir arkadaşı-mın *El Universal*'in birinci sayfasını gözüme sokmasıydı. Kente gelişim üzerine ürkütücü bir haber yer alıyordu. Beni daha yazar olamadan yazar diye niteledikleri gibi, bir gazetenin içini ilk kez görmemin üzerinden yirmi dört saat bile geçmeden benden gazeteci diye söz ediyor-lardı. Kutlamak için telefon eden Manuel'e bana danış-madan bu kadar sorumsuz bir şey yazdığı için gizleye-mediğim bir öfkeyle sızlandım. O yazıyı kendi elleriyle Üstat Zabala'nın yazdığını duyduğumdaysa, içimde bir şey sonsuza kadar değişti sanırım. Pantolonumu giydi-ğim gibi, gazeteye ona teşekkür etmeye seğirttim. Bana pek aldırmadı. Haki pantolonunun üzerine Amazon çi-çekleri desenli bir gömlek giymiş olan Héctor Rojas Ile-razo'yla tanıştım. Gökgürültüsünü andıran bir sesle dev sözcükler fırlatıyor, hiçbir konuşmada avını tuzağa dü-şürmeden teslim olmuyordu. Barranquilla'daki San José Koleji'nde bir sürü öğrencisinden biriydim, beni hatırla-madı elbette.

Üstat Zabala –herkes onu böyle çağırırdı– bir-iki or-tak arkadaşın anılarından ve tanışmam gereken öteki ki-şilerden söz ederek önce bizi yörüngesine aldı, sonra da yalnız bırakarak, sanki bizimle hiç işi yokmuş gibi elin-de kırmızı kurşunkalemiyle acil ilgisini bekleyen kâğıt-larıyla yapmakta olduğu vahşi savaşa döndü. Héctor li-notiplerin hafifçe yağan bir yağmuru andıran mırıltısı-nın eşliğinde, Zabala'yla uzaktan yakından ilgisi yok-muşçasına benimle sohbet etmeye devam etti. Susmak bilmeyen biriydi, çarpıcı bir sözel zekâsı vardı, hayal dünyasında gezinen bir serüvenseverdi, inanılmaz öy-küler uyduruyor, sonunda kendisi de söylediklerine ina-nıyordu. Saatlerce ölü ya da canlı arkadaşlarımızdan, hiç yazılmamış olması gereken kitaplardan, bizi unutan ama bizim unutamadığımız kadınlardan, Karayip cenneti To-lú'nun efsanevî plajlarından –orada doğmuştu– Aracata-ca'nın İncil'e yaraşır talihsizliklerinden ve yanılmaz büyücülerinden söz ettik. Ağzımıza içecek hiçbir şey koymadık, neredeyse soluk bile almadık, hiç ara vermeden sigara içerek ve yaşamın konuşmak zorunda olduğumuz şeyleri konuşmamıza yetecek kadar uzun olmadığından korkarak, olmuş ve olacak her şeyden konuştuk da konuştuk.

Saat onda gazete kapanınca Üstat Zabala ceketini giydi, kravatının düğümünü sıktı, içinde pek gençlik barındırmayan bale adımlarıyla yanımıza gelerek bizi yemeğe davet etti. Elbette ki Mahzen'e gittik. İki gazeteci şaşırarak Juan de las Nieves ve gececi müşterilerinin beni eskilerden biri olarak kabullendiklerini gördüler. Oraya ilk kez birlikte geldiğim polislerden biri yanımızdan geçerken hapiste geçirdiğim gece hakkında bir şaka yapıp yeni açtığım sigara paketimi yürütünce, şaşkınlıkları daha da arttı. Héctor ile Juan de las Nieves çift anlamlı cümlelerden oluşan bir turnuva başlatınca, Üstat Zabala'nın put gibi suskunluğuna karşın öbür müşteriler gülmekten yerlere yıkıldılar. Benim araya komik olmayan bir-iki replikle karışma cesareti göstermem, en azından Juan de las Nieves'in beni ayda dört kereye kadar veresiye beslediği bir-iki müşterisinin arasına katmasına yaradı.

Yemekten sonra halk pazarının cumhuriyetçi çöpleriyle kirlenmiş olan körfeze bakan Paseo de los Mártires'de, Héctor'la sohbetimize devam ettik. Dünyanın tam ortasında harika bir geceydi, Curazao'dan gelen ilk guletler demir atmaktaydılar. O gece Héctor bana, Cartagena'nın, dert babalarının örtbas ettiği yeraltı tarihi hakkında ilk ipuçlarını verdi; anlattıkları akademisyenlerin şirin kurgularından çok daha gerçekçi geliyordu kulağa. Kahramanlıklarının anısına büstleri gezi yolunun iki yanında sıralanan on şehidin yaşamlarından söz etti. Herkesin dilindeki hikâyeye göre, büstler asıl yerlerine yerleştirildiklerinde, heykeltıraşlar şehitlerin adlarını büstlerin değil, kaidelerin üzerine oymuşlar. Yüzüncü yıldönümleri gelince, büstler temizlenmek için yerlerinden sökülmüş, ancak hangi büstün hangi adın ve tarihin sahibi olduğunu kimse bilemediğinden, temizlik bitince kaidelere gelişigüzel yerleştirilmişler. Bu olay yıllardan beri şaka gibi ağızdan ağıza dolaşırmış, ama ben tam tersini düşündüm. Tarihi adalet yerini bulmuş, adsız kahramanların anıtları yaşadıkları yaşamlar ve adları için değil, paylaştıkları ortak kader için dikilmişti sonunda.

Cartagena'da geçirdiğim yıllar boyunca hemen hemen her gece böyle sabahladık. İlk iki-üç geceden sonra, Héctor'un insanları hemen baştan çıkarıveren bir gücü olduğunu gördüm. Öylesine çapraşık bir dostluk anlayışı vardı ki, yalnızca onu çok seven bizler hiç çekinmezdik. Tanımlanamayacak kadar yumuşak kalpliydi, ama bazen gürültülü patırtılı, neredeyse felaket olarak nitelenebilecek öfke nöbetlerine kapılır, sonra da Kutsal Çocuk'un masumiyetiyle kendi kendini kutlardı. O zaman anlardı insan onun nasıl biri olduğunu, neden Üstat Zabala'nın, Héctor'u onun kadar çok sevmemiz için elinden geleni yaptığını. Daha bir sürü gece boyunca yapacağımız gibi, o ilk geceyi de Paseo Mártires'te gezinerek geçirdik, gazeteci olduğumuz için sokağa çıkma yasağından etkilenmiyorduk. Héctor ufukta yeni doğan günün muhteşemliğini gördüğünde sesi de, belleği de yerindeydi, bana dönüp,

"Keşke bu gece *Casablanca* gibi bitseydi," dedi.

Daha fazla bir şey söylemedi, ama gözümün önüne tüm muhteşemliğiyle Humphrey Bogart ve Claude Rains'in tan vaktinin sisleri arasında omuz omuza ufuktaki parlak ışığa doğru yürüdükleri sahne, o trajik mutlu sonun efsanevî cümlesi geldi: "Bu büyük bir dostluğun başlangıcı."

Üç saat sonra Üstat Zabala beni pek de o kadar mutlu olmayan bir cümleyle uyandırdı:

"Başyapıtınız ne âlemde?"

Ertesi gün gazeteye yazacağım yazıdan söz ettiğini

anlamam için bir-iki dakika geçmesi gerekti. Bir anlaşmaya vardığımızı anımsamıyordum, bana ilk yazımı yazmamı söylediğinde ne evet demiştim ne de hayır, ama o sabah, bir gece önceki sözel olimpiyatın ardından kendimi her şeyi yapabilecek güçte hissediyordum. Zabala da bunu anlamış olmalı ki, bana birkaç güncel konudan söz etti. Ben daha acil bulduğum başka bir konuyu önerdim: sokağa çıkma yasağı.

Beni yönlendirmedi. Amacım Cartagena'da geçirdiğim ilk geceyi anlatmaktı, gazetedeki tarihöncesinden kalma daktilolarla pek anlaşamadığımdan, makalemi kendi el yazımla yazdım. Dört saatlik bir doğum oldu. Üstat kötü haberi beni en az incitecek biçimde vermenin yolunu bulana kadar, düşüncelerini keşfetmeme izin verecek hiçbir işarette bulunmayarak yazımı okuduktan sonra,

"Fena değil, ama bunu basmak olanaksız," dedi.

Söylediği beni şaşırtmamıştı. Tam tersine tahmin etmiş ve birkaç dakikalığına gazeteci olmanın tatsız yükünden kurtulduğum için rahatlamıştım. Ama onun bunu demesinin benim bilmediğim gerçek nedeni son noktayı koyacak cinstendi: 9 Nisan'dan beri, hükümetin kamu düzenini bozacak tek bir harfe bile izin vermemek niyeti ve gücüyle donanmış sansür memurları, akşamın altısından sonra ülkenin her gazetesinde, sanki evlerindeymiş gibi rahatça bir masaya kurulmaktalarmış.

Zabala'nın değerlendirmesine hükümetinkinden çok daha fazla değer veriyordum, çünkü ben bir haber yorumu değil, haber gazeteciliğine hiç niyetlenmeden kendi özel yaşamımdan öznel bir öykü aktarmıştım. Ayrıca sokağa çıkma yasağına devletin yasal bir aracı olarak değil, birkaç cahil polis memurunun tanesi bir *centavo*'ya sigara elde etmek bahanesi olarak yaklaşmıştım. Neyse ki Üstat Zabala beni ölüme mahkûm etmedi, baştan aşağı yeniden yazmam gereken yazımı elime tutuşturarak bunu onu memnun etmek için değil, sansür nedeniyle yapacağımı sözlerine ekledi. Ayrıca iki yönlü bir yargıda bulunma inceliğini de gösterdi:

"Edebî bir değeri olduğu kesin, bu konuda en ufak bir kuşkum yok," dedi, "ama bundan daha sonra söz ederiz."

Böyle bir adamdı işte. Zabala'nın sigarasının izmaritiyle tırnakları yanarak benimle ve Zapata Olivella'yla sohbet ettiği ilk gün, muhataplarından birinin yüzüne bakarken ötekiyle konuşmak gibi tuhaf bir alışkanlığı olması dikkatimi çekmişti. Bu durum başta bende ikircikli bir güvensizlik yarattı. O kadar utangaçtım ki, onu yüzüne değil de Manuel'e bakarak gerçek bir dikkat ve büyük bir ilgiyle sözlerini dinlemek, sonra da ikisinin de söylediklerinden kendi sonuçlarımı çıkarmak bana en akla yatkın çözüm gibi göründü. Daha sonra Zabala'yı Rojas Herazo, gazetenin sahibi López Escuariaza ve başkalarıyla konuşurken izleyerek, grup içinde sohbet ederken böyle kendine özgü bir tavır takındığının farkına vardım. Böylelikle onu anlamış oldum ve durumun farkında olmayan suç ortaklarının, masum aracıların yardımıyla fikir ve duygu alışverişinde bulunabilir hale geldik. Yıllar geçip de kendime güvenim artınca bu duygumu ona söyleme cesareti buldum. Hiç şaşırmadan sigara dumanını konuştuğu kişinin yüzüne üflememek için, öteki kişinin profiline bakarak konuştuğunu açıkladı bana. Böyle bir adamdı işte: Onun kadar barışçıl ve sessiz, onun kadar uygar birini tanımadım ben; olmak istediği kişi olmayı bilmişti hep: gölgede kalmış bir bilge.

Aslında Zipaquirá'daki lisede daha olgunlaşmamış söylevler ve dizeler yazmıştım, vatansever konuşmalar, kötü yemeği protesto eden makaleler kaleme almıştım. Annemin tanınmış bir yazar olduktan sonra bile imla hatalarımı düzelterek bana geri gönderdiği mektuplarımın sözünü etmeye bile gerek yok. Sonunda gazetede basılabilen makaleminse, bunlarla ilgisi yoktu. Üstat Zabala'nın ve sansür memurunun kesip biçmeleri, yamaları arasında benden geriye kalan bir ölçütü ya da belli bir tarzı olmayan bir-iki lirik satırdı ki, onun hakkından da düzeltmenin katı dilbilgisi anlayışı geldi. Sorumluluklarımın sınırlarını saptamak için olsa gerek, son dakikada imzamla ve belli bir adla çıkacak günlük bir köşe yazmama karar verdik: 'Nokta ve Satırbaşı'.

Her gün yaşanan bu yıpratıcı sürece çoktan alışmış olan Zabala ve Rojas Herazo ilk yazım nedeniyle uğradığım hayal kırıklığını teselli etmeyi başarınca, ondan daha iyi sayılmayacak ikinci ve üçüncülerini yazmaya cesaret ettim. O haber merkezinde iki yıl kaldım, günde iki kez imzalı ya da imzasız makaleler yazıp da sansürü geçmeyi başardığım olmuştur, neredeyse sansür memurunun yeğeniyle evleniyordum.

Üstat Zabala'nın kalemi ve insana meydan okuyarak yaratıcılığını körükleyen sansürün sıkboğaz etmesi olmasaydı, yaşamımın nasıl olacağını hâlâ kendime sorarım. Sansür memuru huzursuzlukları, peşine düşüldüğü sanrıları nedeniyle bizden daha fazla kendini sakınarak yaşıyordu. Büyük yazarlardan alıntılar ona kuşkulu tuzaklar gibi görünüyorlardı ve genellikle öyleydiler de. Hayaletler görürdü. İkinci sınıf bir Cervantes öğrencisiydi, her yanda gizli hayalî anlamlar olduğunu varsayardı. Her on beş dakikada bir tuvalete gittiği, pek keyfinin yerinde olmadığı bir gece, onu son derece tedirgin ettiğimiz için deliye dönmek üzere olduğunu itiraf etti.

"Allah kahretsin!" diye bağırdı. "Böyle sıçmaya devam edersem, göt kalmayacak bende!"

Hükümetin ülkeyi kana boğan politik şiddet karşısındaki ciddi tutumunun bir göstergesi olarak polis de askerîleşmişti, ama Atlantik Kıyısı'nda daha ılımlıydı. Mayıs ayının başlarında polis, Cartagena'dan yüz kilometre kadar uzaktaki Carmen de Bolívar'ın caddelerinde gezen Kutsal Hafta tören alayını iyi ya da kötü hiçbir nedeni olmadan rahatsız etmişti. Nicolás Dedemin küçük altın balıklarını icat ettiği ve Mama Teyzemin yetiştiği bu kasabaya karşı duygusal bir zaafım vardı. Kasabanın yakınlarındaki San Jacinto Köyü'nde doğmuş olan Üstat Zabala, şaşırtıcı bir kararlılıkla sansüre ve sonuçlarına aldırmadan bu haberi ele almamı istedi. İmzasız çıkan ilk yazımda hükümetten bu tacizin derinlemesine soruşturularak, sorumlularının cezalandırılmasını istedim. Sonra da şöyle bir soruyla bitirdim: 'Carmen de Bolívar'da ne oluyor?' Bu girişimimiz resmî bir horgörü ve sansürün açıktan savaş açmasıyla sonuçlanınca, artan bir enerjiyle aynı sayfada aynı konuyu irdelemeye devam etmemiz hükümetin daha fazla rahatsız olmasına yol açtı. Üç gün sonra gazetenin sahibi, Zabala'ya tüm haber ekibine konuyu danıştığını, aynı biçimde devam etmemiz gerektiği konusunda kendisi de dahil herkesin fikir birliğine vardığını söyledi. Böylece sorumuzu sormaya devam ettik. Bu arada hükümetin tepkisiyle ilgili tek bilgimiz bir haber sızıntısı sayesindeydi: Şevkimiz kırılana kadar aslı astarı olmayan bu kaçık konuyu işlememiz için bizi kendi halimize bırakmışlar. Bu pek de kolay görünmüyordu çünkü her gün gazete köşesinde sorduğumuz soru sokaklarda pek sevilen bir selamlaşma biçimine dönüşmüştü: "Hey ahbap, Carmen de Bolívar'da neler oluyor?"

Hiçbir şeyden haberimizin olmadığı ve böyle bir şeyi hiç beklemediğimiz bir gece, bir tabur asker, insan ve silah seslerinin birbirine karıştığı büyük bir yaygara eşliğinde San Juan de Dios Sokağı'nın iki ucunu tuttu. Askerî polis birliklerinin komutanı Jaime Polanía Puyo sert adımlarla *El Universal*'in binasından içeri girdi. Önemli olaylarda giydiği kirli-beyaz üniforması vardı üzerinde, gerçek deriden tozluklarını takmış, kılıcını sırma kordonla süslemişti; apoletleri ve rütbeleri öylesine parlatılmıştı ki, altındanmış gibi duruyordu. Şık ve kibar biri olarak kazandığı ünü yadsımıyordu kesinlikle, ama daha sonra Kore Savaşı'nda Kolombiya Bölüğü'nü yönetirken de göreceğimiz gibi, savaşta da barışta da sert bir adamdı. Gazete sahibiyle kapalı kapılar ardında görüştüğü iki saat süresince kimse yerinden kımıldamadı. İkisinin de kötü alışkanlığı olmadığı için, sigara ve alkolün eşlik etmediği tam yirmi iki tas sütsüz kahve içtiler. Odadan çıkınca hepimize teker teker veda eden General, daha iri göründü gözüme. Benim yanımda biraz daha fazla oyalanarak tilki gözlerini gözlerimin içine dikip,

"Siz çok yol katedeceksiniz," dedi.

Yüreğim ağzıma gelerek belki de hakkımda her şeyi bildiğini, 'çok yol' derken ölümü kastettiğini düşündüm. López Escauriaza, özel olarak yaptıkları görüşmede General'le konuşmalarının anahatlarını Zabala'ya anlattıktan sonra, adamın her gün hangi yazıyı kimin yazdığını adı ve soyadıyla bildiğini söylemiş. Gazete sahibi kendine çok uyan bir el hareketiyle yazıların kendi emriyle yazıldığını ve gazetelerde de tıpkı kışlalardaki gibi emirlere uyulması gerektiğini açıklamış. Bunun üzerine General kampanyamızı daha ılımlı bir hale sokmamızı öğütleyerek, bir mağara adamının çıkıp da, hükümeti adına adaleti yerine getirmeye yeltenmesinden çekindiğini söylemiş. Askerin ne demek istediğini Escauriaza da anlamıştı, bizler de. Gazete sahibini en çok şaşırtan, adamın sanki gazetenin içinde yaşarmışçasına orada olup biten her şeyi bilmesiydi. Sansür memuru annesinin kemikleri üzerine konuyla bir ilgisi olmadığına yemin etse de, ispiyoncunun o olduğundan kimsenin kuşkusu yoktu. General'in bu ziyaretinde yanıt vermediği tek şey, her gün sorduğumuz soruydu. Bilge bir adam olarak ün kazanmış patronumuz bize söylenenlere inanmakla yetinmemizde fayda olduğunu, çünkü gerçeğin çok daha kötü olabileceğini öğütledi.

Sansüre karşı savaşa giriştiğimden beri ne üniversiteyle ilgim kalmıştı ne de öykülerle. Öğretmenlerin çoğunun yoklama almaması beni okula gitmemeye teşvik ediyordu. Sansüre karşı verdiğim savaşı bilen Liberal öğretmenler sanki benden daha çok acı çekiyorlar, sınavlarda bana yardım etmek için ellerinden geleni yapıyorlardı. O günleri anlatmaya çalışıyorum ama fazla bir şey hatırlayamıyorum. Artık unutuşa bellekten daha çok inanmaya başladım.

Gazeteden yaşayacak kadar para kazandığımı bildirdiğimden beri annemler daha rahat uyuyorlardı. Ama gerçek pek de öyle sayılmazdı. Çırak olarak aldığım maaş bana bir hafta bile dayanmıyordu. Üç ay sonra ödeyemeyeceğim bir borçla pansiyondan ayrılmak zorunda kaldım, bu borcu pansiyon sahibesinin torununun on beşinci yaş günü için gazetenin toplum sayfasında yaptığım bir haberle kapattım. Ama kadın bunu bir kereliğine kabul etti.

Sokağa çıkma yasağına karşın kentin en serin ve gözde yatakhanesi Paseo de Mártires'ti. Şafağa kadar süren *tertulia*'lardan sonra orada oturup uyurdum. Gazetenin deposunda kâğıt rulolarının arasında ya da hamağımı koluma kıstırıp karabasanlarıma ve uykumda konuşma alışkanlığıma katlandıkları sürece öbür iyi yürekli öğrencilerin yanında uyuduğum da olurdu. Şans ve rastlantı sayesinde ne bulursam onu yiyip Tanrı nerede isterse orada uyuyarak nasıl yaşadım bilemiyorum. Sonunda Franco Múnera'nın iyiliksever kabilesi, bana sadaka fiyatına günde iki öğün yemek vermeyi teklif etti. Bu kabilenin babası Bolívor Franco Pareja, ilkokulda tarih öğretmeniydi. Yazar ve sanatçılara düşkün, neşeli bir ailesi vardı, bana onlara ödediğim paranın alabileceğinden çok daha fazlasını yediriyordu ki, kafam çalışmaya devam etsin. Genellikle onlara verecek param da olmazdı, bunun tesellisini yemek sonrası sohbetlerde bulurlardı. Hepimize ilham kaynağı olan bu değiş-tokuşta payıma düşeni Don Jorge Manrique'nin babasının ölümü üzerine kaleme aldığı uzunlu kısalı dizelerle ve García Lorca'nın *Romancero Gitano*'suyla öderdim.

Kentin tarihi surlarının içindeki rahatsızlık veren sessizliğin uzağındaki Tesca'nın geniş sahillerinde yer alan açıkhava kerhaneleri, plajlardaki turistik otellerden çok daha konukseverdiler. Beş-altı öğrenci El Cisne'ye gidip dans alanındaki kör edici ışıkların altında final sınavlarına hazırlanırdık. Karayip zilleriyle davullarının cümbüşüne, rüzgârın bellerine kadar havalandırdığı geniş eteklerinin altına don giymeyerek dans eden kızların kışkırtmasına karşı bir teselliydi denizden gelen esintiyle guletlerin tan vakti duyulan homurtusu. Arada bir babasını özleyip, şafak vakti içinde kalan pek az aşkla bizi birlikte yatmaya çağıran minik bir gece kuşunun çıktığı da olurdu. Adını da ölçülerini de pek iyi hatırladığım bir kız uyurken anlattığım öykülerle baştan çıkmaya razı olmuştu. Sayesinde hiç kopya çekmeden Roma hukukundan geçtim, polisin parklarda uyumayı yasaklayıp da yaptığı pek çok baskından kurtuldum. Yalnızca yatakta değil ev işlerinde de birbirine faydalı evli bir çift gibiydik; sabahları erken kalkarak biraz daha uyuması için ortalığı derler toparlar, ev işlerini görürdüm.

O sırada gazetecilikten çok edebiyatın bir uzantısı gibi gördüğüm gazetedeki işime de alışmıştım. Bogota bin kilometre uzakta, deniz seviyesinden iki bin metre yüksekte, 9 Nisan'ın külleri ve iğrenç kokusundan başka bir şey hatırlamadığım bir karabasan olarak geçmişte kalmıştı. İçimde hâlâ, özellikle de gece yarısı *tertulia*'larında yanan bir sanat ve edebiyat ateşi vardı, ama yazar olmak konusunda daha az hevesliydim. *El Espectador*'da yayınlanan üç öykümden sonra başka öykü yazmamıştım ama temmuz başlarında yerimi keşfeden Eduardo Zalamea, Üstat Zabala aracılığıyla altı aylık suskunluğun ardından gazetesi için bir öykü göndermemi istedi. Bu isteği gönderen karşısında boynum kıldan ince olduğu için, taslaklarımda kaybolan fikirlerimi gözden geçirerek *La otra costilla de la muerte* (Ölümün Öbür Kıyısı) adlı öykümü yazdım. Hiçbir ön düşüncemin olmadığımı ve her şeyi yazarken yarattığımı hatırlıyorum. 25 Temmuz 1948'de, ötekiler gibi 'Fin de Semana'da yayınlandı.

Yaşamımın değiştiği bir sonraki yıla kadar öykü yazmadım. Yapmam gereken tek şeyse çok seyrek girdiğim hukuk derslerinden vazgeçmekti, ama onları ailemin hayallerini ayakta tutmak için son çare olarak görüyordum. Zabala ve Rojas Herazo'nun büyük bir heyecanla benimle tanıştıracakları yeni arkadaşları Gustavo Ibarra Merlano'nun kütüphanesinin çok yakında en iyi öğrencisi olacağım benim bile aklıma gelmezdi. Merlano, Normal Superior'dan yeni aldığı derecesiyle Bogota'dan gelmiş, ayağının tozuyla *El Universal*'deki *tertulia*'lara ve gün doğarken Paseo de Mártires'te yapılan tartışmalara katılmıştı. Héctor'un çenebazlığıyla Zabala'nın yaratıcı kuşkuculuğu arasında, Gustavo, doğaçlama ve dağınık düşüncelerimle uçarı yüreğimin gerçekten ihtiyacı olan sistematik bir katılık kazandırdı bana. Tüm bunları demir gibi bir karakter ve büyük bir yumuşaklıkla yaptı.

Ertesi gün beni anne babasının Marbella Sahili'ndeki evine davet etti. Denizin dev bir arka bahçe gibi göründüğü, on iki metrelik duvarını yeni ve iyi düzenlenmiş bir kütüphanenin kapladığı bir evdi bu. Gustavo burada insanın pişmanlık duymadan yaşamak için okumak zorunda olduğunu düşündüğü kitapları barındırıyordu. Yunan, Latin ve İspanyol klasiklerine o kadar iyi davranmıştı ki, kitaplar okunmamış gibi duruyorlardı ama sayfalardaki boşluklara kimisi Latince, bilgece notlar alınmıştı. Gustavo burada yazılı olanları arada bir canlı bir sesle söyler, söylerken saç diplerine dek kızararak yakıcı bir mizahla ağırlıklarından sıyrılmaya çalışırdı. Bir arkadaşım daha ben Gustavo'yu tanımadan "Bu adam bir rahip," demişti. Kısa sürede buna inanmanın neden kolay olduğunu anladım, onu tanıdıktan sonraysa, onun bir rahip olduğundan kuşku duymak zordu.

İlk konuşmamız şafağa kadar sürdü, çeşitli ve uzun okumalar yaptığını öğrendim, bunlar benim adını bile duymadığım çağdaş Katolik entelektüeller hakkındaki derin bilgisiyle desteklenmişti. Şiir hakkında bilinmesi

375

gereken her şeyi bilirdi, özellikle de özgün metinlerinden okuduğu Latin ve Yunan klasiklerini. Ortak arkadaşlarımızı iyi değerlendirir, bana onları daha çok sevmemi sağlayacak yeni veriler kazandırırdı. Rojas Herazo ve Üstat Zabala'nın sık sık sözünü ettikleri üç Barranquillalı gazeteciyi –Cepeda, Vargas ve Fuenmayor– tanımamın gerekliliğinden de söz etti. Bu kadar aydın ve insancıl olmasının yanı sıra idmanlı, yapılı bir bedene sahipti, tıpkı bir olimpiyat şampiyonu gibi yüzerdi. Lisedeyken bölük pörçük defalarca okuduğum *Odysseia* dışında sıkıcı ve gereksiz bulduğum Yunan ve Latin klasiklerini hor görmemi tehlikeli bulur, benim için kaygılanırdı. Veda etmeden önce kütüphanesinden deri kaplı bir cilt alarak, ciddiyetle bana uzattı: "İyi bir yazar olabilirsin," dedi, "ama Yunan klasiklerini iyi öğrenmezsen, çok iyi bir yazar olamazsın." Sophokles'in eserleriydi kitap. O andan sonra Gustavo yaşamımdaki belirleyici varlıklardan biri oldu, daha ilk okumamda *Kral Oedipus* kusursuz bir yapıt gibi göründü bana.

Benim için tarihi bir geceydi. Hem Gustavo Ibarra'yı hem de Sophokles'i aynı anda keşfetmiştim ve saatler sonra gizli sevgilimin El Cisne'deki odasında pek hoş olmayan bir ölümle ölebilirdim. Sanki dün olmuş gibi hatırlıyorum, kızın bir yıldan fazla bir süredir öldüğünü sandığı eski sevgililerinden biri odanın kapısını vahşi küfürler savurarak tekmelemişti. Onu hemen tanıdım. Aracataca'daki ilkokul arkadaşlarımdan biriydi ve yatağını geri almaya gelmişti. O zamandan beri görüşmemiştik, beni yatakta çıplak ve korku içinde görünce tanımazdan gelecek kadar da inceydi.

O yıl çenebaz, özellikle de Hıristiyan ahlâkının yasakladığı evler hakkında susmak bilmeyen Ramiro ve Oscar de la Espriella'yla da tanıştım. Her ikisi de babalarının Cartagena'ya bir saat uzaklıktaki evinde yaşıyorlar, yazar ve sanatçıların Americana Dondurmacısı'ndaki *tertulia*'larına hemen her gün katılıyorlardı. Ramiro, Bogota'daki hukuk fakültesinden mezundu, arada bir makale yazdığı *El Universal* grubuna çok yakındı. Babaları sıkı bir avukat ve Liberaldi. Tatlı kaçık, çenesi düşük bir anneleri vardı. İkisi de gençlerle sohbet etmek gibi hoş bir alışkanlığa sahipti. Turbaco'nun gür dişbudak ağaçlarının altında bana Bin Gün Savaşı'yla ilgili unutulmaz bilgiler kazandırdılar, bu, dedem öldüğünden beri yitirdiğim bir edebî kaynaktı. Saygıdeğer şıklığından bileklerinin çapına varana kadar şimdi bile en inandırıcı bulduğum General Rafael Uribe Uribe imgesi, Señorita Espriella'dan yadigârdır.

O günlerde nasıl olduğumuzun en iyi tanığı Ressam Cecilia Porras'ın yaptığı yağlıboya tablodur. Sosyal çevresinin yapmacıklığına karşın erkeklerin vahşi partilerinde kendini evindeymiş gibi rahat hissederdi. Günde iki kez onunla ve dostlarımızla buluştuğumuz bir kahvenin masasında otururken yapılmış bir tabloydu. Ramiro'yla yollarımız ayrılırken, kimin resmin sahibi olduğu konusunda uzlaşmaz bir tartışma koptu. Cecilia kanvası ortadan ikiye keserek bilgece bir çözüm üretti ve herkese kendi yarısını verdi. Benimkisi yıllar sonra rulo halinde Caracas'taki bir apartman dairesinin dolabında kaldı, hiçbir zaman da geri alamadım.

Ülkenin geri kalanının tersine, o yılın başında arkadaşımız Carlos Alemán son derece seçkin Mompox çevreleri tarafından Asamblea Departamental'in temsilciliğine seçilene kadar resmî şiddet Cartagena'ya uğramamıştı. Alemán çiçeği burnunda bir avukat ve çok iyi huylu bir insandı, ama şeytan ona kötü bir oyun oynadı, açılış töreninde yaptığı konuşma sırasında iki partinin yandaşları birbirlerine ateş açınca omzundan vuruldu. Alemán haklı olarak bizimkisi kadar işe yaramaz bir yasal gücün bir yaşamın feda edilmesine değmeyeceğini düşünmüş olacak ki, hükümetten aldığı maaşı iyi dostlarıyla birlikte peşin peşin harcamaya karar verdi.

Yeme içme düşkünü Oscar de la Espriella, yazarlar

için en iyi mekânın kerhaneler olduğu konusunda William Faulkner ile hemfikirdi: Sabahları ortam sakin olurmuş, her gece cümbüş yaşanırmış ve polisle iyi geçinilirmiş. Temsilci Alemán bunu tartışılmaz bir doğru olarak kabul edip tam zamanlı misafirimiz haline geldi. O gecelerden birinde, evin madamı Mary Reyes'in eski belalılarından biri, annesiyle yaşayan beş yaşındaki oğlunu götürmek için elinde silah, tekme darbeleriyle evin kapısını yerle bir edince, Faulkner'in fantezilerine inandığıma pişman oldum. Bir polis memuru olan yeni sevgili evin şerefini ve mallarını korumak için üzerinde yalnızca donu, elinde beylik tabancasıyla yatak odasından fırlayınca, eski belalı yeniyi dans salonunda top ateşi gibi patlayan bir kurşun yağmuruna tuttu. Çavuş korku içinde odasına saklandı. Odamdan yarı giyinik fırladığımda koridordaki öbür geçici kiracıların odalarının kapısında durmuş, sol eliyle koridorun sonunda çişini yapan oğlunun başını okşayan, sağ elinde de dumanı tüten tabancayı tutan babayı izlediklerini gördüm. Evde yeterince taşaklı olmadığı için çavuş sevgilisine sövüp sayan Mary'nin küfürlerinden başka çıt çıkmıyordu.

Yine aynı günlerde *El Universal*'deki haber merkezine aniden dev gibi bir adam dalarak, son derece teatral tavırlarla gömleğini çıkarıp ortalıkta dolaşmaya başladı, sırtı ve kolları çimentodan yapılmış gibi görünen yara izleriyle kaplıydı. Bizde yarattığı şaşkınlıktan memnun kalarak bedeninin acınacak halini gökgürlemesini andıran bir sesle açıkladı:

"Aslan pençeleri!"

Dünyanın en ünlülerinden biri olan aile sirkinin mevsimlik gösterisini hazırlamak için Cartagena'ya gelen Emilio Razzore'ydi. Sirk önceki hafta Havana'dan İspanyol bandıralı *Euskera* adlı transatlantik ile yola çıkmıştı, bir sonraki pazara bekleniyordu. Razzore daha doğmadan önce sirkte olduğunu söylüyordu ve vahşi hayvan terbiyecisi olduğunu keşfetmek için onu sahnede izlemeye gerek yoktu. Hayvanlarını ailesinin üyeleriymiş gibi adlarıyla çağırıyor, onlar da sahiplerine dokunaklı, sert davranışlarla yanıt veriyorlardı. Kaplan ve aslanların kafeslerine korunmasız giriyor, onları elleriyle besliyordu. Evcil ayısı onu sevgiyle kucaklayınca bir ilkbaharı hastanede geçirmesi gerekmiş. Ama en çekici numara ne Razzore'ydi ne de ateş yutan delikanlı; kafasını yerinden söküp koltuğunun altına alarak pistin çevresinde dolaşan adamdı. Emilio Razzore hakkında en unutulmaz şey dize gelmez doğasıydı. Anlattıklarından büyülenip saatlerce öyküsünü dinledikten sonra, El Universal'de 'tanıdığım en insan insan' diye yazmaya cesaret etmiştim. Yirmi bir yaşında pek kimseyi tanıdığım söylenemezdi ama sanırım bu cümlem hâlâ geçerli. Mahzen'de gazeteden arkadaşlarla birlikte yemek yedik. Orada da vahşi hayvanları sevgiyle kişileştirerek anlattığı öyküleriyle hemen sevdirdi kendini. O gecelerden birinde bu konuyu uzun uzun düşündükten sonra, kaplanlar ortada olmadığında bulaşıkları yıkamaya bile razı olarak, beni de sirkine almasını istedim. Bana hiçbir şey söylemedi. Sessizlik içinde elini uzattı. Bunu sirk dilinde bir şifre olarak algılayıp işi olmuş bildim. Bu sırrı paylaştığım tek kişi Antioqualı Şair Salvador Mesa Nicholls oldu, sirklere delice bir aşk duyuyordu, Razzore'nin bölgedeki ortağı olarak Cartagena'ya yeni gelmişti. O da benim yaşımda bir sirkle kaçmış meğer; palyaçoları ağlarken ilk kez gören herkesin onlarla gitmek istediğini, ama ikinci gün pişman olduğunu söyledi. Benim kararımı onaylamakla kalmadı, hayvan terbiyecisini de ikna etti, tek şartı zamanından önce duyulmaması için bu anlaşmayı bir sır olarak saklamamızdı. Sirki beklemek o zamana kadar heyecan vericiydi, o andan sonra dayanılmaz oldu.

Euskera söylendiği tarihte gelmedi, onunla iletişim kurmak da olanaksızdı. Bir hafta daha bekledikten sonra, gazetede telsizseverler aracılığıyla bir servis kurup Karayipler'deki hava durumunu izlemek istedik, ama basında ve telsizde korkunç olasılık hakkında söylentiler çıkmasına engel olamadık. O kaygılı günlerde Mesa Nicholls ile ağzımıza bir şey koymadan ve uyumadan Emilio Razzore'yle birlikte otel odasında bekledik. O bitmez bekleyiş sırasında adamcağızın çöktüğünü, hacminin ve cüssesinin küçüldüğünü izledik, sonunda yüreklerimiz *Euskera*'nın hiçbir zaman hiçbir yere varmayacağını, kaderinin ne olduğundan bir haber alamayacağımızı kabullendi. Hayvan terbiyecisi bir günü daha tek başına odasına kapanarak geçirdikten sonra, ertesi gün gazeteye gelip yüz yıl günbegün verilen bir savaşın bir günde ortadan yok olamayacağını söyledi. Ne dikili bir ağacı vardı artık ne de ailesi, sıfırdan başlayıp parça parça gemi kazazedesi sirkini inşa etmeye, Miami'ye gitti. O trajedinin üzerine bu kararlılığı beni öylesine etkilemişti ki, Florida uçağına bineceği Barranquilla'ya kadar ona eşlik ettim. Uçağa binmeden önce sirkine katılma kararım için teşekkür ederek, somut bir şeyler ortaya çıkar çıkmaz bana haber vereceğine söz verdi. O kadar yürek paralayıcı bir sarılmayla veda etti ki, aslanlarının ona duydukları sevgiyi ruhumda hissettim. Bir daha hiç haber almadım ondan.

Miami uçağı benim Razzore hakkındaki yazımın çıktığı gün kalktı: 16 Eylül 1948. Aynı gün öğleden sonra Cartagena'ya dönecektim, birden aklıma benim Cartagenalı arkadaşlarımın arkadaşları olan Germán Vargas ve Àlvaro Cepeda'nın yazdığı akşam gazetesi *El Nacional*'e uğramak geldi. Gazete kentin tarihi bölümünde, çökmek üzere olan bir binadaydı, tahta bir perdenin ayırdığı geniş ve boş bir salonu vardı. Salonun dibinde genç ve sarışın bir adam, boş salonda tuşlarının sesi çatapatlar gibi patlayan bir daktiloyla yazı yazıyordu. Döşemenin ayaklarımın altında sızlanarak gıcırdamasından utanarak neredeyse parmak uçlarımda yanına gittim, bana bakana kadar tahta perdenin yanında bekledim. Profesyonel bir konuşmacının ezgili sesiyle kuru kuru,

"Ne var?" diye sordu.

Saçları kısacık, elmacıkkemikleri çıkıktı, derin bakışlı gözleri işi yarıda kesildiği için rahatsızdı sanki. Becerebildiğim kadarıyla tane tane yanıt verdim:

"Ben García Márquez."

Cartagenalı arkadaşlarım ilk öykümü okuduklarından bcri Barranquilla'daki dostlarıyla sık sık benden söz ettiklerini söylemişlerdi ama, yine de son derece inanarak kendi adımı söylediğimi duyduktan sonra, Germán Vargas'ın benim kim olduğumu bilemeyebileceğinin farkına vardım. *El Nacional*'de Germán Vargas'ın kaleme aldığı, iş edebî yeniliklere geldiği zaman aldatmanın kolay olmadığı hakkında bir makale yayınlanmıştı. Beni karşılayışındaki heyecan hem kimin kim olduğunu bildiğinin, hem de içtenliğinin anlatılandan da gerçek olduğunun göstergesiydi. Bir saat sonra Mundo Kitapçısı'nda, Alfonso Fuenmayor ve Àlvaro Cepeda ile tanıştım. Colombia Kahvesi'nde ilk içkilerimizi içtik. Hem tanışmak için kıvrandığım hem de tanışmaktan son derece korktuğum Katalan bilge Don Ramon Vinyes, o gece saat altıdaki *tertulia*'ya gitmedi. Beşer içki yuvarladıktan sonra Colombia Kahvesi'nden çıktığımızda yıllardır arkadaştık sanki.

Uzun masum bir gece oldu. İçtikçe kendinden daha emin ve dikkatli olan dâhi sürücü Àlvaro, hatırlanması gereken fırsatlarla dolu bir güzergâhta ilerledi. Çiçeklenmiş ağaçlar altında açık hava meyhanesi Los Almendros'a sadece Deportivo Junior taraftarlarını kabul ediyorlardı, müşteriler arasındaki bir şaka uzadıkça uzayınca, neredeyse yumruklar konuşacaktı. Onları yatıştırmayı denedim ama Alfonso araya girmememi önererek, futbol uzmanlarından oluşan bu yerde barış yanlılarının pek sevilmediğini söyledi. Böylelikle ilk geceyi benim açımdan eskisine hiç benzemeyen bir kentte geçirdim. Ne annemlerin ilk yıllarını geçirdikleri kente benziyordu bu Barranquilla ne annemle onca yoksulluğu paylaştığim ne de San José Koleji'ne gittiğim kente; yetişkinlik yıllarımın ilk Barranquilla'sı cennet gibi kerhanelerde yaşandı.

Randevuevleri sokağı dört blok büyüklüğündeydi, hızlı müzik yeri göğü inletiyordu ama yine de neredeyse hayrına iş görülen evcil köşeleri de yok değildi. Sahiplerinin eşleri ve çocuklarıyla birlikte emektar müşterilerine Don Manuel Antonio Carreño'nun nezaketi ve Hıristiyan ahlâkı çerçevesinde hizmet ettikleri aile evleri vardı. Bazıları işe yeni başlayan çırakların tanınmış müşterilerle veresiye yatağa girmeleri için kefillik bile yapıyordu. En eski randevuevi olan Martina Alvarado'nun pişman rahipler için gizli bir kapısı ve düşük fiyatları vardı. Ne hileli tüketim ürünleri vardı burada ne gizli hesaplar ne de zehirli sürprizler. Birinci Dünya Savaşı'ndan kalma sızılar içinde ve hüzünlü son Fransız madamlar evlerinin kapısında kırmızı ışıkların altında oturur, hâlâ sihirli prezervatiflerine inanan üçüncü kuşağı beklerlerdi. Türlü işler çeviren suç ortaklarının gizli toplantılar yapmaları ya da karılarından kaçan belediye başkanlarının sığınmaları için soğutulmuş odaları olan evler de vardı.

Kırmızı-beyaz, pembe-mor çiçekleri olan Çin asıllı bir sarmaşığın üzerini örttüğü pergolanın altındaki dans pistiyle El Gato Negro, İngilizce şarkı söyleyen, el altından baylara ve bayanlara halüsinasyonlar gösteren merhemler satan, saçları boya sarısı bir Guajiralı tarafından alındığından beri ticari deniz filoları mürettebatının cenneti olmuştu. Evin kayıtlarında yer alan tarihî bir gecede, Àlvaro Cepeda ve Quique Scopell, on altı beyaz kadın avluda oturmuş horlarken, tek kara tenli kızın odasının önünde kuyruğa girmiş olan Norveçli denizcilerin ırkçılığına dayanamayarak, adamlara tekme yumruk girişmişlerdi. İkisi bir olup yumruklarıyla ve uyanıp da adamlara sandalyeleriyle vurmaya başlayan beyaz kızların yardımıyla tam on iki denizciyi kaçırmışlardı. Sonunda da, zararı tazmin etmek için çılgınca bir girişimin ardından, çırılçıplak siyah kıza taç takarak, onu Norveç Kraliçesi ilan etmişlerdi.

Randevuevleri sokağının dışında da hepsi polisle son derece iyi geçinen hem yasal hem de gizli evler vardı. Bunlardan biri çiçekler içindeki badem ağaçlarının gölgesinde uyduruk bir dükkândan ve içinde iki kiralık yatak olan bir barakadan ibaretti. Sermayesi yakınlarda yaşayan ve kendini kaybetmiş sarhoşlardan iş başına aldıkları birer pesolarla geçinen kanları çekilmiş, bir deri bir kemik kalmış gencecik kızlardı. Àlvaro Cepeda bir gün kasım sağanağına yakalanıp da dükkâna sığınmak zorunda kalınca keşfetmişti bu mekânı. Evin madamı ona bira ikram ederek yanına bir yerine iki kız göndermiş ve hava açana kadar devam etmesine izin vermiş. Àlvaro sık sık arkadaşlarıyla giderdi oraya, kızlarla yatmaya değil de, ağaçların altında oturup buz gibi bira içerek onlara okuma-yazma öğretmeye. En yetenekli olanlarına devlet okullarında okuyabilmeleri için burslar ayarladı. Bu kızlardan biri Caridad Hastanesi'nde yıllarca hemşirelik yaptı. Evin sahibesine evi hediye etti ve o berbat çocuk yuvası ömrünü doğal olarak tamamlayana kadar deneysel bir adla anıldı: 'Açlıktan fahişelik yapan kızların kerhanesi'.

Benim Barranquilla'daki ilk unutulmaz gecem için Negra Eufemia'nın evini seçmişlerdi. Gür demirhindi ağaçlarının arasında çimentodan dev gibi bir dans pisti, saati beş pesoyla kiralanan bungalovları, canlı renklere boyanmış masa ve iskemleleri, canlarının istediği gibi ortalarda dolaşan çulluk kuşları vardı. Bir anıtı andıran neredeyse yüz yaşındaki Eufemia kapıda nedense üzerindeki tek eşya dev bir kilise çivisi olan masasının arkasında oturur, müşterilerini elleriyle seçerdi. Kızlarını da terbiyelerine ve doğal zarafetlerine bakarak seçerdi. Çoğu hoşlarına giden isimleri alırlar, bazıları da Meksika sinemasına duyduğu sevdayla onlara adlar koyan Àlvaro'nunkileri yeğlerlerdi: Kötü Irma, Sapık Susana, Gece

Yarısı Bakiresi.

Bir Karayip orkestrası ciğerlerinin tüm gücüyle Pérez Prado'nun yeni mambolarıyla kötü anıları unutmak için bolerolar söylerken sohbet etmenin olanağı yoktur, ama hepimiz çığlık çığlığa sohbet etme konusunda uzmandık. O gecenin konusunu Àlvaro ve Germán belirlemişlerdi: roman ve gazete haberinin[1] ortak noktaları. John Hersey'in atom bombası üzerine yazdıkları onları heyecanlandırmıştı ama ben doğrudan gazeteciliğin tanıklığı olarak *Journal of the plague year* (Salgın Yılının Günlüğü) adlı yapıtını yeğlerdim; bunun üzerine bana model olarak kullandığı Londra'daki veba salgını sırasında Daniel Defoe'nin yalnızca beş-altı yaşlarında olduğunu açıkladılar.

Bu yolda ilerleyerek üçünün daha önceki tartışmalarından sürükleyerek getirdikleri, romancılar için bir bilmece olan *Monte Cristo Kontu*'na vardık. Nasıl olur da Alexandre Dumas masum, cahil, yoksul ve nedensiz yere hapse düşmüş bir denizciyi aşılmaz bir kaleden kaçırır, zamanının en zengin ve eğitimli adamı haline getirebilirdi? Yanıt şöyleydi: Edmundo Dantès, If Kalesi'ne düştüğünde kendi içinde çoktan Başrahip Faria'yı inşa etmişti bile, Rahip hapiste ona bilgeliğinin özünü aktarmış ve yeni yaşamı için gerekli olan şeyleri göstermişti: muhteşem bir hazinenin gizlendiği yer ve nasıl kaçacağı. Demek ki Dumas iki farklı kişilik yaratmış, sonra da kaderlerini değiştirmişti. Dantès kaçtığında zaten içinde başka biri vardı, eski kişiliğinden tek kalansa bedeni ve iyi bir yüzücü olmasıydı.

Germán için Dumas'nın karakterini bir denizci olarak seçmesi son derece anlaşılırdı, böylece onu denize attıkları zaman içinde bulunduğu çuvaldan çıkabilir ve karaya kadar yüzebilirdi. Daha kurnaz ve sivri bir mizah anlayışı olan Alfonso'ysa bunun hiç de garantisi olma-

---

[1] Burada bir konu, kişi ya da olay hakkında bilgilendirici özellikte gazete yazısı, sinematografik çalışma vb. kastediliyor. Tefrika halinde de olabilir. (Çev.)

dığını çünkü Kristof Kolomb'un tayfalarının yüzde yetmişinin yüzme bilmediğini söyledi. Pişmiş aşa böyle su katmaya ve her türlü bilgiçliğin tadını kaçırmaya bayılırdı. Edebiyatın bilmeceleri üzerine oynanan bu oyundan büyük keyif alarak, herkesin zevkle yudumladığı limonlu şekerkamışı romuna yumuldum. Üçünün vardığı sonuca göre, Dumas'nın bu romandaki yeteneği ve verileri yönlendirişi bir romancıdan çok bir gazeteciye uygundu.

Sonunda bu yeni arkadaşlarımın Quevedo ve James Joyce'u da Arthur Conan Doyle'u okudukları keyifle okuduklarını anladım. Yenilmez bir mizah duyguları vardı, bolerolar ve *valletano*'lar söyleyerek geceler geçirebilir, hiç duraklamadan Altın Çağı'nın en güzel şiirlerini ezberden okuyabilirlerdi. Farklı farklı yollardan da olsa, hepimiz evrensel şiirin zirvesinin Don Jorge Manrique'nin babasının ölümü üzerine kaleme aldığı dizeler olduğu konusunda hemfikirdik. Gece çok hoş bir eğlenceye dönüşerek benim edebiyat hastalarından oluşan o çeteyle arkadaşlığıma engel olabilecek son önyargıları da silip süpürdü. Yeni dostlarım ve rom sayesinde kendimi o kadar iyi hissediyordum ki, utangaçlığımın kısıtlamalarından bile kurtuldum. O yıl karnavaldaki dans yarışmasını kazanmış olan Sapık Susana beni dansa kaldırdı. Arkadaşlarım pisteki tavuk ve çullukları kovalayarak, bize cesaret vermek için çevremizde halka oluşturdular.

Dámasa Pérez Prado'nun *Mambo número 5* dizisiyle dans ettik. Platformun üzerindeki orkestradan maracaslarını alarak, soluğum yettiği kadar bir saatten fazla Daniel Santos, Agustín Lara ve Bienvenido Granda'nın bolerolarını söyledim. Şarkı söylerken bir özgürlük rüzgârının etkisine girdim sanki. Üçü benimle gurur mu duydular, utandılar mı hiçbir zaman öğrenemedim, ama masaya geri döndüğüm zaman beni kendilerinden biri gibi karşıladılar.

Álvaro ötekilerin asla onunla tartışmaya girmedikleri bir konuyu açtı: sinema. Bu benim için ilâhi bir keşifti çünkü sinemayı her zaman romandan çok tiyatrodan beslenen bir yardımcı sanat dalı olarak görmüştüm. Àlvaro'ysa onu benim müziği gördüğüm gibi görüyordu kesinlikle: tüm diğerleri için yararlı bir sanat dalı.

Tan ağarırken yarı uykulu, yarı sarhoş Àlvaro'nun usta bir taksi sürücüsü gibi kullandığı, *New York Times*'ın edebiyat ekleri ve yeni çıkmış kitaplarla tıkabasa dolu arabasıyla Germán ve Alfonso'yu evlerine bıraktık, Àlvaro yatak odasının üç duvarını tavana kadar kaplayan kütüphanesini göstermek için beni evine götürmekte ısrar etti. İşaretparmağıyla kitapların üzerinde tam bir tur atarak,

"Dünyada yazmayı bilen biricik yazarlar bunlar," dedi.

Ben o kadar heyecanlanmıştım ki, açlık ve uykunun ne olduğunu unuttum. Alkol bir lütuf gibi damarlarımda geziniyordu. Àlvaro bana İspanyolca ve İngilizce en sevdiği kitaplarını gösterdi, paslı bir sesle hepsinden teker teker söz ederken saçları her zamankinden daha karmakarışık, bakışları daha çılgındı. Azorín ve Saroyan'dan söz etti –çok düşkündü onlara–, yazarların özel ve genel yaşamlarını en ince ayrıntısına kadar biliyor, onları donlarına kadar tanıyordu. İlk kez Virginia Woolf adını duydum. Ondan, Faulkner'e ihtiyar Faulkner dediğimiz gibi, ihtiyar Woolf diye söz ediyordu. Benim şaşkınlığım onu kendinden geçecek kadar aşka getirdi. En sevdikleri olarak nitelediği iki kitap yığınını kucaklayarak ellerime koydu.

"Salak olma," dedi, "al bunların hepsini, okumayı bitirince, neredeyse oraya gelip alırız."

Benim için o kadar ulaşılmaz bir hazineydi ki bu, saklayacağım bir deliğe bile sahip olamadığım için alıp da riske atamazdım. Sonunda bana zorla Virginia Woolf'un *Mrs. Dalloway* adlı romanının İspanyolcasını hediye etti. Önüne geçilmez bir kehanette bulunarak kitabı ezberleyeceğimi de ekledi.

Gün ağarıyordu, ilk otobüsle Cartagena'ya dönmek niyetindeydim, ama Àlvaro onunkinin eşi olan yatakta uyumamda ısrar etti.

"Amaaan canı cehenneme!" dedi kalan son gücüyle. "Gel burada yaşa, yarın sana muhteşem bir iş buluruz."

Giysilerimle yatağa uzandım ve ancak o zaman bedenimde yaşamanın dayanılmaz ağırlığını hissettim. Àlvaro da aynısını yaptı, hem insanda hayranlık uyandıran hem de korku salan annesi Sara Samudio, biricik oğlunun ölmüş olabileceğine inanarak kapıyı yumruklayana kadar uyumuşuz. Saat on birdi.

"Aldırma üstadım," dedi Àlvaro uykusunun derinliklerinden, "her sabah aynısını söyler, asıl önemli olan bu bir gün gerçek olacak."

Dünyayı keşfetmiş birinin havalarında Cartagena'ya döndüm. O zamandan sonra, Franco Múnera'nın evindeki yemek sonrası okumalarında, Altın Çağ'ın şiirlerinin ve Neruda'nın *Yirmi Aşk Şiiri*'nin yerini *Mrs. Dalloway*' den bölümler ve dokunaklı karakteri Septimus Warren Smith'in kendini kaybetmeleri aldı. Kaygılı ve zor bir insana dönüşmüştüm, öyle ki Héctor ve Üstat Zabala, bile bile Àlvaro Cepeda'yı taklit ettiğim duygusuna kapıldılar. Şefkatli Karayipli yüreğiyle Barranquilla'da geçirdiğim gece hakkında anlattıklarımla eğlenen Gustavo Ibarra, bana durmadan kaşıklar dolusu Yunan şairi veriyor, açıkça ve hiçbir açıklama yapmadan nedense Euripides'i bu işin dışında tutuyordu. Melville'i keşfetmemi sağladı: *Moby-Dick*'in ebedî şöleni, balina kaburgalarından inşa edilmiş gökkubbenin altında dünyanın tüm denizlerindeki balina avcıları adına Jonah'a yazılmış muhteşem ağıt. Nathaniel Hawthorne'un yaşamım boyunca bende iz bırakan *Yedi Çatılı Ev* adlı kitabını verdi. Odysseus'un orada oraya sürüklenişindeki özlemin alınyazısı üzerine bir kuram geliştirdik ve çıkışı bulamayarak kaybolduk. Yarım yüzyıl sonra aynı konuyu Milan Kundera'nın usta işi bir metninde çözümlenmiş buldum.

Aynı sıralarda büyük şair Luis Carlos López ile ilk ve son kez karşılaştım, El Tuerto[1] olarak bilinirdi, ölmeden ölü olmanın, cenaze töreni yapılmadan, özellikle de söylevler atılmadan ve dualar okunmadan gömülmenin çok rahat bir yöntemini keşfetmişti. Tarihî Tabón Caddesi'nde, tarihi merkezin tam ortasında, tarihî bir evde yaşıyordu, orada doğmuştu ve kimseyi rahatsız etmeden de orada öldü. Çok eskilerden beri dostu olan birkaç kişiyle görüşürdü ancak, ama büyük bir şair olarak ünü o daha hayattayken, ancak öldükten sonra kazanılan zaferlere özgü bir artış gösteriyordu.

Tek gözlü olmamasına karşın ona El Tuerto derlerdi, sadece şaşıydı ama öyle tuhaf bir şaşılıktı ki bu, tanımlamak olanaksızdı. *El Universal*'in sahibi olan Domingo López Escauriaza, şair kardeşini soranlara hep aynı yanıtı verirdi:

"Eh işte, hep orada."

Kaçamak bir yanıta benzerdi ama gerçeğin ta kendisiydi: O hep oradaydı. Herkesten daha canlıydı, ama kimsenin bu canlılığın farkında olmaması gibi bir avantajı vardı, her şeyin farkındaydı ve kendi cenazesine yürüyerek katılmak niyetindeydi. Ondan tarihi bir kalıntı gibi söz edilirdi, özelikle de okurları arasında. Öyle ki, Cartagena'ya geldiğimden beri görünmez adam mahremiyetine saygı duyarak onunla karşılaşmaya çalışmamıştım. O zamanlar altmış sekiz yaşındaydı ve kimsenin İspanyol dilinde tüm zamanların en büyük şairlerinden biri olduğundan kuşkusu yoktu, ama kim olduğunu ya da bunun nedenini bilenlerin sayısı fazla değildi; o kadar farklı özellikleri olan bir iş çıkarırdı ki, bu kadar az tanınmasına inanmak da kolay değildi.

Zabala, Rojas Herazo, Gustavo Ibarra, hepimiz şiirlerini ezbere bilir, düşünmeden ondan alıntılar yapar, do-

---

[1] Tek gözlü, aynı zamanda çarpık, kaymış, eğrilip bükülmüş, eğilmiş anlamlarına da gelir. (Çev.)

ğaçlama ve bilgece bir yoldan sohbetlerimizi aydınlatırdık. El Tuerto insanlardan kaçan biri değildi aslında ama utangaçtı. Bir fotoğrafını görmüş olduğumu hatırlamıyorum, resmi yerine kolayca çizilmiş karikatürlerini basarlardı. Sanırım onu görmediğimizden olsa gerek, yaşadığını unutmuştuk. Bir gece o günkü yazımı bitirmek üzereyken Zabala'dan boğmaya çalıştığı bir şaşkınlık cümlesi koptu:

"Vay canına! El Tuerto!"

Bakışlarımı daktilomdan kaldırınca, o zamana dek gördüğüm en tuhaf adamla karşılaştım: Bizim hayal ettiğimizden çok daha kısa boyluydu, beyaz saçları öyle gürdü ki mavi görünüyordu, öylesine karmakarışık ve gerçekdışıydı ki, ödünç alınmış gibi duruyordu. Sol gözü kör değil, takma adının da ifade ettiği gibi kaymıştı. Evindeymiş gibi giyinmişti, üzerinde koyu pamuklu pantolon ve çizgili gömlek vardı. Omzu hizasında tuttuğu sağ elindeki gümüş ağızlıkta yanan bir sigara takılıydı, külü kendi başına duramayacak kadar uzadığında, silkmeden düştü.

Dosdoğru kardeşinin ofisine giderek iki saat sonra çıktı. Odada onu selamlamak için bekleyen Zabala'yla benden başkası kalmamıştı. İki yıl sonra öldü ama sevenleri arasında yarattığı duygulanım sanki ölmemiş de, yeniden dirilmiş gibiydi. Tabutunda yaşamındaki kadar ölü durmuyordu.

Yine aynı dönemde İspanyol yazar Dámaso Alonso ve romancı eşi Eulalia Galvarriato, üniversitenin ana amfisinde iki konferans verdiler. Başkalarını rahatsız etmekten hiç hoşlanmayan Zabala da bir kerelik olsun mahremiyete saygısını bir kenara bırakarak onlardan bir görüşme rica etti. Gustavo Ibarra ve Héctor Rojas Herazo ile ona eşlik ettik. İspanyol çiftle aramızda hemen bir uyum doğdu. Karayip Oteli'nin özel odalarından birinde, yaklaşık dört saat Latin Amerika'ya yaptıkları bu ilk yolculuğun izlenimlerini ve yeni yazarlar olarak hayalleri mizi paylaştık. Héctor onlara bir şiir kitabını, ben de *El Espectador*'da çıkan öykülerimden birinin fotokopisini getirmiştim. Her ikimizi de en çok ilgilendiren, çekincelerini büyük bir açıklıkla dile getirip onları beğenilerini onaylamak için kullanmaları oldu.

Kasım ayında *El Universal*'de Gonzalo Mallarino'dan bir not buldum, Şair Àlvaro Mutis'le birlikte, Tulipán Villası'nda beni beklediğini yazmıştı. Burası yazlık Bocagrande semtinde, Charles Lindbergh'in yirmi yıl kadar önce uçağıyla indiği yerin birkaç yüz metre ötesindeydi. Üniversitede verdiğim özel resitallerde suç ortağım olan Gonzales orduda avukatlık yapıyordu. Kendi pilotlarının kurduğu Kreol bir havayolu şirketi olan LANSA'nın halkla ilişkiler müdürü olan Mutis, onu okyanusu görmesi için davet etmiş.

Mutis'in şiirleriyle benim öykülerimin yolu en azından bir kez 'Fin de Semana'da kesişmişti, dünyanın sayısız köşesinde yarım yüzyıldan fazladır devam eden sohbetimize başlamamız için birbirimizi görmemiz yetmişti. Önce çocuklarımız, sonra da torunlarımız böyle hararetli hararetli neler konuştuğumuzu sordular. Onlara gerçeği söyleyerek yanıt verdik: hep aynı şey.

Edebiyat ve sanatın yetişkinleriyle kurduğum bu mucizevî dostluklar hâlâ yaşamımın en belirsiz dönemi olarak nitelediğim o yıllarda bana cesaret verdi. 10 Temmuz'da *El Universal*'de son 'Nokta ve Satırbaşı'nı kaleme aldım. Üç heyecanlı ayın sonunda hâlâ acemilikten kurtulamamıştım, bunun üzerine zamanında kaçma hünerini göstererek yazmaktan vazgeçtim. Haber sayfasına sığındım, kişisel bir dokunuş gerekmediği zaman imza atmak da gerekmiyor, hatalar cezasız kalıyordu. 1950 yılının Eylülü'ne kadar bu yalın tekdüzeliği korudum, Edgar Allan Poe hakkında yazılanların en kötüsü olan şişirilmiş bir yazı kaleme almakla yetindim. Tüm yıl boyunca Üstat Zabala'ya bana gazete haberi yazmanın sırlarını öğretmesi için ısrar ettim. Tuhaf karakteri yüzünden olsa gerek, bunu yapmaya bir türlü karar veremedi, ama beni Santa Clara Manastırı'na gömüldükten sonraki iki yüzyılda saçları yirmi iki metreden fazla uzayan on iki yaşındaki bir kız çocuğunun bilmecesiyle allak bullak etti. Kırk yıl sonra romantik bir romanda anlatmak için karanlık ve uğursuz içerimlerle bu öyküye döneceğim aklıma bile gelmezdi. En iyi düşünebildiğim günlerimi yaşamıyordum. Ortada hiç neden yokken öfke patlamalarına kapılıyordum. Üstat Zabala ardımdan beni sakinleştirecek birini gönderene kadar, hiçbir açıklama yapmadan işyerinden çekip gidiyordum. İkinci yılın final sınavlarında şans eseri başarılı oldum, yalnızca iki dersten bütünlemeye kalmıştım ve üçüncü yıla kaydolabilirdim, ama ortalarda bu başarımı gazetenin politik baskısına borçlu olduğum söylentisi dolaşmaya başlamıştı. Sinemadan çıkarken askerlik belgemin kayıtları yanlış olduğu için tutuklandığımda ve kamu düzenini sağlamak üzere ceza niteliğinde bir göreve gönderilmek niyetiyle listeye alındığımda, gazetenin sahibi araya girmek zorunda kaldı.

O günlerin süregiden politik karmaşası içinde kamu düzeni giderek bozulduğu için ülkede yeniden sıkıyönetim ilan edildiğinin farkına varmamıştım bile. Basına sansür biraz daha sıkılaştı. Ortam kötü zamanlarda olduğu gibi giderek bozuldu ve adi suçlularla güçlendirilmiş politik polis birlikleri taşrayı paniğe boğdu. Liberaller şiddet nedeniyle topraklarından ve evlerinden oldular. Latin ve Yunan yazarlara bayılan, kamu hukukunda uzmanların uzmanı ve doğuştan kuşkucu olan muhtemel adayları Darío Echandía Liberallerin seçim sandıklarından çekildiğini ilan etti. Hükümeti görünmez iplerle New York'tan yönettirmiş gibi duran Laureano Gómez için seçimlerin yolu açılmıştı.

Mahzen'de geçirdiğimiz gecelerden birinde, canım ne isterse onu yapacağım konusunda övünmeye kalkışana kadar yaşanan tüm bu uğursuzlukları yalnızca *go-*

do'ların başımıza açtıkları işler olarak değil de, yaşamlarımızdaki kötü değişiklikler olarak algılayacak kadar durumun farkında değildim. Üstat Zabala ağzına götürmekte olduğu çorba kaşığı havada, gözlük çerçevesinin çizdiği yayın üzerinden bana bakarak lafımı ağzıma tıktı:

"Bana bir şey söylesene Gabriel, zırvalayıp dururken bu ülkenin bittiğinin farkına varabildin mi?"

Sorusu beni gafil avlamıştı. Şafak sökerken Paseo de los Mártires'te bir bankın üzerine zil zurna sarhoş uzanarak, Nuh Tufanı'nı andırır bir sağanakla kemik çorbasına dönüverdim. İnsanı zamanından önce iktidarsız bırakmak gibi türlü ürkütücü yan etkilere sahip olmakla ünlü yeni yeni tanınmaya başlayan antibiyotiklerle tedavi görerek, zatürreeden iki hafta hastanede yattım. Olduğumdan da sıska ve solgundum, annemler fazla çalışmanın etkilerinden kurtulabilmem için –mektuplarında öyle yazıyordu– beni Sucre'ye çağırdılar. *El Universal* daha da ileri giderek, veda yazısında beni son derece yetenekli bir gazeteci ve yazar olarak kutsadığı yetmezmiş gibi, başka bir yazıda da benim olmayan bir ada sahip, var olmayan bir romanın yazarı olduğumu iddia etti: *Ya cortamos el heno* (Otları Çoktan Biçtik). Bunun yeniden romancılığa dönmek gibi bir amacımın kesinlikle olmadığı bir âna denk gelmesi daha da tuhaftır. Héctor Rojas Herazo, tartışmalarımızı zenginleştirmek için daktilosunda yazı yazarken icat ettiği, tepeden tırnağa Latin Amerikalı hayalî yazar César Guerra Valdés'in bir katkısı olarak bu adı icat etmişmiş aslında. Héctor kente taşındığında *El Universal*'de Cartagena'ya geldiği haberini yayınlamış, ben de 'Nokta ve Satırbaşı' adlı köşemde ona selam ederek, uyuyan bilincinden çıkartacağı özgün ve dev bir anlatıyla üzerindeki tozu silkeleyeceğini umduğumu dile getirmiştim. Nerede ve nedendir bilmiyorum ama, romanlarım üzerine yazılan bir denemede güzel adını Héctor'un icat ettiği bu hayalî romandan, yeni edebiyatın başyapıtlarından biri olarak söz edildi.

Sucre'de karşılaştığım ortam o günlerdeki düşüncelerime hiç de uygun değildi. Gérman Vargas'a yazarak, öngörülen altı aylık bu dinlence dönemini usta yapıtlarla boğabilmem için bana kitap, pek çok kitap göndermesini rica ettim. Kasaba sular altındaydı. Babam eczaneye köle olmayı reddederek, kasabanın girişinde, on altı ay önce Eligio'nun doğmasıyla sayıları on biri bulan çocuklarını alabilecek genişlikte bir ev inşa etmişti. Güneş ve bol ışık alan bir evdi, ziyaretçiler için ırmağın karanlık sularına bakan bir terası ve ocak meltemlerinin içeri gireceği açık pencereleri vardı. Önceki evimiz gibi ikişer ikişer paylaştığımız değil de, herkese bir yatak bulunan altı havadar yatak odasıyla, koridorda bile hamakları farklı seviyelere asabileceğimiz çengeller bulunuyordu. Evin çitle çevrili olmayan arka bahçesi kamu arazisindeki meyve ağaçlarıyla birlikte vahşi tepeye kadar uzanıyor, bizim ve komşularımızın hayvanları yatak odalarımızda geziniyordu. Çocukluğunun Barrancas'taki ve Aracataca'daki avlularını özleyen annem, yeni eve bir çiftlik havası vermişti. Kümesi olmayan kaz ve tavuklar, özgür domuzlar ortalarda dolaşıyor, bazen mutfağa girerek öğle azığını yiyorlardı. Hava, pencereler açık uyunabilecek kadar sıcaktı hâlâ. Tüneklerindeki tavukların boğuk gıdaklamalarıyla, tan vakitlerinde anlık ve ağır bir darbeyle yere düşen olgun *guanába*'ların kokusu doluyordu içeri. "Sesleri çocuklarınkı gibi," diyordu annem. Babam sabah muayenelerini bir-iki sadık homeopati müşterisiyle sınırlamıştı, eline basılı kâğıt geçerse iki ağacın arasına astığı hamağına uzanarak okuma alışkanlığını sürdürüyordu, günbatımlarının hüznüyle başa çıkabilmek için akşamüzerleri bilardo oynama alışkanlığı edinmişti. Beyaz pamuklu takımlarından ve kıravatından da vazgeçmişti, onu daha önce hiç görmediğimiz bir kılıkta, gençlerin giydiği kısa kollu gömleklerle dolaşıyordu sokaklarda.

Ninem Tranquilina Iguarán iki ay önce öldüğünde

kördü ve aklını yitirmişti. Istırap çekerken aklının başına geldiği zamanlar olur, cıvıl cıvıl sesi ve kusursuz şivesiyle aile sırlarını açıklamaya devam ederdi. Son nefesini verene kadar elden bırakmadığı konu dedemin emekliliğiydi. Babam daha insaflı çürümesi için cesedini koruyucu yağlarla hazırlamış ve tabutunun içini kireçle kaplamıştı. Annesinin kırmızı güllere duyduğu tutkuya hayran olan Luisa Santiaga, mezarının asla gülsüz kalmaması için avlunun dibinde bir gül bahçesi yaratmıştı. Öylesine muhteşem güller açıyordu ki burada, uzaklardan gelip bu olağanüstü güllerin Şeytan'ın mı, Tanrı'nın mı işi olduğunu öğrenmeye heves eden yabancılara laf yetiştiremiyorduk.

Yaşamımdaki ve davranışlarımdaki değişiklikler evimdekilere uygun düşüyordu. Yaşamlarına getirdikleri yenilikler, ikide bir taşınmaları, birbirlerine benzerlikleri dolayısıyla karıştırmamanın mümkün olmadığı yeni doğan ve büyümekte olan kardeşlerim, ailemi her ziyaretimde öncekinden farklı bulmama yol açıyordu. O sıralarda on yaşında olan kardeşim Jaime, altı aylık doğduğu için ana kucağından en geç kopanları olmuştu, Hernand (Nanchi) doğduğunda annem hâlâ Jaime'yi emziriyordu. Üç yıl sonra Alfredo Ricardo (Cuqui), ondan bir buçuk yıl sonra da sonuncumuz Eligio (Yiyo) doğmuştu, o tatilimde emekleme mucizesini keşfetmekle uğraşıyordu.

Ayrıca babamın evliliğinden önceki ve sonraki gayri meşru çocuklarını da sayıyorduk: San Marcos'daki Carmen Rosa, bir dönem Sucre'de yaşayan Abelardo, annemin öbür çocuklarının onayıyla kendi çocuğu gibi bağrına bastığı Germaine Hanai (Emi) ve son olarak da Sincé'de annesinin büyüttüğü, ama sık sık ziyaretimize gelen Antonio María Claret. Tam olarak on beş çocuktuk, yeterince yiyecek olunca otuz kişiymişiz gibi yer, nerede yer bulursak oraya oturduk.

Büyük kız kardeşlerimin anlattıklarından, daha biri

büyümeden başka bir çocuğun doğduğu bir evde yaşamanın nasıl bir şey olduğu hakkında fikir sahibi oluyorum. Annem de suçunun farkındaymış, büyüklere küçüklerle ilgilenmeleri için yalvarırmış. Margot annemin bir kez daha hamile olduğunu duyunca korkudan öleyazmış, çünkü onun tek başına hepsini birden büyütecek zamanı olmadığını biliyormuş. Montería'ya yatılı okula gitmeden önce, annemden kesin bir ciddiyetle doğacak bir sonraki çocuğun artık son olmasını istemiş. Annem sırf kızı memnun olsun diye her zamanki gibi söz vermiş, çünkü sonsuz bilgeliğiyle Tanrı'nın bu işi en iyi şekilde çözeceğinden eminmiş.

Hepimizi bir araya getirmek mümkün olmadığı için masadaki öğünler felaketti. Çocuklar geldikçe annemle büyük ablalarım servis yaparlardı, ama tam sıra tatlıya geldiğinde bir kellenin ortaya çıkıp da kendi payını istemesine sık rastlanırdı. Geceleri küçük kardeşlerim üşüdüklerinden ya da sıcakladıklarından, dişleri ağrıdığından, ölülerden korktuklarından, ana babalarına sevgilerinden ya da yalnızca ötekileri kıskandıklarından annemlerin yatağına girer, hepsi o çift kişilik yatakta kıvrılarak sabahı ederlerdi. Eligio'dan başka çocuk doğmadıysa, bu okuldan dönüp de otoritesini dayatan, annemin bir daha doğurmama sözünü tutmasını sağlayan Margot sayesindedir.

Bunu söylemek üzücü ama, kaderin hiçbir zaman evlenmeyen iki büyük ablam için başka planları varmış. Aida, sevgilisi Rafael'le evlenemeyip uzanabileceği yerde başka bir adamı da bulamayınca, tıpkı pembe dizilerdeki gibi ömür boyu ceza çekmek için bir manastıra kapanarak, her türlü kurala uyduğu yirmi iki yılın ardından her şeyi reddetti. Sert mizaçlı Margot, ikisinin de payı bulunan hatalarla kendi Rafael'ini kaybetti. Ablalarının hüzünlü yazgısının tersine Rita hoşuna giden ilk adamla evlenerek, beş çocuk ve dokuz torunla mutlu bir yaşam sürdü. Öbür iki kız kardeşim Ligia ile Emi de, annemle babamın gerçek yaşamla dövüşmekten yoruldukları bir zamana denk gelerek, canları kiminle ne zaman istediğiyse, onunla o zaman evlendiler.

Ailemin yaşadığı sıkıntılar ekonomik belirsizlik nedeniyle ülkenin yaşadığı krizin ve uğursuz bir mevsim gibi Sucre'ye gelerek, parmak uçlarında ama sağlam adımlarla ta evin içine kadar giren politik şiddetin ettiği zulmün bir parçası gibiydi. O sıralarda zaten pek kıt olan varımızı yoğumuzu tüketmiştik, Sucre'ye gelmeden önce Barranquilla'da olduğu kadar yoksulduk. Annem her çocuğun rızkıyla doğacağına olan doğruluğu kanıtlanmış inancı nedeniyle pek kaygılı görünmüyordu. İşte dinlenmek için Sucre'ye geldiğimde ailemin durumu buydu, durumu fark etmemem için elbirliğiyle çaba gösteriyorlardı.

Arkadaşımız Cayetano Gentile ile yakınlarda bir yerleşim merkezi olan Chaparral'daki okulun öğretmeni arasındaki olası aşkın dedikodusu kasabayı kasıp kavuruyordu. Sosyal konumu arkadaşımınkinden pek farklı olan bu güzel kadın son derece ağırbaşlıydı ve saygıdeğer bir aileden geliyordu. Buna şaşırmadım: Cayetano sadece Sucre'de değil, lise eğitimini tamamlayıp tıbbiyeye başladığı Cartagena'da da bayılırdı kadınların peşinden koşmaya, ama ne kalıcı bir sevgilisi olduğunu bilen vardı ne de birlikte dans etmeyi tercih ettiği bir kız.

Bir gece Cayetano'yu en iyi atının üzerinde çiftliğinden gelirken gördük, öğretmen hanım elinde üzengilerle eyerde oturuyordu, Cayetano arkada, onu belinden tutuyordu. İkisini o kadar samimi görmenin yanı sıra, bizimkisi gibi insanların aklının durmadan kötülüğe çalıştığı bir kasabaya günün en kalabalık saatinde ana gezinti yolundan gelmekteki cüretlerine de şaşırdık. Cayetano dinlemek isteyen herkese öğretmen hanımla okulun kapısında, gecenin o saatinde kendisini kasabaya kadar götürme inceliğini gösterecek birisini beklerken karşılaştığını açıkladı. Arkadaşımla dalga geçerek o günlerden birinde kapısında bir *pasquin* bularak uyanacağını söyledim, o çok kendine özgü hareketiyle omuzlarını silkerek, en sevdiği şakayı yaptı:

"İş zenginlere gelince, cesaret edemezler."

Aslında *pasquin*'lerin modası yayıldığı hızla geçmişti diyebilirim, insanın aklına ülkeyi mahveden politik kötücüllüğün belirtilerinden biri daha olup olmadıkları gelmiyor da değildi. *Pasquin*'lerden korkanların gözlerine rahat bir uyku girmeye başlamıştı nihayet. Geldikten birkaç gün sonra, babamın partidaşı dostlarından beni *El Universal*'de yayınlanan Muhafazakâr hükümet karşıtı makalelerin yazarı gibi görenlerin davranışlarında bir farklılık sezdim. Bu doğru değildi. Arada bir politik bir yazı kaleme almam gerekse bile, her zaman imzasız ve Carmen de Bolívar'da ne olduğu sorusunun askıya alınması kararı verildikten sonra yönetimin sorumluluğu altında çıkardı. İmzalı köşemde ülkenin kötü durumu üzerine açık bir tavır vardı elbette; rezaletler, şiddet, adaletsizlik, zulüm, ama parti sloganlarına yer verilmezdi. Ne o zamanlar herhangi bir şeye karşı militan bir tavır benimsemişliğim vardır ne de daha sonra. Bana yöneltilen bu suçlama annemle babamı tedirgin etti ve annem özellikle geç vakitlere kadar sokakta kaldığım gecelerde azizlere mum yakmaya başladı. Yaşamımda ilk kez çevremde öylesine baskıcı bir hava hissetmeye başladım ki, evden olabildiğince az çıkmaya karar verdim.

Babamın dükkânına kendi kendisinin hayaletine benzeyen o etkileyici adamın gelmesi işte bu kötü zamanlara rastlar. Derisi kemiklerinin rengini gösteriyordu, karnı şişmiş ve yay gibi gerilmişti. Sonsuza kadar hatırlanmak için tek bir cümle söylemesine gerek varmış:

"Doktor karnımda bir maymun büyütüyorlar, onu çıkartman için geldim."

Babam adamı muayene ettikten sonra durumun kendi bilgisini aştığını görerek onu dostu olan bir cerraha göndermiş ve adamın karnından sandığı gibi bir maymun değil de, biçimi olmayan ama canlı, cenin benzeri bir ur çıkarmışlar. Beni adamın karnındaki canavar değil de, Sucre'nin il sınırları içinde kalan ama ancak buğusu tüten bataklıklar aşılarak ulaşılan efsane ülke La Sierpe'nin büyülü dünyası hakkında anlattıkları ilgilendirdi. Bu diyarda bir hakaretin öcünün insanın karnına canavar tohumu yerleştirecek bir lânetle alınması en sık rastlanan uygulamalardanmış.

La Sierpe'nin sakinleri inançlı Katoliklermiş ama dini kendi bildikleri gibi yaşayarak her fırsatta büyülü dualar ederler, Tanrı'ya, Meryem'e ve Kutsal Teslis'e inanarak ilâhi özellikler keşfettiklerini düşündükleri her nesneyle onlara tapınırlarmış. Onlara inanılmaz gelen şeyse, karnında şeytanî bir canavar büyüdüğüne inandıkları birinin bir cerraha başvuracak kadar mantıklı düşünebilmesiymiş.

Kısa sürede Sucre'de yaşayan herkesin La Sierpe'nin varlığından haberdar olduğunu, orayı gerçek, ancak her türden coğrafî ve zihinsel engellerin aşılarak varılması güç bir yer olarak gördüklerini öğrenerek şaşıracaktım. En son 9 Nisan'da, ailelerimizle iletişim kurabilmek için iğrenç kokulu yıkıntıların arasında birlikte saklandığımız arkadaşım Angel Casij'in La Sierpe konusunda uzman olduğunu da son anda, rastlantı eseri öğrendim. Bu kez Bogota'dakinden daha akılcı davranıyordu, La Sierpe'ye yaptığı pek çok yolculuğa ilişkin büyüleyici bir hikâyesi vardı. Onun sayesinde, o geniş krallığın sahibesi ve hanımefendisi olan La Marquesita hakkında bilinebilecek her şeyi öğrendim; iyilik ya da kötülük yapmak, hakkında fiziksel betimlemesi ve nerede olduğu dışında hiçbir şey bilinmeyen birini ölüm yatağından kaldırmak ya da bir yılanı bataklıklardan çıkartarak altı gün içinde bir düşmanı öldürmeye göndermek için gizli dualar okunan bir diyarmış burası.

Bu kadından esirgenmiş tek şey, yalnızca Tanrı'nın hâkimiyetinde olan ölüleri diriltme gücüymüş. İstediği kadar yıl yaşamış, iki yüz otuz üç yaşında olduğu sanılıyormuş, ama altmış altısından sonra bir damla bile yaşlanmamış. Ölmeden önce o ünlü sürülerini bir araya toplamış ve fosforlu denizanalarıyla dolu, ucu bucağı görünmeyen La Sierpe Bataklığı oluşana kadar evinin çevresinde iki gün-iki gece dönmelerini istemiş. Bataklığın tam ortasında üzerine altın kabaklar asılı bir ağaç olduğu söylenirmiş, gövdesine bağlı bir kayık varmış, kayık Ölüler Günü olan 2 Kasım'da içinde hiç kimse olmadan La Marquesita'nın sınırsız hazinesini gömdüğü öte kıyıya gider, yol boyunca altın çanlar takmış timsahlar ve su yılanlarınca korunurmuş.

Angel Casij bana bu harika öyküyü anlattıktan sonra gerçeğin içinde çamura batmış La Sierpe'yi görmeye duyduğum özlem soluğumu kesmeye başlamıştı. Her şeyi ayarladık; hayır dualarıyla güvenceye alınmış atlar, görünmez kanolar, sihirli rehberler; doğaüstü bir gerçekliğin hikâyesini yazmak için gerekli her şey.

Katırlar eyerlendikleriyle kaldılar. Benim zatürreeden yavaş iyileşmem, meydandaki danslarda arkadaşlarımızın bizimle dalga geçmesi, daha büyüklerin korkutucu uyarıları, beni bu yolculuğu hiç gelmeyecek bir sonraya ertelemek zorunda bıraktı. Bugün bu olayı şanslı bir talihsizlik olarak hatırlıyorum çünkü muhteşem Marquesita'ya kavuşamayınca hemen ertesi gün şimdi bana yalnızca başlığı kalmış olan ilk romanımı yazmaya daldım: La casa (Ev).

Daha önce Cartagena'ya yaptığım bir ziyarette Manuel Zapata Olivella'yla konuştuğum gibi, Bin Gün Savaşı hakkında Kolombiya Karayibi'nde geçen bir dram olacaktı. Benim tasarımla bir bağlantısı olmasa da, fırsattan yararlanarak babasının o savaşın bir gazisi hakkında yazdığı dosyayı armağan etti. Dosyanın kapağında adamın yakasına kadar düğmeli pamuklu gömleği ve barutla alazlanmış bıyığıyla, bana bir biçimde dedemi hatırlatan bir resmi vardı. Adını unuttum, ama soyadı beni sonsuza dek izleyecek: *Buendía*. İşte bu nedenle Albay Nicolás Márquez'in bir sonuç vermeyen savaşları sırasında, bizimkinin yaşamından pek çok şey katılabilecek bir ailenin destanı hakkında, adı *La casa* olan bir roman yazmayı düşündüm.

Başlık tüm olayların evin içinde geçeceği niyetiyle konmuştu. Pek çok başlangıç yaptım, karakterlerimin özelliklerini belirleyen şemalar çıkartarak, onlara daha sonra başka kitaplarımda kullandığım ad ve soyadlar koydum. Ben yalnızca sessel olsa bile, iki yakın sözcüğün birbiriyle uyak yaptığı bir cümlenin zayıflığına çok hassasımdır ve bunu çözümlemeden o cümleyi yayınlamam. Buendía soyadından –di'li geçmiş zaman[1] ile yaptığı kaçınılmaz kafiye nedeniyle pek çok kez vazgeçecektim. Ama ona inandırıcı bir kimlik yaratabildiğim için bu ad kendini bana dayattı.

Bir sabah üzerinde hiçbir harf ya da işaret olmayan ahşap bir sandık Sucre'deki evde ortaya çıktığında işte ben bu işle uğraşıyordum.

Kardeşim Margot onun yeni satılan eczaneden geriye kalan öteberi olduğunu varsayarak almış. Ben de öyle varsayarak ailemle birlikte, yüreğim yerli yerinde kahvaltı ettim. Babam sandığın benim eşyalarımın artıkları olduğunu düşünerek açmadığını söyledi, dünyada hiçbir şeyin artığına sahip olmadığımı unutmuştu besbelli. O sıralar, bir şeyi çivileyip sökmek konusunda epeyce deneyim sahibi olan on üç yaşındaki kardeşim Gustavo izin almadan sandığı açmaya karar vermiş. Birkaç dakika sonra çığlığını duyduk:

"Kitaplar!"

Yüreğim benden önce fırladı yerinden. Sandığın üzerinde göndericisi hakkında hiçbir ipucu bulunmayan kitaplardı gerçekten de. Becerikli bir el tarafından tepeleme doldurulmuştu sandığa, en üste de Germán Var

---

[1] İspanyolca'nın -di'li geçmiş zamanı olan pretérito imperfecto. Yüklemler -ía takısıy biter, bu da 'Buendía' adıyla uyaklıdır. (Çev.)

gas'ın hiyeroglifi andıran el yazısı ve kapalı ifadesiyle anlaşılması güç bir mektup konmuştu: "Bu senin için üstat, bakalım sonunda bir şey öğrenmiş misin?" Alfonso Fuenmayor da imzalamıştı, o zamanlar tanımadığım Don Ramón Vinyes'inkine benzettiğim bir imza daha vardı. Tek önerileri roman ve öykülerim için fazla göze batacak bir şey aşırmamamdı. Faulkner'in kitaplarından birinin içinde Álvaro Cepeda'nın bir notu vardı, anlaşılmaz el yazısıyla büyük bir aceleyle yazılmıştı belli ki; bir sonraki hafta Columbia Üniversitesi'nde özel bir gazetecilik kursuna katılmak için bir yıllığına New York'a gideceğini bildiriyordu.

İlk işim, annem kahvaltının artıklarını toplarken kitapları yemek odasındaki masanın üzerine dizmek oldu. Kadıncağızın budama makasıyla resimleri kesmek isteyen ufaklıklarla, kitapları sanki yiyecek bir şeymişçesine koklayan sokak köpeklerini kovalamak için bir süpürgeyle silahlanması gerekti. Yeni kitapları hep kokladığım gibi onları kokluyor, gelişigüzel gözden geçirip oradan buradan bir bölüm okuyordum. Gece üç-dört kez yer değiştirdim, bir türlü huzur bulamıyor, koridorun ya da avlunun kör ışığıyla rahatsız oluyordum. Sırtıma kramplar girerek sabahı ettim, bu mucizeden sağlayabileceğim yarar hakkında hâlâ en ufak bir fikrim bile yoktur.

Çağdaş yazarların yirmi üç seçkin yapıtından oluşuyordu kitaplar, hepsi de İspanyolca'ydı ve belli ki yalnızca yazmayı öğrenmek için okunmaları amacıyla seçilmişlerdi. William Faulkner'in *Ses ve Öfke* adlı romanı gibi yeni çeviriler de vardı aralarında. Elli yıl sonra tüm listeyi hatırlamam mümkün değil, onu bilen üç ebedî dostumsa, anımsamak için burada değiller. Yalnızca ikisini okumuştum aralarından: Virginia Woolf'un *Mrs. Dalloway*'i ve Aldous Huxley'in *Ses Sese Karşı* adlı yapıtı. En iyi hatırladıklarım Faulkner'inkiler: *Hamlet, Ses ve Öfke, Döşeğimde Ölürken, The Wild Palms (Yaban Palmiyeleri).*

Ayrıca John Dos Passos'dan *Manhattan Transfer* ve belki bir tane daha; Virginia Woolf'un *Orlando*'su; John Steinbeck'ten *Fareler ve İnsanlar* ile *Gazap Üzümleri;* Robert Nathan'dan *Portrait of Jenny (Jenny'nin Portresi)* ve Erskine Caldwell'den *Tütün Yolu.* Yarım yüzyılı aşkın bir mesafeden hatırlamadıklarım arasındaysa en azından bir tane Hemingway vardı, belki de Barranquillalı o üçlünün en sevdiği yapıtı olan öyküleriydi; bir tane Borges olmalı, yine öykülerdir muhtemelen; belki bir tane de arkadaşlarımın sevinç çığlıklarıyla keşfettikleri Uruguaylı öykücü Felisberto Hernández vardı. Hepsini sonraki aylarda okudum. Bazılarını daha iyi okudum, bazılarını daha kötü ve sayelerinde içine saplandığım yaratıcılık batağından çıkmayı başardım.

Zatürree yüzünden bana sigara içmeyi yasaklamışlardı ama kendimden saklanırmış gibi banyoda içerdim. Doktor durumun farkına vararak benimle ciddi bir konuşma yaptı ama sözünü dinlemeyi başaramadım. Sucre'de dinlenir ve hiç ara vermeden bana gönderilen kitapları okumaya çalışırken bir yandan da birinin izmaritiyle ötekini yakarak sigara içer, sigarayı bırakmaya çalıştıkça daha çok içerdim. Günde dört paket içiyordum, sigara içmek için yemeğe ara veriyor, elimde yanık sigarayla uyuyakalıp çarşafları yakıyordum. Gecenin bir yarısında ölüm korkusu beni uyandırıyor, sadece sigara içerek ona dayanabiliyordum, ta ki sigarayı bırakmaktansa ölmeyi yeğlediğime karar verene kadar.

Yirmi yıl sonra, evli ve iki çocukluyken de sigara içiyordum. Röntgende ciğerlerimi gören bir doktor, iki-üç yıl sonra soluk alamayacağımı söyleyerek beni korkuttu. Korku içinde saatlerce ve saatlerce hiçbir şey yapmadan oturmaya kadar vardırdım işi, sigara içmeden ne kitap okuyabiliyordum ne müzik dinleyebiliyordum ne de dostlarımla ya da düşmanlarımla sohbet edebiliyordum. O günlerden birinde Barcelona'da olağan bir yemek sırasında, psikolog bir arkadaşımız başkalarına sigara tiryakiliğinin kurtulunması en zor bağımlılık olduğunu açıkladı. Bunun derindeki nedeninin ne olduğunu sorduğumda verdiği yanıt tüyler ürpertici bir yalınlıktaydı:

"Çünkü senin için sigarayı bırakmak sevdiğin bir varlığı öldürmek gibi bir şey."

Ani bir kavrayışla sarsıldım. Neden bilmiyorum ve bilmek de istemiyorum ama yeni yaktığım sigaramı küllüğe bastırarak hiçbir kaygı ve pişmanlık duymadan yaşamımın geri kalanında tek bir sigara bile içmedim.

Daha az ısrarcı olmayan bir başka kötü alışkanlığım daha vardı. Bir öğleden sonra bize gelen komşu evin hizmetçilerinden bir kız, herkesle konuşup sohbet ettikten sonra, terasa gelip büyük bir saygıyla benimle konuşmak istediğini söyledi. Bana,

"Matilde'yi hatırlıyor musun?" diye sorana kadar okumama ara vermedim.

Hatırlamıyordum, ama bana inanmadı.

"Aptalmış gibi davranmayın Senyor Gabito," dedi, üzerine basa basa "Ni-gro-man-ta," diye ekledi.

Haklıydı da: Nigromanta ölü polisten olma oğluyla özgür bir kadındı o sırada. Tüm ailesiyle birlikte aynı evde yaşıyor, ama mezarlığın arka tarafına açılan bir kapısı olan yatak odasında tek başına kalıyordu. Onu ziyarete gitmiştim ve yeniden bir araya gelişimiz bir aydan fazla sürmüştü. Her keresinde Cartagena'ya dönüşümü geciktiriyor, sonsuza kadar Sucre'de kalmak istiyordum. Bir gece tan ağarırken onun evindeydim, tıpkı Rus ruleti gecisinde olduğu gibi gökgürültülü-şimşekli bir sağanak bastırdı. Saçakların altına sığınmak istedim ama çarem kalmayınca kendimi sokağa, dizlerime kadar gelen suyun içine attım. Neyse ki şanslıydım da annem mutfakta yalnızdı, beni bahçenin patikalarından geçirerek, babam duymadan yatak odasına kadar götürdü. Üzerinden suları damlayan gömleğimi çıkarmama yardım ederken, birden giysiyi işaretparmağı ve başparmağının arasında kol mesafesinde tutup tiksintiyle sarsılarak odanın bir

403

köşesine fırlattı.

"O orospuyla birlikteydin!" dedi.

Taş kesildim.

"Nereden bildin?"

"Geçen seferki kokunun aynısı," dedi, "neyse ki erkeği öldü."

İlk kez onu böylesine şefkatsiz görüyordum, şaşırdım. Farkına varmış olmalı çünkü hiç düşünmeden perçinledi sözlerini:

"Öğrendiğimde beni sevindiren tek ölümdür bu."

Şaşkınlıkla,

"Onun kim olduğunu nereden biliyorsun?" diye sordum.

"Ay oğlum!" dedi iç geçirerek. "Tanrı bana sizlerle ilgili her şeyi söyler."

Daha sonra sırılsıklam pantolonumu çıkarmama yardım ederek, onu da odanın bir köşesine, giysilerimin geri kalanının yanına fırlattı. Derin derin iç çekerek aniden, "Hepiniz aynı babanız gibi olacaksınız," dedi, bir yandan da kıtık bir havluyla sırtımı kuruluyordu. Tüm yüreğiyle,

"Tanrı'nın izniyle hepiniz onun kadar iyi eşler olasınız," diyerek bitirdi cümlesini.

Annemin zoruyla boyun eğdiğim dramatik tedavi yöntemleri zatürreenin tekrarlanmaması konusunda etkisini göstermiş olmalı. Beni Nigromanta'nın fırtınalı, şimşekli yatağına dönmekten alıkoymak için hiç neden yokken tedaviyi karmaşıklaştırdığını fark ettim. Onu bir daha görmedim.

Kendimi toparlamış olarak, daha ilk bölümünde bile sayılmazken *La casa*'yı yazdığım haberleriyle neşe içinde Cartagena'ya döndüm. Zabala ve Héctor beni harika çocuk gibi karşıladılar. Üniversitedeki iyi yürekli öğretmenlerim beni olduğum gibi kabul etmeye razı görünüyorlardı. *El Universal*'de seyrek olarak parasını parça başı aldığım yazılar yazmaya devam ediyordum. Öykücü olarak ünüm neredeyse yalnızca Üstat Zabala'yı memnun etmek için yazdıklarımla kör topal ilerliyordu. 'Diálogo del espejo' (Aynanın Diyaloğu) ve 'Amargura para tres sonámbulas' (Üç Uyurgezer İçin Tatsızlıklar) *El Espectador*'da yayınlandı. Her ikisinde de önceki öykülerimin ilk retoriğinden kurtuldumsa da, bataklıktan çıkmayı başaramamıştım.

Cartagena'ya bile ülkenin geri kalanını ele geçiren politik gerilim bulaşmıştı, bu çok ciddi bir şeyin meydana geleceğine ilişkin bir öngörü olarak kabul edilmeliydi. Yıl sonunda Liberaller politik tacizlerin vahşiliği nedeniyle tüm hatlarda seçimlerden çekildiklerini ilan ettiler, ama hükümeti alaşağı etmek için yeraltında hazırladıkları planlarını açıklamadılar. Taşradaki şiddet artıyor, insanlar kentlere kaçıyorlardı. Sansür basını bunları dolaylı yazmaya mecbur ediyordu. Kaçak Liberallerin ülkenin farklı kesimlerinde, özellikle de Doğu Llanos'da –ülke topraklarının dörtte birinden fazlasını oluşturan uçsuz bucaksız bir yeşil çayır okyanusu– efsaneye dönüşen gerilla çeteleri oluşturdukları bilinmiyor değildi. Komutanları Guadalupe Salcedo ordu tarafından bile efsanevî bir figür olarak görülüyor, el altından fotoğrafları dağıtılıyor, gizlice yüzlerce çoğaltılıyor, mihraplarda adına mumlar yakılıyordu.

De la Espriella'nınkilerse söylediklerinden daha fazlasını biliyorlar, duvarlarla çevrili karargâhlarında Muhafazakâr rejim karşıtı bir askerî darbenin kaçınılmaz olduğundan söz ediyorlardı. Olup bitenlerin ayrıntılarını bilemiyordum, Üstat Zabala sokakta bir hareketlenme görür görmez gazeteye sığınmam konusunda uyardı beni. Öğleden sonra saat üçte Americana Dondurmacısı'nda bir randevuma gittiğimde gerginlik elle tutulacak haldeydi. Ötekilerden biraz uzak bir masaya oturarak okumaya başlamıştım ki, hiçbir zaman politikadan söz etmediğimiz eski bir sınıf arkadaşım geçerken yüzüme bakmadan,

"Gazeteye git, birazdan ortalık karışacak," dedi.

Tam tersini yaptım. Gazetenin kapalı kapıları ardından değil de, kentin tam merkezinden olayların nasıl gelişeceğini izlemek istemiştim. Birkaç dakika sonra *Gobernación'*un son derece iyi tanıdığım basın görevlisi masama oturdu, ona beni etkisiz hale getirme görevi verilmiş olduğunu düşünemedim. Yarım saat kadar büyük bir masumiyetle onunla sohbet ettim, gitmek için ayağa kalktığında ben farkına varmadan dondurmacının devasa salonunun boşalmış olduğunu gördüm. Bakışlarımı izledi ve saate baktı: Biri on geçiyordu.

Kontrollü bir rahatlamayla, "Kaygılanma, bir şey olmadı," dedi.

Olan biten şuydu: En önemli Liberal liderler, her ne pahasına olursa olsun iktidarı elden kaçırmamaya kararlı olan Muhafazakâr rejimin tüm ülkede çığrından çıkardığı katliamlara bir son vererek resmî şiddeti durdurabilmek amacıyla demokrat askerlerle anlaşmaya varmışlardı. Bu liderlerin çoğu Başkan Ospina Pérez'le varacakları bir anlaşma sonucunda barışı sağlayabilmek için 9 Nisan'da görüşmelere katılanlardı, aradan yirmi ay geçtikten sonra, epeyce geç olarak, fena halde aldatıldıklarını fark etmişlerdi. O günün başarısız eylemini, Liberal hükümette savaş bakanlığı yaptığından beri Silahlı Kuvvetler'in içinde son derece iyi ilişkilere sahip olan Plinio Mendoza Neira aracılığıyla, bizzat Liberal liderlerin başı Carlos Lleras Restrepo emretmişti. Mendoza Neira'nın tüm ülkedeki önde gelen parti üyelerinin gizli işbirliğiyle düzenlediği eylemin, o gün şafakta Hava Kuvvetleri'nin Başkanlık Sarayı'nı bombalamasıyla başlaması öngörülüyordu. Hareket Cartagena ve Apiay'daki deniz üslerince, ülkedeki askerî garnizonların büyük bir bölümü tarafından ve ulusal bir uzlaşma sağlanabilmesi için iktidarın sivil bir hükümete geçmesi adına iktidarı ele geçirmeye kararlı sendika kuruluşlarınca desteklenecekti.

Ancak başarısızlıktan sonra, eylem için öngörülen tarihin iki gün öncesinde, eski başkan Eduardo Santos'un

Bogota'daki evinde Liberalleri ve darbenin liderlerini projeyi son bir kez gözden geçirmek için topladığı öğrenildi. Tartışmanın ortasında biri geleneksel soruyu sormuş:

"Kan akacak mı?"

Kimse hayır diyecek kadar saf ya da ikiyüzlü değilmiş. Öbür liderler kan akmaması için her türlü önlemi aldıklarını ama öngörülemeyen durumlar için sihirli reçetelerinin olmadığını söylemişler. Kendi komplolarının büyüklüğünden korkan Liberal yönetim hiç tartışmadan karşı-emri vermiş. İşe karışmış olan ama karşı-emri zamanında almayan bir sürü insan darbe girişimi sırasında tutuklanmış ya da öldürülmüştü. Mendoza'ya iktidarı ele geçirene kadar tek başına devam etmesi önerilmişse de, o bunu politik değil de daha çok etik nedenlerle kabul etmemiş, Liberallerin işe karışan herkesi uyaracak zamanları da yöntemleri de yokmuş. Mendoza, Venezuela Elçiliği'ne sığınarak dört yıl Caracas'ta sürgün yaşadı. Böylece yokluğunda başkaldırı suçundan onu yirmi beş yıl hapse mahkûm eden askerî mahkemeden de paçayı kurtarmış oldu. Tam elli iki yıl sonra –onun izni olmadan– Caracas'taki sürgün yıllarını ve yaşamının geri kalanını iktidardaki Muhafazakârların neden olduğu ağır bilanço nedeniyle pişmanlık içinde geçirdiğini yazarken elim titremiyor: üç yüz binden fazla ölü.

Benim için de bir anlamda çok önemli bir dönemdi. İki aydan kısa bir süre içinde hukuk fakültesindeki üçüncü yılımda başarısız oldum ve El Universal'le ilişiğimi kestim, çünkü geleceğimi ikisinde de göremiyordum. Bahanem daha yeni başladığım romanıma zaman ayırmaktı, ama yüreğimde bunun ne gerçek ne de yalan olduğunu biliyordum. Roman projem, Faulkner'den öğrendiğim pek az iyi şey ve acemiliğimin beceriksizlikleri yüzünden yakında gözüme safsata gibi görünmeye başlayacaktı. Kısa sürede insanın –özünü açık etmeden– yazdığına paralel öyküler anlatmasının anlamın ve yazmanın değerli bir parçası olduğunu öğrendim. Ama durum hiç de böyle değildi. Gösterecek bir şeyim olmadığından, dinleyicilerimi eğlendirmek ve kendimi kandırmak için durmadan kendisinden söz edilen bir roman uydurdum.

Bu farkındalık beni projemi başından sonuna kadar adım adım yeniden düşünmek zorunda bıraktı, romanım değiştire değiştire yazdığım kırk sayfanın ötesine hiçbir zaman geçemediyse de, gazetelerde ve dergilerde sözü edildi –ben de ettim–; hatta bazı hayalî okurlar pek akıllı ön değerlendirmeler kaleme aldılar. Aslında bu paralel projeler anlatma geleneğinin nedeninden yakınmak değil, ona şefkat duymak gerekir: Yazma korkusu yazmama korkusu kadar dayanılmaz olabilir. Ayrıca ben gerçek öyküyü anlatmanın uğursuzluk getireceğine de inanıyordum. Bazen sözlü anlatımın yazılıdan daha iyi olması beni teselli ediyordu kuşkusuz, böylelikle hiç farkına varmadan edebiyatta yeni bir tür icat etmiş olduk: hikâyenin hikâyesi.

Gerçeğin gerçeğiyse nasıl yaşamaya devam edeceğimi bilemediğimdi. Sucre'de geçirdiğim iyileşme dönemi yaşamda nereye gittiğimi bilmediğimi fark etmemi sağladıysa da, ne doğru rota hakkında ipuçları verdi ne de annemleri kendi kararlarımı kendim verecek özgürlüğüm olursa ölmeyeceklerine inandırmamı sağlayacak bir gerekçe. Cartagena'ya gelmeden önce annemin ev harcamalarından aşırarak bana verdiği iki yüz pesoyla Barranquilla'ya gittim.

1949 yılının 15 Aralık günü, öğleden sonra saat beşte, Mundo Kitapçısı'na girip mayıs ayında unutulmaz Senyor Razzore ile Barranquilla'ya gidip de, birlikte bir gece geçirdikten sonra bir daha hiç görmediğim arkadaşlarımı beklemeye başladım. Yanımda içinde bir kat yedek giysi, birkaç kitap ve taslaklarımı koyduğum deri çantadan başka bir şey olmayan bir plaj çantası vardı. Benden birkaç dakika sonra birbiri ardına kitapçıya girdiler. New York'taki Àlvaro Cepeda'nın katılamadığı gürültülü bir karşılama oldu. Grup tamamlanınca, ilk içkilerimizi içmek için bu kez kitapçının yanındaki Colombia Kahvesi'ne değil de, daha yakın dostların takıldığı karşı kaldırımdaki yeni açılan Japy'ye gittik.

Ne o gece ne de yaşamımın geri kalanı için bir rotam vardı. Tuhaf olansa, bu rotayı Barranquilla'da bulabileceğimi düşünmememdi. Oraya gitmemin nedeni edebiyattan söz etmek ve Sucre'ye gönderdikleri kitaplar için şahsen teşekkür etmekti. İlkine fazlasıyla sahiptik de, defalarca denedimse de ikincisini yerine getiremedim çünkü grubun kendi aramızda teşekkür edip teşekkür kabul etmeye karşı ciddi bir korkusu vardı.

Germán Vargas o gece on iki kişi için bir yemek uydurdu. Gazeteciler, ressamlar, noterlerden tutun da, kendine özgü algılama ve yönetme biçimiyle tipik bir Barranquillalı Muhafazakâr olan vali bile aramızdaydı. Çoğunluk gece yarısını biraz geçe gitti, geri kalanlar bir süre sonra sızdılar, sonunda geriye benimle birlikte aklı başında sayılabilecek valiyle, gençliğimizin sabahlamalarından birini yaşayan Alfonso ve Germán kaldı.

O gece yapılan uzun sohbetlerde validen o kanlı yıllarda kenti yönetenlerin doğası hakkında şaşırtıcı bir ders aldım. Ona göre uygulanan barbar politikanın getirdiği yıkımın en ıstırap veren yanı, yiyecek bir lokmaları ve başlarını sokacak bir damları olmadan kentlere sığınanların etkileyici sayısıydı.

"Böyle devam ederse," dedi, "silahların da yardımıyla partimin gelecek seçimlere kadar rakibi falan kalmayacak ve mutlak iktidarı ele geçirecekler."

Tek istisna Barranquilla'ydı ona göre, farklı politik görüşlerin bir arada yaşadığı bir kültürle uyum içinde bir tutum benimseyip yerel Muhafazakârlar da kendilerine düşeni yerine yerine getirince, kasırganın tam gözünde barışçıl bir sığınak yaratmışlardı. Etik bir gözlem yapmak istedim ama bir el hareketiyle sözümü keserek,

"Özür dilerim," dedi. "Ulusun içinde bulunduğu durumdan paçayı kurtarmış değiliz. Tam tersine: Bu barışçıllığımız nedeniyle ülkenin içinde bulunduğu sosyal dram parmak uçlarında arka kapımıza kadar geldi ve şimdi de onu içeri alıyoruz."

O zaman beş bin kadar göçmenin ülkenin iç kısımlarından kente geldiklerini, feci bir yoksulluk içinde olduklarını öğrendim; ne onları nasıl eski hallerine getireceklerini biliyorlardı ne de sorunu kent sakinlerinin öğrenmemesi için nerede saklayacaklarını. Kentin tarihinde ilk kez askerî devriyeler kritik noktalarda nöbet tutuyorlardı, herkes onları görse de vali varlıklarını yadsıyor, sansür de basında söz edilmesine engel oluyordu.

Şafakta seçkin valimizi neredeyse sürükleyerek evine bıraktıktan sonra, gedikli sabahçıların takıldığı kahvaltıcı Chop Suey'e gittik. Alfonso köşedeki kulübeden üç tane *El Heraldo* satın aldı, haber sayfasında Puck takma adıyla iki günde bir yazdığı makalesi vardı. Yazısında bana 'hoş geldin' demişti yalnızca, ama Germán resmî olmayan bir tatil için orada bulunduğumu yazdığı için arkadaşıyla dalga geçti.

"Söylenecek en iyi şey artık burada yaşayacağı olurdu, o zaman hoş geldin dedikten hemen sonra veda yazısı yazmak zorunda kalmazdın," diye şaka yaptı Gérman, "hem *El Heraldo* kadar cimri bir gazete için böylesi daha az masraflı."

Ciddileşen Alfonso gazetesi için bir başka köşe yazarının hiç de fena olmayacağı düşüncesindeydi. Ama şafak ışığında başa çıkılacak gibi değildi Germán:

"Beşinci köşeci olacak, zaten dört tane var!"

Kimse bana onları isteyip istemediğimi sormadı ki 'evet' yanıtını verebileyim. Konu kapandı. Gerekli de değildi çünkü önceki gece Alfonso gazete yönetimiyle konuştuğunu, iyi olduğu ve fazla havalı davranmadığı sürece yeni bir köşe yazarı fikrinin onlara hoş göründüğünü söylemişti. Noel tatili sona erene kadar hiçbir şeyi sonuçlandıramazlardı zaten. Böylece elimde olası bir iş teklifiyle kaldım, ama şubatta bana hayır da denebilirdi.

7

5 Şubat 1950 tarihinde, Barranquilla'da *El Heraldo*'da ilk makalem işte böyle basıldı. *El Universal*'de olduğu gibi işler yolunda gitmezse çare hazır olsun diye adımla imzalamak istemedim. Takma adı iki kez düşünmedim bile: Septimus. Virginia Woolf'un *Mrs. Dalloway* adlı yapıtındaki aklı bir karış havada kahramanı Septimus Warren Smith'ten esinlenmiştim. Köşenin başlığı 'La Jirafa', Sucre'deki danslardaki tek eşlikçimin yalnızca benim bildiğim gizli takma adıydı.

Bana o yıl şubat yelleri hiç esmedikleri gibi esiyorlarmış gibi geldi, geceleri cezalandırdıkları sokaklarda rüzgâra karşı yürümek olanaksızdı neredeyse. Sabahları uyanınca konuşma konusu deli rüzgârın gece ettikleriydi; insanların düşlerini, tavuk kümeslerini sürükleyip götürüyorlar, çatıların çinko kaplamalarını uçuşan giyotinler haline getiriyorlardı.

Bugün o rüzgârların kısır bir geçmişten arta kalanları süpürüp götürerek, bana yeni bir yaşamın kapılarını açtıklarını düşünüyorum. Arkadaş grubumla ilişkim yalnızca zevk temelli olmaktan çıkarak profesyonel iş ortaklığına dönüşmüştü. Başta yazmayı düşündüğümüz konular hakkında yorumlar yapar, uzmanlık gerektirmese de unutulmayacak görüşlerimizi paylaşırdık. Benim için belirleyici olansa, bir sabah Japy Kahvesi'ne girdiğimde Germán Vargas'ın sessizce o günün gazetesinden

411

kesilmiş 'La Jirafa'yı okuyup bitirmek üzere oluşuydu. Grubun geri kalanları masanın çevresinde odanın içindeki sigara dumanının daha da ağırlaştırdığı törensel bir korku içinde onun hükmünü bekliyorlardı. Germán bitirince tek söz etmeden, hatta bana bile bakmadan makaleyi küçük parçalara bölüp kül tablasındaki izmaritlerin ve yanmış kibritlerin arasına sıkıştırdı. Ne kimse bir şey dedi ne de masanın havası değişti, bu olaydan bir daha söz edilmedi. Ama tembellikten ya da aceleden birkaç satır çiziktirip de işin içinden sıyrılma dürtüsünün saldırısına uğradığım zaman, aldığım o ders hâlâ işime yarar.

Yaklaşık bir yıldır yaşadığım ucuz otelin sahipleri bana aileden biriymişim gibi davranmaya başlamışlardı. O zamanlar tek servetim tarihi sandaletlerim, duşta yıkadığım iki kat giysim ve 9 Nisan arbedesinde Bogota'nın en şık çay salonundan çaldığım deri çantamdı. O sırada ne yazıyorsam çantayı içinde yazılarımın asıllarıyla, her yere götürüyordum, kaybedecek tek şeyim de oydu. Bir bankanın çelik kasasında, yedi kat kilit altında bırakma riskini bile göze alamazdım. İlk gecelerde çantamı emanet etme konusunda güvendiğim tek kişi otelin gizli kapıcısı Lácides'ti, oda fiyatı karşılığı garanti olarak almıştı. Daktiloda yazılı karmakarışık, düzeltilerle dolu sayfaları dikkatle inceledikten sonra, çantayı tezgâhın arkasındaki çekmecesine koydu. Ertesi gün söz verdiğim saatte çantamı kurtardım ve ödemelerimi o kadar düzenli yapmaya devam ettim ki, çantamı üç geceliğine rehin bırakmamı bile kabul eder hale geldi. O kadar ciddi bir anlaşmaydı ki bu, bazen iyi geceler dilemekten başka laf etmeden çantamı tezgâhın üzerine koyar, panodan anahtarımı kendim alır ve odama çıkardım.

Germán uyuyacak bir yerim olmadığında bunu bilecek kadar ihtiyaçlarımın farkındaydı, bazen bir yatak için gizlice bir buçuk peso kaydırırdı elime. Bunu nasıl anladığını hiçbir zaman bilemedim. İyi davranışlarım sayesinde otel personeliyle o kadar yakınlaşmıştım ki, orospucuklar duş almam için bana kendi sabunlarını verirlerdi. Yönetimde, yıldız gibi memeleri, balkabağı kafatasıyla evin yaşamına hâkim olan sahibesi Madam Büyük Catalina vardı. Yardımcısı melez Jonás San Vicente, bir saldırıda saldırganlar altın kaplamalarını çalmak için dişlerini dökene kadar pahalı bir trompetçiymiş. Böylelikle elindeki her şey alınıp da, trompetini üfleyecek soluğu da kalmayınca meslek değiştirmek zorunda kalmış ve on beş santimlik aleti için Büyük Catalina'nın altın yatağından daha iyi bir yer bulamamış. Catalina'nın da ırmaktaki limanların sefil gecelerinden kurtulup iki yıl içinde Yüce Madam tahtına kurulmasını sağlayacak gizli bir hazinesi vardı elbette. İkisinin de dostlarına mutluluk veren zekâlarını ve cömertliklerini tanıdığım için şanslıyım. Son derece şık insanlar resmî limuzinlerle gelip beni alırken, sıklıkla yatağa verecek bir peso bulamayışımın nedenini dünyada anlayamadılar.

O günlerde yaşadığım bir başka mutlu olay da, taksi sürücüsü Mono Guerra'nın tek co-pilotu olmamdır, o kadar sarışındı ki, insan albino sanabilirdi, o kadar akıllı ve sevimliydi ki, hiçbir kampanyaya gerek görmeden belediye meclisi onur üyesi seçildi. Randevuevleri sokağında geçirdiği geceler bir filme benzerdi, aklına estiği gibi dolambaçlı yollara saparak onları zenginleştirmeyi –kimi zaman da coşturmayı– kendine görev bilirdi. Fazla müşteri çıkmayan gecelerini babalarımızın ve onların babalarının babalarının bizi yapmayı öğrendiği çılgın kerhaneler diyarında birlikte geçirirdik.

Hiçbir zaman keşfedemediğim bir nedenle böylesine yalın bir yaşamın ortasında hiç ummadığım bir bıkkınlık çöktü üzerime. Altı ay kadar önce başladığım romanım –La casa– içinde damla esin barındırmayan bir hiciv gibi görünmeye başladı gözüme. Yazdığımdan daha fazla sözünü ediyordum, az sayıdaki tutarlı bölümse, konusuz kaldığım zaman önce 'La Jirafa', sonra da Crónica'da parçalar halinde yayınladıklarımdı. Hafta sonları arkadaşlarım evlerine çekildiklerinde, boş kentte sol elimden daha yalnız kalıyordum. Son derece yoksul ve bir bıldırcın kadar çekingendim, çekingenliğimle dayanılmaz bir küstahlık ve kaba bir açık sözlülükle başa çıkmaya çalışıyordum. Hiçbir yere ait olmadığımı düşünüyordum, sağ olsunlar bazı tanıdıklarım da bunu fark etmem için ellerinden geleni yapıyorlardı. Bu, herkesten ayrı bir köşede, kimseyle konuşmadan hiç ara vermeden içtiğim sigaraların dumanıyla sarmalanmış olarak, çaresiz bir yalnızlık içinde günde on saat kadar yazdığım *El Heraldo*'nun haber merkezinde iyice açığa çıkıyordu. Deri çantamın içinde her yere götürdüğüm baskı kâğıtlarının üzerine, genellikle, gün ağarana kadar büyük bir hızla yazıyordum.

O günlerdeki pek çok dikkatsizliğimden birini daha yapıp çantamı takside unutunca, hiç içerlemeden bunu kör talihimin bana oynadığı bir oyun olarak kabullendim. Onu bulabilmek için hiçbir çaba göstermeyince bu ihmalkârlığımdan paniğe kapılan Alfonso Fuenmayor köşemin sonuna bir not ekledi: 'Geçen cumartesi bir el çantası kamu hizmeti gören bir aracın içinde unutulmuştur. O çantanın sahibinin ve bu köşenin yazarının aynı kişi olduğunu göz önünde bulundurarak, bulanın ikisinden biriyle temasa geçmesini rica ederiz. Çantanın içinde değerli hiçbir şey yoktur: yalnızca daha basılmamış *La Jirafalar*.' İki gün sonra birisi taslaklarımı *El Heraldo*'nun kapıcısına bırakmış, yeşil mürekkeple yazılmış çok güzel bir el yazısıyla üç imla yanlışımı düzeltmişti, deri çantaysa ortalarda yoktu.

Bana verdikleri gündelik odamı ancak karşılıyordu ama o günlerde en az umurumda olan şey yoksulluğun uçurumlarıydı. Odanın parasını ödeyemediğim gecelerdeyse, gerçekte olduğum şeymişim gibi Roma Kahvesi'ne giderek kitap okuyordum: gece Paseo de Bolívar'da oradan oraya sürüklenen yalnız bir adam. Beni tanıyanlara bakmaya tenezzül edersem uzaktan bir selam gönderip alıştığım köşeme çekiliyor, genellikle güneş beni şaşırtana kadar okuyordum. Hiçbir sistematik formasyonu olmayan bir kitap kurduydum hâlâ. Her şeyden çok bir şiir okuruydum, en berbat ruh halimdeyken bile her kötü şiirin sonunda bir iyi şiire çıkacağına inancımı koruduğumdan, en kötü şiirleri bile okurdum.

Hangi ülkede yaşadığını bilmeyen birinin kaleme aldığı Kafkaik bilmeceleri andıran öykülerimin tersine 'La Jirafa'daki yazılarımda halk kültürüne karşı çok duyarlıydım. Yüreğimdeki gerçek şuydu ki, Kolombiya'nın dramı bana uzaktaki bir yankı gibi geliyordu, ancak kan ırmaklar gibi taştığı zaman beni gerçekten sarstı. Öncekini bitirmeden bir sigara daha yakar, dumanı havayı içen astımlıların yaşama kaygısıyla içime çekerdim, günde üç paket tırnaklarımda ve gençliğimi kesintiye uğratan yaşlı köpeklere lâyık bir öksürükte gösteriyordu kendini. Kısacası iyi bir Karayipli gibi utangaç ve hüzünlüydüm, özel yaşamım konusunda o kadar ketumdum ki, bu konudaki her soruyu söz oyunlarıyla geçiştiriyordum. Bu talihsizliğimin, özellikle kadınlar ve para söz konusuysa doğuştan ve çaresiz olduğuna inanmıştım artık, ama aldırdığım yoktu çünkü iyi yazabilmek için şansa ihtiyacım olduğunu sanmıyordum. Ne zaferler kazanmak umurumdaydı ne para ne de ihtiyarlık, çok genç yaşımda sokaklarda öleceğimden emindim zaten.

Beni bu uçurumdan kurtaran, annemle birlikte Aracataca'daki evi satmak amacıyla yaptığımız yolculuktu, yeni bir romanın kesinliği farklı bir geleceğin ufuklarını gösterdi. Yaşamımın pek çok yolculuğu arasında belirleyici bir özelliğe sahiptir, çünkü bana yazmakta olduğum kitabın yazın gerçekliği içinde hiçbir biçimde özü olmayan söz oyunundan ibaret bir uydurma olduğunu göstermişti. Pek çok şeyi ortaya çıkartan o yolculuğun gerçeğiyle roman projem parçalandı.

Benim hayalini kurduğum gibi bir destan, hiçbir zaman baş kahramanı olmadığım, kendimi belli bir şeyin kurbanı da sayamayacağım, işe yaramaz bir tanık ve her şeyin kurbanı olmaktan öteye gidemediğim kendi ailemınkinden başkası olamazdı. Döner dönmez yazmaya koyuldum, artık yapay araçların bana bir katkı sağladıkları yoktu, beni dedemlerin evinde el değmeden bekleyen, taşıdığımın farkında bile olmadığım o duygusal yük yeter de artardı. Doğru anlatım yöntemini bulmak için pek çok çaba ve zaman harcamama karşın, köyün kızgın kumlarına ayak bastığım anda, umutsuzluk ve özlemden ibaret o yeryüzü cennetini anlatmak için kendiminkinin en mutluluk verici yöntem olmadığını keşfettim. Çıkmak üzere olan *Crónica*'yla ilgili sorunlar romanımın yolunda bir engel değildi, tam tersine: Kaygımı azaltıp kendime çekidüzen vermemi sağlayan bir frendi.

Romanımı yazmaya başladıktan sonra beni yaratıcı bir ateş içinde yakalayan Alfonso Fuenmayor dışında kalan arkadaşlarım eski *La casa* projesine devam ettiğimi sanıyorlardı. Bir başyapıt olacakmışçasına üzerinde onca çene yorulan bir fikrin başarısızlığa uğradığının keşfedilmesinden korkarak böyle olmasında karar kılmıştım. Ayrıca hangisinin hangisi olduğunun bilinmemesi için, dilime bir hikâye dolamışken başka birini yazmak gibi bir körinancım şimdi bile vardır. Bu, gerekli olandan fazlasını söylemek istemeyen utangaç yazarlar açısından tehlikeli bir kurgu türü olan basın söyleşilerinde de paçayı kurtarmayı sağlar. Açıkgözlülüğünü pek çaktırmayan Germán Vargas durumu keşfetmiş olmalı, Don Ramón'un Barcelona'ya yaptığı yolculuğun ardından aylar sonra bir mektubunda, 'Sanırım Gabito *La casa* projesini bir kenara bıraktı ve başka bir roman yazmaya başladı,' diye yazmış. Don Ramón bunu yola çıkmadan önce biliyordu elbette.

Daha ilk satırdan yeni kitabın 1928 yılında, muz bölgesinde yapılan kıyımda hayatta kalan yedi yaşında bir çocuğun anıları üzerine kurulacağından emindim. Ama kısa sürede bu fikrimden vazgeçtim çünkü öykü onu anlatmak için yeterince edebî kaynağı olmayan birinin bakış açısına kısılıp kalacaktı. İşte o zaman yirmi yaşında *Ulysses* ile *Ses ve Öfke*'yi okumaya yeltenmemin iki geleceği olmayan, olgunlaşmamış cüretkârlık olduğunun farkına vararak, her iki kitabı da daha basiretli bir gözle tekrar okumaya karar verdim. Faulkner ve Joyce'ta bana o zamanlar havada kalmış, anlaşılmaz, içine girilmez görünen ne varsa, korkutucu bir güzellik ve yalınlıkla önüme serildiler. Tek sesli anlatımımı, 'Döşeğimde Ölürken' anlatımındaki betimleyici Yunan korosunda, tıpkı ölüm döşeğindeki bir adamın yatağının çevresindeki aile üyelerinin düşünceleri gibi köyün tüm sakinleri arasında dağıtarak çeşitlendirmeye karar verdim. Bir tiyatro metnindeki gibi her konuşmada karakterlerin adlarını tekrar etmeyi becerebileceğimi sanmadığım için, üç ses kullanmaya karar verdim. Annenin, dedenin ve çocuğun sesleri birbirlerinden çok farklı tonları ve yazgılarıyla kendiliklerinden tanımlanabileceklerdi. Kitaptaki dede benimki gibi tek gözlü değil de topal olacaktı; çocuk onun yaşındayken benim olduğum gibi hareketsiz, korkmuş ve düşünceli; anne de dalgın ama akıllıydı. Bu, hiçbir biçimde yaratıcı bir keşif değil, olsa olsa teknik bir araçtı.

Yeni kitap yazılırken derinlemesine bir değişikliğe uğramadı, aslından farklı bir çeşitlemesi de yoktu, yazdıklarımı ölene kadar düzeltmek gibi kötu bir alışkanlığım olduğu için, ilk baskısından iki yıl önce bazı düzeltmelere ve kesintilere uğradı. Kasabayı –önceki projemdekinden çok farklı– annemle birlikte Aracataca'ya gittiğimizde gerçekte gördüğüm gibi hayal ettim, ama –bilge Don Ramón'un da beni uyardığı gibi– Aracataca adı, Barranquilla kadar inandırıcılıktan uzak geldi, ayrıca romanım için aradığım masalsı soluğa da sahip değildi. Böylelikle romanımdaki köye kuşkusuz çocukluğumdan beri bildiğim, ama büyülü doğasını o zamana kadar fark edemediğim bir ad verdim: *Macondo*.

Arkadaşlarımın son derece aşina oldukları *La casa* adını da değiştirmek zorundaydım çünkü yeni projemle ilgisi yoktu, ancak romanımı yazdıkça aklıma gelen adları bir okul defterine sıralamak gibi bir hata yapınca, seksenden fazla isim birikti. Sonunda, ilk taslağı bitirdiğimde yazarın ağzından bir önsöz yazma arzuma yenik düşünce, kitabın adı hiç aramadığım bir anda karşıma çıkıverdi. Ninemin United Fruit Company'nin ardında bıraktığı viranlığa soylu benliğinden geriye kalanla verdiği o hem şefkatli hem de fena halde hor gören ad: *Yaprak Fırtınası.*

Bu romanı yazmamda beni en çok tetikleyenler Kuzey Amerikalı yazarlar, özellikle de Barranquillalı arkadaşlarımın Sucre'ye kitaplarını gönderdikleriydi. Hem insan hem de yazar olarak oluşumumda belirleyici, hakiki ve doldurulamaz bir yeri olan, kendimi tam anlamıyla özdeşleştirdiğim Karayip kültürüyle, derin güneyin kültürleri arasında rastladığım türlü türlü yakınlık ve benzeşmenin bunda etkisi büyüktür. Bunun farkına vardıktan sonra, zanaatkâr bir roman yazarı gibi, yalnızca zevk için değil, büyük ustaların kitaplarının nasıl yazıldığını öğrenmek için de doymaz bilmez bir merakla kendimi okumaya verdim. Önce baştan sona, sonra sondan başa okuyor, kurgularının en iyi saklanmış sırlarına varmak için ameliyat masasına yatırıyordum. Bu nedenle kütüphanem Dostoyevski'nin kitaplarından bir bölüme göz atabildiğim, Julius Sezar'ın astımı hakkında bir veriyi doğruladığım, bir otomobilin karbüratörünün nasıl çalıştığına baktığım yardımcı bir araçtan öteye gidemedi. Kimsesiz karakterlerimden birinin ihtiyacı olursa diye kusursuz cinayetler işlemek için bir elkitabım bile vardı. Geri kalanı da okumalarımda beni yönlendiren, doğru zamanda okumam için kitaplar hediye eden, metinlerimi basılmadan önce acımasızca irdeleyen arkadaşlarım hallediyordu.

Böyle örnekler kendimi farklı bir gözle görmemi sağladı, *Crónica* projesi de beni kanatlandırdı. Moralimiz o kadar yüksekti ki, dayanılmaz engellere karşın, şafak vaktinden akşamın yedisine kadar karmakarışık bir cümbüş olan San Blas Caddesi'nde, yiyecek satan çığırtkan kadınların ve yasa tanımaz otobüslerin gürültüleri arasında, asansörü olmayan bir binanın üçüncü katında ofis bile tuttuk. Ancak sığışıyorduk. Telefon daha bağlanmamıştı, havalandırma bize dergiden de pahalıya patlayacak bir hayaldi, ama Fuenmayor ofisi paçavraya dönmüş ansiklopedileriyle, her dilden gazete-dergi kesikleriyle, ünlü elkitapları ve türlü tuhaf öteberisiyle dolduracak zamanı bulmuştu. Müdür masasının üzerinde, bugün Barranquilla'da Museo Romántico'da sergilenen bir mücevher olan, bir elçilik yangınından hayatı pahasına kurtardığı *Underwood* vardı. Öteki biricik masada da, yeni edindiğim genel yayın yönetmeni payesiyle, *El Heraldo*'dan ödünç alınma bir daktilonun önünde ben oturuyordum. Alejandro Obregón, Orlando Guerra ve Alfonso Melo için bir çizim masası koymuştuk, üçü de akılları son derece başlarında olarak makaleleri ücretsiz resimlendirmeye razı gelmiş ünlü ressamlardı; yaptılar da, çünkü hepsi de doğuştan cömert insanlardı ve kendimize bile bir kuruş ayıracak durumda değildik. Quique Scopell en kendini bu işe adamış, fedakâr fotoğrafçımızdı.

Unvanımın gerektirdiği yayın işlerinin yanı sıra, mürettibe göz-kulak olmak ve bir Hollandalı'nınkine benzeyen korkunç imlâma karşın düzeltmene yardım etmek de görevlerim arasındaydı. *El Heraldo*'ya verdiğim 'La Jirafa'yı yazmaya devam etme sözünü de yerine getirince, *Crónica*'ya düzenli katkıda bulunmak için çok zamanım kalmıyordu. Ama sabahın erken saatlerinde öykülerimi yazacak zaman buluyordum.

Her türden yazının uzmanı olan Alfonso, inancının ağırlığını yanıcı bir tutkuyla sevdiği dedektif öykülerine koyuyordu. Onları seçip çeviriyor, ben de bana kendi işimde de yardımcı olan resmî bir basitleştirme sürecin-

419

den geçiriyordum. Bu iş yalnızca gereksiz sözcükleri değil, öykünün inandırıcılığını zedelemeden yüzeysel olayları da atıp yalnızca saf özünü bırakarak yerden tasarruf etmek anlamına geliyordu. Bu, her bir sözcüğün tüm yapıdan sorumlu olması gereken böyle zorlu bir yazın türünde fazlalık olan her şeyi atmak anlamına geliyordu. Bu iş bir öykü anlatmanın tekniğini öğrenmek için yaptığım dolaylı araştırmada en çok işime yarayan alıştırmalardan biri oldu.

José Félix Fuenmayor'un en iyi öykülerinden bazıları pek çok cumartesi paçamızı kurtarmıştır, ama satışlar pek kımıldamıyordu. Ebedî cankurtaran simidimizse Alfonso Fuenmayor'du kuşkusuz, hiçbir zaman işadamı olarak takdir toplamamıştı ama, bu işe kendi gücünü aşan bir kararlılıkla sarılıyor, her adımı o müthiş mizah duygusuyla kolaylaştırıyordu. En aklı başında makalelerden en gereksiz yazıları yazmaya kadar her işi yapıyor, aynı inatla reklam topluyor, inanılmaz krediler buluyor, gönülsüz katılımcılardan dergiye özel yapıtlar kopartıyordu. Ne yazık ki işe yaramayan mucizelerdi bunlar. Dağıtımcılar satmak için aldıkları kadar dergiyle geri dönünce, El Tercer Hombre'den limandaki kasvet yuvalarına kadar en sevilen meyhanelerde elden dağıtım yapmaya karar verdik, kazandığımız azıcık parayıysa etil alkol olarak tahsil etmemiz gerekti.

Bize katkı sağlayanlar arasında en güvendiğimiz ve kuşkusuz en çok okunan Vate Osío oldu. Crónica'nın ilk sayısından başlayarak Dolly Melo adıyla yazdığı 'Diaro de una mecanógrafa' (Bir daktilografın Günlüğü) adlı köşesini hiç aksatmadı ve okurların gönüllerini fethetti. Kimse bu kadar farklı uğraşların aynı adam tarafından böylesine bir incelikle kotarılabildiğini hayal edemez.

Bob Prieto Crónica'nın batmasını ortaçağdan kalma tıbbî ya da sanatsal bir buluşla engelleyebilirdi. Ama işe gelince son derece açık, şeffaf bir ölçütü vardı: Para yoksa, ürün de yok. Yüreklerimizin sızlamasına karşın kısa sürede hiç para kalmadı kuşkusuz.

Julio Mario Santodomingo'nun kaleminden İngiliz-ce yazılmış, Alfonso'nun tuhaf sözlüklerinin derinlikleri-ne dalıp bir kızböceği avcısının kaygısıyla çevirdiği ve Alejandro Obregón'un büyük bir sanatçı inceliğiyle re-simlediği dört bilmeceli öykü yayınlamayı başardık. Ama Julio Mario o kadar çok yolculuk yapıyor, o kadar çok birbiriyle çelişkili yere gidip geliyordu ki, sonunda görünmez bir ortak haline geldi. Onu nerede bulacağını yalnızca Alfonso Fuenmayor bilebiliyordu, bunu kaygılı bir cümleyle iletti bize:

"Ne zaman bir uçağın geçtiğini görsem, kendi kendi-me işte Julio Mario Santodomingo gidiyor diyorum."

Geri kalanlar dergi baskıya girmeden –ya da paralar ödenmeden önce– son dakikada bir şeyler yetiştirerek bi-zi gerilim içinde bırakan, elleri varırsa arada sırada katı-lımda bulunanlardı.

Bogota bizlere eşitleriymişiz gibi yaklaşsa da, oradaki yararlı dostlardan hiçbiri, hiçbir biçimde dergiyi su yüzünde tutmamıza yardımcı olacak bir çaba göstermedi. Bir tek kendi dergisiyle bizimki arasındaki incelikleri kavrayarak, aramızda iyi sonuç veren bir malzeme değiş-tokuşu anlaşması öneren Jorge Zalamea bunun dışında kalır. Ama bana kalırsa kimse *Crónica*'nın gerçek-te nasıl bir mucize olduğunu takdir edemedi. Yayın kuru-lunda her birini kişisel becerilerinden ötürü seçtiğimiz tam on altı üye vardı, hepsi de etten kemikten insanlardı, ama besbelli o kadar güçlü ve meşguldüler ki, insan var-lıklarından kuşkuya düşebilirdi.

Crónica'nın benim için bir başka önemi de baskı sü-recinde yaşanan sıkıntılar sırasında, boş yerleri doldur-mak için doğaçlama öyküler icat etmek zorunda kal-mamdı. Linotip çalışanları ve mürettipler kendi makine-lerinin başına geçtiklerinde ben de daktilomun başına oturur, hiç yoktan tam boşluk boyutlarında bir öykü uy-dururdum. Gecenin bir yarısında acil bir sorunu çözmeme yarayan 'De cómo Natanael hace una visita' (Natanael Nasıl Bir Ziyarete Çıktı?) ve beş hafta sonra 'Ojos de perro azul' (Mavi Köpeğin Gözleri) adlı öykülerimi işte böyle yazdım.

Bu iki öyküden adını André Gide'den izin almadan koyduğum ilki, aynı kişinin başından geçen öykülerin anlatıldığı bir dizinin kökenini oluşturdu. Daha sonra yine bir son dakika sıkıntısına derman olsun diye 'El final de Natanael'i (Natanael'in Sonu) yazdım. İkisi birlikte benimle bir ilgilerinin olmadığını görünce, hiç yüreğim sızlamadan arşive kaldırdığım altılık bir dizinin içinde yer aldılar. Ne öyküler ne de olay örgüleri hakkında aklımda bir şey kalmış olsa da, bir tanesini şöyle böyle hatırlıyorum: 'De cómo Natanael se viste de novia' (Natanael Nasıl Gelin Gibi Giyindi?). Baş kişinin tanıdığım biriyle bir ilgisini göremiyorum, öykü benim ya da bir tanıdığımın deneyimlerine de temellenmiyor; bu kadar müphem bir konuyla nasıl olup da bana ait bir öykü olduğunu bile anlayamıyorum. Kısacası Natanael insanlığa hiçbir yararı olmayan edebî bir riskti. Natanael ile yapmak istediğim gibi bir karakterin sıfırdan yaratılamayacağını unutmamak için bu felaketleri hatırlamak iyidir. Şansıma hayal gücüm kendimden bu kadar uzaklaşmama yetmiyordu, ne yazık ki edebî çalışmanın da duvar örmek kadar iyi bir ücret alması gerektiğine inananlardandım, mürettiplere iyi para veriyor ve zamanında ödeme yapıyorsak, yazarlara da para ödememiz için daha fazla neden vardı.

Crónica'daki çalışmalarımıza en iyi yankıyı Don Rámon'un Germán Vargas'a gönderdiği mektuplarından alıyorduk. Üzerinde en az durduğumuz haberlerle, Kolombiya'daki olaylarla ve dostlarının durumuyla ilgileniyor, Germán ona gazete kesikleri göndererek bitmek bilmez mektuplarında sansürün yasakladığı haberleri anlatıyordu. Demek istediğim şu ki, Germán için iki *Crónica* vardı: çıkardığımız dergi ve onun hafta sonları mektuplarında özetlediği. Bizi en fazla şevke getiren Don Ramón'un makalelerimiz üzerine yaptığı heyecanlı ya da sert yorumlardı.

Crónica'nın tökezlemelerini açıklamaya çalıştıkları nedenler ve hatta grubun kararsızlıkları konusunda bazılarının her şeyi benim doğuştan gelen, bulaşıcı talihsizliğime bağladıklarını rastlantı eseri öğrenmiştim. Ölümcül bir örnek olarak da edebiyat ve sporu yeni bir türde uzlaştırmaya çalışarak kesin bozguna uğradığımız, benim Brezilyalı futbolcu Berascochea ile yaptığım söyleşiyi gösteriyorlardı. Ben bu yakışıksız ünümü öğrendiğimde o çoktan Japy'nin müşterileri arasında yayılmıştı bile. İliklerime kadar bozulmuştu moralim, grubun geri kalanı gibi tüm bunlardan haberdar olan Germán Vargas'la dertleştim.

"Sakin ol üstat," dedi hiçbir kuşkuya kapılmadan, "sizin yazdığınız gibi yazmak hiç kimsenin kılına zarar getiremeyeceği bir talihle açıklanabilir ancak."

Hepsi de kötü geceler değillerdi, Negra Eufemia'nın evinde bir partinin düzenlendiği 27 Temmuz 1950 gecesinin yazarlık yaşamımda tarihi bir değeri vardır. Madam'ın nereden aklına esip de dört cins etten oluşan bir yahni ısmarlamak gibi bir iyilikte bulunduğunu bilmiyorum, çığrından çıkmış kokularla çılgına dönmüş çulluklar fırının çevresinde dört dönerek çığlıklar atıyorlardı. Aklını yitirmiş bir müşteri çulluklardan birini boynundan kaparak canlı canlı kaynar kazana attı. Hayvan acı içinde bir çığlık kopartacak zamanı ancak bularak son bir çırpınmayla cehennemî derinliklere battı. Barbar katil bir kuş daha yakalamaya niyetleniyordu ki, Negra Eufemia tüm iktidarıyla tahtından doğrularak,

"Sakin dur Allah'ın cezası!" diye bağırdı. "Yoksa çulluklar gözlerini oyacak."

Bu olayın sadece benim için önemi vardı belli ki, çünkü o ilâhî yahniyi ağzıma koymaya bir tek benim yüreğim dayanmamıştı. Yatmaya gideceğime *Crónica*'nın ofisine giderek bir oturuşta çullukların gözlerini oyduğu üç kerhane müşterisinin ve kimsenin buna inanmayışının hikâyesini yazdım. İki satır aralıkla yazılmış dört dosya kâğıdı uzunluğundaydı, adı olmayan birinci çoğul şahıs bir anlatıcısı vardı. Şeffaf bir gerçekliğe sahipti, yazdığım öykülerin en bilmeceli olanıydı kuşkusuz, beni izleyemediğim için neredeyse terk edeceğim bir yola sokmuştu yazarken. Cuma gecesi sabahın dördünde yazmaya başlamış, aynı sabah sekizde şaşkın bir falcının çekeceği türden bir işkence içinde bitirmiştim. *El Heraldo*'nun tarihi mürettipi Porfirio Mendoza'nın şaşmaz işbirliğiyle ertesi gün dağıtılacak olan *Crónica*'nın baskısına oturacak biçimde sayfa planını hazırladık. Kâğıtların üzerine inmek üzere olan giyotinin sıkıştırmasıyla umutsuzluk içinde son dakikada bulabildiğim başlığı Porfirio'ya söyleyebildim de, erimiş kurşunun üzerine doğrudan yazabildi: 'La noche de los Alcaravanes' (Çullukların Gecesi).

Metafizik bir belirsizlik içindeki dokuz öykümden sonra, bir türlü bir ucundan tutmayı başaramadığım bir yazın türünde devam etmek konusunda hiçbir planım yokken benim için yeni bir çağın başlangıcı oldu bu. Jorge Zalamea ertesi ay öykümü önemli şiirlerin yayınlandığı çok iyi bir şiir dergisi olan *Crítica*'da bastı. Aradan elli yıl geçtikten sonra bu bölümü yazmadan önce okuduğum öykümün tek bir virgülünü bile değiştireceğimi sanmıyorum. İçinde yaşadığım pusulasız karmaşa içinde bu benim için bir ilkbahara adım atmaktı.

Ülkeyse tersine durmadan irtifa kaybediyordu. Laureano Gómez Cumhuriyet'in başkanlık seçimlerine adaylığını koyabilmek için New York'tan dönmüştü. Liberalizm bu şiddet imparatorluğu karşısında geri çekilince, Gómez 7 Ağustos 1950'de tek aday olarak seçildi. Kongre kapalı olduğu için görevi Yüksek Adalet Mahkemesi'nde devraldı.

Şahsen başkanlık yapacak fırsatı neredeyse olamadı

çünkü on beş ay sonra gerçekten sağlık nedenleriyle başkanlıktan çekilmek zorunda kaldı. Başkan yardımcısı sıfatıyla hukukçu ve Muhafazakâr parlamento üyesi Roberto Urdaneta Arbeláez görevi devraldı. Keskin gözlemciler bunu Laureano Gómez'e son derece uygun bir çözüm olarak nitelediler. İktidarı kaybetmeden başka ellere bırakmış, evinden aracı kullanarak devleti yönetmeye devam ediyordu. Acil durumlarda da telefona sarılıyormuş.

Bana kalırsa çulluk kuşunun kurban edilmesinden bir ay önce Álvaro Cepeda'nın Columbia Üniversitesi'nden aldığı derecesiyle geri dönmesi o günlerin kederli alınyazısına katlanmamızda belirleyici bir rol oynadı. Fırçayı andıran bıyığı olmadığı gibi, saçı başa daha da karmakarışıktı ve gittiğinden daha vahşi görünüyordu. Germán Vargas'la birlikte aylardan beri New York'ta onu zapturapta almış olabileceklerinden korkarak bekliyorduk, uçağın merdivenlerinden sırtında cekcti ve boynunda kıravatıyla, elindeki Hemingway'in yeni çıkan *Irmaktan Öteye Ağaçların İçine* adlı romanını sallayarak selam verdiğini görünce, gülmekten öleyazdık. Elinden romanı kapıp iki yanını da okşadıktan sonra bir şey sormak isteyince Álvaro atılarak,

"Bir boka benzemiyor!" dedi.

Gülmekten boğulacak gibi olan Germán Vargas kulağıma eğilerek "Gittiği gibi dönmüş," diye fısıldadı. Álvaro sonradan bize roman hakkındaki bu değerlendirmesinin şaka olduğunu çünkü romanı Miami'den kalkan uçakta daha yeni okumaya başladığını açıkladı. Ne olursa olsun moralimizi düzelten eskisinden de çılgın bir gazetecilik, sinema ve edebiyat kızamığı getirmiş olmasıydı. Daha sonraki aylarda o yeniden ortama alışırken, bizim ateşimizi de sürekli kırk derecede tuttu.

Hemen bulaşan bir hastalıktı bu. Bir süreden beri kendi halinde bir kör dövüşünün içinde bulunan 'La Jirafa' *La casa*'nın taslaklarından çıkma iki parçayla yeniden soluk almaya başladı. Biri hiç doğmayan 'Albay'ın Oğlu', öteki de farklı yollar ararken kapısını defalarca çaldığım ama hiç yanıt vermeyen 'Ny' adlı kaçak kız çocuğuydu. Ayrıca, bu kez pazarları boş zaman geçirme aracı olarak değil de, hiç nedeni yokken kitapçıların çocuk bölümlerine mahkûm edilmiş yeni bir edebî tür olarak ilkgençliğimdeki resimli roman merakıma da yeniden kavuşmuştum. Bir sürü kahramanın arasında en sevdiğim Dick Tracy'ydi. Ve sonra, nasıl olmasın ki, dedemin içime yerleştirdiği, Aracataca'da Don Antonio Daconte'nin beslediği, Àlvaro Cepeda'nın en iyi filmlerin uzak ülkelerden gelen yolcuların anlattıklarıyla bilindiği bir ülkede hakiki bir tutku haline dönüştürdüğü sinema mezhebine de yeniden kavuştum. Gelişinin iki büyük yapıtın gösterime girmesiyle çakışması bir şanstı: Clarence Brown'un William Faulkner'in romanından uyarlayarak yönettiği, *Intruder in the Dust* ve William Dieterle'ın Robert Nathan'ın romanından uyarlayıp filme çektiği *Portrait of Jenny* (Jenny'nin Portresi). Àlvaro Cepeda'yla yaptığım uzun konuşmaların ardından her iki filmi de 'La Jirafa' da yorumladım. O kadar ilgilenmiştim ki, sinemayı başka bir gözle görmeye başladım. Bu sanatı böyle tanımazdan önce en önemli adın listenin en sonunda görünen yönetmeninki olduğunu bilmezdim. Benim için sinema, senaryo yazıp oyuncuları idare etmekten ibaret bir işti, geri kalanı da ekibin farklı üyeleri hallediverirdi. Àlvaro döndükten sonra ABD'de sinema hakkında öğrendiklerini bana zorla öğretebilmek için en kötü meyhanelerin masalarında çığlıklar ve beyaz rom eşliğinde tam bir kurs verdi, orada yapılanların aynısını Kolombiya'da yapabilmek için gözlerimiz açık düşler görerek sabahı ederdik.

Bu gözalıcı patlamaların dışında da tam gaz giden Àlvaro'yu izleyen arkadaşların izlenimi yazı yazmaya oturacak kadar iç huzuru olmadığıydı. Onun yakınında yaşayanlarımız bir saatten daha uzun süre bir çalışma

masasında oturmasını sağlayamıyorduk. Döndükten iki-
üç ay sonra Tita Manotas –gedikli sevgilisi ve yaşam bo-
yu eşi– korku içinde bizi arayarak Àlvaro'nun sattığı tari-
hi kamyonetinin torpido gözünde başka kopyası olma-
yan yayınlanmamış öykülerini unuttuğunu haber verdi.
Àlvaro ona pek yakışan bir uslamlamayla "Alt tarafı altı-
yedi boktan öykü," diyerek bulmak için hiçbir çaba gös-
termemişti. Arkadaşları ve gazetenin muhabirleri tüm
Karayip kıyısında ve Medellin'e kadar ülkenin iç kesim-
lerinde defalarca yeniden satılan kamyonetin bulun-
masında Tita'ya yardım ettik. Sonunda aracı iki yüz kilo-
metre ötedeki Sincelejo'da bir atölyede bulduk. Saman
kâğıtlarına yazılı paçavra halindeki yarım asılları Àlvaro
dikkatsizlikten ya da mahsus yeniden bir yerde unutur-
sa diye korkumuzdan Tita'ya emanet ettik.

Bunlardan ikisi *Crónica*'da basıldı, kalanları basıl-
maları için bir çözüm bulunana kadar iki yıl Germán Var-
gas sakladı. Arkadaş grubumuzun sadık ressamı Cecilia
Porras öyküleri Àlvaro'yu aynı anda girebileceği her kı-
lıkta gösteren, kendi röntgenine benzeyen esin dolu çi-
zimlerle resimledi: kamyon sürücüsü, palyaço, deli şair,
Columbia'da öğrenci; kısaca olağan, sık rastlanan bir
adam dışında her şey. Kitabı Mundo Kitapçısı 'Todos es-
tabamos a la espera' (Hepimiz Bekliyorduk) adıyla bastı;
bu, akademisyen eleştirmenlerin gözünden kaçan bir
basın olayı haline geldi, benim için –öyle de yazdım za-
ten– Kolombiya'da basılmış en iyi öykü kitabıydı.

Alfonso Fuenmayor'a gelince; dergi ve gazetelerde
eleştirmen ve edebiyat öğretmeni olarak yorum ve eleş-
tiriler yazardı ama bunları bir kitapta toplama konusun-
da çok sakıngandı. Belki yalnızca Àlvaro Mutis ve Eduar-
do Zalamea ile kıyaslanabilecek alışılmadık açgözlülük-
te bir okurdu. Germán Vargas'la ikisi öylesine ince eleyip
sık dokuyan eleştirmenlerdi ki, eleştirilerden en büyük
payı kendi öyküleri alırdı, genç değerler bulma konusun-
daki gayretleriyse onları hiçbir zaman yanıltmadı. O ya-

ratıcı baharda Germán'ın geceleri sabahlara kadar usta işi öyküler yazdığı dedikodusu ısrarla yayıldıysa da, yıllar sonra benim can yoldaşım Susana Linares ile evlenmesine saatler kala, baba evindeki yatak odasına kapanarak müstakbel karısının bile okuyamaması için hepsini yakana kadar bu öykülerden hiçbir haber alınamadı. Öykü ve deneme, belki de bir roman taslağı oldukları sanılıyordu ama Germán olaydan ne önce bu konudan tek bir söz etti ne de sonra; tek bilinen, düğününün arifesinde ertesi gün karısı olacak kadının bile bu konuda bir şey öğrenmemesi için çetin önlemler aldığıydı. Susana onun ne yapacağının farkına varmış ama kayınvalidesi izin vermediği için odaya girip de onu engelleyememiş, "O zamanlar," –diye açıklamıştı Susi yıllar sonra hınzır şakacılığıyla– "genç bir kız evlenmeden önce nişanlısının yatak odasına giremezdi."

Don Ramón'un giderek seyrelen mektupları daha örtük ve kederli hale geldiğinde gideli bir yıl olmamıştı neredeyse. 7 Mayıs 1952 tarihinde, tam öğle vakti Mundo Kitapçısı'na girdiğimde Germán'ın bana Don Ramón'un iki gün önce, düşlerinin Barcelona'sında öldüğünü söylemesine gerek bile kalmadı. Günün ortasında kahveye girdiğimizde herkesin yorumu aynıydı:

"İnanamıyorum!"

O zamanlar yaşamımın değişik bir yılını yaşadığımın farkında bile değildim ama şimdi bunun belirleyici bir dönem olduğu konusunda hiçbir kuşkum yok. O zamana kadar pervasız tavırlarımdan memnundum. Herkesin canı istediği, işine geldiği gibi yaşadığı bir kentte bir sürü insan beni sevip saygı duyuyordu, bazıları da hayrandı. Yoğun bir sosyal yaşantım vardı, Àlvaro Cepeda'yı taklit etmek için satın alınmış gibi görünen hacı sandaletlerimle sanatsal ve toplumsal tartışmalara katılırdım, pamuklu kumaştan tek bir pantolonum ve duşta yıkadığım verevine çizgili iki gömleğim vardı.

Çeşitli nedenlerle –ki bazıları fena halde uçarıydılar–

bir günden ötekine giysilerime çekidüzen vermeye başladım, saçlarımı acemi er gibi kestim, bıyığımı kırptım, kent tarihçisi ve grubumuzun gezgin üyesi Dr. Rafael Marriaga'nın ayağına büyük geldiği için hiç giymeden bana verdiği senatör ayakkabılarını kullanmayı öğrendim. Sanki Aracataca Sibirya'daymışçasına Gökdelenler'deki odanın sıcağından boğulacak gibi oluyor, uyandıkları zaman yüksek sesle konuşan gelip geçici müşteriler adına ıstırap çekiyor, küçük gece kuşları odalarını tatlısu teknelerinin mürettebatlarından bölüklerle doldurdukları için homurdanıp duruyordum.

Bugün farkındayım ki o dilenci görünümümün nedeni ne yoksulluk ne de şairlikti, tüm enerjimi derinlemesine yazmayı öğrenmenin inatçı zorluklarında tüketiyormuşum. Doğru yolu bulur bulmaz Gökdelenler'den çıkarak kentsel ve toplumsal anlamda başka bir uç olan huzurlu Prado Mahallesi'ne taşındım, Meira Delmar'ın evinden iki, zengin çocuklarının pazar âyininden sonra bakire sevgilileriyle dans ettikleri tarihi otelden de beş blok ötede oturuyordum. Belki de Germán'ın dediği gibi: Kötüye giden bir iyileşmeydi benimki.

Sucre'den tanıdığım, epey bir süreden beri beni yitip gitmekten kurtarmaya kararlı görünen Avila kız kardeşlerin –Esther, Mayito ve Toña– evinde kalıyordum. Beni şımarık torun huylarımın çoğundan vazgeçiren kartondan bir bölme yerine özel banyolu, penceresi bahçeye açılan düzgün bir odam vardı. Günde üç öğün yemek de dahil arabacı maaşından biraz daha fazlasına geliyordu. Bir pantolonla, uzunca bir süre bana gizli bir gemi ibnesi ünü sağlayan beş-altı tane çiçekli kuşlu, iri desenli tropikal gömlek aldım. Nereye gitsem eskiden yolumun kesişmediği eski arkadaşlarıma rastlıyordum. Şaşırarak 'La Jirafa'nın münasebetsizliklerini ezberden söyleyebildiklerini gördüm, sporculara yaraşır bir bütünlüğü olduğunu söyledikleri *Crónica*'nın hastasıydılar, hatta anlamamalarına karşın öykülerimi okuyorlardı. Liceo Nacional'deki yatakhane arkadaşım Ricardo González Ripoll ile karşılaştım, mimar diplomasıyla Barranquilla'ya yerleşmiş, bir yıldan az bir süre içinde, sabaha karşı içine sekiz yolcu sıkıştırdığı yaşı belli olmayan ördek kuyruklu bir Chevrolet alarak yaşamını çözümlemişti. Haftada üç gece erkenden beni almaya gelir, kimisi sihirli politik formüllerle, kimisi polisle çatışarak ülkenin durumunu düzeltmeyi kafaya koymuş yeni arkadaşlarımızla gezmeye giderdik.

Bu gelişmeleri öğrenen annem bana tam da ondan beklenecek bir mesaj göndermişti: 'Para parayı çeker.' Bir gece Japy Kahvesi'nde karşılaşıp da, Lope de Vega'nın parlak cümlesine sığınana kadar grup arkadaşlarımı bu değişikliklerden haberdar etmemiştim: 'Yaşamıma çekidüzen verdim, düzensizliğimle uyum içinde kendimi toparlamak işime geldi.' Bir futbol stadyumunda bile bu kadar ıslık duyduğumu hatırlamıyorum. Germán, Gökdelenler'in dışında aklıma tek bir fikir bile gelemeyeceğine bahse girdi. Álvaro kursağıma günde üç kez düzenli yemek girmesinin yarattığı mide kramplarıyla baş edemeyeceğim iddiasındaydı. Alfonso'ysa hepsinin aksine özel yaşamıma böyle yıpratıcı bir tavırla burunlarını sokmalarına karşı çıkarak, derhal *Crónica*'nın kaderi konusunda radikal bir karar vermek üzerine tartışmaya başlamamız gerekçesiyle bu konuyu kapattı. Bana kalırsa hepsi yüreklerinin derininde içinde yaşadığım düzensizlik nedeniyle suçluluk duyuyorlardı, ama rahat bir soluk alarak kararım için beni kutlamayacak kadar da dürüsttüler.

Beklentilerin tersine sağlığım da moralim de düzeldi. Zaman azlığından daha az okuyordum ama 'La Jirafa'nın sesinin tonunu yükseltmiştim, yeni odamda, eskiden Mono Guerra'yla harcadığım günün erken saatlerinde Alfonso Fuenmayor'un bana ödünç verdiği tarihöncesinden kalma daktiloda kendimi *Yaprak Fırtınası*'nı yazmaya zorluyordum. Gazetenin haber merkezinde geçirdiğim normal bir öğle sonrasında 'La Jirafa'yı, bir makaleyi, imzasız çıkan bir sürü haberimden bazılarını yazabilir, bir dedektiflik öyküsünü özlü-sözlü hale getirebilir, *Crónica*'nın baskıya girebilmesi için tamamlanması gereken son dakika yazılarını halledebilirdim. Günler geçtikçe ilerlemekte olan romanımın kolaylaşacağına kendi kriterlerini benimkilere karşı dayatması şansımaydı, bunu hayırlı rüzgârların belirtisi olarak yorumlayacak kadar da saftım.

Keyfim o kadar yerindeydi ki, bir son dakika makalesi için *Crónica*'nın üç sayfasını ayırdığımız önemli bir politik yorumcu ciddi bir kalp krizi geçirince acil çözüm olarak hazırlık yapmaksızın on numaralı öykümü –*Alguien desordana estas rosas* (Biri Bu Gülleri Karıştırmış)– kaleme aldım. Ancak öykümün basılı taslağını düzeltirken hiç düşünmeden yazdığım o durağan dramlardan biri olduğunun farkına varabildim. Bu terslik bir arkadaşı gece yarısından biraz önce, üç saatten az bir sürede makaleyi yazması için uyandırmanın pişmanlığını da artırdı. Bu tövbekâr ruh haliyle öykümü aynı sürede yeniden yazdım ve pazartesi günü bir kez daha yayın kurulunun karşısına dikilerek, dergiyi durgunluğundan çıkarmak için acilen sokaklara dökülerek şoke edici haberler yapmamız gerektiğini yineledim. Bu düşüncem –herkesin ortak fikriyle– mutluluğuma uygun düşen bir gerekçeyle bir kez daha reddedildi: Saf, pastoral haber anlayışımızla kendimizi sokaklara atarsak, dergi zamanında çıkamazdı –çıkacaksa tabii–. Bunu bir övgü olarak kabullenmeliydim ama gerçek nedenin Berascochea hakkında yaptığım haberin talihsiz anısı olduğu tatsız fikrinden kurtulamadım bir türlü.

Dünyanın bu bölümünde söylenen ve hâlâ söylenmekte olan şarkıların yazarı Rafael Escalona'nın telefon etmesiyse, hoş bir teselliydi. Barranquilla, Aracataca'daki şenliklerden ve Karayip kıyılarındaki yoğun radyo yayınlarından tandığımız akordeonlu ozanların sık sık uğradığı canlı bir merkezdi o zamanlar. Çok tanınmış bir şarkıcı da Eyalet'te ortaya çıkan yenilikleri bize ulaştıran Guillermo Buitrago'ydu. Bir başkası çıplak ayaklı yerli Crescencio Salcedo, Americana'nın köşesinde durur, hiçbir törenselliğe gerek duymadan kendi yazdığı ve başkalarının yazdıkları şarkıları söylerdi, sesinde teneke bir tını da yok değildi, ama o kadar kendine özgü bir sanatı vardı ki, San Blas Caddesi'nin kalabalığı içinde kendini gösterirdi. Gençliğimin önemli bir bölümünü herkesin şarkılarından oluşma geniş dağarcığını ezbere öğrenene kadar onun yakınında dikilerek geçirdim ama ne bir selam verdim ne de kendimi belli ettim.

İçimde biriktirdiğim bu tutku doruk noktasına bir öğle sonrasının mahmurluğunda, 'La Jirafa'yı yazarken çalışmam kesildiğinde vardı. Çocukluğumdan tanıdığım bir sürü insanın sesine benzeyen bir ses önceden hiçbir açıklamada bulunmadan beni selamladı:

"İşler nasıl kardeşim, ben Rafael Escalona."

Beş dakika sonra Roma Kahvesi'nde, bize ayrılan bir masada yaşam boyu sürecek bir dostluğa başlamak üzere buluştuk. Selamlaşmamızı bitirir bitirmez Escalona'ya bana son şarkılarını söylemesi için baskı yapmaya koyuldum. Parmaklarıyla masaya vurarak çok alçak ama ölçülü bir sesle oradan buradan dizeler okudu. Her dizede toprağımızın sevilen halk şiirleri dolaşıyordu yeni bir kılıkta. 'İfade ettikleri gibi davranman için sana bir demet unutmabeni vereceğim,' diye şarkı söyledi. Bana gelince; minicik yaşımdan beri sözlü geleneğin girdaplı ırmağına atılmış biri olarak vatanının en iyi şarkılarını ezbere bildiğimi gösterdim ona. Onu en çok şaşırtansa sanki orada bulunmuşum gibi Eyalet'ten söz etmemdi.

Günler önce Escalona otobüsle Villanueva'dan Valledupar'a giderken, bir yandan da ertesi pazar karnavallarda söylenecek yeni bir şarkının müziğini besteleyip sözlerini yazıyormuş belleğinden. Onun ilkel yöntemi de buydu çünkü ne bir müzik aleti çalmayı biliyordu ne de nota okumayı. Yol boyundaki kasabalardan birinde ayağında sandaletleri elinde akordeonuyla gezici bir ozan binmiş otobüse; şenlikten şenliğe gezip şarkı söyleyerek ülkeyi bir baştan ötekine kateden sayısız adamdan biri. Escalona onu yanına oturtarak kulağına yeni şarkısının iki tam dörtlüğünü okumuş.

Ozan yarı yolda otobüsten inmiş, Escalona Valledupar'a kadar devam etmiş, orada bir grip salgınına yakalanmış olarak kırk derece ateşle yatması gerekmiş. Üç gün sonra pazar karnavalında, Escalona'nın gezgin dostunun kulağına gizlice söylediği şarkısı Valledupar'dan Cabo de Vela'ya kadar eski yeni tüm şarkıları silip süpürmekteymiş. O karnaval ateşiyle yorgan döşek yatarken şarkıyı kimin yaydığını, ona kimin 'Yaşlı Sara' adını verdiğini yine Escalona'dan başka bilen yokmuş.

Bu öykü doğruydu ama en şaşırtıcı şeylerin son derece doğal sayıldığı bir bölgede ve toplulukta tuhaf bir yanı yoktu. Muhtemelen Aruba ya da Curazao'dan ithal edilmiş olan akordeon Valledupar Eyaleti'nde çok tutulurdu ama Kolombiya'ya özgü ya da ülkede yaygın kullanılan bir müzik aleti değildi. İkinci Dünya Savaşı sırasında Almanya'dan ithalatına ara verilmiş, Eyalet'tekiler sahiplerinin özenli bakımı sayesinde sağ kalmışlardı. Bunlardan biri de yalnızca dâhi bir bestekâr ve usta bir akordeoncu olmakla kalmayıp doğuştan kör olmasına karşın savaş süresince bu müzik aletini tamir etmeyi bilen biricik kişi olan Leandro Díaz'dı. Bu özgün ozanların yaşam biçimi kasabadan kasabaya dolaşarak dini ya da pagan bayramlarda, özellikle de karnavalların cümbüşünde gündelik tarihin gülünç ya da muzaffer olaylarını betimleyen şarkılar söylemekti. Ama Rafael Escalona' nın durumu farklıydı. Albay Clemente Escalona'nın oğlu ünlü Piskopos Celedón'un yeğeni, kendi adını taşıyan Santa Marta Lisesi'nin mezunuydu, akordeonla şarkı söylemeyi işçilere yaraşan bir davranış sayan ailesinin bunu bir rezalet olarak görmesine karşın çok genç yaşında beste yapmaya başlamıştı. Lise mezunu olan tek ozan olmasının yanı sıra, o zamanlar az sayıda okuma yazma bilenlerinden de biriydi, bu kadar fiyakalı ve aşka meyilli biri gelmemiştir dünyaya. Ama sonuncusu değildi ve olmayacaktı da: Şimdi böylelerinden yüzlerce var, giderek de yaşları küçülüyor. Başkanlığının son günlerinde, ta Eyalet'ten Beyaz Saray'a şarkı söylemeye giden bir grup çocuğu dinlerken, Bill Clinton da dinlemişti Escalona'yı.

Şansımın yaver gittiği o günlerde rastlantı eseri Sucre'deki eczacının on üç yaşından beri evlenme teklif ettiğim kızı Mercedes Barcha ile karşılaştım. Öncekilerin tersine nihayet bu kez Prado Oteli'nde dans davetimi kabul etti. Ancak o zaman giderek baskısı artan politik durum nedeniyle ailesiyle birlikte Barranquilla'ya taşındığını öğrendim. Babası *pasquin*'lerin tacizleri ve toplumsal yargılar kötülediği zaman ona yönelen ilk tehditlere pabuç bırakmayan sıkı bir Liberaldi. Ama ailesinin baskısı üzerine Sucre'de elinde avucunda kalanı satarak eczanesini Barranquilla'da, Prado Oteli'nin yakınlarında açmıştı. Babası babamın yaşında olmasına karşın benimle gençlere özgü, arada bir yolun karşısındaki meyhanede ısıttığımız, birkaç kere de tüm grupla birlikte El Tercer Hombre'de zil zurna sarhoş olarak geceyi tamamladığımız bir dostluğu vardı. Mercedes o sıralarda Medellín'de okuyor, yalnızca Noel tatillerinde ailesinin yanına geliyordu. Bana karşı her zaman neşeli ve dostça davranırdı, ama soru ve yanıtlardan kaçarak hiçbir konuda somut olmamak konusunda bir sihirbazın yeteneğine sahipti. Bunu reddetme ve kayıtsızlıktan daha şefkatli bir strateji olarak kabul ederek, karşıdaki meyhanede babası ve arkadaşlarıyla görüşmekle yetinirdim. Eğer babası o özlem dolu tatilde kızına olan ilgimden kuşkulanmadıysa, nedeni bunun Hıristiyanlığın ilk yirmi yüzyılının en iyi saklanan sırrı olmasıdır. Arada bir El Tercer Hombre'de kızının o ilk dansımızda bana söylediği cümleyi hatırlayarak kahkahalara boğulurdu: "Babam benimle evlenecek prensin henüz doğmadığını söylüyor." Mercedes'in buna inanıp inanmadığını bilmiyordum ama ertesi pazar Prado Oteli'nde sabah düzenlenen dans partisine davetimi kabul ettiği Noel arifesine dek inanırmış gibi görünüyordu. O kadar körinançlıydım ki, onun bu boyun eğişini berberin yarattığı artist bıyığıma ve saçlarıma, Türklerin düzenlediği bir açıkartırmadan ucuza aldığım ham pamukludan takımıma ve ipek kıravatıma verdim. Her yere olduğu gibi dansa da babasıyla geleceğinden emin olarak tatilini benimle geçiren kardeşim Aida Rosa'yı da davet ettim. Ama Mercedes yapayalnız gelerek öylesi bir doğallık ve ironiyle dans etti ki, her türlü ciddi öneri ona gülünç görünecekti. O gün yıllar boyunca dans edilen, bugün bile canlı olan Karayip havalarının kökenini oluşturacak *merecumbré*'nin muzaffer yaratıcısı, benim *compadre*'m Pacho Galán'ın unutulmaz döneminin başlangıcıydı. Mercedes günün moda danslarını çok iyi kotarıyor, ustalığından yararlanarak sihirli bir incelikle peşindekileri ve ona yapılan teklifleri savuşturuyordu. Bu taktiği beni ciddiye almadığına inanmamı sağlamak içinmiş gibi geldi, ama o kadar incelikliydi ki, her zaman bir adım daha atmanın yolunu buluyordum.

Saat tam on ikide zaman nedeniyle telâşa kapılarak beni parçanın ortasında, olduğum yerde bırakıp onu kapıya kadar geçirmemi bile istemeden çekip gitti. Bu davranışı kardeşime o kadar tuhaf gelmişti ki, bir biçimde kendini sorumlu hissetmişti; bu gün hâlâ bu hüzün verici deneyimin Aida'nın aniden Medellín'deki Salesian Manastırı'na kapanmaya karar vermesinde etkisi olup olmadığını sorarım kendime. O günden sonra zamanla Mercedes'le aramızda hiçbir şey söylemeden, hatta birbirimizi görmeden bile anlaşabileceğimiz kişisel bir şifre geliştirdik.

Bir ay sonra, bir sonraki yılın 22 Şubatı'nda Mercedes'ten tekrar haber aldım. *El Heraldo*'ya benim için süssüz püssüz bir mesaj bırakmıştı: 'Cayetano'yu öldürdüler.' Bu, bizim için tek bir kişi olabilirdi yalnızca. Cayetano Gentile, Sucre'den arkadaşımız, müstakbel doktor, danslı partilerin ev sahibi, müzmin âşık. İlk haberlere göre Chaparral'daki okulun, at üzerinde ikisini birlikte gördüğümüz genç öğretmeninin iki erkek kardeşi tarafından bıçaklanmıştı. Gün boyunca bir telgraftan ötekine tüm öyküyü öğrendim.

Kolayca telefon edilebilen günler gelmemişti henüz, kişisel uzun mesafe görüşmelerinin önceden telgrafla ayarlanması gerekiyordu. İlk tepkim bir muhabirinkiydi. Hikâyeyi yazmak için hemen Sucre'ye gitmek istedim ama gazetede bunu duygusal bir itki olarak yorumladılar. Şimdi bunun nedenini çok daha iyi anlıyorum çünkü biz Kolombiyalılar o zamanlar bile birbirimizi her türlü nedenle öldürüyor, hatta ortada bir neden yoksa bunu uyduruyorduk, aşk ve tutku cinayetlerininse kentlerdeki zenginlere özgü lüksler olarak ayrı bir yeri vardı. Tanıklardan bilgi toplamaya başladım, sonunda annem gizli niyetimi keşfederek bu yazıyı yazmamam için bana yalvardı. En azından Cayetano'nun annesi Doña Julieta Chimento sağken yazmamalıydım, bunun en önemli nedeni de kadıncağızın sekiz numaralı kardeşim Hernando'nun vaftiz annesi, böylelikle de annemin kutsal *comadre*'si olmasıydı. İyi bir haberin olmazsa olmazı olan annenin görüşünün ağırlığı büyüktü. Öğretmenin iki kardeşi evine sığınmaya çalışan Cayetano'yu izlemişler, Doña Julieta oğlunun yatak odasında olduğunu sanarak sokak kapısını kilitlemeye koşmuş, böylelikle Cayetano içeriye girememiş ve kilitli kapının önünde onu ölene dek bıçaklamışlar.

İlk tepkim hemen oturup bu cinayetin haberini yazmak oldu ama karşıma her türlü engel çıktı. Aslında beni ilgilendiren cinayetin kendisi değil, edebî toplumsal sorumluluk konusuydu. Ama ne dersem diyeyim annemi ikna etmeyi başaramadım, onun izni olmadan haberi yazmak da saygısızlık gibi göründü. Ancak o günden sonra bu haberi yapma arzusunun peşime düşmediği tek bir gün bile yaşamadım. Tam yavaş yavaş bu arzum yatışmaya başlamıştı ki, yıllar sonra, Argel Havaalanı'nda bir uçağın kalkmasını beklerken birinci sınıfın bekleme odasının kapısı açılarak, soy-sopunu gösteren kusursuz beyaz tuniğinin içinde bir Arap prensi çıktı, bileğine muhteşem güzellikte bir dişi doğan tünemişti, bu kuşlara özgü klasik deri kukuletanın yerine elmaslarla işli altın bir başlığı vardı. Hemen aklıma ilk önce yerel çakırdoğanlarla, sonra da Arabistan'dan getirilen muhteşem örneklerle, av kuşlarıyla avlanma sanatını babasından öğrenmiş olan Cayetano Gentile geldi. Öldüğü sırada çiftliğinde içinde keklik avına eğitilmiş iki dişi ve bir erkek şahinle, kişisel savunma uzmanı bir İskoç doğanı bulunan profesyonel bir kuşluğu vardı. O sıralarda George Plimpton'un *The Paris Review*'da Ernest Hemingway ile yaptığı, gerçek kişileri roman kahramanlarına dönüştürme süreci hakkındaki tarihî söyleşisini okumuştum. Hemingway şöyle yanıt vermişti: "Bunun nasıl yapıldığını açıklarsam, iftira davalarında uzman avukatlar için bir elkitabına dönüşebilir." Benim Allah'ın o sabahında Argel'deki durumum bunun tam tersiydi kuşkusuz: Cayetano'nun ölümünün hikâyesini yazmazsam huzur içinde yaşayamayacaktım.

Annem bu acıklı olaydan otuz yıl sonra Barcelona'ya telefon edip de, Cayetano'nun annesi Julieta Chimento' nun oğlunun acı kaybının üstesinden gelemeden öldüğü kötü haberini verene kadar ne söylersem söyleyeyim hikâyemi yazmama razı gelmedi. O katı ahlâk duygusuyla ancak o zaman haberi yazmamı engelleyecek neden kalmadığına karar vererek,

"Senden tek bir ricam var," dedi, "Cayetano benim kendi oğlummuş gibi davran."

Hikâyem iki yıl sonra *Crónica de una muerte anunciada* (Haberli Bir Ölümün Güncesi) adıyla çıktı. Annem kendi kişisel müzemde ondan bir mücevher olarak sakladığım başka bir gerekçesiyle okumadı öykümü: "Yaşamda böylesine kötü bir olay bir kitapta iyi olamaz ki."

Cayetano'nun ölümünden bir hafta sonra, öğleden sonra saat beşte *El Heraldo*'da günlük işlerimin başına oturmuşken masamdaki telefon çalmaya başladı. Arayan hiç haber vermeden Barranquilla'ya gelmiş olan babamdı, beni Roma Kahvesi'nde bekliyordu. Sesindeki gerilim beni korkuttu, onu daha önce hiç görmediğim gibi üstü başı berbat bir durumda, tıraşsız görünce daha çok paniğe kapıldım, üzerinde yolun insanı soluksuz bırakan sıcağından toz içinde kalmış gök mavisi 9 Nisan takımı vardı, yenilmişlerin o tuhaf sükûnetiyle güçbela ayakta duruyordu.

O kadar içim daralmıştı ki, babamın bana ailemin içinde bulunduğu felaketi haber verirkenki sıkıntısını ve açıklığını bu satırlara yansıtabilecek gibi hissetmiyorum kendimi. Sucre, kolay yaşam ve güzel kızların cenneti, politik şiddetin sismik hareketlerine maruz kalmıştı, Cayetano'nun ölümü bunun başka bir belirtisiydi yalnızca.

"O cehennemin ne olduğunu bilemezsin çünkü bu barış vahasında yaşıyorsun," dedi babam, "ama bizler orada hâlâ sağsak, Tanrı kim olduğumuzu bildiği içindir."

9 Nisan'dan sonra öfke kusan Liberallerden gizlenmek zorunda kalmayan az sayıda Muhafazakâr Parti üyesinden biriydi, ama şimdi eskiden onun gölgesine saklanan Muhafazakârlar ılımlı tavrından ötürü babamı hor görmeye başlamışlar. Bana o kadar korkutucu –ve o kadar gerçek– bir tablo çizdi ki, her şeyi arkasında bırakarak aileyi Cartagena'ya götürme konusunda alınmış acele kararını haklı çıkartıyordu. Ona karşı çıkmak için ne nedenim vardı ne de cesaretim, ama belki de taşınmaktan daha az radikal bir çözüm bularak onu yavaşlatabileceğimi düşündüm.

Düşünecek zamana ihtiyaç vardı. Her birimiz kendi

düşüncelerine gömülmüş halde iki alkolsüz içki içtik, daha içkilerimizi bitirmeden ateşli idealizmine kavuşarak ağzımı açmama fırsat bırakmadı. "Tüm bu kargaşanın içinde tek tesellim," dedi titrek bir iç çekişle, "senin sonunda eğitimini bitirecek olmanın verdiği mutluluk." Bu kadar eften püften bir nedenle böyle hayalî bir mutluluğa kapılmasının beni ne kadar duygulandırdığını ona hiçbir zaman söyleyemedim. Midemde buz gibi bir soluk hissederek sanki ailemin yeniden böyle göç etmesi babamın beni avukat olmaya zorlamak için bulduğu bir kurnazlıktan ibaretmiş gibi sapık bir düşünceye kapıldım. Sonra birden son derece savunmasız ve kaygılı olduğunun farkına vardım, ne beni bir şeye zorlayacak ne de yaptıklarıma itiraz edecek hali vardı, ama kendi İlâhi Adaleti'ne olan inancı benim sırf yorgunluktan teslim olacağımı düşünecek kadar tamdı. Dahası da var: Aynı kul köle ruh haliyle Cartagena'da bana bir iş bulduğunu, ertesi pazartesi başlamam için her şeyin hazır olduğunu söyledi. Harika bir iş, diye açıkladı, tek yapmam gereken on beş günde bir giderek maaşımı almaktan ibaretmiş.

Benim hazmedebileceğimden çok daha fazlaydı bu. Dişlerimi sıkarak onu olumsuz bir sona hazırlayacağımı umduğum bir-iki çekincemi dile getirdim. Annemle Aracataca'ya yaptığımız yolculuktaki, hakkında hiçbir yorum yapmadığı uzun konuşmamızdan söz ettim, onun kayıtsızlığını bu konuda verilebilecek en iyi yanıt olarak algılamıştım. En üzücüsü de benim zarlarım hileliydi, çünkü ikinci yılımda asla bütünlemelerini vermediğim iki dersten, üçüncü yılımda da kurtarılması mümkün olmayan üç dersten kalmış olduğum için üniversiteye kabul edilmeyeceğimi biliyordum. Gereksiz tatsızlıklar çıkmasın diye bunu ailemden gizlemiştim, o öğle sonrası tutup babama anlatsam tepkisinin ne olacağını hayal etmek bile istemiyordum. Konuşmanın başında hiçbir yufka yürekliliğe boyun eğmemeye karar verdim çünkü onun kadar iyi bir insanın böylesine bozguna uğramış bir durumda çocuklarının karşısına çıkmak zorunda kalması içimi acıtıyordu. Ama bu bana hayata fazla güvenmek olurmuş gibi geldi. Sonunda kolay bir çareye teslim olarak bunu düşünmek için bir gece istediğimi söyledim.

"Anlaştık," dedi "ama sakın şunu gözden kaçırma, ailenin kaderi senin ellerinde."

Bu koşullandırma gereksizdi. Zayıflığımın o denli farkındaydım ki, onu akşamın yedisinde son otobüse geçirirken, yanındaki koltuğa oturmamak için yüreğimin sesini bastırmam gerekti. Bir çemberi tamamladığımız apaçıktı benim için, ailem yeniden öylesine yoksulaşmıştı ki, ancak herkesin katkılarıyla ayakta kalabilecekti.

Bir şeye karar verebilmek için iyi bir gece değildi. Kırsal kesimdeki şiddetten kaçarak ülkenin içlerinden gelen ve San Nicolás Parkı'nda kamp kuran aileleri polis zorla yerlerinden etmişti. Ama Roma Kahvesi'ndeki barış sarsılmazdı. İspanyol göçmenler Don Ramón Vinyes'in neler söylediğini soruyorlar, ben de şaka olarak mektuplarında İspanya'dan haberler yazmadığını ama Barranquilla'da olup bitenler hakkında kaygılı sorular sorduğunu söylüyordum. Öldükten sonra bir daha sözünü etmediler ama masalarındaki iskemlesini hep boş bıraktılar. Onun *tertulia* grubundan biri, bir önceki günün 'La Jirafa'sı için beni tebrik etti, nedendir bilmem ona Maríano José de Larra'nın yürek parçalayan romantizmini anımsatmıştı. Profesör Pérez Domenech o münasip cümlelerinden birini söyleyerek beni bu sıkıntıdan kurtardı neyse ki: "Umarım onun gibi kötü bir örneğin izinden gidip kendine bir kurşun sıkmazsın." Bu düşüncenin o gece duruma ne denli uygun düştüğünü bilseydi, böyle bir şey söylemezdi sanırım.

Yarım saat sonra Germán Vargas'ı kolundan çekiştirerek Japy Kahvesi'nin derinliklerine kadar götürdüm. Bize servis yapmaları biter bitmez ona danışmam gereken acil bir şey olduğunu söyledim. –Tıpkı Don Ramón gibi– kahve fincanı ağzının yarı yolunda hayretle sordu: "Nereye gidiyorsunuz?"

Falcılığı beni etkilemişti.

"Bunu nereden biliyorsunuz?" diye sordum.

Bilmiyordu, ama tahmin etmişti, benim çekilmemin *Crónica*'nın sonu ve ömrümün sonuna dek omuzlarımda taşıyacağım bir sorumsuzluk olacağını düşünüyordu. Bunun bir ihanete yaklaştığını anlamamı sağladı, kimsenin bunu demeye Gérman'dan daha fazla hakkı olamazdı. Kimse *Crónica*'yı ne yapacağını bilemiyordu, Alfonso'nun çok kritik bir anda dergiyi desteklediğini, hatta kendi olanaklarını aşan boyutlarda bir yatırım yaptığını biliyordum, benim gitmemin dergi açısından ölüm ilanı olduğu kötü düşüncesini Germán'ın kafasından çıkarıp atmama olanak yoktu. Her şeyi anladığından, gitmek için nedenlerim her neyse, onlardan kaçıp kurtulmamın mümkün olmadığını bildiğinden emindim, ama yine de ne düşündüğünü bana söyleyerek ahlâkî görevini yerine getirdi.

Ertesi gün Àlvaro Cepeda arabasıyla beni *Crónica*'nın ofisine götürürken, arkadaşlarının yaşadığı iç fırtınaların onda yarattığı kederin dokunaklı bir gösterimini sundu. Germán'dan gitme kararımı öğrenmişti kuşkusuz, ama örnek utangaçlığı ikimizi de bir salon tartışmasından kurtardı.

"Siktir et," dedi bana, "Cartagena'ya gitmek bir yere gitmek sayılmaz. Benim yaptığım gibi New York'a gitmek gibi bir şey çok boktan olurdu asıl, ama bak, buradayım."

Benimki benzeri durumlarla karşılaştığında ağlama arzusunu bastırmasına yarayan örnek alınacak tepkilerdi bunlar. Yine aynı nedenle ömrümüzün geri kalanında da bir sonuç alamadan yapacağımız gibi, o gün ilk kez Kolombiya'da sinema yapma projesi üzerine konuşmaya başlaması beni hiç şaşırtmadı. Bu konuyu açması bana biraz olsun umut verebilmek için seçtiği bir yan yoldu, San Blas Caddesi'ndeki tıkalı trafiğin ve uyduruk meyhanelerin arasında ani bir fren yaparak,

"Alfonso'ya söyledim bile," diye bağırdı arabanın penceresinden, "derginin canı cehenneme! Bir tane *Time* gibi yaparız!"

Alfonso'yla konuşmamız ne onun için kolaydı ne de benim için, zaten altı aydır erteleyip durduğumuz bir açıklamanın yanı sıra, ikimiz de böylesi zor durumlarda bir tür zihinsel sağır-dilsizliğe yakalanırdık. Mürettiphanedeki çocuksu öfke patlamalarımdan birinde, resmî istifamın bir eğretilemesi olarak *Crónica*'nın künyesinden adımı ve unvanımı çıkarmış, fırtına geçtikten sonra da geri koymayı unutmuştum. İki hafta sonra Germán Vargas farkına varıp da Alfonso'ya söyleyene kadar kimse durumun farkına varmamıştı. Onun için de bir sürpriz olmuştu bu. Başmürettip Porfirio onlara tartışmanın nasıl patlak verdiğini anlatmış, onlar da ben kendi nedenlerimi açıklayıncaya kadar işleri olduğu gibi bırakmaya karar vermişlerdi. Benim ayıbımdı bunu Alfonso ile *Crónica*'dan ayrıldığıma karar verdiğimiz güne dek tümüyle unutmak. Konuşmayı bitirdiğimiz zaman gülmekten katılarak son derece ona özgü, sert ama karşı konulmaz şakalarından biriyle bana veda etti:

"Neyse ki," dedi "künyeden adını çıkarmamız bile gerekmeyecek."

Ancak o zaman olayı bir bıçak yarası gibi anımsadım ve Alfonso hoş bir biçimde konuyu hatırlattığı için değil, kendim tümüyle unutmuş olduğum için ayaklarımın altında zemin kaydı. Alfonso ondan bekleneceği gibi yetişkince bir yorum yaptı. Mademki aramızda tek aydınlığa kavuşmamış sorun buydu, hiçbir açıklama getirmeden öylece bırakmak hiç adil olmayacaktı. Gerisini Alfonso, Àlvaro ve Germán ile halledecekti, ayrıca gemiyi kurtarmak için üçümüze de ihtiyaç duyulursa, ben iki saatte geri gelebilirdim. Son çare olarak da yayın kuruluna güveniyorduk, hiçbir önemli karar için meşe masanın çevresinde toplanmayı becerememiş bir takdiri ilâhi gibiydi. Germán ve Àlvaro'nun yorumları içimi gidebilmem için gerekli cesaretle doldurdu. Alfonso nedenlerimi anlıyor ve bunları bir teselli olarak kabul ediyor ama benim ayrılmamla *Crónica*'nın sonunun geleceğini asla ağzına almıyordu. Tam tersine bana bu krizi soğukkanlılıkla ele almamı önererek yayın kuruluyla sağlam bir temel inşa etme vaadiyle beni yatıştırdı ve gerçekten değecek bir şey yapılabileceği zaman bana haber vereceğini söyledi.

Bu benim için Alfonso'nun *Crónica*'nın sona ereceği gibi akıl almaz bir olasılığı tasavvur edebildiğine ilişkin ilk ipucuydu. On dört ayda çıkan elli sekiz sayının ardından, 28 Haziran'da acısız ve tasasız, öyle de oldu. Şimdi aradan elli yıl geçtikten sonra derginin ulusal gazetecilik adına önemli bir olay olduğu fikrine sahibim. Koleksiyonun tümü kalmadı geriye, yalnızca ilk altı sayı ve Don Ramón Vinyes'in Katalan kütüphanesinde bazı kesikler var.

Şans eseri oturduğum evde salonun mobilyalarını değiştirmek istediler ve eskileri çok düşük bir fiyata bana teklif ettiler. Yolculuk arifesinde *El Heraldo* ile hesabımızı kapatırken, gazete 'La Jirafa' için bana altı aylık avans vermeyi kabul etti. Bu paranın bir bölümüyle Cartagena'daki evimiz için Mayito'nun eski mobilyalarını aldım çünkü ailemin Sucre'dekileri getirmeyeceğini ve yenilerini alacak durumda olmadığımızı biliyordum. Aradan elli yıl geçti, hâlâ iyi ve kullanılır durumda olduklarını inkâr edemem, müteşekkir annem asla satılmalarına izin vermedi çünkü.

Babamın ziyaretinden bir hafta sonra mobilyalar, üzerimdekiler ve birkaç parça yedek eşyamla Cartagena'ya taşındım. İlk geldiğimin tersine, bu kez yapılması gerekenleri nasıl yapacağımı biliyordum, Cartagena'da gerekli olabilecek her şeyden haberim vardı, tüm yüreğimle ailem için bu kez her şeyin iyi gitmesini dilerken,

443

kendimi karaktersizliğim için cezalandırarak aynı dilekte bulunmuyordum.

Ev La Popa Meydanı'nın iyi bir yerinde, her an yıkılıverecekmiş gibi duran tarihi manastırın gölgesindeydi. Alt kattaki dört yatak odası ve iki banyo annem ve babamla, on bir çocuğa ayrılmıştı; ben yirmi altı yaşında en büyükleriydim, beş yaşındaki Eligio da en küçüğümüz. Hepsi de Karayip kültürüne uygun biçimde hamaklara ve hasır sergilere alışkın yetişmişlerdi, yer bulabilenler de yataklarda uyurdu.

Üst katta babamın kardeşi olan Hermógenes Sol Amca, oğlu Carlos Martínez Simahan ile birlikte yaşıyordu. Ev bu kadar insana yetecek kadar büyük değildi, ama çok zengin olduğundan başka hakkında hiçbir şey bilmediğimiz, La Pepa diye çağırdıkları ev sahibesiyle amcamın birlikte kotardıkları işler ve ettikleri pazarlıklar sonucu kira epeyce uygundu. Ailem iflah olmaz şakacılığıyla kusursuz adresin uyaklı bir söyleyişini yaratmakta gecikmedi: 'La Popa'nın eteğindeki La Pepa'nın evi.'

Soy-sopumuzun Cartagena'ya gelişi benim için gizemli bir anıdır. Kentin yarısında elektrikler kesikti, yarı-karanlıkta evi el yordamıyla çocukların yatması için hazırlamaya çalışıyorduk. Büyük kardeşlerimle birbirimizi seslerimizden tanıyorduk ama küçükler son gördüğümden bu yana o kadar değişmişlerdi ki, kocaman hüzünlü gözleri mumların aydınlığında beni korkutuyordu. Sandıkların, denklerin, bohçaların, her yanda asılı hamakların karmaşasına, o yarı-karanlıkta, evin içinde yaşanan bir 9 Nisan'mış gibi katlandım. Beni en derinden etkileyense kaldırayım derken ellerimden kayan biçimsiz bir çantaydı. Annemin San Pedro Claver'in avlusuna gömmek için mezarından çıkarttığı ninem Tranquilina'nın kemikleri vardı içinde, şimdi babam ve Elvira Carrillo Teyze ile aynı mezarda yatıyorlar.

O sıkıntılı durumda amcam Hermógenes Sol başımıza konmuş bir talih kuşuydu. Cartagena Emniyet Müdürlüğü'nün genel sekreterliğine atanmıştı, ilk radikal kararı yoldan çıkmış politik fikirlerim ve ideolojim nedeniyle değil de, giyim kuşamım yüzünden adı komüniste çıkmış ben de dahil aileyi kurtarmak için bürokratik bir yol bulmak oldu. Herkese iş vardı. Babama politik sorumluluğu olmayan idari bir iş verdiler. Kardeşim Luis Enrique dedektif oldu, bana da Muhafazakâr hükümetin muhtemelen rakiplerinden kaç tanesinin hayatta olduğu hakkında bir fikir sahibi olmak için açık tutmakta ısrar ettiği Nüfus İdaresi'nde fazla ağır olmayan bir iş buldular. İşin ahlâkî bedeli politik bedelinden çok daha ağırdı benim için, iki haftada bir maaşımı almaya gidiyor, sorulardan kaçınmak için ayın geri kalanında pek ortalarda görünmüyordum. Benim durumumdaki yüz kadar memur için yapılan resmî açıklama da kent dışında görevde olduğumuzdu.

Nüfus İdaresi'nin karşısındaki Moka Kahvesi yakınlardaki kasabalardan yalnızca maaşını almak için gelen yalancı bürokratlarla dolup taşardı. Bordrolu olduğum sürede kendime bir kuruş bile ayırmadım, maaşım dolgundu ve olduğu gibi aile bütçesine katılırdı. Bu arada babam beni hukuk fakültesine kaydettirmeyi denediyse de, ondan gizlediğim gerçekle burun buruna geldi. Onun bunu öğrenmesi beni sanki diplomamı almışım gibi mutlu etmişti. Hem bu hak edilmiş bir mutluluktu, o kadar karışıklığın ve zorluğun arasında romanımı bitirecek yer ve zamanı bulabilmiştim.

El Universal'den içeri girdiğimde kendimi eve dönmüşüm gibi hissettim. Akşamın altısıydı, benim içeri girmemle susan linotipler ve daktilolar boğazıma bir şey düğümlenmesine neden oldu sanki. Üstat Zabala'nın yerli saçlarına bakınca, aradan bir dakika geçmemiş gibi geldi. Sanki hiç gitmemişim gibi, benden gecikmiş bir haberi yazmamı istedi. Benim makinemin başında yeniyetme bir acemi oturuyordu, huzursuz bir telâş içinde bıraktı yerini. 'La Jirafa'nın iki yıldan fazla süren taşkınlıklarından sonra, gazetenin ölçülü yaklaşımı dahilinde anonim bir haber hazırlamanın zorluğuydu beni ilk şaşırtan. Gazete sahibi López Escauriaza selam vermek için yanıma geldiğinde bir sayfa yazmıştım bile. İngilizlere özgü geçit vermez tavırları arkadaşları arasındaki *tertulia*'larda ve politik karikatürlerde şaka konusu yapılırdı, sarılarak hoş geldin derken yaşadığı sevinç beni duygulandırdı. Yazıyı bitirdiğim zaman, Zabala, gazete sahibinin yazacağım yazılara ayda yüz yirmi peso maaş verebilmek için yaptığı hesapların yer aldığı bir pusula elinde, beni bekliyordu. O yer ve zaman için hiç alışılmadık olan bu rakam beni o kadar etkilemişti ki ne bir yanıt verdim ne de teşekkür ettim, Dünya'nın gerçekten de Güneş'in çevresinde döndüğü duygusuyla zehirlenmiş olarak oturup iki makale daha yazdım.

Bu kökenlerine geri dönmek gibi bir şeydi. Üstat Zabala'nın Liberal kırmızı kalemiyle düzelttiği aynı makaleler bir kez de haber merkezinin acımasız kurnazlıklarıyla yenilmiş bir sansür memuru tarafından kısaltılıyordu, gece yarıları aynı Mahzen'de kızarmış muz eşliğinde üzerine bir yumurta kırılmış biftek yenilerek, Paseo de los Mártires'te şafak sökene kadar aynı dünyayı değiştirme sohbetleri ediliyordu. Rojas Herazo herhangi bir yere taşınabilmek için bir yılını resimlerini satarak geçirmiş, sonunda Rosa Isabel'le (la grande) evlenmiş ve Bogota'ya taşınmıştı. Gecenin sonunda oturup *El Heraldo*'ya zamanın biricik modern iletişim yöntemi olan postayla göndereceğim 'La Jirafa'yı yazdım; borcum bitene kadar bu konuda büyük bir çaba harcayarak yalnızca birkaç kez yazmayı ıskalamışımdır.

O zor koşullarda tüm ailemle bir arada yaşamak belleğimin değil de hayalimin alanına girer. Annemle babam aşağı kattaki yatak odalarından birinde küçük kardeşlerimden bazılarıyla birlikte yatarlardı. Dört kız kardeşim haklı olarak kendilerine ait bir yatak odasına sahip olabileceklerini hissetmişlerdi. Üçüncüde kalan Hernando ve Alfredo Ricardo, felsefî ve matematiksel vaazlarıyla dikkatlerini zinde tutan Jaime'nin bakımı altındaydılar. On dört yaşını süren Rita tasarruf yapmak için sokak kapısının önünde, sokak lambasının ışığı altında gece yarılarına kadar çalışırdı. Hâlâ sahip olduğu o güzelim şivesi ve zarafetiyle alçak sesle şarkı söyler gibi tekrarlayarak ezberlerdi derslerini. Kitaplarımdaki pek çok tuhaflık onun bu okuma alıştırmalarındandır: *la mula que va al molino, el chocolate del chico de la cacucha chica, el adivino que se dedica a la bebida.*[1] Ev, su içmek için mutfağa gitmeler, katı-sıvı acıliyetler için bulunan özürler, çapraz hamakları koridorda farklı seviyelerdeki kancalara asmalar arasında gece yarısından itibaren daha canlı, daha insancıl olurdu. Ben önceleri Gustavo ve Luis Enrique ile ikinci katta uyudum, daha sonra da –amcam ve oğlu aile evlerine taşınınca– gece dokuzdan sonra herhangi bir konuda ukalalık yapmaya tövbe ettirilen Jaime ile. Bir gece öksüz kalmış bir kuzunun durup durup belli aralıklarla melemesi yüzünden gözümüze saatlerce uyku girmedi. Artık canına tak eden Gustavo:

"Bir deniz feneri gibi," dedi.

Bunu hiç unutmadım, hemen bir romana katmak için gerçek yaşamda havada uçarken yakaladığım benzetmelerdi bunlar.

Cartagena'da ailelerin ellerindeki avuçlarındaki tükendikçe gittikçe ufalan bir sürü evin en canlısıydı bizimki. Giderek daha ucuz semtlerin peşinde, geceleri bir kadının hayaletinin görüldüğü Toril'deki eve kadar düşürdük sınıfımızı. Neyse ki orada oturmayacak kadar şanslıydım, ama ana babamla kardeşlerimin tanık oldukları, oturmuşum kadar dehşete düşürdü beni. Annemler ilk gece salondaki kanepede uyuklarken, üzerinde kır-

---

[1] Rita rahat okumayı öğrenmek için uyaklı okuma alıştırmaları yapıyor. Cümlelerin bir anlamı yok, hepsi birer tekerleme: *değirmene giden katır, çikolatadan bir tavuğun peşinden koşan kız çocuğu, kendini içkiye vermiş falcı.* (Çev.)

mızı çiçekli elbisesi ve renkli kurdelelerle kulaklarının arkasında tutturduğu kısa saçlarıyla, hayaleti hiç onlara bakmadan bir yatak odasından ötekine geçerken görmüşler. Annem onu giysisinin desenlerine ve ayakkabılarının biçimine kadar tarif edebiliyordu. Babam karısını ve çocuklarını daha fazla korkutmamak için hayaleti gördüğünü başta reddettiyse de, kadının gün ağarana kadar evin içinde aşina hareketlerle dolaşması onu yok saymasına fırsat vermemiş. Kız kardeşim Margot bir sabah uyandığında, hayaletin yatağının ayakucunda derin bir bakışla onu incelediğini görmüş.

Pazar günü âyin çıkışında, bir komşu kadın anneme o evde kadın hayaletinin korkusundan uzun süredir kimsenin yaşamadığını söylemiş, hatta bir keresinde kadın gün ortasında, o sırada evde yaşayan aile öğle yemeği yerken görünmüş. Ertesi gün annem yanına en küçük iki çocuğunu alarak taşınmak için bir başka bir ev aramaya çıkıp dört saat içinde bulmuş. Kardeşlerimin çoğu hayaletin de onlarla birlikte taşındığı fikrini kafalarından çıkarıp atana kadar epeyce zorlandılar.

La Popa'nın eteğindeki evde yazı yazmaktan o kadar büyük keyif alırdım ki, zamanımın bol olmasına karşın günler çok kısaymış gibi gelirdi. Ramiro de la Espriella hukuk doktoru diplomasıyla her zamankinden daha politik, yeni okuduğu romanların heyecanına kapılmış olarak çıkageldi. Özellikle de o yıl benim kuşağım için anahtar kitap olan Curzio Malaparte'ın *La piel*'i. Zekâsının kıvraklığı, anlatım gücü ve çağdaş tarihe zalim yaklaşımıyla bizi sabahlara kadar avcuna alırdı. Zaman Malaparte'ın benim takdir ettiğimden farklı erdemler konusunda faydalı bir örnek olduğunu gözler önüne serdi ve tüm bunlar yazarın imgesini yerle bir etti kuşkusuz. Hemen hemen aynı zamanlarda Albert Camus'yle bunun tam tersini yaşadık.

De la Espirella ailesi bizimkine yakın bir evde yaşardı, bize getirmek için masum şişeler halinde yağmaladıkları bir şarap mahzenleri vardı. Don Ramón Vinyes'in öğüdüne kulak asmayarak onlara ve kardeşlerime yazdıklarımın daha içindeki çerçöpü ayıklamadığım kaba taslaklarının uykusuz gecelerimde *El Universal*'de her şeyi üzerlerine karaladığım saman kâğıtlarındaki ilk hallerinden uzun bölümler okurdum.

Álvaro Mutis ve Gonzalo Mallarino da aynı sıralarda döndüler Cartagena'ya, neyse ki onlardan da henüz bir başlığı olmayan bitmemiş kaba taslağı okumalarını isteyemeyecek kadar çekingendim. Son düzeltiden önce bir yere kapanarak dosya kâğıtları üzerine hiç durmadan ilk kopyayı yazmak istiyordum. İlk düşündüğümden kırk sayfa kadar fazla tutmuştu roman, ama o sıralarda bunun ciddi bir engel olabileceğinin farkında değildim. Kısa sürede öğrenecektim: Beni her bölümün tam sayfa sayısı da dahil, tüm kitabın uzunluğu hakkında ön hesap yapmaya zorlayan kusursuz bir şaşmazlık fikrinin kölesiyimdir. Bu hesaplarda tek bir hatırı sayılır hata beni her şeyi yeniden gözden geçirmeye mecbur eder, çünkü basit bir harf hatasından bile yaratıcı bir yanlış kadar rahatsız olurum. Bu mutlakiyetçi yöntemin fazlasıyla gelişmiş bir sorumluluk duygusu yüzünden olduğunu düşünürdüm, ama artık saf ve fiziksel, yalın bir korkudan ibaret olduğunu biliyorum.

Ayrıca Don Ramón Vinyes'in sözlerini bir kez daha kulak arkası ederek, romanımı bitirince adını henüz koyamadığım tamamlanmış taslağı okuması için Gustavo Ibarra'ya verdim. İki gün sonra beni evine davet etti. Denize bakan terasında hasır bir sallanan koltukta oturuyordu. Teni güneşten esmerleşmişti ve üzerinde rahat plaj giysileri vardı, konuşurken elinde tuttuğu sayfalarımı büyük bir yumuşaklıkla okşaması beni duygulandırdı. Gerçek bir öğretmendi, bana kitap hakkında söylev çekmediği gibi, iyi ya da kötü olduğunu düşünüp düşünmediğini de söylemedi, yalnızca kendi etik değerlerinin farkına varmamı sağladı. Beni tatmin olmuş bir bakışla süzerek her günkü yalınlığında sözlerini sona erdirdi:

"Bu Antigone Efsanesi."

Yüzümdeki ifadeden bir şey anlamadığımı kavrayınca raftan Sophokles'in kitabını alarak bana söylemek istediğini okudu. Romanımdaki dramatik öz, ikisinin de amcası olan Kral Creon'un emriyle kardeşi Poliniceus'un cesedini gömmeden bırakmak zorunda kalan Antigone'ninkiyle aynıydı gerçekten de. İlk tanıştığımız günlerde yine Gustavo'nun bana verdiği *Oedipus Colonus'ta* adlı ciltten Antigone Efsanesi'ni okumuştum, ama muz bölgesindeki dramın içinde yeniden inşa edecek kadar iyi hatırlamıyordum, ikinci kez elime alana kadar duygusal inceliklerinin farkına varamamışım. Yüreğim mutluluk ve hayal kırıklığıyla allak bullak oldu. O gece iyi niyetle o denli yüce bir yazarla örtüşmekten içimde duyduğum gurur ve herkesin gözünde aşırmacılığın yaratacağı türden bir utanç arasında gidip gelerek yapıtı yeniden okudum. Çalkantılar içinde geçen bir haftadan sonra, Sophokles'inkine benzememesi için kendi kitabımda değişiklikler yapmanın insanüstü beyhudeliğinin henüz farkına varamadığımdan, enine boyuna düzenlemelerle iyi niyetimi kanıtlamaya karar verdim. Sonunda –havlu atarak– kitabımın başına saygımı belirten bir tanımlık olarak Sophokles'ten bir cümle koymaya hakkım olduğunu düşündüm ve öyle de yaptım.

Cartagena'ya taşınmak bizi Sucre'deki ciddi ve tehlikeli yozlaşmadan tam zamanında korumuştu, ama hem ailenin boyutu hem de gelirlerin kıtlığı yüzünden evdeki hesap çarşıya uymamıştı. Annem yoksulların çocuklarının zenginlerinkinden daha hızlı yediklerini ve daha hızlı büyüdüklerini söylerdi, evinde bunu kanıtlayan gereğinden fazla örnek varmış. Hepimizin birden aldığı maaşlar huzurla yaşamamıza yetmiyordu.

Geri kalan meselelerin icabına zaman bakıyordu. Jaime başka bir aile planlaması neticesinde inşaat mühendisi oldu, diplomanın soyluluk unvanı gibi görüldüğü bir ailede biricik üniversite diplomalı kişiydi. Luis Enrique muhasebe öğretmeniydi, Gustavo topograf oldu; her ikisi de başkalarının serenatlarındaki gitarcılar ve şarkıcılar olmaya devam ettiler. Yiyo çok küçük yaşlarından beri bizi gönülden duyduğu edebî çağrı ve güçlü karakteriyle şaşırttı, bunun erken göstergesi daha beş yaşında, evin içindeki itfayelerin yangını söndürme mücadelelerini izleme hayaliyle bir dolap giysiyi ateşe vermesiydi. Daha sonra kardeşi Cuqui'yle birlikte daha büyük okul arkadaşlarınca marihuana içmeye davet edilince, Yiyo korkarak reddetmiş. Her zaman meraklı ve huzursuz olan Cuqui onun tersine dumanı derin derin ciğerlerine çekmiş. Yıllar sonra uyuşturucu bataklığında bir deniz kazazedesi gibi çırpınırken, daha o ilk yolculuğundan beri, "Siktir, yaşamda bundan başka yapmak istediğim bir şey yok!" dediğini anlattı bana. Sonraki kırk yılda hiç geleceği olmayan bir tutku neticesinde canının istediği gibi ölme sözünü yerine getirmekten başka bir şey yapmadı. Elli iki yaşında kendi yarattığı yalancı cennetinden düşerek, dev bir kalp kriziyle devrildi.

Nanchi –dünyanın en barışçıl insanı– zorunlu askerlik hizmetini bitirdikten sonra da orduda kalarak her türlü modern silah konusunda uzmanlaştı, çeşitli savaş oyunlarına katıldı ama kronik savaşlarımızın hiçbirinde rol almadı. Ordudan ayrılınca itfayeci oldu, beş yıldan uzun süre sürdürdüğü bu meslekte hiçbir yangın söndürmedi. Ailede ânında espriyi patlatma uzmanı olarak ün kazanmasına neden olan şakacılığı sayesinde bu durum nedeniyle hiçbir zaman hayal kırıklığına uğramadı. Yalnızca hayatta olmak onu mutlu etmeye yetip de artardı.

Yiyo yoksulluğumuzun en zorlu yıllarında yalnızca bileğinin gücüyle yazar ve gazeteci oldu, ne sigara içti yaşamında ne de bir kez olsun içkiyi fazla kaçırdı. Gönülden duyduğu o karşı konulmaz edebî çağrı ve gizli yaratıcılığıyla terslikierin ve talihsizliklerin karşısında dimdik ayakta durdu. Elli dört yaşında öldüğünde altı yüz sayfayı aşan biricik kitabını bastıracak zamanı ancak bulabilmişti, *Yüzyıllık Yalnızlık*'ın gizli yaşamı hakkındaki bu dev araştırma kitabı üzerinde yıllarca çalıştığını bilmediğim gibi, bir kez olsun benden doğrudan bilgi istemedi.

Rita ergenliğinin ilk yıllarında bile başkalarının deneyimlerinden ders çıkarmasını bilen bir kızdı. Uzun bir ayrılıktan sonra baba ocağına döndüğümde, aralarındaki tek uyumsuzluğun elli santimetre boy farkı olduğunu gördüğüm yakışıklı, ciddi, onurlu, koyu tenli bir adama duyduğu aşk nedeniyle tüm kızlarla aynı çileyi çekmekteydi. Aynı gece babamı yatak odasındaki hamakta uzanmış, haberleri dinlerken buldum. Radyonun sesini kıstım ve yüzüm ona dönük yatağa oturarak en büyük çocuk olma hakkıyla Rita'nın aşkına ne olduğunu sordum. Önceden hazırladığına kuşku duymadığım yanıtı yapıştırıverdi:

"Tek mesele herifin bir hırsız olması."

Tam beklediğim gibiydi.

"Ne hırsızı?" diye sordum.

"Hırsız hırsızı," dedi dönüp de bana bakmadan.

"Senden ne çaldı ki?" diye sordum acımasızca.

Yüzüme bakmak gibi bir niyeti yoktu.

"İyi ya," diye iç geçirdi sonunda, "o değil ama bir erkek kardeşi var, hırsızlıktan hapiste."

"O zaman sorun yok," dedim kolaycı bir anlamazlıkla, "Rita da hapisteki kardeşle değil, abiyle evlenmek istiyor."

Yanıt vermedi. Pek çok kez kanıtladığı dürüstlüğü verdiği ilk yanıtla çöpe gitmişti bile, ayrıca hapisteki kardeş hakkındaki dedikoduların doğru olmadığını da biliyordu pekâlâ. Pek fazla tartışmadan bildik saygınlık efsanesine tutunmaya çalışarak,

"Tamam ama hemen evlensinler, bu evde uzun nişanlılıklar istemiyorum," dedi.

Hiç bağışlamadığım bir şefkat yoksunluğuyla ânında yapıştırdım yanıtı:

"Tamam, yarın ilk iş!"

Babam yerinden sıçrasa da, konuşmanın başından beri ilk kez yüzünde bir gülümseme belirerek, "Sen de! Abartmak niyetinde de değilim," dedi, "hem daha kızcağızın giyecek bir şeyi bile yok," dedi.

Hemen hemen doksan yaşındaki Pa Teyze'yi sıcağın insafsız olduğu bir öğle sonrasında haber vermeden Cartagena'ya geldiğinde son kez gördüm. Ekspres bir taksiyle Riohacha'dan yolculuk etmişti, elinde bir okul çantası, üzerinde koyu yas giysisi, başında siyah kumaştan bir türban vardı. Mutlu bir havada içeri girip kollarını açarak hepimize şöyle bağırdı:

"Veda etmeye geldim çünkü şimdi öleceğim."

Onu yalnızca teyzemiz olduğu için değil, ölümle yaptığı pazarlıkları ne denli iyi kavradığını bildiğimiz için de bağrımıza bastık. Kalmaya razı geldiği tek oda olan küçük hizmetli odasında saatinin gelmesini bekledi ve iffet kokuları içinde, yüz bir olduğunu hesapladığımız bir yaşta öldü.

Bu, *El Universal*'deki en yoğun dönemdi. Zabala politik bilgeliğiyle yazılarımın sansürün kalemine takılmadan demek zorunda olduklarını diyebilmeleri için beni yönlendiriyor, ilk kez eskiden beri dilime doladığım gazete için özel haber hazırlama fikrimle ilgileniyordu. Sonra birden Marbelli plajlarında köpekbalığı saldırısına uğrayan turistlere ilişkin dev bir konu çıktı ortaya. Belediyenin aklına gelen en parlak fikir her ölü köpekbalığı için elli peso önermek olunca, gece boyunca yakalananları asarak sergilemek için badem ağaçlarının dalları yetmez olmuş. Bogota'da gülmekten katılan Héctor Rojas Herazo, *El Tiempo*'daki yeni köşesinde durumla dalga geçen, köpekbalığı avında yaş tahtaya basıldığını söyleyen bir yazı kaleme almış. Bu durum bana gece avı üzerine özel haber yapma fikrini verdi. Zabala heyecanla beni destekledi ama daha gemiye bindiğim andan itibaren işler ters gitmeye başladı. Beni deniz tutup tutmadığını sorduklarında hayır dedim, denizden korkup korkmadığımı sorduklarındaysa, korktuğum halde yine hayır dedim; ama yüzmeyi bilip bilmediğimi sorduklarında –ki, bu ilk soru olmalıydı aslında– biliyorum diye yalan söylemeye cesaret edemedim. Sonunda denizcilerle sağlam toprak üzerinde yaptığım söyleşide köpekbalığı avcılarının Cartagena'dan seksen dokuz deniz mili uzaktaki Las Bocas de Ceniza'ya kadar giderek, suçlu oldukları iddiasıyla tanesini elli pesoya satmak için masum köpekbalıklarıyla dolu teknelerle geri döndükleri ortaya çıktı. Böylelikle daha o gün hem büyük haber hem de benim haberi yapma hayalim suya düşmüş oldu. Onun yerine sekiz numaralı öykümü yayınladım: *Nabo, el negro que hizo esperar a los ángeles* (Nabo, Melekleri Bekleten Zenci). En azından iki önemli eleştirmen ve Barranquilla'daki ciddi dostlarım öyküyü iyiye doğru yön değiştirme olarak değerlendirdiler.

Etkilenecek kadar politik olgunluğum olduğuna inanmıyorsam da, gerçek, öncekine benzer bir düşüş yaşadığımdı. Kendimi o kadar engellenmiş hissediyordum ki, tek eğlencem sömürge devrinde askerlerin gittiği randevuevlerini barındıran, sonra da uğursuz bir politik hapishane olan Las Bóvedas'ın duvarlarında sarhoşlarla şarkı söyleyerek sabahlamaktı. Burası dava ve silah arkadaşları tarafından Avrupa'ya sürülmeden önce General Francisco de Paula Santander'in sekiz ay hapis yattığı yerdi.

Bu tarihî kalıntıların bekçisi emekli bir matbaa işçisiydi, hâlâ çalışan arkadaşları gazeteler baskıya girdikten sonra, yeni günü at hırsızlarının sanatıyla gizlice üretilmiş bir damacana beyaz rom eşliğinde kutlamak için ona katılırlardı. Hepsi de işlerini ailelerinden devralmış eğitimli tipograflardı, dramatik dilbilimciler ve cumartesilerin yüce içkicileri. Loncalarına katıldım.

En gençleri Guillermo Dávila, Cachacoları loncaya kabul etmeye direnen bazı bölgesel liderlerin uzlaşmaz tutumlarına karşın kıyı bölgesinde çalışma yiğitliğini göstermişti. Bunu sanatıyla başarmıştı muhtemelen, çünkü meslekî becerisi ve kişisel sevimliliğinin yanı sıra, mucizeler yaratan bir sihirbazdı da. Sihirli yaramazlıklar yapar, yazı masalarının çekmecelerinden canlı kuşlar çıkartarak ya da gazete baskıya girmek üzereyken ancak yetiştirdiğimiz makalemizi boş bir kâğıda dönüştürerek gözlerimizi kamaştırırdı. İşini son derece ciddiye alan Üstat Zabala bir anlığına da olsa Paderewski'yi ve proleter devrimi unutur, hep tekrarlanan ve asla kulak asılmayan bunun son numara olması uyarısı eşliğinde sihirbaz için alkış isterdi. Benim için bir sihirbazla gündelik yaşamı paylaşmak sonunda gerçeği keşfetmek gibi bir şeydi.

Las Bóvedas'ta sabahladığımız bu gecelerden birinde, Dávila bana öğleden sonraları işyerlerinin kapandığı kalabalık saatte bedava dağılacak, yirmi dörde-yirmi dörtlük –standart kâğıt boyutlarının yarısı– bir gazete çıkarmayı planladığını söyledi. On dakikada okunacak, dünyanın en küçük gazetesi olacakmış. Öyle de oldu. Adı Comprime'ydi, ben sabah on birde oturup her şeyi bir saatte yazdım, Dávilo iki saatte dizip bastı, gazetenin adını bir kez bile çığırmaya yetecek soluğu olmayan çelimsiz bir oğlan da dağıttı.

Comprime 18 Eylül 1951'de Salı günü çıktı, bu kadar insanın üzerine üzerine gelen ve bu kadar kısa süren bir başarı yakalamak olanaksızdır: üç günde üç sayı. Dávila bu kadar büyük, bu kadar ucuza mal olan, bu kadar az yer kaplayan, bu kadar kısa zamanda ortaya çıkarılan ve bu kadar çabuk yok olan bir fikri tasarlamanın karabüyüyle bile mümkün olmadığını itiraf etti bana. En ilginci de, ikinci gününde sokakta gazeteyi almak isteyenlerin yarattığı kargaşa ve gazetenin ateşli hayranlarından etkilenerek, bir anlığına yaşamımın çözümünün bu kadar basit olabileceğini düşünmemdir. Rüya perşembeye kadar devam etti, patron bize bir sayı daha basarsak iflas edeceğimizi, son derece küçük ve pahalı olacaklarından reklam almanın da fayda etmeyeceğini gösteriverdi. Bu boyutta bir gazete kavramı kendisiyle birlikte kendi yıkımının matematiksel tohumunu da taşıyordu: Ne kadar çok satarsa o kadar finanse edilemez oluyordu.

Zor bir durumda kalmıştım. *Crónica* deneyiminden sonra Cartagena'ya taşınmak iyi ve yararlı olmuş, özellikle de en akla hayale sığmaz gibi görünen şeylerin daima mümkün göründüğü baba evinin yaratıcı atmosferinde bana *Yaprak Fırtınası*'nı yazabilmem için çok elverişli bir ortam sağlamıştı. Babamla bir öğle yemeği sırasında, bir sürü yazarın her şeyi unuttuktan sonra anılarını yazmaya kalkışmaları hakkında yaptığımız sohbeti anımsıyorum. O sıralarda hemen hemen altı yaşında olan El Cuqui ustaca bir yalınlıkla varmıştı sonuca:

"Demek ki," demişti, "bir yazarın ilk yapması gereken, her şeyi hatırlarken anılarını yazmaktır."

Yaprak Fırtınası konusunda başıma *La casa*'yla gelenin aynısının geldiğini itiraf etmeye cesaretim yoktu: Konudan çok teknikle ilgilenmeye başlamıştım. Onca coşkuyla bir yıl üzerinde çalıştıktan sonra, bana girişi çıkışı olmayan dairesel bir labirent gibi görünüyordu şimdi. Bugün neden öyle olduğunu biliyorum artık. Kendi kökenlerinde çok iyi yenilenme örnekleri sunan *costumbrismo*,[1] kendine acil çıkışlar bulmaya çalışan büyük ulusal konuları fosilleştirmişti sonunda. Sorun şu ki bir dakika bile belirsizliğe tahammül edecek halim kalmamıştı. Son noktayı koymadan önce bazı verileri doğrulayıp tarza ilişkin bazı kararları almam gerekiyordu, o kadar, ama hâlâ romanımın soluk aldığını hissedemiyordum. Çok uzun bir süredir karanlıklarda çalışmaktan o kadar bunalmıştım ki, romanımın alabora olmak üzere

---

[1] *Costumbrismo*: Efsanevî, tipik bölgesel âdetleri işleyen bir romancılık biçimi. (Çev.)

olduğunu hissediyor ama çatlakların nerede olduğunu bulamıyordum. En kötüsü de yazım aşamasının bu noktasında kimsenin yardımının işime yaramayacak olmasıydı, çatlaklar metinde değil benim içimdeydi, yalnızca ben onları görecek gözlere ve onlara dayanacak yüreğe sahip olabilirdim. Belki de bu nedenle, mobilyaları satın almak için bana verdikleri avans borcumu *El Heraldo*'ya geri ödeyince, yeterince düşünmeden 'La Jirafa'yı askıya aldım.

Ne yazık ki ne zekâ ne direnç ne de sevgi yetiyordu yoksulluğu bozguna uğratmaya. Her şey ondan yana gibiydi. Nüfus İdaresi'ndeki organizma bir yıl içinde kendini tüketti, *El Universal*'den aldığım maaş açığı kapatmaya yetmiyordu. Bana olan yakınlıklarına ve bilim dallarına gösterdiğim ilgisizliğe karşın beni iteklemiş olan bazı öğretmenlerimin geliştirdikleri kurtarma stratejilerine rağmen hukuk fakültesine geri dönmedim. Kimsenin eve getirdiği para yeterli değildi, delik o kadar büyüktü ki, yamamaya hiçbir zaman yetmeyecekti katkım. Hiç umudumuzun olmaması hiç paramızın olmamasından daha çok etkiliyordu beni.

"Hepimiz birden boğulacaksak," dedim canıma tak ettiği bir gün öğle yemeğinde, "bari bırakın da size bir cankurtaran sandalı olsun göndermeyi deneyebilmem için kendimi kurtarayım."

Böylelikle aralık ayının ilk haftasında yeniden Barranquilla'ya taşındım, evdekiler cankurtaran sandalının geleceğinden emindiler. *Crónica*'nın ofisi maddi olanaksızlık nedeniyle terk edildikten sonra döndüğümüz *El Heraldo*'daki eski ofisimize hiç haber vermeden girişimi gören Alfonso Fuenmayor durumu ilk bakışta anlamış olmalı. Daktilosunun arkasından bir hayalet görmüş gibi bakarak, telâşa kapılmış bir halde,

"Hiç haber vermeden burada ne bok yiyorsunuz!" dedi.

Yaşamımda ona bu kadar gerçeğe yakın bir yanıt verdiğim azdır:

"Her şey canıma yetti üstat."

Alfonso rahatlayarak,

"Ah iyi!" dedi her zamanki tavrıyla, sonra da ulusal marşımızdaki en Kolombiyalı dizeyi söyledi: "Neyse ki tüm insanlık burada, kendi zincirlerine bağlı inliyor."

Yolculuğumun nedenini öğrenmek için en küçük bir merak bile göstermedi. Bu, bir tür telepati gibi görünmüştü ona, son zamanlarda neler yapıp ettiğimi soran herkese yakında kalmak için döneceğimi söylemiş. Halinden memnun bir tavırla yazı masasından kalkarken bir yandan da ceketini giyiyordu, ben gökten düşmüştüm sanki. Bir randevusuna yarım saat gecikmiş, ertesi günün yazısını bitirememişti, bitirmemi rica etti. Konunun ne olduğunu ancak sorabildim, aceleyle koridoru aşarken bizim arkadaşlığımıza çok uyan bir soğukkanlılıkla yanıt verdi:

"Okuyun, anlarsınız!"

Ertesi gün *El Heraldo*'nun ofisinde karşı karşıya iki daktilo vardı yeniden, bir kez daha her zamanki sayfamda 'La Jirafa'yı yazıyordum. Ve, –elbette– aynı fiyata, Alfonso ile aramdaki aynı özel koşullarla, öyle ki birçok haberin farklı bölümlerini ikimiz birden yazardık ve birbirlerinden ayırmak imkânsızdı. Bazı gazetecilik ve edebiyat öğrencileri bu haberleri arşivlerden çıkartarak hangi bölümün kimin olduğunu ayıklamak istemişler ama bir-iki özel konu dışında, o da tarzları değil de kültürel içerikleri nedeniyle, bunu başaramamışlar.

El Tercer Hombre'de hırsız dostumuzun öldürüldüğünü öğrenmek bana acı verdi. Bir gece her zamanki gibi işini yapmaya çıkmış, daha sonra soymak için girdiği evlerden birinde kalbine bir kurşun yediği dışında ondan bir haber alınamamış, başka ayrıntı yoktu. Cesedini ailesinden kalan tek kişi olan ablası istemiş, iyilikseverlerin kaldırdığı cenazesinde yalnızca bizler vardık, bir de meyhanenin sahibi.

Avila kardeşlerin evine geri döndüm. Hâlâ komşum olan Meira Delmar, El Gato Negro'da geçirdiğim kötü gecelerimi kendi sakin akşamlarıyla arındırmaya devam etti. O ve kardeşi Alicia hem doğaları hem de onlarla geçirdiğimiz zamanı dairesel kılma özellikleriyle ikiz kadar benzerlerdi birbirlerine. Çok özel biçimlerde hâlâ grubun içindeydiler. Yılda en az bir kez bizi leziz Arap yemeklerinden oluşan bir sofraya davet ederek ruhlarımızı beslerlerdi, büyük sanatçılardan deli şairlere kadar renkli ziyaretçilerin katıldığı beklenmedik geceler yaşanırdı evlerinde. Bana öyle geliyor ki, Üstat Pedro Biavi ile bu iki kız kardeştir rehbersiz müzik düşkünlüğüme bir düzen getirerek, beni sanat merkezlerindeki mutlu kalabalığın arasına dahil edenler.

Bugün Barranquilla'nın bana *Yaprak Fırtınası* hakkında daha iyi bir bakış açısı sağladığına inanıyorum, üzerinde daktilo olan bir masaya kavuşur kavuşmaz yeni bir enerjiyle romanımı düzeltmeye başladım. Yine o günlerde bitmediğini bile bile ilk okunabilir kopyayı grup arkadaşlarıma göstermeye cesaret ettim. O kadar çok bu romandan söz etmiştik ki, hiçbir uyarıya gerek yoktu. Alfonso iki gün önümde oturup romanın sözünü bile etmeden yazılarını yazmaya devam etti. Üçüncü gün, akşamüzeri işleri bitirdiğimiz zaman, taslağı masasının üzeriye yayarak kâğıt parçalarıyla işaretlediği yerleri okumaya başladı. Bir eleştirmenden çok tutarsızlıkların izini süren ve daha arı bir yazım tarzını teşvik eden biri gibi davranıyordu. Gözlemleri o kadar yerindeydi ki, sözü geçenin çocukluğumdan gerçek bir sahne olduğunu açıkladıktan sonra bile inanılmaz bulduğu biri dışında hepsi işime yaradı.

"Edebiyat kötü olunca, gerçek bile yanılıyor," dedi gülmekten katılarak.

Germán Vargas'ın yöntemiyse, metin iyiyse hemen bir yorum yapmamak, sakinleştirici bir fikir sunarak sözünü bir şaşkınlık nidasıyla bitirmekti.

"Fena değilmiş!"

Sonraki günlerde kitap hakkında dağınık düşüncelerini bildirmeye devam eder, sonra sıkı içildiği bir gece bunları kesin bir yargı biçiminde toparlardı. Eğer taslak gözüne iyi görünmediyse bunu yalnızca yazara, o kadar açık ve nazik bir tavırla bildirirdi ki, acemi çırağın içi ağlama arzusuyla dolmasına karşın, ona yalnızca teşekkür edebilirdi. Benim durumumda böyle olmadı. Hiç beklemediğim bir anda taslağım hakkında şakayla karışık yaptığı yorum aklımı başıma getirdi.

Àlvaro hiçbir yaşam belirtisi göstermeden Japy'den kaybolmuştu. Yaklaşık bir hafta sonra, onu görmeyi hiç ummadığım bir anda otomobiliyle Paseo Bolívar'da yolumu keserek, en kibar tavrıyla:

"Bin bakalım üstat, salağın biri olduğun için sikeceğim seni!" diye bağırdı.

Uyuşturucu cümlesiydi bu. Àlvaro bana romanım hakkında bağıra çağıra, epeyce duygusal ama etkileyici bir inceleme sunarken, kızgın yaz güneşi altında kentin ticaret merkezinde belli bir güzergâhımız olmadan dönüp durduk. Ne zaman kaldırımlarda bir tanıdık görse, içten gelen bir-iki cümle sarf etmek ya da saçma sapan bir laf atmak için sözlerine ara veriyordu. Saçı başı karmakarışık, o şaşı gözlerinde çılgın bir bakışla, harcadığı çabadan pürüzlü çıkan bir sesle sözlerini sona erdirdi. Kendimizi Los Almendros'un terasında, buz gibi bira içerken bulduk, caddede Junior ve Sporting'in taraftarları naralar atarak kafa ütülemekteydiler, sonunda yakışık almaz bir iki-ikiyle patlayıp stattan dışarı uğrayan manyakların yarattığı çığın altında kaldık. Àlvaro kitabımın taslağı hakkındaki tek kesin yargısını arabasının camından bağırarak son dakikada söyledi:

"Neyse üstat, hâlâ çok *costumbrismo* var!"

Ona minnet duyarak gerisin geri bağırmayı başardım:

"Ama Faulkner'in iyi tarafından!"

Söylenmemiş ya da düşünülmemiş her şeyi harikulade bir kahkahayla sona erdirdi:

"Orospu çocukluğu etme!"

Elli yıl sonra, ne zaman birlikte geçirdiğimiz o öğle sonrasını düşünsem, patlayan kahkahasının cayır cayır yanan caddede bir taş yağmuru gibi yankılanışını yeniden duyarım.

Üç arkadaşımın romanımdan hoşlandıklarını anlamıştım, kişisel ve muhtemelen de haklı çekinceleri vardı elbette, sanırım bu onlara kolay bir taktik gibi göründüğünden pek fazla söze dökmediler. Hiçbiri romanı bastırmaktan söz etmedi ki, bu da tam onlara yakışan bir davranıştı, önemli olan iyi yazmaktı, gerisi editörlerin işiydi.

Demek istediğim şu: Bir kez daha her zamanki Barranquilla'daydım, ama bu kez talihsizliğim 'La Jirafa'ya devam etmenin içimden gelmediğinin farkında olmamdı. Gerçekten de gazetedeki köşem farklı bir yazar olabilme hırsı ve inadıyla sıfırdan yazmayı öğrenmek için gerekli gündelik marangozluk işini bana dayatmış, ama artık miyadını doldurmuştu. Pek çok kez ele aldığım konuyla başa çıkamayarak onu değiştirmiş ama yeni seçtiğimin de benim için fazla iri olduğunu fark etmiştim. Yazar oluşumum açısından ana idmanlardı bunlar, ayrıca gazetede yazmanın tarihî bir kendini adamışlık gerektirmeyen bir besin kaynağı olduğunu kesin olarak bilmenin getirdiği rahatlık da vardı.

Gündelik bir konu bulmanın derdi ilk aylarımı sıkıntıya sokmuştu. Başka bir şey yapacak zamanım kalmıyordu: Başka gazeteleri karıştırarak saatler kaybediyor, özel konuşmalara ilişkin notlar alıyor, gerçek yaşam beni karşılamaya gelene kadar uykularımı huzursuz eden hayallerin içinde kayboluyordum. Bu anlamda bana en çok mutluluk veren deneyimi bir öğle sonrasında, otobüsle önünden geçtiğim bir evin kapısında 'satılık cenaze palmiyeleri' yazısını gördüğümde yaşadım.

İlk içimden gelen zili çalıp bu olayın aslını astarını

öğrenmekti ama utangaçlığıma yenildim. Yaşamın bana gösterdiği en yararlı sırlardan biri de bir şey sormak için bir zili çalmadan gerçeğin hiyerogliflerini okumayı öğrenmekti. Son yıllarda dört yüzden fazla basılı 'La Jirafa'yı okuyup bunları kökenini oluşturdukları bazı edebî metinlerle kıyaslarken bu söylediğimin anlamını daha da iyi kavradım.

Noel'de gazete sahibi Don Gabriel Cano ve çocukları da dahil, El Espectador çalışanlarının tümü tatile geldiler: Müdür Luis Gabriel, o zaman editör yardımcısı olan Guillermo, Müdür Yardımcısı Alfonso ve en gençleri, her işe koşturan çırak Fidel. Öykülerimi bastığı ve hakkımda bir tanıtım yazısı yazdığı için benim için özel bir değeri olan Eduardo Zalamea da (Ulysses) onlarlaydı. Grup halinde yeni yılın ilk haftasını Barranquilla'dan elli kilometre kadar uzakta, barını saldırı zoruyla ele geçirdikleri bir tatil yöresi olan Pradomar'da geçirmeyi âdet haline getirmişlerdi. O kargaşadan kesin olarak hatırladığım tek şey, Ulysses'in kişi olarak yaşamımın büyük sürprizlerinden biri olduğudur. Onu arada bir Bogota'da, önceleri El Molino'da, sonraki yıllarda El Automático'da, bazen de Üstat De Greiff'in tertulia'larında görürdüm. Kimselerle kaynaşmayan görüntüsü, metalik sesiyle aklımda kalmış, nedense huysuz biri olduğunu düşünmüştüm, üniversitedeki kitap kurtları arasında da ünü böyle yayılmıştı zaten. Bu nedenle, işime geldiği için yarattığım bu imgeyi bozmamak uğruna tanışmak için pek çok fırsat çıkmasına karşın ondan kaçınmıştım. Yanılmışım. Zihni ve yüreği için özel etkilenimlere ihtiyaç duymasını anlasam da, dünyanın en sevgi dolu ve başkalarına yardıma hazır varlıklarından biriydi. Onu insan yapan malzemede Don Ramón Vinyes, Àlvaro Mutis ya da Léon de Greiff'inkinden eser yoktu, ama tıpkı onlar gibi her an öğretmeye içten gelen bir yatkınlığı vardı, okunması gereken tüm kitapları okumuş olmak gibi şaşırtıcı bir talihi olması da cabası.

Genç Canolar –Luis Gabriel, Guillermo, Alfonso ve Fidel– daha sonra *El Espectador*'da muhabir olarak çalıştığımda bana arkadaştan daha yakın olacaklardı. Pradomar'daki gecelerde her şeyin özgürce konuşulduğu o sohbetleri hatırlamaya çalışmak korkutucu olabilir, ama onların ölümcül gazetecilik ve edebiyat hastalıklarını, bu konudaki dayanılmaz ısrarlarını unutmanın da yolu yok. Beni ailelerinin bir üyesi yaptılar, onların keşfedip yine onların evlatlık edindiği kişisel hikâye anlatıcıları oldum. Ama –sık sık dile getirildiği gibi– kimse bana gidip onlarla çalışmamı falan önermedi. Pişman olmadım çünkü o kötü zamanda ne kaderimin ne olacağına ilişkin en küçük bir fikrim vardı ne de bana onu seçme şansının verilip verilmeyeceğine.

Canoların heyecanıyla heyecana kapılan Àlvaro Mutis, Esso Colombiano'ya halkla ilişkiler müdürü olarak atandığında Barranquilla'ya geri döndü ve beni onunla birlikte çalışmaya, Bogota'ya gitmem konusunda ikna etmeye çalıştı. Asıl geliş nedeni çok daha dramatikti kuşkusuz: Yerel bir bayinin yaptığı korkunç bir hata sonucunda, havaalanındaki yakıt depolarını uçak yakıtı yerine otomobil benziniyle doldurmuşlardı ve bu yanlış yakıtla yola çıkan bir uçağın bir yere varması diye bir şey söz konusu olamazdı. Mutis'in görevi, durumu havaalanı yetkilileri ve özellikle de basın öğrenmeden, bu sorunu kesin bir gizlilik içinde sabaha kadar çözmekti. Öyle de yaptı. Yerel havaalanının depolama ünitesinde viski eşliğindeki dört saatlik sohbetimiz süresince yanlış yakıt doğrusuyla değiştirildi. Her şeyden konuşacak zamanımız olmuştu, ama benim hayal bile edemediğim konu Buenos Aires'teki Editorial Losada'nın bitirmek üzere olduğum romanımı basabileceğiydi. Àlvaro Mutis bunu Losada'nın Bogota'daki yeni müdürüyle doğrudan kurduğu iletişim sayesinde biliyordu, Julio César Villegas, Peru Hükümeti'nin kısa süre önce Kolombiya'ya sığınmış eski bakanlarından biriydi.

Bundan daha yoğun bir duygu hatırlamıyorum. Editorial Losada, Buenos Aires'in en iyi yayınevlerinden biriydi, İspanyol İç Savaşı nedeniyle doğan yayın boşluğunu doldurmuşlardı. Editörleri bizi günbegün o kadar ilginç ve alışılmadık kitaplarla besliyorlardı ki, neredeyse okuyacak zaman bulamıyorduk. Mutluluk ulakları gibi gördüğümüz satış temsilcileri sipariş ettiğimiz kitapları getirmekte son derece dakiktiler. Onların *Yaprak Fırtınası*'nı basması fikri bile beni deli etmeye yeter de artardı. Doğru yakıtı alan bir uçağa binen Mutis'e veda eder etmez gazeteye koşup asıl kopyayı derinlemesine gözden geçirme işine koyuldum.

Sonraki günlerde kendimi tümüyle elimden alınabilecek bir metni çılgınca incelemeye verdim. İki satır aralıklı yazılmış yüz yirmi sayfadan fazla bir şey değildi, ama o kadar çok düzelti, düzenleme yapıp, o kadar çok yeni şey uydurdum ki, iyi mi yaptım kötü mü bilemiyordum. Germán ve Àlvaro kritik bölümleri yeniden okuyarak, kibarlıklarından olsa gerek bana çare bulamayacağım önerilerde bulunmadılar. Romanın son halini müthiş bir kaygı içinde, yüreğim ağzımda okudum, gayet soğukkanlılıkla basılmamasına karar verdim. Gelecekte bu bir sapkınlığa dönüşecekti. Bitirdiğim bir kitap beni tatmin ettiği zaman, ondan daha iyisini yazamayacağım konusunda beni yiyip bitiren bir izlenime kapılırım.

Neyse ki gecikmemin nedeninin tam da bu olduğundan kuşkulanan Àlvaro Mutis, bana son bir okuma fırsatı vermeyerek, tek temiz kopyayı alıp Buenos Aires'e göndermek için Barranquilla'ya uçtu. O zamanlar ticarî fotokopiler yoktu, elimde yalnızca karışıklığa yol açmamak için farklı renklerde mürekkeplerle kenar boşluklarına ve satır aralıklarına düzeltilerimi not ettiğim ilk taslak kaldı. Onu çöpe attım ve yayınevi bir yanıt verene kadar geçen iki uzun ay boyunca huzur bulamadım.

El Heraldo'da o günlerden birinde, yanlışlıkla genel yayın yönetmeninin masasının üzerine bırakılmış bir mektup getirdiler. Üzerinde Buenos Aires'teki Editorial Losada'nın armasını görmek kanımı dondurduysa da, zarfı orada ortalık yerde açamayacak kadar utangaçtım, kendi bölmeme gittim. Bu sayede *Yaprak Fırtınası*'nın reddedildiği hakkındaki o süssüz püssüz notla karşılaştığımda yanımda hiçbir tanık yoktu. Haberin sert darbesini ve hemen o anda, oracıkta öleceğimi hissetmek için tüm hükmü okumama gerek kalmadı bile.

Mektup yayın kurulunun başkanı Don Guillermo de Torre'nin kesin hükmüydü, Castilla'dan gelme beyazların şivesi, tumturaklılığı ve yeterliliğinin yankılandığı bir dizi fikirle desteklenmişti. Tek tesellim son kertede verilen şaşırtıcı tavizdi. 'Yazarın bir şair ve gözlemci olarak mükemmel yeteneğinin hakkını vermek gerekir,' diye yazılıydı. O büyük üzüntüm ve acım bir yana, mektupta yer alan en sert itirazların bile bana yerinde görünmüş olması beni hâlâ şaşırtır.

Ne o mektubun bir kopyasını çıkardım ne de aylarca beni avutmak için her türlü hafifletici nedeni ileri süren Barranquilla'daki arkadaşlarımın elinde gezindikten sonra nerede kaldığını biliyorum. Elli yıl sonra bu anıları belgelendirmek için Buenos Aires'teki yayınevinden bir kopya istediğimde izine bile rastlayamadılar kuşkusuz. Bir haber konusu olarak yayınlandı mı bilmiyorum, buna hiç niyetlenmedim gerçi, ama kendimi kaybederek yazdığım öfkeli bir mektup benim iznim olmadan yayınlanınca yeniden moral kazanabilmek için uzun bir süreye ihtiyaç duyduğumu biliyorum. Güvenimin bu şekilde kötüye kullanılması bana büyük acı vermişti, son tepkim romanım hakkında verilen hükümde bana faydalı olabilecek her şeyden yararlanmak, kendi ölçütlerime göre düzeltilebilecek her şeyi düzelterek ilerlemekti.

Bana en büyük rahatlamayı Germán Vargas, Alfonso Fuenmayor ve Álvaro Cepeda'nın fikirleri sağladı, Alfonso'ya bir halk pazarında, yiyecek tezgâhının başında rastladım, o ticarî karmaşa arasında kendisine kitap okuyacak bir vaha bulmuştu. Ona romanımı olduğu gibi bırakıp bırakmamayı sordum, başka bir kurguyla yeniden mi yazmam gerekiyordu acaba, bana ikinci yarısında birincideki gerilimi yitirmiş gibi görünüyordu. Alfonso gizlemediği bir sabırsızlıkla sözlerimi dinledikten sonra hükmünü bildirdi.

"Bakınız üstat," dedi –tastamam bir öğretmen gibi– "Guillermo de Torre kendini fazlasıyla saygıdeğer sanıyor olabilir ama iş çağdaş romana gelince, günümüzde neler olup bittiğinden pek haberi olduğunu sanmıyorum."

O günlerde yaptığımız aylak konuşmalarda beni Guillermo de Torre'nin selefinin, 1927'de Pablo Neruda'nın *Residencia en la Tierra* başlığı altında topladığı şiirlerini reddetmiş olmasıyla teselli etti. Fuenmayor'a kalırsa editör Jorge Luis Borges olsaydı, romanımın kaderi farklı olacaktı; öte yandan fikrince romanımı okuyup da reddeden Borges olsaymış, uğradığım yıkım çok daha büyük olurmuş.

"Ortalıkta sürtmekten vazgeçin," diye sona erdirdi Alfonso meseleyi. "Romanınız bize gayet iyi görünüyor, sizin yapmanız gereken tek şeyse, yazmaya devam etmek."

Germán –ihtiyatlı yaklaşım tarzına ihanet etmeyerek– bana konuyu abartmama gibi bir iyilikte bulundu. Ona kalırsa ne bu türün krizde olduğu bir kıtada yayınlanmayacak kadar kötü bir romandı ne de tek kaybedenin ilk romanını yazan tanınmamış yazarı olacağı uluslararası bir kriz için silahlanacak kadar iyiydi. Àlvaro Cepeda, Guillermo de Torre'nin kanaatini seçmece taşlamalarından biriyle özetledi:

"Bu İspanyollar çok salak oluyor!"

Romanımın bende temiz bir kopyasının kalmadığını fark edince istedim, ama Editorial Losada dördüncü, beşinci ağızlardan asıl kopyaları geri vermediklerini bildirdi. Julio César Villegas'ın onu Buenos Aires'e göndermeden önce bir kopyasını çıkarmış olması gerçekten de şanstı. Böylece arkadaşlarımın çıkarımlarını da dikkate alarak yeni bir düzeltiye başladım. Kadın kahramanın begonyalı koridordan üç gün dinmeyen sağanağı izlediği uzun bölümü çıkardım, daha sonra bu bölümü 'Macondo'da yağmuru izleyen Isabel'in monoloğu'na dönüştürdüm. Dedenin muz bölgesindeki katliamdan kısa süre önce Albay Aureliano Buendía ile olan yüzeysel diyaloğunu ve romanın yapısının bütünselliğini biçimsel ve içerik olarak bozan otuz kadar sayfayı da attım. Yaklaşık yirmi yıl sonra, unutulduklarını sandığım bir sırada bu bölümlerden çıkardığım parçalar *Yüzyıllık Yalnızlık*'taki özlemlere enine boyuna destek olmama yardım ettiler.

Editorial Losada tarafından basılmak üzere benimkinin yerine seçilen Kolombiya romanının Eduardo Caballero Calderón'un *El Cristo de Espaldas* adlı yapıtı olduğu haberi yayınlandığında darbeyi neredeyse atlatmıştım. Bir yanlış anlama ya da gerçeğin kötü niyetle çarpıtılmasıydı bu; çünkü söz konusu olan bir yarışma değil, Editorial Losada'nın Kolombiyalı yazarlarla Kolombiya pazarına girmek için hazırladığı bir programdı; benim romanım da bir başka romanla ettiği rekabet nedeniyle değil, Don Guillermo de Torre'nin onu yayınlanamaz bulması nedeniyle reddedilmişti.

Üzüntüm sandığımdan daha büyükmüş, eğer olup biteni aklıma yatırıp kendimi ikna edemezsem ona dayanacak cesaretim yokmuş. Böylelikle kimseye haber vermeden –Cataca'dan on-on beş kilometre uzaktaki– Sevilla muz plantasyonunda yarı-zamanlı murakıp ve malî denetçi olarak çalışan çocukluk arkadaşım Luis Carmelo Correa'yı görmeye gittim. Hep yaptığımız gibi bir kez daha iki tam günü ortak çocukluğumuzu özetleyerek geçirdik. Hafızası, sezgileri ve olaylara yaklaşımındaki duruluk her şeyi öylesine gözler önüne seriyordu ki, beni ürküttü. Konuşurken o elinde alet çantasıyla evde ufak tefek tamiratlar yapıyor, ben de plantasyondan gelen hafif meltemin salladığı bir hamağa uzanmış sözlerini dinliyordum. Karısı Nena Sánchez mutfakta gülmekten katılarak palavralarımızı düzeltiyor ya da unuttuğumuz yerleri ekliyordu. Sonunda, Aracataca'nın ıssız sokaklarında yaptığımız bir uzlaşma gezintisi sırasında kendimi epeyce toparladığımı fark ettim. –İster reddedilsin, ister edilmesin– annemle yaptığımız yolculuktan sonra kendi kendime yazma sözü verdiğim kitabın *Yaprak Fırtınası* olduğuna ilişkin en küçük bir kuşkum bile kalmadı.

Bu deneyimle cesaret kazanmış olarak Valledupar'daki cennetinde Rafael Escalona'yı bulup dünyamı köklerine kadar eşelemeye gittim. Karşılaştıklarım beni şaşırtmadı çünkü her şey, tüm olup bitenler, bana tanıştırdıkları herkes, tıpkı yaşamış olduğum gibiydi; hem de başka bir yaşamda değil, bu yaşamakta olduğumda. Daha sonra yaptığım pek çok yolculuktan birinde Rafael'in babası Albay Clemente Escalona ile tanıştım; beni daha ilk görüşte ağırbaşlılığı ve eski moda vatansever duruşuyla etkilemişti. Sıska ve bir kamış kadar dikti, havanın yıprattığı bir teni, güçlü kemikleri vardı, son derece ağırbaşlıydı. Küçüklüğümden beri ninemle dedemin uzun yaşamlarının sonuna değin emekli aylığı bekledikleri dekor ve kaygı izlemiştir beni. Dört yıl sonra, eski bir Paris otelinde kitabı yazarken, hafızamdan çıkmayan imge kendi dedeminki değil, kendine mektup yazacak kimsesi olmayan albayın fiziksel eşi gibi görünen Clemente Escalona'nınkiydi.

Rafael Escalona, Manuel Zapata Olivella'nın, yoksulların doktoru olarak Valledupar'dan birkaç kilometre uzaklıktaki La Paz Kasabası'na yerleştiğini söyledi ve oraya gittik. Akşamüzeri kasabaya vardığımızda havada soluk almayı engelleyen bir şey vardı. Zapata ve Escalona kasabanın hemen hemen yirmi gün önce bölgede resmî iradeyi dayatmak isteyen polisin bir saldırısının kurbanı olduğunu açıkladılar. Bir korku gecesiymiş. Hiçbir ayrım gözetmeksizin öldürmüşler ve on beş evi ateşe vermişler.

Demir gibi sansür sayesinde gerçeği öğrenemedik. Hatta o zaman olup biteni hayal edecek fırsatım bile olmadı. Bölgenin en iyi müzisyeni olan Juan López o kara geceden sonra bir daha dönmemek üzere gitmişti. Küçük kardeşi Pablo'dan evinde bizim için çalmasını istediğimizde kendinden emin, son derece yalın bir tavırla şöyle dedi:

"Yaşamım boyunca bir daha asla şarkı söylemeyeceğim."

İşte o zaman yalnızca onun değil, kasabadaki tüm müzisyenlerin akordeonlarını, davullarını, *guachara*'larını kaldırdıklarını ve ölülerinin acısı nedeniyle artık şarkı söylemeyeceklerini öğrendik. Son derece anlaşılır bir durumdu, çoğunun öğretmeni olan Escalona ve hepsinin doktoru olmaya başlayan Zapata Olivella, hiç kimseyi şarkı söylemeye ikna edemediler.

Biz ısrar ettikçe, kasabalılar da kendi nedenlerini öne sürüyorlardı, ama yüreklerinin derininde bu yasın daha fazla süremeyeceğini hissetmekteydiler. Kulağına kırmızı gül iliştirmiş bir kadın, "Bu ölülerle ölmek gibi bir şey," dedi. Herkes onu destekledi. Bunun üzerine Pablo López kendini ıstırabının boynunu burmaya yetkili görmüş olmalı ki, hiçbir şey söylemeden evine girerek elinde akordeonuyla çıktı. Hiçbir zaman söylemediği gibi söylüyordu, o söylerken başka müzisyenler de gelmeye başladılar. Birisi karşıdaki dükkânını açarak herkese bedava içki sundu. Bir aylık yasın sonunda öbür dükkânlar da birer-ikişer açılmaya başladılar, ışıklar yakıldı, hepimiz şarkı söylüyorduk. Yarım saat sonra kasabada şarkı söylemeyen kalmadı. Bir ayın sonunda ilk sarhoş ıssız meydana çıkarak avaz avaza Escalona'nın bir şarkısını söylemeye başladı; şarkı, kasabayı yeniden canlandırmasının şerefine Escalona'nın ta kendisine adanmıştı.

Neyse ki dünyanın geri kalanında yaşam devam ediyordu. Romanımın özgün kopyasının reddedilmesinden iki ay sonra, Editorial Losada'dan ayrılmış olan Julio César Villegas ile tanıştım, taksitle ansiklopedi, bilim ve teknik kitapları satan Editorial González Porto'nun Kolombiya temsilcisi olarak atanmıştı. Villegas gördüğüm en uzun boylu ve en güçlü adamdı, dünyanın beter tehlikeleriyle karşılaşınca çareleri en tükenmeyen oydu; pahalı viskilerin ölçüsüz tüketicisi, sohbetine doyum olmayan insan, salonların masal yazarıydı. Prado Oteli'nin başkanlık süitinde ilk karşılaştığımız gece yanından sendeleyerek, içi tıkabasa reklam broşürleri, renkli ansiklopedilerin örnekleri, Editorial Gonzaléz Porto'nun hukuk, tıp ve mühendislik kitapları dolu bir evrak çantasıyla çıktım. İkinci viskiden sonra Valledupar'dan La Guajira'ya kadar Padilla Eyaleti'nde taksitle kitap satan birine dönüşmeye karar vermiştim. Kazancım sattıklarımın yüzde yirmisine karşılık gelecek nakit avanstı, otel de dahil masraflarımı çıkardıktan sonra rahatça yaşamama yetmesi gerekiyordu.

Sıfatlarımı zamanında ölçüye vuramamak gibi düzeltilmez bir hatam olduğu için kendi kendime efsanevî kıldığım bir yolculuktu bu. Efsane atalarımın topraklarında kendi köklerimi aramak için yapacağım mitsel bir yolculuktu, ninemin annemi Aracataca'daki telgraf memurundan kurtarmaya karar verdiğinde izlediği romantik yolun aynısını izleyecektim. Gerçek şu ki, benimki bir değil, son derece kısa ve şaşırtıcı iki yolculuk oldu.

İkinci yolculukta yalnızca Valledupar çevresindeki kasabalara gittim. Oraya varınca niyetim âşık annemle aynı yolu izleyerek Cabo de la Vela'ya devam etmekti, ama Valledupar'dan yirmi-otuz kilometre uzaktaki Manaure de la Sierra, La Paz ve Villanueva'ya kadar gidebildim. O zamanlar San Juan del César'ı, ninemle dedemin evlendiği ve annemin doğduğu, Albay Nicolás Márquez'in Medardo Pacheco'yu öldürdüğü Barrancas'ı bilmiyordum; 1984 yılında Başkan Belisario Betancur, Cerrejón'daki kömür madenlerini açmak için bir grup davetli arkadaşını Bogota'dan gönderene kadar benim klanımın cenini olan Riohacha'yı bile ziyaret etmemiştim. Bu benim hayalî Guajira'ma ilk ziyaretimdi, hiç bilmeden defalarca tanımladığım kadar efsanevî görünüyordu her şey, ama bunun nedeninin benim yanlış anılarım olduğunu sanmıyorum; dedemin Aracataca'daki ev için her birine yüz peso ödeyerek aldığı yerlilerin anılarıydı sebep. Beni en çok şaşırtan, ilk kez Riohacha'yı görmekti kuşkusuz, büyük-büyük-büyükatalarımdan beri benim insanlarımın doğduğu bu tuz ve kum kenti, Virgen de los Remédios'un gelip tam ekmek yanmak üzereyken buz gibi soluğuyla fırının ateşini söndürdüğünü ninemin gördüğü; dedemin savaşlarını yaptığı, bir aşk suçundan hapis yattığı; annemle babamın balaylarında ana rahmine düştüğüm yerdi.

Valledupar'da kitap satmaya fazla zaman harcamadım. •Ana maydanda iyi korunmuş, sömürge döneminden kalma muhteşem bir ev olan Wellcome Oteli'nde kalıyordum, avlusunda palmiye dallarından geniş bir çardağı, rustik bar masaları ve çengellere asılı hamakları vardı. Sahibi Víctor Cohen, Ceberus[1] gibi evinin düzeni kadar sefih yabancılarca tehdit edilen ahlâkî ününü de gözetlemekle meşguldü. İş dile gelince saflıktan yanaydı, Castilla şivesinin seseso-thetheso sesleri arasında ezbere Cervantes'ten alıntılar söyler, Garcia Lorca'nın ahlâkını masaya yatırırdı. Don Andrés Bello ve Kolombiyalı romantiklerden ezbere, eksiksiz okuduğu şiirler nedeniyle iyi, otelinin saf ortamıyla çelişen ahlâkî değerlere karşı çıkmak konusundaki takıntısı nedeniyle de çok kötü geçinirdik. Amcam Juan de Dios'un bir arkadaşı olup anılarını yâd etmekten büyük keyif aldığı için kolayca başlamıştı duygudaşlığımız.

---

[1] (Mit.) Cehennemin kapısına bekçilik eden üç başlı köpek. (Çev.)

Benim için avludaki çardak büyük bir şanstı, artan zamanımı gün ortasının nefes kesen sıcağında bir hamakta uzanıp kitap okuyarak geçirirdim. Açlık çekeceğim dönemlerde yazarlık serüvenimde işime yarayacakları aklıma bile gelmeden ameliyat prosedürleriyle muhasebe elkitaplarına varana kadar okudum. Hemencecik iş yapıveriyordum çünkü müşterilerimin çoğunun ya Iguarán ya da Coteslerle bağları vardı, aile sırlarının ortaya döküldüğü öğle yemeğine kadar uzayan bir ziyaret yetiyor da artıyordu. Bazıları öğle yemeği için bizi akordeonların gölgesinde bekleyen klanın geri kalanının yanına zamanında varabilmek için kontratı okumadan imzalardı. Valledupar ile La Paz arasında bir haftadan kısa sürede büyük hasadımı yaptıktan sonra, dünyanın gerçekten anlayabildiğim tek yerinde bulunmuş olmanın verdiği heyecanla Barranquilla'ya döndüm.

13 Haziran günü, çok erken bir saatte otobüsle bir yere giderken Silahlı Kuvvetler'in hükümette ve tüm ülkede süregiden düzensizlik nedeniyle yönetime el koyduğunu öğrendim. Bir önceki yılın 6 Eylülü'ünde, Bogota'da, Muhafazakâr çetelerden oluşan bir kalabalık üniformalı polislerle birlikte ülkenin en önemli iki gazetesi olan *El Tiempo* ile *El Espectador*'un binalarını ateşe vermişler, eski Başkan Alfonso López Pumajero ile Liberal kanadın lideri Carlos Lleras Restrepo'nun malikânelerine silahlarla saldırmışlardı. Sert karakterli bir politikacı olarak bilinen ikincisi saldırganlarıyla kurşun değiş-tokuşunda bulunmuşsa da, sonunda yandaki evin duvarlarından atlayarak kaçmaya mecbur kalmıştı. 9 Nisan' dan beri ülkenin canına okuyan resmî şiddetin dayanılacak hali kalmamıştı.

General Gustavo Rojas Pinilla, 13 Haziran günü tan ağarmadan görev başındaki Başkan Roberto Urdaneta'yı sarayından çıkarmıştı. Doktorlarının önerisiyle görevden çekilen yasal Başkan Laureano Gómez tekerlekli iskemlede görevi yeniden üstlenerek, kendine karşı yapılan darbeyi etkileyip anayasal süresinin dolmasına kadarki on beş ayda ülkeyi yönetmeye yeltendi. Ama Rojas Pinilla ve takımı kalmak için gelmişlerdi.

Askerî darbeyi meşru kılan Kurucu Meclis'e halkın desteği ânında ve oybirliğiyleydi. Rojas Pinilla bir sonraki yılın ağustosu olan görev süresinin bitimine kadar tam yetkiyle başkanlığa getirildi ve Laureano Gómez arkasında öfkeli iktidarının artık sona erdiği hayalî izlenimini bırakarak ailesiyle birlikte İspanya'nın güneyindeki Benidorm'a gitti. Liberal vatanseverler ülkenin her yanındaki silahlı partidaşlarına bir çağrı göndererek ulusal uzlaşmaya destek verdiklerini açıkladılar. Sonraki günlerde gazetelerde çıkan en çarpıcı fotoğraf, Liberal Parti'nin ileri gelenlerini Başkanlık Sarayı'ndaki yatak odasının balkonunun altında âşıklara ait bir serenat söylerken gösterendi. Bu hürmet gösterisinin başını çeken de alaşağı edilen rejimin en sert karşıtlarından biri olan, *El Tiempo* gazetesinin yöneticisi Don Roberto García Peña'ydı.

O günlerden kalma en dokunaklı fotoğraf, romantik haydut imgesi resmî şiddet tarafından cezalandırılan Kolombiyalıların yüreklerinin derinine işleyen Guadalupe Salcedo komutasında silahlarını teslim eden Liberal gerillaların, Doğu Llanos'ta oluşturduğu sonsuz kuyrukları gösterendir. Muhafazakâr rejime karşı mücadele eden yeni bir gerilla nesliydi bu, bir biçimde Bin Gün Savaşı'nın bakiyesi olarak kabul edilirlerdi, Liberal Parti'nin liderleriyle ilişkileri hiç de gizli saklı değildi.

Başlarındaki Guadalupe Salcedo ülkenin her kesiminde, ister ona karşı olsunlar ister yanında yer alsınlar, yeni bir efsanevî imge haline gelmişti. Belki de bu nedenle –teslim olduktan dört yıl sonra– Bogota'da asla belirlenemeyen bir yerde, asla kesinleştirilemeyen koşullar altında, polis kurşunlarıyla delik deşik edilmişti.

Resmî tarih 6 Haziran 1957'ydi, cesedi hüzünlü bir törenle, tanıdık politikacıların eşliğinde, Bogota'da Merkez Mezarlığı'nda numaralı bir mezara kondu. Guadalupe Salcedo savaş karargâhlarından bahtsız Liberalizmin liderleriyle yalnızca politik değil, sosyal ilişkiler de sürdürürdü. Ölümünün en az sekiz çeşitlemesi vardı elbette, kuşkucular da eksik değildi; bugün hâlâ ceset gerçekten onun muydu, gerçekten gömüldüğü mezarın içinde mi sorularını sormaya devam ederler.

Darbeden sonra Villegas her şeyin düzen içinde yürüdüğünü doğrulayınca, işte bu ruh haliyle Eyalet'e ikinci iş gezime çıktım. Daha önceki gibi Valledupar'da ürünlerime zamanından önce ikna olmuş bir müşteri grubuna çok hızlı satışlar yaptım. Rafael Escalona ve Poncho Cotes ile Villanueva'ya, La Paz'a, Patillal ve Manaure de la Sierra'ya veterinerleri ve tarım uzmanlarını ziyarete gittim. Bazıları önceki gezimin alıcılarıyla konuşmuşlardı, beni özel siparişlerle beklemekteydiler. Günün herhangi bir saati müşterilerim ve onların yumuşak huylu can yoldaşlarıyla eğlenceye başlamaya uygundu, tüm gece boyunca büyük akordeon ustalarıyla birlikte şarkı söyler, tutulması gereken sözleri ya da ödenmesi gereken acil faturaları dile getirmezdik bile, gündelik yaşam bizim şamatamızın eşliğinde kendi doğal ritmini izleyerek akar giderdi. Villanueva'da bir akordeoncu ve iki davulcuyla birlikteydik, görünüşe göre Aracataca'da çocukken dinlediğimiz bir müzisyenin torunlarıydılar. Böylelikle bir çocukluk bağımlılığı olan şey, bu yolculukta, yaşamımın geri kalanında bana eşlik edecek esin veren bir sanat olarak çıktı karşıma.

Bu kez sıradağların yüreğindeki Manaure'yi tanıdım, güzel ve şirin bir köydü, aile tarihimizde yeri vardı çünkü çocukken üç günde bir gelen, her türlü şuruba dayanıklı o ısrarcı ateşlere yakalanan annemi iklim değişikliği için getirmiş oldukları yerdi. Manaure'den, mayıs akşamüzerlerinden ve şifalı kahvaltılarından o kadar çok söz edilmişti ki, köye ilk kez geldiğimde onu önceki yaşamlarımın birinden tanıyormuşum duygusuna kapıldım.

Binici tozluklarını takmış, beline tabancasını kuşanmış, ağacı andıran bir adam yanımıza yaklaştığında köyün tek meyhanesinde buz gibi bira yudumlamaktaydık. Rafael Escalona bizi tanıştırdığı zaman adam elim onunkinin içinde, gözlerime bakakaldı.

"Albay Nicolás Márquez ile bir ilişkin var mı?" diye sordu.

"Torunuyum," dedim.

"O zaman," dedi, "senin deden benim dedemi öldürmüş."

Yani dedemin duelloda öldürdüğü Medardo Pacheco'nun torunuymuş. Bu bilgiyi sanki bu da bir akrabalık biçimiymişçesine, o kadar sıcak bir tavırla vermişti ki, korkacak zamanım olmadı. Çift tabanlı kamyonunda, ölmüş dedelerimizin anısına sıcak brendi içip keçi eti yahnisi yiyerek üç gün üç gece bu olayı kutladık. Aradan günler geçtikten sonra bana gerçeği itiraf etti: Aslında Escalona ile beni korkutmak için anlaşmışlar, ama ölü dedelerimiz hakkında şaka yapmaya yüreği dayanmamış. Asıl adı José Prudencio Aguilar'mış, mesleği kaçakçılıkmış, dosdoğru, iyi yürekli bir adamdı. Onun anısına, biraz da skoru eşitlemek için, *Yüzyıllık Yalnızlık*'ta José Arcadio Buendía'nın horoz dövüşünde mızrakla öldürdüğü adama adını verdim.

Kötü olan, bu özlem dolu yolculuğun sonunda sattığım kitapların hâlâ gelmemiş olmasıydı, onlar olmadan avansımı alamazdım. Cebimde tek bir kuruşum bile kalmamıştı, otelin metronomu benim cümbüş gecelerimden daha hızlı ilerliyordu. Víctor Cohen onun faturasını ödemem gereken parayı kalitesiz içkilere ve ucuz yosmalara yatırdığım sanrısıyla zaten pek kalmamış olan sabrını tüketmeye başladı. Beni iç huzuruna kavuşturan tek şey, halk üzerindeki etkisi duygusal edebiyatla ilgili eski hayallerimi canlandıran Don Félix B. Caignet'in radyoda yayınlanan arkası yarını *El derecho de nacer*'deki (Doğma Hakkı) uygunsuz, çelişkili aşklardı. Hiç beklemediğim bir zamanda *Life en Español* dergisinde sürpriz olarak yayınlanan Hemingway'in *İhtiyar Balıkçı*'sını da okuyunca, üzüntülerimden kurtuldum.

Aynı postayla avanslarımı alabilmem için sahiplerine teslim etmem gereken kitaplar da geldi. Herkes tam zamanında yaptı ödemesini, ama otele kazandığımın iki katı borcum vardı, Villegas üç haftadan önce tek bir kuruş bile alamayacağım konusunda uyardı beni. Bunun üzerine Víctor Cohen ile ciddi bir konuşma yaptım, kefilli bir senet almaya razı oldu. Escalona ve çetesi uygun değildi, Eyalet'ten bir arkadaş salt *Crónica*'da çıkan bir öykümü beğendiği için kefil olmayı kabul etti. Gerçeğin saati çaldığında kimseye hiçbir şey ödeyemedim kuşkusuz.

Yıllar sonra, Víctor Cohen'in suçlayıcı bir belge olarak değil de bir ganimet olarak dostlarına ve ziyaretçilerine göstermeye başladığı senet kendine tarihte bir yer edindi. Víctor'u son gördüğümde neredeyse yüz yaşındaydı, uzun, ince ve aklı başındaydı, mizah duygusuysa yerli yerindeydi. *Comadre*'m Consuelo Araujonoguera' nın oğlunun vaftiz babası olduğum vaftiz töreninde, aradan neredeyse elli yıl geçtikten sonra ilk kez gördüm o ödenmemiş senedi. Víctor Cohen her zamanki zarafeti ve kibarlığıyla görmek isteyen herkese gösteriyordu. Yazdığı belgenin netliği ve imzamın küstahlığındaki sonsuz ödeme arzusu beni şaşırttı. Victor bunu o gece Francisco el Hombre'den beri kimsenin dans pistine taşımadığı sömürge döneminden kalma bir zarafetle bir *paseo valletano* yaparak kutladı. Her şey bittiği zaman, pek çok arkadaşım bu bedeli ölçülemeyecek geceye vesile olan senedi ödememiş olduğum için beni kutladılar.

Dr. Villegas'ın baştan çıkartan büyüsü daha da fazlasını sağlıyordu, hele iş kitaplara gelince. Alacaklılarını atlatma konusundaki becerisini, onların da Villegas'ın borçlarını zamanında ödememe nedenlerini anlayışlarındaki neşeyi unutmak mümkün değildir. O zamanki konular arasında en cesurlarından biri Barranquillalı yazar Olga Salcedo de Medina'nın pek az bölgesel öncülü görülmüş, edebîden çok sosyal bir heyecan yaratan romanı *Se han cerrado los caminos*'dur (Yolları Tıkadılar). Tüm ay süresince giderek artan bir ilgiyle izlediğim *El derecho de nacer*'in başarısından etkilenerek biz yazarların göz ardı edemeyeceğimiz, halkın çok ilgisini çeken popüler bir olayla karşı karşıya olduğumuz sonucuna vardım. Valledupar'dan dönüp borcuma hiç değinmeden Villegas'a bu konudan söz edince, bana Félix B. Caignet'in arkası yarınının çoktan yakaladığı dinleyici kitlesini üçe katlayacak hınzırlıkta bir uyarlama yazmamı önerdi.

Benim için sandığımdan da belirleyici olan iki haftalık bir süreyi oturup arkası yarını yazmakla geçirdim; diyalogları, yoğunluk derecesi, anlattığım durumlar ve hızlı temposuyla daha önce yazdığım hiçbir şeye benzemiyordu. Diyaloglardaki deneyimsizliğim göz önüne alınınca –ki hâlâ en güçlü yanım olduğunu iddia edemem– harcadığım çabaya değdi, aldığım paradan çok bu deneyimin bana kazandırdıklarına minnet duyarım. Paradan da şikâyet etmeye hakkım yok, çünkü Villegas alacağımın yarısını avans vererek, arkası yarından gelecek ilk ödemelerle de borcumu kapatmayı vaat etti.

Kayıt Atlántico İstasyonu'nda yapıldı, bu konuda hiç deneyimi olmayan, ilhamdan nasibini almamış Villegas'ın yönetiminde olabilecek en iyi bölgesel dağıtım sağlandı. Anlatıcı olarak sesinin ciddi tonu bölgesel radyonun cırtlaklığıyla zıtlık yaratacağı düşünülen Germán Vargas önerildi. İlk büyük sürpriz Germán'ın bunu kabul etmesi, ikincisi de ilk provadan sonra doğru kişi olmadığına karar vermesiydi. Bunun üzerine Villegas, bu ürkütücü serüvenin tüm doğallığını bozan sesinin Andlı ahengi ve tıslamalarıyla, anlatıcı olma sorumluluğunu bizzat üstlendi.

Tüm pembe dizi zaferden çok sıkıntıyla kaydedildi

ve anlatımın hiçbir türlüsüne doymayan tutkum için tarif edilemez bir okul oldu. Boş bir disk üzerine ardında bir meleğin saçlarına benzeyen kara, parlak, ışıltılı, neredeyse görünmez iplikçikler bırakan saban gibi bir iğneyle yapılan kayıtlara katıldım. Her gece eve dönerken bir avuç alıyor, alışılmadık bir ganimet olarak arkadaşlarıma dağıtıyordum. Söylenmedik zorluklar ve baştan savma uygulamalar arasında, yapımcısına pek uygun devasa bir partiyle tam zamanında yayınlanmaya başladı arkası yarın.

Beni bu yapıttan hoşlandığına ikna edebilecek nedenleri sırf kibarlıktan öne sürmeye yeltenen tek bir kul bile çıkmadıysa da, program iyi bir dinleyici kitlesiyle durumu kurtaracak kadar bir reklama sahip olabildi. Bana da şansıma tahmin edilemeyecek ufuklara koşar gibi görünen bir türde yeni bir şevk verdi. Don Félix B. Caignet'e duyduğum hayranlık ve minnet öyle bir noktaya vardı ki, on yıl kadar sonra, Kübalı ajans Prensa Latina'nın muhabiri olarak Havana'da birkaç ay kaldığımda özel bir söyleşi yapmamızı istedim. Her türlü bahane ve nedeni öne sürerek bana kendini göstermedi, ondan tek öğrendiğim, söyleşilerinden birinde okuduğum müthiş bir ders olarak kaldı: "İnsanlar her zaman ağlamak ister: Benim tek yaptığım onlara bahaneyi sunmak." Villegas'ın büyülü duaları başka bir şey koyamadı ortaya. Editorial González Porto ile –tıpkı daha önce Losada'yla olduğu gibi– sorunlar yaşadı, o büyüklük rüyalarını terk edip memleketine dönmeye karar verince, hesabımızı kapatmaktan başka bir çaremiz kalmadı.

Àlvaro Cepeda Samudio, eskiden beri süregiden, *El Nacional*'i ABD'de nasıl yapıldığını öğrendiği modern gazetelerden birine dönüştürme sevdasıyla beni Araf'tan çekip çıkardı. Döndüğünden beri *Crónica*'ya arada bir yaptığı hepsi de edebî olan katkıların dışında, Columbia Üniversitesi'nden aldığı dereceyi kullanmak için karşısına çıkan tek fırsat, Saint Louis-Missouri'deki *Sporting*

News'a gönderdiği sıkıştırılmış, özet haberlerden ibaretti. Sonunda, 1953 yılında beklediği fırsat karşısına çıktı. Àlvaro'nun ilk patronu olan arkadaşımız Julián Davis Echandía, onu akşam gazetesi *El Nacional*'in yayın yönetmenliğini önermek için çağırdı. Àlvaro New York'tan dönüşünde, Echandía'yı astronomik projesiyle epey rahatsız etmişti gerçi, ama mastodont[1] bir kez ele geçer geçmez, unvan ya da tanımlanmış görevler olmadan beni kendisine yardım etmeye çağırdı. İlk maaşıma mahsuben maaşımın tümü ödenmese de geçinebileceğim kadar da bir avans verdi.

Öldürücü bir serüvendi bu. Àlvaro, tüm planı ABD'deki modellere göre yapmıştı. Davis Echandía yükseklerdeki Tanrı gibiydi, yerel sansasyonel gazeteciliğin şaşaalı zamanlarından bir ulak, tanıdığım en anlaşılmaz insandı; doğuştan iyi yürekliydi, merhametliden ziyade duygusal sayılırdı. Çalışanların geri kalanıysa iyi bir hasadın ürünü olan, uzun yıllardan beri bir arada çalışan ve birbirini tanıyan sıkı gazetecilerdi. Kuramsal olarak herkesin son derece tanımlı bir yörüngesi vardı, bunun dışında kimsenin kimin neyi yaptığından haberi olmadığı için büyük teknik mastodont ilk adımını atmayı bile başaramadı. Çıkmayı başaran birkaç sayı kahramanca bir eylemin ürünüyse de, başarının kime ait olduğu hiçbir zaman bilinemedi. Baskıya girme zamanı geldiğinde plakalar arızalı olur, acil malzeme kaybolur, hepimiz deliye dönerdik. Basımhanelerde gizlenen iblisler nedeniyle olsa gerek, gazetenin zamanında ve hatasız çıktığını anımsamıyorum. Ne olduğunu kimse bilmezdi. Ortalıkta dolanan söylenti en akla yatkın açıklamaydı belki de: İhtiyarlayan emektarlardan bazıları bu yenilikçi düzene tahammül edemeyerek, girişimi yerle bir etmeyi başarana kadar basımhanedeki ruh eşleriyle işbirliği yaptılar.

Àlvaro kapıyı çarpıp çıktı. Benim normal koşullarda

---

[1] Yalnız fosili bulunan, fil cinsinden iri bir hayvan. (Çev.)

bir güvence sayılabilecek sözleşmem bu berbat durumda bir deli gömleğiydi âdeta. Kaybedilen zamandan bir yarar sağlamaya kararlı olarak, önceki yazma eylemlerimden ortada kalıp bir işe yarar gibi görünen tüm açık uçlu parçaları daktilonun tuşlarına basabildiğim hızla bir araya toparlamaya giriştim: *La casa*'nın parçaları, zalim Faulkner'in *Ağustos Işığı*'ndan parodiler, Nathaniel Hawthorne'un yağmur gibi yağan ölü kuşları, kendilerini tekrarladıkları için içime sıkıntı veren dedektif öyküleri, hâlâ annemle Aracataca'ya yaptığım yolculuktan kalan bir-iki yara bere. Boyaları yüzülen yazı masasıyla, son nefesini vermek üzere olan daktilodan başka hiçbir şeyin olmadığı ofisimde bıraktım canlarının istediği gibi aksınlar, böylece bir oturuşta başlığın son hali de dahil bir öykü yazdım: *Un día después del sábado* (Cumartesiden Sonra Bir Gün). Ta ilk yazımından beni memnun eden az sayıdaki öykümden biridir.

El Nacional'de çalışırken, bir kol saati satıcısı yanıma yanaştı. Bilinen nedenlerle hiç saatim olmamıştı, bana gösterdiğiyse pahalı ve gösterişliydi. Satıcı Komünist Parti'nin bir üyesi olduğunu açıkladı, saat satma işi partiye katkı sağlayacak kişiler bulmak için bir bahaneymiş.

"Bu taksitle devrimi satın almak gibi bir şey," dedi.

İyi niyetle,

"Aradaki fark saati bana hemen vermeleri, devrimi değil," dedim.

Satıcı bu kötü şakama bozulunca, sırf gönlünü almak için ucuz bir saat aldım, bir ödeme planına göre her ay gelip alacaktı parasını. Bu sahip olduğum ilk saattir, o kadar dakik ve dayanıklı çıktı ki, hâlâ o günlerin anısı olarak saklıyorum.

Yine o günlerde Àlvaro Mutis, şirketi Esso Colombiana'nın edebiyat yayını olarak yakında çıkacak olan *Lámpara* adlı dergiyle çeşitli kültürel etkinliklere geniş bir bütçe ayırdığı haberiyle döndü. Katılımda bulunmaya davet etmesi üzerine ona acil bir proje önerdim: La Sierpe Efsanesi. Bir gün bu hikâyeyi anlatacak olursam, onu retorik bir prizmadan geçirerek değil de, olduğu gibi, halkın ortak hayal gücünün bir ürünü olarak anlatmayı düşünmüştüm: coğrafî ve tarihî bir hakikat. Bu –sonunda– büyük bir haberdi işte.

"Canınız nereden ne çıkarıp da yapmak çekerse ve nasıl yapmak isterse öyle yapın," dedi Mutis, "yeter ki yapın, çünkü dergi için aradığımız hava ve ton bu işte."

İki hafta sonra yazının elinde olacağına söz verdim. Havaalanına gitmeden önce Bogota'daki ofisini arayarak parayı peşin ödemeleri talimatını verdi. Bir hafta sonra posta yoluyla elime ulaşan çek soluğumu kesti. Dahası da var, bozdurmaya gittiğimde bankanın veznedarı görüntümden kuşkulandı. Beni daha üst düzey bir ofise götürdüler, fazlasıyla sevimli görünen bir yönetici nerede çalıştığımı sordu. Alışkanlık gereği, artık öyle olmasa da El Heraldo'da yazdığım yanıtını verdim. O kadar. Yönetici masasının üzerinde duran çeki inceledi, profesyonel bir güvenmezlik havası içine ona bakarak hükmünü bildirdi:

"Kusursuz bir referans bu."

Aynı öğleden sonra 'La Sierpe'yi yazmaya başladığımda bankadan bir telefon geldi. Kolombiya'da mümkün olan sayısız gerekçeden biri nedeniyle çekin karşılıksız çıktığını düşündüm. Banka memuru Andlıların o kötücül ahengiyle, çeki tahsil etmeye gelen dilencinin 'La Jirafa'nın yazarı olduğunu zamanında anlayamadığını söyleyip de özür dilediği sırada, ben boğazımdaki yumruyu ancak yutabilmiştim.

Mutis yıl sonunda bir kez daha geldi. Kendimi paralamadan biraz daha fazla ve düzenli para kazanabilmem için bana yardım etmenin bir yolunu düşündüğü öğle yemeğinde ağzıma lokma girdiğini söyleyemem. Sıra tatlıya geldiğinde, Bogota'ya dönmenin düşüncesi bile kanımı dondurmaya yettiği halde, yapılacak en iyi şeyin

Cano ailesine *El Espectador*'da çalışmak istediğimi bildirmek olduğu kanısına varmıştı. İş bir dosta yardım etmeye gelince, Àlvaro'nun pes ettiği görülmemiştir.

"Gel şöyle yapalım," dedi, "canın ne zaman nereye isterse, o zaman oraya gitmen için sana bilet göndereyim, bakalım altından ne çıkacak?"

Hayır denilemeyecek bir teklifti bu, ama yaşamımda bindiğim son uçağın 9 Nisan'dan sonra beni Bogota'dan çıkartan olduğuna emindim. Ayrıca arkası yarının telifleri ve 'La Sierpe'nin ilk bölümünün *Lámpara* Dergisi'nde yayınlanma projesi, Cartagena'daki aileme bir cankurtaran sandalı gönderecek kadar bir şeyler bırakmıştı elimde avucumda, böylelikle bir kez daha direndim Bogota'ya gitmeye.

Àlvaro Cepeda, Germán ve Alfonso'nun yanı sıra, Japy ve Roma Kahvesi'nin devamlı müşterilerinin büyük çoğunluğu da ilk bölümü *Lámpara*'da yayınlanan 'La Sierpa' hakkında olumlu sözler söylediler. İnanılmazlığın tehlikeli sınırında bulunan bir konu için doğrudan gazetecilik yönteminin en uygunu olduğu konusunda herkes hemfikirdi. Àlvaro yarı-şaka, yarı-gerçek üslubuyla bana hiç unutamayacağım bir laf etti: "İnanılırlık benim sevgili üstadım, çokça hikâyeyi anlatırken nasıl bir surat ifadesi takındığına bağlıdır." Onlara Àlvaro Mutis'in bana yaptığı iş teklifinden söz edecektim ama cesaret edemedim, bugün bunun nedeninin teklifi uygun bulmalarından korkmam olduğunu biliyorum. Àlvaro sürekli ısrar etti, hatta bir keresinde son dakikada iptal ettirdiğim bir uçak rezervasyonu bile yaptırdı. *El Espectador* ya da başka bir yazılı-sözlü basın organı adına ikinci el mesaj taşımadığına da yemin etti. Gelişinin tek amacı –sonuna kadar da bunda ısrar etti– dergiye yapabileceğim düzenli ve kesin katılımlar hakkında konuşmak ve bir sonraki sayıda ikinci bölümü çıkacak 'La Sierpe' dizisinin tamamıyla ilgili bazı teknik ayrıntıları gözden geçirmekmiş. Àlvaro Mutis bu tür bir haberci gazeteciliğin basmakalıp *costumbrismo*'ya kendi toprağında iyi bir darbe indirdiğinden emin görünüyordu. Dile getirdiği onca öneri arasında aklımı kurcalayan yalnızca bu savı oldu.

Karanlık yağmurların yağdığı bir salı günü istesem de Bogota'ya gidemeyeceğimi fark ettim, dans gömleklerimden başka bir şeyim kalmamıştı çünkü. Akşamüzeri saat altıda, Mundo Kitapçısı'nda kimseyi bulamayınca, çökmeye başlayan alacakaranlığın hüznüyle gözyaşlarım aktı akacak kapıda beklemeye koyuldum. Caddenin öte yanındaki kaldırımda vitrininde resmî giysiler sergilenen bir dükkân gördüm, her zaman oradaydı belki de ama gözüme çarpmamıştı hiç, yağmurun külleri altında, ne yaptığımı bile düşünmeden San Blas Caddesi'ni kararlı adımlarla geçip kentteki en pahalı dükkâna girdim. Gece mavisi renkli yünlü kumaştan, o zamanın Bogota'sının ruhuna çok uygun bir memur takımı aldım, kolalı yakalı iki beyaz gömlek, verevine çizgili bir kravat, oyuncu José Mojica'nın bir azize dönüşmeden önce meşhur ettiği tarzda bir çift ayakkabıyla takımı tamamladım. Gideceğimi yalnızca Germán, Álvaro ve Alfonso'ya söyledim, bir Cachaco'ya dönüşmemem koşuluyla bunun sağduyulu bir karar olduğunu belirterek onayladılar.

Kararımı bütün grup El Tercer Hombre'de kutladık, Azizler Takvimi'nin bekçisi olan Germán Vargas, gelecek 6 Mart'ta yirmi yedi yaşımı bitireceğimi bildirdiğinden, gelecek doğum günüm şerefine yapılan erken bir kutlamaydı bu. Sevgili arkadaşlarımın iyi dilekleri arasında, ilk yüzyılımı kutlamama kalan yetmiş üç yılı çiğ çiğ yiyebilecek gibi hissediyordum kendimi.

8

El *Espectador*'un Genel Yayın Yönetmeni Guillermo Cano, daha önceki yerinden beş blok ötede henüz açılan binalarında, kendisininkinden dört kat yukarıdaki Álvaro Mutis'in ofisinde olduğumu öğrenince, telefonla yanına çağırdı beni. Bir gece önce gelmiştim, Mutis'in arkadaşlarıyla yemeğe çıkmaya karar vermiştik, ama Guillermo önce gidip onu görmemde ısrar etti. Öyle yaptım. İncelikli konuşmaların başkentine uygun tarzda kaçamak kucaklaşmalardan ve günün haberleri üzerine bir-iki yorumdan sonra, beni kolumdan tutarak haber merkezindeki çalışma arkadaşlarından biraz uzağa çekti.

"Dinle, bir şey söyleyeceğim Gabriel," dedi hiç kuşku uyandırmayan bir masumiyetle, "neden bana küçücük bir iyilik yapıp da, gazeteyi baskıya göndermem için gereken minicik bir haber yazmayasın ki?" İşaret ve başparmağının arasında yarım su bardaklık bir mesafeyi göstererek,

"Şu kadarcık," diye tamamladı sözlerini.

Ondan daha fazla eğlenerek nereye oturacağımı sordum, bana üzerinde başka zamanlardan kalma bir daktilo duran boş bir çalışma masasını işaret etti. Daha fazla soru sormadan onlara uygun bir haber düşünerek oturdum, sonraki on sekiz ayı aynı masada, aynı daktilonun önünde oturarak geçirecektim.

Ben oturduktan birkaç dakika sonra Genel Yayın Yö-

netmeni Yardımcısı Eduardo Zalamea Borda, öbür oda-
dan bir alay kâğıda gömülmüş olarak çıktı, beni tanıyın-
ca şaşırdı.

"Hey! Don Gabo!" diye Baranquilla'da icat edip yal-
nızca onun kullandığı Gabito'nun kısaltmasıyla neredey-
se bağırdı. Ancak bu kez isim haber merkezinde yayıldı,
hatta sonradan yayınlanmış halde bile kullandılar: Gabo.

Guillermo Cano'nun bana yazdırdığı makaleyi hatır-
lamıyorum ama üniversiteden beri bilirdim *El Especta-
dor*'un hanedanvari tavrını. Özellikle de 'Günden Güne'
bölümünün keyfini sürdüğü hak edilmiş prestiji; hemen
soğukkanlılıkla Luisa Santiaga'nın rakiplerinin şey-
tanlıklarıyla başa çıkışını taklit etmeye başladım. Yarım
saatte makalemi bitirdim, elimle bir-iki düzelti yaptım
ve Guillermo Cano'ya uzattım, ayakta, uzak gözlüğünün
çerçevesinin çizdiği yayın üzerinden okudu. Okurken
gösterdiği dikkat yalnızca ona değil, 1887'de gazetenin
kurucusu olan Don Fidel Cano'nun başlattığı, oğlu Don
Luis'in sürdürdüğü, onun kardeşi Don Gabriel'in sağ-
lamlaştırdığı, torunu Guillermo'nun yönetimini yirmi üç
yaşında kanlı bir fırtınanın ortasında devralıp olgun-
laştırdığı, beyaz saçlı atalarından oluşan tüm bir haneda-
na aitti sanki. Tıpkı atalarının yapacağı gibi bir-iki küçük
düzeltinin ardından, adımın pratik ve basitleştirilmiş ye-
ni halinin ilk kullanımıyla bitirdi:

"Çok iyi, Gabo."

Geri dönüşümün gecesinde, anılarım yaşadığı süre-
ce Bogota'nın benim için bir daha asla aynı olamayacağı-
nın farkına vardım. Ülkede yaşanan pek çok büyük fela-
ket gibi, 9 Nisan da tarihten çok unutuş için çalışmıştı.
Hotel Granada yüzyıllık arazisinden kazınmış, yerinde
Banco de la República'nın fazlasıyla yeni binası yüksel-
meye başlamıştı. Bizim yıllarımızın eski sokakları iyi ay-
dınlatılmış tramvaylardan başkasınınmış gibi durmu-
yorlardı artık; tarihî kıyımın yaşandığı köşeyse, yangın-
larla kazanılan alanlar sayesinde büyüklüğünü yitirmiş-

ti. Bize eşlik eden biri şaşkınlıkla "Şimdi büyük bir kente benzemiş," demişti. Sonra da alışkanlık haline gelmiş o cümleyi sarf ederek kalbimi kırdı:

"9 Nisan'a teşekkür borçluyuz."

Öte yandan hayatımda Àlvaro Mutis'in beni yerleştirdiği adsız pansiyondakinden daha rahat olmamıştım. Nacional Park'ın bir kıyısında yer alan, talihsizliklerin güzelleştirdiği bir evdi, ilk gecemde mutlu bir savaştaymışlarcasına aşk yapan yan oda komşularıma dayanılmaz bir imrenme duydum. Ertesi gün dışarı çıkarlarken gördüğümde onlar olduklarına inanamadım: devlet yetimhanesinin giysisiyle sıskacık bir kızla, gümüş rengi saçları, iki metrelik boyuyla dedesi olabilecek yaşta bir adam. Yanıldığımı sandım ama sonraki gecelerde şafak sökene kadar çığlık çığlığa ölümleriyle beni doğruladılar.

El Espectador makalemi haber sayfasında, göze batan bir yerde yayınladı. Sabahı Mutis'in zoruyla büyük dükkânlardan giysi alışverişi yaparak geçirdik, kendi icat ettiği abartılı bir İngiliz şivesiyle satıcıları eğlendiriyordu. Gonzalo Mallarino ve beni topluma takdim etmek için davet edilmiş genç yazarlarla öğle yemeği yedik. Üç gün sonra beni Mutis'in ofisinden telefonla arayana kadar Guillermo Cano'dan haber almadım.

"Dinleyin Gabo, nerelerdesiniz?" diye sordu gazete sahibinin kötü taklidi bir ciddiyetle. "Dün yazınızı beklediğimiz için baskıya geç girdik!"

Onunla konuşmak için aşağıya indim. Bir haftadan fazla bir süre öğle sonralarını kimse bana işten ya da maaştan söz etmediği halde imzasız haberler yazarak nasıl geçirdiğimi hâlâ bilemiyorum. Dinlenme *tertulia*'larında muhabirler bana kendilerinden biriymişim gibi davranırlardı, aslında öyleydim de, ama derecesini hayal bile edemiyormuşum.

Hiçbir zaman imzalı çıkmayan 'Günden Güne' sayfasının başını düzenli olarak politik bir makaleyle Guillermo Cano çekerdi. Yönetimin oturttuğu bir düzene göre onun ardından Gonzalo González'in serbest konulu makalesi gelirdi, González ayrıca gazetenin en akıllı ve sevilen köşesini de –sorular ve yanıtları– yazar, orada Giovanni Papini'ye gönderme olarak değil de, kendi adının kısaltması olan 'Gog' takma adıyla okurların kuşkularını giderirdi. Ardından benim ve çok seyrek olarak da köşesi –kent ve dünya– gazetenin haber sayfasının en iyi yerinde Ulysses takma adıyla –onun da kesinleştirmeyi sevdiği gibi Homeros'a değil, James Joyce'a ithafen– yayınlanan Eduardo Zalamea'nın makaleleri gelirdi.

Àlvaro Mutis yeni yılın ilk günlerinde Puerto Príncipe'ye[1] bir iş gezisi yapması gerekince beni de davet etti. Alejo Carpentier'in *El reino de este mundo* adlı kitabını okuduğumdan beri Haiti düşlerimin ülkesiydi. 18 Şubat'ta, İngiltere Ana Kraliçesi'nin dev Buckingham Sarayı'nın yalnızlığında kayboluşu hakkında bir yazı kaleme aldığımda, daha ona yanıtımı vermemiştim. Yazımın 'Günden Güne'de ilk sırada yayınlanacağını ve ofiste iyi yorumlar aldığını söyleyerek dikkatimi çekti. O gece haber yönetmenimiz José Salgar'ın evinde seyrek düzenlenen davetlerden birindeyken, Eduardo Zalamea yazım hakkında daha da heyecanlı yorumlarda bulundu. Daha sonra iyi yürekli bir hain, yazım hakkında oluşan bu ortak düşüncenin yönetimin bana sürekli bir iş teklifi yapma konusundaki son çekincelerini de ortadan kaldırdığını ispiyonladı.

Ertesi gün Àlvaro Mutis beni ofisine çağırarak Haiti gezisinin ertelendiği tatsız haberini verdi. Bana söylemediğiyse Guillermo Cano ile yaptığı olağan bir sohbet sırasında, onun tüm içtenliğiyle beni Puerto Príncipe'ye götürmemesini rica etmesiymiş. Àlvaro da Haiti'yi bilmediği için, bunun nedenini sormuş.

"Bilseydin," demiş Guillermo, "oranın dünyada Gabo'nun en çok hoşuna gidecek yer olduğunu anlardın."

---

[1] Port-au Prince. (Çev.)

Sonra da kırmızı örtüyü boğanın önüne ustalıkla uzatarak, o öğle sonrasını incelikli bir dokunuşla sonlandırmış: "Gabo Haiti'ye giderse, bir daha asla dönmez."

Durumu anlayan Àlvaro geziyi iptal edip bunu bana şirketinin aldığı bir kararmış gibi bildirmiş. Bu sayede asla Puerto Príncipe'ye gidemedim, ama birkaç yıl önce, anıları yâd ettiğimiz bitmek bilmez büyükbaba sohbetlerimizden birinde Àlvaro bana anlatana kadar gidemeyişimizin gerçek nedenini bilmiyordum. Guillermo ise, beni bir sözleşmeyle gazeteye bağladıktan sonra, yıllarca Haiti'de büyük bir haber yapmayı düşünmem konusundaki ısrarını yineledi, ama hiçbir zaman gidemedim.

El Espectador'da kadrolu bir muhabir olmak aklımın ucundan bile geçmemişti. Türün Kolombiya'da çok az, kalitesinin de kötü olması nedeniyle öykülerimi basmalarını anlıyordum ama sıcak gazetecilikte çok az deneyimi olan biri için her gün bir akşam gazetesinde yazmak farklı bir meydan okumaydı. Kiralık bir dairede El Tiempo'nun –zengin, güçlü ve etkili bir gazetedir– artan makineleriyle işe koyulan yarım asır yaşındaki El Espectador, on altı kalabalık sayfadan oluşan mütevazı bir gazeteydi; ama pek de iyi sayılmadan dağıtılan beş bin gazete satıcı oğlanların ellerinden neredeyse basımhanenin kapısında kapılır, kentin tarihi bölümünün kederli kahvelerinde yarım saatte okunurdu. Eduardo Zalamea Borda, Londra'da BBC'de dünyanın en iyi gazetesi olduğunu söylemişti. Bağlayıcı olan bu açıklamanın kendisinden çok, gazete çalışanlarının hemen tümünün ve okurlarının çoğunun bunun doğru olduğuna inanmasıydı.

Haiti gezisinin iptal olmasının ertesi günü gazetenin patronu Luis Gabriel Cano, bana odasında bir randevu verdiğinde yüreğimin ağzıma geldiğini itiraf etmeliyim. Söyleşi tüm resmiyetiyle beş dakika sürdü. Luis Gabriel huysuz, bir dost gibi cömert ve iyi bir patron gibi cimri olmakla ünlüydü, ama bana hem o görüşme sırasında hem de sonrasında çok somut ve içten biri gibi görünmüştür.

Ciddi bir tavırla yaptığı önerisi gazetede kadrolu muhabir olarak kalmam, genel konular üzerine makaleler, fikir yazıları yazmam, haber hazırlamam ve son dakikada neye ihtiyaç duyulursa onu kaleme almamdı. Maaşım ayda dokuz yüz peso olacaktı. Soluğum kesildi. Kendime gelince yeniden kaç para olduğunu sordum, bana harf harf yineledi: dokuz yüz. Bu beni öylesine etkilemişti ki, aylar sonra bir partide bu konudan söz ederken sevgili Luis Gabriel'im şaşkınlığımı bir ret ifadesi sandığını söyledi. Don Gabriel sağlam temellere dayanan son korkusunu da ifade etti sonra: "O kadar sıska ve solgun ki, ya ofiste ölürse." Böylelikle kadrolu muhabir olarak *El Espectador*'a girdim ve orada iki yıldan az bir sürede tüm yaşamımda tükettiğim kâğıt miktarının çoğunu kullandım.

Talihli bir rastlantıydı. Gazetedeki en korkulan merci Don Gabriel Cano'ydu, ataydı, kendi kendisini yine kendi kararıyla haber merkezinin kılı kırk yaran sorgucusu olarak tanımlamıştı. Milimetrik büyüteciyle günlük baskıyı en beklenmedik virgüle kadar okur, kırmızı kalemle her makaledeki yanlışları işaretler, yıkıcı yorumlarıyla cezalandırdıklarını bir panoda teşhir ederdi. Pano ilk günden itibaren 'Namus Lekesi Duvarı' olarak ilan edilmişti, kan damlayan kaleminden paçayı sıyırabilen tek bir muhabir bile hatırlamıyorum.

Guillermo Cano'nun yirmi üç yaşında *El Espectador*'un yöneticiliğine seçilmesi kişisel olarak hak ettiklerinin erken gelen meyvesi değil, doğumundan önce yazılmış bir alınyazısıydı. Bu nedenle çoğumuz uzaktan onun söz dinleyen bir oğuldan başka bir şey olmadığını düşünürken gerçekten yönetici olduğunu görmek beni şaşırttı. Dikkatimi en çok çekense haberi yakalamadaki hızıydı.

Bazen ileri sürecek çok fazla savı olmasa da, onları ikna etmeye başarana kadar herkesle mücadele etmesi gerekirdi. Bu mesleğin üniversitelerde öğretilmediği, işyerinde baskı mürekkebi solunarak öğrenildiği zamanlardı; en iyileri *El Espectador*'un öğretmenleriydi, iyi yürekliydiler ama tokatları sertti. Guillermo Cano okumayazmayı öğrenir öğrenmez başlamıştı işe, boğa güreşleri hakkında ilk yazdığı makaleleri o kadar ciddi ve bilgi doluydu ki, insan asıl mesleği gazetecilik değil de matadorluk sanırdı. Yaşamındaki en zor deneyim bir geceden sabahına, ara basamaklar olmadan hazırlık öğrenciliğinden kıdemli öğretmenliğe tırmanmak olmalıydı. Onu tanımayan biri yumuşak, kimi zaman da kaçamak tavırlarının ardındaki karakterinin korkunç kararlılığını asla anlayamazdı. Aynı tutkuyla büyük ve tehlikeli savaşlara girişir, en soylu nedenlerin ardında bile ölümün pusu kurabileceğinden emin olmak onu asla geriletmezdi.

Sosyal yaşama karışmakta bu kadar isteksiz birini görmedim, kişisel onurlandırmaları kabul etmekten son derece sakınır, güçle elde edilenleri hor görürdü. Çok az arkadaşı olan bir adamdı ama hepsi de çok iyi dosttular, kendimi daha ilk günden onlardan biri hissettim. Belki de savaş gazileriyle dolu haber merkezindeki en gençlerden biri olmamın buna katkısı olmuş, ikimiz arasında hiçbir zaman gücünü yitirmeyen bir suç ortaklığı duygusu yaratmıştır. Bu dostluğun örnek yanı ikimizin zıtlıklarının üstesinden gelebilme kapasitemizdi kuşkusuz. Politik anlaşmazlıklarımız çok derindi, çevremizdeki dünya çözündükçe giderek de derinleşiyordu, ama her zaman haklı olduğunu düşündüğümüz nedenler için savaşabilecek ortak bir zemin bulabiliyorduk.

Her iki yanında da çalışma masalarının dizili olduğu haber merkezi dev gibiydi, atmosferi neşeli, yapılan şakalarsa sertti. Aramızda Darío Bautista vardı, tuhaf bir maliye karşı-bakanı türüydü diyebilirim, horozların ötmesiyle birlikte kendini en üst düzey memurlara şafağı dar etmeye adar, her zaman doğru çıkan karanlık bir gelecek hakkında kabalistik kehanetlerde bulunurdu. Adliye muhabiri Felipe González Toledo doğuştan gazeteciydi, haksızlıkları önlemek ve bir suçu aydınlığa kavuşturmak konusunda resmî soruşturmaların fersah fersah önünde giderdi genellikle. Meclis muhabiri Guillermo Lanao yumuşacık ihtiyarlığına kadar bir çocuk kalmanın sırrını korudu. En büyük şairlerden biri olan Rogelio Echaverría gündüz baskısından sorumluydu, onu asla gün ışığında görmedik. O sıralarda bir futbol maçı nedeniyle bacağı alçıda olan kuzenim Gonzalo González, her türlü soruya yanıt verebilmek için araştırmalar yapardı, sonunda her konuda uzman kesildi. Üniversitede birinci sınıf bir futbolcu olmasına karşın, deneyimi es geçip her türlü konuda kuramsal çalışmaya sonsuz bir inancı vardı. Gazeteciler arası bovling şampiyonasında bize bunun parlak bir sunumunu yaptı, bizim gibi sabahlara kadar idman yapacağına bir elkitabı bulup oyunun fizik kurallarını okudu ve o yılın şampiyonu oldu.

Böyle çalışanları olan haber merkezi sonsuz bir eğlence kaynağıydı elbette, Darío Bautista ya da Felipe González Toledo'nun sloganını kulağımızdan eksik etmezdik: "Neşeni kaybedersen boku yemişsin demektir." Herkes bir ötekinin yaptığı işi bilir, elinden geldiği ve kendisinden istendiği kadar yardımcı olmaya çalışırdı. Ortak katılım o boyuttaydı ki, neredeyse yüksek sesle çalışılırdı diyebilirim. Ama işler ciddileştiği zaman çıt çıkmazdı. Salonun arka kısmında ötekilerle açılı duran masasında yönetimde José Salgar vardı, haber merkezinde dolaşır, her şeyi duyurur ve her şeyden haberdar olurdu.

İnanıyorum ki Guillermo Cano'nun beni herkese tanıştırmak için masadan masaya gezdirdiği o öğle sonrası utangaçlığımın ateşle imtihanı oldu. Darío Bautista gökgürlemesini andıran ürkütücü sesiyle kimseye bakmadan,

"Dâhi geldi!" diye bağırdığında dizlerimin bağı çözüldü ve konuşamaz oldum.

Düşünebildiğim tek şey kolumu öne doğru uzatıp teatral bir yarım dönüş yaparak o anda ruhumdan kopan en ruhsuz sözü edebilmekti:

"Sizlere hizmet edebilmek için."

Islıklarının yarattığı etki hâlâ bana ıstırap verir, ama her birinin bana hoş geldin derkenki sarılışında ve nazik sözlerinde teselli bulurum. O andan itibaren dostlukları ve maneviyatları hiç zayıflamayan bu iyi yürekli kaplanlar topluluğunun bir üyesi oldum. Bir makale için gereken her bilgiyi ne kadar küçük olduğuna bakmaksızın yazışma muhabirine sorar, her zaman tam zamanında yanıtını alırdım.

Bir muhabir olarak ilk büyük dersimi Guillermo Cano'dan aldım, Bogota'nın üzerine boşanan selin kenti üç saat evrensel bir su baskınına çevirdiği bir öğle sonrası hepimiz birlikte yaşadık bu deneyimi. Jiménez de Quesada Bulvarı'ndan akan girdaplı sular önlerine çıkan her şeyi tepelerden inen yokuşlardan aşağı sürükleyerek sokakları bir felaket alanına çeviriyorlardı. Her sınıftan otomobil ve toplu taşıma araçları yolda kalıyor, binlerce yaya sular altındaki binalara sığınmaya çalışıyordu, öyle ki sonunda tek bir yer kalmadı. Tam gazetenin baskıya gireceği zamana denk gelen bu felaketle şaşkınlığa uğramış biz muhabirler ellerimiz ceplerimizde, ceza yemiş çocuklar gibi ne yapacağımızı bilemeden hüzünle pencerelerden dışarıyı izliyorduk. Birden Guillermo Cano dibi olmayan bir uykudan uyandı sanki, felç olmuş haber merkezine dönerek bağırdı:

"Bu sağanak bir haberdir!"

Bu ânında uyulan, kimseye verilmemiş bir emirdi. Hepimiz savaş yerlerimize dönerek telefonlara sarılıp yüzyılın yağmur fırtınasının haberini yazabilmek için tez elden José Salgar'ın bize söylediği verileri toplamaya başladık. Ambulanslar ve telsizli acil yardım araçları yollarda kalan araçlar yüzünden kımıldayamıyorlardı. Giderler ve kanallar tıkanmıştı, acil yardım götürebilmek için seferber olan tüm itfaye birliği yetersiz kalıyordu. Kentin barajlarından biri yıkıldığı için boşaltılması gereken mahalleler vardı. Lağımlar patlamıştı. Kaldırımlar engelli yaşlılar, hastalar, soluk alamayan çocuklarla doluydu tıkabasa. Tüm bu karmaşanın orta yerinde, hafta sonları balık avlamakta kullanılan beş motorlu yat sahibi, kentin en hareketli caddesi Caracas Bulvarı'nda bir şampiyonluk yarışı düzenlemişlerdi. José Salgar toplanan bu verileri dağıttı, bizler de hemen o anda uydurduğumuz özel sayı için habere dönüştürdük. Yağmurluklarının içinde iliklerine kadar ıslanmış fotoğrafçılar sıcağı sıcağına fotoğrafları yetiştirdiler. Saat daha beş olmadan Guillermo Cano, kent belleğindeki en dramatik fırtınalardan birinin usta işi sentezini ortaya koymuştu bile. Sonunda hava açtığı zaman, *El Espectador*'un doğaçlama özel sayısı bir saati ancak bulan bir gecikmeyle her zamanki gibi ellerde dolaşıyordu.

José Salgar'la başlangıçtaki ilişkim en zoru, ama hiçbirinin olmadığı kadar yaratıcıydı. Onun sorununun benimkinin tersi olduğuna inanıyorum: Her zaman kadrolu muhabirlerinin büyük bir özveri göstermesi için çabalar, ben de beni de o dalga boyuna bırakmasını arzulardım. Ama gazetedeki başka sorumluluklarım elimi kolumu bağlardı, tek boş olduğum zaman pazar günleriydi. Bana öyle gelirdi ki, Salgar bana, beni bir muhabir yapmak için göz koymuştu, ötekilerse hep bir öykü yazarı olarak gösterildiğim için benden sinema, haber yorumları, kültürel işler beklerlerdi. Benim düşüm kıyıya adım attığımdan beri bir muhabir olmaktı, Salgar'ın bu konuda en iyi öğretmen olduğunu biliyordum, ama belki de yıkıp kendimi içeri zorla sokacağım umuduyla kapıları kapamıştı bana. İçten ve dinamik bir tavırla birlikte çok iyi çalışırdık. Guillermo Cano, hatta Eduardo Zalamea'nın onayıyla yazılmış bir makalemi ne zaman uzatsam çekincesiz kabul eder, ama töreni yerine getirmezdi. Eliyle bir şişenin mantarını açıyormuş gibi bir hareket yaparak söylediğine inanır göründüğünden daha ciddi bir sesle:

"Kuğunun boynunu bur," derdi.[1] Hiçbir zaman saldırgan davranmadı kuşkusuz. Tam tersine: On dört yaşında baskı atölyelerinde kahve dağıtan içten bir oğlanken, Kolombiya'daki en büyük profesyonel otoriteye sahip genel yayın yönetmenliğine varan iyi hizmet basamaklarını tırmanarak tavında dövülmüş bir adamdı. Bir sürü sıcak haber yazarına ihtiyaç duyulan bir ülkede lirik hokkabazlıklarla kendimi harcamamı bağışlamadığını sanıyorum. Oysa ben gündelik yaşamı sıcak habercilikten daha iyi ifade eden bir gazetecilik türü olmadığını düşünüyordum. Bugün her ikimizin de bunu gerçekleştirmedeki inadının bir muhabir olma uzak rüyamı gerçekleştirmemdeki en büyük teşvik olduğu kanaatindeyim.

Fırsat karşıma 9 Haziran 1954 sabahı, saat on biri yirmi geçe, Modelo de Bogota Hapishanesi'nde bir arkadaşımı ziyaretten döndüğümde çıktı. Altı yıl önce Jorge Eliécer Gaitán'ın öldürüldüğü köşenin iki blok ötesinde savaşa gidermişçesine silahlı asker bölükleri bir grup öğrenciyi sıkıştırmıştı. Kore Savaşı için eğitim gören Kolombiya Taburu'nun üyelerinin bir gün önce bir öğrenciyi öldürmesini protesto etmek amacıyla düzenlenmiş bu gösteri, sivil halkla Silahlı Kuvvetler Hükümeti'nin ilk kez sokakta karşılaşmasıydı. Benim durduğum yerden Başkanlık Sarayı'na yürümek isteyen öğrencilerle, onları durdurmak isteyen askerler arasındaki atışmalar ve bağrışmalar duyuluyordu yalnızca, ama havadaki gerilim elle tutulur nitelikteydi. Sonra hiçbir uyarı yapılmadan makineli tüfek takırtısı duyduk, hemen arkasından iki tane daha geldi. Birkaç yaya ve bir sürü öğrenci oracıkta öldüler. Yaralıları hastanelere götürmek isteyenler dipçik darbeleriyle dağıtıldı. Askerî birlikler bölgeyi boşaltarak sokakları kapattılar. O kaçışma ve panik arasın-

---

[1] Yirminci yüzyılın başlarında sembolistleri ve Parnesyenleri (19. yüzyıl ortalarına ait Fransız şiir ekolü) terk ederek, kendi yerel tarzlarını yaratmak isteyen Latin Amerikalı şairler arasında moda olmuş bir söylem. Gazetecilikte 'fazla edebiyata kaçma, gazetecilikten uzaklaşma' anlamlarında da kullanılan bir uyarıdır. (Çev.)

da, aynı saatte, aynı yerde, birkaç saniye 9 Nisan dehşetinin aynısını yaşadım.

El Espectador'un binasına kadar olan üç dik bloku neredeyse koşarak tırmandım, haber merkezini eylem için boşaltılmış buldum. Boğazımda bir düğümle katliam alanında gördüklerimi anlattım, benden daha da azını bilen biri ölen dokuz öğrencinin kimlikleri ve hastanedeki yaralıların durumu hakkında son hızla ilk haberi yazıyordu. Çatışmayı gören tek kişi olduğum için yazmayı bana emredeceklerinden emindim, ama Guillermo Cano ve José Salgar herkesin elinden geleni yapacağı ortak bir haber olması konusunda karara varmışlardı bile. Haber merkezinin sorumlusu Felipe González yazılan haberleri bir araya getirecekti.

Benim uğradığım hayal kırıklığından etkilenen Felipe, "Sakin ol," dedi, "bir imza olmasa da, burada hepimiz, herkesin her konuda çalıştığını biliyoruz."

Ulysses de kendi adına, benim yazacağım makalenin kamu düzeniyle ilgili ciddi bir sorunu ele aldığı için en önemli öğe olacağını söyleyerek beni teselli etti. Haklıydı ama o kadar incelikli ve gazetenin politikası açısından o kadar tehlikeli ve bağlayıcı bir parçaydı ki, sonunda daha üst seviyelerdeki birçok el tarafından yazıldı. Bunun herkes için önemli bir ders olduğuna inanıyorum ama bana cesaret kırıcı geldi. Bu Silahlı Kuvvetler Hükümeti'yle Liberal basın arasındaki balayının sonuydu. General Rojas Pinilla'nın iktidara el koymasıyla sekiz ay önce başlamış, art arda iki Muhafazakâr hükümetin kan banyosunun ardından ülkeye biraz rahat soluk aldırarak o güne kadar sürmüştü. Benim için olağan bir muhabir olma düşümün de ateşle imtihanıydı ayrıca.

Bir süre sonra Adli Tıp'ta kimliğini belirleyemedikleri ve kimsenin sahiplenmediği bir çocuk ölüsünün fotoğrafı basıldı, günler önce kayıp olduğu haberi verilen başka bir çocuğunkine benzer göründü bana. Adli muhabir Felipe González Toledo'ya gösterdim, henüz çocuğu-

nu bulamamış olan anneye telefon etti. Bu hiç unutama-
yacağım bir derstir. Kayıp çocuğun annesi Felipe'yle be-
ni Adli Tıp'ın girişinde bekliyordu. O kadar zavallı ve
küçülmüş görünüyordu ki, tüm yüreğimle ölü çocuğun
onunki olmamasını diledim. Uzun, buz gibi bodrumda
yoğun ışık altında sıralanmış yirmi masanın üzerinde,
bildik çarşafların altında taştan mezar tümsekleri gibi
görünen cesetler vardı. Üçümüz birden sondan bir önce-
ki masaya kadar asık yüzlü bekçinin ardından gittik.
Çarşafın bir ucundan kullanıla kullanıla çok yıpranmış
topuklarındaki pençe demirleriyle, iki minicik bot
görünüyordu. Kadın botları tanıdı, rengi soldu, ama bek-
çi bir boğa güreşçisinin el hareketiyle çarşafı kaldırana
kadar içinde kalan son soluğuyla dayandı. Açık ve şaşkın
gözleriyle dokuz yaşlarında ölü bir çocuk, günlerce bir
hendekte ölü yattığı giysisiyleydi. Annesi inledi ve çığ-
lıklar atarak yere devrildi. Felipe onu kaldırdı, teselli söz-
cükleri söyleyerek sakinleştirmeye çalışırken, ben kendi
kendime düşünü gördüğüm mesleğin bu olup olmadığı-
nı soruyordum. Eduardo Zalamea olmadığı konusunda
beni onayladı. O da suç haberlerinin okurlar nezdinde
köklü bir yeri olsa da, adliye muhabirliğinin özel bir mi-
zaç ve her türlü sınanmaya hazır bir yürek gerektirdiği-
ni düşünüyordu. Bir daha bu işe kalkışmadım.

Çok daha farklı bir gerçek beni film eleştirmeni ol-
maya zorladı. Olabileceğim hiç aklıma gelmemişti ama,
Aracataca'da Don Antonio Daconte'nin Olympia Sinema-
sı'nda, sonra da Àlvaro Cepeda'nın gezici okulunda, izle-
yicilere o zamana kadar Kolombiya'da bilinenden daha
fazla yardımcı olacak bir ölçüt kullanarak sinema konu-
sunda yönlendirici makaleler yazmanın temel öğelerine
göz atma şansım olmuştu. Birinci Dünya Savaşı'ndan
sonra Bogota'da yaşayan büyük Alman yazar ve edebiyat
eleştirmeni Ernesto Volkening, Radio Nacional'de yeni
çıkan filmler hakkında yorumlar yapıyordu ama uzman
bir dinleyici kitlesiyle sınırlıydı. İspanyol İç Savaşı'ndan

beri Katalan kitapçı Luis Vicens'in çevresinde başka kusursuz eleştirmenler varsa da, seyrek olarak yorum yaparlardı. Ressam Enrique Grau, eleştirmen Hernando Salcedo ve bu konuda son derece güven telkin eden gazeteci Gloria Valencia de Castaño Castillo'nun ağır çalışması sayesinde ilk sinema kulübünü kuran da odur. Büyük aksiyon filmleri ve insanı ağlatan dramalar için geniş bir izleyici kitlesi olsa da, iyi filmler eğitimli sinema meraklılarıyla sınırlıydı, sinemacılar da afişlerde üç gün dayanan filmleri alarak riske girmek konusunda giderek daha az istekli bir tutum sergiliyorlardı. Yüzü olmayan bu kalabalıktan yeni bir izleyici kitlesi yaratmak iyi filmlere açık izleyicileri besleyecek, onları göstermek isteyip de gerekli parasal kaynağı bulamayan sinemacılara da yardım edecek zor ama olası bir pedagoji gerektiriyordu. En büyük zorluk olumsuz eleştiriler karşısında sinemacıların –gazetelere epeyce kaynak sağlayan– film reklamlarını çekme tehditleriydi. Bu riskle ilk karşılaşacak gazetelerden biri El Espectador olduğu için benden o hafta başında gösterime giren filmler için yüksek makamdan sorgulayıcı bir eleştiriden çok sinema meraklıları için elkitabı niteliğinde yazılar yazmam istendi. Ortak rızayla alınan bir başka önlem de biletimi gişeden aldığımın bir kanıtı olarak serbest giriş kartımı hiç kullanmadan yanımda taşımamdı.

İlk yazılar sinemacıları rahatlattı, çünkü Fransız sinemasının iyi örnekleri olan filmler hakkındaydılar. Aralarında büyük müzik adamının yaşamının geniş bir özeti olan *Puccini*; şarkıcı Grace Moore'un iyi anlatılmış öyküsü *Yaldızlı Tepeler* ve Julien Duvivier'in barışçıl komedisi *Enriqueta'nın Bayramı* vardı. Sinemanın çıkışında karşılaştığımız işadamları eleştirilerimiz hakkındaki memnuniyetlerini dile getirdiler. Àlvaro Cepeda'ysa, bu küstahlığımdan haberi olunca sabahın altısında Barranquilla'dan arayıp beni uyandırarak,

"Benim iznim olmadan film eleştirmek nereden geldi aklınıza, Allahın cezası!" diye bağırdı gülmekten katılarak. "Film konusunda tam bir salaksınız!"

Sürekli yardımcım olduysa da, bir okul açmadığımız, amacımızın akademik formasyonu olmayan temel bir izleyici kitlesini yönlendirmek olduğu konusunda asla hemfikir olamadık. İşadamlarıyla yaşadığımız balayı da başta düşündüğümüz kadar tatlı olmadı. Ticari ve basit sinemayla karşı karşıya kaldığımızda, en anlayışlıları bile eleştirilerimizin sertliğinden yakındılar. Eduardo Zalamea ve Guillermo Cano onları nisanın sonlarına kadar telefonda oyalayacak beceriye sahiptiler, ama sonunda hepsinin lideri havasında bir sinemacı, açık bir mektupla bizi çıkarlarını zedelemek için halkın cesaretini kırmakla suçladı. Bana sorunun çekirdeği, mektubun yazarının 'cesaret kırmak' sözcüğünün anlamını bilmemesiymiş gibi göründüyse de, kendimi bir bozgunun kıyısında hissettim; gazetenin içinde bulunduğu büyüme krizinde, Don Gabriel Cano'nun sırf estetik bir zevk uğruna sinema reklamlarından vazgeçmesinin mümkün olmadığına inanıyordum. Mektubu aldığımız gün oğullarını ve Ulysses'i acil toplantıya çağırmasını sinema köşesinin ölüp gömülmesi olarak yorumladım. Toplantıdan sonra çalışma masamın önünden geçen Don Gabriel konuyu belirtmeden muzur bir büyükbaba tavrıyla,

"Sakin ol benim minik adaşım," dedi.

Ertesi gün 'Günden Güne' bölümünde Guillermo Cano'nun yapımcıya verdiği ve mahsus akademik bir üslupla kaleme aldığı yanıtın son bölümü her şeyi ifade ediyordu: 'Basın iyi filmler için olduğu kadar kötü filmler için de ölçüsüz methiyeler düzmeye dayalı eski ve zararlı modeli bir kenara bırakarak, başka ülkelerde olduğu gibi ciddi ve sorumlu sinema eleştirileri yayınlamakla ne izleyicinin cesaretini kırmış olur ne de birilerinin çıkarlarını zedelemiş.' Bu ne son mektuptu ne de bizim yazdığımız son yanıt. Sinema salonlarındaki memurlar acı yakınmalarla saldırdılar, kafası karışmış okurlardan çelişkili mektuplar aldık. Ama hiçbiri işe yaramadı: Sinema köşemiz ülkede sinema eleştirileri seyrek olmaktan çıkıp basında ve radyoda düzenli bir rutine kavuşana kadar sürdü.

Ondan sonra iki yıl içinde yetmiş beş eleştiri yazdım, buna filmleri izlemek için harcadığım zamanı da eklemek gerekir. Ayrıca altı yüz makale, her üç günde bir imzalı ya da imzasız haber ve yine imzalı ya da ortak, en az seksen haber. Edebî katkılarım aynı gazetenin 'Magazine Dominical' adlı pazar ekinde yayınlanıyordu, aralarında birçok öykü ve iç anlaşmazlıkların ardından *Lámpara* dergisinde yayını durdurulan 'La Sierpe' dizisi de vardı.

Yaşamımda ilk kez elim para görmüştü ama tadını çıkartacak zamanım yoktu. Çamaşır yıkama servisiyle birlikte eşyalı olarak kiraladığım daire, içinde banyosu, telefonu, büyük penceresi ve dünyanın en hüzünlü kentinin sürekli çiseleyen yağmuruna karşı yatakta kahvaltı etme olanağı olan genişçe bir yatak odasından ibaretti. Onu sabaha karşı üçten sonra, bir saat okumanın ardından, sabah radyosunun haberleri beni yeni günün gündemiyle uyandırana kadar uyumak için kullanıyordum yalnızca.

Açıkça bir kaygıyla ilk kez içinde yaşayacak sabit ve kendime ait bir yerim olduğunu, ama bunun ayırdına varacak zamanım olmadığını düşünmeden edemiyordum. Yeni yaşantımla başa çıkmaya uğraşmakla öylesine meşguldüm ki, tek kayda değer harcamam ay sonunda hiç aksatmadan aileme gönderdiğim cankurtaran sandalıydı. Özel yaşamım hakkında düşünecek hemen hemen hiç zamanım kalmadığını ancak şimdi fark ediyorum. Belki de Bogotalı kadınların, yalnızca okyanus kenarında yaşama düşlerini tatmin etmek için, kendilerini hiç aşk duymadan kıyıdan gelen erkeklere verdiklerine ilişkin Karayipli annelerin fikriydi içimde bir yere yerleşen. Bogota'da ilk bekâr dairemde kapıcıya gece yarısı kadın arkadaşların gelmesine izin verilip verilmediğini sorduğumda, verdiği bilge yanıtla hiç riske girmeden kurala uydum:

"Yasak Señor, ama görmemem gereken şeyleri görmem ben."

Temmuz ayının sonunda José Salgar, bir makale yazmakta olduğum masamın önünde önceden hiç uyarmadan dikilip uzun bir sessizliğin içinden süzdü beni. Cümlemi yarıda kesip kafam karışmış bir halde,

"Ne oldu?" diye sordum.

Gözünü bile kırpmadı, elindeki kırmızı kalemiyle sessiz bir bolero çalıyor, yüzündeki şeytanî gülümsemeden niyeti fazlasıyla belli oluyordu. Sormadan bana Séptima Caddesi'ndeki öğrencilerin öldürülmesi haberini yapmama izin vermediğini, çünkü bunun bir acemi için zor bir görev olduğunu açıkladı. Öte yandan ölümcül bir öneriyi kabul edersem, bana kendi hesabına ve tüm riskini yine kendisi üstlenerek muhabir diplomasını vereceğini ekledi; dosdoğrudan, hiçbir biçimde meydan okumadan konuşuyordu.

"Neden Medellín'e gidip bize orada ne boklar yendiğini anlatmıyorsun!"

Anlamak kolay değildi çünkü sözünü ettiği olay iki haftadan fazla bir süre önce meydana gelmişti, bu da haberin kurtarılamayacak kadar bayat olduğu izlenimini uyandırıyordu. Bilindiğine göre 12 Temmuz sabahı, Medellín'in doğusunda sert, dik bir yer olan La Media Luna'da bir toprak kayması yaşanmıştı. Basının yarattığı skandal, yetkililerin düzensizliği ve yaralıların paniği, yönetim ve insanlık açısından gerçeği gizleyen bir kargaşaya neden olmuştu. Salgar benden olup bitenleri mümkün olduğu kadar ortaya çıkarmamı istemedi, bana dosdoğru gerçeği, yalnız ve yalnızca gerçeği, üstelik en kısa zamanda yeniden inşa etmemi emretti. Bunu söyleyişindeki bir şey sonunda yularımı gevşettiğini düşündürttü.

O zamana kadar insanların Medellín hakkında bildikleri tek şey, bir uçak kazasında kömür olan Carlos

Gardel'in orada öldüğüydü. Bense büyük yazarların ve şairlerin ülkesi olduğunu, Mercedes Barcha'nın o yıl okumaya başladığı Presentación Koleji'nin orada bulunduğunu biliyordum. Bu kadar baştan çıkarıcı bir görev karşısında o kıyım dağını parça parça inşa etmek hiç de ulaşılmaz görünmedi gözüme. Böylece sabahın on birinde Medellín'e ayak bastım, o kadar ürkütücü bir fırtına vardı ki, felaketin son kurbanı da ben olacakmışım hayaline kapıldım.

İki günlük yedek giysi ve bir acil ihtiyaç kıravatından oluşan çantamı Nutibara Oteli'ne bırakıp kendimi hâlâ kasırganın kalıntılarıyla örtülü bu pastoral kentin sokaklarına attım. Álvaro Mutis uçak korkumu yenmemde yardım etmek için bana eşlik etmiş ve kent yaşamında iyi bir yeri olan insanlar hakkında ipuçları vermişti. Kanımı donduran hakikatse nereden başlayacağım hakkında en küçük bir fikrimin olmamasıydı. Kasırgadan beri yüzünü gösteren muhteşem bir güneşin altın tozu içinde parlayan sokaklarda dolaştım, bir saat sonra gördüğüm ilk dükkâna sığınmam gerekti, çünkü bir yandan güneş parlarken, bir yandan da yağmur yağmaya başlamıştı. İşte o zaman göğsümde ilk panik dalgalarını hissetmeye başladım. Savaş ortasındaki dedemin sihirli formülüyle onları bastırmayı denedimse de, sonunda korkudan duyduğum korku moralimi yerle bir etti. Beni yapmakla görevlendirdikleri şeyi asla yapamayacağımı ve bunu söyleyecek cesaretimin olmadığını kavradım. Yapılabilecek tek mantıklı şeyin Guillermo Cano'ya bir teşekkür mektubu göndererek, Barranquilla'ya dönüp kendimi altı ay önceki gibi Allah'ın ellerine bırakmak olduğunu anladım.

Cehennemden çıkmanın getirdiği büyük rahatlamayla, otele dönmek için bir taksiye bindim. Öğlen haberlerinde sanki toprak kayması dün olmuş gibi bağıra çağıra uzun bir yorum yapıldı. Taksi sürücüsü avaz avaz hükümetin ihmali, yaralılara gönderilen yardımların kötü yönetimi konularında duygularını dile getirdi, bir nedenle kendimi onun bu haklı öfkesinden sorumlu hissettim. Sonra ortalık sakinleşti, Berrío Parkı'ndaki çiçeklerin patlamalarıyla hava duru, mis kokulu bir hal aldı. Nedense birden deliliğin pençelerini hissettim.

"Gel şöyle yapalım," dedim sürücüye, "otele gitmeden önce beni toprak kaymasının olduğu yere götür."

"Orada görecek bir şey yok ki," yanıtını verdi, "yalnızca yanan mumlar ve çıkartamadıkları ölüler için koydukları küçük haçlar."

Böylelikle kurbanlar kadar kazazedelerin de kentin farklı yerlerinden geldiklerini, hayatta kalanların ilk kaymada ölenlerin cesetlerini almak için kitleler halinde yürüyerek kenti bir baştan ötekine katettiklerini öğrendim. İzlemek isteyen meraklılar kayma alanına girince feci bir çığ dağın öteki bölümünü de alıp götürmüş, böylece asıl büyük trajedi meydana gelmiş. Hikâyeyi anlatabilecek yegâne kişiler her iki kaymadan da kurtulabilip kentin öteki ucunda hayatta olanlardı.

"Anladım," dedim sesimdeki titremeyi kontrol etmeye çalışarak, "beni yaşayanların olduğu yere götür."

Sokağın ortasında bir U dönüşü yaptıktan sonra, ters yöne doğru hızlandı. Sessizliğinin nedeni yalnızca arabanın o andaki hızı değil, açıklamalarıyla beni ikna edebilme umuduydu da.

Öykü 12 Temmuz'da sabah saat yedide, odun kesmek için evlerinden çıkan sekiz ve on bir yaşlarında iki oğlanla başlamıştı. Birkaç yüz metre gittikten sonra toprak kaymasının sesini duymuşlar ve dağın eğimli yüzeyinden üzerlerine kayalar yağmaya başlamış. Ancak canlarını kurtarabilmişler. Daha küçük üç kız kardeşleri, anneleri ve yeni doğmuş erkek bebek evde kısılıp kalmış. Aileden hayatta kalan yegâne kişiler iki oğlanla, evden on kilometre kadar uzaktaki kum satma işine gitmek için daha erken çıkan babaydı.

Yer Medellín'den Rionegro'ya giden otoyol üzerinde,

konuksever görünmeyen çorak bir araziydi ve sabahın sekizinde kurban vereceği başka bir sakini yoktu. Radyo yayınları haberi o kadar abartarak, o kadar çok kanlı ayrıntıyla vermişlerdi, o kadar fazla acil çağrı yapmışlardı ki, ilk gönüllüler olay yerine itfayeden önce varmışlardı. Öğleden sonra hiç kurban verilmeyen iki toprak kayması daha olmuş, bu genel gerilimi artırmış, bu kez yerel bir radyo felaketin olduğu yerden doğrudan yayın yapmaya başlamıştı. Radyonun bu yayını üzerine köylerin ve çevre yerleşim merkezlerinin neredeyse tüm sakinleriyle, kentin her yanından akın eden meraklılar, hatta yardım etmekten çok neler olduğunu görmek için duran şehirlerarası otobüslerden inen yolcular bile olay yerinde toplanmışlar. O sırada meydana gelen kaymada, sabahki kaymalarda göçük altında kalan birkaç cesede ek olarak yaklaşık üç yüz ceset daha vardı artık. Öğleden sonranın geç saatlerinde iki binden fazla hazırlıksız gönüllü müthiş bir karmaşa içinde kazazedelere yardım sunmaya çalışıyormuş. Gün batarken dağın üzerinde neredeyse soluk alacak bile yer kalmamış. Saat altıda kalabalık yoğun ve karmaşa içindeyken, korkunç bir gökgürlemesini andıran bir sesle birlikte altı yüz bin metreküp toprak aşağı indiğinde, bu kez kurban sayısı Medellín'in ortasındaki Berrío Parkı'nda toprak kaysaydı olacağı kadardı. O kadar hızlı meydana gelen bir felaketti ki bu, belediyenin Kamu Hizmetleri Sekreteri Dr. Javier Mora, göçüğün içinde kaçmaya vakit bulamamış bir tavşanın cesediyle karşılaşmıştı.

İki hafta sonra olay yerine gittiğimde yalnızca yetmiş beş ceset çıkarılabilmişti ama çok sayıdaki kazazede güvendeydi, çoğu toprak kaymalarının değil, dikkatsizlik ve düzensiz yardımın kurbanıydı. Depremlerde olduğu gibi, sorun sahibi olup da, durumu fırsat bilip borçlarından kurtulmak ya da karılarını değiştirmek için sırra kadem basanların sayısını hesaplamanın olanağı yoktu. Şansın da oynayacak bir rolü vardı elbette, çünkü bu olayın sonucunda yapılan araştırmada ilk günden sonra, hâlâ kurtarma çalışmaları sürerken, elli bin metreküplük toprak kaymasına neden olabilecek kaymak üzere bir kaya kütlesi keşfedildi. Olaydan on beş günden fazla zaman geçtikten sonra, artık sakinleşmiş olan kazazedelerin yardımıyla, beceriksizlik ve gerçeğin çarpıtılması nedeniyle olay sırasında öğrenilmesi mümkün olmayan gerçeği ortaya çıkartabilmiştim.

Görevim bir çelişkili varsayımlar karmaşasında kaybolan gerçeği kurtararak yaşanan insanlık dramını oluş sırasına göre tüm politik ve duygusal hesaplardan arındırıp yeniden inşa etmeye indirgenmişti. Àlvaro Mutis, beni felaket bölgesinden getirdiğim veriyi düzenleyen politika yazarı Cecilia Warren'e yönlendirerek doğru yola sokmuş oldu. Bu özel haber üç parçada yayınlandı, üzerinden iki hafta geçip de unutulmuş bir haber konusunu canlandırıp trajedide yaşanan karmaşaya bir düzen getirme başarısını göstermiştir en azından.

O günlere ait en güzel anım yaşanmış bir şey değil, araştırmaya az sayıda verdiğim aralardan birinde karşılaştığım Barranquillalı eski dostum Orlando Rivera'nın (Figurita) çılgın hayal gücü sayesinde neredeyse yaşamak üzere olduğumdur. Birkaç aydır Medellín'de yaşıyordu, yedi yıllık yoksulluk itaat ve iffetin ardından manastırdaki inzivayı terk etmesine yardım ettiği sevimli, özgür ruhlu Rahibe Sol Santamaría'nın yeni ve mutlu kocasıydı. Sıkı içtiğimiz gecelerden birinde, Figurita karısıyla birlikte kendi kendine ve tüm riski üzerine alarak Mercedes Barcha'yı yatılı okulundan dışarı çıkartacak bir plan hazırladığını söyledi. Çöpçatan olarak ün yapmış bir rahip arkadaşı bizi ne zaman istersek evlendirmek için hazır bekleyecekti. Tek koşul Mercedes'in razı olmasıydı elbette, ama tutsaklığının dört duvarı içinde onunla konuşamadık. Bugün gazete tefrikalarına yakışacak o dramı yaşayacak gözü pekliği gösterememiş olmama her şeyden fazla yanarım. Mercedes'e gelince; üzerinden elli yıldan fazla zaman geçip de, bu kitabın taslağında okuyana kadar bu plandan haberi bile olmadı.

Figurita'yı son görüşlerimden biriymiş. 1960'taki karnaval sırasında, Küba kaplanı kılığına girmiş, son geçit töreninden sonra onu Baranoa'daki evinde götüren atlı arabadan düşüp karnavalın çerçöpüyle kaplı taş yolda boynunu kırmıştı.

Medellín'deki toprak kayması hakkındaki çalışmamın ikinci gecesinde, *El Colombiano* gazetesinden çok genç –o kadar ki benden bile küçük– iki gazeteci öykümün o zamana kadar yayınlanan bölümleri hakkında söyleşi yapmaya son derece kararlı bir tavırla otelde beklemekteydiler. Beni ikna etmek için çaba harcamaları gerekti, çünkü o zamana kadar soru-yanıtlardan oluşup her iki tarafın da ortaya bir şeyler koyan bir sohbet için güç sarfettiği söyleşi türüne karşı belki de haksız bir önyargım vardı. Bu önyargı çalıştığım her iki gazetede ve özellikle *Crónica*'da bana sıkıntı yaratmış, benim çekincem katılımcıları da etkilemişti. Ama sonunda *El Colombiano*'yla yaşamımın ilk söyleşisini yaptım, intiharî bir içtenlikte oldu.

Aradan elli yıl geçtikten sonra, bugün dünyanın yarısında sayısız söyleşinin kurbanı oldum, ama hem soruları soran hem de yanıtlayan olarak hâlâ bu türün verimliliğine ikna olmuş değilim. Konusu ne olursa olsun kaçınamadığım sayısız söyleşi, kurgu yapıtlarımın bir parçası olarak kabul edilmelidir, bundan başka bir şey de değillerdir: yaşamım üzerine fantezilerim. Öte yandan bence yayınlanmak için değil ama, dünyanın en iyi mesleğinin yıldızı olan özel haberciliğe temel oluşturmaları açısından değerleri ölçülemez.

Ülkede pek keyifli zamanlar yaşanmıyordu. Artık açıktan açığa basın ve kamuoyunun büyük bir kısmıyla çatışan General Rojas Pinilla'nın hükümeti, eylül ayında uzak ve unutulmuş Chocó topraklarını üç zengin komşusu arasında paylaştırmaya karar verdi: Antioquia, Caldas ve Valle. Başkent Quibdó'ya Medellín'den yalnızca tek yönlü bir yolla ulaşılabiliyordu ve yol o kadar berbat bir durumdaydı ki, yüz yetmiş kilometre yirmi saatten fazla bir zamanda aşılabiliyordu. Koşullar bugün de daha iyi değildir.

Gazetenin haber merkezinde Liberal basınla iyi geçinemeyen bir hükümetin emriyle gerçekleşen bu parçalanmayı engellemek için yapacağımız pek bir şey olmadığına karar verdik. *El Espectador*'un Quibdó'daki emektar politika muhabiri Primo Guerrero, kararın üçüncü günü bir halk gösterisi düzenlendiğini, ailelerin çocukları da dahil ana meydanı işgal ettiklerini ve hükümet planını geri çekene kadar gece-gündüz orada kalmaya kararlı olduklarını duyurdu. Kucaklarında çocuklarını tutan isyankâr anaların ilk fotoğraflarındaki görüntüler halkın çevresine yerleştirilen gözcülerin neden oldukları yıkım ve zarar-ziyan nedeniyle günler geçtikte elden ayaktan düştü. Bu haberleri gazetede gündelik olarak duyuruyor, makaleler ve Chocólu olup da Bogota'da oturan politikacı ve entelektüellerin açıklamalarıyla zenginleştiriyorduk, ama hükümette tıs yoktu, mücadeleyi kayıtsız kalarak kazanmaya kararlı görünüyordu. Birkaç gün sonra José Salgar kukla oynatıcısı kalemiyle masama yaklaşarak Chocó'da gerçekten neler olup bittiğini araştırmaya gitmemi önerdi. Medellín haberinden kazandığım küçük otoriteyle karşı koymayı denedimse de yeterli gelmedi. Bize arkası dönük yazısını yazan Guillermo Cano yüzünü bile dönmeden:

"Git Gabo, Chocó'daki kadınlar Haiti'de görmeyi umduklarından bile iyiymiş!" diye bağırdı.

Şiddet karşıtı bir protesto gösterisi hakkında bir makalenin nasıl yazılacağını kendime bile sormadan gittim. Aylardır birlikte savaş haberi yapmamız için başımın etini yiyen fotoğrafçımız Guillermo Sánchez de bana eşlik ediyordu. Onu dinlemekten sıkılarak bağırmıştım bir gün:

"Hangi savaş? Allahın cezası!"

"Salaklık etme Gabo!" diye gerçeği bir vuruşta yüzüme çalmıştı. "Senin bile durmadan bu ülkenin Bağımsızlık'tan beri savaşmakta olduğunu söylediğini duyuyorum!"

21 Eylül Salı sabahı bir fotoğrafçı-muhabirden çok kameraları, bedeninin her tarafından sarkan çantalarıyla bir gerilla gibi giyinmiş halde, ağzına gem vurulmuş bir savaşın haberini yapmak için merkezde hazırdı. Daha Bogota'yı terk etmeden karşımıza çıkan ilk sürpriz Chocó'ya hiçbir servis verilmeyen, ölü kamyonlar ve paslı uçaklarla kaplı ikincil bir havaalanından başka gidiş olmadığıydı. Sihir sanatıyla ayakta durabilen bizim uçağımızsa, sivil bir havacılık şirketi tarafından kargo uçağı olarak çalıştırılan, İkinci Dünya Savaşı'nda kullanılmış şu efsanevî Catalinalardandı. Oturacak yeri yoktu. İçi süssüz püssüz, ruh karartıcıydı, küçük bulutlu pencereleri vardı, süpürge yapımında kullanılan ince lif balyaları taşıyordu. Biricik yolculardık. Kısa kollu bir gömlek giymiş olan sinemalardaki pilotlar kadar yakışıklı, genç ikinci pilotumuz, daha rahat göründüklerinden bize balyaların üzerine oturmamızı söyledi. Beni tanımadı ama Cartagena'da, La Matuna Ligi'nde önemli bir beyzbol oyuncusu olduğunu biliyordum.

Motorların gökgürültüsünü andıran uluması ve kaportanın hurda-metal çatırtıları arasında havalanışımız Guillermo Sánchez gibi deneyimli bir uçucu için bile ürkütücüydü, uçak bir kez bozkırın duru göğünde dengesini bulduktan sonra, bir savaş gazisinin cesaretiyle süzülmeye başladı. Ama Medellín'i geçer geçmez iki dağ sırası arasındaki karmakarışık cangılın üzerinde tam karşıdan karşılamamız gereken bir yağmur fırtınasıyla karşılaştık. İşte o zaman belki de çok az ölümlünün yaşadığı bir şeyi yaşadık: Kaportadaki delikler nedeniyle uçağın içinde yağmur yağıyordu. Arkadaş canlısı ikinci pilotumuz süpürge balyalarının arasından atlaya zıplaya şemsiye olarak kullanmamız için günlük gazeteleri getirdi. Ben yüzüme kadar tüm başımı kendimi sudan korumaktan çok, korkudan ağladığımı görmesinler diye gazeteyle kapladım.

İki saat sonra şans ve tesadüfün yardımıyla uçağımız soluna yatarak ve saldırı konumunda yoğun bir cangılın üzerine alçalarak Quibdó'nun ana meydanının üzerinde iki keşif turu yaptı. Ta havadan gözcülerin harap ettiği tükenmiş protestocuları yakalamaya hazırlanan Guillermo Sánchez boş meydandan başka bir şey bulamadı. Külüstür amfibi barışçıl Atrato Irmağı'nda ölü ya da canlı engel olup olmadığını görmek için son bir tur daha attıktan sonra, gün ortasının soluk kesen sıcağında mutlu bir iniş gerçekleştirdi.

Ahşap panolarla yamanmış kilise, kuşların pislediği çimento banklar, dev bir ağacın dallarını çatırdatan sahipsiz bir katır, insan varlığının tozlu ve ıssız meydandaki biricik göstergeleriydi, bilmiyorum bundan daha fazla bir Afrika başkentine benzeyen başka yer var mıdır. Niyetimiz meydanda protesto gösterisinde bulunanların bir-iki acil fotoğrafını çekerek dönüş uçağıyla Bogota'ya göndermek, bu arada da ertesi günkü baskı için birinci elden olabildiğince bilgi toplayarak telgrafla yollamaktı, ortalıkta in cin top oynadığı için ikisi de mümkün olamadı.

Öğle yemeği nedeniyle kapalı dükkânların, ahşap balkonlu paslı teneke çatılı evlerin sıralandığı, ırmağa koşut çok uzun caddelerde yürürken bize eşlik eden kimse göremedik. Kusursuz bir sahneydi ama oyun yoktu. *El Espectador*'un muhabiri, çalışma arkadaşımız Primo Guerrero evindeki ağaçların altındaki hamağına kurulmuş, onu çevreleyen sessizlikte mezar huzuru varmışçasına öğle uykusu uyuyordu. Tembelliğinin nedenini anlatışındaki açıklık daha nesnel olamazdı. İlk birkaç günkü gösterilerden sonra, konu eksikliğinden gerilim azalmış. Sonra tiyatro teknikleri kullanılarak tüm yörede bir seferberlik düzenlenmiş, çok inandırıcı olmadığı için basılmayan bazı fotoğraflar çekilmiş, bölgeyi sarsan vatanperver söylevler çekilmiş, ama hükümet kılını bile kıpırdatmamış. Primo Guerrero'ysa belki Tanrı'nın bile bağışladığı etik bir esneklikle telgrafların gücüyle protestoyu basının nezdinde canlı tutmuş.

Profesyonel sorunumuz basitti: Bu Tarzanvari keşif gezisine verilecek haber olmadığını bildirmek için çıkmamıştık. Ayrıca onu hakiki kılıp amacına ulaştıracak araçlara da ulaşabilirdik. Primo Guerrero, aynı taşınabilir gösteriyi bir kez daha düzenlemeyi önerdi, kimsenin daha iyi bir fikri yoktu. En heyecanlı katılımcımız eskisinin öfke içinde istifasından sonra atanan yeni Vali Captain Luis A. Cano'ydu, uçağı geciktirip gazetenin Guillermo Sánchez'in sıcak fotoğraflarını tam zamanında almasını sağlayacak kararlılıktaydı. İşte bir haber ihtiyaçtan böyle yaratıldı, tek gerçek haber halini aldı, radyo ve basın tarafından büyütüldü, durumu kurtarmak isteyen askerî hükümet tarafından da havada kapıldı. Aynı gece –bazıları ülkenin belli sektörlerinde son derece etkili kişiler olan– Chocólu politikacıların seferberliği başladı ve iki gün sonra General Rojas Pinilla, Chocó'yu komşuları arasında bölüştürmek üzere kendi verdiği kararın iptalini ilan etti.

Guillermo Sánchez ile birlikte hemen Bogota'ya dönmedik, gazeteyi o hayalî dünyanın gerçeğini derinlemesine tanımak için bize Chocó'nun iç kesimlerini gezme izni vermeye ikna etmiştik. On gün sonra, güneşten marsık gibi yanmış, uykusuzluktan devrilecek halde haber merkezine girdiğimizde, José Salgar bizi mutlulukla ama yine de kendince karşıladı:

"Haberiniz var mı?" diye sordu sarsılmaz bir ciddiyetle. "Chocó haberi biteli kaç gün oldu?"

Bu soruyla ilk kez gazeteciliğin ölümcül durumuyla karşı karşıya kaldım. Gerçekten de Başkan'ın bölünmeyeceği kararını vermesinden sonra, kimsenin dönüp de

Chocó'yla ilgilenmeye niyeti yoktu. José Salgar bu ölü balıkla ne pişirilebilirse artık, onu pişirme riskini alırken beni destekledi kuşkusuz.

Dört uzun tefrika halinde iletmek istediğimiz, Kolombiya'nın içinde hiç farkında olmadığımız akıl almaz bir başka ülkenin varlığıydı. Çiçekli cangıllardan, sonsuz yağmurlardan oluşma, her şeyin gündelik yaşamın hayallere sığmaz bir çeşitlemesi gibi göründüğü bir vatan. Karayolları inşa etmek açısından en büyük engel ele avuca sığmaz ırmakların çokluğuydu, ama tüm yörede yalnızca tek bir köprü vardı. Bakir cangılları aşan yetmiş beş kilometre uzunluğunda bir yol bulduk, dev masraflarla Itsmina'yı Yuto'ya bağlamak için inşa edilmişti ama her iki yerleşim merkezinden de geçmiyordu; her iki yörenin valisiyle de atışan yol müteahhitinin misillemesiydi bu.

İç kesimlerdeki kasabalardan birinin posta memuru Itsmina'daki arkadaşına altı aylık postayı ulaştırmamızı rica etti. Bir paket yerli sigara ülkenin geri kalanında olduğu gibi otuz *centavo*'ydu, ama haftalık erzakı getiren uçak geciktiği zaman geçen her gün için sigara fiyatı artıyor, böylelikle kasabalılar sonunda yerlilerden daha ucuza gelen yabancı sigaraları içmek zorunda kalıyorlardı. Bir çuval pirinç üretim alanından on beş peso daha pahalıya geliyordu çünkü dağların eteklerine kedi gibi yapışan katırların sırtında, balta girmemiş ormanların içinden seksen kilometre yol yapması gerekiyordu. En yoksul yerleşim merkezlerindeki kadınlar kocaları balık avlarken ırmaklarda altın ve platinyum eliyor, cumartesileri tüccar gezginlere bir düzine balık ve dört gram platinyumu yalnızca üç pesoya satıyorlardı.

Tüm bunlar eğitime düşkünlüğüyle bilinen bir toplumda yaşanıyordu. Ama okullar az ve dağınıktı, öğrencilerin gidip gelebilmek için her gün fersahlarca yol yürüyüp kimi zaman kanoya binmeleri gerekiyordu. Bazıları o kadar kalabalıktı ki, aynı sınıf pazartesi, çarşamba ve cumaları erkeklere; salı, perşembe ve cumartesileri de kızlara hizmet veriyordu. Şartların zorlamasıyla ülkenin en demokratik okullarıydı bunlar, ağzına koyacak lokma bulamayan çamaşırcının çocuğuyla valinin oğlu aynı sınıftaydılar.

Çok az Kolombiyalı Chocó cangıllarının orta yerinde ülkenin en modern kentlerinden birinin yükseldiğini bilirdi. San Juan ve Condoto ırmaklarının keşiştiği yerde, adı Andagoya'ydı, kusursuz işleyen bir telefon sistemi, ağaçlıklı üç şeritli bulvarları olan bu güzel kentin gemileri ve kayıkları için bir limanı bile vardı. Küçük ve temiz evleri, çitlerle çevrili geniş bahçeleri ve kapılarının önündeki resim gibi tahta basamaklarıyla çayırların içine ekilmiş gibi duruyorlardı. Merkezde kabare-lokantası olan bir casinoyla, ithal içkilerin ülkenin geri kalanından daha ucuza tüketildiği bir barı vardı. Dünyanın her yanından gelme, özlemi unutmuş, Chocó Pacífico'nun yerel yöneticisinin her şeyi kuşatan yetkisi altında kendi topraklarında olduklarından daha keyifli insanların yaşadığı bir yerdi. Gerçek yaşamda Andagoya özel mülkiyetin yabancı ülkesiydi, dip taraklı teknelerin tarihöncesinden kalma ırmaklardan çıkardıkları altın ve platinyum San Juan Irmağı'nın ağzından hiçbir kontrol olmaksızın dünyaya açılan gemilerce taşınıyordu.

İşte Kolombiyalıların gözleri önüne sermek istediğimiz Chocó böyle bir yerdi ama pek bir sonuç elde edemedik, haber bir kez geçtikten sonra her şey eski yerine oturdu ve Chocó ülkenin en unutulmuş bölgesi olmaya devam etti. Bunun nedeninin çok açık olduğuna inanıyorum: Kolombiya her zaman dünyaya Panama göbek bağıyla bağlanan Karayip kimlikli bir ülke olmuştur. Bu organın zorla kesilmesi bizi bugün neysek ona mahkûm etti: iki okyanus arasındaki kanalın bize değil ABD'ye ait olması için uygun koşullarda, And zihniyetli bir ülke.

Cuma öğle sonraları işten sonra kendimizi gevşemek için Hotel Continental'in barına atıp şafağa kadar orada kalmasak, haber merkezindeki haftalık ritim öldürücü olurdu doğrusu. Eduardo Zalamea bu geceleri özel bir adla vaftiz etti: 'Kültürel cumalar'. Dünyadaki edebî yeniliklerin trenini kaçırmamak için onunla sohbet etmek olanağı bulduğum tek fırsattı bu, bir kitap kurdu olarak dağarcığında tutardı her şeyi. Alkolün sonsuz tüketildiği ve sonuçların öngörülemediği bu *tertulila*'lardan sağ çıkanlar –Ulysses'in birkaç ebedî arkadaşının yanı sıra– gün ışıyana kadar kuğunun boynunu burmaktan korkmayan biz gazetecilerdik.

Çoğu onunkilerden esinlenmiş olan makalelerime Zalamea'nın hiçbir zaman yorum yapmaması dikkatimi çekti. 'Kültürel cumalar' alışkanlığı oturduğu zaman, bu tür hakkındaki fikirlerinin dizginlerini salıverdi kuşkusuz. Pek çok makalemdeki değerlendirmelerimle hemfikir olmadığını itiraf ederek bana başkalarını önerdi, ama bu konuşma bir üstün altına yaptığı tonda değil, iki yazar arasında geçti.

Sinema Kulübü'ndeki işlerden sonra sık sık kaçtığımız bir başka sığınak da Luis Vicens ve karısı Nancy'nin *El Espectador*'un birkaç blok ötesindeki dairesindeki gece yarısı toplantılarımızdı. Luis, Paris'teki *Cinématographie française* dergisinin Genel Yayın Yönetmeni Marcel Colin Reval'in yardımcısıydı, Avrupa'da savaş patlak verince sinemayla ilgili düşlerini Kolombiya'da kitap satmak gibi iyi bir uğraşla değiş-tokuş etmek zorunda kalmıştı. Nancy sihirli bir ev sahibesiydi sanki, dört kişilik yemek odasında on iki kişilik bir sofra kurabilirdi. Luis 1937 yılında Bogota'ya geldikten kısa bir süre sonra, bir aile yemeğinde tanışmışlardı. Masadaki tek boş yer Nancy'nin yanıymış, ak saçlı, bir dağcı gibi yanık tenli son konuğun içeri girdiğini görünce dehşete düşmüş. Kendi kendine "Amma şanssızlık!" demiş. "Düşe düşe şu Polonyalı'nın yanına düşmüşüm, Allah bilir İspanyolca da bilmiyordur!" Dil konusunda haklı sayılırmış, çünkü yeni gelen İspanyolca'yı Fransızca'yla karışan ham bir

Katalanca halinde konuşuyormuş, Nancy de dilinin kemiği olmayan, hemen parlayan bir Boyacálıdır, ama daha ilk selamlaşmalarından sonra o kadar iyi anlaşmışlar ki, sonsuza dek birlikte yaşamaya karar vermişler.

Bu toplantılar büyük film gösterilerinden sonra, her türlü sanatın karışımıyla tıkabasa dolu evlerinde doğaçlama gerçekleşirdi, öyle ki, bazıları sonradan dünyada ünlenen genç Kolombiyalı ressamların tek bir tablosunu daha asacak yer kalmamıştı duvarlarında. Konukları edebiyat ve sanat dünyasının en iyileri olur, Barranquilla grubu da arada bir boy gösterirdi. Ben ilk film eleştirimden sonra sanki kendi evimdeymişim gibi kabul gördüm, gazeteden gece yarısından önce çıkabilirsem üç bloku yürür ve onları sabaha kadar uyanık tutardım. İncelikli bir aşçı olmanın yanı sıra acımasız bir çöpçatan olan Üstat Nancy beni sanat dünyasının en çekici ve özgür kadınlarıyla buluşturmak için masum yemekler icat ederdi, gerçek mesleğimin yazarlık ya da gazetecilik değil müzmin bekârlık olduğunu söylediğimde, yirmi sekiz yaşımda beni hiç affetmedi.

Àlvaro Mutis dünyanın her yerine yaptığı yolculuklarından arta kalan zamanlarında sosyal çevreye girişimi kusursuz biçimde tamamladı. Esso Colombiana'nın halkla ilişkiler müdürü olarak sanat ve edebiyat dünyasında değerli ve etkili olan insanlarla en pahalı lokantalarda yemekler ayarlar, sık sık ülkenin öbür kentlerinden konukları olurdu. Bir servet değerinde büyük bir edebî dergi çıkarma hayaliyle yanıp tutuşan Şair Jorge Gaitán Durán, sorunun büyük bir kısmını Àlvaro Mutis'in kültürü destekleme fonlarıyla çözdü. Àlvaro Castaño Castillo ve karısı Gloria Valencia yıllardır yayın süresinin tümünü iyi müzik ve kolayca ulaşılabilecek kültürel programlara ayıran bir radyo kurmayı deniyorlardı. Onlara yardım edebilmek için elinden geleni yapan Àlvaro Mutis dışında hepimiz bu projenin gerçekleşmezliğiyle dalga geçiyorduk. Sonunda birlikte HJCK İstasyonu'nu kurdular. 'Bogota'da Dünya', o zamanın en küçüğü olan beş yüz vatlık bir ileticileri vardı. O sıralarda Kolombiya'da televizyon yoktu ama Gloria Valencia radyodan bir moda gösterisi yayınlamak gibi metafizik bir harika yarattı.

Bu hareketli zamanlarda kendimi ayırdığım tek dinlence Àlvaro Mutis'in evindeki yavaş pazar öğle sonralarıydı, hiçbir önyargı beslemeden müzik dinlemeyi öğretirdi bana. Kendimizi halının üzerine atar, hiçbir öğrenilmiş spekülasyona prim vermeden büyük ustaları dinlerdik. Bu, Biblioteca Nacional'in gizli müzik odasında başlayan bir tutkuydu ve bizi hiç terk etmedi. Bugün elime geçirebildiğim her müziği dinlemişimdir, özellikle de bu sanatın zirvesi saydığım romantik oda orkestralarını. Meksika'da, 1965-1966 yılları arasında *Yüzyıllık Yalnızlık*'ı yazarken dinlene dinlene yıpranmış iki plağım vardı sadece: Debussy'nin *Prelüd*'leri ve Beatles'in *Hard Day's Night*'ı. Sonra Barcelona'da her zaman istemiş olduğum gibi bir sürü plağa sahip olunca, onları alfabetik sıraya dizmek çok klasik geldiği için, kişisel rahatımı gözetip müzik aletine göre yerleştirdim: en sevdiğim çello, Vivaldi'den Brahms'a kadar; Corelli'den Schoenberg'e kadar keman; Bach'tan Bartók'a kadar piyano ve klavsen. Hatta bulaşık makinesindeki tabak ve çatal bıçaklar da dahil, ses çıkartan her şeyin müzik olduğu mucizesini keşfettim; yeter ki bize yaşamın nereye yönlendiği hayalini gördürmeye devam etsinler.

Benim sınırım müzik çalarken yazamamaktır, çünkü dinlediğime yazdığımdan daha çok dikkat kesilirim ve bugün bile çok az konsere giderim, çünkü orada koltuğumda otururken, yanımda oturan yabancılarla aramda bir tür iffetsiz bir samimiyet kurulduğu duygusuna kapılırım. Ama zamanla ve evde iyi müzik bulundurma olanağıyla birlikte, arka planda yazdığımla uyum içinde bir müzik çalarken çalışmayı öğrendim. Sakin bölümler için Chopin'in noktürnleri ve mutlu öğle sonraları için

Brahms'ın sextetleri. Öte yandan Mozart'ın var olmadığına ilişkin sapkın bir düşünceye kapıldıktan sonra yıllarca Mozart dinleyemedim; çünkü iyiyken Beethoven, kötüyken de Haydn oluyordu.

Bu anıları hatırladığım yıllarda hiçbir müziğin yazdıklarımla karışmaması mucizesini gerçekleştirdimse de, bazen bazı başka erdemlerin farkına varmamış olabilirim, beni en çok şaşırtan çok genç ve uyanık iki Katalan müzisyenin *Başkan Babamızın Sonbaharı* adlı altıncı romanımla, Béla Bartók'un *Piyano İçin Üçüncü Konçertosu* arasında şaşırtıcı incelikler ortaya çıkarmalarıdır. Kitabı yazarken dur durak bilmeden bu konçertoyu dinlediğim doğru çünkü çok özel ve nedense alışılmadık bir ruh haline girmemi sağlıyordu, ama yazdıklarımda ortaya çıkacak kadar beni etkilemiş olabileceğini düşünmemiştim. Bu zayıflığımdan İsveç Akademisi üyeleri nasıl haberdar oldu bilmiyorum ama, ödülümü alırken fonda bu parça vardı. Yürekten teşekkür ettim elbette, yine de bana sormuş olsalardı –hem onlara hem de Béla Bartók'a olan tüm saygım ve minnetime karşın– Francisco el Hombre'nin çocukluğumdaki şenliklerde çalınan doğal romanslarından biri daha çok hoşuma giderdi.

O yıllar Kolombiya'da Mutis'in ofisinden geçmeden yapılan bir kültürel proje, yazılan bir kitap ya da çizilen bir resim olamazdı. Avrupa'ya çıkacağı zorunlu yolculuk için her şeyi hazır ama parası eksik olan genç bir ressamla konuşmasına tanık olmuştum. Àlvaro yazı masasının çekmecesinden sihirli çantayı çıkarırken onun tüm öyküsünü dinlememişti bile,

"İşte biletlerin," dedi.

Bu mucizeleri hiçbir gövde gösterisi yapmadan büyük bir doğallıkla yaratışı gözlerimi kamaştırırdı. Bu nedenle hâlâ kendime bir kokteylde Kolombiya Yazarlar ve Sanatçılar Derneği Sekreteri Oscar Delgado'nun bana yaptığı istekte bir parmağı olup olmadığını sorarım; Delgado neredeyse katılımcısız olarak ilan edilmek üzere olan ulusal öykü yarışmasına katılmamı rica etmişti. Bunu öylesine kötü ifade etmişti ki, daveti bana patavatsız göründü, ama konuşmamızı duyan biri bizimki gibi ülkelerde edebî müsabakaların basit sosyal pantomimler olduğunu bilmeden yazar olunamayacağını söyledi. "Hatta Nobel Ödülü bile," diye içinde hiçbir kötülük olmadan sözlerini sona erdirirken, tam yirmi yedi yıl sonra karşıma çıkacak başka bir olağanüstü karar için ta o zaman beni dikkatli olmaya sevk ettiğini bilemezdi.

Öykü yarışmasının jürisinde Hernando Téllez, Juan Lozano y Lozano, Pedro Gómez Valderrama ve birinci ligden üç başka yazar ile eleştirmen vardı. Bu nedenle etik ya da ekonomik bir karara varmadan gecemi Barranquilla'da, El Nacional'in ofisinde ani bir esin darbesiyle yazdığım Un día después del sábado'nun (Cumartesinden Sonra Bir Gün) düzeltmesini yaparak geçirdim. Bir yıldan fazla bir süre çekmecede yattıktan sonra, iyi bir jüriyi heyecanlandırabileceğini düşünmüştüm. Üç bin pesoluk muhteşem bir ödülle birlikte öyle de oldu.

Aynı günlerde, öykü yarışmasıyla hiç ilgisi olmaksızın, İsrail Elçiliği'nin Kültür Ataşesi Don Samuel Lisman Baum gazeteye gelerek, Üstat León Greiff'in şiir kitabıyla yayın hayatına atılacak bir yayınevi kurduğunu bildirdi: Fárrago Quinto Mamotreto. Baskı hoştu, Lisman Baum hakkında iyi şeyler duymuştum. Bunun üzerine ona pek çok kez gözden geçirilmiş Yaprak Fırtınası'nın bir kopyasını verdim ve daha sonra konuşacağımız sözüyle ayrıldık. Özellikle de telif ücreti hakkında konuşmalıydık, ki sonunda –kuşkusuz–, hiç sözünü etmediğimiz tek şey olarak kaldı. Cecilia Porras kitaptaki oğlanın karakteri üzerine yaptığım betimlemeye göre yeni bir kapak çizdi –o da bu iş için hiç para almadı–. El Espectador'daki grafik atölyesi de kitabın adının bulunduğu sayfanın renkli klişesini armağan etti.

Aradan dört-beş ay geçip Bogota'dan Sipa Yayınevi

–daha önce adını bile duymamıştım– beni gazeteden arayıp da, dört bin adetlik baskının dağıtım için hazır olduğunu, ama kimsenin Lisman Baum'dan haberi olmadığı için ne yapacaklarını bilemediklerini söyleyene kadar kitaptan ses seda çıkmadı. Ne gazetedeki muhabirler izine rastlayabildiler kültür ataşesinin ne de bugüne kadar gün ışığında yüzünü gören var. Ulysses kendi köşesinde hâlâ teşekkür borçlu olduğum bir yazıyla başlattığı basın kampanyası dahilinde kitapları kitapçılara satmalarını önerdi. Eleştiriler harikaydı ama baskının çoğu depoda kaldı, hiçbir zaman kaç kopya satıldığı öğrenilemedi ve kimseden bir kuruş telif almadım.

Dört yıl sonra, Biblioteca Básica de Cultura Colombiana'yı yöneten Eduardo Caballero Calderón, Bogota ve öbür kentlerde sokak tezgâhlarında satılması için *Yaprak Fırtınası*'nı cep kitapları koleksiyonuna dahil etti. Sözleşmede yazılı olan hakkımı da ödedi, bu az ama tam zamanında aldığım paranın bir kitaptan ilk kazancım olarak benim için duygusal değeri vardır. Bu baskıda kendimin olarak tanımlayamayacağım bazı değişiklikler vardı, ama onları sonraki baskılara almayacağım diye bir rahatsızlık yaşamadım. Yaklaşık on üç yıl sonra, *Yüzyıllık Yalnızlık*'ın Buenos Aires'te piyasaya çıkmasından sonra Kolombiya'dan geçerken, Bogota'nın sokak tezgâhlarında her biri bir pesoya *Yaprak Fırtınası*'nın bir sürü birinci baskısının satıldığını gördüm. Taşıyabildiğim kadar aldım. O zamandan beri Latin Amerika'daki kitapçılarda tarihî kitap olarak satmaya çalıştıkları bazı kopyalara rastlarım. İki yıl kadar önce, İngiliz bir eski kitap tüccarı, *Yüzyıllık Yalnızlık*'ın ilk baskısından benim imzalamış olduğum bir kopyayı tam üç bin dolara sattı.

Bu olayların hiçbiri gazeteci cenderemi bir an olsun gevşetmedi. Tefrika haberlerimizin ilk başarısı bizi doymak bilmez bir canavarı besleyecek fikirler bulmaya yöneltti. Günlük gerilim dayanılacak gibi değildi, yalnızca konu araştırmak ve belirlemek açısından değil, her zaman kurgunun büyüsünün tehdit ettiği yazma süreci açısından da. *El Espectador*'da kuşku yoktu: Mesleğin değişmez hammaddesi hakikat, yalnız ve yalnızca hakikatti, bu da bizi dayanılmaz bir gerilim altında tutuyordu. Bu durum José Salgar'la bana o kadar işkence etmeye başladı ki, dinlence günümüz olan pazar bile rahat huzur vermiyordu.

1956 yılında, Papa XII. Pius'un yaşamına mal olabilecek bir hıçkırık krizine tutulduğunu biliyorduk. Bu konunun tek öncülü Somerset Maugham'ın usta işi öyküsü 'P. & O.'ydu, başkahramanı dünyanın her yerindeki insanlar ona görülmedik ilaçlar gönderirken, Hint Okyanusu'nun ortasında tutulduğu hıçkırık krizi nedeniyle beş günde yaşamını yitirmişti, ama bu hikâyeyi o zamanlar bildiğimi sanmıyorum. Hafta sonları yaptığımız keşif gezilerimizde bozkırdaki uzak kasabalara gitmeye cesaret edemiyorduk, çünkü gazete Papa'nın ölümü hakkında özel bir baskı yapmaya hazır bekliyordu. Ben sayının ölümü hakkında gelecek ilk telgraflarla doldurulacak bir-iki yer dışında hazır edilmesinden yanaydım. İki yıl sonra, ben Roma muhabiriyken, hâlâ bu papalık hıçkırığı meselesinin çözümlenmesini bekliyorduk.

Gazetedeki başka bir dayanılmaz sorun da, gün geçtikçe kendimizi yalnızca daha çok okur çekecek özel konularla meşgul etmemizdi, ben yüreğime daha yakın, pek o kadar iyi hizmet edilmeyen konuları da düşünecek kadar alçakgönüllüydüm. Bulabildiğim az sayıda öykü arasında bir tramvayın penceresinden havada uçarken yakaladığım bir haber anılarımda kalmış. Octava Caddesi üzerinde, 567 numaralı güzel, sömürge döneminden kalma girişinde kendi kendini küçük gören bir tabela gördüm: 'Ulusal Postane'nin Sahibine Ulaşmamış Gönderiler Bürosu'. Bu yolla bir şey kaybedip kaybetmediğimi hiç hatırlamıyordum ama tramvaydan inip kapıyı çaldım. Bana kapıyı açan adam sekiz yöntemli memurla birlikte büronun sorumlusuydu, tekdüzeliğin pasıyla kaplı bu yerdeki romantik görevleri çöpe gitmek üzere olan her mektubun alıcısını bulmaktı.

Güzel, devasa, toz içinde bir evdi, yüksek tavanları, sıvaları dökülen duvarları vardı, karanlık koridorları ve galerileri sahipsiz mektuplarla doluydu. Her gün kimsenin sahip çıkmadığı ortalama yüz mektup geliyormuş, bunların en azından on tanesinde doğru pul varsa da, zarfların üzeri boş olup göndericinin adı bile olmuyormuş. Ofis çalışanları onlara 'görünmeyen adam için mektuplar' diyorlardı. Ne sahiplerini bulmak ne de geri göndermek için çaba gösteriyorlardı. Ancak içlerinde bir ipucu aramak için bu mektupları açma töreninin bürokratik gerekleri vardı ve işe yaramasa da kayda değerdi.

Tek bir kerede yayınlanan bu haberin başlığı 'Postacı Kapıyı Bin Kere Çalar', alt başlığı da 'Ölü Mektuplar Mezarlığı'ydı. Salgar haberimi okuyunca, "Kuğunun boynunu burmana gerek yok, çünkü zaten ölü doğmuş," dedi. Haberi olduğu gibi bastı, ne azı ne de fazlası, ama yüzünün ifadesinden olabilecekler nedeniyle en az benim kadar kederli olduğunu anlayabilirdiniz. Rogelio Echaverría bir şair olduğu için bu haberi keyifle kabullendiyse de, hiç unutmayacağım bir laf etti: "Gabo elini ateşe sokuyor."

O kadar moralim bozulmuştu ki, kendi kendime –Salgar'a sözünü bile etmeden– özellikle ilgimi çeken bir mektubun alıcısını bulmayı kafama koydum. Agua de Dios Cüzamevi'nden postalanmıştı ve 'Las Aguas Kilisesi'nde, her gün saat beş âyinine katılan, yas tutan hanımefendiye' gönderilmişti. Kilisenin papazı ve yardımcılarıyla her türden işe yaramaz araştırmayı yaptık, haftalarca saat beş âyinlerinin gediklilerini soruşturdum ama bir sonuç elde edemedim. Âyinlere katılanların genellikle çok yaşlı ve koyu yasta olmaları beni şaşırttı, ama hiçbirinin Agua de Dios Cüzamevi'yle bir ilgisi yoktu. Bu kendimi toparlamamın uzun sürdüğü bir başarısızlıktı, yalnızca kendimi çok beğendiğimden ya da bir iyilik yapma arzumdan değil, yas tutan bu hanımın öyküsünün ardında başka bir tutkulu hikâye daha olduğuna da inandığımdan.

Ben böyle haberler yakalayıp yazma bataklığında çırpınırken Barranquilla grubu ile ilişkilerim daha da yoğunlaştı. Bogota'ya pek sık geldikleri söylenemezdi ama ben onlara, özellikle de pedagojik bir haber anlayışı olan Germán Vargas'a günün her saatinde, karşılaştığım her zorlukta akıl danışıyordum. Her sorunda onları arıyordum, sorunlar da hiç eksik olmuyor, kutlayacak bir neden olduğunda da onlar beni arıyordu. Àlvaro Cepeda'yı her zaman sınıfta yanımda oturan sıra arkadaşım olarak düşünmüşümdür. Grup içinde zorunlu olan iki yönlü alay ve şakaların ardından beni her zaman şaşırtan bir yalınlıkla bataklıktan çekip çıkartırdı. Alfonso Fuenmayor ile yaptığım bilgi alışverişlerimse daha edebîydi. Büyük yazarlardan örnekler vererek beni zorluklardan kurtarmak gibi bilgi dolu bir büyüsü vardı ya da kendi dipsiz kuyusundan hayatımı kurtaran alıntılar yapardı. En usta şakası da sokak tezgâhlarında yiyecek satanları zabıtanın kovalamasıyla ilgili bir haber için başlık danıştığımda geldi. Alfonso ânında yapıştırdı yanıtı:

"Yiyecek satan açlıktan ölmez!"

Ona yürekten teşekkür ettim, o kadar uygun göründü ki gözüme, bu cümlenin kimden alıntı olduğunu sormadan edemedim. Alfonso hatırlayamadığım gerçeği söyleyerek beni yerime mıhladı:

"Senden üstat."

Gerçekten de imzasız bir haberimde bunu ben uydurmuş, sonra da unutmuştum. Bu öykü yıllarca Barranquillalı arkadaşlarım arasında anlatıldı, onları bunun bir şaka olmadığına bir türlü ikna edemedim.

Àlvaro Cepeda'nın Bogota'ya yaptığı yolculuk beni birkaç günlüğüne de olsa günlük haberlerin cenderesinden kurtardı. Aklında yalnızca adı olan bir film yapma fikriyle çıkıp gelmişti: *Mavi Istakoz*. Luis Vicens, Enrique Grau ve fotoğrafçı Nereo López onu ciddiye aldılar. Vicens, Àlvaro'nun özgün fikrinin üzerine kendimden bir şeyler katmam için bana senaryo taslağını gönderene kadar bu proje hakkında bir şey duymadım, şimdi ne eklediğimi hatırlamıyorum, ama öykü bana eğlenceli ve bize ait görünmesi için yeterli çılgınlık dozunda gelmişti.

Herkes her şeyden biraz yapıyordu ama babalık hakkı Luis Vicens'indi, Paris'te attığı ilk adımlarından kalma bazı şeyleri dayatıyordu. Benim sorunumsa o dönemde kendimi bana soluk alacak zaman bile bırakmayan uzun makalelerin arasında bulmamdı, nihayet biraz rahat nefes alabildiğimde, filmi çoktan Barranquilla'da çekmeye başlamışlardı bile.

Temel bir çalışmaydı, en büyük başarısı bu kurum üzerindeki hâkimiyetiydi ki, Àlvaro Cepeda'nın koruyucu meleği buydu belki de. İtalyan yönetmen Enrico Fulchignoni, Barranquilla'da yapılan pek çok özel gösterimden birine katıldı ve şefkatiyle bizi şaşırttı: Filmi beğenmişti. *Mavi Istakoz*'dan kalan ne varsa Àlvaro'nun eşi Tita Manotas'ın inadı ve cesareti sayesinde dünyanın ürkütücü festivallerinde dolaştı.

Bu tür uğraşlar aklımızın içinde yaşadığımız ülkenin korkunç gerçekliğinden başka yere çelinmesine neden oluyordu. Silahlı Kuvvetler barış bayrağı ve partiler arasında uyum vaadiyle iktidarı ele alınca Kolombiya gerillalardan kurtulduğunu varsaymıştı. Séptima Caddesi'nde öğrencilerin öldürülmesinden sonra bir şeylerin değiştiğindense, kimsenin kuşkusu yoktu. Yaptıklarına haklı nedenler bulmaya meraklı askerler Muhafazakârlarla Liberaller arasındaki ebedî savaştan farklı bir savaş yaşandığını gazetecilere kanıtlama uğraşı içindeydiler. José Salgar o ürkütücü fikirlerinden biriyle masamın önünde bitti:

"Şu savaşın ne olduğunu öğrenmek için hazırlan."

Daha fazla ayrıntı verilmedi, savaşı öğrenmek için davet edilmiş olanlarımız tam sabahın beşinde, Bogota'dan yüz seksen üç kilometre uzaktaki Villarrica Kasabası'na gitmek için buluştuk. General Rojas Pinilla, yolun yarısında, sık sık mola verdiği askerî karargâh Melgar'da bizi bekleyecekti, akşam beşten önce bitecek bir basın toplantısı düzenleme sözü vermişti, böylece ilk elden haberler ve fotoğraflarla geri dönüp baskıya yetişecek vaktimiz de olacaktı.

Gönderilenler *El Tiempo*'dan Ramiro Andrade ve fotoğrafçı Germán Caycedo; hatırlayamadığım dört kişi daha; *El Espectador*'dan da benimle birlikte Daniel Rodríguez'dik. Ormanın içinde bir-iki adım atmamız gerekebileceği konusunda uyarıldığımız için bazılarımız arazi giysileri içindeydi.

Melgar'a kadar arabayla gittik, orada bizi Cordillera Central'in yüksek uçurumlarının arasındaki dar ve ıssız kanyondan geçirecek olan üç helikoptere dağıldık. Beni en çok etkileyen, gerillaların bir gün önce bir helikopteri düşürüp bir başkasına da zarar verdikleri bazı belli bölgelerden kaçınmaya çalışan genç pilotların tedirginliği oldu. Çok yoğun geçen on beş dakikanın ardından taş döşeli tabanı helikopterin ağırlığını taşımaya yeterli değilmiş gibi görünen dev, ıssız Villarrica Meydanı'na indik. Meydanın çevresinde harabeye dönmüş dükkânlarıyla ahşap binalar, içlerinden yeni boyanıp terör başlayana kadar kasabanın oteli olarak kullanılan biri hariç kimseye ait olmayan evler vardı.

Helikopterin önünde dağ sıralarıyla saçakların sisleri arasında ancak görülebilen tek evin çinko çatısı göze çarpıyordu. Bize eşlik eden subaya göre orada konuşlanmış gerillaların bizleri vuracak kadar güçlü silahları olduğundan, dağ sıralarından ateş edilmesine karşın temel bir önlem olarak otele kadar sırtlarımızı eğip zikzaklar çizerek koşmalıydık. Ancak oraya varınca otelin bir kışlaya dönüştürülmüş olduğunu fark ettik.

Savaş madalyalarıyla donanmış, bir film yıldızı kadar yakışıklı, tatlı dilli bir albay ortalığı velveleye vermeden gerillaların öncü kuvvetlerinin dağ sırasındaki evde olduğunu, haftalardır oradan kasabaya gece baskınları düzenlediklerini açıkladı. Ordu meydandaki helikopterleri görünce harekete geçeceklerinden emin olduğu için birlikleri hazır tutuyormuş. Ancak hoparlörlerden meydan okumalar da dahil bir saatlik kışkırtmanın ardından gerillalar yaşam belirtisi bile göstermediler. Canı sıkılan albay evde kimse olup olmadığını anlamaları için bir keşif devriyesi çıkardı.

Gerilim azaldı. Biz gazeteciler otelden çıkarak komşu sokakları, sıvaları dökülmüş, berbat durumdaki evleri dolaşmaya başladık. Fotoğrafçıyla birlikte, yanımızda başkaları da olduğu halde, insana işkence çektiren atnalı şeklinde bir saçaktan tepeye tırmanmaya koyulduk. İlk dönemeçte çalıların arasına yatmış, ateş etmeye hazır konumda askerler vardı. Bir subay her an her şey olabileceğini söyleyerek meydana geri dönmemiz için bizi uyardıysa da ona aldırış etmedik. Amacımız günü kurtaracak büyük bir haber yapmamızı sağlayacak bir gerilla öncüsüyle karşılaşana kadar ilerlemekti.

Zaman kalmadı. Hiçbir uyarı olmadan art arda verilen emirlerin ardından askerler ani bir yaylım ateşine başladılar. Kendimizi onların yanına yere attık, tepenin eteğindeki eve ateş ediyorlardı. O anlık karmaşa içinde vizörünü yerleştirecek stratejik bir konum arayan Rodríguez'i gözden kaybettim. Ateş kısa sürdü ama çok yoğundu, yerini bir ölüm sessizliği kapladı.

Askerî bir devriyenin el arabasında bir asker cesedi taşıyarak cangıldan çıkıp geldiğini gördüğümüzde meydana dönmüştük. Birliğin başındaki subay çok heyecanlıydı, fotoğraf çekmemize izin vermedi. Gözlerimle Rodríguez'i aradım, beş-altı metre sağımda, elinde kamerasıyla ateş etmeye hazır bekliyordu. Devriye onu görmemişti. İşte o sırada ona bağırıp fotoğraf çekmemesini söylemekle –çünkü kazayla ateş edip arkadaşımı vurabilirlerdi– her ne pahasına olursa olsun o resmi elde etmenin

523

profesyonel dürtüsü arasında kaldığım çok yoğun bir an yaşadım. Bir şey yapacak zamanım olmadı çünkü tam o anda devriye subayının gökgürültüsü gibi patlayan bağırtısı duyuldu:

"O fotoğraf çekilmeyecek!"

Rodríguez yavaş bir hareketle kamerasını indirerek gelip yanımda durdu. Kortej o kadar yakınımızdan geçti ki, yaşayanların yakıcı soluğuyla ölülerin sessizliğini duyabiliyorduk sanki. Onlar geçip gittikten sonra Rodríguez kulağıma,

"Fotoğrafı çektim," dedi.

Çekmişti ama asla basılamadı. O ziyaret bir felakete dönüştü. İki asker yaralanmış, sığınağa sürüklenen gerillalardan en az ikisi ölmüştü. Albayın ruh hali değişti, yüzü asıldı. Bize ziyaretin iptal edildiği haberini verdi, yemek için yarım saatimiz olduğu söylendi, ardından helikopterler cesetlere ve yaralılara gerekli olduğu için karayolundan Melgar'a dönecektik. Yaralı ya da ölü sayısını hiçbir zaman öğrenemedik.

Bir daha General Rojas Pinilla'nın düzenleyeceği basın konferansından söz eden olmadı. Altı kişilik bir jipin içinde, Melgar'daki evinin önünden durmadan geçerek gece yarısını geçe Bogota'ya vardık. Haber merkezi tam kadro bizi bekliyordu çünkü Başkanlık Sarayı Basın ve Bilgilendirme Ofisi hiçbir ayrıntı vermeden karayoluyla döneceğimizi bildirmiş, ama canlı mı, ölü mü olduğumuz hakkında bir şey söylememiş.

O zamana kadar askerî sansür yalnızca Bogota'nın orta yerinde öldürülen öğrenciler konusunda işimize karışmıştı. Haber merkezindeki en son sansür memuru, son hükümet istifa ettikten sonra, artık muhabirlerin onu atlatmalarına ve alaycı kaçamaklarına dayanamaz bir hale gelip neredeyse gözyaşları içinde görevi bırakmıştı. Basın ve Bilgilendirme Ofisi'nin bizi gözden kaçırmadığını biliyorduk, sık sık telefonla arar, uyarılarda bulunur ya da babacan öğütler verirlerdi. İktidarlarının başında basına akademik bir içtenlikle yaklaşan askerler içlerine kapanmış, görünmez olmuşlardı. Ama sessizliğin içinde giderek kendi kendine büyümeye başlayan bir gevşek uç vardı işte, kanıtlanmış olsa da olmasa da bir kesinlik esinliyordu insanlara ve buna göre El Tolima'daki o cenin kadarcık gerilla hareketinin başında kimliği ne onaylanan ne de inkâr edilen yirmi iki yaşındaki Manuel Marulando Vélez vardı –Tirofijo–.[1] Kırk küsür yıl sonra Marulando –gerilla kampında bunun doğru olup olmadığı sorulduğunda– o liderin gerçekten kendisi olup olmadığını hatırlamadığını söyledi.

Daha fazla haber almak mümkün değildi. Villarrica'dan döndüğümüzden beri neler olup bittiğini öğrenmek istiyor, ama açık bir kapı bulamıyordum. Başkanlık Basın ve Bilgilendirme Ofisi bize yasaklanmış, Villarrica'daki tatsız olay askerî içe kapanıklığın altına gömülmüştü. Tüm umutlarımı çöp sepetine göndermiştim ki, José Salgar, asla öyle olamadığı halde son derece soğukkanlıymış havalarında masamın başında biterek, bana biraz önce aldığı telgrafı gösterdi.

"İşte sizin Villarrica'da görcmediğiniz burada," dedi.

Silahlı Kuvvetler'in El Tolima'daki gerilla savaşçılarının kökünü kazıma mücadelesinde hiçbir ön hazırlık yapmadan, hiçbir kaynak yaratmadan köylerinden çekip aldığı çocukların yaşadığı dramdı bu. Kimin kimin çocuğu olduğunu kaydetmeye bile zaman bulunamadan ailelerinden çekip alınmışlardı ve bunu kendileri söyleyecek durumda değildiler. Bu dram bizim Melgar'ı ziyaretimizden sonra Tolima'nın farklı köylerinden alınan bin iki yüz yetişkinden oluşan bir çığla başlamıştı, bu insanlar hiçbir yere yerleştirilmeyip sonra da Allah'a emanet edilmişler. Lojistik nedenlerle ailelerinden ayrılan çocuklarsa, ülkenin farklı yerlerindeki yetimhanelere yerleştirilmişlerdi, farklı yaş ve koşullardaki bu çocukların sayısı

---

[1] Veléz'in takma adı, 'her attığını vurur' anlamında. (Çev.)

üç bini buluyordu. Aralarında on üç günlük ikiz bebekler de dahil hem öksüz hem de yetim olan otuz çocuk vardı yalnızca. Bu uygulama kesin bir gizlilik içinde yürütülmüş, basına uygulanan sansür de bu amaca hizmet etmişti, ta ki *El Espectador*'un muhabiri Villarrica'dan iki yüz kilometre uzaktaki Amblema'dan bize telgrafla kanıtları göndermeye başlayana kadar.

Altı saatten kısa bir sürede Bogota Çocuk Sığınağı'nda üç yüzden fazla beş yaşın altında çocuk bulduk, çoğunun aile kaydı yoktu. İki yaşındaki Helí Rodríguez bir tek adını söyleyebiliyordu. Hiçbir şey bilmiyordu, ne nerede bulunduğundan haberi vardı ne de nedeninden, bir iz sürebilmemiz için anne babasının adını da veremiyordu. Tek teselli on dört yaşına gelene kadar sığınma evinde barınmaya hakkı olmasıydı. Hükümetin ayda çocuk başına yapacağı seksen *centavo*'luk katkıyla sığınma evinin bütçesi biraz artmıştı. On çocuk El Tolima trenlerine kaçak binebilmek için daha ilk hafta kaçmışlardı, onların izine de rastlayamadık.

Sığınma evinde çocukları yönetim gereği vaftiz ederek onları ayırt edebilmek için bölgeye özgü soyadlar veriyorlardı, ama o kadar çok çocuk vardı, hepsi o kadar benzer ve hareketliydiler ki, teneffüslerde, özellikle de koridorlarda ve merdivenlerde koşarak ısınmaya çalıştıkları soğuk aylarda onları birbirlerinden ayırmak mümkün değildi. O ıstıraplı ziyaretten sonra kendi kendime çarpışma sırasında askeri öldüren gerillanın Villarrica çocuklarına ancak bu kadar eziyet edebileceğini düşünmeden edemedim.

Bu logistik saçmalık birbirini izleyen birçok haberde söz konusu edildi ve hiç kimseye danışılmadı. Sansür sessizliğini korudu, askerler de moda açıklamayla yanıt verdiler: Villarrica'da yaşananlar Silahlı Kuvvetler Hükümeti karşıtı büyük bir komünist hareketin neticesi olduğu için askerî yöntemlerle karşılık verilmesi gerekirmiş! Bu açıklamanın tek bir satırını okumam o zamana kadar hiç görmediğim Komünist Parti Genel Sekreteri Gilberto Vieira'dan bilgi almayı kafama koymama yetti.

Bundan sonraki adımı atmamı gazete mi benden istedi, ben mi inisiyatifi ele aldım hatırlamıyorum, ama ne kadar uğraştımsa da gizli Komünist Parti'nin bana Villarrica'daki durum hakkında bilgi verebilecek hiçbir liderine ulaşmayı başaramadım. Ana sorun askerî rejimin gizli komünistler çevresinde ördüğü duvarın öncülleri olmamasıydı. Bunun üzerine komünist bir arkadaşla bağlantı kurdum, iki gün sonra Barranquilla'da ödeyemediğim saat taksitlerini almak için beni arayan bir saat satıcısı masama geldi. Ona borcumun ödeyebildiğim kadarını ödedikten sonra, fazlasıyla, hatta dikkatsizcesine açık bir tavırla önemli liderlerinden biriyle görüşmem gerektiğini söyledim, ama bildik formülle yanıt verip onlara ulaşmanın yolunun kendisinden geçmediğini, kimden geçtiğini de bilmediğini söyledi. Aynı öğleden sonra, hiç tahmin etmediğim bir anda telefonda duyduğum o ahenkli, endişesiz ses şaşırttı beni:

"Merhaba Gabriel, ben Gilberto Vieira."

Komünist Parti'nin en göze batan kurucularından biri olmasına karşın, Vieira o zamana kadar ne sürgün cezası yemişti ne de hapis. Her iki telefonun da dinleniyor olabileceği tehlikesine rağmen o öğlen ziyaret etmem için bana gizli evinin adresini verdi.

Altıncı katta, dimdik, ışıksız merdiveni yalnızca yüksekliği nedeniyle değil, ülkenin en iyi gizlenen sırlarından birine vâkıf olunduğu için de soluk soluğa tırmanılan, iki odalı, küçücük salonu tıkabasa edebî ve politik kitaplarla dolu bir daireydi bu. Vieira, karısı Cecilia ve yeni doğan kızıyla birlikte yaşıyordu. Karısı evde olmadığı için beşik yanı başındaydı, fazla mizah duygusu içermeyen, politikayla olduğu kadar edebiyatla da ilgili konuşması sırasında verdiği uzun aralarda, ağlarsa hiç acele etmeden sallıyordu bebeğini. Pembe tenli, kel, açık renk gözlerinde keskin bir bakış, konuşmasında bir kesinlik olan kırklarındaki bu adamın ülkenin gizli servisinin en çok aradığı kişi olduğunu kavramak olanaksız görünüyordu bana.

İçeri girince, Barranquilla'da, *El Nacional*'de saati aldığımdan beri benim yaşamımdan haberdar olduğunu fark ettim. *El Espectador*'daki haberlerimi izliyor, ikincil niyetlerini yorumlayabilmek için imzasız yazılarımı bulup çıkarıyordu. Ülkeye yapabileceğim en iyi hizmetin kimsenin beni politik militanlığın içine çekmesine izin vermeden aynı şekilde devam etmem olduğu konusunda hemfikirdik kuşkusuz.

Ziyaretimin nedenini açıkladığım anda konu hakkında konuşmaya başladı. Sanki oradaymış gibi farkındaydı Villarrica'daki durumun, resmî sansür yüzünden tek bir satır basamadığımızı da biliyordu. Bana yaşananların yarım yüzyıllık hafif çarpışmaların ardından kronik bir savaşın ön adımları olduğunu anlamamı sağlayacak veriler verdi. O gün o küçük dairede kullandığı dil başucu kitabı Marx'tan çok Jorge Eliécer Gaitán'ın proleteryanın iktidara gelmesinden değil de, ezilenlerin baskın sınıfa karşı birlik oluşturmasından söz eden söyleminden öğeler barındırıyordu. O ziyaret yalnızca ülkede neler olup bittiğinin açıklığa kavuşması nedeniyle değil, olanı biteni daha iyi anlayacak bir yöntem sağlama açısından da işime yaradı. Guillermo Cano ve Zalamea'ya da böyle açıklayarak, belki bir gün aklımdaki bitirilmemiş makale yüzünü gösterir diye kapıyı aralık bıraktım. Vieira ile çok iyi bir dostluk kurduğumuzu, bunun gizliliğinin en zorlu zamanlarında bile onunla ilişki kurmayı kolaylaştırdığını söylemeye gerek yok.

Yeraltında giderek büyüyen, yetişkinlerle ilgili, bir dram da yok değildi, 1954 Şubatı'nda, bir Kore gazisinin ağzına bir lokma yiyecek koyabilmek uğruna madalyalarını rehine verdiği haberinin basında yer almasıyla su yüzüne çıktı. Resmî şiddet köylüleri silah zoruyla topraklarından edince, her şeyin eli kolu bağlı oturmaya yeğ göründüğü, her türlü kadere razı gelindiği tarihimizin akıl almaz evrelerinden birinde, gelişigüzel askere alınan dört binden fazla erkekten biriydi yalnızca. Yerlerinden edilenlerle tıkabasa dolu kentlerde hiçbir umut yoktu. Kolombiya her gün gazetelerde, yollarda, kahvelerde, aile sohbetlerinde sözü edildiği gibi yaşanacak yer değildi. Yerlerinden yurtlarından edilen köylüler ve hiçbir umudu olmayan delikanlılar için Kore Savaşı kişisel bir çözümdü. Neredeyse Amerika'yı keşfetmeye gelen İspanyollar gibi, hiçbir kesin ölçüt olmadan, hatta fiziksel koşullarına bile bakılmadan her türlü insan Kore'ye gidip birbirine karıştı. Damla damla Kolombiya'ya geri dönen bu heterojen grubun en azından ortak bir özelliği olmuştu: Hepsi gaziydiler. Birinin bir atışmaya dahil olması suçun hesabının hepsine kesilmesine yetiyordu. Zihinsel dengeleri olmadığı için çalışmaya hakları da olmadığı gibi kolay bir savla kapılar yüzlerine kapanıyordu. Öte yandan bin kilo küle dönüşüp de dönenler için dökülen gözyaşlarının ardı arkası kesilmiyordu.

Madalyalarını rehine veren adam hakkındaki makaleyle on ay önce, son gaziler de ülkeye döndükleri sırada basında çıkan, yanlarında neredeyse bir milyon dolar nakit para getirdikleri, bankada bozdurdukları zaman Kolombiya'da doların değerini üç peso otuz *centavo*'dan iki peso doksan *centavo*'ya düşürdükleri konulu yazı arasında sert bir çelişki vardı. Ülkelerinin gerçeğiyle karşılaştıkça gazilerin prestiji de azalıyordu kuşkusuz. Dönmelerinden önce türlü hikâye dolaşmıştı ortalıkta, hatta üretken kariyerler için özel burslar alacakları, yaşam boyu emekli maaşı bağlanacağı, ABD'de yaşamaları için kolaylıklar sağlanacağı söylentileri çıkmıştı. Gerçekse tam tersiydi: Döndükten kısa bir süre sonra ordudan çıkarıldılar, çoğunun ceplerinde kalan tek şey, savaştan sonra dinlenmeleri için kamplara gönderilen Japon sevgililerinin fotoğraflarıydı.

Bu ulusal dramın bana dedem Albay Marquez'inkini,

onun sonsuza dek gazi emekli aylığını beklemesini anımsatmaması olanaksızdı. Bu hasisliğin Muhafazakâr hegemonyaya karşı verilen zorlu bir savaşta, bozguncu bir albaya karşı misilleme olduğu sonucuna varmıştım. Kore Savaşı'ndan hayatta kalanlarsa, komünizme karşı, ABD'nin emperyalist kaygıları uğruna savaşmışlardı. Ama dönüşlerinde toplum sayfalarında değil suç duyurularında yer almışlardı. İki masumu silahla öldüren bir gazi mahkemesinde yargıca şunu sormuştu: "Kore'de yüz kişiyi öldürebiliyorsam, neden Bogota'da on kişiyi öldüremeyeyim ki?"

Bu adam da, başka suçlular gibi savaşa ateşkes imzalandıktan sonra gönderilmişti. Onun gibi birçok kişi vardı kendini bir Kore gazisini öldürmekte gösteren Kolombiya maçoluğunun kurbanı olan. Kore'ye gönderilen ilk bölüğün dönmesinin üzerinden daha iki yıl geçmeden şiddetli ölümlerin kurbanı olan gazilerin sayısı bir düzineyi aşmıştı. Farklı nedenlerle de olsa, çoğu döndükten kısa süre sonra anlamsız kavgalarda öldürülmüşlerdi. İçlerinden biri, meyhanenin birinde müzik kutusunda sürekli aynı şarkıyı çaldığı için ölene dek bıçaklanmıştı. Kore'deki çarpışmalar arasındaki molalarda adını şarkı söyleyip gitar çalarak şereflendiren Çavuş Cantor,[1] döndükten birkaç hafta sonra kurşunlanarak öldürülmüştü. Yine bıçaklanan bir başka gaziyi gömebilmek için komşularının aralarında para toplamaları gerekmişti. Savaşta bir elini ve bir gözünü yitiren Angel Fabio Goes'i öldüren üç yabancıysa, hiç yakalanamamıştı.

Sanki dünmüş gibi hatırlıyorum, telefon çaldığında masamda oturmuş dizinin son bölümünü yazıyordum, Martina Fonseca'nın ışıl ışıl sesini hemen tanıdım:

"Alo?"

Yüreğim güm güm atarak yazımı sayfanın orta yerinde bıraktım ve onu görmeden geçen on iki yılın ardın-

---

[1] İspanyolca 'şarkıcı' anlamına gelir. (Çev.)

dan Hotel Continental'de buluşmak için caddeyi geçtim. Eldiveniyle bana bir işaret yapana kadar öğle yemeği yiyen kadınlarla dolu otelin salonunda onu ayırt etmek kolay olmadı. Her zamanki gibi kendine özgü bir şıklık içindeydi, süet ceket giymişti, omuzlarının üzerinde solgun bir tilki vardı, avcı şapkası takmıştı, güneşin pek iyi davranmadığı kırışık teninde ve kısık gözlerinde yıllar gereğinden fazla fark edilmeye başlanmıştı, bu haksız yaşlılığın ilk işaretleriyle her şeyi küçülmüştü sanki. İkimiz de on iki yılın onun yaşında uzun süre olduğunu fark etmiş olmalıyız ama iyi idare ettik. Barranquilla'ya ilk geldiğimde onun izini bulmaya çalışmış, sonra Panama'da yaşadığını, gemici kocasının kanalda pilotluk yaptığını öğrenmiştim, bu konuyu açmamı engelleyen kibrim değil, utangaçlığımdı.

Ziyaretimi beklemesi için onu yalnız bırakmış biriyle biraz önce öğle yemeği yemiş gibi görünüyordu. Üçer ölümcül tas kahve içtik, yarım paket sert sigara tükettik, sanırım bu hiç onu düşünüp düşünmediğimi sormaya cesaret edene kadar konuşmadan iletişim kurmanın el yordamıyla bulduğumuz bir yöntemiydi. Ancak o zaman gerçeği söyleyebildim: Onu hiçbir zaman unutmadığımı ama vedası o kadar sert olmuştu ki, varoluş biçimimi değiştirmişti. O benden daha şefkatliydi:

"Senin benim için bir oğul gibi olduğunu hiç unutmadım."

Gazete yazılarımı, öykülerimi, biricik romanımı okumuştu, bana onlardan o kadar duru ve amansız bir anlayışla söz etti ki, yalnızca aşk ya da garezle mümkün olabilirdi bu kadarı. Bense yalnızca biz erkeklerin muktedir olduğu alçak bir korkaklıkla özlemin tuzaklarından kaçınmak dışında hiçbir şey yapmadım. Sonunda gerilimimden kurtulduğum zaman, ona çok istediği oğula sahip olup olmadığını sordum.

"Doğdu," dedi neşeyle, "ilkokulu bitiriyor."

Bu kez de kıskançlara özgü bir alçaklıkla "Babası gibi siyah mı?" diye sordum.

Her zamanki iyi niyetiyle, "Annesi gibi beyaz," dedi. "Ama babası korktuğum gibi bizi terk etmedi, tam tersine bana daha da yakınlaştı." Yüzümde beliren karmaşa üzerine öldürücü bir gülümsemeyle,

"Marek etme, oğlan ondan, ayrıca iki de kız var, sanki bir taneymişler gibi benziyorlar," dedi.

Geldiğine memnundu, benimle hiç ilgisi olmayan bazı anılarla beni eğlendirdi, benden daha samimi bir tepki beklediğini düşünmek gibi bir kibre kapıldım. Ama tüm erkekler gibi yer ve zamanda yanılmıştım elbette, dördüncü kahveyi ve bir paket sigara daha ısmarladığımda saatine baktı, hiç bocalamadan ayağa kalkıp,

"Neyse bebeğim, seni gördüğüme sevindim," dedi. Sözlerini "Artık daha fazla dayanamazdım, neye benzediğini bilemeden o kadar çok yazını okudum ki," diye bitirdi.

"Peki neye benziyorum?" diye sorma cesaretini buldum.

"Ah! Hayır!" dedi tüm yüreğiyle gülerek. "Bunu hiçbir zaman öğrenemeyeceksin."

Yeniden daktilomun başına dönüp de kendimi toparladığımda içimde hep var olan onu yeniden görme özlemiyle, yaşamlarımızın geri kalanını birlikte geçirme korkusunun farkına vardım. O günden sonra telefon çaldığında pek çok kez hissettiğim o kederli korku.

1955 yılı gazeteciler için 28 Şubat'ta, Deniz Kuvvetleri'nin *Caldas* adlı destroyerinden sekiz denizcinin fırtınada denize düşüp Cartagena'ya varmalarına iki saat kala kaybolmalarıyla başladı. Zorunlu bir tamir için aylardır Alabama, Mobile'de bulunan gemi dört gün önce demir almıştı.

Tüm haber merkezi gerilim için bu felaket hakkındaki ilk radyo bültenini dinlerken, Guillermo Cano dilinin ucunda vermeye hazır olduğu emirle döner sandalyesini çevirip gözlerini üzerime dikti. Basımhaneye doğru giden José Salgar da sinirleri haberle altüst, masamın tam önünde durdu. Bocas de Ceniza'daki bitmek bilmez dram üzerine bir haber hazırladığım Barranquilla'dan yeni dönmüş, denizde kaybolan sekiz adam hakkındaki ilk öyküyü kaleme alabilmem için kıyıya ilk uçağın ne zaman kalkacağını düşünmekteydim. Kısa süre sonra radyoda destroyerin öğleden sonra saat üçte Cartagena' da olacağı söylendi, yeni bir haber yoktu, boğulan sekiz denizcinin cesetlerini bulamamışlardı. Guillermo Cano soluğunu saldı.

"Siktir et Gabo, bizim haber yattı."

Bu felaket bir dizi resmî bültenden ibaret kaldı, haber görev başında şehit olanlara uygun bir biçimde işlendi, başkaca bir şey de çıkmadı. Haftanın sonuna doğruysa, Deniz Kuvvetleri, adamlardan birinin, Luis Alejandro Velasco, bitkin bir halde Urabá'da bir sahile vardığını bildirdi, fena güneş çarpmıştı ama on günü kürekleri olmayan bir cankurtaran salının üzerinde yemeden içmeden geçirdikten sonra kendini toparlayacak gibi görünüyordu. Onunla yarım saatçik bile baş başa kalmayı başarabilirsek, bunun yılın hikâyesi olacağından emindik.

Bu mümkün değildi, Cartagena'daki askerî hastanede yatıyor, Deniz Kuvvetleri kimseyle görüşmesine izin vermiyordu. El Tiempo'dan kurnaz bir gazeteci olan Antonio Montaña doktor kılığında hastaneye sızarak adamla birkaç dakika yalnız kalabilmişti. Ama sonuç olarak bu kazazede denizciden tek elde edebildiği fırtına onları sürüklediği anda geminin üzerindeki konumuna ilişkin bir-iki çizimle, öyküyü anlatmamasına ilişkin kesin emir aldığını ele veren birbirleriyle uyumsuz açıklamalardı. "Bir gazeteci olduğunu bilseydim, ona yardım ederdim," demişti Velasco, birkaç gün sonra. Kendini toparladıktan sonra, hâlâ donanmanın korumasında, El Espectador'un Cartagena muhabiri Lácides Orozco'yla bir söyleşi yaptı, ama arzu ettiğimiz kadar uzağa varıp da, bir rüzgâr darbesinin nasıl yedi ölümlü bir felakete yol açtığını öğrenemedik.

Luis Alejandro Velasco gerçekten de demir bir pençeye boyun eğiyor, bu onun rahatça hareket etmesini, hatta Bogota'daki aile evine taşındıktan sonra bile rahatça konuşmasını engelliyordu. Teknik ya da politik her türlü soruyu firkateyn çavuşu Guillermo Fonseca bizim için samimi bir ustalıkla çözümlüyor, yine aynı kibarlıkla bu serüven hakkındaki biricik hakikat olan ve bizi gerçekten ilgilendiren tek konuyla ilgili ana etmenleri safdışı bırakmayı becerebiliyordu. Sırf zaman kazanmak için deniz kazazedesinin baba evine dönmesiyle ilgili arka-plan parçalarından oluşan bir dizi yazdım, üniformalı dadıları onunla konuşmama bir kez daha engel oldularsa da, yerel bir radyo için yavan bir söyleşi yapmasına izin verdiler. İşte o zaman resmî haber soğutma ustalarının elinde olduğumuzu anladık, ilk kez felaketin altında halktan gizledikleri çok ciddi bir şey olduğu fikri beni derinden sarstı. Bunu bugün bir kuşkudan daha çok bir kehanet gibi hatırlıyorum.

Buz gibi rüzgârların estiği bir mart ayıydı, toz gibi çiseleyen yağmur pişmanlıklarımın yükünü artırıyordu. Yenilginin ağırlığı üzerime çökmüştü, haber merkeziyle karşılaşmadan önce yakındaki Hotel Continental'e sığınarak ıssız barda bir duble ısmarladım. Yavaş yudumlarla içiyordum, bakanlarınkine benzeyen paltomu üzerimden çıkarmamıştım bile, birden kulağımın dibinde tatlı bir ses duydum:

"Yalnız içen yalnız ölürmüş."

Martina Fonseca olduğundan emin, yüreğim ağzımda, "Senin dudaklarından Tanrı'nın kulaklarına güzelim," dedim.

Ses havada ılık yaz gardenyalarından bir iz bırakmıştı ama Martina değildi. Döner kapıdan çıkıp unutulmaz sarı şemsiyesiyle çiseleyen yağmurun lekelediği bulvarda gözden yitişini izledim. İkinci içkiden sonra ben de bulvarı geçip haber merkezine girdim. Geldiğimi gören Guillermo Cano mutlu bir tavırla herkese doğru bağırarak,

"Bakalım büyük Gabo bize ne öykü getirmiş!" dedi.

Gerçeği söyledim:

"Ölü balık, başka bir şey yok."

İşte o zaman haber merkezindeki acımasız alaycıların beni sevmeye başladıklarını fark ettim, üzerinden sular damlayan paltomu sürükleyerek sessizce geçtiğimi görünce, hiçbirinin içinden alışıldık şakalarına başlamak gelmedi.

Luis Alejandro Velasco sesi kısılmış zaferinin tadını çıkarmaya devam etmekteydi. Akıl hocaları her türlü reklam sapkınlıklarına izin vermekle kalmıyor, paraca destekliyorlardı da. Radyoda kendininkinin kötü hava koşullarına dayandığı gerçeğini söylemesi için yeni bir saat ve beş yüz dolar para almıştı. Spor ayakkabılarını yapan şirket, çok dayanıklı olduklarını ve bir şey çiğnemek istediğinde ayağındakileri parçalayamadığını söylemesi için bin dolar vermişti. Aynı gün içinde vatansever bir söylev çekiyor, bir güzellik kraliçesi tarafından öpülüyor, kendini öksüz ve yetim çocuklara vatansever ahlâk modeli olarak sergiliyordu. Tam onu aklımdan çıkarmaya başlamıştım ki, o unutulmaz günde yanıma gelen Guillermo Cano adamın ofisinde, gerçek serüvenini anlatmak için bir sözleşme imzalamaya hazır beklediğini söyledi. Kendimi aşağılanmış hissettim.

"O artık ölü bir balık bile değil, üstelik de kokmuş," diye karşı çıktım.

İlk ve son kez gazete için görevim olan bir şeyi yapmayı reddettim. Guillermo Cano gerçekten el çekmeye razı olarak hiç açıklama yapmadan kazazede gemiciyi gönderdi. Sonradan bana söylediğine göre, ona ofisinde veda ettikten sonra düşünmeye başlamış ve az önce yaptığını kendine açıklayamamış. Bunun üzerine kapıcıdan kazazedeyi geri çağırmasını istemiş. Daha sonra beni telefonla arayarak tüm hikâyenin haklarını satın aldığı haberini verdi, geri dönüşü yoktu.

Guillermo'nun bir kayıp vaka hakkında inat edip de, sonunda haklı olduğunun ortaya çıkması ne ilk kezdi ne de son. Son derece canım sıkıldı ama bir çalışanı olarak elimden geldiğince ona itaat etmem gerektiği için makaleyi yazacağımı, altına imzamı koymayacağımı söyledim. Başta öyle düşünmemiştim ama bu haber açısından hem umulmadık hem de isabetli bir karar oldu, çünkü hikâyeyi başkişinin ağzından birinci tekil şahıs yazdım, kendi tarzıyla kendi kişisel fikirlerini anlattı ve altına kendi imzasını attı. Böylece kendimi sağlam toprak üzerindeki başka bir deniz kazasından korumuş oldum. Başka bir biçimde ifade edecek olursam, yapayalnız bir serüvenin nasıl meydana geldiyse, yaşam onu nasıl yaptıysa öyle, iç monoloğuydu bu; mucizevî bir kararmış, çünkü Velasco aslında akıllı bir adammış, unutulmaz bir duyarlılığa ve kibarlığa sahipti, tam yerinde ve zamanında kullandığı bir mizah yeteneği vardı. Şans eseri bu özelliklerin tümü de çatlağı olmayan bir karaktere aitti.

Söyleşi uzun, ayrıntılıydı, üç yorucu hafta sürdü, onu ham olarak basmak için değil de, başka bir tencerede pişirmek için yaptığımı biliyordum: tefrika haber. Kötü niyetle işe koyuldum, kazazede denizcinin gizli gerçekleri ortaya dökmek için çelişkilere düşmesi için uğraştım ama kısa sürede böyle gerçekler olmadığını kavradım. Hiçbir şeyi zorlamam gerekmedi. Canımın istediklerini toplamam için sonsuz bir özgürlüğümün olduğu çiçekli çayırlarda dolaşmak gibiydi. Velasco haber merkezindeki odama saat tam üçte geliyordu, önceki notlarımızı gözden geçirdikten sonra, doğrusal bir çizgide ilerliyorduk. Bana anlattığı her bölümü ben oturup o gece yazıyordum ve ertesi gün basılıyordu. İlk önce serüvenin tümünü yazıp tüm ayrıntıları derinlemesine araştırıp gözden geçirdikten sonra basmak daha kolay ve emin olurdu elbette, ama zaman yoktu. Geçen her dakikayla birlikte konu güncelliğini yitiriyordu, başka bir gürültülü haber onu yerle bir edebilirdi.

Kayıt cihazı kullanmadık. Yeni icat edilmişlerdi, en iyileri büyük ve bir daktilo kadar ağırdı, manyetik bantları da arapsaçı gibi karmakarışık oluyordu. Çözüp kopya etmek bile başlı başına bir meseleydi. Bugün kayıt cihazlarının hatırlamak için çok önemli olduklarını biliyoruz, ama söyleşi yapılan kişinin yüzünü hiçbir zaman ihmal etmemek gerekir, çünkü sesinden çok daha fazlasını, hatta kimi zaman tam tersini söyleyebilir. Okul defterlerine not tutma yöntemiyle yetinmek zorunda kaldım, ama bu yöntem sayesinde söyleşinin tek bir sözcüğünü ya da ayrıntısını bile kaçırmadım ve her adımda onu çok daha iyi derinleştirebildim. İlk iki gün zordu çünkü kazazede her şeyi aynı anda anlatmak istiyordu. Kısa sürede sorularımın düzenini ve nereye vardığını kavradı kuşkusuz, bunu kendi anlatıcı içgüdüsü ve mesleğin işliğine ilişkin doğuştan sahip olduğu sezgiyle yaptı.

Onu suya atmadan önce okuru hazırlamak için hikâyeye Mobile'deki son günlerle başlamaya karar verdik. Ayrıca ayağını sağlam toprağa bastığı anda değil de, Cartagena'ya gelip de kalabalık tarafından sevgiyle karşılandığı zaman bitirmekte de anlaştık, bu, zaten basılmış olan verilerle okurun anlatının sonrasını kendi kendine takip edebileceği noktaydı. Bu bize gerilimi iki hafta koruyabileceğimiz on dört bölüm kazandırdı.

İlki 5 Nisan 1955'te basıldı. Radyoda reklamlarla duyurduğumuz *El Espectador*'un sayısı bir-iki saatte tükendi. Konunun patlayıcı çekirdeği üçüncü gün, resmî anlatıma göre nedeni fırtına olan felaketin gerçek nedenini ortaya çıkartacağımızı açıkladığımızda ekilmiş oldu. Daha fazla kesinlik arayışı içinde, Velasco'dan her şeyi ayrıntılarıyla anlatmasını istedim. O zamana kadar ortak yöntemimize o kadar alışmıştı ki, gözlerinde hınzır bir parıltı çaktı.

"Sorun bir fırtınanın olmaması," dedi.

Yirmi saat süresince, yolculuğun sorumluların öngöremediği sert rüzgârlar esmiş, ama bu zaten yılın o döneminde o yörede sık rastlanan bir durummuş. Mürettebat geciken maaşlarını demir almadan önce alınca, hepsini son dakikada evlerine götürecekleri elektrikli ev aletlerine harcamışlar, bu o kadar beklenmedik bir şeymiş ki, geminin içinde yer kalmayınca büyük karton kutuları güverteye yerleştirmişler: buzdolapları, çamaşır makineleri, fırınlar. Bu tür kargo zaten savaş gemilerinde yasakmış ve güvertedeki hayati önemi olan yaşam alanının büyük bölümünü kaplamış. Belki de bunun 'resmî' olmayan, harika hava koşullarında yapılacak dört günlük bir dönüş yolculuğu olduğunu düşünerek kurallara pek aldırış etmemişler. Bu daha önce yapmadıkları bir şey de değilmiş üstelik, ters gidecek ne olabilirmiş ki? Talihsizlik tahmin edilenden çok daha sert esen rüzgârların harika bir güneş altında denizi altüst ederek tekneyi umulandan çok daha fazla sallaması ve son derece özensizce yüklenen kargonun halatlarını koparmasıymış. *Caldas* kadar denizci bir gemi olmasaymış, merhametsizce batması işten bile değilmiş, geminin güvertesinde nöbet tutan sekiz denizci denize düşmüş. Yani kazanın gerçek nedeni resmî kaynakların ilk günden beri ısrar ettikleri gibi bir fırtına değil, Velasco'nun söyleşisinde ortaya çıkardığıydı: bir savaş gemisinin güvertesindeki kötü yüklenmiş elektrikli ev eşyaları.

Masanın altında tutulan bir başka konu da denize düşen adamlara indirilen cankurtaran sandallarıydı. Aralarında bir tek Velasco sağ kalmıştı. Güvertede yönetmeliğe uygun iki tür cankurtaran sandalı olması gerekiyordu. Mantar ve kanvas kumaşından yapılmış, üç metre uzunluğunda, bir buçuk metre genişliğinde, ortalarında içinde her türlü malzeme; içecek su, kürek, ilkyardım çantası, balık tutma, denizcilik araçları ve bir İncil olan bir güvenlik platformu bulunan sallardı bunlar. Bu koşullarda balık tutma araçları olmasa bile, on kişinin sekiz gün süresince salda yaşaması mümkündü. Ama *Caldas*'ta içinde hiçbir malzeme olmayan daha küçük cankurtaran sandalları varmış. Velasco'nun anlattığına göre, onunki içinde hiçbir şey olmayan bu sandallardandı. Hiçbir zaman yanıtlanamayan soru, öbür kazazede gemicilerden kaçının daha kendilerini hiçbir yere götürmeyen cankurtaran sandallarına bindikleriydi.

Kuşkusuz bunlardı kazaya ilişkin resmî açıklamaların bu kadar gecikmesinin nedeni. Ama bir noktada iddialarının temelsiz olduğunun farkına varmışlardı, çünkü evlerinde dinlenceye çekilen mürettebatın geri kalanı, öykünün tamamını tüm ülkeye anlatmaktaydılar. Hükümet sonuna kadar kendi fırtına iddiasında ısrar ederek, bir tebligatla bunu iyice resmîleştirdi. Sansür tefrikanın sonraki bölümlerinin yayınlanmasını yasaklayacak kadar ileri gitmedi. Velasco orduya sadık bir belirsizlik içinde kalabilmek için elinden gelen her şeyi yaptı, bazı hakikatleri ortaya çıkarmaması için baskı görüp görmediği hiçbir zaman öğrenilemedi, bizden de ne onları ortaya çıkarmamızı istedi ne de saklamamızı.

Beşinci bölümden sonra, öykünün tümünü birden saklamak isteyen okurların arzusunu yerine getirmek için ilk dört bölümü birlikte basmayı düşündük. O karmakarışık günlerde haber merkezinde hiç görmediğimiz Don Gabriel Cano güvercinliğinden inerek dosdoğru benim masama kondu.

"Bana söyle bakalım genç adaşım," dedi, "bu kazazede kaç bölüm alacak?"

Velasco'nun elinin altında ağzına atabileceği tek şey olan bir kartviziti yediği yedinci günü anlatıyorduk, çiğnemek için bile olsa ayakkabılarını parçalamayı başaramamıştı. Demek ki yedi bölüm daha vardı. Don Gabriel korkuya kapıldı.

"Hayır genç adaşım, hayır," dedi sıkıntıyla, "en az elli tane olmalı."

Ona bu sayıda karar kılmamın nedenlerini söyledim

ama onunki gazetenin satışının neredeyse ikiye katlanmış olmasına temelleniyordu. Hesaplarına göre ulusal basında öncesi görülmemiş bir rakama ulaşabilirdi. Hemen doğaçlama bir basın komitesi oluşturuldu, ekonomik, teknik ve gazetecilik ayrıntılarının üzerinde duruldu ve mantıklı sınırın yirmi bölüm olduğuna karar verildi. Bu, hesapladığımızdan altı sayı fazlaydı.

Basılı bölümlerin altında imzam olmamasına karşın, çalışma yöntemimden yazanın kim olduğu anlaşılmıştı, film eleştirmeni olarak görevimi yerine getirmeye gittiğim bir gece, sinemanın girişinde kazazedenin öyküsü üzerine ateşli bir tartışma açıldı. Çoğu, gösterimlerden sonra yakınlardaki kahvelerde fikir alışverişinde bulunduğum arkadaşlarımdı. Düşünceleri haftalık yazıya koyacağım kendi düşüncelerimi aydınlatmama yardım ederdi. Kazazedeyle ilgili olarak genel arzuysa –çok az tersini düşünen dışında– hikâyenin olabildiğince uzamasıydı.

İstemeyenlerden biri olgun, şık bir adamdı, devetüyünden güzel bir palto giymiş, melon şapka takmıştı, sinemadan çıkıp da yalnız başıma gazeteye dönerken beni üç blok kadar izlemiş. Yanında en az onun kadar iyi giyinmiş çok güzel bir kadın ve onlar kadar kusursuz görünmeyen bir başka adam daha vardı. Şapkasını çıkartarak beni selamladı ve şu anda hatırlamadığım adını söyleyerek kendini tanıttı. Sözü fazla döndürüp dolaştırmadan kazazede dizisi hakkında herkesle hemfikir olamayacağını, çünkü bu oyunun dosdoğru komünistlerin işine yaradığını söyledi. Fazla abartmadan ona gerçek kahramanın ağzından anlatılanları aktaran kişiden başka bir şey olmadığımı açıkladım. Adamın kendine özgü fikirleri vardı kesinlikle, ona kalırsa Velasco SSCB'nin Silahlı Kuvvetler'e sızmış bir casusuydu. Birden ordunun ya da Deniz Kuvvetleri'nin üst düzey bir subayıyla konuştuğum fikrine kapılarak heyecanlandım ve açıklama istedim. Ama görünüşe göre tek yapmak istediği bana bunu söylemekmiş.

"Bunun farkında mısınız, değil misiniz bilemiyorum ama," dedi, "komünistlerin hesabına ülkenize kötülük yapıyorsunuz."

Muhteşem eşi telâşlı bir el işareti yaparak, onu kolundan tutup çok alçak sesle rica ederek çekiştirip götürmek istedi: "Lütfen! Rogelio!" Adam başladığı kadar kendinden emin bir tavırla bitirdi konuşmasını:

"Lütfen, inanın bana. Kendimde size bunları söyleme cüreti bulmamın tek nedeni yazdıklarınıza duyduğum hayranlıktır."

Yeniden elimi sıktı ve canı sıkkın karısının onu sürükleyip götürmesine izin verdi. Erkek dostu şaşırmıştı, bana veda edemedi.

Bizi sokakta aldığımız riskler üzerine ciddiyetle düşünmeye iten bir dizi olayın ilkiydi bu. İki gün önce, gazetenin arkasında sabaha kadar basın çalışanlarına hizmet veren yoksul bir meyhanede, iki yabancı gecenin son kahvesini içen Gonzalo González'e bedavadan sorun çıkarmaya yeltenmişlerdi. Bu dünyanın en barışçıl adamına sataşmalarının nedenini kimse anlayamadı, sanırım Karayiplilere özgü giyimimiz ve onun takma adı Gog'daki iki 'g' nedeniyle benimle karıştırmışlardı. Neden ne olursa olsun, gazetenin güvenliği bu giderek daha tehlikeli olmaya başlayan kentte gece yalnız dolaşmamam konusunda beni uyardı. Benim içinse tam tersine o kadar güvenliydi ki, gece işi bırakınca daireme kadar tek başıma yürüyordum.

O yoğun günlerden birinde, bir şafak vakti, birisi pencere camıma bir tuğla fırlatınca, cam kırıklarının şangırtısı arasında sonumun geldiğini düşündüm. Anahtarlarını kaybedip ne uyanık bir arkadaşını ne de otellerde yer bulabilen Alejandro Obregón'muş. Uyuyacak bir yer aramaktan ve bozuk zilleri çalmaktan usanınca, gecenin sorununu yakınlardaki bir inşaat alanından aldığı bir tuğlayla çözümlemiş. Kapıyı açınca beni tam olarak uyandırmamak bahanesiyle neredeyse selamlamadı bile, yüzüstü kendini çıplak döşemeye atıp öğlene kadar uyudu.

Gazeteyi daha sokaklarda satılmaya başlamadan *El Espectador*'un kapısında almak isteyen kalabalık giderek artıyordu. Civardaki iş merkezlerinde çalışan insanlar gazeteyi almak için kapıda bekliyor, sonra da diziyi otobüste okuyorlardı. Bana kalırsa okurların bu ilgisi insani nedenlerle başlamış, edebî nedenlerle ve sonrasında da politik kaygılarla devam etmişti, ama ilgiyi canlı tutan anlatımın iç gerilimiydi.

Velasco bana onun uydurduğundan kuşkulandığım bazı sahneler anlatıyor, içlerinde simgesel ve duygusal anlamlar buluyordu, örneğin uçup gitmek istemeyen ilk martı gibi. Anlattığı geçip giden uçaklarsa sinematografik bir güzellikteydi. Denizci bir arkadaşım bana nasıl olup da denizi o kadar iyi tanıdığımı sordu, ona tamı tamına Velasco'nun gözlemlerini kopya etmekten başka bir şey yapmadığını söyledim. Bir noktadan sonra ekleyeceğim hiçbir şey yoktu.

Donanma'nın üst komuta düzeyinin keyfiyse bu kadar yerinde değildi. Tefrikanın bitmesinden kısa bir süre önce gazeteye dünyada herhangi bir ülkenin deniz kuvvetlerinin görev başında olduğu herhangi bir yerinde meydana gelebilecek bir trajediyi Akdeniz ölçütlerine göre ve hiç de şık olmayan bir biçimde değerlendirdiğimizi söyleyen bir protesto mektubu gönderdiler. 'Yedi saygıdeğer Kolombiyalı evin ve Donanma'nın her üyesinin kederine ve yasına karşın' –deniyordu mektupta– 'dinsiz gazeteciler, cesurca kendi yaşamını kurtarmış olan talihli ve övgüye değer bir denizcinin ağzına yerleştirdikleri teknik yönden aksayan, mantıksız sözler ve kavramlarla bir tefrika yayınlamaktan çekinmediler.' Bu nedenle Donanma, Başkanlık Basın ve Bilgilendirme Ofisi'nin işe el koyarak –bir donanma subayının yardımıyla– olay hakkında gelecekte yapılacak yayınları onaylamasını talep ediyordu. Neyse ki mektup geldiğinde sondan bir önceki bölümdeydik de, bir sonraki haftaya kadar anlamazdan gelebildik.

Metnin tümünü birden basmadan önce kazazede denizciden fotoğraf makinesi olan arkadaşlarının adlarını ve adreslerini vererek bize yardımcı olmasını istedik, onlar da bize yolculuk süresince çekilmiş fotoğrafları gönderdiler. Her türlü fotoğraf vardı aralarında, çoğu güvertedeki gemici gruplarıydı, arka kısımda karton kutuları içinde ev eşyaları –buzdolapları, fırınlar, çamaşır makineleri–, üzerlerindeki markaları görünüyordu. Şanslıydık, bu, resmî yalanları yalanlamamıza yeterdi. Hükümetin tepkisi ani ve kesindi, o sayı hem öncekileri hem de tüm satış tahminlerini aştı. Yenilmez Guillermo Cano ve José Salgar'ın, bir tek sorusu vardı şimdi:

"Şimdi ne bok yiyeceğiz?"

O sırada zafer sarhoşuyduk, bir yanıtımız da yoktu. Tüm konular avam görünüyordu gözümüze.

Hikâye *El Espectador*'da yayınlandıktan on beş yıl sonra, Barcelona'da Editorial Tusquets tarafından kapağının kenarları altın yaldızlı bir kitap halinde basıldı ve peynir ekmek gibi sattı. Bir adalet duygusu ve kahraman denizciye olan hayranlığımdan önsözün sonuna şöyle yazdım: 'Bazı kitaplar onları yazana değil, ıstırabını çekene aittir, bu o kitaplardan biri. Bu nedenle yazarın telif hakları onları hak eden kişiye gidecektir: Bu kitabın yazılabilmesi için bir cankurtaran sandalının içinde yiyecek ve içeceği olmadan on gün dayanmış olan adsız kahramanımıza.'

Boş bir cümle değildi bu, benim talimatım üzerine Editorial Tusquets kitabın telif haklarını on dört yıl süresince Luis Alejandra Velasco'ya ödedi. Ta ki Bogotalı Avukat Guillermo Zea Fernández bunun Velasco'nun kahramanlığı, hikâye anlatıcı olarak yeteneği ve dostluğu anısına benim verdiğim bir karar olduğunu bile bile, Velasco'yu hakların (yasa yoluyla) kendisine ait olduğuna inandırana kadar.

Bana karşı dava Circuito de Bogota'da, 22 No'lu İdari Mahkeme'de açıldı. Bunun üzerine avukatım ve dostum Alfonso Gómez Méndez, Editorial Tusquets'ye önsözün son paragrafını çıkartarak, mahkeme sonuçlanana kadar Luis Alejandro Velasco'ya telife mahsuben tek bir kuruş ödememe emri verdi. Öyle de oldu. Belgeli ispatların ve teknik kanıtların da dahil olduğu uzun bir tartışmanın ardından, yargıç yapıtın tek sahibinin ben olduğuma karar verdi ve Velasco'nun avukatının verdiği dilekçeleri kabul etmedi. Sonuç olarak da, benim aracılığımla o güne kadar yapılan ödemelerin denizcinin yardımcı yazar olarak tanınması anlamına gelmediği, kitabı yazanın özgür iradesiyle aldığı bir karar olduğu sonucuna varıldı. Yazarın telif hakları da, o tarihten itibaren, yine benim kararımla, bir eğitim vakfına bırakıldı.

Onun gibi başka bir hikâye bulmamız mümkün olmadı, çünkü gazetede uydurulanlardan biri değildi. Bu tür öyküleri genellikle yaşam, darbelerle yaratır. Bunu daha sonra, o yıl üçüncü kez şampiyon olan altın madalyalı muhteşem bisikletçi Antioquialı Ramón Hoyos'in yaşamını yazmaya yeltendiğimizde öğrendik. Tefrikayı denizcinin dizisinden öğrendiğimiz yöntemlerle duyurarak on dokuz bölüme genişlettik, ama halkın Ramón Hoyos'u gerçek yaşamda değil de, dağ tepelerine tırmanırken ya da bitiş çizgisini ilk göğüsleyen olurken yeğlediğini fark ettik.

Bir gün Salgar telefon edip onunla hemen Continental Hotel'in barında buluşmamı istediğinde hafif bir toparlanma umudu yaşamadık değil. Orada, yaşlı ve ciddi bir arkadaşı ona işçi giysileri içinde öylesine katıksız bir albino tanıştırmıştı ki, adamın bembeyaz saçları ve kaşları barın alacakaranlığında bile parlıyordu sanki. İyi tanınan bir girişimci olan Salgar'ın arkadaşı, adamı *El Espectador*'dan iki yüz metre aşağıda boş bir arsada, General Simón Bolívar'ın efsanevî hazinesini bulmak için kazı yapan bir madenci olarak tanıtmıştı. Dostu –o zamandan beri benim de yakın arkadaşım– hikâyenin doğruluğunu garantiliyordu bize. Kuşku uyandıracak kadar basitti çünkü: Bozguna uğramış ve ölmek üzere olan Özgürlük Savaşçısı Cartagena'ya kadar son yolculuğuna devam etmeye karar verdiğinde, iyi bir yaşlılık geçirmek için savaşlarının yokluklarında topladığı ve hak ettiği bir güvence olarak gördüğü hatırı sayılır kişisel hazinesini yanına almak istememiş. Acı yolculuğuna çıkmak için hazırlanırken de –Caracas mı, Avrupa mı bilinmiyormuş– tedbirli davranarak onu o zamanlar çok kullanılan, birkaç sözden oluşan şifreli bir sistemin koruması altında, dünyanın neresinde olursa olsun gerekli olduğunda ulaşabileceği bir biçimde Bogota'da bırakmış. Bu haberleri *Labirentindeki General* adlı romanımı yazarken dayanılmaz bir özlemle hatırladım, çünkü hazinenin öyküsü kitabın özüydü, ama yazdıklarımı inandırıcı kılabilecek kadar veri elde edemediğimden kurgusu zayıf gelmişti bana. İşte sahibinin hiçbir zaman geri alamadığı bu muhteşem hazineydi hazine avcısının hararetle aradığı. Bize bunları niye anlattıklarını anlayamamıştım, Salgar denizcinin öyküsünden çok etkilenen arkadaşının, aynı biçimde ses getirerek yayınlanmasını istediği bu hikâyenin art-alanını anlattığını açıkladı.

Kazı alanına gittik. Periodistas Parkı'nın batısındaki tek boş araziydi, benim yeni daireme çok yakındı. Arkadaşı bize sömürge döneminden kalma bir harita üzerinde, Monserrate ve La Guadalupe tepelerinin gerçeğe uygun ayrıntıları arasında hazinenin koordinatlarını gösterdi. Hikâye büyüleyiciydi, ödülü deniz kazazedesi gemicininki kadar çarpıcı bir haber olabilirdi, üstelik dünya çapında da anlamlıydı.

Her şeyden günbegün haberimiz olması için kazı alanını sık sık ziyaret ederek, *aguardiente* ve limon eşliğinde bitmek bilmez saatler süresince mühendisi dinliyor, kendimizi giderek mucizeden daha uzak hissediyorduk, öyle ki sonunda hayali bile kalmadı. Sonradan bu hazine hikâyesinin başkentin orta yerinde çok değerli bir şeyin madenini lisanssız sömürmek için uydurulmuş bir kılıf olup olmadığından kuşku duyduk. Böyle olabileceği gibi, Özgürlük Savaşçısı'nın hazinesini korumak için uydurulmuş da olabilirdi.

Hayallere kapılmak için en uygun zamanlar değildi. Deniz kazazedesinin öyküsünden sonra, bize farklı araçlarla ulaşan gerçek ya da hayalî ölüm tehditleriyle gerilen ortam yatışana kadar bir süre Kolombiya'nın dışında yaşamam önerildi. Luis Gabriel Cano damdan düşer gibi gelecek çarşamba ne yapacağımı sorduğunda, aklıma ilk gelen bu oldu. Hiçbir planım olmadığını söylediğimde her zamanki havasında gazetenin özel muhabiri olarak Dört Büyükler'in bir sonraki hafta Cenevre'deki konferansına katılabilmem için gerekli belgeleri hazırlamamı istedi.

İlk yaptığım anneme telefon etmekti. Bu haber o kadar akıl almazdı ki, bana 'Cenevre' adındaki bir çiftlikten söz edip etmediğimi sordu. Ona "İsviçre'de bir kent," dedim. Hiç telâşa kapılmadan, çocuklarından gelen en beklenmedik belaları hazmetmeye hazır, sonsuz bir dinginlik içinde ne kadar kalacağımı sordu. İki haftadan uzun sürmeyeceğini söyledim. Aslında toplantı süresi olan dört günlüğüne gidiyordum. Kuşkusuz benim arzumla ilgisi olmayan nedenlerle iki hafta değil, tam üç yıla yakın bir süre kaldım. İşte o dönemde günde tek bir öğünle yetinsem bile, cankurtaran sandalına ihtiyacı olan bendim, ama bunu ailemin öğrenmemesi için çok dikkat ettim. Birisi annemin huzurunu kaçırmak için olsa gerek, bir fırsattan yararlanarak kadıncağıza oğlunun onu iki hafta kalacağı masalıyla kandırdıktan sonra Paris'te prensler gibi yaşadığını söylemiş.

"Gabito kimseyi kandırmaz," demiş annem masum bir gülüşle, "bazen Tanrı'nın bile iki yıllık haftalar yapması gerekebilir."

Şiddet yüzünden yerlerinden olan milyonlar kadar belgesiz bir insan olduğumun hiç farkına varmamıştım. Kimlik belgem olmadığı için hiç oy kullanmadım. Barranquilla'da, askerlikten kaçmak için yanlış bir doğum tarihi verdiğim *El Heraldo*'daki muhabir belgelerimle ispatlardım kimliğimi, son iki yıldır da kaçaktım. Acil durumlarda Zipaquirá'daki telgraf memurunun bana verdiği postane kartını kimlik olarak kullanırdım. Hızır gibi yetişen bir arkadaşım bir seyahat şirketinin müdürüyle ilişki kurmamı sağladı, onunla iki yüz doları peşin vermem ve on yaprak üzeri pullu boş kâğıdın altına imza atmam koşuluyla uygun tarihte uçakta olacağım konusunda anlaştık. Böylelikle banka hesabımın şaşırtıcı derecede kabarık olduğunu ama muhabir yaşantımın telâşı içinde harcayacak vaktim olmadığını öğrenmiş oldum. Yoksul bir öğrencininkini geçmeyen özel harcamalarım dışında tek masrafım, her ay aileme gönderdiğim cankurtaran sandalıydı.

Uçuş öncesinde, seyahat acentesinin müdürü karıştırmamam için her belgenin adını söyleyerek, birer birer masanın üzerine dizdi: kimlik kartı, askerlik belgesi, vergi dairesinden noter tasdikli belge, suçiçeği ve sarı hummaya karşı aşı kâğıtları. Son olarak da benim yerime iki kez aşı olan sıska oğlan için fazladan bir bahşiş istediler, zavallıcık acelesi olan müşterilerin yerine böyle yılın her günü aşı yermiş.

Cenevre'ye Eisenhower, Bulganin, Eden ve Faure'ın katılacakları konferansın tam açılışında vardım, İspanyolca'dan başka dil bilmiyordum, üçüncü sınıf bir otele yetecek kadar harcırahım vardı ama banka hesabımdan destek alıyordum. İki hafta içinde dönmem bekleniyordu ama bilmem hangi tuhaf önseziyle, iki yıldır Àlvaro Cepeda ve Luis Vicens'in önerileriyle topladığım sinema üzerine harika kütüphanem de dahil, dairemde ne varsa arkadaşlarıma dağıtmıştım.

Şair Jorge Gaitán Durán gereksiz kâğıtları yırtarken

veda etmeye gelmişti, dergisi için kullanabileceği bir şey olup olmadığına bakmak için çöp sepetini karıştırdı. Ortasından ikiye yırtılmış iki-üç sayfayı masanın üzerinde bir bulmaca gibi birleştirerek okudu. Nereden çıktıklarını sorduğunda *Monólogo de Isabel viendo llover en Macondo* (Macondo'da Yağmuru İzleyen Isabel'in Monologu) olduğunu söyledim, *Yaprak Fırtınası*'nın ilk taslağından çıkarmıştım. Daha önce basıldığı konusunda uyardım, önce *Crónica*, sonra da uydurduğum bu başlıkla, asansörde verdiğimi hatırladığım acele bir izinle, *El Espectador*'un *Magazine Dominical* ekinde basılmıştı. Gaitán Durán hiç aldırmayarak dergisi *Mito*'nun bir sonraki sayısında bastı.

Gidişimin arifesinde Guillermo Cano'nun evinde düzenlenen veda partisi o kadar fırtınalı oldu ki, havaalanına gittiğimde aileme veda etmek için o gece kalacağım Cartagena'ya giden uçağı kaçırmıştım. Şans yardım edince öğleüzeri bir başkasına binebildim. Bu iyi oldu çünkü son gördüğümden beri evde işler biraz düzelmişti, annem, babam, kız ve erkek kardeşlerim, Avrupa'da onlardan daha fazla ihtiyaç duyacağım cankurtaran sandalı olmadan da yaşayabilecek gibi hissediyorlardı kendilerini.

Ertesi gün saat ikide kalkan Paris uçağına binebilmek için çok erken bir saatte karayoluyla Barranquilla'ya gittim. Cartagena Otobüs Terminali'nde Gökdelenlerin o zamandan beri görmediğim unutulmaz kapıcısı Lácides ile karşılaştım. İçten bir kucaklama ve gözlerinde yaşlarla kollarıma atıldı, ne ne diyeceğini ne de bana nasıl davranacağını kestirebiliyordu. Onun otobüsü geliyor, benimki de kalkıyordu, acele bir hoşbeşten sonra yüreğimi burkan bir içtenlikle,

"Hiç anlayamadığım Don Gabriel, neden bana kim olduğunuzu söylemediğiniz," dedi.

"Ah benim sevgili Lácides'im," yanıtını verdim ondan daha fazla ıstırap içinde, "söyleyemedim çünkü hâlâ ben bile bilmiyorum kim olduğumu."

Saatler sonra, beni Barranquilla Havaalanı'na götüren takside, dünyanın tüm göklerinden daha şeffaf o nankör göğün altında, Veinte de Julio Bulvarı'nda olduğumu fark ettim, geçtiğimiz beş yıl içinde bende refleks haline gelmiş bir hareketle, Mercedes Barcha'nın evine doğru baktım. Oradaydı, ince ve mesafeliydi, kapının eşiğine oturmuş bir heykel gibiydi, o yılın modasına uygun, lame dantelleri olan yeşil bir elbise vardı üzerinde, saçları güvercin kanatlarını andırıyor, hiç gelmeyecek birini bekleyenlerin yoğun kaygısı içinde duruyordu. Onu temmuzda bir perşembe günü, böylesine erken bir saatte sonsuza değin kaybedeceğim gibi tatsız bir sezgiye kapıldım, bir anlığına taksiyi durdurup veda edesim geldi, ama bir kez daha benimki kadar belirsiz ve dediği dedik bir kadere meydan okumamayı yeğledim.

Uçakta pişmanlıktan mide spazmları geçiriyordum. O zamanlar öndeki koltuğun sırtlığına romantik dilde henüz 'yazı malzemesi' diye adlandırılan bir şeyler koymak gibi hoş bir âdet vardı. Kenarları altın yaldızlı bir not kâğıdıyla, mumlu kâğıttan, kimi zaman parfümlü, ona uygun pembe, krem rengi ya da mavi bir zarf. Daha önceki birkaç yolculuğumda onları veda şiirleri yazmak için kullanmıştım, sonra kâğıttan güvercinler yapar, uçaktan inerken havaya atardım. Gök mavisi bir kâğıt seçerek, bir damadı olmadan yeşil gelin giysisi içinde, bilinmez bir güvercinin kanatları saçlarıyla sabahın yedisinde evinin eşiğinde oturmuş Mercedes'e ilk resmî mektubumu yazdım, o kadar erkenden kimin için giyinmiş olabileceğini aklıma getirmedim bile. Ona rasgele uydurduğum eğlenceli notlar yazdığım olmuştu, ama ancak bir yerde karşılaşırsak, yalnızca sözlü ve her zaman kaçamak yanıtlar alırdım. Yazdığım mektup beş satırı geçmeyecek ve ona resmî bir dille yolculuğumu haber vermekle yetinecekti. Ama tam sonuna imzamı atarken beni gün ortasında çakan şimşek gibi kör eden bir not ekledim: "Bir ay içinde bu mektuba yanıt almazsam, hep Avrupa'da kalıp orada yaşayacağım." Mektubu sabahın ikisinde, ıssız Montego Bay Havaalanı'nın posta kutusuna atarken kendime bir kez daha düşünecek zaman tanımadım. Cumaydı. Ertesi hafta perşembe günü, uluslararası anlaşmazlıklarla geçen bir başka işe yaramaz günün sonunda Cenevre'de otele girdiğimde, bana yanıt veren mektubunu buldum.